Springer-Lehrbuch

Weitere Bände in dieser Reihe:
http://www.springer.com/series/1183

Justus Meyer

Wirtschaftsprivatrecht

Eine Einführung

8. Auflage

 Springer

Justus Meyer
Juristenfakultät
Universität Leipzig
Leipzig, Deutschland

ISSN 0937-7433
Springer-Lehrbuch
ISBN 978-3-662-52733-7   ISBN 978-3-662-52734-4 (eBook)
DOI 10.1007/978-3-662-52734-4

Die Deutsche Nationalbibliothek verzeichnet diese Publikation in der Deutschen Nationalbibliografie;
detaillierte bibliografische Daten sind im Internet über http://dnb.d-nb.de abrufbar.

Springer
© Springer-Verlag Berlin Heidelberg 2017

Gedruckt auf säurefreiem und chlorfrei gebleichtem Papier

Springer ist Teil von Springer Nature
Die eingetragene Gesellschaft ist Springer-Verlag GmbH Berlin Heidelberg
Die Anschrift der Gesellschaft ist: Heidelberger Platz 3, 14197 Berlin, Deutschland

Vorwort

Das vorliegende Buch ist 1992 aus einem Vorlesungsskript heraus entstanden. Seitdem hat es sich als Begleitbuch zu verschiedenen Lehrveranstaltungen an der Universität, an Fachhochschulen und in der Praktikerausbildung bewährt. In der Neuauflage konnten wiederum eigene didaktische Erfahrungen und viele Hinweise von Lernenden wie Lehrenden einfließen, für die hier noch einmal gedankt sei. Sie sind weiterhin sehr willkommen.

Die **Neuauflage** berücksichtigt zahlreiche Änderungen in der Gesetzgebung und Rechtsprechung der letzten Jahre wie etwa die Umsetzung der zweiten Richtlinie zum Zahlungsverzug im Geschäftsverkehr und der Verbraucherrechte-Richtlinie, die (erneute) Novellierung des Gesetzes gegen unlauteren Wettbewerb wie auch des Kartellrechts und das neue Designgesetz. In all diesen Bereichen macht sich erneut die zunehmende Europäisierung gerade des wirtschaftsnahen Privatrechts deutlich bemerkbar.

Für die **Grundkonzeption** des Buches gilt weiter das zur ersten Auflage Gesagte: Es ist in erster Linie für Studenten der Wirtschaftswissenschaften konzipiert, die im Grundstudium ein oder zwei Semester Privatrecht studieren. Es wendet sich aber an alle, die sich einen Überblick über das gesamte Privatrecht mit dem Schwerpunkt Wirtschaftsrecht verschaffen wollen oder müssen, z. B. in Studiengängen wie Sozialwissenschaften, im Magisterstudium (auch für ausländische Studierende), in Wirtschafts- und Verwaltungsakademien usw. Schließlich hat sich gezeigt, dass es auch Jura-Studenten eine Hilfe sein kann: Anfängern erleichtert es den Einstieg, mittleren Semestern hilft es, in der Detailflut ihrer Ausbildung nicht den Überblick zu verlieren und sich in die Nebengebiete Handels- und Gesellschaftsrecht und das Wahlfach Wirtschaftsrecht einzulesen.

Hauptanliegen des Buches ist es, ein breites Basiswissen und die Methodik der Juristen, vor allem den Umgang mit Gesetzen, zu vermitteln. Es bietet nur einen Überblick, einen Querschnitt. Auf Details, dogmatische Feinheiten, Vertiefungen, Streitstände und Anhäufungen von Zitaten wurde verzichtet; all das kann man in der Praxis nachlesen. Die Stoffauswahl orientiert sich dabei an betriebs- und volkswirtschaftlichen Ausgangsfragen wie Beschaffung, Finanzierung, Rechtsformwahl, Produktion und Dienstleistung sowie Absatz. In diesem System ist der privatrechtliche Stoff eingearbeitet, der das wesentliche juristische Rüstzeug eines am Wirtschaftsleben Interessierten darstellt. In Lehrveranstaltungen und Klausuren hat sich herausgestellt, dass es möglich ist, in einem Semester eine solche Bandbreite zu vermitteln. Die sechs Teile (Einführung, Beschaffung, Finanzierung, Rechtsformwahl usw.) sind in zwei bis drei Kapitel eingeteilt, um einzeln abgeschlossene Stoffgebiete zu schaffen, die in überschaubarer Zeit erarbeitet werden können. Jedes Kapitel beginnt mit einer Fallstudie, die im Laufe der Darstellung weiterverfolgt wird, und endet mit Arbeitshinweisen, in denen die wichtigsten Grundbegriffe wiederholt, Übungsaufgaben gestellt und Literaturempfehlungen gegeben werden. Lösungsvorschläge zu den Übungsaufgaben finden sich im Anhang.

Wichtiger als alle Literatur ist aber der **Gesetzestext**. Die Konzeption des Buches – grobe Bandbreite statt Detailwissen – bringt es leider mit sich, dass eine Vielzahl von Gesetzen benötigt wird. Das vorliegende Buch ist ohne eine anständige Gesetzessammlung praktisch wertlos. Welche Gesetze Ihre Sammlung enthalten sollte, ergibt sich unten aus § 1 B I. Empfehlenswert sind beispielsweise die Sammlung „Zivilrecht – Wirtschaftsrecht" des Nomos-Verlags und die Loseblattsammlung des Verlags C.H. Beck: „Schönfelder, Deutsche Gesetze". Auch entlegenere Vorschriften sind im Internet schnell abrufbar. Es führt nichts daran vorbei, während der Lehrbuchlektüre ständig im Gesetz nachzuschlagen und sorgfältig mitzulesen. Sonst ist das Durcharbeiten des Buches (wie der Besuch einer Jura-Vorlesung) reine Zeitverschwendung.

An der Neuauflage haben meine Mitarbeiter, Frau Dambon, Frau Jahn und die Herren Göckler, Handke, Jordan, Luberichs, Mißler und Sturmhöfel mitgewirkt. Ihnen möchte ich auch an dieser Stelle einen ganz besonderen Dank sagen.

Leipzig   Justus Meyer
im Juli 2016

Inhaltsverzeichnis

Abkürzungsverzeichnis

Abs.	Absatz
ADSp	Allgemeine Deutsche Spediteursbedingungen
AEUV	Vertrag über die Arbeitsweise der Europäischen Union
AG	Amtsgericht/Aktiengesellschaft
AGB	Allgemeine Geschäftsbedingungen
AktG	Aktiengesetz
Alt.	Alternative
Anspr.	Anspruch
AO	Abgabenordnung
ArbEG	Arbeitnehmerfindungsgesetz
ArbG	Arbeitsgericht
ArbGG	Arbeitsgerichtsgesetz
Art.	Artikel
AT	Allgemeiner Teil
AÜG	Arbeitnehmerüberlassungsgesetz
BAG	Bundesarbeitsgericht
BauGB	Baugesetzbuch
Bekl.	Beklagte(r)
BetrVG	Betriebsverfassungsgesetz
BeurkG	Beurkundungsgesetz
BFH	Bundesfinanzhof
BGB	Bürgerliches Gesetzbuch
BGB-InfoV	Verordnung über Informations- und Nachweispflichten nach bürgerlichem Recht
BGH	Bundesgerichtshof
BGHZ	Entscheidungen des BGH in Zivilsachen
BSG	Bundessozialgericht
BT	Besonderer Teil
BVerfG	Bundesverfassungsgericht
BVerfGG	Bundesverfassungsgerichtsgesetz
BVerwG	Bundesverwaltungsgericht
BWL	Betriebswirtschaftslehre
c.i.c.	culpa in contrahendo
Co.	Compagnie

DIN	Deutsche Industrie Norm
e.G.	eingetragene Genossenschaft
EG	Europäische Gemeinschaft
EGBGB	Einführungsgesetz zum BGB
EGHGB	Einführungsgesetz zum HGB
EStG	Einkommensteuergesetz
EU	Europäische Union
EuGH	Europäischer Gerichtshof
EuGVVO	EU-Verordnung über die gerichtliche Zuständigkeit und die Anerkennung und Vollstreckung von Entscheidungen in Zivil- und Handelssachen
EUV	EU-Vertrag
EV	Eigentumsvorbehalt
EWIV	Europäische Wirtschaftliche Interessengemeinschaft
EWR	Europäischer Wirtschaftsraum
f./ff.	folgende
FernAbsG	Fernabsatzgesetz
FG	Finanzgericht
FGG	Gesetz über die freiwillige Gerichtsbarkeit
FGO	Finanzgerichtsordnung
G	Gesetz
GBO	Grundbuchordnung
GbR	Gesellschaft bürgerlichen Rechts
GebrMG	Gebrauchsmustergesetz
GEMA	Gesellschaft für musikalische Aufführrungsrechte
GenG	Genossenschaftsgesetz
GeschmMG	Geschmacksmustergesetz
GewO	Gewerbeordnung
GG	Grundgesetz
GmbH	Gesellschaft mit beschränkter Haftung
GmbHG	GmbH-Gesetz
GRUR	Gewerblicher Rechtsschutz und Urheberrecht
GVG	Gerichtsverfassungsgesetz
GVL	Gesellschaft zur Verwertung von Leistungsschutzrechten
GWB	Gesetz gegen Wettbewerbsbeschränkungen
HGB	Handelsgesetzbuch
i.d.R.	in der Regel
i.S.d.	im Sinne des
i.V.m.	in Verbindung mit
InsO	Insolvenzordnung
IPR	Internationales Privatrecht
JA	Juristische Ausbildung
JuS	Juristische Schulung
KFZ	Kraftfahrzeug
KG	Kommanditgesellschaft

KGaA	Kommanditgesellschaft auf Aktien
Kl.	Kläger(in)
KSchG	Kündigungsschutzgesetz
KStG	Körperschaftsteuergesetz
KW	Kalenderwoche
LAG	Landesarbeitsgericht
LG	Landgericht
lit.	Litera (Buchstabe)
MarkenG	Markengesetz
NJW	Neue Juristische Wochenschrift
OHG	Offene Handelsgesellschaft
OLG	Oberlandesgericht
OVG	Oberverwaltungsgericht
PAngV	Preisangabenverordnung
PatG	Patentgesetz
ProdHaftG	Produkthaftungsgesetz
RGZ	Entscheidungen des Reichsgerichts in Zivilsachen
RL	Richtlinie
Rn	Randnummer
Rom II-VO	EU-Verordnung über das auf außervertragliche Schuldverhältnisse anzuwendende Recht
Rom I-VO	EU-Verordnung über das auf vertragliche Schuldverhältnisse anzuwendende Recht
S.	Satz/Seite
SchE	Schadensersatz
ScheckG	Scheckgesetz
SG	Sozialgericht
SGB	Sozialgesetzbuch
SGG	Sozialgerichtsgesetz
SiG	Sicherungsgeber
SiN	Sicherungsnehmer
Slg.	Sammlung (der EuGH-Entscheidungen)
StGB	Strafgesetzbuch
StPO	Strafprozessordnung
StVG	Straßenverkehrsgesetz
StVO	Straßenverkehrsordnung
UGP-RL	Richtlinie 29/2005/EG über unlautere Geschäftspraktiken
UKlaG	Unterlassungsklagengesetz
UmweltHG	Umwelthaftungsgesetz
UrhG	Urhebergesetz
UStG	Umsatzsteuergesetz
UWG	Gesetz gegen unlauteren Wettbewerb
Var.	Variante
VG	Verwaltungsgericht
VG Wort	Verwertungsgesellschaft Wort

VGH	Verwaltungsgerichtshof
VOB	Verdingungsordnung Bau
VU	Vertragsunternehmen
VVaG	Versicherungsverein auf Gegenseitigkeit
VwGO	Verwaltungsgerichtsordnung
VwVfG	Verwaltungsverfahrensgesetz
WG	Wechselgesetz
WiSt	Wirtschaft und Studium
WRP	Wettbewerb in Recht und Praxis
WuW	Wirtschaft und Wettbewerb
WuW/E	Entscheidungssammlung der WuW
ZbF	Zeitschrift für betriebswirtschaftliche Forschung
zit.	Zitiert
ZPO	Zivilprozessordnung
ZVG	Zwangsversteigerungsgesetz

Abbildungsverzeichnis

Teil I

Einführung

In der Einführung, insbesondere in § 1, geht es zunächst um den Überblick. Viele 1
Einzelheiten können Sie erst einmal übergehen und für einen zweiten Durchgang
aufsparen.

§ 1 Übersicht

▶ **Fallstudie: Der Billig-Bücher-Laden**
Hannes Hurtig hat eine neue Geschäftsidee. Er mietet einen kleinen
Laden in Uni-Nähe, least einen Fotokopierer und kauft einige weitere
Utensilien wie einen schwarzen Vorhang, eine Binde-Maschine, Papp-
deckel und jede Menge Papier. Er findet gerade Fachbücher zu teuer und
will dem mit Hilfe seines Freundes, der in der Uni-Bibliothek arbeitet,
abhelfen.

Karin Kreft interessiert sich für ein bestimmtes Privatrechtsbuch.
Hurtig bietet es ihr für 12 € in der praktischen Arbeitsausgabe (mit Ringhef-
tung) zum Kauf an. Ihre Bestellung sei aber verbindlich; er könne übermor-
gen liefern. Karin Kreft nickt und hinterlässt ihre Adresse.

Zwei Tage später kommt es zum Streit, weil sie das Buch nicht mehr
haben will. Hannes Hurtig flucht etwas von „verbindlich" und „Gerichtsvollzieher". Karin Kreft fragt nach seiner Konzession und droht sogar mit
dem Staatsanwalt.

A. Einordnung des Wirtschaftsprivatrechts

I. Recht – Privatrecht – Wirtschaftsprivatrecht

1. Recht und Gesetz

Verfolgt ein Einzelner in einer Gesellschaft seine individuellen Interessen ohne jede   2
Einschränkung, so beeinträchtigt er notwendigerweise die Interessen anderer. Mensch-
liches Zusammenleben bedarf daher eines Regel- und Ordnungsrahmens, um die
Vielzahl der Einzelinteressen auszugleichen. Regel- und Ordnungsmechanismen
gibt es viele, etwa Markt und Wettbewerb, Religionen, Sitten oder Moden. Für das
Recht ist kennzeichnend, dass Rechtsregeln vom Staat aufgestellt und notfalls auch
durchgesetzt werden.

© Springer-Verlag Berlin Heidelberg 2017
J. Meyer, *Wirtschaftsprivatrecht*, Springer-Lehrbuch,
DOI 10.1007/978-3-662-52734-4_1

Beispiel:

Eine Selbstverpflichtung der Industrie, bestimmte ökologische Standards einzuhalten, mag Sachzwänge schaffen. Rechtsnormen sind dagegen die Immissionsschutzgesetze des Bundes und der Länder.

3   Der deutsche Staat hat sich mit dem **Grundgesetz** (GG) eine Verfassung gegeben, in der die wichtigsten Rechtsregeln verankert sind. Dort ist auch das Verfahren geregelt, nach dem die einfachen förmlichen Gesetze erlassen werden. Eine Reihe dieser **förmlichen Gesetze** finden Sie in Ihrer Gesetzessammlung, z. B. das Bürgerliche Gesetzbuch (BGB), das Handelsgesetzbuch (HGB), das GmbH-Gesetz (GmbHG), das Gesetz gegen unlauteren Wettbewerb (UWG) oder die Zivilprozessordnung (ZPO). Sie sind meist in Paragraphen (§) gegliedert, manche, wie das GG, in Artikel (Art.). Die Vorschriften werden anfangs durchgezählt (z. B. das BGB von § 1 bis § 2385). Bei späteren Streichungen werden Lücken gelassen (z. B. §§ 3–6 BGB) und bei Einfügungen Kleinbuchstaben verwendet (z. B. § 90a BGB und §§ 312a ff. BGB), damit die späteren Vorschriften ihre gewohnte Zählung behalten. Ein Paragraph oder Artikel trifft oft mehrere Regelungen in verschiedenen Absätzen und Sätzen. Wer genau zitieren will, muss deshalb oft nicht nur die Paragraphenzahl, sondern auch den Absatz und Satz bezeichnen.

Beispiel:

Hannes Hurtig hat mit Karin Kreft einen Kaufvertrag abgeschlossen. Die Grundpflichten des Verkäufers und des Käufers sind in § 433 BGB geregelt. Bei sorgfältiger Lektüre erkennen Sie, dass es im ersten Absatz um die Verkäuferpflichten geht und im zweiten um die Käuferpflichten. Absatz 1 bestimmt im ersten Satz, dass der Verkäufer dem Käufer den Besitz und das Eigentum an der gekauften Sache zu übertragen hat, und in Satz 2, dass die Sache frei von Sach- und Rechtsmängeln sein muss. Von Sachmängeln handelt also § 433 Abs. 1 S. 2 oder kürzer: § 433 I 2 BGB.

4   Außer den förmlichen Gesetzen gibt es noch **weitere Rechtsquellen**, die uns später nur ganz vereinzelt beschäftigen werden, von denen Sie aber zumindest eine Vorstellung haben sollten. *Rechtsverordnungen* werden aufgrund gesetzlicher Ermächtigung von der Bundesregierung, einem Bundesminister oder einer Landesregierung erlassen (Art. 80 GG). Sie stehen also unter den förmlichen Gesetzen und sind ungültig, soweit sie ihnen widersprechen. Eine Stufe darunter sind *Satzungen* angesiedelt, die durch eine Gemeinde oder eine andere öffentliche Körperschaft (z. B. eine Universität oder Handwerkskammer) erlassen werden. Neben alldem gibt es auch ungeschriebenes Recht, sogenanntes *Gewohnheitsrecht,* das in Deutschland aber eine wesentlich geringere Rolle spielt als z. B. in England.

Beispiele:

Rechtsverordnungen sind z. B. die Straßenverkehrsordnung und die Handelsregisterverordnung. Zu den Satzungen gehören z. B. die gemeindlichen Haushaltssatzungen und die Immatrikulationsordnungen der Universitäten. Ein prominentes

Beispiel für Gewohnheitsrecht sind die Grundsätze des kaufmännischen Bestätigungsschreibens (näher Rn 307 ff.).

Manche sehen schließlich das sog. **Richterrecht** als eigene Rechtsquelle an. Bei 5 der Anwendung der Gesetze entfernen sich Richter manchmal vom Wortlaut und dem ursprünglichen Sinn der Rechtsnorm und bilden das Recht fort. Manche Rechtsgebiete erschließen sich erst durch die Kenntnis der Rechtsprechung z. B. des Bundesgerichtshofs (BGH), unseres obersten Zivilgerichts. Um Gesetze handelt es sich bei diesen Rechtssätzen allerdings nicht.

Wer mit dem Gesetzestext umzugehen weiß, kann die dazu ergangene Rechtsprechung rasch ermitteln und findet auch eventuell entwickeltes Gewohnheitsrecht ohne große Probleme.

2. Recht haben und Recht bekommen

„Recht zu haben, heißt noch lange nicht, Recht zu bekommen", hört man oft. Eine 6 Vorschrift wie § 433 II BGB, wonach der Käufer den Kaufpreis zu zahlen hat, ist nicht viel wert, wenn diese Verpflichtung nicht notfalls auch durchgesetzt werden kann. Der Schutz des Eigentums durch das Diebstahlverbot ist nicht viel wert, wenn sich niemand um einen Diebstahl kümmert. Normen wie diese werden **materielles Recht** genannt. Die Durchsetzung des materiellen Rechts erfolgt z. B. durch polizeiliche und staatsanwaltliche Ermittlung, den Strafprozess und die Strafe. Das alles geschieht nach genauen Verfahrensregeln, die einerseits die Durchsetzung des Rechts sichern, andererseits den Einzelnen vor Übergriffen der Staatsgewalt schützen.

Beispiel:

Seinen Kaufpreisanspruch darf Hannes Hurtig nicht einfach mit einigen Freunden und Baseball-Schlägern durchsetzen. Er muss vor den Zivilgerichten eine Verurteilung der Kundin erwirken. Dieses Urteil wird gegebenenfalls wiederum staatlich, z. B. durch den Gerichtsvollzieher, vollstreckt.

Neben das materielle Recht tritt also das **Verfahrensrecht**. Kernstück ist jeweils 7 das Prozessrecht, es gehören aber auch z. B. die Regeln über die Vollstreckung dazu. So wird beispielsweise das materielle Privatrecht durch die Zivilprozessordnung (ZPO) und weitere Verfahrensregeln ergänzt.

Man darf andererseits nicht übersehen, dass das materielle Recht seine Wirkung 8 in erster Linie dadurch entfaltet, dass es befolgt wird. Die allermeisten Verträge werden erfüllt, ohne dass es zu Streitigkeiten käme. Selbst wenn es zu Konflikten kommt, braucht man Anwälte und Gerichte nur in den seltensten Fällen. Oft genügt eine Verständigung über die Rechtslage oder kaufmännisch anständige Gepflogenheiten, oft gelingt eine Einigung. Rechtsrat muss zudem nicht teuer sein. Verbraucherschutzvereine oder Mieterschutzvereinigungen können häufig im Vorfeld helfen, und im Ernstfall ist für Vermögens- und Einkommensschwache Beratungshilfe und notfalls Prozesskostenhilfe vorgesehen (so das Beratungshilfegesetz und §§ 114 ff. ZPO).

3. Privatrecht und andere Rechtsgebiete

9   **Privatrecht**, auch *Zivilrecht* genannt, ist das Recht der Privaten; es regelt die Rechtsbeziehungen zwischen einzelnen gleichgeordneten Privatpersonen. Eine solche „Privatperson" kann auch z. B. der Staat sein, sofern er nicht mit Hoheitsgewalt handelt. Wenn eine Gemeinde Fahrzeuge kauft oder der Bund einen Rasenmäher fürs Kanzleramt, richtet sich das nach § 433 BGB. Auch im Privatrecht können Über- und Unterordnungsverhältnisse bestehen (z. B. zwischen Eltern und Kindern). Grundsätzlich geht das Privatrecht aber von der Idealvorstellung freier Personen aus, die sich gleichgeordnet gegenübertreten und ihre Rechtsverhältnisse untereinander grundsätzlich selbst bestimmen. Sie können sich entscheiden, ob sie ihre Sachgüter behalten wollen oder z. B. verkaufen oder vermieten. Sie suchen sich ihre Vertragspartner aus und bestimmen den Preis. Im Privatrecht herrscht der Grundsatz der *Privatautonomie*. Grundsatz ist die Freiheit des Einzelnen; die Rechtsordnung trifft nur Regelungen, soweit dies im Interesse der Gemeinschaft erforderlich ist.

10   Dementsprechend handelt es sich bei vielen Rechtsnormen nur um nachgiebiges oder *dispositives Recht*. Das Gesetz trifft dann eine Regelung nur für den Fall, dass die Parteien nichts anderes vereinbart haben. Über zwingendes Recht können abweichende Vereinbarungen im Gegensatz dazu nicht getroffen werden. Dispositiv sind die meisten vertragsrechtlichen Regeln. Zwingend sind typischerweise Regelungen, die sich auch auf Dritte erstrecken (z. B. im Sachenrecht) oder die eine oft unterlegene Vertragspartei schützen sollen.

> **Beispiele:**
> Manche Normen ordnen den zwingenden Charakter ausdrücklich an, z. B. §§ 276 III, 312k BGB, § 14 ProdHaftG. Bei anderen ergibt sich das aus der Auslegung, z. B. bei §§ 134, 138 BGB. Manche Normen lassen im Wortlaut erkennen, dass sie nur dispositiv gelten, z. B. § 270 BGB („im Zweifel"). Meist geht das Gesetz von ihrer Abdingbarkeit einfach aus.

11   In den **anderen Rechtsgebieten** herrscht im Interesse der Freiheit eine entgegengesetzte Anschauung. Hier geht es um die Organisation, die effiziente Ausgestaltung aber auch die Begrenzung der Staatsgewalt. Jeder Hoheitsträger darf nur im Rahmen seiner Befugnisse handeln; bestraft werden darf nur, wenn ein Strafgesetz im Zeitpunkt der Tat eine Strafe vorsieht. Das Folgende nur, damit Sie es einmal gehört haben.

12   Zum Öffentlichen Recht gehören insbesondere das Verfassungsrecht (s. u. II 1) und das Verwaltungsrecht. Das **Öffentliche Recht** regelt zum einen die Organisation der Staatsgewalt. So regeln das Grundgesetz und zahlreiche Spezialgesetze beispielsweise Aufbau und Kompetenzen der staatlichen Institutionen. Zum anderen regelt das Öffentliche Recht die Rechtsbeziehungen des Einzelnen zum Staat. Ein wichtiges Beispiel hierfür sind die Grundrechte, die dem Einzelnen Freiheitsrechte gegenüber der staatlichen Gewalt garantieren. Die für die Wirtschaft wichtigsten sind die allgemeine Handlungsfreiheit, der Gleichheitssatz, die Meinungs- und Pressefreiheit, die Berufsfreiheit und die Eigentumsgarantie (vgl. insg. Art. 1–14 GG).

Zum Verhältnis Bürger – Staat gehören natürlich nicht nur Rechte, sondern auch Pflichten. Prominente Beispiele sind die Steuerpflichten und die Anzeige- und Genehmigungspflichten z. B. nach der Gewerbeordnung (GewO) und dem Baugesetzbuch (BauGB). Das Verwaltungsverfahren regelt das Verwaltungsverfahrensgesetz (VwVfG), das Gerichtsverfahren die Verwaltungsgerichtsordnung (VwGO). Rechtsschutz für den Bürger gewähren die Verwaltungsgerichte, Oberverwaltungsgerichte und das Bundesverwaltungsgericht.

Eine Spezialmaterie, die auch zum Öffentlichen Recht gehört, ist das **Strafrecht**. 13 Dass ein Dieb bestraft wird, betrifft auch das Verhältnis Bürger – Staat und regelt hoheitliche Befugnisse. Dennoch handelt es sich um ein traditionell eigenes Rechtsgebiet: Es haben sich Spezialisierungen entwickelt, und vor allem sind besondere Gerichte zuständig. Das wichtigste Verfahrensgesetz ist die Strafprozessordnung (StPO). Strafgerichtsbarkeit und Zivilgerichtsbarkeit bilden zusammen die *ordentliche Gerichtsbarkeit* (s. unten Rn 67 ff.).

Die folgende Abbildung fasst diese Zwei- oder Dreiteilung noch einmal zusammen und führt jeweils die wichtigsten (oder zumindest exemplarische) Gesetze des materiellen Rechts und Verfahrensrechts sowie den Instanzenzug auf. Vorangestellt sind das EU-Recht, das letztentscheidend durch den EuGH ausgelegt wird (s. unten Rn 25 ff.) und das (deutsche) Verfassungsrecht, das vor allem im Grundgesetz (GG) enthalten ist und dessen Auslegung vor allem in den Händen des Bundesverfassungsgerichts (BVerfG) in Karlsruhe liegt (s. unten Rn 22 ff.).

Über diese Dreiteilung hinaus haben sich, wie Abb. 1 zeigt, **weitere Rechtsge-** 14 **biete** und Gerichtszweige entwickelt. Eine besondere Materie des Privatrechts ist das *Arbeitsrecht*, das einerseits die einzelnen Arbeitsverhältnisse regelt (z. B. im Kündigungsschutzgesetz [KSchG]) und andererseits einen generellen Interessenausgleich

EU-Recht (EUV, AEUV, Verordnungen, Richtlinien) EuGH						
Deutsches Verfassungsrecht (GG) BVerfG						
	Privatrecht		Öffentliches Recht			
	Allg.	ArbeitsR	VerwR	SozialR	SteuerR	StrafR
Materielles Recht	BGB HGB	BGB KSchG BetrVG	GewO BauGB	SGB	EStG KStG UStG	StGB
Verfahrens- recht	ZPO	ArbGG	VwVfG VwGO	SGB X SGG	AO FGO	StPO
Gerichte (Instanzen)	BGH OLG LG AG	BAG LAG ArbG	BVerwG OVG VG	BSG LSG SG	BFH FG	BGH OLG LG AG

Abb. 1 Rechtsgebiete und Gerichtsbarkeit

zwischen Arbeitgeber- und Arbeitnehmerschaft zu erreichen versucht (z. B. im Betriebsverfassungsgesetz [BetrVG]). Gerichtsbarkeit: Arbeitsgericht, Landesarbeitsgericht und Bundesarbeitsgericht (vgl. das Arbeitsgerichtsgesetz [ArbGG]). Das Arbeitsrecht wird hier (in § 6) nur kurz gestreift.

15   In gewissem Sinn damit verwandt ist das *Sozialrecht*, das aber zum Öffentlichen Recht gehört. Das materielle Sozialrecht (z. B. der Sozialhilfe, Kranken-, Pflege-, Renten- und Unfallversicherung) wird seit einigen Jahren im Sozialgesetzbuch (SGB) zusammengefasst. Das Verfahrensrecht findet sich im zehnten Buch des SGB (SGB X) und im Sozialgerichtsgesetz (SGG). Die Gerichtsbarkeit ähnelt der arbeitsrechtlichen: Sozialgericht, Landessozialgericht und Bundessozialgericht.

16   Eine Sondermaterie des Öffentlichen Rechts ist schließlich auch das *Steuerrecht*. Die materielle Steuerpflicht richtet sich z. B. nach dem Einkommen-, Körperschaft- und Umsatzsteuergesetz (EStG, KStG, UStG). Das Verfahren ist in der Abgabenordnung (AO) und der Finanzgerichtsordnung (FGO) geregelt. Der Instanzenzug besteht nur aus den Finanzgerichten und dem Bundesfinanzhof.

4. Recht und Wirtschaft

17   Rechts- und Wirtschaftsordnung bedingen sich gegenseitig. Das zeigt sich besonders deutlich, wenn man die Rechtsordnungen marktwirtschaftlicher oder planwirtschaftlicher Systeme vergleicht. Vielfach wird Recht als Einschränkung unternehmerischen Handelns empfunden. Es sichert aber andererseits die Gestaltungsräume jedes Einzelnen und kann auch als Gestaltungsinstrument begriffen werden: Die Gestaltung von Verträgen, die Anmeldung von Patenten und anderen Schutzrechten, der offensive Einsatz von Markenstrategien usw. können zur Erreichung der Unternehmensziele dienstbar gemacht werden.

18   Die Beschäftigung mit der Rechtsordnung ist also nicht nur etwas für defensive, ängstliche Strategen, sondern notwendiger Bestandteil jeder erfolgreichen unternehmerischen Tätigkeit. In verschiedenen Arbeitsbereichen tauchen dabei verschiedene Rechtsfragen auf; nicht alles kann hier behandelt werden. **Wirtschaftsprivatrecht** meint lediglich, dass aus der Stofffülle des Privatrechts das ausgewählt worden ist, was für die Wirtschaft am ehesten wichtig werden kann. Dabei geht es um einen soliden Überblick und um die Methodik, die für ein vertieftes Einarbeiten wichtig ist.

5. Zur Fallstudie

19   Hannes Hurtig hat zunächst wie jeder andere die Freiheit, sich wirtschaftlich zu betätigen (vgl. nur Art. 2 I und 12 I GG). Zum Schutz der Allgemeinheit bestehen aber Einschränkungen, die in der Gewerbeordnung (GewO) und einer Reihe von Spezialgesetzen dazu geregelt sind. Jeder kennt z. B. das Genehmigungserfordernis für Gaststätten nach § 2 des Gaststättengesetzes („Gaststättenkonzession"). Bei anderen Gewerben hält sich die Rechtsordnung weiter zurück und verlangt nur, dass sie dem Gewerbeaufsichtsamt angezeigt werden. Das gilt auch für Hannes Hurtig mit seinem Billig-Bücher-Laden (§ 14 GewO). Dabei geht es um das Verhältnis Bürger – Staat, also um **Öffentliches Recht**. Das soll hier nicht weiter verfolgt werden.

20   Das Kopieren ganzer Bücher bringt Hannes Hurtig in Berührung mit dem **Strafrecht**, und zwar nicht mit dem Strafgesetzbuch, sondern mit den Straftatbeständen

des Urheberrechtsgesetzes (§§ 106, 108a UrhG). Folge: Die Polizei wird sich für diesen Fall interessieren, wenn sie (z. B. durch Anzeige von K) davon erfährt. Sie wird die Zeugen und den Beschuldigten vernehmen, das Beweismaterial zusammentragen und die Akte an die Staatsanwaltschaft weiterleiten. Dort wird geprüft, ob weiter ermittelt werden muss, ob Anklage zu erheben ist oder der Verdacht nicht hinreicht. Durch eine Anklage kann es zum Strafprozess kommen, in dem der Angeklagte, wenn seine Schuld feststeht, zu Geld- oder Freiheitsstrafe (in diesem Fall bis zu fünf Jahren) verurteilt wird. Hier wird aber auch deutlich, dass das Gesetz nicht alles regelt (auch wenn einem das oft anders vorkommt!) und dass auch nicht alle Gesetze in jedem Fall durchgesetzt werden: Urheberrechtsverletzungen werden nur auf Antrag verfolgt, solange sie nicht gewerbsmäßig erfolgen (§ 109 UrhG), und bei Geringfügigkeit kommt eine Einstellung in Betracht (§§ 153 f. StPO).

Ob Karin Kreft das Buch abnehmen und bezahlen muss, ist eine Sache des **Privatrechts**. Es hängt davon ab, ob die beiden einen wirksamen Kaufvertrag abgeschlossen haben. Wäre das der Fall, hätte H das Buch zu liefern, und K es zu bezahlen. § 433 I und II BGB sagt das präziser. Wegen des Urheberrechtsverstoßes ist die Wirksamkeit des Vertrages allerdings fraglich (vgl. § 134 BGB). Wir verfolgen das noch. 21

II. Wirtschaftsprivatrecht im weiteren Kontext

1. Wirtschaftsprivatrecht und Verfassungsrecht

Das schon mehrfach erwähnte Verfassungsrecht, insbesondere das Grundgesetz, gehört zum Öffentlichen Recht. Es beeinflusst aber auch das Privatrecht entscheidend. Das Grundgesetz enthält die wichtigsten Rechtssätze unserer nationalen Rechtsordnung und ist allem anderen deutschen Recht übergeordnet. Jede Rechtsnorm, auch des Privat- und Strafrechts, und jeder sonstige Hoheitsakt, auch jedes Gerichtsurteil, müssen sich am Grundgesetz messen lassen. Widerspricht eine Norm oder etwa ein letztinstanzliches Urteil dem Grundgesetz, erklärt das Bundesverfassungsgericht (BVerfG) in Karlsruhe es für verfassungswidrig. 22

> **Beispiel:**
> Die früheren §§ 16 und 19 der Arbeitszeitordnung, die Frauen die Arbeit in der Nacht und unter Tage verboten, verstießen gegen den Gleichheitssatz (Art. 3 GG). Sie wurden daher vom BVerfG für verfassungswidrig erklärt und waren damit ungültig. Später wurde das Gesetz geändert.

Verfassungsrecht wirkt sich aber nicht erst bei der Frage aus, ob eine Rechtsnorm eventuell verfassungswidrig ist. Vielmehr sind alle Gesetze im Licht des Grundgesetzes auszulegen und anzuwenden. Mehrdeutige Begriffe sind daher immer so zu verstehen, wie es der Wertordnung des Grundgesetzes am ehesten entspricht. Insbesondere unbestimmte Rechtsbegriffe, z. B. der Begriff „gute Sitten", der u. a. in § 138 BGB und § 826 BGB vorkommt, müssen anhand der Bestimmungen des GG, vor allem der Grundrechte, ausgefüllt werden. 23

Beispiel:

Eine Bank hatte sich für einen höheren Kredit als Sicherheit u. a. von einem vermögenslosen und einkommensschwachen Familienangehörigen eine Bürgschaft geben lassen. Dieser hielt den Bürgschaftsvertrag für sittenwidrig und damit gemäß § 138 BGB für nichtig. Die Zivilgerichte, auch der BGH, sahen das anders. Das BVerfG hob die BGH-Entscheidung allerdings auf, weil die Ausfüllung des Begriffs der guten Sitten das Persönlichkeitsrecht (Art. 1 I 1, 2 I GG) des Bürgen zu wenig berücksichtigte.

24   Auch wer im Privatrecht arbeitet, muss also das Grundgesetz einigermaßen kennen. Vor allem die Grundrechte sollte jeder einmal studiert haben. Nur so kann er dem Gebot verfassungskonformer Auslegung nachkommen.

2. Wirtschaftsprivatrecht und Europarecht

25   Gerade für die Wirtschaft ist ferner das Recht der Europäischen Union von immer größerer Bedeutung. Hierher gehören zunächst der **EU-Vertrag** (EUV) und der **Vertrag über die Arbeitsweise der Union** (AEUV), an denen sich das weitere EU-Recht und das nationale Recht der Mitgliedstaaten messen lassen müssen. Recht häufig verstoßen nationale Beschränkungen z. B. gegen die im AEUV verankerten Freiheiten des Waren- und Dienstleistungsverkehrs (Art. 34, 56 AEUV). Auch Subventionen können dem AEUV widersprechen und sind dann unzulässig. Hinzu kommen auch hier die Grundrechte, die in der Grundrechtecharta der EU (GRCh) und – über die Union hinaus – in der Europäischen Menschenrechtskonvention (EMRK) verbürgt sind.

Beispiele:

Ein Verbot von Telefonwerbung für Finanzdienstleistungen kann unter Umständen die Meinungsfreiheit (Art. 5 I GG, Art. 11 GRCh, Art. 10 EMRK) verletzen, eventuell aber auch Art. 56 AEUV. Der EuGH hat dementsprechend auch z. B. das deutsche Arbeitnehmerüberlassungsgesetz (AÜG) für europarechtswidrig erklärt, soweit es nicht in Deutschland ansässigen Bauunternehmen verbietet, Arbeitnehmer an deutsche Unternehmen abzuordnen und sich an entsprechenden Arbeitsgemeinschaften zu beteiligen.

26   Zum Recht der Europäischen Union gehören daneben die **EU-Verordnungen**, die man nicht mit den unter Rn 4 besprochenen deutschen Rechtsverordnungen verwechseln darf. Die EU-Verordnungen werden von den Unionsorganen erlassen und stellen in allen Mitgliedstaaten unmittelbar geltendes Recht dar.

Beispiel:

Die Fusionskontrollverordnung regelt Zusammenschlüsse von Unternehmen. Sie gilt neben dem deutschen Fusionskontrollrecht (§§ 35 ff. GWB) und genießt dabei Vorrang. Bei der juristischen Begutachtung eines Unternehmenszusammenschlusses ist daher zunächst zu prüfen, ob der Fall von der Verordnung erfasst wird und wie sie ihn gegebenenfalls regelt. Anderenfalls sind die §§ 35 ff.

GWB zu prüfen. Ohne Blick auf das europäische Recht kann man zur Zulässigkeit des Zusammenschlussvorhabens also nichts Verlässliches sagen (näher unten Rn 1100 ff.).

Als dritte europäische Rechtsquelle kommen schließlich die **EU-Richtlinien** hinzu. 27 Richtlinien gelten nicht unmittelbar gegenüber jedermann, sondern sie verpflichten die Mitgliedstaaten, nationale Gesetze mit entsprechenden Regelungen zu erlassen. Der deutsche Rechtsanwender hat es zwar grundsätzlich nur mit dem deutschen Gesetz zu tun, das die Richtlinie transformiert. Die „dahinterstehende" Richtlinie kann aber bei der Auslegung wichtig sein: Gesetze sind stets im Licht des GG auszulegen und gegebenenfalls auch im Licht der Richtlinie, die sie transformieren (richtlinienkonforme Auslegung).

> **Beispiele:**
> Einen solchen „Richtlinien-Hintergrund" haben z. B. das Produkthaftungsgesetz (dazu unten § 11 C II), das AGB-Recht (§§ 305 ff. BGB), das Recht besonderer Vertriebsformen (§§ 312 ff. BGB), des Verbrauchsgüterkaufs (§§ 474 ff. BGB) und des Verbraucherdarlehens (§§ 491 ff. BGB; zu allen unten § 15). Ob sich das Widerrufsrecht bei „Haustürgeschäften" nach § 312g BGB auch auf Bürgschaften bezieht, ist nach dem Wortlaut der Vorschrift zweifelhaft, wurde insbesondere angesichts des Wortlauts und Zwecks der Richtlinie schließlich aber bejaht.

Da in Brüssel verabschiedete Richtlinien in der Folgezeit in nationales Recht umge- 28 setzt werden, geben sie bereits Aufschluss über die kommende Rechtslage. Wer politischen Einfluß geltend machen will, muss das schon in Brüssel tun, und wer sich frühzeitig auf Rechtsänderungen einstellen will, muss auch die Aktivitäten der EU im Auge behalten.

> **Beispiel:**
> Die Verbraucherrechte-Richtlinie vom Oktober 2011 gestattete schon detaillierte Voraussagen zu der im Juni 2014 in Kraft getretenen Fassung der §§ 312 ff. und 355 ff. BGB (dazu unten Rn 1158 ff.).

Es lohnt sich nach alledem auch für den Privatrechtler, in das Europarecht hineinzu- 29 schnuppern. Vor allem aber sind EUV, AEUV, Verordnungen und Richtlinien Rechtsnormen, mit denen man ebenso umzugehen hat wie mit anderen. Wer z. B. am BGB gelernt hat, Vorschriften aufzufinden und mit ihnen zu arbeiten, braucht vor Rechtsnormen aus Brüssel und Straßburg keine Angst zu haben.

3. Wirtschaftsprivatrecht im internationalen Wirtschaftsverkehr

Bei wirtschaftlicher Betätigung über deutsche oder europäische Grenzen hinaus 30 wächst die Komplexität der Rechtsprobleme. Im Rahmen eines einführenden Lehrbuchs lassen sie sich auch kaum sinnvoll darstellen. Wer sich etwas Methodenkenntnis aneignet und Berührungsängste abbaut, kann sich aber auch insoweit einarbeiten.

31   Das **Internationale Privatrecht** (IPR, auch Kollisionsrecht genannt) bestimmt
      das materielle Privatrecht („Sachrecht"), das bei internationalen Sachverhalten
      Anwendung findet.

Beispiel:

V (Sitz: Deutschland) soll eine Druckmaschine an K (Sitz: Frankreich) liefern.
Richtet sich der Kauf nach deutschem oder französischem Recht?

---

32   Internationale Sachverhalte werden häufig durch zwei- oder mehrseitige **Internati-
      onale Abkommen** (Staatsverträge) geregelt. Ein prominentes Beispiel ist das
      UN-Kaufrecht, eine 1980 geschlossene Konvention (Convention on the Internatio-
      nal Sale of Goods – CISG), die in über 80 Vertragsstaaten (seit 1991 auch in
      Deutschland) gilt. Das UN-Kaufrecht enthält für internationale Verträge über Waren-
      lieferungen eigene, international gültige Regelungen.

      Im vorigen **Beispiel** ist das UN-Kaufrecht anwendbar, sofern die Vertragsparteien
      nichts anderes vereinbart haben (Art. 6 CISG). Damit stehen neutrale, in beiden
      Sprachen verfügbare Rechtsregeln zur Verfügung, durch die keine Partei benach-
      teiligt wird.

33   Jenseits solcher internationaler Abkommen ist das IPR in der EU in weiten Teilen
      vereinheitlicht. Für vertragliche Schuldverhältnisse gilt die Rom I-Verordnung (VO
      EG Nr. 593/2008), für außervertragliche Schuldverhältnisse die Rom II-Verordnung
      (VO EG Nr. 864/2007). Im Übrigen entscheidet das IPR jedes einzelnen Staates,
      welches Sachrecht auf einen Fall mit Auslandsberührung Anwendung findet.

Beispiele:

Soll D (Sitz: Belgien) den Internetauftritt der B (Sitz: Deutschland) gestalten, ist
vorrangig das von den Parteien gewählte Recht anwendbar (Art. 3 Rom I-VO),
anderenfalls belgisches Recht (Art. 4 I b Rom I-VO).
    Wirbt B (Sitz: Belgien) für sein Webdesign mit irreführenden Flyern in
Deutschland, ist nach Art. 6 I Rom II-VO deutsches Lauterkeitsrecht anwendbar.
    Im Beispiel Rn 31 können V und K vereinbaren, dass nicht das UN-Kaufrecht
gelten soll, sondern nationales deutsches oder französisches (oder z. B. schwei-
zerisches) Recht (Rechtswahl nach Art. 3 Rom I-VO). Schließen sie nur das
UN-Kaufrecht aus ohne sonst eine Rechtswahl zu treffen, ist nach Art. 4 I a
Rom I-VO deutsches Recht anwendbar.

---

34   All das erscheint zunächst vielleicht verwirrend, entschlüsselt sich aber rasch, wenn
      man die zitierten Regelungen nachschaut. Wer das deutsche BGB zu lesen versteht,
      versteht auch das UN-Kaufrecht, die Rom I-Verordnung oder auch das schweizeri-
      sche Zivilgesetzbuch und Obligationenrecht. Auch wenn der Vergleich der ver-
      schiedenen Regelungen einige Erfahrung voraussetzt, muss all das doch kein Buch
      mit sieben Siegeln bleiben.

35   Auch die Praxis geht mit eingeführten internationalen Regeln oft ganz selbstver-
      ständlich und routiniert um. Beispielsweise nehmen internationale Lieferverträge

häufig auf die sogenannten **Incoterms** Bezug. Bei den *international commercial terms*, wie sie ausführlicher heißen, handelt es sich um Lieferklauseln, die von der Internationalen Handelskammer formuliert wurden. Es handelt sich also um internationale Muster-AGB, in denen ausführliche Standardvereinbarungen zu Lieferung, Lieferkosten, Versicherung, Gefahrtragung usw. durch kurze Buchstabenkombinationen gekennzeichnet werden.

Vereinbaren im **Beispiel** Rn 31 V und K, dass V die Druckmaschine FCA F. Schröder, Magdeburg liefern soll, so bedeutet das Lieferung *„free carrier"*, also „Frei Frachtführer". V erfüllt seine Lieferverpflichtungen demnach, indem er die Maschine dem benannten Frachtführer übergibt. V und K können sich auf die ausführlichen und neutralen Regelungen verlassen und müssen sich nicht lange mit dem fremdsprachigen „Kleingedruckten" ihres Vertragspartners aufhalten. Das spart Transaktionskosten.

Wer sich einmal die Rechtsnatur von AGB klargemacht hat (dazu unten Rn 1133 ff.), weiß beispielsweise, dass sie durch freie Vereinbarung abgeändert werden können und im Licht des Gesamtvertrags auszulegen sind. Ist deutsches Recht anwendbar, unterliegen sie auch der Kontrolle der §§ 305 ff. BGB. Auch hier wird wieder offenbar, dass man die vielen „fremden" Regeln weder fürchten noch auswendig lernen muss. Was EXW, FCA, FAS oder FOB bedeutet, kann man in der Praxis nachschlagen, die rechtliche Bedeutung kann man sich erarbeiten.   36

B. Wirtschaftsprivatrecht und Zivilverfahrensrecht

I. Einteilung des materiellen Wirtschaftsprivatrechts

Unter A I hatte sich bereits die Einteilung in formelles und materielles Recht ergeben. Abb. 1 zeigte auch bereits das Arbeitsrecht als Sondermaterie des Privatrechts mit eigener Gerichtsbarkeit. Im Übrigen zeigt Abb. 2 die wesentlichen Rechtsgebiete und Gesetze innerhalb des materiellen Privatrechts.   37

Das **Bürgerliche Recht** behandelt die Rechtsbeziehungen zwischen „Bürgern" und der Bürger zu ihren Gütern. Es ist das Privatrecht für jedermann, während z. B. das Handelsrecht nur für Kaufleute gilt. Die wichtigsten Regeln enthält das *Bürgerliche Gesetzbuch*. Es ist das Herzstück des Privatrechts und ziemlich umfangreich (zur Übersicht unten Rn 104 ff.).   38

Bürgerliches Recht	Handels- und Gesellschaftsrecht	Sonstiges Wirtschaftrecht
BGB, EGBGB StVG, ProdHaftG	HGB GmbHG, AktG	UWG, GWB, UrhG, PatG, MarkenG

Abb. 2 Wichtige Rechtsquellen des materiellen Privatrechts

39   Hinzu tritt zunächst das *Einführungsgesetz* zum BGB (EGBGB), das weitere
materielle Regeln enthält, daneben aber vor allem Übergangsregeln und Kollisionsrecht (s.o. Rn 31 ff.). Daneben gibt es verschiedene *Spezialgesetze* etwa zum Vertragsrecht (z. B. das Allgemeine Gleichbehandlungsgesetz) und zum Familienrecht
(z. B. das Lebenspartnerschaftsgesetz). In Abb. 2 sind nur einige besondere Haftungsregeln aufgeführt (dazu näher Rn 817 ff.). Es handelt sich meist um wenige
Seiten, die schnell zu überblicken sind.

40   Für das Wirtschaftsleben kommt zunächst das **Handels- und Gesellschaftsrecht**
hinzu, das teils unter dem Stichwort Unternehmensrecht zusammengefasst wird.
Hier geht es vor allem um besondere unternehmerische Handlungsformen und Rechtsformen. Dazu gibt es zwar keine eigene Gerichtsbarkeit wie im Arbeitsrecht, aber
doch spezialisierte Spruchkörper wie die Kammern für Handelssachen (vgl. §§ 93 ff.
GVG und unten Rn 70).

41   Das wichtigste Gesetz ist hier das *Handelsgesetzbuch.* Es enthält das Sonderprivatrecht der Kaufleute und auch die Regeln über die ältesten Handelsgesellschaften.
Im HGB finden sich auch traditionelle transportrechtliche Regelungen, z. B. über
Spediteure und Frachtführer sowie wertpapierrechtliche Vorschriften (zur Übersicht
unten Rn 171 ff.). Im Gesellschaftsrecht kommen insbesondere das GmbH-Gesetz
und das Aktiengesetz hinzu. Die weiteren Spezialregelungen z. B. zum Transport-
recht, Bank- und Börsenrecht, Versicherungsrecht und zu weiteren Gesellschaftsformen muss man nicht ständig zur Hand haben.

42   Zum **sonstigen Wirtschaftsrecht** gehört zunächst das *Wettbewerbsrecht*, das
wiederum zwei Stoßrichtungen hat: Das Gesetz gegen unlauteren Wettbewerb
(UWG) und einige Sondergesetze (z. B. die Preisangabeverordnung) sollen vor
unfairen Wettbewerbsmethoden schützen (dazu unten § 13). Das Gesetz gegen
Wettbewerbsbeschränkungen (GWB), auch Kartellgesetz genannt, soll gewährleisten, dass überhaupt freier Wettbewerb stattfindet und nicht etwa durch Kartelle
(z. B. Preisabsprachen) oder Fusionen erstickt wird (dazu unten § 14).

43   Ferner zählt das *Immaterialgüterrecht* zum sonstigen Wirtschaftsrecht. Wichtige
Gesetze sind hier z. B. das Urheberrechtsgesetz, das Patentgesetz und das Marken-
gesetz, aber auch das BGB und HGB enthalten immaterialgüterrechtliche Vorschriften. Immaterialgüter, etwa eine Firma, eine Marke oder ein Patent, sind in der
Wirtschaftspraxis oft wichtiger als Maschinen oder Grundstücke. § 12 dieses Buchs
beschäftigt sich daher mit den verschiedenen Möglichkeiten, sie zu schützen. Sie
sollten deshalb neben dem UWG und GWB das UrhG, PatG und MarkenG zur Verfügung haben.

II. Zivilverfahrensrecht

44   Auch das Verfahrensrecht kann man sich in den Grundzügen selbst erschließen.
Beispielsweise kann man nachlesen, wie eine Firma zur Eintragung in das Handelsregister anzumelden ist (vgl. § 12 HGB). In komplizierten Fällen, vor allem wenn es
zum Prozess oder zur Vollstreckung, auch im Insolvenzverfahren, kommt, sind aber
die Profis gefragt, so dass hier nur ein ganz globaler Überblick gegeben wird.

1. Übersicht

Das wichtigste Gesetz zum Zivilverfahrensrecht ist die ZPO. Hier wird vor allem   45
geregelt, wie ein Zivilprozess abläuft und wie ein Urteil notfalls vollstreckt wird.
Nur erwähnt werden sollen Spezialgesetze wie die Grundbuchordnung (GBO), das
Gesetz über das Verfahren in Familiensachen und in den Angelegenheiten der freiwilligen Gerichtsbarkeit (FamFG), das Zwangsversteigerungsgesetz (ZVG) und die
Insolvenzordnung (InsO). Das Gerichtsverfassungsgesetz (GVG) behandelt vor
allem die Zivil- und Strafgerichtsbarkeit (dazu unten Rn 67 ff.).

Hannes Hurtig muss, wie schon gesagt, seinen (eventuellen) Anspruch auf Kauf-   46
preiszahlung notfalls in einem geregelten Verfahren durchsetzen, wenn Karin Kreft
nicht freiwillig zahlt. Dazu muss zunächst der Streit über den Anspruch entschieden
werden. Ist entschieden, dass Karin Kreft die 12 € an Hannes Hurtig zahlen muss,
kann schließlich die Vollstreckung notwendig sein, wenn sie die Zahlung immer
noch verweigert.

2. Klage, Prozess und Urteil

Normalerweise werden Ansprüche, die nicht freiwillig erfüllt werden, eingeklagt.   47
Der Anspruchsteller (Kläger) oder sein Anwalt verfasst eine Klageschrift. Die *Klageschrift* muss nach § 253 II ZPO die Parteien bezeichnen (Kläger und Beklagten),
einen Klageantrag (Was genau will der Kläger?) und den Klagegrund, also den
Lebenssachverhalt, aus dem heraus sich das Klagebegehren rechtfertigt.

Wenn alles in Ordnung ist, wird die Klageschrift dem Beklagten zugestellt. Die   48
Klage ist damit erhoben (§ 253 I ZPO) und der Anspruch ist rechtshängig (§ 261
ZPO). Der Beklagte wird in der Regel eine *Klageerwiderung* verfassen (lassen), in
der der vorgetragene Sachverhalt anders dargestellt oder schlicht bestritten wird
oder rechtliche Erwägungen gegen den Anspruch angeführt werden (§ 277 ZPO).

Der Richter schaut sich beide Sachverhaltsvarianten an und sortiert, was *unstrei-*   49
tig und was *streitig* ist. Er nimmt die *rechtliche Prüfung* nach beiden Varianten vor.
Ergibt sich schon aus dem Klägervorbringen, dass kein Anspruch besteht, so steht
schon ohne Beweisaufnahme fest, dass die Klage abzuweisen ist. Ergibt sich danach
ein Anspruch und nach dem Beklagtenvorbringen auch, so sind die zur Verteidigung
vorgebrachten Tatsachen unerheblich und der Richter kann der Klage ohne Beweisaufnahme stattgeben. Stellen sich streitige Tatsachen als erheblich heraus, so kommt
es im Ernstfall darauf an, ob sie im Rahmen einer Beweisaufnahme (durch Vorlage
der Originalurkunden, Zeugenvernehmung, Anhörung von Sachverständigen usw.)
bewiesen werden können.

Der Richter versucht in der Regel zunächst, in einer *Güteverhandlung* eine güt-   50
liche Beilegung des Streits durch eine Einigung der Parteien herbeizuführen (§ 278
ZPO). Gelingt das nicht, so muss er den Streit entscheiden. In der *mündlichen Ver-
handlung* können die Parteien ihren Tatsachenvortrag und ihre Rechtsauffassungen
ergänzen. Vor allem findet die Beweisaufnahme und eine erneute rechtliche Erörte-
rung statt (vgl. insb. §§ 137–139, 279 ZPO). Aufgrund all dessen hat das Gericht
nach freier Überzeugung zu entscheiden, ob es eine vorgetragene Tatsache für wahr
erachtet (§ 286 I ZPO). Ist es von einer Tatsache letztlich nicht überzeugt, legt es sie
der Entscheidung nicht zugrunde.

51   Anhand des nunmehr feststehenden Sachverhalts entscheidet das Gericht über den geltend gemachten Anspruch. Durch *Urteil* (§§ 300 ff. ZPO) wird die Klage entweder (ganz oder teilweise) abgewiesen, oder der Beklagte wird antragsgemäß verurteilt. Ein solches Urteil stellt einen Vollstreckungstitel dar (dazu unten 5).

3. Mahnverfahren

52   Bei Ansprüchen auf Zahlung, die nicht von einem Gegenanspruch abhängig sind, kann das Mahnverfahren (§§ 688 ff. ZPO) dem oben beschriebenen Klageverfahren vorzuziehen sein, weil es schneller und kostengünstiger ist.

> **Beispiel:**
>
> In der Fallstudie hängt der Zahlungsanspruch von der Gegenleistung (Lieferung des Buchs) ab. Hätte Hannes Hurtig das Buch schon geliefert, könnte er das Mahnverfahren einleiten. Ob das clever wäre, hängt davon ab, ob mit „Gegenwehr" zu rechnen ist.

53   Der Anspruchsteller muss beantragen, dass dem Anspruchsgegner ein *Mahnbescheid* zugestellt wird. Das veranlasst das Gericht, ohne den Anspruch zu prüfen. Widerspricht der Anspruchsgegner innerhalb von zwei Wochen, mündet das Verfahren auf Antrag wie bei einer Klage im Prozess. Anderenfalls erlässt das Gericht einen *Vollstreckungsbescheid*, mit dem bereits vorläufig vollstreckt werden kann. Gegen den Vollstreckungsbescheid kann der Anspruchsgegner Einspruch einlegen; dann geht das Verfahren wiederum in den Prozess über. Anderenfalls wird der Vollstreckungsbescheid zum rechtskräftigen Vollstreckungstitel.

54   Das Mahnverfahren hat erhebliche praktische Bedeutung, ist vielfach der einfachere Weg, nutzt jedoch nichts, wenn Widerspruch oder Einspruch erhoben wird. Häufig genügt aber auch schon der Mahnbescheid, um einen Schuldner zur Zahlung zu bewegen. Der Zugang eines Mahn- oder Vollstreckungsbescheides bedeutet andererseits nicht, dass ein Gericht den Anspruch geprüft hätte. Vielmehr handelt es sich beim Mahnverfahren lediglich um ein formalisiertes Verfahren, in welchem ohne richterliche Prüfung dem Schuldner die Bescheide über das Gericht zugestellt werden.

4. Schiedsverfahren

55   Eine weitere Alternative stellt das Schiedsverfahren (§§ 1025 ff. ZPO) dar, das vor allem im internationalen Rechtsverkehr aber auch sonst häufig vorkommt, da es oft kostengünstiger und vertraulicher ist, und da die Parteien die Schiedsrichter, den Schiedsort und wesentliche Aspekte des Verfahrens selbst bestimmen können. Voraussetzung für ein solches Verfahren ist eine Schiedsvereinbarung zwischen den Parteien, die als separater Vertrag (sog. Schiedsvertrag) oder als Klausel in einem Hauptvertrag (sog. Schiedsklausel) getroffen werden kann.

56   Eine solche Vereinbarung führt dazu, dass das Schiedsgericht statt des staatlichen Gerichts zuständig ist und dass das weitgehend privatautonom gestaltete Verfahren an die Stelle des staatlichen tritt. Wenn das Schiedsgericht einen Schiedsspruch fällt, so hat dieser für die Parteien die Wirkung eines rechtskräftigen gerichtlichen

Urteils (§ 1055 ZPO). Bei bestimmten Fehlern kann aber ein staatliches Gericht angerufen werden, damit es den Schiedsspruch aufhebt (§ 1059 ZPO). Zudem müssen die staatlichen Gerichte angerufen werden, wenn ein Schiedsspruch – durch staatliche Organe – vollstreckt werden soll (§§ 1060 ff. ZPO).

Das ändert aber nichts daran, dass die Parteien prinzipiell im Konfliktfall die **57** wesentliche Sachentscheidung durch die von ihnen bestimmten Personen auf die von ihnen gewählte Art und Weise herbeiführen lassen können und dass auch im Hinblick auf das Verfahren der Privatautonomie weiter Raum gegeben ist.

5. Zwangsvollstreckung

Hat der Anspruchsteller im Prozess, im Mahnverfahren oder im Schiedsverfahren **58** einen **Vollstreckungstitel** erwirkt, so kann er daraus vollstrecken lassen. Einen weiteren praktisch wichtigen Titel stellt die notarielle Urkunde dar, in der sich der Schuldner der sofortigen Zwangsvollstreckung unterwirft (§ 794 I Nr. 5 ZPO).

Die Vollstreckung aus solchen Titeln regeln hauptsächlich die §§ 704 ff. ZPO. **59** **Geldforderungen** werden vollstreckt, indem auf Bestandteile des schuldnerischen Vermögens, insbesondere auf Sachen oder Forderungen, zugegriffen wird, die zugunsten des Gläubigers verwertet werden. Bei einer *Sachpfändung* wird entweder auf Grundstücke zugegriffen (Zwangsversteigerung, Zwangsverwaltung, Sicherungshypothek) oder auf die beweglichen Sachen, indem sie gepfändet werden (§§ 808 und 866 ZPO). Der Gläubiger muss dazu einen Gerichtsvollzieher beauftragen. Dieser pfändet beim Schuldner so viele Sachen, dass der Erlös aus ihrer Versteigerung die titulierte Forderung (und die Vollstreckungskosten) abdeckt. Ausgenommen von der Pfändung sind natürlich die Sachen, die der Schuldner zum täglichen Leben und für seine Erwerbstätigkeit benötigt (§ 811 ZPO). Die Sachen werden schließlich versteigert und der Erlös an den Gläubiger ausgekehrt. Wichtigster Fall der *Forderungspfändung* (§§ 828 ff. ZPO) ist die Lohnpfändung. Auch hier wird dem Schuldner natürlich ein Pfändungsfreibetrag belassen.

Andere Ansprüche (z. B. ein Anspruch auf Unterlassung unlauteren Wettbe- **60** werbs) werden auf anderem Wege vollstreckt (z. B. Ordnungsgeld oder gar Ordnungshaft). Näheres dazu in §§ 883 ff. ZPO.

6. Insolvenz

Die Insolvenz, also die Zahlungsunfähigkeit oder (bei juristischen Personen) Über- **61** schuldung, ist *aus unternehmerischer Sicht* ein bedrohlicher Zustand des Unternehmens. Die drohende Insolvenz ist ein Alarmsignal. Die Entscheidungsträger müssen sich um die Sanierung bemühen. Sie dürfen den Insolvenzantrag nicht verschleppen, sonst machen sie sich schadensersatzpflichtig und eventuell sogar strafbar.

Im hiesigen Kontext geht es eher um die *Gläubigersicht*. Das Insolvenzverfahren **62** dient insofern dazu, die Gläubiger gleichmäßig zu befriedigen. Die Insolvenzordnung (InsO) verlangt zunächst einen Insolvenzantrag, der von jedem Gläubiger, aber auch vom Schuldner selbst gestellt werden kann (§§ 13 ff. InsO) und z. B. in der GmbH-Insolvenz vom Geschäftsführer gestellt werden muss (§ 15a InsO). Mit der Eröffnung des Verfahrens gehen die Verwaltungs- und Verfügungsbefugnisse vom Schuldner auf den Insolvenzverwalter über (§ 80 InsO). Die Gläubiger haben die ihnen zustehenden Forderungen anzumelden und es wird festgestellt, wer aus dem (insgesamt unzureichenden) Vermögen vorrangig und wer nur mit einem – meist niedrigen – Anteil am verbleibenden Rest befriedigt wird (§§ 174 ff. InsO).

63   Die Gläubiger können sich allerdings auch untereinander und mit dem Schuldner auf eine andere Verfahrensweise einigen und einen Insolvenzplan erstellen (§§ 235 ff. InsO). Auf diese Weise kann z. B. eine Reorganisation des insolventen Unternehmens oder einzelner Unternehmensteile und einerseits eine weitere Befriedigung der Gläubiger aus späteren Gewinnen sowie andererseits eine anschließende Entschuldung des Schuldners erreicht werden.

64   Zudem sieht die InsO für natürliche Personen auch eine Restschuldbefreiung auf gerichtliche Anordnung vor (§§ 286 ff. InsO). Der Schuldner muss dazu einen entsprechenden Antrag stellen und für sechs Jahre seine pfändbaren Bezüge an einen Treuhänder abtreten, der sie zur Befriedigung der Gläubiger verwendet. Der Schuldner kann seit 2014 die Frist auf drei Jahre verkürzen, wenn er bis dahin eine Tilgungsquote von 35 % erreicht (§ 300 I Nr. 2 InsO). Dadurch wird ihm schneller ein neuer Start ermöglicht und ein Anreiz zur weitergehenden Gläubigerbefriedigung gesetzt.

65   In der Mehrzahl der Unternehmensinsolvenzen kommt es allerdings zu keinem Insolvenzverfahren, wie es hier beschrieben ist: Meist reicht das vorhandene Schuldnervermögen nicht einmal aus, um die Kosten eines Insolvenzverfahrens zu decken, und daher wird es gar nicht erst eröffnet (§ 26 InsO). Ist der Schuldner eine natürliche Person, so bleiben die Forderungen bestehen (und regelmäßig auch langfristig unerfüllt), ist es eine Gesellschaft, so wird sie liquidiert.

7. Zivilverfahrensrecht im internationalen Wirtschaftsverkehr

66   Im internationalen Wirtschaftsverkehr ergeben sich natürlich nicht nur im Hinblick auf das materielle Recht (sog. Sachrecht) Besonderheiten, sondern auch auf der Ebene des Verfahrensrechts. Kann ein deutsches oder muss ein ausländisches Gericht zur Streitentscheidung angerufen werden? Nach welchen Regeln richtet sich das Verfahren? Kann ein deutsches Urteil im Ausland vollstreckt werden (oder umgekehrt)? In der EU werden diese Fragen einheitlich durch die Europäische Gerichtsstands- und Vollstreckungs-Verordnung (Verordnung EU Nr. 1215/2012 – EuGVVO) entschieden.

Beispiel:

V (Sitz: Leipzig) liefert eine Druckmaschine an K (Sitz: Lyon). K behauptet einen Mangel und verlangt Ersatzlieferung.

K kann V am Sitz der V verklagen, also vor einem deutschen Gericht (allgemeiner Gerichtsstand beim Beklagten, Art. 2 und 60 EuGVVO). Das LG Leipzig würde das Verfahren nach der ZPO führen und den Sachverhalt nach dem anwendbaren Sachrecht (UN-Kaufrecht oder dem gewählten Recht) beurteilen. Wenn V und K vereinbart haben, dass V die Maschine nach Lyon zu liefern hat, kann K auch in Lyon klagen, denn Art. 5 Nr. 1 EuGVVO stellt auch den besonderen Gerichtsstand des Erfüllungsorts zur Wahl. Die französischen Richter würden den Prozess nach französischem Verfahrensrecht führen und den Fall ebenfalls nach UN-Kaufrecht oder dem gewählten Recht entscheiden (s.o. Rn 32 f.). Insgesamt ergibt sich damit eine beträchtliche Vereinheitlichung, die auf lange Sicht zu erheblichen Kostenersparnissen führt.

III. Die Zivilgerichte

Die Zivilgerichtsbarkeit gliedert sich, wie schon in Abb. 1 (Rn 13) veranschaulicht, **67** in Amtsgerichte, Landgerichte, Oberlandesgerichte und den Bundesgerichtshof. Die örtlichen Zuständigkeiten beschreibt die ZPO, die sachlichen das GVG. Die höheren Gerichte sind von Anfang an für die „wichtigeren" Streitigkeiten zuständig und für die Überprüfung der vorinstanzlichen Entscheidungen.

Am **Amtsgericht** wird durch einen Einzelrichter entschieden. Die Parteien müs- **68** sen sich grundsätzlich nicht anwaltlich vertreten lassen. Das AG ist zuständig für vermögensrechtliche Streitigkeiten, bei denen es um Summen bis zu 5.000 € geht. Bei manchen Streitigkeiten ist die Zuständigkeit vom Streitwert unabhängig, insbesondere wenn es um Wohnraummiete oder Familienrechtliches geht (§§ 23 f. GVG).

Beim **Landgericht** entscheiden Kammern, die mit drei Richtern besetzt sind **69** (für die allerdings vielfach ein einzelnes Mitglied handelt, §§ 348 ff. ZPO). Das LG entscheidet in *erster Instanz*, soweit nicht das AG zuständig ist (§ 71 I GVG). Das Landgericht ist ferner in der Regel als zweite Instanz zuständig, wenn eine unterlegene Partei gegen ein amtsgerichtliches Urteil Berufung einlegt (vgl. § 72 GVG und § 511 ZPO). In der *Berufung* wird der Prozess nicht komplett neu aufgerollt. Die Parteien haben nur begrenzt die Möglichkeit, neue Tatsachen vorzubringen (§§ 529–531 ZPO) und es wird nur geprüft, ob diese neuen Tatsachen – über die gegebenenfalls nochmals eine Beweisaufnahme stattfindet – eine andere Entscheidung rechtfertigen oder das erstinstanzliche Urteil auf einem Rechtsfehler beruht (§ 513 ZPO).

Bei den meisten Landgerichten sind Kammern für Handelssachen gebildet **70** (§§ 93 ff. GVG). Sie sind mit einem Berufsrichter und zwei Laienrichtern besetzt, die meist Kaufleute sind und so dafür sorgen können, dass die Entscheidung den kaufmännischen Gepflogenheiten hinreichend Rechnung trägt. Sofern beim zuständigen Landgericht solche Kammern bestehen, entscheiden diese auf Antrag, sofern die Streitigkeiten Handelssachen sind, weil es z. B. um beiderseitige Handelsgeschäfte, Firmenrecht, kaufmännische Stellvertretung, Wechsel- oder Scheckrecht oder Wettbewerbsstreitigkeiten geht (vgl. § 95 GVG und § 13 UWG).

Beim **Oberlandesgericht** entscheiden Senate mit drei Berufsrichtern. Das OLG **71** entscheidet vor allem über Berufungen gegen erstinstanzliche LG-Urteile, teils aber auch gegen AG-Urteile (§ 119 I GVG).

Am **Bundesgerichtshof** entscheiden Senate mit jeweils 5 Berufsrichtern. Der **72** BGH ist gemäß § 133 GVG insbesondere für die Revision und die Sprungrevision zuständig. Mit dem Rechtsmittel der *Revision* können grundsätzlich nur Berufungsurteile angegriffen und nur noch Rechtsfehler gerügt werden (§§ 542 I, 545 I ZPO). Beim BGH können also keine neuen Tatsachen vorgetragen werden und es finden keine Beweisaufnahmen statt. Reicht das in den Vorinstanzen festgestellte Tatsachenmaterial

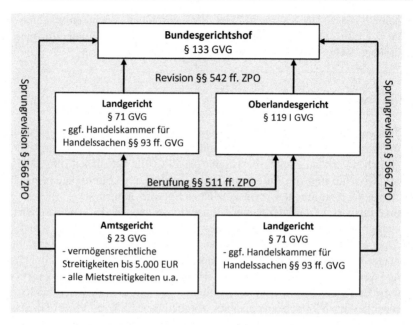

Abb. 3 Die zivilgerichtlichen Instanzen

für eine endgültige Entscheidung nicht aus, so verweist die BGH-Entscheidung den Streit an die Vorinstanz zurück. Zur *Sprungrevision* vgl. § 566 I ZPO.

73   Nicht zum Instanzenzug (Abb. 3) gehört das **Bundesverfassungsgericht**. Es kontrolliert zwar neben den anderen hoheitlichen Maßnahmen auch letztinstanzliche Gerichtsurteile. Es überprüft dabei aber nur, ob diese Entscheidung im Einklang mit dem Grundgesetz steht.

IV. Zur Fallstudie

1. Klage

74   Im Ausgangsfall muss Hurtig seinen Zahlungsanspruch von 12 € gegebenenfalls bei dem Amtsgericht (§ 23 Nr. 1 GVG) einklagen, das für Karin Krefts Wohnsitz zuständig ist (vgl. nur § 7 BGB zum Wohnsitz und §§ 12, 13 ZPO zum Gerichtsstand, also der örtlichen Zuständigkeit). In seiner Klagebegründung muss er den Kauf schildern (so dass sich aus § 433 II BGB sein Anspruch ergibt). Karin Kreft könnte sich verteidigen, indem sie den Vorgang als unverbindliche Bestellung zur Ansicht darstellt. Da in diesem Fall der Anspruch nicht bestünde, ist die Tatsache erheblich. Hannes Hurtig könnte den Prozess nur gewinnen, wenn er den verbindlichen Kaufvertragsschluss beweisen könnte. Durch Urkundsbeweis wäre ihm das nicht möglich, denn der Zettel, auf dem Karin Kreft ihre Adresse hinterlassen hat, sagt nichts darüber aus, ob beide einen Kaufvertrag geschlossen haben. Vielleicht kann Hannes Hurtig einen anderen Kunden als Zeugen benennen.

Karin Kreft könnte sich auch gegen die Gültigkeit des Kaufvertrags wenden. Sie   75
könnte z.b. vortragen, dass es sich um Raubkopien handele, so dass der Verkauf
verboten sei. Ließe sich das feststellen, würde der Richter die Klage schon aus diesem Grunde abweisen.

2. Rechtsmittel

Als Rechtmittel gegen das amtsgerichtliche Urteil kommt die Berufung in Betracht.   76
Nach § 511 ZPO ist die Berufung aber nur zulässig, wenn der Wert des Beschwerde-
gegenstandes 600 € übersteigt oder das Amtsgericht die Berufung zugelassen hat.
Die Klageabweisung bedeutet für Hannes Hurtig aber nur eine Beschwer von 12 €
und das AG wird die Berufung auch kaum zulassen, denn ein Zulassungsgrund
i.S.d. § 511 IV ZPO (grundsätzliche Bedeutung, Erforderlichkeit für die Rechtsfortbildung oder Einheitlichkeit der Rechtsprechung) ist nicht ersichtlich. Daher ist ein
Rechtsmittel nicht gegeben.

Wäre allerdings der Zahlungsanspruch z. B. mit der Begründung abgelehnt wor-   77
den, das verkaufte Privatrechtsbuch zeige sozialistische Tendenzen, so dass der
Kaufvertrag sittenwidrig sei, käme eine Berufung oder auch eine Sprungrevision
wegen der grundsätzlichen Bedeutung in Betracht. Zudem könnte sich Hannes Hurtig in diesem Fall mit einer Verfassungsbeschwerde gegen das letztinstanzliche
Urteil wehren: Das BVerfG in Karlsruhe prüft nicht die Richtigkeit des Urteils insgesamt, sondern prüft es nur auf eventuelle Verfassungsverstöße. Würde tatsächlich
das letztinstanzliche Urteil mit sozialistischen Tendenzen begründet, so wäre es verfassungswidrig, da dieser Hoheitsakt Hurtigs Grundrechte verletzt. Zur Meinungsfreiheit gehört auch das Recht auf Verbreitung; das ergibt schon der Wortlaut von
Art. 5 I 1 GG. Das BVerfG würde das Urteil daher aufheben.

3. Mahnverfahren als Alternative?

Hannes Hurtig könnte auch, statt Klage zu erheben, ein Mahnverfahren einleiten,   78
sofern sein Zahlungsanspruch nicht (mehr) von einer Gegenleistung abhinge (§ 688
II Nr. 2 ZPO). Solange er seinerseits das Buch nicht geliefert hat, kann er daher
diesen Weg nicht beschreiten. In Anbetracht des vorangegangenen Streits könnte er
aber ohnehin nicht damit rechnen, dass Karin Kreft auf ein streitiges Verfahren
verzichtet. Ein Mahnverfahren wäre auch deshalb nicht zweckmäßig.

C. Die Prüfung von Ansprüchen

Die beschriebene Prüfung der verschiedenen Sachverhaltsvarianten durch den Rich-   79
ter findet ganz ähnlich auch im Vorfeld statt: Hannes Hurtig (oder sein Anwalt)
muss entscheiden, inwieweit er mit Karin Kreft verhandelt und ob Klage erhoben
werden soll. Sie (oder ihr Anwalt) muss die Rechtslage prüfen, um die eigene
Verhandlungsposition zu bestimmen und über eine Verteidigung im Prozess zu entscheiden. Ähnliche Prüfungen ergeben sich vielfach schon im Vorfeld unternehmerischer Entscheidungen. Vor der Wahl eines Markennamens oder bei der
Konzeption einer Werbekampagne muss überprüft werden, ob damit Rechte Dritter
verletzt werden, die eventuell Unterlassungs- oder Schadensersatzansprüche haben.

I. Sachverhaltsermittlung

80 Der Text der Fallstudie beschreibt den streitbegründenden Vorgang fix und fertig. In der Praxis muss der Sachverhalt erst ermittelt werden. Der Berater, der einen Vertragstext entwerfen soll, muss den relevanten Sachverhalt ebenso kennen wie der Richter, der einen Rechtsstreit entscheiden soll. Hier liegen meist die größten praktischen Schwierigkeiten: Die meisten schlechten Verträge werden nicht durch schlampige juristische Arbeit verursacht, sondern durch schlechte Kommunikation. Unbefriedigende Prozessergebnisse haben ihren Grund eher in der schlechten Beweislage als in richterlichen Fehlern. Das hat sich oben schon bei Hurtigs Beweissituation gezeigt. Wegen dieses Risikos werden Geschäfte vielfach so gestaltet, dass ihr Ablauf später beweisbar ist. Häufig wird ein Dritter (als möglicher Zeuge) zu Gesprächen herangezogen, man lässt sich den Empfang einer Ware oder Geldzahlung quittieren, Produktionsabläufe werden z. B. wegen des Produkthaftungsrisikos dokumentiert usw.

81 Eine sinnvolle Sachverhaltsermittlung ist dem Rechtsanwender allerdings nur möglich, wenn er sich die Rechtslage vergegenwärtigt hat. Tatsachen- und Rechtsermittlung stehen in einem Wechselspiel zueinander.

Beispiel:

Der Richter weiß, dass für den Zahlungsanspruch aus § 433 II BGB zunächst der Kaufvertragsschluss entscheidend ist. Ob Karin Kreft gezaudert hat, warum sie sich zum Kauf entschlossen hat, welche Kleidung sie trug, all das ist irrelevant für ihn. Er fragt zunächst nur, ob die Parteien sich über den Kauf geeinigt haben. Ist das streitig, schaut er, ob Hurtig die Einigung beweisen kann. Wendet Karin Kreft dagegen die Unwirksamkeit des Vertrags ein, weil es sich um Raubkopien handele, prüft der Richter, ob sich daraus ein Unwirksamkeitsgrund ergäbe. Ist das der Fall, wird er sich auch für diesen Aspekt des Sachverhalts interessieren und notfalls schauen, ob Karin Kreft die insoweit erheblichen Tatsachen beweisen kann.

II. Anspruchsgrundlagen und Einwendungen

1. Anspruchsgrundlagen

82 Ein rechtlicher Anspruch bedarf einer rechtlichen Grundlage. Anspruchsgrundlagen können sich unmittelbar aus einem Vertrag ergeben („... XY verpflichtet sich hiermit ferner zu einer Abschlusszahlung von ... €, zahlbar bis zum ..."). Meist fehlen so ausdrückliche Vereinbarungen. Dann ist nach einer Anspruchsgrundlage im Gesetz zu suchen. Das ist leichter als es auf den ersten Blick aussieht, denn die Zahl der Anspruchsgrundlagen ist recht gering. Man kann sie bei etwas Überblick (dazu unten § 2) zumindest mit dem Inhaltsverzeichnis, notfalls auch per Stichwortregister, herausfinden. Die wichtigsten hat man im Laufe der Zeit automatisch im Kopf.

83 Eine Anspruchsgrundlage ist dadurch gekennzeichnet, dass sie einen abstrakten **Tatbestand** beschreibt und daran als **Rechtsfolge** die Pflicht zu einem Tun oder Unterlassen knüpft (vgl. § 194 BGB).

Beispiel:

§ 433 BGB knüpft an dem abstrakten Tatbestand des Kaufvertrags an und verpflichtet in Abs. 2 den Käufer zur Kaufpreiszahlung. Wenn der Käufer zur Zahlung verpflichtet ist, den Kaufpreis schuldet, kann der Verkäufer umgekehrt die Zahlung verlangen, hat also einen Anspruch darauf.

2. Einwendungen

Zum rechtlichen Konflikt kommt es nur, wenn der Anspruchsgegner das Verlangte   84
nicht tun will. Wie gesehen, kann die Verteidigung auf tatsächlicher Ebene liegen
oder auf rechtlicher. Bei rechtlichen Einwänden gegen den Anspruch spricht man
von **Einwendungen**. Auch sie knüpfen an einen abstrakten Tatbestand an. Ihre
Rechtsfolge besteht aber darin, dass der geltend gemachte Anspruch nicht entsteht,
wieder untergeht oder wenigstens nicht durchsetzbar ist. Man spricht dementsprechend von *(1) rechtshindernden, (2) rechtsvernichtenden und (3) rechtshemmenden
Einwendungen.*

Beispiele:

(1) Verstößt Hannes Hurtig mit dem Verkauf der Kopie gegen ein Verbotsgesetz
(z. B. eine Bestimmung des UrhG), folgt aus § 134 BGB, dass der Kaufvertrag
von vornherein unwirksam, die Entstehung des Anspruchs also gehindert ist. (2)
Ist der Kaufvertrag wirksam, so entsteht der Zahlungsanspruch. Wenn Karin
Kreft dann bezahlt, erlischt der Anspruch damit durch Erfüllung (§ 362 BGB).
Verlangt Hurtig die Kaufpreiszahlung nochmals, steht ihr die rechtsvernichtende
Einwendung aus § 362 BGB zu. (3) Verlangt Hurtig die Zahlung erst vier Jahre
nach Vertragsschluss und Lieferung, könnte der Anspruch gemäß §§ 195, 199 I
BGB verjährt sein, so dass Karin Kreft die Leistung nach § 214 I BGB verweigern könnte. Der Anspruch besteht zwar noch, ihr steht aber eine rechtshemmende Einwendung zu.

Das Verjährungsbeispiel führt schon zu einer weiteren Unterscheidung: Die meisten   85
Einwendungen werden vom Gericht automatisch berücksichtigt, wenn die entsprechenden Tatsachen vorgetragen werden. Auf die rechtshemmenden Einwendungen,
die Leistungsverweigerungsrechte, muss sich der Schuldner dagegen berufen. Karin
Kreft muss beispielsweise die Verjährung geltend machen, sonst wird sie auch nach
vier Jahren verurteilt. Solche Einwendungen werden daher auch *Einreden* genannt.
Man darf sich von alldem nicht verwirren lassen. Wer sich den Unterschied zwischen
Angriffsnormen und Verteidigungsnormen eingeprägt hat, hat schon halb gewonnen.

Auch die Zahl der Einwendungen ist recht gering. Die meisten Paragraphen stel-   86
len nur **Hilfsnormen** dar, die mit den Anspruchsgrundlagen und Einwendungen in
immer wiederkehrenden gedanklichen Linien verbunden sind. Ein Großteil der
Paragraphen kommt in der Praxis zudem kaum vor.

Beispiele:

Für die Anspruchsgrundlage § 433 II BGB können als Hilfsnormen die zahlreichen Vorschriften über Angebot und Annahme, über das Wirksamwerden von

Willenserklärungen usw. wichtig werden. Für die Einwendung aus § 134 BGB wären die Regeln des UrhG Hilfsnormen.

3. Darlegungs- und Beweislast

87   Anders als etwa im Strafrecht, wo sich der Staat selbst (durch die Polizei und Staatsanwaltschaft) um die Sachverhaltsermittlung kümmert, beurteilt der Zivilrichter einen Fall nur so, wie die Parteien ihn vortragen (und nur insoweit, wie sie es beantragen). Wer einen Anspruch geltend macht, verliert den Prozess daher, wenn er nicht die Tatsachen vorträgt, die seine Anspruchsgrundlage und die dafür eventuell erforderlichen Hilfsnormen ausfüllen. Er trägt insoweit die **Darlegungslast**. Umgekehrt muss der Beklagte die Tatsachen vortragen, die die Einwendungen (und Hilfsnormen) ausfüllen.

88   Sind die von den Parteien dargelegten und erheblichen Tatsachen streitig, kommt es, wie gesehen, darauf an, ob die Partei, die diese Tatsache zur Ausfüllung einer ihr günstigen Norm benötigt, sie beweisen kann. Jede Partei trägt im Zivilprozess grundsätzlich nicht nur die Darlegungs-, sondern auch die **Beweislast** für die Tatsachen, die die ihr günstigen Normen ausfüllen.

Das **Beispiel** Rn 81 hat das schon vorweggenommen: Hannes Hurtig verliert den Prozess, wenn Karin Kreft den Vertragsschluss bestreitet und er ihn nicht beweisen kann. Er verliert ihn in jedem Fall auch, wenn sie – im Fall eines Bestreitens – die Tatsachen beweisen kann, aus denen sich die Urheberrechtsverletzung und damit gemäß § 134 BGB die Nichtigkeit wegen Gesetzesverstoßes ergibt.

89   Manchmal lässt sich die Beweislast allerdings nicht durch die Unterscheidung von Anspruchsgrundlagen und Einwendungen verteilen, sondern es findet eine *Beweislastumkehr* statt. Das ergibt sich vielfach aus dem materiellen Gesetz (z.B. §§ 179 I 1, 280 I 2 BGB), teilweise aus dem Prozessrecht (z.B. § 444 ZPO), manchmal auch aufgrund richterlicher Rechtsfortbildung (z.B. im Produkthaftungsrecht). Das sind aber schon Details, die selten vorkommen.

III. Die Anspruchsprüfung im Gutachten

90   Insbesondere in der Ausbildung, vielfach aber auch in der Praxis, wird verlangt, einen feststehenden, auf ein, zwei Seiten geschilderten Sachverhalt danach zu begutachten, wer welche Ansprüche gegen wen hat oder ob z.B. H gegen K einen Kaufpreisanspruch hat.

1. Aufbau

91   Im ersten Fall muss – je nach Anzahl der Beteiligten – zunächst nach Anspruchstellern und möglichen Anspruchsgegnern aufgegliedert werden. Innerhalb dieser **Zwei-Personen-Verhältnisse** ist vielleicht noch zwischen verschiedenen Anspruchszielen zu unterscheiden.

Beispiel:

M mietet von V für zwei Tage ein bei H versichertes Auto. Infolge eines seit Wochen unerkannten Bremsendefekts an dem Wagen verunfallt M und verletzt sich und den Passanten P. Hier ist zunächst nach Anspruchstellern zu gliedern:

A. Ansprüche des P
B. Ansprüche des M

Verfolgen wir nur B. weiter, ergibt die weitere Aufgliederung nach Anspruchs-gegnern:

   I. Ansprüche gegen V
  II. Ansprüche gegen H

Und die weitere Aufgliederung nach Anspruchszielen ergibt für B I.:

    1. Ansprüche auf Rückzahlung der Miete
    2. Ansprüche auf Schadensersatz

Stehen Anspruchsteller, Anspruchsgegner und Anspruchsziel fest, ist nach geeigne-   **92** ten Anspruchsgrundlagen zu suchen (alte juristische Merkfrage: Wer will was von wem woraus?). Die **Anspruchsgrundlage** ist der **Ausgangspunkt** jeder Prüfung. Zu prüfen sind aber nur die Anspruchsgrundlagen, die auch zum gewünschten Ziel führen, also die vom Anspruchsteller begehrte Rechtsfolge ergeben. Die **Auswahl** hat zunächst **nach der Rechtsfolge** zu geschehen.

Im obigen **Beispiel** dürfen unter B. I. 2. nur Schadensersatznormen geprüft wer-den. In der Fallstudie ist nur nach Normen zu suchen, die die Rechtsfolge Kauf-preiszahlung beinhalten, und da kommt ernsthaft nur § 433 II BGB in Betracht.

Wenn mehrere Anspruchsgrundlagen ernsthaft in Betracht kommen, müssen sie im   **93** Gutachten alle geprüft werden, auch wenn mehrere bejaht werden. Kommen gegen einen Anspruch mehrere Einwendungen in Betracht, gilt nichts anderes: Bei der Beurteilung der Rechtslage sind **alle Anspruchsgrundlagen und jeweils alle Ein-wendungen zu prüfen**, sofern sie nicht auf den ersten Blick ausscheiden. Das erscheint bei feststehenden Sachverhalten unnötig, entspricht aber dem praktischen Bedürfnis: Da vor der Beweisaufnahme im Prozess noch nicht sicher ist, welche Tatsachen schließlich feststehen werden, müssen die vorbereitenden Gutachten auch einkalkulieren, dass eine Anspruchsgrundlage oder eine Einwendung aus tat-sächlichen Gründen nicht durchgreift.

Beispiel:

Unter B. I. 2. kommen Ansprüche aus dem Mietvertrag (§ 536a BGB), aus Delikt (§ 823 BGB) und Gefährdungshaftung (§ 7 StVG) in Betracht. Die vertraglichen würden scheitern, wenn sich etwa die Unwirksamkeit des Vertrags herausstellt. Die deliktischen Ansprüche würden scheitern, wenn V den Defekt nicht ver-schuldet hätte. Andererseits reichen diese Ansprüche weiter als die aus § 7 StVG. Man kommt um die Prüfung aller Ansprüche daher nicht herum.

2. Normprüfung

94 Die einzelnen Normen bestehen, wie gesehen, aus einem Tatbestand und einer Rechtsfolge. Der **Tatbestand** enthält die abstrakte Beschreibung der Voraussetzungen, an die die prüfungsrelevante Rechtsfolge geknüpft ist. Der Rechtsanwender muss den Tatbestand in die einzelnen **Voraussetzungen aufgliedern**. Oft sind die verschiedenen Voraussetzungen im Text unmittelbar aufgezählt; manchmal muss man sie sich erschließen.

> **Beispiel:**
>
> Bei dem oben geschilderten Unfall könnte M gegen V einen mietrechtlichen Schadensersatzanspruch aus § 536a I BGB haben. Voraussetzung für den vertraglichen Anspruch ist ein gültiger Mietvertrag zwischen M und V (§ 535 BGB). Die Mietsache müsste ferner einen Mangel im Sinne des § 536 BGB aufweisen. Das ist nach § 536 I 1 BGB u. a. der Fall, wenn die Sache bei Überlassung mit einem Fehler behaftet ist, der die Tauglichkeit zu dem vertragsgemäßen Gebrauch aufhebt. Entsteht der Mangel erst während der Mietzeit, verlangt § 536a I BGB ferner, dass der Vermieter den Mangel zu vertreten hat. Bei Fehlerhaftigkeit von Anfang an entfällt diese Voraussetzung.

95 Der Rechtsanwender muss im nächsten Schritt prüfen, ob diese einzelnen Voraussetzungen erfüllt sind. Er vergleicht also den konkret vorliegenden Sachverhalt mit den abstrakt gefassten Tatbestandsmerkmalen der einschlägigen Norm. Diese Arbeitstechnik wird **Subsumtion** genannt. Oft sind die einzelnen Voraussetzungen ohne weiteres zu bejahen oder zu verneinen. Oft ist aber auch eine genauere Definition erforderlich. Vielfach müssen zur Ausfüllung eines Tatbestandsmerkmals Hilfsnormen herangezogen werden und die Prüfung verästelt sich. Die Technik bleibt aber immer die gleiche.

> **Beispiel:**
>
> Erste abstrakte Voraussetzung: Mietvertrag zwischen Anspruchsteller und Anspruchsgegner. Sachverhalt: „M mietet von V für zwei Tage ein … Auto". Der Sachverhalt erfüllt die abstrakt formulierte Voraussetzung unproblematisch. Zweite abstrakte Voraussetzung: Die Mietsache (das Auto) müsste ferner einen Mangel aufweisen. Definition nach § 536 I BGB: Das Auto müsste einen Fehler aufweisen, der die Gebrauchstauglichkeit nicht nur unerheblich beeinträchtigt. Sachverhalt: „Bremsendefekt". Mit einer defekten Bremse weist ein Auto nicht die vereinbarte Beschaffenheit auf und verliert seine Gebrauchstauglichkeit. Die Mietsache ist also mangelhaft. Dritte Voraussetzung: Mangel bereits bei Vertragsschluss. Sachverhalt: „Seit Wochen unerkannten" und Miete „für zwei Tage". Es handelt sich also um einen anfänglichen Mangel, für den V verschuldensunabhängig haftet. Rechtsfolge: Ersatz des daraus entstandenen Schadens.

3. Darstellung im Gutachten

96 Will man für sich oder andere die bei der Fallprüfung relevanten Überlegungen darstellen, so bietet sich als Kurzform die Aufgliederung in Zweipersonenverhältnisse,

Anspruchsziele, Anspruchsgrundlagen und Tatbestandsmerkmale an. Das würde im Beispiel etwa so aussehen:

    B. Ansprüche des M

        I. M gegen V
          1. Anspr. auf Rückerstattung des Mietzinses ...
          2. Anspr. auf SchE
            a) aus § 536a I BGB
              – MietV   (+)
              – Mangel (§ 536 I 1 BGB)   (+)
              – anfänglich   (+)
              – dadurch Schaden   (+)
              ⇒ Schadensersatz   [+]
            b) aus § 823 I BGB ...

Eine ausführliche Darstellung erfolgt üblicherweise in Form eines Gutachtens, das demselben Schema folgt. Auch hier stellt man voran, woraus sich ein Anspruch ergeben könnte, und behandelt die einzelnen Voraussetzungen nacheinander. Sind sie eindeutig gegeben, genügt ein kurzer Satz. Ansonsten muss man definieren und sauber subsumieren, wobei die Begründung oder Argumentation durchaus breiteren Raum einnehmen kann. So gelangt man schließlich zum Ergebnis, das am Ende als Beantwortung der Ausgangsfrage festgestellt wird.

IV. Zur Fallstudie

Hannes Hurtigs Zahlungsanspruch gemäß § 433 I BGB setzt lediglich einen gültigen Kaufvertrag voraus. Den Vertrag haben Hurtig und Karin Kreft geschlossen. Das teilt der Sachverhalt eindeutig mit; auf Beweisfragen darf sich der Bearbeiter daher nicht einlassen.

Der Vertrag könnte aber gemäß § 134 BGB unwirksam sein (rechtshindernde Einwendung). Hurtig könnte gegen das UrhG verstoßen haben. Gemäß §§ 11, 15 I Nr. 1, 16 UrhG hat der Urheber das grundsätzlich ausschließliche Recht zur Vervielfältigung seines Werks. Dieses Recht ist zwar gemäß §§ 44a ff. UrhG eingeschränkt. Gemäß § 53 UrhG ist aber nur eine Vervielfältigung zu privatem oder bestimmtem sonstigen eigenen Gebrauch zulässig, und selbst dann dürfen ganze Bücher ohne Einwilligung des Berechtigten überhaupt nicht kopiert werden (§ 53 IV lit. b UrhG). Im Hinblick auf gewerbliche Vervielfältigungen ist das Urheberrecht gar nicht eingeschränkt; es verbleibt beim ausschließlichen Recht des Urhebers. Ohne Gestattung durch den Urheber (und der Sachverhalt gibt eine solche Gestattung nicht her) war die Vervielfältigung verboten. Gemäß § 17 UrhG gilt das auch für die Verbreitung (beides ist sogar strafbar, §§ 106, 108a UrhG). Da das UrhG solche Verkäufe verbietet, verstößt der Kaufvertrag gegen ein gesetzliches Verbot. Dem Schutzzweck des UrhG entspräche es auch nicht, den Kaufvertrag gültig zu belassen; die Raubkopie käme sonst ja doch in Umlauf. Daher ist der Vertrag gemäß § 134 BGB nichtig. Hurtig hat also keinen Anspruch auf Kaufpreiszahlung.

D. Arbeitshinweise

I. Die wichtigsten Grundbegriffe

100 **Recht** Allgemein verbindlicher Ordnungsrahmen, staatlich gesetzt und durchgesetzt.

Rechtsnormen Gesetze im materiellen Sinn (§ 2 EGBGB). Grundgesetz, förmliche Gesetze, Rechtsverordnungen, Satzungen. Auch Gewohnheitsrecht.

Richterrecht entsteht bei der Auslegung und Fortbildung von Rechtsnormen.

Materielles Recht Rechte und Pflichten der Einzelnen untereinander und gegenüber dem Staat.

Verfahrensrecht z. B. Prozessrecht, sichert die Durchsetzung des materiellen Rechts.

Privatrecht regelt die Rechtsbeziehungen von (Privat-) Personen untereinander.

Strafrecht sanktioniert gravierendes schuldhaftes Fehlverhalten mit Strafe.

Öffentliches Recht regelt die Organisation des Staates und die Beziehung der Bürger zum Staat.

Privatautonomie Im Privatrecht vorherrschendes Prinzip: Freiheit des Einzelnen, seine Rechtsbeziehungen zu anderen grds. selbstbestimmt zu regeln.

Dispositives Recht Nachgiebiges Recht. Es kann im Gegensatz zu zwingendem Recht durch Vereinbarung abbedungen werden.

Verfassungsrecht Insb. im GG enthalten. Übergeordnetes Recht, an dem sich auch alles Privatrecht messen lassen muss. Auch Privatrechtsnormen sind im Licht des GG auszulegen; GG-widriges Recht ist nichtig.

EU-Recht Insb. EUV und AEUV, EU-Verordnungen und EU-Richtlinien. Dem deutschen Recht grds. übergeordnetes Recht. Auch deutsches Privatrecht muss sich insb. am EUV und AEUV messen lassen, ist entspr. auszulegen und ist suspendiert, wenn es ihnen widerspricht. EU-Verordnungen gelten unmittelbar. EU-Richtlinien sind durch nationale Gesetze umzusetzen (vgl. Art. 288 AEUV).

Internationales Privatrecht (IPR) insb. in der Rom I- und Rom II-Verordnung und im EGBGB geregelt, bestimmt, welches nationale materielle Recht (Sachrecht) auf einen Sachverhalt mit Auslandsberührung Anwendung findet.

Klage Prozesshandlung, mit der um Rechtsschutz durch das Zivilgericht ersucht wird. Die Klagezustellung macht einen Anspruch rechtshängig. Im Prozess wird geklärt, ob der Anspruch besteht. Ggf. wird der Beklagte verurteilt (Urteil = Vollstreckungstitel).

Eine Anklage wird dagegen von der Staatsanwaltschaft erhoben (Strafrecht).

Mahnverfahren Verfahren, um bei Zahlungsansprüchen ohne Prozess zu einem Titel zu kommen. Mahnbescheid: Widerspruch? Vollstreckungsbescheid: Einspruch? Wenn ja: Prozess. Wenn nein: Titel.

Schiedsverfahren Alternative zum gerichtlichen Verfahren, weitgehend privatautonom ausgestaltet. Ein Schiedsgericht fällt einen Schiedsspruch, der ggf. nach staatlicher Anerkennung auch vollstreckt werden kann.

Int. Zivilverfahrensrecht Bestimmt bei Fällen mit Auslandsberührung, welches Gericht zuständig ist und nach welchen Regeln das Verfahren abgewickelt und vollstreckt wird. Wichtigste Quellen: EuGVVO, ZPO (analog).

Zwangsvollstreckung Durchsetzung von Ansprüchen z. B. durch Pfändung von Sachen (durch Gerichtsvollzieher) und Versteigerung.

Insolvenz Bei Überschuldung oder Zahlungsunfähigkeit: Verfahren zur gleichmäßigen Befriedigung aller Gläubiger und zur Erleichterung des Neuanfangs für den Schuldner.

Zivilgerichte Amtsgericht, Landgericht, Oberlandesgericht und Bundesgerichtshof.

Berufung Rechtsmittel gegen erstinstanzliche Urteile, beschränkte erneute Tatsachenprüfung und Prüfung auf Rechtsfehler.

Revision Rechtsmittel gegen Berufungsurteile, erneute Rechtsprüfung.

Anspruchsgrundlage Rechtsnorm, derzufolge jemand unter bestimmten (im Tatbestand abstrakt beschriebenen) Umständen ein Tun oder Unterlassen verlangen kann (Rechtsfolge).

Einwendung Verteidigungsnorm: rechtshindernd (Anspr. entsteht nicht), rechtsvernichtend (Anspr. geht unter) oder rechtshemmend (Anspr. ist nicht durchsetzbar).

Beweislast Risiko, dass eine streitige Tatsache nicht bewiesen werden kann. Die Partei, der die Tatsache günstig ist, muss sie grds. darlegen und ggf. beweisen.

Anspruchsprüfung Anspruchsgrundlagen auswählen, die gewünschte Rechtsfolge enthalten. Aufgliederung des Tatbestandes und Subsumtion: Liegen die Voraussetzungen vor? U. U. Einwendungen prüfen (jeweils alle Anspruchsgrundlagen und alle Einwendungen).

II. Übungsaufgaben

1. Welcher besondere Spruchkörper ist bei den Landgerichten für handelsrechtliche Streitigkeiten eingerichtet?
2. Erklären Sie den Begriff Privatautonomie.
3. Was ist dispositives Recht? Nennen Sie je drei Normen als Beispiel und Gegenbeispiel.
4. Beschreiben Sie kurz, wie ein Anspruch auf Geldzahlung durchgesetzt wird.
5. Ein Schuldner kommt nach § 286 BGB nur in Verzug, wenn er den Grund für die Leistungsverspätung

„zu vertreten" hat. Wer trägt für das 101 Tatbestandsmerkmal die Darlegungs- und Beweislast?
6. A liest in der Zeitung von einer neuen europäischen Richtlinie zum Mietrecht. Danach soll die Kündigungsfrist für Mieter nunmehr einen Monat betragen. Kann A sich darauf gegenüber seinem Vermieter berufen?
7. Formulieren Sie die Lösungsskizze Rn 96 (Anspruch aus § 536a I BGB) kurz aus.

III. Empfohlene Literatur

102 Zur Einführung allgemein:

Honsell/Mayer-Maly,   Rechtswissenschaft
   (Springer)

Braun, Einführung in die Rechtswissenschaft
   (Mohr).

Zur gutachtlichen Prüfung:

Brox/Walker, Allgemeiner Teil des BGB
   (Heymanns), § 38; **Schack**, BGB – Allgemeiner
   Teil (C.F. Müller), § 22.

Zum Nachschlagen: **Creifelds**, Rechtswörter-
   buch (C.H. Beck).

§ 2 Die wichtigsten Gesetze und Hilfsmittel

Wie gesehen, sind die Gesetze das wichtigste Werkzeug bei der juristischen Arbeit. **103** In Prüfungen hat man nur das Gesetz zur Hand; daran kann man sich festhalten. Was im Gesetz steht, muss man nicht lernen, man muss es nachlesen und damit umgehen können. Der Gesetzestext erschließt einem ferner in der Praxis die Kommentarliteratur. Es lohnt sich daher, sich mit den wichtigsten Gesetzen systematisch vertraut zu machen und das Einarbeiten in fremde Gesetze zu trainieren. Hier wird ein Überblick über das BGB und HGB vermittelt. Anschließend werden einige Hilfsmittel bei der juristischen Recherche behandelt.

▶ **Fallstudie: Bücherkauf – Zweiter Akt**
Hannes Hurtig besorgt eine vom Autor und Verlag genehmigte „Sonderausgabe" des bestellten Privatrechtsbuchs. Karin Kreft nimmt es mit widerwilligem Nicken entgegen und bezahlt es. Zuhause bemerkt sie, dass der Druck der Seiten 48–95 verwischt und völlig unleserlich ist. Triumphierend bringt sie es am nächsten Tag zurück und meint, der Kauf sei offensichtlich ungültig und sie sei noch Eigentümerin des Geldes; Hannes solle es unverzüglich herausgeben. Hurtig verweist zunächst ruhig auf die Trennung von Kauf und Eigentumsfrage. Zudem liege gar kein Kauf, sondern ein Werkvertrag vor. So oder so sei er gern zur Nachbesserung bereit.

A. Das Bürgerliche Gesetzbuch

I. Überblick

Das BGB, im Wesentlichen entstanden zwischen 1874 und 1896, ist vom **Gedan-** **104** **kengut des bürgerlich-individualistischen Liberalismus** getragen und betont daher die Vertrags- und Eigentumsfreiheit. Soziale Gedanken waren ursprünglich nur am Rande berücksichtigt und führten später zu Einschüben und Sondergesetzen.

© Springer-Verlag Berlin Heidelberg 2017
J. Meyer, *Wirtschaftsprivatrecht*, Springer-Lehrbuch,
DOI 10.1007/978-3-662-52734-4_2

Das Bürgerliche Gesetzbuch (BGB)				
1. Buch (§§ 1–240)	2. Buch (§§ 241–853)	3. Buch (§§ 854–1296)	4. Buch (§§ 1297–1921)	5. Buch (§§ 1922–2385)
Allgemeiner Teil des BGB	Schuldrecht	Sachenrecht	Familienrecht	Erbrecht

Abb. 1 Gesetzesübersicht des BGB

Beispiele:

Die Schutzpflichten des Dienstherrn oder Arbeitgebers sind in § 618 BGB fast patriarchalisch geregelt; ein Großteil des Arbeitsrechts ist heute in Sondergesetzen geregelt. Das soziale Mietrecht und das Verbraucherschutzrecht wurden erst später ins BGB eingearbeitet.

---

105   Anhand der Inhaltsübersicht Ihres Gesetzestextes und der Abb. 1 sehen Sie bereits, dass das BGB in fünf Bücher aufgeteilt ist; die Bücher 4 und 5 (Familienrecht und Erbrecht) werden hier nicht weiter behandelt.

106   Im **Allgemeinen Teil des BGB** sind all diejenigen Regelungen aufgenommen, die sowohl für das Schuldrecht als auch für das Sachenrecht, Familien- und Erbrecht gelten. Diese Technik, das Allgemeine vor die Klammer zu ziehen, erschwert zunächst das Gesetzesverständnis, vermeidet aber Wiederholungen.

Beispiele:

Dass der Mensch mit Vollendung der Geburt rechtsfähig ist (§ 1 BGB), ist nicht nur im Schuldrecht von Bedeutung (ein Kleinkind kann Partei eines Mietvertrags sein), sondern auch im Sachenrecht (ein Kleinkind kann Eigentümer eines Grundstücks sein), im Familienrecht oder Erbrecht. Dass ein Kleinkind geschäftsunfähig ist und daher selbst keine wirksamen Willenserklärungen abgeben kann (§§ 104 Nr. 1, 105 I BGB), ist bei allen Vertragstypen (Tausch, Schenkung, Miete, …), bei der Wirksamkeit einer Hypothekenbestellung oder auch eines Testaments von Bedeutung. Es wäre kaum sinnvoll, die allgemeinen Regeln jeweils zu wiederholen.

---

107   Diese Technik, Allgemeines vor die Klammer zu ziehen, wird auch innerhalb des Schuldrechts angewandt: Im **Schuldrecht** (Buch 2) behandeln die ersten sieben Abschnitte allgemeine Probleme, erst in Abschn. 8 wird auf die einzelnen Schuldverhältnisse eingegangen. Das *Allgemeine Schuldrecht* findet sich also (ohne besondere Überschrift) in den §§ 241–432 BGB, das *Besondere Schuldrecht* in den §§ 433–853 BGB.

Im **Sachenrecht** (Buch 3) enthält Abschn. 1 das Recht des Besitzes. Abschn. 2   **108**
enthält diejenigen Vorschriften, die für alle Grundstücksrechte (Grundeigentum,
Grunddienstbarkeit, Hypothek usw.) gelten, vor allem die Besonderheiten, die sich
aus dem Grundbuchrecht ergeben. Die folgenden Abschnitte behandeln die einzelnen Sachenrechte.

In der **Fallstudie** verweist Hannes Hurtig auf den Unterschied zwischen   **109**
Schuldrecht und Sachenrecht. Ob ein Kauf- oder ein Werkvertrag vorliegt und ob
wegen des Fehldrucks eine Leistungsstörung vorliegt, ist für die Eigentumsfrage
unerheblich: Er ist gemäß § 929 S. 1 BGB Eigentümer des Geldes geworden, da
Karin es ihm übergeben hat, wobei beide einig waren, dass es nun ihm gehören solle.
Diese Trennung der schuld- und sachenrechtlichen Ebene ist zunächst vielleicht verwirrend aber durchaus sinnvoll: Das Geld ist als sein Eigentum in seine Kasse gewan-
dert. Wenn er es als Wechselgeld an einen anderen Kunden herausgegeben hat, so ist
dieser Eigentümer geworden, ohne dass der Streit um den Vertrag mit Karin Kreft
ihn etwas anginge. Die schuldrechtlichen Fragen gehen nur die Vertragsparteien
etwas an. Das Eigentum an einer Sache ist (wie jedes andere Sachenrecht) von jedermann zu respektieren (ein absolutes Recht).

II. Der Allgemeine Teil des BGB

Kernstück des Allgemeinen Teils ist Abschn. 3, die Rechtsgeschäftslehre. Vorge-   **110**
schaltet sind die Abschnitte über die Personen sowie Sachen und Tiere. Von den
nachfolgenden Regeln ist die Verjährung (§§ 194 ff. BGB) am wichtigsten.

1. Personen, Sachen und Tiere

Bei den **Personen** unterscheidet das Gesetz zwischen natürlichen und juristischen.   **111**
Natürliche Personen, also Menschen, sind von Geburt an rechtsfähig (§ 1 BGB) und
mit achtzehn Jahren volljährig (§ 2 BGB) und damit voll geschäftsfähig und auch
deliktisch verantwortlich (vgl. §§ 106, 828 BGB). *Juristische Personen* des BGB
sind Vereine und Stiftungen. Andere juristische Personen sind in Sondergesetzen
geregelt, insbesondere die Aktiengesellschaft, GmbH und die Genossenschaft (dazu
unten § 10).

§ 90 BGB definiert den Begriff der **Sache**. § 90a BGB bestimmt, dass **Tiere** keine   **112**
Sachen sind, grundsätzlich aber den gleichen Rechtsregeln unterliegen. Es folgen
Regeln über Sachgesamtheiten, Bestandteile, Zubehör usw.

2. Rechtsgeschäfte

Rechtsgeschäfte, in Abschn. 3 behandelt, sind Handlungen, durch die Personen   **113**
ihren Willen realisieren, eine Änderung in rechtlichen Beziehungen herbeizuführen.
Wichtigstes Mittel dazu ist die Willenserklärung.

Einseitige Rechtsgeschäfte sind z. B. die Kündigung, das Testament, die Aus-   **114**
schlagung einer Erbschaft; *Verträge* sind meist zweiseitige Rechtsgeschäfte wie
beim Kaufvertrag, teils aber auch mehrseitige wie beim Abschluss eines Gesellschaftsvertrages.

115 Der dritte Abschnitt behandelt zunächst die **Geschäftsfähigkeit**, also die Fähigkeit, selbst Rechtsgeschäfte zu tätigen. Menschen sind je nach Alter und Geisteszustand geschäftsunfähig, beschränkt geschäftsfähig oder voll geschäftsfähig, das ergibt sich aus §§ 104–106 i.V.m. § 2 BGB.

116 In Titel 2 finden sich die Regeln über die Willenserklärung, die für ein- und mehrseitige Rechtsgeschäfte gelten, in Titel 3 die über Verträge. **Willenserklärungen** werden grundsätzlich mit ihrer Abgabe wirksam, empfangsbedürftige Willenserklärungen unter Abwesenden erst mit Zugang (§ 130 BGB). Unwirksam sind Schein- und Scherzgeschäfte (§§ 117 f. BGB). Durch Anfechtung vernichtbar (§ 142 BGB) sind Willenserklärungen, die durch bestimmte Irrtümer (§ 119 BGB), Übertragungsfehler (§ 120 BGB), Drohung oder arglistige Täuschung (§ 123 BGB) veranlasst sind. Die §§ 125 ff. BGB befassen sich mit verschiedenen Formen (Schriftform, notarielle Beurkundung usw.), die für manche Willenserklärungen vorgeschrieben sind, sonst aber nicht erforderlich sind. Die §§ 134 und 138 BGB kennen Sie schon (UrhG-Verstoß; gute Sitten und GG).

117 **Verträge** kommen zustande, wenn eine Partei einen Antrag (üblicher: ein Angebot) macht und die andere Partei diesen Antrag annimmt. Die eine Partei ist an ihren Antrag gebunden, die andere muss rechtzeitig und ohne Änderungen annehmen (§§ 145–150 BGB). Der Vertrag kommt erst zustande, wenn eine Einigung über alle Punkte erfolgt ist, die die Parteien regeln wollen (§ 154 BGB).

118 In Titel 4 lesen Sie zunächst nur § 158 BGB zur aufschiebenden und auflösenden **Bedingung**. Beispielsweise hätte Hurtig in der Fallstudie das Buch unter der Bedingung verkaufen können, dass ihm der Autor die Vervielfältigung und Verbreitung gestattet. Anderenfalls wäre der Kauf dann nicht wirksam.

119 Die **Stellvertretung** (Titel 5) ermöglicht eine Erweiterung der Geschäftskreise: Man kann Rechtsgeschäfte durch andere tätigen. Karin Kreft hätte z. B. ihre Schwester Rosa schicken können, das Buch in ihrem Namen zu kaufen. Vertragspartnerin wäre dann Karin geworden. Das Gesetz regelt die Voraussetzungen und Rechtsfolgen in § 164 BGB, die Bevollmächtigung (§ 167 BGB) und die Rechtsfolgen des Handelns ohne Vertretungsmacht: Der Vertretene kann das Geschäft genehmigen, anderenfalls haftet der Vertreter (§§ 177, 179 BGB). Gesetzliche Vertreter sind z. B. die Eltern oder ein GmbH-Geschäftsführer; das ist im jeweiligen Sachzusammenhang geregelt (§ 1629 BGB, § 35 GmbHG).

120 §§ 182 ff. BGB enthalten die allgemeinen Regeln zur **Zustimmung** im Voraus (Einwilligung) und im Nachhinein (Genehmigung). Lesen Sie nochmals § 177 I im Zusammenhang mit §§ 182 I, 184 BGB.

3. Fristen, Termine und Verjährung

121 Abschn. 4 über **Fristen und Termine** wird z. B. bei Liefer- oder Kündigungsfristen oder bei der Verjährung relevant. Die **Verjährung** haben wir schon bei der Definition des Anspruchs (§ 194 BGB) kennengelernt sowie als Beispiel für eine rechtshemmende Einwendung: Nach § 214 BGB ist der Schuldner berechtigt, die Leistung nach Ablauf der Verjährungsfrist zu verweigern. Nach bestimmten Zeiten sollen rechtliche Vorgänge abgeschlossen sein; die Verjährungsregeln haben also eine Friedensfunktion. Die regelmäßige Verjährungsfrist beträgt nach § 195 BGB drei Jahre

und sie beginnt grundsätzlich am Ende des Jahres zu laufen, in dem der Anspruch entstanden ist und der Gläubiger die relevanten Tatsachen kennt oder kennen muss (§ 199 I BGB). Für zahlreiche Ansprüche sind aber andere Fristen bestimmt (vgl. nur §§ 196 f., 199 II, 438 BGB).

III. Das Allgemeine Schuldrecht

Die Regeln des Allgemeinen Schuldrechts (in den ersten sieben Abschnitten des zweiten Buchs enthalten) finden auf alle in Abschn. 8 behandelten Schuldverhältnisse Anwendung und auch auf die gesetzlich nicht gesondert geregelten (z. B. Leasing, Factoring, Franchising). Die meisten Normen stellen dispositives Recht dar.   **122**

1. Inhalt der Schuldverhältnisse

In Abschn. 1 sind vor allem die **Leistungspflichten des Schuldners** beschrieben: Er hat die *Leistung* zu bewirken, wie Treu und Glauben mit Rücksicht auf die Verkehrssitte es erfordern (§ 242 BGB). Dazu können auch Nebenpflichten gehören (§ 241 II BGB). Er hat bei Gattungsschulden Sachen mittlerer Art und Güte zu liefern (§ 243 BGB) usw.   **123**

Beispiel:

Eine Stückschuld liegt vor, wenn ein bestimmtes Stück geschuldet wird, z. B. der gebrauchte Wagen, eine bestimmte Ming-Vase etc. Der Schuldner hat dieses konkrete Stück zu liefern. Eine Gattungsschuld liegt vor, wenn ein Exemplar aus der Gattung geschuldet wird, z. B. ein Neuwagen Volvo V 70. Dann muss ein Exemplar mittlerer Art und Güte geliefert werden.

Der Abschnitt enthält ferner die allgemeinen Regeln über *Schadensersatz* in §§ 249 ff. BGB und über *Leistungsort und -zeit* in §§ 269–271 BGB. In § 273 BGB ist zudem bestimmt, dass der Schuldner ein Leistungsverweigerungsrecht hat, solange er seinerseits etwas vom Gläubiger fordern kann. Dieses *Zurückbehaltungsrecht* stellt also eine Einwendung dar.   **124**

Im selben Titel sind ferner die allgemeinen Regeln des **Leistungsstörungsrechts** enthalten. Die Zentralnorm des § 280 BGB regelt die Schadensersatzpflicht des Schuldners im Fall von *Pflichtverletzungen*, die er *zu vertreten* hat (vgl. §§ 276, 278 BGB: eigenes Verschulden und das Verschulden seiner Erfüllungsgehilfen). Der Schadensersatzanspruch tritt grundsätzlich neben den Erfüllungsanspruch. Unter den besonderen Voraussetzungen der §§ 281–283 BGB, insbesondere nach erfolgloser Nachfristsetzung, kann der Gläubiger aber auch Schadensersatz statt der Leistung verlangen: Er kann dann vom Erfüllungsprogramm Abstand nehmen und seinen Gesamtschaden liquidieren. Für den Fall, dass die Pflichtverletzung in der Verspätung der Leistung liegt, enthalten die Vorschriften über den *Schuldnerverzug* (§§ 286 ff. BGB) Sonderregeln (vgl. auch § 280 II BGB).   **125**

126   Der erste Abschnitt enthält zudem in Titel 2 Regelungen für den Fall, dass der Gläubiger die Leistung nicht oder nicht rechtzeitig annimmt. Der *Gläubiger- oder Annahmeverzug* (§§ 293 ff. BGB) verschlechtert seine Rechtsposition.

2. Allgemeine Geschäftsbedingungen

127   Abschn. 2, die §§ 305–310 BGB, widmet sich dem „Kleingedruckten", den Allgemeinen Geschäftsbedingungen. Ein AGB-Verwender weicht mit seinen Klauseln typischerweise zu Lasten der Gegenseite von den allgemeinen gesetzlichen Regeln ab (sonst könnte er sie sich sparen). Daher besteht generell die Gefahr, dass die Gegenseite übervorteilt wird, und deshalb bedarf solches standardisiertes Klauselwerk einer besonderen Kontrolle.

3. Schuldverhältnisse aus Verträgen

128   Schuldverhältnisse entstehen häufig durch Verträge (§ 311 I BGB), oft aber auch kraft Gesetzes, wie z. B. eine gesetzliche Haftung: Für eine schuldhafte Körper- oder Eigentumsverletzung ist nach § 823 I BGB unabhängig von einem Vertrag Schadensersatz zu leisten. Die Verletzung begründet ein gesetzliches Schuldverhältnis (der Schädiger schuldet dem Verletzten Schadensersatz). Hier gelten die Vorschriften des ersten Abschnitts, insbesondere die §§ 249 ff. BGB.

129   Für vertragliche Schuldverhältnisse sieht Abschn. 3 einige besondere Regelungen vor. Titel 1 betrifft zunächst die **Begründung, den Inhalt und die Beendigung von vertraglichen Schuldverhältnissen**. In Untertitel 1 ist im Hinblick auf die *Begründung* bestimmt, dass Schuldverhältnisse durch Vertrag aber auch vorvertraglichen Kontakt entstehen können (§ 311 BGB) und dass Grundstückskaufverträge und ähnliche Schuldverträge über Grundstücke notariell zu beurkunden sind (§ 311b BGB).

130   Untertitel 2 enthält Schutzvorschriften für *Verbraucherverträge* und insbesondere *besondere Vertriebsformen* wie „Haustür"- und Fernabsatzgeschäfte sowie den E-Commerce. Verbraucher werden vor allem durch zwingende Informationspflichten und Widerrufsrechte geschützt.

131   Im Untertitel 3 sind Besonderheiten des Leistungsstörungsrechts zusammengefasst, die insbesondere auf die Beendigung des vertraglichen Schuldverhältnisses hinauslaufen. Bei unvorhersehbaren *Störungen der Geschäftsgrundlage* kann die benachteiligte Partei unter Umständen eine Anpassung des Vertrags verlangen oder vom Vertrag zurücktreten, wenn dies nicht möglich ist (§ 313 BGB).

132   Bei Dauerschuldverhältnissen kann sich zudem bei besonders gewichtigen Gründen (z. B. schweren Verfehlungen des Vertragspartners) ein *Recht zur fristlosen Kündigung* ergeben (§ 314 BGB).

133   Titel 2 behandelt die Besonderheiten, die sich bei **gegenseitigen Verträgen** ergeben. Hier modifiziert zunächst das Zug-um-Zug-System der §§ 320 ff. BGB das Zurückbehaltungsrecht aus § 273 BGB. Ferner ist in § 323 BGB ein allgemeines Rücktrittsrecht für den Fall einer Pflichtverletzung des Vertragspartners normiert. Das Rücktrittsrecht tritt neben den allgemeinen Schadensersatzanspruch des § 280 BGB (§ 325 BGB).

134   Titel 3 behandelt den **Vertrag zugunsten Dritter**. A und B können einen Vertrag schließen, wonach A eine Leistung an D zu erbringen und D einen entsprechenden

Anspruch gegen A hat. D braucht nicht beteiligt zu werden, da er durch das Geschäft lediglich Vorteile hat. Umgekehrt sind Verträge zu Lasten Dritter natürlich unwirksam.

> **Beispiel:**
> Opa Bertram eröffnet bei der A-Bank ein Konto und zahlt 5.000 € mit der Maßgabe ein, dass nach seinem Tod sein Enkel Dieter über den Betrag verfügen kann, sobald er volljährig ist (vgl. §§ 328 I, 331 I BGB).

Schließlich regelt Titel 5 zunächst die allgemeinen Rechtsfolgen des **Rücktritts**   **135** (§§ 346 ff. BGB). Ist im Vertrag ein Rücktrittsrecht vereinbart oder ergibt sich aus dem Gesetz (z. B. aus § 323 BGB) ein Rücktrittsrecht, so erhält der Berechtigte damit ein Gestaltungsrecht: Erklärt er den Rücktritt, müssen die Parteien die versprochenen Leistungen nicht mehr bewirken, sondern haben nur die bereits ausgetauschten Leistungen zurückzugewähren. Eine ähnliche Funktion hat auch das **Widerrufs- und Rückgaberecht** (§§ 355 ff. BGB), das – wie schon gesehen – vielfach für Verbraucherverträge vorgesehen ist (z. B. in §§ 312, 312g BGB).

4. Erlöschen der Schuldverhältnisse

Abschn. 4 behandelt verschiedene Erlöschensgründe, also rechtsvernichtende Einwendungen. Die wichtigste ist die *Erfüllung* nach § 362 BGB: Werden die geschuldeten Leistungen bewirkt, so werden sie nicht mehr geschuldet. Die Pflichten gehen also unter.   **136**

Wichtig ist ferner die *Aufrechnung*. Nach §§ 387 ff. BGB gehen gleichartige sich   **137** gegenüberstehende Leistungen unter, wenn die Aufrechnung erklärt wird.

> **Beispiel:**
> Hätte Katrin in der Fallstudie Hannes vor längerer Zeit 30 € geliehen, so könnte sie ihre Darlehensforderung gegen seinen Kaufpreisanspruch aufrechnen: Sein Anspruch geht unter; ihrer erlischt in Höhe von 12 €. Katrin kann noch 18 € fordern.

5. Übertragung von Forderungen

Gegenstand eines Kaufs können nicht nur Sachen sein, sondern auch Rechte, insbesondere Forderungen (§ 453 BGB). Die Verpflichtung zur Übereigung einer Sache wird nach § 929 BGB erfüllt. Die Übertragung einer Forderung geschieht nach § 398 BGB durch einen Vertrag zwischen Veräußerer und Erwerber (Abtretungsvertrag).   **138**

> **Beispiel:**
> G hat eine Forderung gegen S, die noch für drei Monate gestundet ist. Da G sofort Geld braucht, macht er diese Forderung zu Geld, indem er sie an N verkauft. G erfüllt seine Verkäuferpflicht durch Abtretung der Forderung an N. N wird durch den Abtretungsvertrag neuer Inhaber der Forderung und damit Gläubiger des S.

Die Abtretung von Forderungen ist aber nicht nur beim Forderungskauf wichtig,   **139** sondern z. B. auch bei der Eigentumsübertragung, beim Factoring, beim verlängerten Eigentumsvorbehalt und allgemein bei der Sicherungsabtretung.

IV. Besonderes Schuldrecht

140   In den §§ 433–853 BGB sind einige gesetzliche Schuldverhältnisse geregelt, vor allem aber typische Vertragsregelungen beschrieben (Kauf, Tausch, Miete usw.). Meist handelt es sich um dispositives Recht. Zudem kommen in der Praxis Mischformen vor, auf die dann teils das Recht des einen, teils des anderen Vertragstyps anzuwenden ist.

Beispiel:

Der „Kauf" einer Kinokarte bedeutet die Miete eines Sitzplatzes im Kino und den Abschluss eines Werkvertrags über eine Filmvorführung.

141   Vor allem haben sich in jüngerer Zeit neue Vertragstypen herausgebildet (z. B. Leasing, Factoring, Franchising), die höchstens einem der Grundtypen ähnlich sind.

142   Verfolgen Sie die Kurzbeschreibung der einzelnen Schuldverhältnisse zunächst nur anhand der Inhaltsübersicht. Schlagen Sie im zweiten Durchgang die angegebenen Normen nach.

143   Beim **Kaufvertrag** geht es um den endgültigen Austausch eines Kaufgegenstandes gegen Kaufpreiszahlung (§ 433 BGB). Kaufgegenstand ist meist eine Sache, kann aber insbesondere auch ein Recht sein (453 BGB). Für den Fall eines Sachmangels enthalten §§ 434 ff. BGB Sonderregeln, die dem allgemeinen Leistungsstörungsrecht vorgehen. Unter den besonderen Arten des Kaufs ist insbesondere der Verbrauchsgüterkauf (§§ 474 ff. BGB) hervorzuheben.

144   Um einen **Tauschvertrag** (§ 480 BGB) handelt es sich, wenn die Gegenleistung nicht in Geld, sondern in einer anderen Leistung besteht.

145   Durch einen **Darlehensvertrag** (§§ 488 ff. BGB) verpflichtet sich der Darlehensgeber, dem Darlehensnehmer für gewisse Zeit einen vereinbarten Geldbetrag zur Verfügung zu stellen – meist gegen Entgelt (Zinsen). In den §§ 491 ff. BGB schließen sich besondere Verbraucherschutzregeln an.

146   Durch einen **Schenkungsvertrag** verpflichtet sich der Schenker, den Vertragspartner durch eine Zuwendung aus seinem Vermögen unentgeltlich zu bereichern (§ 516 BGB).

147   Ein **Mietvertrag** verpflichtet den Vermieter, dem Mieter den Gebrauch einer (beweglichen oder unbeweglichen) Sache entgeltlich zu überlassen (§ 535 BGB). An die allgemeinen Vorschriften schließen sich in §§ 549 ff. BGB die Sonderregeln über die Wohnraummiete an.

148   Beim **Pachtvertrag** verpflichtet sich der Verpächter, den Pachtgegenstand nicht nur zum Gebrauch, sondern auch zur Erzielung von Erträgen zu überlassen (§ 581 BGB: „Genuss der Früchte"; vgl. § 99 BGB).

149   Durch den **Leihvertrag** verpflichtet sich der Verleiher, dem Entleiher den Gebrauch einer Sache unentgeltlich zu gestatten (§ 598 BGB). Ungenau ist also der Begriff Autoverleih: Die Autos werden vermietet.

150   Beim **Sachdarlehen** (§ 607 BGB) überlässt der Darlehensgeber dem Darlehensnehmer vertretbare Sachen (§ 91 BGB) und hat nach Zeitablauf Anspruch auf Rückgewähr entsprechender Sachen.

> **Beispiel:**
> Wenn sich der Nachbar 10 Eier „leiht", so handelt es sich im Zweifel um ein Darlehen, weil er kaum dieselben Eier wieder zurückbringen soll.

Durch einen **Dienstvertrag** verpflichtet sich ein Vertragspartner gegenüber dem   151
anderen zur Leistung von Diensten gegen Entgelt, verspricht also eine Tätigkeit
(§ 611 BGB). Sind diese Dienste in abhängiger Stellung, weisungsgebunden und
innerhalb der häuslichen oder betrieblichen Organisation des Dienstherren zu ver-
richten, handelt es sich um einen Arbeitsvertrag. Ein besonderer Dienstvertrag ist
der Behandlungsvertrag (§§ 630a ff. BGB)
   Beim **Werkvertrag** verpflichtet sich der Werkunternehmer gegenüber dem   152
Besteller, einen bestimmten Erfolg zu bewirken (z. B. Reparatur eines Autos, Anfer-
tigung eines Kleides oder Gutachtens; vgl. § 631 BGB). Eine Sonderform des
Werkvertrages stellt der Pauschalreisevertrag dar (§§ 651a ff. BGB).

> **Beispiel:**
> Der Pianist, der Klavierunterricht gibt, schließt mit seinen Schülern Dienstver-
> träge (und schuldet seine Lehrtätigkeit aber keine Lernerfolge). Wenn er ein
> Konzert gibt, schließt er mit dem Veranstalter einen Werkvertrag (und schuldet
> die künstlerische Darbietung).

Beim **Maklervertrag** weist der Makler eine Gelegenheit zum Vertragsschluss nach   153
oder vermittelt einen Vertrag (Wohnungsmakler, Kreditmakler usw.; § 652 BGB). In
§§ 655a ff. BGB finden sich Sonderregeln für die Kreditvermittlung an Verbraucher.
   Unter **Auslobung** versteht man die öffentliche Aussetzung einer Belohnung für   154
die Vornahme einer bestimmten Handlung.
   Beim **Auftrag** (§ 662 BGB) verpflichtet sich der Beauftragte vertraglich, ein   155
vom Auftraggeber übertragenes Geschäft unentgeltlich für diesen zu besorgen. Kennzeichen ist also – entgegen dem allgemeinen Sprachgebrauch – die unentgeltliche
Geschäftsbesorgung für einen anderen.
   Wird der Beauftragte entgeltlich tätig, handelt es sich in Wirklichkeit um einen   156
Dienst- oder Werkvertrag, der eine Geschäftsbesorgung zum Gegenstand hat; er
wird **Geschäftsbesorgungsvertrag** genannt (675–675b BGB). 2009 wurde ein
Untertitel 3 über *Zahlungsdienste* (Überweisungen, Lastschriften, Kartenzahlungen
usw.) eingefügt. Dabei wurde die Technik, Kleinbuchstaben an die Paragraphenzahl
anzufügen (s.o. Rn 3), ziemlich ausgereizt: Sie finden hier auch §§ 675x, 675y und
675z BGB.
   Die **Geschäftsführung ohne Auftrag** (§ 677 BGB) ist im Anschluss an das   157
Auftragsrecht geregelt, obwohl es sich um ein gesetzliches Schuldverhältnis handelt, so dass man sie erst hinten bei Titel 26 und 27 erwartet hätte. Kennzeichen ist
gerade das Tätigwerden im Geschäftskreis eines anderen, ohne von ihm beauftragt
oder ihm gegenüber sonst dazu berechtigt zu sein.
   Durch einen **Verwahrungsvertrag** (§ 688 BGB) wird der Verwahrer verpflich-   158
tet, eine vom Hinterleger übergebene bewegliche Sache (im Zweifel entgeltlich) aufzubewahren.

159 Die **Gesellschaft** (BGB-Gesellschaft oder Gesellschaft bürgerlichen Rechts, GbR) ist in §§ 705 ff. BGB zwar als Schuldverhältnis geregelt, ist aber in erster Linie Organisationsform und wird hier bei den Rechtsformen des Unternehmens behandelt. Sie ist die Grundform der Personengesellschaften (GbR, OHG, KG, …).

160 Durch den **Bürgschaftsvertrag** verpflichtet sich der Bürge, für die Schuld eines Dritten einzustehen. Begleicht der Hauptschuldner seine Verbindlichkeit nicht, kann der Gläubiger den Bürgen in Anspruch nehmen (§ 765 BGB).

161 Um gesetzliche Schuldverhältnisse geht es wiederum in Titel 26 im **Bereicherungsrecht**. Gemäß § 812 BGB muss derjenige, der ohne rechtlichen Grund etwas auf Kosten eines anderen erlangt hat, das Erlangte an diesen herausgeben. Das Bereicherungsrecht dient also der Rückabwicklung rechtlich nicht gerechtfertigter Vermögensverschiebungen.

> **Beispiele:**
>
> (1) K kauft von H eine Raubkopie und bezahlt sie. Da der Kaufvertrag unwirksam ist, erfolgt die Leistung des Kaufpreises ohne Rechtsgrund. K hat einen Rückzahlungsanspruch aus § 812 I 1 (1. Alt.) BGB (und aus § 817 S. 1 BGB).
>
> (2) Hannes Hurtig verkauft während der Fußball-Weltmeisterschaft 2014 2.000 Shirts mit der Aufschrift „Lahm". Jeder bezieht das auf den Kapitän der Weltmeistermannschaft Philipp Lahm und nur diesem kommt es zu, seinen Namen zu vermarkten. Hurtig hat sich durch einen rechtswidrigen Eingriff auf Kosten Lahms bereichert und muss die Bereicherung an ihn herausgeben.

162 Das **Recht der unerlaubten Handlungen** (§§ 823 ff. BGB) kam bereits in dem Autounfall-Beispiel und als Schadensersatzpflicht kraft Gesetzes vor. Zentralnorm ist § 823 I BGB: Die schuldhafte Verletzung bestimmter Rechtsgüter eines anderen führt zur Schadensersatzpflicht.

> **Beispiel:**
> Durch den Vertrieb der „Lahm"-Shirts verletzt Hannes Hurtig vorsätzlich das Namensrecht (§ 12 BGB) des Fußballspielers und damit ein „sonstiges Recht" im Sinne des § 823 I BGB. Falls Lahm dadurch Schaden entsteht, muss Hurtig diesen ersetzen.

V. Das Sachenrecht

163 Da Sachenrechte gegenüber jedermann (absolut) gelten, können sie (anders als vertragliche Schuldverhältnisse) nicht beliebig frei gestaltet werden. Es gibt nur die im Gesetz geregelten Sachenrechte und ihr Inhalt ist teilweise zwingend festgelegt (Typenzwang und Typenfixierung).

Beispiel:

Wird ein Grundstück zugunsten einer Bank mit einer Hypothek belastet (§ 1113 BGB), so kann die Bank im Ernstfall in das Grundstück gegebenenfalls vollstrecken (§ 1147 BGB). Eine Nebenabrede, dass sie es bis dahin auch nutzen dürfe, ist nicht möglich; dazu müsste daneben ein Nießbrauch bestellt werden (§ 1030 BGB).

1. Besitz

Im Sachenrecht ist in Abschn. 1 das Recht des Besitzes geregelt. Besitz ist die tat- **164** sächliche Sachherrschaft, unabhängig von der Rechtsposition.

Beispiel:

In der Fallstudie macht H die K durch die Übergabe des Buches zur Besitzerin. Das gilt unabhängig davon, ob er auch wirksam das Eigentum übertragen hat.

2. Allgemeines Grundstücksrecht

Abschn. 2 enthält die besonderen Regeln über Grundstücksrechte. Grundstücke und **165** die Rechte daran sind wegen ihrer besonderen Bedeutung in Grundbüchern verzeichnet, um Rechtssicherheit und -klarheit zu erhöhen. Mit den sich daraus ergebenden Besonderheiten befassen sich die §§ 873 bis 902 BGB (und als Verfahrensrecht die Grundbuchordnung, GBO).

3. Die einzelnen Sachenrechte

Die folgenden Abschnitte sind den einzelnen Sachenrechten gewidmet. Das wich- **166** tigste Sachenrecht ist das **Eigentum**, das die umfassende rechtliche Herrschaft über eine Sache vermittelt (vgl. § 903 BGB). Die Übertragung des Eigentums an Grundstücken ist in §§ 925 ff. BGB knapp geregelt; die Vorschriften bauen auf § 873 BGB auf. Für bewegliche Sachen gelten §§ 929 ff. BGB. Ein Beispiel für die Absolutheit von Sachenrechten (s.o. Rn 162) stellt § 985 BGB dar: Der Eigentümer kann die ihm gehörende Sache von jedem Besitzer herausverlangen, sofern dieser nicht zum Besitz berechtigt ist.

Beispiel:

V vermietet Tretboote. Wenn M eines der Boote für eine Stunde mietet, hat er für diese Stunde ein Besitzrecht und muss es anschließend zurückgeben (§§ 546 und 985 BGB). Wird dem V eines der Boote gestohlen und später bei B gefunden, so kann V es von B nach § 985 BGB herausverlangen (auch wenn B nicht der Dieb ist).

Die weiteren Sachenrechte werden **beschränkte dingliche Rechte** genannt (obwohl **167** auch das Eigentum natürlich kein unbeschränktes Recht ist, wie schon § 903 BGB klarstellt). Bei den **Dienstbarkeiten** geht es um (dingliche) Nutzungsrechte: Die Grunddienstbarkeit (§§ 1018 ff. BGB) besteht zugunsten eines anderen Grundstücks (z. B. Wegerecht), die persönliche Dienstbarkeit zugunsten einer bestimmten Person. Es gibt sie als umfassendes Nutzungsrecht, das Nießbrauch genannt wird (§§ 1030 ff. BGB) und beschränkte persönliche Dienstbarkeit wie z. B. das Wohnrecht (§§ 1090 ff. BGB).

> **Beispiel:**
> Aus erbschaftssteuerlichen Gründen übertragen die Eltern ihr Grundstück samt Eigenheim schon auf die Tochter, behalten sich aber ein lebenslanges Wohnrecht vor. Wenn sie sich stattdessen einen lebenslangen Nießbrauch vorbehalten, können sie das Haus nicht nur selbst bewohnen sondern z. B. auch vermieten, falls sie selbst in ein Heim oder nach Mallorca wollen.

168 Unter den beschränkten dinglichen Rechten sind zudem die Verwertungsrechte wichtig, da sie die Absicherung von Krediten ermöglichen. Das BGB behandelt zunächst die **Grundpfandrechte** Hypothek und Grundschuld (§§ 1113 ff. und 1191 ff. BGB) und schließlich das **Pfandrecht** an beweglichen Sachen (§§ 1204 ff. BGB) und an Rechten (§§ 1273 ff.). Näher unten § 7.

> **Beispiel:**
> K nimmt bei der B-Bank einen Kredit zur Betriebserweiterung auf und verpfändet ihr ein Aktienpaket.

VI. Zur Fallstudie

169 Hannes Hurtig und Karin Kreft haben durch den Vertragsschluss (§§ 145 ff. BGB) ein vertragliches Schuldverhältnis begründet (§ 311 I BGB). Ob es sich um einen Kauf- oder Werklieferungsvertrag handelt, richtet sich danach, ob die vereinbarten Verpflichtungen § 433 oder § 651 BGB entsprechen. Auch wenn Hannes insgeheim wusste, dass er ein ringgeheftetes Exemplar herstellen wollte, ging doch die Vereinbarung nur dahin, dass er ihr gegen Geld ein Exemplar liefern würde, gleich ob er es herstellt oder beschafft. Daher liegt ein Kaufvertrag vor.

Durch den Vertragsschluss ergab sich die in § 433 BGB beschriebene Pflichtenlage: Hannes musste Besitz und Eigentum an dem Buch verschaffen, und zwar frei von Sach- und Rechtsmängeln. Karin musste den Kaufpreis zahlen. Lieferort ist nach § 269 I, II BGB Hannes' Laden; auch die Zahlung hat dort zu erfolgen (§ 270 I, II BGB). Die Leistungszeit haben beide abweichend von § 271 BGB vereinbart: Lieferung und Zahlung sollten nicht sofort, sondern erst nach zwei Tagen erfolgen.

170 Nach zwei Tagen hat Karin durch die Zahlung (Eigentumsübertragung an dem Geld nach § 929 S. 1 BGB) und Abnahme des Buchs ihre Verpflichtungen aus dem Kaufvertrag erfüllt. Nach § 362 I BGB sind sie damit untergegangen.

Hannes hat seine Verpflichtungen noch nicht vollständig erfüllt. Er hat Karin zwar gemäß § 854 I BGB zur Besitzerin und gemäß § 929 S. 1 BGB zur Eigentümerin des Buchs gemacht (der Sachmangel ändert daran nichts und im Fall der genehmigten Kopie ist die Wirksamkeit der Übereignung nicht fraglich). Wegen des verwischten Drucks ist das Buch aber nicht mittlerer Art und Güte (§ 243 I BGB), sondern weist einen Sachmangel auf (§ 434 BGB). Die Rechtsfolgen ergeben sich aus den §§ 437 ff. BGB. Karin kann danach die Lieferung eines neuen, mangelfreien Exemplars verlangen; vom Vertrag zurücktreten kann sie wegen des Mangels nicht ohne weiteres (§ 440 BGB). Näher unten § 5.

B. Das Handelsgesetzbuch

I. Überblick

Handelsrecht wird traditionell das Sonderprivatrecht der Kaufleute genannt. Das **171** Handelsgesetzbuch enthält zwar auch öffentlich-rechtliche Vorschriften, und wir hatten schon gesehen, dass sich ein Gutteil des Handelsrechts in anderen Gesetzen findet. Das HGB bildet aber nach wie vor das Kernstück dieses Sonderprivatrechts. Es enthält also Spezialvorschriften, die im Handelsverkehr vorrangig anzuwenden sind. Soweit das HGB keine Regelung trifft, ist subsidiär das BGB heranzuziehen.

> **Beispiel:**
> Ein Kaufvertrag zwischen zwei Kaufleuten kommt wie auch sonst durch Antrag und Annahme zustande; die Pflichtenlage richtet sich nach § 433 BGB, nur ergänzend kommen die Regeln über den Handelskauf dazu.

Das HGB sieht Kaufleute als weniger schutzbedürftig an, entspricht aber dafür **172** ihrem Bedürfnis nach Einfachheit und Schnelligkeit (vgl. z. B. §§ 348–350 und 377 HGB). Dementsprechend werden die Publizität (insbesondere des Handelsregisters) und der Vertrauensschutz betont (vgl. z. B. §§ 15, 49 f. HGB).

Das HGB ist wie das BGB in fünf Bücher eingeteilt (vergleiche Abb. 2). Wir **173** werden das erste über den Handelsstand, das zweite bei den Rechtsformen der Unternehmen und das vierte im Zusammenhang mit den verschiedenen Geschäftstypen behandeln (z. B. den Handelskauf beim Kauf).

Das Handelsgesetzbuch (HGB)				
1. Buch (§§ 1–104)	2. Buch (§§ 105–237)	3. Buch (§§ 238–342e)	4. Buch (§§ 343–475h)	5. Buch (§§ 476–619)
Handelsstand	Handelsgesellschaften + stille Gesellschaft	Handelsbücher	Handelsgeschäfte	Seehandel

Abb. 2 Gesetzesübersicht des HGB

II. Der Handelsstand

174 Unter der altertümlichen Überschrift „Handelsstand" finden sich die allgemeinen Vorschriften des HGB. Im ersten Abschnitt, Kaufleute, wird beschrieben, wer überhaupt Kaufmann ist, für wen das HGB also gilt. Die Regelung geht vom Einzelunternehmer aus und behandelt den praktisch wichtigsten Fall der Handelsgesellschaften erst in § 6 HGB. Das HGB gilt grundsätzlich, sobald eine Partei Kaufmann ist. Einzelne Vorschriften gelten nur, wenn beide Parteien Kaufleute sind; das Gesetz weist darauf dann besonders hin. Vielfach setzen die HGB-Vorschriften zudem voraus, dass das betreffende Geschäft für den Kaufman kein Privat-, sondern ein Handelsgeschäft ist (dazu Rn 184 f.).

> **Beispiele:**
> Nach § 29 HGB muss ein Kaufmann seine Firma zum Handelsregister anmelden (öffentlich-rechtliche Verpflichtung). Nach § 48 HGB kann ein Kaufmann Prokura erteilen (eine Sonderform der Bevollmächtigung [§ 167 BGB]: einseitiges privatrechtliches Rechtsgeschäft). Nach § 350 HGB ist die Bürgschaftserklärung eines Kaufmanns formfrei, wenn sie ein Handelsgeschäft für ihn ist. Nach § 377 HGB muss ein Kaufmann erhaltene Ware untersuchen und Mängel rügen, wenn der Kauf für beide Vertragspartner ein Handelsgeschäft ist.

175 §§ 8–16 HGB enthalten Vorschriften über das Handelsregister, das seit 2007 elektronisch geführt wird und die wichtigsten rechtserheblichen Daten zu Kaufleuten und Handelsgesellschaften bereit hält.

176 Der dritte Abschnitt behandelt die Handelsfirma (vgl. § 17 HGB), also die Unternehmenskennzeichnung der Kaufleute und Handelsgesellschaften (die nach § 29 HGB zur Eintragung anzumelden ist).

177 Der fünfte Abschnitt enthält Sonderregeln über die Stellvertretung im kaufmännischen Verkehr, nämlich die Prokura und die Handlungsvollmacht. Die §§ 48 ff. HGB modifizieren also die §§ 164 ff. BGB.

178 Die weiteren Abschnitte befassen sich mit besonderem kaufmännischen Personal, wie den Handlungsgehilfen und -lehrlingen, aber auch Selbstständigen, die selbst Kaufleute sind, wie Handelsvertreter und - makler.

III. Handelsgesellschaften und stille Gesellschaft

179 Das zweite Buch behandelt die **Personengesellschaften** des HGB. Die offene Handelsgesellschaft (OHG) und die Kommanditgesellschaft (KG) treten nach außen in Erscheinung; sie werden wie Kaufleute ins Handelsregister eingetragen und heißen daher *Handelsgesellschaften*. Die stille Gesellschaft tritt dagegen (wie schon der Name sagt) nicht in Erscheinung; es handelt sich um eine sogenannte *Innengesellschaft*. Sie alle bauen auf den BGB-Regeln über die Gesellschaft (§§ 705 ff. BGB) auf.

180 Die OHG ist in §§ 105 ff. HGB behandelt. §§ 105–108 HGB regeln zunächst Begriff und Gründung der OHG unter der Überschrift „Errichtung". Dann betrachtet das Gesetz das „Innere" der OHG, also die Rechtsbeziehungen der Gesellschafter

untereinander (§§ 109–122 HGB), sowie die Rechtsbeziehungen nach außen, also gegenüber Dritten (§§ 123–130a HGB). Der erste Abschnitt endet mit Vorschriften über die Beendigung der OHG.

Der zweite Abschnitt behandelt in §§ 161–177a HGB die Besonderheiten der 181 KG. Da der Abschnitt so kurz ist, gibt es keine Untergliederung in Titel. Der Aufbau entspricht aber dem bei der OHG:

* Begriff und Gründung (§§ 161–162 HGB),
* Innenverhältnis (§§ 163–169 HGB),
* Außenverhältnis (§§ 170–177a HGB).

IV. Handelsbücher

Das dritte Buch des HGB behandelt die kaufmännische Rechnungslegung. Auch 182 hier sind die allgemeinen Regeln, die für alle Kaufleute gelten, in §§ 238–263 HGB vorangestellt und es folgen speziellere Regeln. Insbesondere sind für Kapitalgesellschaften, die GmbH & Co. KG und verwandte Rechtsformen gesteigerte Anforderungen gestellt (§§ 264 – 335b HGB), zu denen auch Sonderregeln zur Konzernrechnungslegung, Prüfung und Publizität gehören. Anschließend finden sich noch speziellere Regelungen für Genossenschaften, Kreditinstitute und Versicherungsunternehmen (§§ 336 ff. HGB).

Das Bilanzrecht wird hier nicht weiter behandelt. Wer sich im Wirtschaftsrecht 183 spezialisieren will, tut aber gut daran, sich mit der Materie – vielleicht auch von der steuerrechtlichen Seite – vertraut zu machen. Umgekehrt sollten diejenigen, die sich z. B. in wirtschaftswissenschaftlichen Studiengängen mit Buchführung, Bilanzkunde und dergleichen befassen, auch dabei die §§ 238 ff. HGB möglichst durchgehend heranziehen.

V. Handelsgeschäfte

Im vierten Buch, Handelsgeschäfte, erkennen Sie wiederum die Technik des Vor- 184 die-Klammer-Ziehens. Im ersten Abschnitt, „**Allgemeine Vorschriften**", ist der Begriff der Handelsgeschäfte definiert. Während z. B. §§ 157 und 242 BGB auf die Verkehrssitte verweisen, verweist § 346 HGB auf die Handelsbräuche. Eine Modifikation des § 276 II BGB, stellt § 347 I HGB dar, wonach man bei einem Handelsgeschäft die Sorgfalt eines ordentlichen Kaufmanns zu beobachten hat. § 348 HGB modifiziert § 343 BGB, §§ 349, 350 HGB modifizieren das Bürgschaftsrecht des BGB usw.

Der zweite Abschnitt, **Handelskauf**, modifiziert das Kaufrecht des BGB. § 373 185 HGB enthält eine Sonderregel zum Annahmeverzug (§§ 293 ff. BGB), § 376 HGB eine Sonderregel zum Schuldnerverzug (§§ 286 ff., 323 I, II Nr. 1 BGB) und § 377 HGB erlegt dem Käufer beim beiderseitigen Handelskauf die Pflicht auf, die Ware zu untersuchen und Mängel gegebenenfalls zu rügen. Anderenfalls verliert er die Rechte, die ihm nach BGB-Kaufrecht zustehen.

186   Die weiteren Abschnitte behandeln andere spezielle Handelsgeschäfte wie das Kommissionsgeschäft und verschiedene Verträge der Logistik.

C. Hilfsmittel bei der juristischen Recherche

187   Der hier stark in den Vordergrund gerückte stetige Umgang mit dem Gesetz hat nicht nur allgemeine didaktische, methodische und klausurtechnische Gründe. Vielmehr ist die Schulung im sinnvollen Umgang mit dem Gesetz auch für die spätere Praxis (der „Nichtjuristen" wie der Juristen) von entscheidender Bedeutung, da sich über das Gesetz die wichtigsten Hilfsmittel bei der juristischen Recherche erschließen.

I. Vom Lehrbuch bis zur Datenbank

188   Wichtig für die Ausbildung sind natürlich **Lehrbücher**. Einzelne Werke werden hier jeweils in den Arbeitshinweisen empfohlen. Da in der juristischen Ausbildung die Bearbeitung von Fällen im Vordergrund steht, sind *Fallsammlungen* und andere Aufgabenbücher (z. B. die Reihe „Prüfe Dein Wissen" des Verlags C.H. Beck) eine gute Ergänzung. Für die Praxis sind ferner **Formularbücher** wichtig. Wer einen Vertrag (z. B. einen Kauf- oder Gesellschaftsvertrag) oder z. B. ein Testament zu gestalten hat, findet darin Formulierungsvorschläge (häufig auch als Textdatei) und weiterführende Hinweise.

189   Eine besondere Literaturgattung ergibt sich daraus, dass Juristen (ähnlich wie Theologen) mit vorgegebenen Texten arbeiten, mit denen sie sich immer wieder auseinandersetzen. Dementsprechend sind seit jeher Gesetzestexte mit **Kommentaren** versehen worden. Der Begriff Kommentar meint bei den Juristen nicht die einzelne Erläuterung, sondern das Gesamtwerk, das ein Gesetz kommentiert. Zum BGB gibt es mehrere einbändige Kommentare. Für den Anfänger am besten sind die von Kropholler und von Jauernig u. a. (beide C.H. Beck), in der Praxis schaut jeder zunächst in den „Palandt" (d.h. den von Otto Palandt begründeten BGB-Kommentar, ebenfalls C.H. Beck). Der wichtigste einbändige HGB-Kommentar ist der „Baumbach/Hopt" (C.H. Beck). Die praxiswichtigen Kommentare von „Palandt" und „Baumbach/Hopt" gehören auch im zweiten Staatsexamen zu den zugelassenen Hilfsmitteln. Daneben gibt es verschiedene mehrbändige Kommentierungen, die viel ausführlicher, deswegen aber nicht schwerer verständlich sind. Zu anderen Gesetzen gibt es natürlich auch Kommentare. Einige werden hier jeweils in den Arbeitshinweisen empfohlen. Wer mit dem Gesetz umgehen kann, lernt den Umgang mit Kommentaren schnell (dazu Rn 198 ff.). Damit kann er sich die ganze Fülle juristischen Fachwissens erschließen, denn in den Kommentaren findet er nicht nur die Erläuterungen des jeweiligen Bearbeiters, sondern Nachweise auf Rechtsprechung und Schrifttum insbesondere in den Fachzeitschriften.

190   Die Zahl der juristischen **Zeitschriften** wächst scheinbar unaufhaltsam. Für die Ausbildung sind konzipiert: „JuS" (Juristische Schulung), „JURA" (Juristische Ausbildung) und „JA" (Juristische Arbeitsblätter). Sie finden darin Aufsätze zu einzelnen Rechtsgebieten. Wichtige neue Entscheidungen sind didaktisch aufbereitet. Übungsfälle und Lösungen ergänzen die erwähnten Fallsammlungen.

Am weitesten verbreitet ist die „NJW", die Neue Juristische Wochenschrift. Sie   191
ist sozusagen die Hauspostille der Juristen und enthält auch die wichtigsten Entscheidungen.

Beispiele:
Vgl. die Beispiele oben zum Verfassungs- und Europarecht (Rn 22 ff.). Zur
Sittenwidrigkeit von Bürgschaften vgl. z.b. BVerfG NJW 1994, 36 und BGH
NJW 2000, 1182, zu Bürgschaft und Haustürgeschäft: BGH NJW 1998, 2356 und
EuGH NJW 1998, 1295.

Wichtige wirtschaftsrechtliche Zeitschriften, in denen Sie auch die wichtigsten   192
Urteile finden, sind z.B. „DB" (Der Betrieb), „BB" (Betriebsberater), „WM" (Wert-
papiermitteilungen) und ZIP (Zeitschrift für Wirtschaftsrecht, früher: für Insolvenz-
praxis). Weitere, speziellere Zeitschriften sind später bei den Literaturempfehlungen
angegeben.

Die wichtigsten BGH-Entscheidungen werden ferner in der sog. amtlichen   193
Sammlung **BGHZ** (BGH in Zivilsachen) veröffentlicht. Entsprechende Sammlungen
gibt es auch für das Bundesverfassungsgericht (BVerfGE) und den EuGH (Slg.).

Die Entscheidungen im vorigen **Beispiel** werden nach den amtlichen Sammlungen zitiert: BVerfGE 89, 214; BGHZ 125, 206; EuGH Slg. 1998 I-1199;
BGHZ 139, 21. Bei BGHZ und BVerfGE wird nach Band und Seite, beim EuGH
zunächst nach Jahrgängen zitiert.

Für die juristische Recherche werden schließlich **Datenbanken** immer wichtiger. In   194
der Praxis wird viel mit den Datenbanken der JURIS GmbH gearbeitet. Sie sind
kostenpflichtig und im Internet nur begrenzt zugänglich. Einsatzmöglichkeiten und
Bedienung lässt man sich am besten in der Bibliothek erklären. Daneben erschließen vor allem die Datenbanken des Beck-Verlags (beck-online) viele Gerichtsentscheidungen, Zeitschriften und Bücher.

Viele juristische Datenbanken stehen im Internet kostenfrei zur Verfügung.   195
Insbesondere sind Gesetze in konsolidierter Fassung (d.h. mit eingearbeiteten Änderungen) unter https://www.gesetze-im-internet.de abrufbar. Über Gesetzgebungs-
projekte informiert insb. das Bundesjustizministerium unter www.bmj.bund.de. Die
BGH-Rechtsprechung ist unter www.bundesgerichtshof.de abrufbar, die des BVerfG
unter www.bundesverfassungsgericht.de. Da Gerichtsentscheidungen oft nicht
mehr in der amtlichen Sammlung oder einer Zeitschrift nachgeschlagen werden
sondern in Datenbanken abgerufen, werden sie immer häufiger nach ihrem Verkün-
dungsdatum und Aktenzeichen (und oft zusätzlich einer gedruckten Quelle) zitiert
und spezielle Passagen nach Randnummern statt nach Seiten.

Die Entscheidungen aus den vorigen **Beispielen** sind dann wie folgt zu zitieren:
BVerfG v. 19. 10. 1993 – 1 BvR 567/89, 1 BvR 1044/89=NJW 1994, 36; BGH
v. 27. 1. 2000 – IX ZR 198/98=NJW 2000, 1182; BGH v. 14. 5. 1998 – IX ZR
56/95=NJW 1998, 2356; EuGH v. 17. 3. 1998 – C-45/96=NJW 1998, 1295.
Das Aktenzeichen der BGH-Entscheidung vom 27. 1. 2000 lässt erkennen, dass
der 9. Zivilsenat seine 198. Sache aus 1998 entschieden hat.

196 Das EU-Recht ist über EURlex (http://eur-lex.europa.eu/de/index.htm) in allen Amtssprachen zugänglich. Die Kommission informiert über ihre Projekte unter http://ec.europa.eu/index_de.htm, und die EuGH-Rechtsprechung ist wie die Rechtsakte über EURlex oder direkt unter www.curia.eu.int/index.htm im Internet zu erschließen.

197 Speziell auf studentische Bedürfnisse zugeschnitten ist das Juristische Internetprojekt der Universität des Saarlandes in Saarbrücken. Unter http://www.jura. uni-saarland.de/ findet sich ein vielfältiges Angebot, so zum Beispiel ein Lernportal für Studenten, eine Sammlung zu Rechtsfällen aus dem Alltag und eine gute Sammlung ausgewählter Links.

II. Umgang mit Kommentaren

198 Besorgen Sie sich in der Bibliothek die BGB-Kommentare von *Jauernig* u. a. und von *Palandt*.

199 Lesen Sie im „Jauernig" zunächst die Hinweise für den Benutzer und schauen in das Inhaltsverzeichnis. Wenn Sie Seite 1 aufschlagen, erkennen Sie den allgemeinen Aufbau eines Kommentars: Zunächst ist die gesetzliche Vorschrift abgedruckt und es folgt eine Literaturangabe. Die eigentliche Kommentierung ist in mehrere Anmerkungen untergliedert. Sie beginnen mit allgemeinen Bemerkungen; anschließend folgen die Einzelheiten. Da am Jauernig mehrere Autoren arbeiten, findet sich jeweils am unteren Seitenrand der Name des Bearbeiters der Kommentierung. Beim Zitieren wird jeweils der Bearbeiter mit genannt. Zudem wird (wegen der häufigen Änderung mit jeder Auflage) nicht nach Seiten zitiert, sondern meist nach Randnummern, sonst nach Anmerkungen.

> **Beispiel:**
> Die erste Aussage im Palandt zu § 1 BGB wird zitiert als Palandt-Ellenberger, § 1 Rn 1 (oder Ellenberger in Palandt, § 1 Rn 1). Im Jauernig schreibt zu § 1 Jauernig selbst. Trotzdem wird der Bearbeiter gesondert genannt: Jauernig in Jauernig, § 1 Rn 1 oder Jauernig-Jauernig, § 1 Rn 1.

200 Wenn Sie im Jauernig bis zum § 21 BGB weiterblättern, sehen Sie, dass einzelnen Abschnitten oder Titeln **Vorbemerkungen** vorangestellt sind. In diesen Vorbemerkungen finden Sie häufig allgemeine Anmerkungen, die für einen ganzen Themenkreis von Bedeutung sind und daher nicht einzelnen Paragraphen zugeordnet werden. Vor § 21 BGB z. B. können Sie sich in Randnummer 1 über Begriff und Wesen der juristischen Person informieren; vor § 104 BGB finden Sie das Wichtigste zur Rechtsgeschäftslehre usw. Wenn Sie all diese Vorbemerkungen zusammennehmen, haben Sie bereits ein kleines Lehrbuch vor sich.

201 In der Regel gebraucht man Kommentare aber zum Nachschlagen von Detailfragen. Dazu müssen Sie sich zunächst den Standort in der gesetzlichen Regelung vergegenwärtigen. Lesen Sie zunächst den Gesetzestext genau. Oft beantworten sich auch spezielle Fragen bereits auf diese Weise. Unter dem einschlägigen Paragraphen

können Sie dann die Anmerkungen durchgehen. Häufig finden Sie das Problem erörtert, das Sie beschäftigt. Anderenfalls müssen Sie sich durch ähnlich gelagerte Problemlagen an das konkrete Problem herantasten.

Beispiel:

Hannes Hurtig hat einen Großkopierer gekauft, der nicht ordentlich funktioniert. Als der Verkäufer nach kurzer Untersuchung jeden Mangel bestreitet, lässt Hannes den Kopierer durch einen Sachverständigen untersuchen, der schnell eine Fehljustierung der Walzen feststellt. Kann Hannes vom Verkäufer neben der Reparatur auch die Übernahme der Sachverständigenkosten verlangen?

Die Fehljustierung stellt einen Mangel im Sinne des § 434 I 2 Nr. 2 BGB dar. Daher hat Hannes nach § 437 Nr. 1 BGB in erster Linie einen Anspruch auf Nacherfüllung und kann nach § 439 I Beseitigung des Mangels verlangen. Nach § 439 II BGB hat der Verkäufer die hierfür erforderlichen Aufwendungen zu tragen, aber gehören dazu auch die Sachverständigenkosten, die zum Aufspüren des Mangels aufgewendet wurden?

Wer im „Palandt" nachschlägt, findet zu § 439 BGB die Kommentierungen von Walter *Weidenkaff* (siehe Kopfzeile), die ab Rn 9 den Absatz 2 behandeln. In Rn 11 heißt es, der Verkäufer müsse alle erforderlichen Aufwendungen tragen, auch die zum Auffinden der Ursache wie z. B. auch Sachverständigengutachten. Wer es genauer recherchieren will, kann in der zitierten Entscheidung BGH NJW 2014, 2351 nachlesen (s. das Beispiel unten Rn 206).

Das Beispiel zeigt schon: Der Text des Palandt ist wegen der zahlreichen Verkürzun-   **202**
gen zunächst gewöhnungsbedürftig: „Alle erfdl Aufwendungen; die Aufzählung ist beispielh", „SachverstGutachten". Sie gewöhnen sich an diesen Stil rasch. Er spart Platz und ermöglicht so, die enorme Informationsfülle in einem Handkommentar unterzubringen. Die jährliche Neuerscheinung des Palandt gewährleistet eine hohe Aktualität.

Wenn Sie abschließend noch in den HGB-Kommentar von Baumbach/Hopt hineinschauen, sehen Sie, dass der Aufbau dem gleichen Schema folgt. Im hinteren Teil des Baumbach/Hopt finden sich umfangreiche Anhänge, in denen z. B. auch die Incoterms und die AGB der Banken kommentiert sind; ansonsten ist alles wie bei den BGB-Kommentaren. Ganz vereinzelt wird in diesem Buch auf Kommentarstellen hingewiesen. Sie sollten den Hinweisen einige Male nachgehen, um die Kommentararbeit einzuüben.

III. Lektüre einer BGH-Entscheidung

Ist eine juristische Frage vom BGH entschieden, so richten sich in aller Regel die   **203**
übrigen Gerichte und damit auch die Wirtschaftspraxis danach. Hat man in einem ähnlichen Fall die Rechtslage zu beurteilen, muss man die BGH-Entscheidung analysieren und schauen, ob die dortigen Erwägungen auch auf den zu beurteilenden Fall zutreffen. Dabei helfen vielfach vorangestellte **Leitsätze**, die die wichtigsten

rechtlichen Erwägungen zusammenfassen. Wenn sie von den beteiligten Richtern formuliert sind („amtliche Leitsätze" im Unterschied zu redaktionellen Orientierungssätzen), stellen sie einen wesentlichen Orientierungspunkt in der rechtswissenschaftlichen Diskussion dar.

204   Die wichtigste Entscheidungsform ist das Urteil, das nach § 311 I ZPO „im Namen des Volkes" ergeht und gemäß § 313 I ZPO im Wesentlichen die Urteilsformel, den Tatbestand und die Entscheidungsgründe enthält. Die Urteilsformel wird meist Urteilstenor oder kurz **Tenor** genannt. Das vorinstanzliche Urteil hat Bestand (die Revision also keinen Erfolg) oder wird (u. U. teilweise) aufgehoben. Wenn noch tatsächliche Feststellungen fehlen, verweist der BGH zurück (weil die Revisionsinstanz ja keine Tatsacheninstanz ist). Anderenfalls entscheidet er selbst.

205   Der **Tatbestand** schildert den zugrundeliegenden Sachverhalt und den Streitstand. Bei der Schilderung des Sachverhalts werden die Parteien nicht namentlich genannt sondern nach ihrer Beteiligung (Kläger und Beklagter, Zweitbeklagter, Streithelferin o. ä.). Im Anschluss wird berichtet, wie die Vorinstanzen entschieden haben und was die Beteiligten nun noch wollen.

206   In den **Entscheidungsgründen** wird regelmäßig die Begründung des Berufungsgerichts unter I. referiert und unter II. rechtlich gewürdigt. Manchmal werden dabei erst Verfahrensfragen geklärt, die für Sie im Zweifel uninteressant sind. Oft genügt es, sich die Parteien und den für die Frage wichtigen Teil des Sachverhalts klarzumachen, um den relevanten Abschnitt in der Entscheidungsbegründung zu verstehen. Meist können Sie einen Großteil getrost überlesen.

Das im vorigen **Beispiel** zitierte Urteil des BGH vom 30.4.2014 – VIII ZR 275/13 = NJW 2014, 2351, können Sie auch bequem über die Homepage des BGH (www.bundesgerichtshof.de) erreichen. Der erste *Leitsatz* klärt die Frage bereits: § 439 II BGB erfasst auch Sachverständigenkosten, die einem Käufer entstehen, um die Mangelursache aufzufinden und so seinen Nacherfüllungsanspruch zu realisieren. Der BGH weist im *Tenor* die Revision zurück; das stattgebende Urteil des LG Koblenz hat also Bestand. Im *Tatbestand* ist zu lesen, dass es um Verwölbungen im Fertigparkett und 1.258,72 € Gutachtenkosten ging. Die *Entscheidungsgründe* schildern in Rn 13 den seinerzeitigen Literaturstreit und argumentieren in Rn 15–17 mit Wortlaut, Entstehungsgeschichte und Richtlinienhintergrund der Norm: Da das EU-Recht die Unentgeltlichkeit der Nacherfüllung verlangt, müssen dem Käufer alle erforderlichen Kosten abgenommen werden.

D. Arbeitshinweise

207 ## I. Die wichtigsten Grundbegriffe

BGB-Aufbau Fünf Bücher (Allgemeiner Teil, Schuldrecht, Sachenrecht, Familienrecht, Erbrecht). Im BGB AT das für alle Bücher Gültige. Im Schuldrecht AT und BT (einzelne Schuldverhältnisse). Im Sachenrecht Besitz, allgemeines Grundstücksrecht, einzelne Sachenrechte.

Schuldverhältnis Gesetzlich oder vertraglich: Der Schuldner schuldet dem Gläubiger eine Leistung; der Gläubiger hat einen Anspruch auf die Leistung (kann ein Tun oder Unterlassen von ihm verlangen, § 194 BGB).

Besitz Tatsächliche Herrschaft über eine Sache (§ 854 BGB).

Sachenrechte Rechtsbeziehungen einer Person zu einer Sache (z. B. Eigentum, Nießbrauch, Hypothek, Grundschuld, Pfandrecht).

Rechtsgeschäft Handlung, durch die der Wille zu rechtserheblichen Änderungen realisiert wird (z. b. Willenserklärung, Einigung und Übergabe ...). Einseitige und mehrseitige (insb. Verträge).

Bedingung (§§ 158 ff. BGB): Einer Willenserklärung wird die Bestimmung hinzugefügt, dass die Wirksamkeit des Rechtsgeschäfts vom Eintritt eines bestimmten künftigen, ungewissen Ereignisses abhängt.

Zustimmung Einverständniserklärung mit einem meist von einem anderen getätigten Rechtsgeschäft: Einwilligung oder Genehmigung (§§ 182 ff. BGB).

Verjährung Rechtshemmende Einwendung: Nach Ablauf einer bestimmten Zeit kann der Schuldner die Leistung verweigern (§ 214 BGB).

Rücktritt (§§ 346 ff. BGB): Gestaltungsrecht, durch das die Rückabwicklung eines Vertrags eingeleitet wird.

HGB-Aufbau Fünf Bücher (Handelsstand, Handelsgesellschaften und stille Gesellschaft, Handelsbücher, Handelsgeschäfte, Seehandel). Im 1. Buch insb.: Kaufleute, Handelsregister, Firma, Stellvertretung. Im 2. Buch: OHG, KG, stille Gesellschaft. Im 4. Buch insb.: Allgemeine Vorschriften und Handelskauf.

Formularsammlungen enthalten Gestaltungs- und Formulierungsvorschläge für Verträge und andere Rechtsgeschäfte.

Kommentare behandeln eine Rechtsmaterie der Gesetzesstruktur folgend, indem sie den Gesetzestext § für § erläutern.

Leitsätze sind Gerichtsentscheidungen vorangestellt und fassen das Wichtigste zusammen.

II. Übungsaufgaben

1. Welchen Vorschriften entstammen die folgenden Regelungen:
   a) Wirkung der Erfüllung,
   b) Eintritt der Volljährigkeit,
   c) Schriftform der Bürgschaftserklärung,
   d) Formfreiheit der Bürgschaft von Kaufleuten,
   e) Eltern sind gesetzliche Vertreter minderjähriger Kinder?
2. Beantworten Sie mit einem Stichwort und der Paragraphenzahl der einschlägigen Norm folgende Fragen:

a) Was unterscheidet die Pacht, was die Leihe von der Miete?

208

b) Wo ist im BGB die Vertragsstrafe geregelt? Gibt es im HGB Sonderregelungen?

c) Eine AG hat einen Vorstand, der mit A, B und C besetzt ist. Kann A die AG allein vertreten?

d) Wie wird eine Forderung übertragen?

e) Aus der Ehe zwischen M und F gehen A, B und C hervor. M ist verstorben, ebenso C, der aber D und E hinterlässt. Wer beerbt F nach deren Tod, wenn kein Testament existiert?

3. Womit befasst sich die Entscheidung BGH v. 15.12.2015 – VI ZR 134/15?

III. Empfohlene Literatur

209 **Möllers**, Juristische Arbeitstechnik und wissenschaftliches Arbeiten (Vahlen).

§ 3 Personen, Gegenstände und Rechtsbeziehungen

▶ **Fallstudie: Hannes' und Inges Billig-Bücherladen**

Hannes merkt, dass er allein weder das Kapital noch das Stehvermögen hat, den Billig-Bücherladen zu betreiben. Er bietet seiner Jugendfreundin Inge an, Teilhaberin in „Hannes' und Inges Billig-Bücherladen" zu werden. Sie verspricht, genau wie Hannes 2.000 € einzulegen und vier Stunden am Tag den Laden zu hüten. Die Gewinne sollen hälftig geteilt werden.

1. Sind die beiden Kaufleute?
2. Wem gehören die 2.000 €, die Inge versprochen hat?

A. Personen (Rechtssubjekte)

I. Natürliche und juristische Personen

Aus dem Überblick wissen wir bereits: Das Gesetz unterscheidet zwischen natürlichen und juristischen Personen. **210**

Natürliche Personen, also Menschen, sind von Geburt an rechtsfähig (§ 1 BGB). **211** Sie können somit Träger von Rechten und Pflichten sein. Die Geschäftsfähigkeit hängt regelmäßig vom Alter ab (vgl. ansonsten §§ 104 Nr. 2, 105a BGB): Unter sieben Jahren ist der Mensch geschäftsunfähig (§ 104 Nr. 1 BGB), von sieben bis achtzehn beschränkt geschäftsfähig. Für Geschäftsunfähige tätigen die gesetzlichen Vertreter die Rechtsgeschäfte (§ 164 BGB), also Eltern oder ein Vormund (§§ 1629, 1793 BGB). Für beschränkt Geschäftsfähige gilt das ebenso; sie können aber auch selbst Verträge schließen usw., und zwar in beschränktem Umfang allein und im Übrigen mit Zustimmung ihrer gesetzlichen Vertreter (§§ 107 bis 110 BGB). Ähnliches gilt für die Schadensverantwortlichkeit (§§ 828, 276 I 2 BGB): Sie beginnt mit sieben Jahren (im Straßenverkehr mit 10 Jahren), ist unter 18 Jahren aber von der Einsichtsfähigkeit abhängig. Unter Umständen haften auch die Aufsichtspflichtigen (§ 832 BGB).

© Springer-Verlag Berlin Heidelberg 2017
J. Meyer, *Wirtschaftsprivatrecht*, Springer-Lehrbuch,
DOI 10.1007/978-3-662-52734-4_3

212   Die **juristischen Personen**, z. B. eingetragener Verein, Stiftung, AG, GmbH und Genossenschaft, sind weitgehend den natürlichen gleichgestellt. Insbesondere sind sie rechtsfähig. Die juristische Person selbst ist allerdings nicht geschäftsfähig, nicht einmal handlungsfähig. Sie benötigt daher Organe (Geschäftsführer, Vorstand usw.), die für sie handeln und in ihrem Namen Verträge schließen. Juristische Personen sind auch nicht deliktsfähig. Sie haften aber mit, wenn ihre Organe sich in ihren Angelegenheiten schadensersatzpflichtig machen (vgl. § 31 BGB, der für die übrigen juristischen Personen analog gilt).

213   Eine Sonderstellung nehmen die **Personengesellschaften** ein, z. B. BGB-Gesellschaft, OHG und KG. Sie sind keine juristischen Personen, das Gesetz sieht sie aber als selbständige Rechtsträger. Das ist für die OHG und KG in § 124 HGB bestimmt und gilt nach der Rechtsprechung grundsätzlich auch für BGB-Gesellschaften.

II. Unternehmer und Verbraucher

214   Für **Verbraucherverträge**, also Verträge zwischen einem Unternehmer und einem Verbraucher (vgl. § 310 III BGB) gelten mittlerweile, wie schon gesehen, zahlreiche Sondervorschriften, die dem besonderen Schutzbedürfnis von Verbrauchern gegenüber professionellen Marktteilnehmern Rechnung tragen. Sie sind häufig aufgrund von EU-Richtlinien entstanden. Meist kommt es bei ihnen darauf an, dass ein bestimmter Vertrag zwischen einem Unternehmer und einem Verbraucher zustande kommt. Teilweise wird aber auch nur auf die Eigenschaft als Unternehmer oder Verbraucher abgestellt.

> **Beispiele:**
> Auf einen Vertrag zwischen Unternehmer und Verbraucher kommt es z. B. in §§ 310 III, 312-312 h, 474–479, 481–487, 491–512 BGB an, auf eine Lieferung von einem Unternehmer an einen Verbraucher in § 241a BGB. Auf die Unternehmereigenschaft allein stellen z. B. §§ 310 I und 312 i BGB ab.

215   Nach § 13 BGB ist eine natürliche Person **Verbraucher**, wenn sie ein Rechtsgeschäft überweigend zu einem privaten Zweck abschließt.

216   Nach § 14 BGB können natürliche und juristische Personen und rechtsfähige Personengesellschaften (z. B. OHG, KG, BGB-Gesellschaft) **Unternehmer** sein. Entscheidend ist, dass das fragliche Rechtsgeschäft in Ausübung ihrer gewerblichen oder sonstigen selbständigen beruflichen Tätigkeit geschlossen wird.

217   Der **Gewerbebegriff** der §§ 13, 14 BGB ist durch das EU-Recht geprägt. Er deckt sich nicht mit der Begrifflichkeit anderer Gesetze (GewO, EStG). Nach der Rechtsprechung setzt er ein selbständiges und planmäßiges, auf eine gewisse Dauer angelegtes Anbieten entgeltlicher Leistungen am Markt voraus. Freiberufliche Tätigkeiten sind ausgeklammert. Das traditionell geforderte Merkmal der Gewinnerzielungsabicht ist hier irrelevant (und auch im Handelsrecht arg umstritten).

> **Beispiele:**
> Bäcker, Zeitungsverleger, Autohändler und Kinobetreiber sind Gewerbetreibende.
> Der Herausgeber einer Abiturzeitung ist es nicht, da seine Tätigkeit nicht auf
> Dauer angelegt ist; auch nicht der Bäckergeselle, da er keine selbständige Tätig-
> keit ausübt. Arzt und Rechtsanwalt sind keine Gewerbetreibenden, weil sie zu
> den freien Berufen gehören. Der erfolglose Zeitungshändler, der keinen Gewinn
> erzielt, ist unstreitig Gewerbetreibender, da es – wenn überhaupt – nur auf die
> Gewinnerzielungsabsicht ankommt. Der Gutsbesitzer, der Pferde züchtet, seine
> Hengste entgeltlich zum Decken zur Verfügung stellt und auch Pferde verkauft,
> damit aber nur einen Teil seiner Kosten decken will, ist gleichwohl nach der
> Rechtsprechung Unternehmer (BGH v. 29. 3. 2006 – VIII ZR 173/05 = BGHZ
> 167, 40; siehe noch Rn 226).

Betreiber eines Gewerbes ist derjenige, in dessen Namen die Geschäfte abgeschlos-   **218**
sen werden. Das kann auch z. B. ein Minderjähriger, eine GmbH oder eine OHG
sein.

> **Beispiele:**
> Der fünfjährige Hannes erbt die Buchhandlung seines Großonkels. Er ist
> Gewerbetreibender, wenn seine Eltern das Geschäft in seinem Namen weiterfüh-
> ren. Gründen Hannes und Inge die „Billig-Bücher-Laden"-GmbH, so ist die
> GmbH Betreiber des Gewerbes und Unternehmer. Kauft Karin Kreft bei der
> GmbH für sich privat (z. B. fürs Studium) ein Buch, so handelt es sich um einen
> Verbrauchsgüterkauf (§ 474 BGB).

Eine sonstige **selbständige berufliche Tätigkeit** liegt in erster Linie bei den Frei-   **219**
beruflern vor. Eine Definition mit beispielhafter Aufzählung findet sich in § 1 II des
Gesetzes über Partnerschaftsgesellschaften (PartGG).

> **Beispiele:**
> Selbständige Ärzte, Rechtsanwälte, Steuerberater, Wirtschaftsprüfer, Architekten,
> Wissenschaftler und Künstler.

III. Rechtssubjekte des Handelsverkehrs

Eine weitere wesentliche Unterscheidung der Rechtssubjekte ergibt sich aus dem   **220**
Anwendungsbereich des Handelsrechts, das wir schon als Sonderprivatrecht der
Kaufleute kennengelernt haben. Das bedeutet, dass nicht das Unternehmen als organisatorische Einheit oder eine bestimmte Art von Geschäften den Anknüpfungspunkt
bildet, sondern die juristische Qualifikation des Unternehmensträgers. Dabei ist der
Begriff des Kaufmanns wesentlich enger als der des Unternehmers; er beschränkt
sich andererseits nicht auf den Handel, sondern erfasst auch Produktions- und Dienst-
leistungsbetriebe. Kaufmann ist nach § 1 I HGB, wer ein Handelsgewerbe betreibt.

221   Ist in der Fallprüfung die Kaufmannseigenschaft eines Rechtssubjekts relevant, ist daher zunächst zu prüfen, ob ein Gewerbe vorliegt und ob das Rechtssubjekt Betreiber ist (s.o. Rn 217). Wann ein Gewerbe ein **Handelsgewerbe** und damit sein Betreiber Kaufmann ist, bestimmt sich vor allem nach §§ 1 II und 2 HGB. Nach § 1 II HGB sind die Betreiber ab einer gewissen Größenordnung des Geschäfts ohne weiteres Kaufmann (Istkaufmann), während es bei den Kleingewerbetreibenden nach § 2 HGB darauf ankommt, ob sie sich – freiwillig – in das Handelsregister eintragen lassen.

1. Der Istkaufmann (§ 1 II HGB)

222   Nach § 1 II HGB ist ein Gewerbebetrieb grundsätzlich Handelsgewerbe, sofern sein Zuschnitt nicht kleingewerblich ist. Aus der Formulierung „es sei denn" ergeben sich ein Regel-Ausnahmeverhältnis und eine besondere Verteilung der Darlegungs- und Beweislast.

223   Die Abgrenzung zum Kleingewerbebetrieb richtet sich danach, ob nach Art und Umfang des Betriebs ein in kaufmännischer Weise eingerichteter Geschäftsbetrieb erforderlich ist. Entscheidend sind der Gesamtzuschnitt des Unternehmens, seine Struktur („Art", Komplexität der Abläufe) und Größe („Umfang", Umsatz, Kapital, Mitarbeiterzahl und dergleichen) und die daraus resultierende Entbehrlichkeit einer kaufmännischen Einrichtung. Ein Jahresumsatz von mehr als 250.000 € und mehrere Mitarbeiter sprechen zwar für das Erfordernis einer solchen Einrichtung; da aber jeweils der Gesamtzuschnitt des Betriebs entscheidet, lassen sich feste Umsatzgrenzen oder dergleichen nicht angeben.

Beispiele:

Hannes Hurtig eröffnet zur flächendeckenden Vermarktung seiner neuen Geschäftsidee mit 300.000 € Eigenkapital und drei Krediten vier Filialen, die er mit zwölf Mitarbeitern betreibt. Auch wenn sich während des gesamten ersten (und gleichzeitig letzten) Jahres nur Umsätze von 4.500 € ergeben, ergibt sich aus dem Gesamtzuschnitt des Geschäfts doch, dass Hannes nach § 1 II HGB Kaufmann ist.

W hat ein „Coffee-to-go"-Geschäft gepachtet und erzielt einen Jahresumsatz von 350.000 €. Es ist auch eine kaufmännische Buchführung vorhanden. Er wird aber nur von einem Lieferanten beliefert und seine Geschäfte bestehen in einfachen Bargeschäften am Kantinentresen. Trotz des hohen Jahresumsatzes und der tatsächlich vorhandenen Buchführung ist W kein Kaufmann im Sinne des § 1 II HGB, da es auf den Gesamtzuschnitt und das Erfordernis einer kaufmännischen Einrichtung ankommt.

224   Wenn ein „großgewerblicher" Gesamtzuschnitt festgestellt werden kann, so liegt ein Handelsgewerbe vor und der Betreiber ist Kaufmann (Istkaufmann nach § 1 II HGB). Das gilt ebenso, wenn der Gesamtzuschnitt nicht feststellbar ist und die Vermutung des § 1 II HGB greift: Auch dann ist von einem Handelsgewerbe auszugehen und der Betreiber ist Kaufmann. Er wird Istkaufmann genannt, da sich seine Kaufmannseigenschaft ohne weiteres aus dem Gesetz ergibt. Er ist zwar verpflichtet, seine Firma im Handelsregister eintragen zu lassen (§ 29 HGB). Die Eintragung macht ihn aber nicht erst zum Kaufmann; sie wirkt nur deklaratorisch.

2. Kannkaufmann und Scheinkaufmann (§§ 2–5 HGB)

Kleingewerbetreibende sind demgegenüber grundsätzlich keine Kaufleute. Nach § 2 225
HGB können sie ihre Geschäftsbezeichnung aber als Firma in das Handelsregister eintragen lassen. Durch diese Eintragung wird der Gewerbebetrieb zum Handelsgewerbe und der Betreiber wird somit zum Kaufmann. Die Eintragung ist konstitutiv.

Da der Kleingewerbetreibende die Wahl hat, die Eintragung herbeizuführen, 226
wird er Kannkaufmann genannt. Häufig wird er Kannkaufmann mit Rückfahrkarte genannt, da § 2 S. 3 HGB ihm die Möglichkeit gibt, seine Firma wieder löschen zu lassen und seine Kaufmannseigenschaft damit zu beenden. Voraussetzung dafür ist natürlich, dass er seinen Kleingewerbestatus zwischenzeitlich nicht verloren hat.

Beispiel:

Hannes Hurtig verwirklicht seinen Billig-Bücher-Laden zunächst mit einem Gebrauchtkopierer und erzielt damit 12.300 € Jahresumsatz. Dennoch lässt er sich aus Geltungsdrang ins Handelsregister eintragen. Nach Eröffnung der 5. Filiale wird ihm die kaufmännische Buchführung lästig, zumal er das Finanzamt nicht unbedingt auf seinen Jahresgewinn von 2,2 Mio. € stoßen will. Hannes ist mittlerweile Istkaufmann (§ 1 II HGB), und eine Löschung der Handelsregistereintragung nach § 2 S. 3 HGB ist damit nicht mehr möglich.

Sonderregeln enthält § 3 HGB für **land- und forstwirtschaftliche Betriebe**. Danach 227
sind die Inhaber von Großbetrieben Kannkaufleute ohne Rückfahrkarte. Wie nach § 1 II HGB ist die Erforderlichkeit einer kaufmännischen Einrichtung nach dem Gesamtzuschnitt (Art und Umfang) entscheidend. Das gilt auch für landwirtschaftliche Nebenbetriebe.

Im letzten **Beispiel** aus Rn 217 ist das Gut ein landwirtschaftlicher Betrieb, da Grund und Boden der Gewinnung tierischer Produkte dienen. Der Gutsbesitzer ist Kaufmann, wenn er sich im Handelsregister eintragen lässt.

Daneben bestimmt § 5 HGB, dass sich als Kaufmann eingetragene Gewerbe- 228
treibende auch als Kaufmann behandeln lassen müssen. Die Regelung hat seit der Reform von 1998 keine wesentliche Bedeutung mehr, denn Gewerbetreibende sind entweder ohnehin nach § 1 II HGB oder im Fall der Eintragung nach § 2 HGB Kaufmann. Sie können die Vorschrift aber zweifach als Merkposten nutzen. Zum einen muss die Kaufmannseigenschaft bei eingetragenen Gewerbetreibenden nicht weiter geprüft werden, und zum anderen hat sich über § 5 HGB hinaus gewohnheitsrechtlich der Grundsatz vom **Scheinkaufmann** entwickelt: Wer den Anschein erweckt, Kaufmann zu sein, muss sich daran auch festhalten lassen. Ein solcher Rechtsschein kann sich nämlich nicht nur durch eine Handelsregistereintragung ergeben, sondern auch auf andere Weise.

Beispiele:

Nichtkaufmann Hurtig bezeichnet sich in Briefbögen als Kaufmann, führt eine „Firma", erteilt Inge „Prokura". Hannes und Inge betreiben ihren Copyshop in Form einer BGB-Gesellschaft, bestellen aber regelmäßig unter „Firma H & I-OHG".

3. Gesellschaften

229 Wie erwähnt, gilt das HGB nach seinem § 6 I für Handelsgesellschaften ebenso wie für Einzelkaufleute. Für manche Gesellschaftsformen, insbesondere die AG und GmbH, ist gesetzlich bestimmt, dass sie unabhängig von ihrem Unternehmensgegenstand Handelsgesellschaften sind (§ 3 I AktG, § 13 III GmbHG; vgl. auch § 17 II GenG). Bei diesen sog. **Formkaufleuten** braucht (und sollte) also nicht geprüft werden, ob sie ein Handelsgewerbe betreiben.

> **Beispiel:**
> Eine Rechtsanwalts-GmbH betreibt kein Gewerbe, da die Tätigkeit freiberuflich ist. Nach § 13 III GmbHG ist sie aber Handelsgesellschaft und nach § 6 I, II HGB unterliegt sie daher gleichwohl dem Handelsrecht.

230 Bei den **Personengesellschaften** ist nach § 105 I HGB entscheidend, ob der gemeinsame Zweck (vgl. § 705 BGB) auf den Betrieb eines Handelsgewerbes gerichtet ist; dann handelt es sich um eine OHG oder – bei beschränkter Haftung einzelner Gesellschafter – um eine KG, anderenfalls um eine BGB-Gesellschaft. Bei Gesellschaften mit kleinewerblichem Betrieb entscheidet wiederum die Eintragung (§§ 2, 105 II HGB).

231 Abb. 1 fasst die wichtigsten Regeln zum „Handelsstand" noch einmal zusammen.

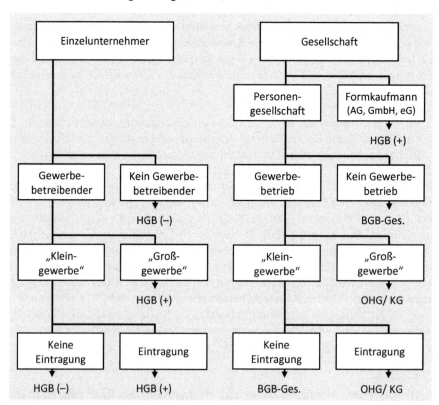

Abb. 1 Rechtssubjekte des Handelsverkehrs

IV. Handelsregister und Unternehmensregister

Das **Handelsregister**, von dem hier schon verschiedentlich die Rede war, ist ein von 232
bestimmten Amtsgerichten elektronisch geführtes Verzeichnis, das jedermann über
die Internetadresse www.handelsregister.de zugänglich (aber leider weitgehend kostenpflichtig) ist. Darin sind bestimmte, gesetzlich vorgeschriebene Tatsachen veröffentlicht, die für den Wirtschaftsverkehr von besonderer Bedeutung sind (vgl. §§ 8, 9
I HGB). Eintragungspflichtig sind z. B. die Firma eines Kaufmanns (§ 29 HGB),
Firmenänderungen und das Erlöschen (§ 30 HGB), Erteilung und Erlöschen der
Prokura (§ 53 HGB), OHG und KG (§§ 106, 162 HGB). Die Verantwortlichen haben
diese Tatsachen in elektronischer Form zur Eintragung anzumelden (§ 12 HGB), das
Registergericht sorgt für die Eintragung im Handelsregister und die zusätzliche
Bekanntmachung (§ 10 HGB). Vgl. dazu Abb. 2.

Firma	Hannes Hurtig e.K., Musterstadt
Amtsgericht	01233 Musterhausen
Register-Nr.	2465 – HRA - 1238
Eintragungs-text	HRA 1238 – 12.01.2015: Hannes Hurtig e.K., Musterstadt (Beispielstr. 9, Bucheinzelhandel). Geschäftsinhaber: Hannes Hurtig, geb. 19.07.1990, Musterstadt.

Abb. 2 Handelsregistereintragung eines Einzelkaufmanns

Das **Unternehmensregister** ist ein bundeseinheitliches Internetportal, das nach 233
§ 8b HGB neben den Handelsregistereintragungen und -bekanntmachungen auch
die Eintragungen im Genossenschafts- und Partnerschaftsregister zugänglich macht
sowie zahlreiche weitere Informationen, die vor allem für den Kapitalmarkt relevant
sind.

Einen weiteren Baustein des handelsrechtlichen Informationssystems stellt die 234
Verpflichtung dar, auf **Geschäftsbriefen** den Ort der Hauptniederlassung oder den
Sitz der Gesellschaft, das Registergericht und die Nummer angeben, unter der die
Firma eingetragen ist (vgl. §§ 37a, 125a, 177a HGB, § 80 AktG, § 35a GmbHG).
Auf diese Weise kann sich jedermann verhältnismäßig rasch und verlässlich über
die wichtigsten Verhältnisse im Zusammenhang mit einem Handelsgewerbebetrieb
unterrichten.

Damit sich der Rechtsverkehr auf die Informationen des Handelsregisters ver- 235
lassen kann, enthält § 15 I-III HGB verschiedene Regeln zur **materiellen Regis-
terpublizität**. Nach § 15 I HGB kann sich ein Kaufmann auf eintragungspflichtige
Tatsachen, die er *nicht* hat eintragen lassen, gutgläubigen Dritten gegenüber nicht
berufen (negative Publizität).

> **Beispiel:**
>
> Kaufmann Hannes Hurtig widerruft die Prokura seiner langjährigen Mitarbeiterin Inge. Solange der Widerruf nicht eingetragen ist (§ 53 III HGB), können sich Geschäftspartner nach § 15 I HGB auf die Prokura verlassen.

236 § 15 III HGB schreibt daneben die positive Publizität der Bekanntmachung fest: Werden eintragungspflichtige Angelegenheiten eines Kaufmanns (von vornherein – meist aufgrund schon falscher Eintragung) unrichtig bekanntgemacht, so können gutgläubige Dritte ihm diese entgegenhalten.

> **Beispiel:**
>
> Kaufmann Hurtig gibt seinen Plan, Inge Prokura zu erteilen, wieder auf. Aufgrund eines Sekretariatsfehlers wird die Prokuraerteilung dennoch zur Eintragung angemeldet und entsprechend eingetragen und bekanntgemacht. Kauft Inge per Prokura für die Firma Hurtig, so kann sich ein gutgläubiger Verkäufer auf die Prokura-Bekanntmachung berufen und von Hurtig Zahlung verlangen.

237 Das Nebeneinander dieser beiden Grundsätze wirkt etwas merkwürdig, erklärt sich aber daraus, dass § 15 III HGB erst später zur Umsetzung der EU-Publizitätsrichtlinie eingefügt wurde. Der Grundgedanke der Regelung leuchtet aber unmittelbar ein: Der Rechtsverkehr soll sich auf die Vollständigkeit der Eintragung und die Richtigkeit der Bekanntmachung verlassen können.

238 Umgekehrt wirkt § 15 II HGB zugunsten des Kaufmanns: Er kann Eingetragenes Dritten gegenüber grundsätzlich entgegenhalten; der Rechtsverkehr hat sich also auf die Informationen des Handelsregisters einzustellen.

V. Zur Fallstudie

1. Sind die beiden Kaufleute?

239 Hannes und Inge haben mündlich verabredet, gemeinsam das Geschäft zu betreiben. Eine GmbH oder ähnliches haben sie nicht gegründet. Beide haben sich damit aber gegenseitig verpflichtet, einen gemeinsamen Zweck zu verfolgen (§ 705 BGB). Ob sie damit eine BGB-Gesellschaft oder eine OHG gegründet haben, richtet sich gemäß § 105 I, II HGB danach, ob der Gesellschaftszweck auf den Betrieb eines Handelsgewerbes unter gemeinschaftlicher Firma gerichtet ist.

240 Der Betrieb ist zunächst ein Gewerbe, denn mit dem Laden wollen Hannes und Inge dauerhaft am Markt tätig werden und Gewinn erzielen. Nach § 1 II HGB handelt es sich um ein Handelsgewerbe, sofern der Betrieb seinem Zuschnitt nach nicht kleingewerblich ist. Die Art des Betriebs (Kopieren, Binden und Barverkauf im Einpersonenbetrieb) und sein Umfang (4.000 € Kapital, keine großen Umsätze zu erkennen oder zu erwarten) machen keine kaufmännische Einrichtung erforderlich. Der Betrieb ist seinem Gesamtzuschnitt nach ein Kleingewerbebetrieb und damit nicht nach § 1 II HGB Handelsgewerbe. Da eine Handelsregistereintragung nicht erfolgt ist, liegt daher eine BGB-Gesellschaft vor. Hannes und Inge sind damit keine Kaufleute.

Als Kleingewerbetreibende können sie nach §§ 2, 105 II HGB die Gesellschaft **241** aber als OHG eintragen lassen. Für die OHG als Handelsgesellschaft gilt dann nach § 6 I HGB das Handelsrecht. Obwohl an sich die OHG selbst Betreiberin des Handelsgewerbes ist, werden auch die OHG-Gesellschafter als Kaufleute angesehen, da § 105 I HGB vom Betrieb „unter gemeinschaftlicher Firma" spricht und die Gesellschafter auch unmittelbar und unbeschränkt für die OHG-Verbindlichkeiten haften (§ 128 HGB).

B. Gegenstände (Rechtsobjekte)

Rechtsobjekte sind zunächst **Sachen**, also nach § 90 BGB körperliche Gegenstände. **242** Dazu gehören die beweglichen Sachen wie Brötchen, Bücher oder Autos. Unbewegliche Sachen, also Grundstücke, werden, wie in Rn 165 erwähnt, zur Erhöhung der Rechtssicherheit und -klarheit in Grundbüchern erfasst, in denen die wichtigsten Rechtsbeziehungen am jeweiligen Grundstück aufgezeichnet sind. Tiere sind keine Sachen, unterfallen aber nach § 90a BGB den gleichen Regeln. Die §§ 93 ff. BGB regeln, inwieweit Sachen zueinander gehören. So können nach § 93 BGB **wesentliche Bestandteile** nicht Gegenstand eigener Rechte sein; im Übrigen können bewegliche Sachen **Zubehör** einer Hauptsache sein (§ 97 BGB).

> **Beispiel:**
> Ein Gebäude ist wesentlicher Bestandteil des Grundstücks. Der Eigentümer eines Grundstücks ist also auch Hauseigentümer; nicht „aufs Haus" wird eine Hypothek aufgenommen, sondern das Grundstück ist mit einer Hypothek belastet. Die Hypothek erstreckt sich auch auf das Grundstückszubehör (§ 1120 BGB).

Rechtsobjekte können auch **unkörperliche Gegenstände** wie Wasser, Gas, Strom **243** und Wärme oder auch Gedankliches wie Erfindungen, Know-how oder digitale Inhalte sein. Zu den unkörperlichen Gegenständen gehören insbesondere auch Rechte wie z. B. Patente, Urheberrechte, Sachenrechte und Forderungen. Auch Rechte und andere Gegenstände können z. B. verkauft werden (näher unten Rn 285 f.).

C. Rechtsbeziehungen

I. Rechtsbeziehungen zwischen Personen

Rechtsbeziehungen zwischen Personen sind zahlreich geregelt, z. B. die Ehe und **244** das Sorgerecht im Familienrecht, das Vermächtnis im Erbrecht usw. Sie haben insbesondere schon die Schuldverhältnisse kennengelernt, die durch einen schuldrechtlichen Vertrag oder kraft Gesetzes entstehen können. Teilweise wird nur eine Seite zu einer Leistung verpflichtet, teilweise werden es beide.

Beispiele:

Durch einen Schenkungsvertrag (§ 516 BGB) verpflichtet sich nur eine Partei zu einer unentgeltlichen Zuwendung: Der Schenker ist Schuldner, der Beschenkte Gläubiger (einseitig verpflichtender Vertrag). Der Kaufvertrag (§ 433 BGB) ist ein beidseitig verpflichtender Vertrag: Der Verkäufer ist Gläubiger des Zahlungsanspruchs und Schuldner des Lieferungsanspruchs, der Käufer umgekehrt. Nach § 823 I BGB entsteht ein gesetzliches Schuldverhältnis, der Geschädigte wird kraft Gesetzes Gläubiger, der Schädiger Schuldner (zu Art und Umfang des Anspruchs §§ 249 ff. BGB).

II. Beziehungen zwischen Personen und Gegenständen

245   Die **Beziehungen einer Person zu einer Sache** werden vom Sachenrecht geregelt. Eine tatsächliche Beziehung ist der Besitz (§§ 854 ff. BGB); die rechtlichen Beziehungen sind die verschiedenen Sachenrechte: Eigentum, Pfandrecht usw. Sie wissen schon: Während eine schuldrechtliche Beziehung grundsätzlich nur zwischen Gläubiger und Schuldner Bedeutung hat, wirken Sachenrechte absolut, also gegenüber jedermann.

246   Der Eigentümer einer Sache kann darüber *verfügen*, indem er das Eigentum daran überträgt oder einzelne daraus fließende Berechtigungen abspaltet und überträgt.

Beispiele:

Durch ein Rechtsgeschäft gemäß § 929 S. 1 BGB (Einigung und Übergabe) wird das Eigentum an einer beweglichen Sache übertragen. Der Eigentümer kann die Sache auch verpfänden (§ 1204 BGB): Er bleibt Eigentümer, der Pfandrechtsinhaber erhält aber das Recht, sich notfalls an der Sache zu befriedigen.

247   Die wichtigste **Beziehung einer Person zu einem Recht** ist die Rechtsinhaberschaft. Der Inhaber eines Rechts kann ebenfalls darüber verfügen, indem er das Recht oder eine Teilberechtigung überträgt.

Beispiele:

Der Verkäufer ist Inhaber der Kaufpreisforderung; er kann sie durch Abtretungsvertrag übertragen (§ 398 BGB). Der Schöpfer eines Werks ist Urheber; er kann einzelne Verwertungsrechte, z. B. das Vervielfältigungsrecht (§ 16 UrhG) übertragen (§§ 398, 413 BGB).

III. Verpflichtungs- und Verfügungsgeschäfte

248   Schuldverträge wie die Schenkung oder der Kauf werden Verpflichtungsgeschäfte genannt, weil sich durch sie eine Vertragspartei oder beide zu einem Tun oder Unterlassen verpflichten. Sie begründen Ansprüche.

Rechtsgeschäfte, die die Rechtsbeziehung einer Person zu einem Gegenstand   **249**
verändern (s.o. II), werden Verfügungsgeschäfte genannt. Verfügungen wirken unmittelbar auf ein bestehendes Recht ein (Eigentum oder Forderung werden übertragen, Teilberechtigungen werden abgespalten und übertragen).

Wie schon oben Rn 109 gesehen, ist zwischen dem schuldrechtlichen Vertrag und   **250**
der Verfügung zu unterscheiden. Die Wirksamkeit der Verfügung(en) hängt nicht vom Charakter oder der Gültigkeit des Verpflichtungsgeschäfts ab (Abstraktionsprinzip).

IV. Zur Fallstudie   251

2. Wem gehören die 2.000 €, die Inge versprochen hat?
Eigentümerin des Geldes bleibt zunächst Inge. Die bloße Verpflichtung, ihre 2.000 € als Einlage zu leisten, ändert an der Eigentumslage noch nichts, sondern begründet zunächst nur eine Forderung der Gesellschaft. Nur diese Einlagenforderung wird also Bestandteil des Gesellschaftsvermögens.

Die Eigentumslage richtet sich nach §§ 929 ff. BGB. Eigentümerin des Geldes   **252**
wird die BGB-Gesellschaft erst, wenn Inge es bar einzahlt. Mit einer Überweisung auf das Gesellschaftskonto erlischt die Einlageforderung gegen Inge (§ 362 BGB) und es entsteht eine Forderung der Gesellschaft gegen die kontoführende Bank.

D. Arbeitshinweise

I. Die wichtigsten Grundbegriffe

253   **Personen** Rechtssubjekte: Natürliche P. (rechtsfähig, grds. geschäftsfähig) und juristische P. (z.B. AG, GmbH; rechtsfähig; handeln durch ihre Organe, werden insbesondere durch ihre gesetzlichen Vertreter vertreten). Keine juristischen P.: die Personengesellschaften (z.B. BGB-Gesellschaft, OHG, KG).

Gewerbe (a) selbständig, (b) planmäßig auf Dauer, (c) am Markt, (d) auf Gewinnerzielung ausgerichtet, (e) kein freier Beruf.

Istkaufmann betreibt gemäß § 1 II HGB einen Gewerbebetrieb, der nach Art und Umfang einen in kaufmännischer Weise eingerichteten Geschäftsbetrieb erfordert.

Kannkaufmann betreibt gemäß § 2 HGB einen Gewerbebetrieb, der nach Art und Umfang keinen in kaufmännischer Weise eingerichteten Geschäftsbetrieb erfordert, dessen Firma aber in das Handelsregister eingetragen wurde.

Rechtsobjekte Gegenstände: Sachen und Rechte, Sachgesamtheiten usw. (z.B. Unternehmen).

Sachen körperliche Gegenstände (§ 90 BGB), bewegliche und unbewegliche (Grundstücke), jew. mit wesentlichen Bestandteilen (§§ 93 ff. BGB).

Rechte Forderungen, Sachenrechte, Immaterialgüterrechte usw.

Verbraucher Gegenbegriff Unternehmer (§§ 13, 14 BGB). Auf ein bestimmtes Rechtsgeschäft bezogene Qualifikation. Geschäftszweck ist nicht der selbständigen beruflichen Tätigkeit zuzurechnen.

Verfügung Rechtsgeschäft, durch das unmittelbar auf ein bestehendes Recht eingewirkt wird (z. B. Übertragung von Sachenrechten oder Forderungen). Verpflichtungs- und Verfügungsgeschäfte sind zu trennen!

II. Übungsaufgaben

254

1. Nennen Sie die Tatbestandsmerkmale des Gewerbebegriffs.
2. A, Inhaber mehrerer Sportgeschäftsfilialen, will für seine Geburtstagsfeier 100 Flaschen Wein ordern. Diesen Kauf erledigt er bei Großhändler V. Ist A Unternehmer gem. § 14 BGB?
3. Wann ist ein Gewerbe ein Handelsgewerbe?
4. Radiohändler R hat mit 14 Angestellten und einem Jahresumsatz von 1,2 Mio. € angefangen. Seine Firma ist im Handelsregister eingetragen. Nunmehr hat er seinen letzten Angestellten entlassen und verkauft in seinem verbliebenen Geschäftsraum in der ersten Etage sechs bis acht Autoradios pro Woche. Ist er Kaufmann? Ist seine mündlich abgegebene Bürgschaftserklärung wirksam?
5. Rechtsanwalt Glocke ist aufgrund eines Fehlers der Geschäftsstelle des Registergerichts versehentlich in das Handelsregister eingetragen worden.

Ein Geschäftspartner beruft sich deshalb auf die Kaufmannseigenschaft des Rechtsanwalts. Zu Recht?
6. Was sind Verfügungen? Nennen Sie je ein Beispiel im Sachenrecht und außerhalb.
7. Was unterscheidet die BGB-Gesellschaft von der OHG?
8. Ist eine OHG eine juristische Person? Ist sie rechtsfähig? Kann sie Unternehmer sein?
9. Frau F züchtet Hunde und verkauft diese an Liebhaber. Nach welchen Regeln richtet sich die Eigentumsübertragung?
10. A ist Eigentümer eines Grundstückes mit einer Villa. Kann er die Villa getrennt von dem Grundstück veräußern? Kann er die Heizungsrohre oder die Heizkörper getrennt veräußern?
11. Was ist das Trennungs- und Abstraktionsprinzip? Geben Sie eine allgemeine Erläuterung und ein Beispiel.

III. Empfohlene Literatur

255 Zu HGB und Handelsstand:
Justus Meyer, Handelsrecht (Springer), Rn 1 ff.

Zu Personen, Sachen, Verpflichtung und Verfügung:
Brox/Walker, Allgemeiner Teil des BGB (Heymanns), §§ 32–35 und §§ 4, 5;
ausführlich: **Medicus**, Allgemeiner Teil des BGB (C.F. Müller), §§ 8–13 und 62–69.

Teil II

Beschaffung

Schon bei der Unternehmensgründung stellt sich die Frage, wie der Unternehmer sich die erforderlichen Produktionsmittel beschaffen soll. Fragen zur vorteilhaften Vertragsgestaltung tauchen natürlich auch beim Absatz auf. Hier werden sie aber erstmals akut: War es in der ersten Fallstudie richtig, dass Hannes Hurtig den Kopierer geleast, die Bindemaschine und das Material aber gekauft hat? Vielleicht wäre ein Grundstückskauf eine Alternative zur Miete des Ladenlokals gewesen. Ohne Kenntnis des Rechtsrahmens kann die betriebswirtschaftliche Vorteilhaftigkeitsbeurteilung nicht erfolgen. §§ 4 und 5 behandeln die wesentlichen schuldrechtlichen Fragen am Beispiel des Kaufs. In § 6 werden Besonderheiten anderer Vertragstypen vorgestellt.

§ 4 Der Kaufvertrag

> ▶ **Fallstudie: Prokuristin Inge**
> Hannes Hurtig hat es zu einer kaufmännischen Buchhandlung
> gebracht. Schulfreundin Inge wird zunächst als Angestellte tätig.
> Hannes erteilt ihr mündlich Prokura und sorgt für die Handelsre-
> gistereintragung.
>
> 1. Inge fragt, ob sie jetzt z.B. Wechsel zeichnen, ein Betriebsgrundstück
>   oder die Bindemaschine veräußern könnte.
> 2. Hannes weist Inge an, Bestellungen nur bis zur Höhe von 10.000 € zu
>   tätigen. Der attraktive Vertreter des V-Verlages kann Inge jedoch davon
>   überzeugen, 400 Exemplare des großen Pilzlexikons (zu je 78,80 €) zu
>   ordern. Muss Hannes die Waren abnehmen und bezahlen?
> 3. Ändert sich die Rechtslage, wenn Hannes mittlerweile die Prokura
>   widerrufen hatte, das aber noch nicht hat eintragen lassen?

A. Vertragsschluss, Pflichtenlage und Erfüllung

257 Kennzeichen des Kaufvertrags ist die Verpflichtung zum endgültigen Austausch von
Kaufgegenstand und Kaufpreis (§ 433 BGB). Vor den §§ 433 ff. BGB können spezi-
ellere Regeln einschlägig sein; subsidiär gelten das allgemeine Schuldrecht und der
Allgemeine Teil des BGB (vergleiche Abb. 1).

I. Vertragsschluss

258 Ein Kaufvertrag kommt wie jeder Vertrag durch Antrag (Angebot) und Annahme,
also zwei aufeinander bezogene Willenserklärungen, zustande.

© Springer-Verlag Berlin Heidelberg 2017
J. Meyer, *Wirtschaftsprivatrecht*, Springer-Lehrbuch,
DOI 10.1007/978-3-662-52734-4_4

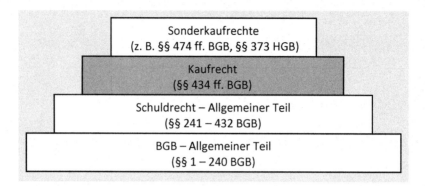

Abb. 1 Normenpyramide – Regeln zum Kaufvertrag

1. Die Willenserklärung

259   Bei einer Willenserklärung gibt der Erklärende durch ein nach außen erkennbares Verhalten kund, dass er eine bestimmte Rechtsfolge will. Sein Wille und dessen Kundgabe begründen die rechtliche Wirkung, z. B. eine schuldrechtliche Verpflichtung oder eine Rechtsübertragung.

260   Im Normalfall geht der **Wille** dahin, durch eine bewusste Kommunikationshandlung etwas Rechtserhebliches zu erklären und damit eine Rechtsfolge herbeizuführen. Diese subjektiven Elemente der Willenserklärung werden *Handlungsbewusstsein* und *Erklärungsbewusstsein* oder *Rechtsbindungswille* genannt.

> **Beispiele:**
> 1. Bürgschaft (I): Wer eine Bürgschaftserklärung abgibt, ist sich seiner Handlung bewusst und weiß normalerweise, dass er Rechtserhebliches tut. Wenn er sich der Tragweite dieser Erklärung nicht bewusst ist, ändert das nichts daran, dass er diese Willenserklärung abgegeben hat.
> 2. „Sonderangebote" in der Zeitung, „Herbstangebote" in Versandhauskatalogen oder auf einer Homepage sowie Schaufensterauslagen stellen regelmäßig noch kein bindendes Angebot, sondern eine bloße Aufforderung zur Abgabe von Angeboten (sog. invitatio ad offerendum) dar. Wer dagegen z. B. in einer „Internetauktion" einen Pkw dem Höchstbietenden zum Kauf anbietet, macht das Angebot zwar an einen unbestimmten Personenkreis (sog. invitatio ad incertas personas), kann an das Angebot aber durchaus gebunden sein (Auslegungsfrage, vgl. z. B. BGH v. 7. 11. 2001 – VIII ZR 13/01 = NJW 2002, 363).
> 3. Hannes verspricht Inge, sie zum Kino abzuholen. Da er dies erkennbar ohne Rechtsbindungswillen getan hat (Gefälligkeit), schuldet er rechtlich das Abholen nicht; Inge kann sich kein Taxi auf seine Kosten bestellen. Anders ist die Situation vielleicht zu beurteilen, wenn er fest zusagt, sie zum Vorstellungsgespräch zu bringen.

Im Normalfall wird eine dem Willen entsprechende **Erklärung** abgegeben, sei es durch   261
Schreiben, Sprechen oder sonstiges sozialtypisches Verhalten (z.B. Handzeichen,
Kopfnicken, Hinlegen der Ware). Im letzten Fall spricht man von einer konkludenten
Willenserklärung. Ist das objektiv Erklärte nicht gewollt, muss entschieden werden, ob
der wirkliche Wille des Erklärenden oder das Vertrauen in das Erklärte eher schützens-
wert ist. Fehlen Handlungs- oder Erklärungsbewusstsein, liegt keine Willenserklärung
vor, der Erklärende ist nicht gebunden. Weitere Regeln über Willensmängel enthalten
die §§ 116 ff. und 119 ff. BGB (Nichtigkeit und Anfechtbarkeit, s.u. Rn 366 ff.).
Schließlich hat sich gezeigt, dass es unbillig wäre, eine Willenserklärung zu verneinen,
wenn dem Erklärenden fahrlässigerweise sein Erklärungsbewusstsein fehlte. Die
Rechtsprechung hat daher ein sog. *potenzielles Erklärungsbewusstsein* ausreichen lassen, um eine Willenserklärung anzunehmen.

Beispiele:
1. Trierer Weinversteigerung: K gerät beim Besuch eines Weinlokals in eine
   Weinversteigerung. Indem er eine Kellnerin heranwinkt, gibt er ein Gebot
   ab und erhält den Zuschlag. Ein Kauf ist nur zustande gekommen, wenn die
   Elemente der Willenserklärung vorliegen. Objektiv war das Heben der
   Hand als Gebot zu verstehen. Subjektiv liegt willentliches Verhalten vor,
   das aktuelle Erklärungsbewusstsein, der Rechtsgeltungswille, fehlt aber.
   Da er aber die Bedeutung seines Verhaltens hätte erkennen müssen, wird er
   daran festgehalten.
2. Bürgschaft (II): H bewahrt ein Bürgschaftsformular zwischen Glück-
   wunschkarten auf und unterschreibt es mit. Auch hier liegt eine gültige Willenserklärung vor, weil H es zu verantworten hat, dass er die rechtsgeschäftliche
   Bedeutung der Unterschrift nicht erkannt hat (BGH v. 7. 6. 1984 – IX ZR
   66/83 = BGHZ 91, 324).

2. Wirksamwerden und Auslegung von Willenserklärungen

Manche Willenserklärungen werden **wirksam**, sobald sie abgegeben werden.   262

Beispiele:
Die Auslobung (§ 657 BGB) „100 € dem, der mir Lumpi wiederbringt" wird
wirksam, sobald sie z.B. als Zettel ausgehängt oder ins Internet eingestellt wird.
Wer ein Testament macht, bestimmt in diesem Moment rechtswirksam die
Erbfolge, auch wenn es sich erst im Erbfall auswirkt (und vorher grundsätzlich
widerrufbar ist, § 2253 BGB).

Die meisten Willenserklärungen sind dagegen *empfangsbedürftig*. Werden sie   263
gegenüber einem Anwesenden erklärt, gehen sie ihm mit Abgabe gleichzeitig zu
und werden wirksam (Aussprechen der Erklärung [auch am Telefon], Nicken,
Übergabe des Schriftstücks). Ist der Empfänger abwesend, wird die Erklärung nach
§ 130 BGB erst wirksam, wenn sie ihm zugeht. *Zugang* bedeutet, dass die Erklärung
so in den Machtbereich des Empfängers gelangen muss, dass die Kenntnisnahme
unter normalen Umständen zu erwarten ist.

> **Beispiele:**
>
> Ein Kündigungsschreiben des Vermieters geht am 29. 6. zu, wenn es an diesem Tag mit der übrigen Post im Briefkasten des Mieters landet, auch wenn dieser bis zum 3. 7. im Urlaub ist. Die Annahmeerklärung, die ein Verkäufer dem Käufer nachts zufaxt, wird mit Beginn des nächsten Geschäftstags wirksam, weil dann mit der Kenntnisnahme unter gewöhnlichen Umständen zu rechnen ist. Dasselbe gilt für E-Mails.

264 Die so wirksam gewordene Willenserklärung muss schließlich **ausgelegt** werden. Aufgrund des objektiv Erklärten (nur das ist dem Empfänger und dem Rechtsanwender zugänglich) muss gemäß § 133 BGB der wirkliche Wille des Erklärenden erforscht werden. Es ist also nicht am Buchstaben zu kleben, sondern der wirkliche Wille zu ermitteln. Das muss aber zum Schutz des Rechtsverkehrs vom *objektiven Empfängerhorizont* her geschehen. Testfrage ist also, wie ein objektiver Dritter an der Stelle des Erklärungsempfängers die Willenserklärung verstehen konnte.

> **Beispiele:**
>
> V schickt dem K eine E-Mail: „Verkaufe 50 kg Limonen für 120 €". K mailt zurück: „OK, kaufe". Wollte V 500 kg verkaufen und hat sich nur vertippt, ist sein Antrag vom Empfängerhorizont aus dennoch als 50 kg-Angebot zu verstehen. Durch die Annahme ist ein Kaufvertrag über 50 kg zustande gekommen. Wollte V Zitronen verkaufen und sich lediglich vornehmer ausdrücken, kommt dennoch ein (allerdings anfechtbarer) Kaufvertrag über Limonen zustande. Nur wenn beide unter „Limonen" Zitronen verstehen, schadet die Falschbezeichnung nicht, weil K ja nicht geschützt werden muss (Palandt-Ellenberger, § 133 Rn. 8).

3. Annahme des Antrags

265 Die Regeln über die Willenserklärung gelten sowohl für den Antrag als auch für die Annahme. Die Annahme kann nur sofort oder in der vom Antragenden bestimmten Frist erfolgen (§§ 147 ff. BGB), anderenfalls gilt sie gemäß § 150 I BGB als neuer Antrag, und der Vertrag kommt nur zustande, wenn sich der ursprünglich Antragende durch erneute Annahme einverstanden erklärt.

266 Die Annahme muss ferner ohne Änderungen, Bedingungen oder Ergänzungen erfolgen, letztlich als schlichtes „Ja". Durch eine modifizierende Annahme, ein „Ja, aber…", kommt ein Vertrag noch nicht zustande. Nach § 150 II BGB gilt eine solche Annahme vielmehr als neues Angebot.

267 Schließlich müssen sich die Parteien über alle Punkte einigen, über die zumindest eine Partei eine Einigung will. Anderenfalls liegt ein Vertragsschluss im Zweifel noch nicht vor (§ 154 BGB).

II. Pflichten aus einem Kaufvertrag

268 Die durch den Vertragsschluss entstehenden Verpflichtungen ergeben sich aus dem Inhalt der Einigung, hilfsweise aus §§ 433 ff. BGB, ergänzt um die Vorschriften des allgemeinen Schuldrechts.

1. Verkäuferpflichten

Die Verkäuferpflichten richten sich zunächst danach, ob er eine Sache oder ein Recht 269
verkauft. Gesetzlicher Ausgangspunkt ist der Sachkauf (zum Rechtskauf vgl. § 453
BGB und unten Rn 285).

Nach § 433 I 1 BGB muss der Verkäufer dem Käufer beim Sachkauf das Eigentum 270
an der Sache verschaffen und sie übergeben. Nach S. 2 muss sie frei von Sach- und
Rechtsmängeln sein.

Die **Eigentumsverschaffungspflicht** bedeutet, dass der Verkäufer den Käufer 271
zum neuen Eigentümer machen, sie ihm übereignen muss. Die Regeln zur Übertragung
von Eigentum finden sich, wie schon gesehen, im Sachenrecht und unterscheiden sich
insbesondere danach, ob es um bewegliche oder unbewegliche Sachen geht (dazu
unten Rn 293 ff.).

Die Pflicht zur Übergabe der Sache bedeutet, dass der Verkäufer den Käufer auch 272
zum Besitzer machen muss. § 433 I 1 BGB statuiert also eine **Besitzverschaffungspflicht**. Die Übertragung des Besitzes ist ebenfalls im Sachenrecht, in §§ 854 ff.
BGB geregelt. Teilweise verlangt das Sachenrecht schon für die Eigentumsübertragung die Übergabe der Sache (vgl. § 929 S. 1 BGB), teilweise aber auch nicht, und
dann hat die Besitzverschaffungspflicht eigenständige Bedeutung.

Um die Frage, ob der Verkäufer das geliefert hat, was er sollte, wird natürlich 273
viel gestritten. § 434 BGB definiert den **Begriff des Sachmangels** daher sehr ausführlich. Im Kern hat die Kaufsache einen Sachmangel, wenn ihre Beschaffenheit
nicht so ist wie sie sein soll. Kurzform: Negativabweichung der Ist-Beschaffenheit
von der Soll-Beschaffenheit.

Dabei ist zunächst das konkret Vereinbarte entscheidend. Die Sache ist mangel- 274
frei, wenn sie die vertraglich vereinbarte Beschaffenheit hat, hilfsweise, wenn sie
sich für die vertraglich vorausgesetzte Verwendung eignet (§ 434 I 1 und 2 Nr. 1
BGB). Soweit insofern nichts Konkretes vereinbart ist, wird darauf abgestellt, ob
die Sache sich für die gewöhnliche Verwendung eignet und die übliche und erwartbare Beschaffenheit hat (§ 434 I 2 Nr. 2 BGB).

Beispiele:

K kauft von V vier alte Autos, um sie für eine Crash-Szene in seinem Film
ineinanderfahren zu lassen. Während beim Neuwagenkauf Kratzer und Beulen
einen Sachmangel darstellen, ergibt sich hier aus dem vertraglich vorausgesetzten Zweck etwas anderes. Die Autos weisen aber – wenn nichts weiter
vereinbart ist – einen Sachmangel auf, wenn sie nicht fahrtüchtig sind, denn
dann sind sie nicht zu der vorausgesetzten Verwendung geeignet. Hätte K ein
Auto gekauft, um es in einem Happening mit Zement aufzufüllen, begründete
selbst die Fahruntüchtigkeit keinen Sachmangel.

Bei der Bestimmung des Erwartbaren sind nach § 434 I 3 BGB auch Werbeaussagen 275
und dergleichen zu berücksichtigen, und zwar nicht nur die des Verkäufers, sondern
auch die des Herstellers und seiner Gehilfen.

> **Beispiel:**
>
> Beim üblichen Neuwagenkauf werden die Käufererwartungen zum Großteil durch die Herstellerangaben, durch Prospekte, Aussagen in der TV-Werbung usw. geprägt. Daher bestimmen sie auch die „Sollbeschaffenheit" (§ 434 I 3 BGB).

276 Ferner bezieht § 434 II BGB auch fehlerhafte Montageanleitungen und selbst Montagen in den Begriff des Sachmangels mit ein. Enthält also der Kaufvertrag eine Montageverpflichtung, dann gehört die ordentliche Montage eben auch zu den Verkäuferpflichten.

> **Beispiel:**
>
> Kauft Karin Kreft in einem schwedischen Möbelhaus ein Regal, so weist es einen Sachmangel auf, wenn es wegen einer falschen Vorbohrung für das Stützkreuz zusammenbricht. Dasselbe gilt nach § 434 II BGB, wenn es zusammenbricht, weil die Montageanleitung die Anbringung des Stützkreuzes falsch beschreibt oder weil die Monteure des Möbelhauses das Stützkreuz falsch anbringen.

277 Schließlich muss der Verkäufer natürlich die richtigen Sachen und die vereinbarte Menge liefern. Nach § 434 III BGB stehen Falsch- und Minderlieferungen dem Sachmangel gleich.

> **Beispiel:**
>
> Liefert das Möbelhaus fünf statt der bestellten sechs Regale oder das Regal X24 statt X26, so gilt das ebenso als Sachmangel und damit als Schlechterfüllung der Verkäuferpflichten wie die Lieferung defekter Regale.

278 Der Verkäufer hat die verkaufte Sache schließlich auch frei von **Rechtsmängeln** zu übereignen und zu übergeben. Das bedeutet, dass er seine Pflichten nur gehörig erfüllt, wenn Dritte keine Rechte an der Sache geltend machen können (§ 435 BGB). Die verkaufte Sache darf also z. B. nicht verpfändet, vermietet oder mit einer Hypothek belastet sein.

279 Wenn der Verkäufer dem Käufer das Eigentum an der verkauften Sache verschafft und sie übergibt, dann hat er damit dennoch seine Verkäuferpflichten noch nicht vollständig erfüllt, wenn sie Sach- oder Rechtsmängel aufweist. Die Rechte des Käufers richten sich dann nach §§ 437 ff. BGB (dazu unten Rn 432 ff.).

280 Diese kaufrechtlichen Bestimmungen werden durch die Vorschriften aus dem allgemeinen Schuldrecht ergänzt. Der Verkäufer muss bei einer **Stückschuld** (z. B. der konkrete Volvo auf dem Hof) die geschuldete Sache übereignen. Bei einer **Gattungsschuld** (z. B. *ein* neuer Volvo V 70) muss der Verkäufer eine Sache aus der Gattung, und zwar mittlerer Art und Güte, leisten (§ 243 I BGB). Beim Handelskauf muss es sich nach § 360 HGB um Handelsgut mittlerer Art und Güte handeln.

281 Der Verkäufer muss seine Leistung (wie jeder Schuldner) auch zur vereinbarten **Leistungszeit** erbringen. Nach § 271 BGB ist er im Zweifel zur sofortigen Leistung berechtigt und verpflichtet.

Auch der **Leistungsort** richtet sich zunächst nach der Vereinbarung. Ansonsten 282 handelt es sich nach § 269 BGB um eine sog. *Holschuld*: Der Käufer muss die Sache am Wohnsitz oder Niederlassungsort des Verkäufers abholen, dort wird ihm die Sache übereignet. Die Parteien können auch eine *Bringschuld* vereinbaren; der Verkäufer muss die Sache dann beim Käufer abliefern und übereignen. Ist eine *Schickschuld* vereinbart, hat der Verkäufer das seinerseits Erforderliche getan, wenn er die Kaufsache ordnungsgemäß versendet (vgl. § 447 BGB).

2. Käuferpflichten

Der Käufer ist nach § 433 II BGB zur Zahlung des Kaufpreises und zur Abnahme ver- 283 pflichtet. Die Zahlungspflicht des Käufers steht natürlich regelmäßig im Mittelpunkt. Die **Abnahmepflicht** kann aber beispielsweise von Bedeutung sein, damit der Verkäufer seine Lagerkapazitäten kalkulieren kann.

Die **Zahlungspflicht** des Käufers ist eine Geldschuld. Geldschulden sind grund- 284 sätzlich mit *Bargeld* zu begleichen durch Übereignung der entsprechenden Geldscheine und Münzen. Nach § 270 BGB muss der Schuldner Geld im Zweifel (auf sein Risiko) übermitteln. Vielfach gibt der Gläubiger aber zu erkennen, dass er auch *Buchgeld* akzeptiert.

> **Beispiele:**
> Wenn V Rechnungen verschickt und darauf seine Bankverbindung angibt, erklärt er sich im Zweifel mit Überweisungen einverstanden. Wenn ein Restaurantbesitzer das EC-Karten-Logo an der Tür anbringt, akzeptiert er damit Zahlungen per EC-Karte (Kreditkartenzahlungen aber nur, wenn er auch die entsprechenden Logos anbringt).

3. Andere Kaufgegenstände

Die §§ 433 ff. BGB regeln zunächst unmittelbar den Kauf beweglicher und unbe- 285 weglicher Sachen. Nach § 453 I BGB gelten die Regeln für andere Kaufgegenstände entsprechend. Beim **Rechtskauf** muss der Verkäufer dem Käufer das Recht verschaffen, ihn also zum Inhaber des Rechts machen. Berechtigt das verkaufte Recht zum Besitz einer Sache, so muss der Verkäufer dem Käufer nach § 453 III BGB auch die Sache übergeben.

> **Beispiele:**
> Zur Überbrückung eines Liquiditätsengpasses verkauft A die (noch nicht fälligen) Forderungen, die er gegen seine Kunden X_1, X_2 und X_3 hat, an die K-Bank, die ihm dafür 90 % der Nennwerte als Kaufpreiszahlung gutschreibt (Forderungskauf). A wird durch den Kaufvertrag verpflichtet, die K-Bank zur neuen Forderungsinhaberin zu machen.
>
> B verkauft sein Erbbaurecht an dem Hanggrundstück des E an K. Er muss dem K das Erbbaurecht übertragen. Da ein Erbbaurecht auch zum Besitz berechtigt, muss B dem K auch den Besitz an dem Grundstück einräumen, d.h. es übergeben.

Andere Kaufgegenstände sind z.B. Gas und Wasser in Rohrleitungen, Strom und 286 Wärme, immaterielle Güter wie Know-how, Kundendaten usw. und auch Sachgesamtheiten wie ganze Unternehmen.

Beispiele:

Wenn Hannes Hurtig Wasser, Gas und Strom von den Stadtwerken bezieht, sind die §§ 433 ff. BGB entsprechend anwendbar (und ggf. Maßstab der AGB-Prüfung). Wenn er im Internet ein Privatrechtsskript für 5 € zum Download anbietet, macht er damit ein Angebot zum Datenkauf.

III. Die Erfüllung

287   Durch die Erfüllung, also das Bewirken der geschuldeten Leistung, erlischt die Schuld gemäß § 362 I BGB. Bewirkt ist die Leistung nicht schon aufgrund der Leistungshandlung, sondern erst mit Eintritt des Leistungserfolges. Die Pflicht des Verkäufers aus § 433 I 1 BGB erlischt also nicht bereits, wenn er die Kaufsache an den Käufer verabredungsgemäß abschickt, sondern erst, wenn er ihm Besitz *und* Eigentum verschafft.

1. Besitzverschaffung

288   Der Besitz ist zu Beginn des Sachenrechts, in §§ 854 ff. BGB, geregelt. Besitz an einer Sache bedeutet die willentliche tatsächliche Sachherrschaft über eine Sache. Er ist von irgendeiner Berechtigung an der Sache, insbesondere vom Eigentum, zu unterscheiden.

Beispiel:

Hannes Hurtig mietet von der Sixt AG einen kleinen Lieferwagen. Der Lieferwagen gehört weiter der Sixt AG, Hannes ist nur Besitzer. Auch wenn Hannes das Fahrzeug heimlich „ausborgt", wird er damit Besitzer (und die Sixt AG bleibt selbstverständlich Eigentümerin).

289   Die gesetzliche Regelung nimmt den sogenannten **unmittelbaren Besitz** zum Ausgangspunkt. Nach § 854 I BGB erwirbt man den Besitz an einer Sache, wenn man die tatsächliche Sachherrschaft über sie erlangt. Das geschieht meist durch Übertragung der tatsächlichen Sachherrschaft durch den bisherigen Besitzer, kann aber auch eigenmächtig geschehen, wie die obigen Beispiele zeigen.

290   Wenn der Verkäufer nach § 433 I 1 BGB verpflichtet ist, die verkaufte Sache zu übergeben, dann bedeutet das, dass er seine tatsächliche Sachherrschaft aufgeben und dem Käufer einräumen muss. Das kann auch bei Grundstücken geschehen, indem der Verkäufer sie beispielsweise räumt oder dem Käufer die Schlüssel übergibt. Zudem ist es gleichgültig, ob auf Verkäufer- oder Käuferseite Hilfspersonen agieren.

291   Daneben kennt das Gesetz auch noch den **mittelbaren Besitz**. Mittelbarer Besitzer ist jemand, wenn ein anderer für ihn die unmittelbare Sachherrschaft ausübt und ihn als Oberbesitzer anerkennt. Der mittelbare Besitz ergibt sich nicht aus der bloßen tatsächlichen Sachherrschaft, sondern aus einem Besitzmittlungsverhältnis (§ 868 BGB): Der unmittelbare Besitzer besitzt für den mittelbaren Besitzer. Er vermittelt ihm den Besitz und wird auch Besitzmittler genannt.

Im vorigen **Beispiel** der Automiete ist Hannes der unmittelbare Besitzer und die Sixt AG mittelbare Besitzerin. Zwischen ihnen besteht ein Besitzmittlungsverhältnis, da Hannes als Mieter der AG gegenüber auf Zeit zum Besitz berechtigt, dann aber herausgabepflichtig ist (§ 546 BGB). Nimmt man § 872 BGB hinzu, lässt sich ergänzen: Hannes ist unmittelbarer Fremdbesitzer, die Sixt AG mittelbare Eigenbesitzerin.

Auch der mittelbare Besitz kann übertragen werden. Das geschieht dadurch, dass   **292** der Oberbesitzer seinen Herausgabeanspruch aus dem Besitzmittlungsverhältnis durch Abtretung des Herausgabeanspruchs überträgt und damit den Abtretungsempfänger zum neuen mittelbaren Besitzer macht (§ 870 BGB).

> **Beispiel:**
> Die Sixt AG kann Taxiunternehmer T auch dann zum Besitzer des Lieferwagens machen, wenn der Mietvertrag mit Hannes noch läuft und er damit unterwegs ist: Durch Abtretung des Herausgabeanspruchs aus § 546 BGB gemäß § 398 BGB würde er seinen mittelbaren Besitz nach § 870 BGB übertragen. In der Praxis ist das z.B. wichtig, wenn die Sixt AG ihre Fahrzeugflotte modernisieren will (vgl. Rn 298).

2. Die Übertragung von Grundeigentum

Die Übertragung von Grundeigentum ist im dritten Abschnitt des Sachenrechts,   **293** „Eigentum", geregelt. Dessen zweiter Titel (§§ 925–928 BGB) muss mit dem „Allgemeinen Teil des Grundstücksrechts" (§§ 873–902 BGB) zusammen gelesen werden. § 925 BGB regelt daher nur noch die Besonderheiten. Grundeigentum wird danach gemäß §§ 873, 925 BGB durch die Einigung des bisherigen Berechtigten mit dem Erwerber über den Eigentumsübergang vor dem Notar (= Auflassung) und die entsprechende Eintragung in das Grundbuch übertragen. Prüfungspunkte:

- Einigung (= Auflassung)
- Eintragung
- Berechtigung des Veräußerers

Der Prüfungspunkt „Berechtigung" meint dabei, dass der Eigentumserwerb natürlich   **294** grundsätzlich nur funktioniert, wenn das Grundstück dem Veräußerer auch gehört oder er sonst (z.B. als Insolvenzverwalter, § 80 InsO) verfügungsberechtigt ist.

> **Beispiel:**
> Norbert Neu verschenkt oder verkauft Hannes Hurtig sein Grundstück und übereignet es ihm. Beide einigen sich vor dem Notar. Dieser veranlasst die Eintragung ins Grundbuch. Daraus ergibt sich die Eintragung wie in Abb. 2.

3. Die Übertragung von Eigentum an beweglichen Sachen

Die Übertragung von Eigentum an beweglichen Sachen ist in §§ 929 ff. BGB gere-   **295** gelt. § 929 S. 1 BGB verlangt eine (formfreie) dingliche Einigung des bisherigen Berechtigten mit dem Erwerber sowie die Übergabe der Sache. Es ergeben sich also ganz entsprechende Prüfungspunkte; es tritt lediglich die Übergabe an die Stelle der

Amtsgericht Musterhausen		Grundbuch von Musterstadt	Blatt 3766	Erste Abteilung
Laufende Nummer der Eintragung	Eigentümer	Laufende Nummer im Bestands-verzeichnis	Grundlage der Eintragung	
1	2	3	4	
1.	Anton Alt Geb. 12.01.1965 01100 Musterstadt	5	Aufgelassen am 10.10.2008; Eingetragen am 27.11.2008.	
2.	Hannes Hurtig Geb. 19.07.1990 01100 Musterstadt	5	Aufgelassen am 01.04.2016; Eingetragen am 02.05.2016.	

Abb. 2 Grundbucheintragung beim Eigentumswechsel

Eintragung. Die Änderung der dinglichen Rechtslage wird nicht durch das Grundbuch, sondern den Besitzwechsel offenkundig. Prüfungsfolge:

- Einigung
- Übergabe
- Berechtigung des Veräußerers

296 Auf die Übergabe kann gemäß § 929 S. 2 BGB verzichtet werden, wenn die Sache schon im Besitz des Erwerbers ist.

Beispiel:

B leiht sich von Onkel S zum Abschlussball dessen goldene Uhr. Als B den ersten Preis erzielt, schenkt S ihm die Uhr: „Sie soll dir gehören; behalt' sie gleich um!". B nickt strahlend. Beide haben sich über den Eigentumsübergang geeinigt; die Übergabe war entbehrlich. B wird nach § 929 S. 1, 2 BGB Eigentümer.

297 Die §§ 930, 931 BGB enthalten zwei weitere Erleichterungen. Soll der Veräußerer die Sache zunächst noch nutzen, also in seinem Besitz behalten, so hilft die Figur des mittelbaren Besitzes: Die Übergabe kann gemäß § 930 BGB durch die Vereinbarung eines Besitzmittlungsverhältnisses oder Besitzkonstituts (§ 868 BGB) ersetzt werden. Der Veräußerer bleibt unmittelbarer Besitzer, wird durch die Veräußerung aber zum Fremdbesitzer und besitzt die Sache nunmehr als Verwahrer o. ä. für den Erwerber. Dieser wird zum Eigentümer und gleichzeitig zum mittelbaren Eigenbesitzer. Da die Übergabe hier ersetzt wird, spricht man von einem Übergabesurrogat.

Prüfungsfolge:

* Einigung
* Übergabesurrogat: Besitzkonstitut
* Berechtigung des Veräußerers

Beispiel:

Auf der Abiturfeier sagt S spontan zu B: „Diese goldene Uhr soll ab heute Dir gehören! Ich behalte sie noch um, bis ich mir Montag eine andere gekauft habe." Übereignung nach §§ 929 S. 1, 930 BGB: Beide haben sich über den Eigentumsübergang geeinigt und statt der Übergabe vereinbart, dass S sie bis Montag noch leihweise für B besitzen soll.

Ist ein Dritter Besitzer, kann die Übergabe gemäß § 931 BGB dadurch ersetzt werden,   **298** dass der Veräußerer dem Erwerber seinen Herausgabeanspruch abtritt (§ 398 BGB). Dadurch wird der mittelbare Besitz (nach § 870 BGB) auf den Erwerber übertragen. Die Rechtsfigur des mittelbaren Besitzes vermeidet also auch hier ein unnötiges Hin und Her. Prüfungsfolge:

* Einigung
* Übergabesurrogat: Abtretung des Herausgabeanspruchs
* Berechtigung des Veräußerers

Beispiele:

S verschenkt an B seine Uhr, die dem U zur Reparatur gegeben worden ist: „Hol sie dir ab!" S und B haben sich geeinigt und S hat seinen Herausgabeanspruch gegen U an B abgetreten. B ist, noch bevor er sie abholt, nach §§ 929 S. 1, 931 BGB Eigentümer geworden.

Im Beispiel Rn 292 kann die Sixt AG gemäß §§ 929 S. 1, 931 BGB auch die noch vermieteten Wagen an Taxiunternehmer T übereignen.

---

4. Eigentumserwerb mit Zustimmung des Berechtigten

Grundsätzlich kann nur der Eigentümer oder sonst Berechtigte über sein Eigentum   **299** oder sonstiges Recht verfügen (Rn 294). Dabei kann er sich z. B. auch eines Besitzdieners (§ 855 BGB), eines Stellvertreters (unten Rn 314 ff.) o. ä. bedienen. In vielen Fällen verfügt aber ein anderer im eigenen Namen über einen Gegenstand. Solche Verfügungen eines Nichtberechtigten sind gemäß § 185 BGB wirksam, wenn der Berechtigte zustimmt.

Beispiele:

H kauft Waschmaschinen unter Eigentumsvorbehalt von E und verkauft sie an seine Kunden weiter. Auch wenn H nicht Eigentümer der Maschinen ist (und das den Kunden gegenüber kaum erwähnt wird), erwerben diese das Eigentum an den Maschinen, da H darin eingewilligt hat (§§ 929 S. 1, 185 I BGB). E gibt

Kommissionär K (vgl. § 383 I HGB) eine Handwaschmaschine (Bj. 1889) mit, damit K sie auf einer Antiquitätenmesse verkauft – und den Käufer dann auch zum Eigentümer macht.

5. Gutgläubiger Grunderwerb vom Nichtberechtigten

300   Um die Marktfähigkeit von Waren und Immobilien zu sichern, wird u.U. aber auch der Erwerber geschützt, der an einen Nichtberechtigten ohne eine solche Zustimmung gerät. Die §§ 891 I und 892 BGB lassen bei Unrichtigkeit des Grundbuchs einen **gutgläubigen Eigentumserwerb an Grundstücken** zu. Wenn jemand unrichtig als Eigentümer im Grundbuch eingetragen ist, soll das nicht zu Lasten redlicher Erwerber gehen, die auf das Grundbuch vertrauen, sondern zu Lasten des wahren Eigentümers, der sich nicht um das ihn betreffende Grundbuch gekümmert hat. Da nicht nur das Grundeigentum, sondern auch andere Grundstücksrechte vom Nichtberechtigten erworben werden können, finden sich die Vorschriften im „allgemeinen Grundstücksrecht".

> **Beispiele:**
> Grundeigentümer E hat A in seinem Testament als Alleinerbe eingesetzt. Nach seinem Tod wird A als Eigentümer im Grundbuch eingetragen. Ein Jahr später übereignet A das Grundstück an D. Auch wenn sich später herausstellt, dass es ein späteres Testament gibt und wahrer Erbe und Grundeigentümer der B ist, so ist doch die Übereignung des A an D nach §§ 873, 925, 892 BGB wirksam, wenn D gutgläubig war. Hätte A zugunsten des D eine Hypothek bestellt, so wäre der gutgläubige D nach §§ 873, 1113 ff., 892 BGB Hypothekengläubiger geworden.

6. Gutgläubiger Mobiliarerwerb vom Nichtberechtigten

301   Ähnliches gilt für den **gutgläubigen Eigentumserwerb an beweglichen Sachen** nach §§ 932–935 BGB. Erlangt der gutgläubige Erwerber den Besitz vom nichtberechtigten Veräußerer, so darf er grundsätzlich schließen, der Veräußerer sei Eigentümer (§ 1006 BGB). Dennoch schützt das Gesetz den Eigentümer, wenn ihm die Sache gestohlen wurde oder sonst abhandengekommen ist (§ 935 BGB). Hat der Eigentümer die Sache aber freiwillig aus der Hand gegeben (z.B. verliehen oder vermietet), kann der Gutgläubige das Eigentum nach §§ 929 S. 1, 932 BGB erwerben. Der alte Eigentümer verliert sein Eigentum und muss sich an den Nichtberechtigten halten, den er sich ja als Vertragspartner ausgesucht hat.

> **Beispiel:**
> Uhrmacher U verwechselt zwei Uhren und legt die Uhr des S als Verkaufsstück ins Schaufenster. Wenn U die Uhr an K verkauft und übereignet, wird K Eigentümer nach §§ 929 S. 1, 932 BGB. Das gleiche gilt, wenn U die Uhr unterschlägt; auch hier ist K schutzwürdiger, weil S sie aus der Hand gegeben hat. Wenn S die Uhr bei U verloren hätte oder U dem S die Uhr gestohlen hätte, wäre dagegen ein gutgläubiger Erwerb des K nach § 935 BGB nicht möglich. S ist in diesen Fällen schutzwürdiger.

302   Die Struktur der Erwerbstatbestände ist bei Grundstücken und beweglichen Sachen insgesamt ähnlich. Der Maßstab für die Gutgläubigkeit ist allerdings ein anderer, da das Grundbuch verlässlicher ist (vgl. §§ 892 I 1, 932 II BGB).

Gegenstand	Erwerb vom Berechtigten	Erwerb vom Nichtberechtigten
Grundstück	§§ 873, 925 BGB • Einigung • Eintragung • Berechtigung	§§ 873, 925, 892 BGB • Einigung • Eintragung – Rechtsschein: Grundbuch – Gutgläubigkeit – Kein Widerspruch
Bewegliche Sache	§ 929 S. 1 BGB • Einigung • Übergabe • Berechtigung	§§ 929 S. 1, 932 BGB • Einigung • Übergabe – Rechtsschein: Besitz – Gutgläubigkeit * – Kein Abhandenkommen
	§ 929 S. 1, 2 BGB §§ 929 S. 1, 930 BGB §§ 929 S. 1, 931 BGB	§§ 929, 932 BGB §§ 929 S. 1, 930, 933 BGB §§ 929 S. 1, 931, 934 BGB * § 366 HGB
Recht	§§ 398, 413 BGB - Einigung - Berechtigung	Rechtsscheinträger?

Abb. 3 Erwerbstatbestände

Im **Handelsverkehr** sind die Möglichkeiten eines gutgläubigen Erwerbs beweg- 303
licher Sachen erweitert. Nach § 366 I HGB ist der Erwerber auch geschützt, wenn
er zwar weiß, dass die Ware nicht dem veräußernden Kaufmann gehört, wenn er
aber glaubt, der wahre Eigentümer habe in die Verfügung eingewilligt (wie das
insbesondere im Kommissionsgeschäft üblich ist, vgl. § 383 HGB). Abb. 3 fasst die
Erwerbsatbestände noch einmal zusammen.

Im **Beispiel** Rn 299 werden die Kunden des H nach §§ 929 S. 1, 932 BGB, § 366 I
HGB auch dann Eigentümer der Waschmaschinen, wenn sie vom Eigentumsvorbehalt wissen aber von der Verfügungsbefugnis des H ausgehen können.

7. Die Übertragung von Rechten

Beim Rechtskauf erfüllt der Verkäufer seine Pflicht, dem Käufer das Recht zu ver- 304
schaffen, ebenfalls durch eine Verfügung: durch Abtretung. Die Abtretung kam in
den vorigen Beispielen schon verschiedentlich vor. Sie erfolgt durch einen
Abtretungsvertrag zwischen dem alten Forderungsinhaber und dem Erwerber
gemäß §§ 398, 413 BGB, also zwischen Alt- und Neugläubiger. Da der Schuldner
an diesem Gläubigerwechsel nicht beteiligt ist, wird er durch die §§ 404 ff. BGB
geschützt, z. B. für den Fall, dass er dem Altgläubiger Einwendungen hätte entgegensetzen können (vgl. § 404 BGB) oder in Unkenntnis der Abtretung an den
Altgläubiger zahlt (§ 407 BGB).

Vgl. die **Beispiele** oben Rn 285. A muss zur Erfüllung seiner Pflichten aus dem
Forderungskauf seine Kundenforderungen an die K-Bank abtreten. Das geschieht
gemäß § 398 BGB durch einen formlos wirksamen Abtretungsvertrag. Ebenso hat
B sein Patentrecht gemäß §§ 398, 413 BGB abzutreten. Ebenso hat C zur Abtretung
seines GmbH-Anteils an K gemäß §§ 398, 413 BGB einen Abtretungsvertrag mit
K zu schließen. Dieser bedarf nach § 15 III GmbHG der notariellen Form. D muss
sein Erbbaurecht nach § 873 BGB durch Einigung und Eintragung ins Grundbuch
übertragen, da es sich um ein Grundstücksrecht handelt; das allgemeine Grundstücksrecht bestimmt insoweit „ein anderes" als § 413 BGB.

305   Einen gutgläubigen Erwerb vom Nichtberechtigten gibt es bei Rechten nur, sofern
ein Rechtsscheinsträger wie das Grundbuch oder der Besitz existiert. Daher können
z. B. Grundstücksrechte wie die Hypothek und verbriefte Forderungen (z. B. Wechsel
und Scheck) gutgläubig erworben werden, nicht aber einfache Forderungen.

B. Besonderheiten bei der Annahme des Antrags

I. Annahmeerklärung ohne Zugang

306   Im Normalfall kommt der Vertrag durch Antrag und Annahme zustande, wobei unter
Abwesenden die Willenserklärungen durch Abgabe und Zugang wirksam werden
müssen. Ausnahmsweise ist nach § 151 S. 1 BGB ein **Zugang** der Annahmeerklärung
nicht erforderlich, wenn eine Erklärung der Annahme nach der Verkehrssitte nicht zu
erwarten ist oder der Antragende auf sie verzichtet hat. Lesen Sie § 151 S. 1 BGB
genau! Erforderlich ist die Annahme des Antrags, sie muss nur nicht dem Antragenden
gegenüber erklärt werden.

> **Beispiel:**
> K bestellt per Postkarte bei Versandhändler V eine Bohrmaschine. Wenn V sie
> verpackt und abschickt, ist der Kaufvertrag der Verkehrssitte entsprechend
> geschlossen, auch wenn eine Annahmeerklärung dem K nicht zugegangen ist.
> Das ist z. B. wichtig, wenn die Bohrmaschine unterwegs verloren geht.

II. Das kaufmännische Bestätigungsschreiben

307   Schweigen gilt, wie gesehen, grundsätzlich nicht als Annahme.

> **Beispiel:**
> Wer auf unbestellt zugesandte Waren nicht reagiert, schließt durch sein Schweigen
> keinen Kaufvertrag, auch wenn der Versender dies in seinem Anschreiben behaup-
> ten mag. § 241a I BGB stellt das noch einmal klar und bestimmt zudem, dass –
> außer bei Verwechslungen (Abs. 2) – keine gesetzlichen Ansprüche, insbesondere
> keine Verpflichtung zur Aufbewahrung oder Rücksendung, begründet werden.

Dem Schweigen kommt nur dann die Bedeutung einer Annahme zu, wenn dies beide 308
Parteien vorher vereinbart haben. Das gilt grds. auch im kaufmännischen Verkehr. Es gibt
allerdings Ausnahmefälle, in denen Schweigen als Annahme gilt. Nach § 362 HGB muss
ein kaufmännischer Geschäftsbesorger (vgl. § 675 BGB) auf Anträge unverzüglich ant-
worten, wenn er mit dem Antragenden in Geschäftsverbindung steht oder dem Antragenden
seine Dienste angeboten hatte. Schweigt er, so gilt dies als Annahme des Antrags.

Kraft Gewohnheitsrechts gilt auch das **Schweigen auf ein kaufmännisches** 309
Bestätigungsschreiben als Annahme. Unter Kaufleuten bestätigt häufig eine Vertragspartei der anderen das Ergebnis mündlicher Vertragsverhandlungen, um spätere
Streitigkeiten darüber zu vermeiden, ob ein Vertrag zustande gekommen ist und mit
welchen Bedingungen. Widerspricht der Empfänger nicht, wird sein Schweigen als
Einverständnis angesehen, weil der Handelsverkehr ein besonderes Bedürfnis nach
Klarheit hat und vom Kaufmann besondere Sorgfalt verlangt werden kann. Um diese
klärende Wirkung nicht zu gefährden, kann von dem Schweigenden nicht im Nachhinein eingewendet werden, das Bestätigungsschreiben weiche in Einzelheiten von
den mündlichen Verhandlungen ab.

Voraussetzungen: 310
* Der Empfänger muss Kaufmann o. ä. sein, der Absender Geschäftsmann.
* Es müssen Vertragsverhandlungen vorausgegangen sein.
* Das Bestätigungsschreiben muss unmittelbar anschließend den früheren Ver-
  tragsschluss unter Wiedergabe des Vertragsinhalts bestätigen.
* Der Absender muss schutzwürdig sein,
  – er darf nicht unredlich sein,
  – etwaige Abweichungen dürfen nicht so wesentlich sein, dass mit einer
    Genehmigung nicht gerechnet werden darf.

Rechtsfolge: Schweigt der Empfänger, gilt der Vertrag mit dem Inhalt des Bestä- 311
tigungsschreibens als zustande gekommen; unverzügliches Widersprechen hindert
den Vertragsschluss.

Achtung bei den Begriffen! Die übliche *Auftragsbestätigung* als Antwort auf ein 312
Angebot ist nichts anderes als die Annahme. Es kann sich um eine modifizierende
Annahme handeln (§ 150 II BGB). Um ein kaufmännisches Bestätigungsschreiben
handelt es sich grundsätzlich nur, wenn vorher Vertragsverhandlungen stattgefun-
den haben und die Parteien vom Vertragsschluss ausgehen.

Lesen Sie dazu Jauernig, § 147 Anm. 2 oder Baumbach/Hopt, § 346, Rn 16–25. 313

C. Vertragsschluss durch Vertreter

I. Übersicht

Rechtsgeschäfte können auch durch einen Stellvertreter getätigt werden. Für Geschäfts- 314
unfähige (z. B. Kleinkinder und Gesellschaften) ist die Stellvertretung die einzige
Möglichkeit, rechtsgeschäftlich tätig zu werden. Im Übrigen ist sie eine wichtige Voraussetzung für arbeitsteiliges Wirtschaften. Zu unterscheiden sind gesetzliche und

gewillkürte (durch Rechtsgeschäft begründete) Vertretung. Im ersten Fall bestimmt das Gesetz, dass jemandem die Rechtsmacht zukommt, für ein anderes Rechtssubjekt Willenserklärungen abzugeben, im zweiten beruht die Vertretungsmacht auf einer Vollmacht (§ 167 BGB). Voraussetzungen und Rechtsfolgen der Stellvertretung sind in §§ 164 ff. BGB geregelt, auch die allgemeinen Regeln zur Vollmacht. Das HGB stellt für den Handelsverkehr besondere Arten der Vollmacht zur Verfügung: die Prokura (§§ 49 ff. HGB) und die Handlungsvollmacht (§§ 54 ff. HGB). Vorschriften zu gesetzlicher Vertretungsmacht finden sich im jeweiligen Sachzusammenhang (z. B. elterliche Sorge, GmbHG usw.).

315   Beachten Sie, dass das Stellvertretungsrecht nicht jedes Handeln für einen anderen regelt, sondern nur Abgabe und Empfang von Willenserklärungen mit Wirkung für einen anderen. Handelt bei einer Übereignung einer beweglichen Sache gemäß § 929 S. 1 BGB jemand für einen anderen, gilt für die Einigung das Stellvertretungsrecht. Da die Übergabe Realakt und nicht Rechtsgeschäft ist, sind die §§ 164 ff. BGB nicht anwendbar; für die Besitzerlangung gelten vielmehr die §§ 854 ff. BGB.

II. Tatbestand und Rechtsfolgen der Stellvertretung

316   Der Tatbestand des § 164 BGB enthält drei Voraussetzungen:

- eigene Willenserklärung des Vertreters,
- im Namen des Vertretenen,
- im Rahmen der Vertretungsmacht.

317   Durch die **Abgabe einer eigenen Willenserklärung** unterscheidet sich der Vertreter vom Boten. Der Bote übermittelt lediglich eine fremde Willenserklärung; der Vertreter gibt eine eigene Willenserklärung ab. Daher muss er geschäftsfähig sein; nach § 165 BGB genügt aber beschränkte Geschäftsfähigkeit. Wo es auf Irrtümer, Gutgläubigkeit usw. ankommt (z. B. bei der Anfechtung oder beim gutgläubigen Erwerb vom Nichtberechtigten), ist dementsprechend nach § 166 I BGB auf den Vertreter abzustellen (Ausnahme: Abs. 2).

318   Der Vertreter muss die Willenserklärung **im fremden Namen** abgeben. Er muss grundsätzlich seinem Geschäftspartner deutlich machen, dass er für einen anderen handelt. Nach § 164 I 2 BGB genügt es aber, wenn sich das Handeln in fremdem Namen aus den Umständen ergibt. Das ist regelmäßig der Fall, wenn in einem Unternehmen Verträge geschlossen werden: Vertragspartner wird hier der Unternehmensinhaber. Verbleibende Unklarheiten gehen aber zu Lasten des Vertreters (§ 164 II BGB).

Beispiele:

Wenn Karin Kreft ein Buch in der B-Buchhandlung kauft und in der Mensa ein Essen erwirbt, ist klar, dass sie einen Vertrag mit dem Inhaber der B-Buchhandlung schließt (z. B. dem Kaufmann B oder der der B-GmbH) und einen weiteren mit dem Mensa-Betreiber (z. B. dem Studentenwerk).

Die L-GmbH will Computer liefern, die M von V leasen möchte. Damit die Geschäfte zustande kommen, unterschreibt der Geschäftsführer der L-GmbH in dem Leasingvertrag den Text „selbstschuldnerische Bürgschaft". Da sich hier nicht durch Auslegung ermitteln ließ, ob der Geschäftsführer für sich oder im Namen der GmbH gehandelt hatte, wurde eine Stellvertretung verneint und er selbst als Bürge haftbar gemacht (BGH v. 13. 10. 1994 – IX ZR 25/94 = JuS 1995, 456).

Ein Sonderfall ist das sogenannte *Geschäft für denjenigen, den es angeht*: Ist es dem   **319** anderen gleichgültig, wer sein Vertragspartner wird (z. B. bei Bargeschäften des täglichen Lebens wie einem Brötchenkauf), muss der Vertreter nicht deutlich machen, für wen er handelt.

Der Vertreter muss schließlich **im Rahmen der Vertretungsmacht** handeln. Diese   **320** kann auf Gesetz oder Rechtsgeschäft beruhen. Die rechtsgeschäftliche Vertretungsmacht (Vollmacht) wird gemäß § 167 BGB durch Erklärung gegenüber dem Vertreter (Innenvollmacht) oder gegenüber dem potentiellen Geschäftspartner (Außenvollmacht) erteilt. Eine Annahmeerklärung ist nicht erforderlich; die Erteilung ist ein einseitiges Rechtsgeschäft. Sie ist von der häufig zugrundeliegenden Rechtsbeziehung zwischen Vertreter und Vertretenem (z. B. Dienstvertrag, Auftrag, Geschäftsbesorgungsvertrag usw.) zu unterscheiden. § 168 BGB bestimmt allerdings, dass die Vollmacht im Zweifel mit dem zugrundeliegenden Rechtsverhältnis erlischt.

> **Beispiel:**
> Wird die Kündigung des Angestellten (mit Zugang) wirksam, erlischt in diesem Moment auch seine Vertretungsmacht.

Im Übrigen erlischt eine Vollmacht durch Widerruf. Wurde die Vollmacht jedoch   **321** durch Erklärung gegenüber Dritten erteilt, wurde sie nach außen kundgegeben oder wurde eine Urkunde über sie ausgestellt, so wird der Rechtsverkehr wegen des damit begründeten Rechtsscheins durch §§ 170 ff. BGB geschützt: Gutgläubigen gegenüber wird der Widerruf der Vollmacht erst wirksam, wenn dieser Rechtsschein zerstört wird.

Auf Rechtsscheinsgesichtspunkten beruhen auch zwei gewohnheitsrechtliche   **322** Figuren. Danach gilt eine Vollmacht Gutgläubigen gegenüber auch dann als erteilt, wenn jemand erkennt, dass ein anderer als sein Vertreter auftritt, und dies duldet, also nichts dagegen unternimmt (Duldungsvollmacht). Dasselbe gilt auch dann, wenn der Vertretene von dem Vertreterhandeln zwar nicht wusste, bei Beachtung der im Verkehr erforderlichen Sorgfalt aber hätte wissen müssen (Anscheinsvollmacht): Ähnlich wie beim sog. potenziellen Erklärungsbewusstsein (s. o. Rn 261) wird dem Vertretenen der fahrlässig verursachte Anschein einer Bevollmächtigung zugerechnet.

> **Beispiel:**
> A arbeitet seit Jahren für K und bestellt seit längerem in seinem Namen Büromaterial. Wenn K das mitbekommt und A gewähren lässt, erhält A damit Duldungsvollmacht. Wenn K davon fahrlässig nichts mitbekommt und A deshalb weiterbestellt, liegt eine Anscheinsvollmacht vor.

Der **Umfang der Vertretungsmacht** ergibt sich bei der gesetzlichen Stellvertretung   **323** aus den entsprechenden gesetzlichen Bestimmungen und bei der Vollmacht daraus, in welchem Umfang sie erteilt worden ist. Der Geschäftsherr kann den Vertreter zu bestimmten einzelnen Geschäften, zu bestimmten Arten von Geschäften, zu Geschäften innerhalb eines bestimmten Rahmens usw. ermächtigen. Zum Schutz des Handelsverkehrs ist der Umfang der Prokura und der Handlungsvollmacht in §§ 49 f. und 54 HGB genauer festgelegt (dazu unten Rn 327 ff.).

324   **Rechtsfolge** der Stellvertretung ist, dass die Willenserklärung, die der Vertreter abgibt, unmittelbar für und gegen den Vertretenen wirkt. Eine Willenserklärung, die gegenüber einem Vertreter abgegeben wird, wirkt nach § 164 III BGB ebenfalls unmittelbar für und gegen den Vertretenen. Bei einem Vertragsschluss wird also der Vertretene unmittelbar Vertragspartner des anderen Teils.

III. Der Vertreter ohne Vertretungsmacht

325   Als Vertreter ohne Vertretungsmacht handelt, wer sich nicht im Rahmen seiner Vertretungsmacht hält, sei es, dass er nie Vertretungsmacht hatte, dass sie erloschen ist oder das Geschäft den Umfang der Vertretungsmacht überschreitet. Gemäß § 177 I BGB wird ein Vertrag, den ein Vertreter ohne Vertretungsmacht im Namen des Geschäftsherrn geschlossen hat, für und gegen den Geschäftsherrn nur wirksam, wenn dieser **genehmigt**. Der Geschäftspartner kann die Dauer des Schwebezustandes nach § 177 II BGB begrenzen, indem er den Geschäftsherrn auffordert, sich zu entscheiden (vgl. § 177 mit § 108 BGB).

326   Wird die Genehmigung nicht erteilt, kann sich der Geschäftspartner in der Regel an den Vertreter ohne Vertretungsmacht halten. Nach § 179 I BGB kann er grundsätzlich **Erfüllung oder Schadensersatz verlangen**. Wusste der Vertreter nicht, dass er ohne Vertretungsmacht handelte, so ist er nur zum Ersatz des Schadens verpflichtet, der durch das Vertrauen des Geschäftspartners entstanden ist (§ 179 II BGB). Nach § 179 III BGB ist die Haftung ausgeschlossen, wenn der Geschäftspartner wusste oder wissen musste, dass der Vertreter ohne Vertretungsmacht handelte, oder wenn der Vertreter beschränkt geschäftsfähig war.

IV. Besonderheiten im Handelsrecht

327   Der Kaufmann kann eine besondere Form der Vollmacht, nämlich **Prokura**, erteilen, bei der der Umfang der Vertretungsmacht nicht vom Vollmachtgeber, sondern zwingend vom Gesetz bestimmt wird (§§ 49, 50 I HGB), damit sich der Handelsverkehr auf die Vertretungsmacht des Prokuristen verlassen kann.

328   Zur **Prokuraerteilung** ist nach § 48 I HGB eine ausdrückliche und persönliche Erklärung des Kaufmanns erforderlich. Die Erteilung muss wie das Erlöschen nach § 53 HGB in das Handelsregister eingetragen werden; die Eintragung (vgl. Abb. 4) ist aber nicht Wirksamkeitsvoraussetzung.

329   Nach § 49 I HGB hat der Prokurist **Vertretungsmacht** für alle Rechtsgeschäfte, die der Betrieb irgendeines Handelsgewerbes mit sich bringt. Sie ist weder auf

Firma	Hannes Hurtig e.K., Musterstadt
Amtsgericht	01233 Musterhausen
Register-Nr.	2465 – HRA - 1238
Eintragungs-text	HRA 1238 – 17.01.2015: Hannes Hurtig e.K., Musterstadt (Beispielstr. 9, Bucheinzelhandel). Inge Irmscher, geb. 19.06.1982, Musterdorf, ist Einzelprokura erteilt.

Abb. 4 Handelsregistereintragung bei der Prokuraerteilung

einfache und gewöhnliche Geschäfte beschränkt, noch auf die Geschäfte, die für die betreffende Branche typisch sind. Lediglich für die Veräußerung oder Belastung von Grundstücken hat er grundsätzlich keine Vertretungsmacht (§ 49 II HGB). Der Kaufmann darf die Bevollmächtigung zwar einschränken; nach § 50 I HGB wirkt dies jedoch Dritten gegenüber nicht. Überschreitet der Prokurist diese Grenzen, macht er sich eventuell im Innenverhältnis dem Kaufmann gegenüber schadensersatzpflichtig, weil er etwa seinen Dienstvertrag verletzt. Im Außenverhältnis handelt er aber als Vertreter mit Vertretungsmacht.

Beispiel:
Kaufmann K erteilt P Prokura, behält sich das Bestellwesen aber vor. Wenn P gleichwohl bei V im Namen des K Waren für 12.000 € bestellt, so ist das von seiner Vertretungsmacht gedeckt (§ 49, 50 I HGB). K muss die Ware also abnehmen und bezahlen und kann sich überlegen, ob er P deswegen abmahnen will.

Prägen Sie sich diese *Unterscheidung von Innen- und Außenverhältnis* deutlich ein; sie spielt auch z. B. im Gesellschaftsrecht eine entscheidende Rolle. **330**

Die Prokura kann auch in der Weise erteilt werden, dass mehrere Vertreter nur gemeinschaftlich vertretungsberechtigt sind (**Gesamtprokura**, § 48 II HGB). Die Gesamtprokuristen müssen dann gemeinschaftlich handeln; anderenfalls können sie den Geschäftsherrn nicht wirksam berechtigen und verpflichten. Gemeinschaftliches Handeln liegt allerdings auch dann vor, wenn ein Gesamtprokurist vom anderen bevollmächtigt für beide die Willenserklärung abgibt (vgl. § 125 II HGB). **331**

Neben der Prokura sieht das Handelsrecht mit der **Handlungsvollmacht** eine weitere Sonderform der Vollmacht vor, die in drei Formen vorkommt: **332**

- Generalhandlungsvollmacht
- Art- oder Gattungshandlungsvollmacht
- Einzel- oder Spezialhandlungsvollmacht.

Die Handlungsvollmacht muss weder vom Kaufmann persönlich noch ausdrücklich erteilt werden und wird auch nicht im Handelsregister eingetragen. In der Praxis überwiegen konkludente Handlungsvollmachten. **333**

Beispiele:

Kaufmann K weist L als Kellner ein und erklärt ihm die Kasse: Handlungsvollmacht für die üblichen Bestell- und Zahlungsvorgänge. Buchhändler B überlässt der Angestellten G das Bestellwesen: Gattungsvollmacht Einkauf.

334   Der Umfang der Handlungsvollmacht beschränkt sich nach § 54 I HGB auf die branchentypischen und üblichen Geschäfte (§ 54 I HGB) und ist auch sonst stärker eingeschränkt als bei der Prokura (vgl. § 54 II HGB mit § 49 II HGB). Weitergehende Beschränkungen sind nicht generell unwirksam; gutgläubige Dritte sind aber über § 54 III HGB geschützt.

Wenn im letzten **Beispiel** Bestellungen der B-Buchhandlung über 15.000 € üblich sind, G aber ab 5.000 € Bs Unterschrift einholen soll, muss B die Verlage entsprechend informieren, ansonsten müssen sie diese interne Grenze nach § 54 III HGB nicht gegen sich gelten lassen.

335   Eine besondere Form der Handlungsvollmacht sieht § 56 HGB für **Ladenangestellte** vor. Danach gilt derjenige, der in einem Laden oder offenen Warenlager angestellt ist, zu Verkäufen und Empfangnahmen als bevollmächtigt, die in einem derartigen Geschäft gewöhnlich vorkommen. Gutgläubigen Dritten gegenüber, die einen solchen Laden oder ein solches Warenlager betreten, kann der Kaufmann also nicht einwenden, die Hilfsperson habe keine Vertretungsmacht gehabt.

336   Achtung! Verwechseln Sie die besonderen Vertreter des Handelsrechts nicht mit dem Begriff des Handelsvertreters. Der Handelsvertreter ist gemäß § 84 I 1 HGB ein selbständiger Gewerbetreibender, der ständig damit betraut ist, für einen anderen Unternehmer Geschäfte zu vermitteln oder in dessen Namen abzuschließen.

V. Zur Fallstudie

337   1. Die mündlich (aber ausdrücklich und persönlich) von Hannes Hurtig als Kaufmann erteilte Prokura ist wirksam (und wäre es auch ohne Eintragung). Nach § 49 I HGB deckt Inges Prokura auch die Eingehung von Wechselverbindlichkeiten und den Verkauf einer Bindemaschine. Nach § 49 II BGB hat Inge aber keine Vertretungsmacht, Grundstücke zu verkaufen.

338   2. Inge hat eine eigene Willenserklärung im Namen von Hannes abgegeben. Sie hat auch ihre Vertretungsmacht nicht überschritten: Da der Umfang der Prokura im Außenverhältnis nicht eingeschränkt werden kann (§ 50 I HGB), muss sich V die 10.000 €-Grenze nicht entgegenhalten lassen. Inge hat Hannes gemäß § 164 BGB wirksam verpflichtet. Als Käufer muss er nach § 433 II BGB die Pilzlexika abnehmen und bezahlen. Ob sich Inge im Innenverhältnis wegen Verletzung ihres Dienstvertrags schadensersatzpflichtig gemacht hat, steht auf einem anderen Blatt.

339   3. Den Widerruf der Prokura kann Hannes dem V gemäß § 15 I HGB nicht entgegenhalten, weil er noch nicht eingetragen war (s.o. Rn 235).

D. Leistung und Gegenleistung und andere gegenüberstehende Ansprüche

Sehr häufig ist das Verhältnis zwischen Gläubiger und Schuldner keine Einbahnstraße, 340
sondern der Schuldner hat seinerseits einen Anspruch gegen den Gläubiger.

I. Leistung Zug um Zug

Vor allem geht es in den meisten Vertragsverhältnissen nicht um einseitige Leis- 341
tungspflichten, sondern um einen Leistungsaustausch. Die Leistungspflichten stehen
zueinander in einem Gegenseitigkeitsverhältnis (Synallagma). Das Gesetz spricht
dann – etwas ungenau – von **gegenseitigen Verträgen** (Titel 2, §§ 320 ff. BGB).

> **Beispiele:**
> Beim Kaufvertrag stehen die Liefer- und die Zahlungspflicht im Gegenseitig-
> keitsverhältnis, ebenso beim Werkvertrag Werkleistung und Vergütung (§ 631
> BGB) und beim Dienstvertrag Dienstleistung und Vergütung (§ 611 BGB). Auch
> der Mietvertrag ist ein gegenseitiger Vertrag: Gebrauchsüberlassung gegen Miete
> (§ 535 BGB). Die Rückgabepflicht bei Mietende (§ 546 BGB) nimmt nicht an
> diesem Gegenseitigkeitsverhältnis teil: Der Vermieter überlässt den Gebrauch,
> um Mieteinnahmen zu erzielen, nicht um die Sache zurückzuerhalten (dann
> könnte er sie gleich behalten!). Entsprechendes gilt für das Darlehen (§ 488 BGB):
> Die Darlehensgewährung steht im Gegenseitigkeitsverhältnis zur Zinszahlung,
> nicht zur Rückerstattungspflicht.

Bei gegenseitigen Verträgen haben die Parteien grundsätzlich nur Zug um Zug zu 342
leisten. Nach § 320 BGB hat dementsprechend jeder ein Leistungsverweigerungsrecht bis zur Bewirkung der Gegenleistung. Verklagt einer den anderen, kann er nur
eine Verurteilung zur Leistung Zug um Zug erreichen (§ 322 I BGB): Der Schuldner
muss leisten, aber erst gegen Empfang der ihm gebührenden Leistung. Im Vollstre-
ckungsverfahren muss der Gläubiger seine Leistung zumindest anbieten (§ 756 ZPO).
Ein Mahnverfahren scheidet zunächst aus (§ 688 II Nr. 2 ZPO).

Im täglichen Verkehr macht die Leistung Zug um Zug regelmäßig keine Schwierigkeiten. Bei größeren Transaktionen werden meist besondere Leistungsformen
vereinbart.

> **Beispiele:**
> Zahlung des Grundstücks-Kaufpreises auf ein Notar-Anderkonto und Freigabe
> bei Eintragung im Grundbuch; Akkreditiv (Rn 657).

Dieses Zug um Zug-Verhältnis besteht nach § 320 I 1 BGB dann nicht, wenn eine 343
Partei kraft Vertrages oder Gesetzes zur *Vorleistung* verpflichtet ist.

> **Beispiele:**
> „Zahlung innerhalb von vier Wochen nach Erhalt der Ware", Vorleistungspflicht
> des Wohnungsmieters (§ 556b BGB), Dienstpflichtigen (§ 614 BGB) und des
> Werkunternehmers (§ 641 BGB).

II. Aufrechnung und Kontokorrent

344   Teilweise ergibt es sich aber auch, dass ein Schuldner aus irgendeinem Rechtsverhält-
nis von seinem Gläubiger seinerseits Zahlung oder eine andere gleichartige Leistung
fordern kann. Das Gesetz sieht für solche Fälle keine automatische Verrechnung vor.
Jeder der beiden kann aber die **Aufrechnung nach §§ 387 ff.** BGB erklären (§ 388
BGB) und damit beide Forderungen insoweit zum Erlöschen bringen, wenn seine
Gegenforderung fällig und durchsetzbar ist (§§ 387, 390 BGB). Das Erlöschen der
Forderungen (§ 389 BGB) verhindert nicht nur ein unnötiges Hin und Her, sondern
wirkt faktisch auch wie eine private Vollstreckung.

> **Beispiel:**
> S hat eine alte Forderung gegen G. Wenn er etwas von G kauft, kann er sich von
> der Kaufpreisschuld befreien, indem er die Aufrechnung erklärt, und spart dabei
> die Durchsetzung der alten Forderung.

345   **Voraussetzungen:**
   • S schuldet G etwas und ist zur Erfüllung berechtigt,
   • S hat gegen G eine gleichartige, fällige und einredefreie Gegenforderung,
   • S erklärt die Aufrechung.

346   **Rechtsfolge**:   Die Forderungen gelten als erloschen, soweit sie sich gegenüberstanden, § 389 BGB.

347   Einen Fall der automatischen Verrechnung regeln die §§ 355 ff. HGB. Beim
Kontokorrent steht jemand so mit einem Kaufmann in Geschäftsverbindung, dass
die gegenseitigen Forderungen in eine Rechnung eingestellt und in Zeitabschnitten
saldiert werden. Mit der Einstellung in das Kontokorrent verlieren die einzelnen
Forderungen ihre Selbständigkeit und können nicht mehr abgetreten, eingeklagt
oder gepfändet werden. Mit wirksamer Saldierung erlöschen die Einzelforderungen
und werden durch die Saldoforderung ersetzt (zu Sicherheiten § 356 HGB, zur
Pfändung § 357 HGB). Solche Verrechnungen finden insbesondere bei Bankkonten,
Abrechnungen zwischen Unternehmern und Arbeitnehmern (z. B. Provisionskonto)
und bei Kapitalkonten von Gesellschaftern statt.

III. Das allgemeine Zurückbehaltungsrecht

348   Schließlich gibt es Fälle, in denen es weder um Leistung und Gegenleistung noch
um zwei gleichartige Leistungen geht, der Schuldner aber dennoch seinerseits einen
Anspruch gegen den Gläubiger hat. Nach **§ 273 BGB** hat der Schuldner auch dann

ein Leistungsverweigerungsrecht, sofern Anspruch und Gegenanspruch zumindest demselben Lebenssachverhalt entstammen (sog. Konnexität). § 273 BGB spricht zwar davon, dass beide demselben rechtlichen Verhältnis entstammen müssen. Es genügt aber, dass ein einheitlicher Lebenssachverhalt zugrundeliegt (z. B. verschiedene Verträge, aber laufende Geschäftsverbindung). Wird das Zurückbehaltungsrecht geltend gemacht (§ 274 BGB), führt das wiederum nicht zur Klageabweisung, sondern zur Verurteilung zur Leistung Zug um Zug. **Voraussetzungen** also:

- Anspruch des G gegen S,
- Fälliger und durchsetzbarer Gegenanspruch des S gegen G,
- Konnexität (derselbe Lebenssachverhalt).

Rechtsfolge: Zurückbehaltungsrecht/Pflicht zur Leistung Zug um Zug.   349

> **Beispiel:**
> V verkauft K eine Maschine. Bei der Montage beschädigen Arbeiter des V aus Unachtsamkeit Leitungen bei K. V hat gegen K aus § 433 II BGB einen Kaufpreisanspruch. K kann nach §§ 280 I, 241 II, 249 BGB verlangen, dass V die Leitungen instandsetzt, weil die Beschädigung eine Nebenpflichtverletzung darstellt und V die Fahrlässigkeit seiner Arbeiter nach § 278 BGB zu vertreten hat. K kann das Geld zurückbehalten, bis V die Reparatur ausgeführt hat. Verlangt K Schadensersatz in Geld, kann er ebensogut aufrechnen.

Hat Kaufmann K_1 gegen Kaufmann K_2 eine Geldforderung, so kann K_1 in seinem   350
Besitz befindliche bewegliche Sachen oder Wertpapiere, die K_2 gehören oder eigentlich an K_2 zu übereignen sind, zurückbehalten (§ 369 HGB). Das **kaufmännische Zurückbehaltungsrecht** gibt K_1 ferner das Recht, sich unter besonderen Voraussetzungen an den Sachen zu befriedigen (§ 371 HGB). Es ist also eher eine Mischung aus Zurückbehaltungsrecht und Pfandrecht.

E. Arbeitshinweise

I. Die wichtigsten Grundbegriffe

Vertragsschluss Durch Antrag und Annahme (korrespondierende Willenserklärungen): Einigung über die wesentlichen Vertragsbestandteile und alles, was nach Parteiwillen geregelt werden soll (§§ 145–155 BGB).

Willenserklärung Äußerung eines auf rechtliche Wirkung abzielenden Willens. Wirksamkeit durch Abgabe und (bei Empfangsbedürftigkeit) Zugang.

Auslegung: Wirklicher Wille ist zu   351
erforschen (§ 133 BGB), aber bei empfangsbedürftigen Willenserklärungen Auslegung vom objektiven Empfängerhorizont.

Pflichten aus Kaufvertrag § 433 BGB: V an K Eigentums- und Besitzverschaffung (beim Sachkauf) und K an V Kaufpreiszahlung und Abnahme. Rechtskauf: § 453 BGB.

Sachmangel Beim Sachkauf § 434 BGB: Die Ist-Beschaffenheit ist schlechter als die Soll-Beschaffenheit (Vereinbartes, hilfsweise Tauglichkeit zum vorausgesetzten oder üblichen Zweck, übliche Beschaffenheit, auch Herstellerangaben und Montage. Falsch- und Minderlieferungen sind gleichgestellt).

Erfüllung § 362 BGB: Durch Bewirken der Leistung (= Leistungserfolg): Übertragung von Grundeigentum (§§ 873, 925 BGB: Einigung [=Auflassung] und Eintragung); Übertragung von beweglichen Sachen (§§ 929 ff. BGB: Einigung und Übergabe/-surrogat); Übertragung von Rechten (§§ 398, 413 BGB: Abtretungsvertrag).

Gutgläubiger Erwerb Erwerb vom Nichtberechtigten, für den die Eigentumsvermutung des Grundbuchs oder Besitzes spricht (§§ 892 f., 932 ff. BGB).

Kfm. Bestätigungsschreiben Gewohnheitsrecht, wonach ein schriftlich bestätigter Vertrag wie bestätigt gilt, wenn der Empfänger nicht unverzüglich widerspricht. Voraussetzungen: (1) Absender und Empfänger sind Unternehmer (2) Mündliche Vertragsverhandlungen (3) Bestätigendes Schreiben (4) Schutzwürdigkeit des Absenders (keine vorsätzlichen oder erheblichen Abweichungen). Rechtsfolge: Vertrag gilt mit Inhalt des Bestätigungsschreibens.

Stellvertretung (§ 164 BGB) Rechtsgeschäft im Namen eines anderen. Voraussetzungen: (1) Eigene Willenserklärung des Vertreters, (2) erkennbar im Namen des Vertretenen, (3) im Rahmen der Vertretungsmacht. Rechtsfolge: Rechtsgeschäft wirkt (nur) für und gegen den Vertretenen.

Vertretungsmacht Gesetzliche Vertretungsmacht (z. B. Eltern für Kinder, Geschäftsführer für GmbH, Vorstand für AG) oder Vollmacht: Innen- und Außenvollmacht (§§ 167 ff. BGB). Bei Kaufleuten: Prokura (§§ 48 ff. HGB), Handlungsvollmacht (§§ 54 f. HGB), Ladenvollmacht (§ 56 HGB).

Vertreter ohne Vertretungsmacht § 177 BGB: Vertretener kann genehmigen, dann Wirkung für und gegen ihn (§ 164 BGB). § 179 BGB: Anderenfalls grds. Haftung des Vertreters auf Erfüllung oder Schadensersatz.

Prokura Besondere Vollmacht zum Handeln für einen Kaufmann, im Handelsregister einzutragen, nach außen festgeschriebener Umfang der Vertretungsmacht.

Handlungsvollmacht Besondere kfm. Vollmacht mit typischem Umfang: General-HV, Art-HV, Spezial-HV.

Aufrechnung Gestaltungsrecht, durch dessen Ausübung zwei gleichartige, gegenseitige Leistungen verrechnet werden (§§ 387 ff. BGB). Voraussetzungen: (1) S schuldet G etwas und ist zur Erfüllung berechtigt, (2) G schuldet S etwas Gleichartiges, (3) Anspruch S gegen G ist fällig und einredefrei, (4) Aufrechnungserklärung des S. Rechtsfolge: Forderungen gelten als erloschen, soweit sie sich gegenüberstanden (§ 389 BGB).

Kontokorrent (§§ 355 ff. HGB)): Automatische Verrechnung von Forderungen aus einer laufenden Geschäftsbeziehung mit einem Kaufmann.

Zurückbehaltungsrechte Beim gegenseitigen Vertrag: Einrede des nicht erfüllten Vertrages (§§ 320 ff. BGB): Verpflichtung nur Zug um Zug (außer bei Vorleistungspflicht). Sonst: allgemeines Z. (§§ 273 ff. BGB); kaufmännisches Z. (§§ 369 ff. HGB).

II. Übungsaufgaben

1. Unter welchen Voraussetzungen werden empfangsbedürftige Willenserklärungen unter Abwesenden wirksam?

2. Was versteht man unter einer konkludenten Willenserklärung?

3. Beschreiben Sie die wichtigsten Gesichtspunkte der Auslegung von Willenserklärungen.

4. Welche Pflichten entstehen einem Verkäufer mit dem Abschluss des Kaufvertrags?

5. Beschreiben Sie in den Beispielen oben Rn 296–298 die Vorgänge jeweils besitzrechtlich.

6. Unter welchen besonderen Voraussetzungen ist der Erwerb von Eigentum an einer beweglichen Sache durch Verfügung eines Nichtberechtigten möglich?

7. Wie erfüllt der Verkäufer beim Forderungskauf seine Pflicht?

8. Wie wird der Schuldner bei der Abtretung der Forderung durch den Gläubiger geschützt?

9. A schickt B, ihm einen Pullover für maximal 100 € zu kaufen. B kauft im Namen des A einen Pullover für 130 €. Rechtslage? Wie wäre die Rechtslage, wenn A bei V anruft: „B ist bevollmächtigt, einen Pullover für mich zu kaufen", dann aber dem B sagt, der Pullover dürfe nur 100 € kosten?   **352**

10. Welche zusätzlichen Anforderungen stellt das HGB an die Erteilung einer Prokura (im Vergleich zur Bevollmächtigung i.S.d. BGB)?

11. Was bedeutet Gesamtprokura?

12. Kaufmann K hat P mündlich Prokura erteilt, vergaß jedoch diese zur Eintragung ins Handelsregister anzumelden. Nach 2 Jahren ist er mit den Leistungen des P nicht mehr zufrieden und will ihm die Prokura wieder entziehen. Wie ist dabei vorzugehen?

13. Kann sich im Fall 12 der Geschäftspartner des K auf die Prokura des P berufen, solange er keine Kenntnis von dem Erlöschen hat und eine Eintragung nicht erfolgte?

14. A und B, die in einer ständigen Geschäftsbeziehung zueinander stehen, haben einen Kaufvertrag geschlossen. B hat noch offene Forderungen gegen A und will erst liefern, wenn diese erfüllt worden sind. Zu Recht?

III. Empfohlene Literatur

Zu Willenserklärung, Vertragsschluss und Stellvertretung:
Brox/Walker, Allgemeiner Teil des BGB (Heymanns), §§ 4–10 und 22 bis 26;
ausführlicher: **Medicus**, Allgemeiner Teil des BGB (C.F. Müller), §§ 21–26 und 54–59.

Zum Kauf: **353**
Brox/Walker, Besonderes Schuldrecht (Beck), §§ 1, 2;
ausführlicher: **Looschelders**, Schuldrecht BT (Heymanns), §§ 2–15;
Fikentscher/Heinemann, Schuldrecht (de Gruyter), §§ 69–74.
Reinicke/Tiedtke, Kaufrecht (Heymanns).

Zu den handelsrechtlichen Besonderheiten:
Justus Meyer, Handelsrecht (Springer), Rn 184 ff.;
ausführlicher: **Karsten Schmidt**, Handelsrecht (Heymanns), § 16.

Zu Besitz und Eigentumsverschaffung:
Wolf/Wellenhofer, Sachenrecht (Beck), §§ 4–12;

ausführlich: **Baur/Stürner**, Sachenrecht (Beck), §§ 6–9, 50–53.

Zu den Zurückbehaltungsrechten:
Brox/Walker, Allgemeines Schuldrecht (Beck), §§ 12, 15;
ausführlicher: **Looschelders**, Schuldrecht BT (Heymanns), § 23.

§ 5 Kaufvertrag: Störfälle

▶ **Fallstudie: Drei Bindemaschinen**

Hannes Hurtig braucht eine Bindemaschine – bekommt sie aber erst im dritten Anlauf. Zunächst kauft er eine Bindemaschine bei Bindofix, da die Vertreterin Violetta ihm wider besseres Wissen erklärt, der Preis enthalte einen Rabatt von 40 %. Als er erfährt, dass er den regulären Preis bezahlt hat, sagt er sich empört vom Vertrag los und verlangt sein Geld zurück.

Stattdessen bestellt er eine Maschine bei Prontobind, die ihm die Lieferung in der ersten Juni-Woche zusagen. Als die Lieferung nicht erfolgt und er am 8. und 9. Juni niemanden erreicht, will er wiederum vom Vertrag los. Karin Kreft rät ihm aber nach einem Blick in ihr Privatrechtsbuch, zunächst noch eine vielleicht einwöchige Nachfrist zu setzen.

Schließlich fährt er selbst zur Bindomat-GmbH, kauft dort die letzte Maschine am Lager und nimmt sie gleich mit. Zuhause stellt er allerdings fest, dass der Federmechanismus defekt ist. Dadurch lässt er sich seine zehn Tage auf Amrum zwar nicht vermiesen. Als er aber auf dem Rückweg bei Bindomat vorbeifährt und sein Geld nicht zurückbekommt, ist seine Erholung fast schon wieder hin.

A. Fehlerhafte Willenserklärungen und Verträge

I. Formerfordernisse und -verstöße

Die Abgabe von Willenserklärungen und der Abschluss von Verträgen sind **grund-** 354 **sätzlich formfrei.** Der Brötchen- oder Autokauf, die Abtretung einer Forderung, die Einigung zur Übereignung eines *Monet*-Aquarells (§ 929 S. 1 BGB), all diese Willenserklärungen sind formfrei, auch wenn es um erhebliche Werte gehen mag. Es sind Verträge, auch wenn nichts unterschrieben wird. Das Gesetz kann aber eine bestimmte Form vorschreiben, und im Übrigen steht es auch den Parteien frei, sich auf besondere Formerfordernisse zu einigen. Für die wichtigsten Formerfordernisse

© Springer-Verlag Berlin Heidelberg 2017
J. Meyer, *Wirtschaftsprivatrecht*, Springer-Lehrbuch,
DOI 10.1007/978-3-662-52734-4_5

enthalten die §§ 126–129 BGB genauere Regelungen. Von besonderer Bedeutung ist hier zunächst die **Schriftform**. § 126 BGB verlangt dafür eine schriftliche Urkunde und eine eigenhändige Unterschrift. Daher genügen z. B. E-Mails und Telegramme nicht, Telefaxe eigentlich auch nicht, da nur eine Kopie der Unterschrift zugeht (vgl. Palandt-Ellenberger, § 126 Rn 11).

> **Beispiel:**
>
> Will Hannes ein Ladenlokal für drei Jahre anmieten, so ist die Befristung nur wirksam, wenn der Vertrag schriftlich geschlossen wird (§§ 550, 578 BGB). Grundsätzlich ist dazu nach § 126 BGB eine schriftliche Urkunde mit eigenhändigen Unterschriften nötig. Bekommt jede Partei ein von der anderen unterschriebenes Exemplar, so genügt das (§ 126 II 2 BGB).

355   Um neuere Kommunikationstechnologien durch das Schriftformerfordernis nicht auszugrenzen, kann die Schriftform nach § 126a BGB grundsätzlich durch die **elektronische Form** ersetzt werden. Dabei ist allerdings eine qualifizierte elektronische Signatur erforderlich, da nur eine solche Textverschlüsselung in vergleichbarer Weise sicherstellt, dass die Erklärung, so wie sie zugeht, auch tatsächlich vom Aussteller stammt.

> **Beispiele:**
>
> Hannes und der Vermieter könnten sich den dreijährigen Mietvertrag also auch gegenseitig per E-Mail zusenden, wenn sie die Mail mit einer qualifizierten elektronischen Signatur versehen.
>
> Für eine Bürgschaftserklärung verlangt § 766 S. 1 und 2 BGB dagegen die Schriftform unter Ausschluss der elektronischen Form. Es ist also nach wie vor ein Schriftstück mit einer eigenhändigen Unterschrift erforderlich.

356   Geringere Anforderungen stellt § 126b BGB. Wo das Gesetz die **Textform** oder einen dauerhaften Datenträger vorsieht, genügen auch E-Mails, Telefaxe und Telegramme.

> **Beispiel:**
>
> Vertreibt Hannes seine Bücher im Versandhandel per Katalog oder Internet, so betreibt er Fernabsatzgeschäfte und hat verschiedene Verbraucherinformationen auf einen dauerhaften Datenträger mitzuteilen (Art. 246b § 2 EGBGB, vgl. Rn 1161 ff.). Er kann sie schriftlich (etwa in einem Katalog oder per Brief) übermitteln, es genügt aber auch ein Fax oder eine E-Mail (§ 126b BGB).

357   Insbesondere für besonders bedeutsame Geschäfte schreibt das Gesetz schließlich die **notarielle Beurkundung** vor. § 128 BGB enthält hierzu nur eine rudimentäre Regelung. Genaueres findet sich im Beurkundungsgesetz (BeurkG).

> **Beispiele:**
>
> Ein Grundstückskauf muss gemäß § 311b I BGB notariell beurkundet werden (vgl. § 128 BGB). Anders z. B. § 925 BGB: Die Auflassung hat bei gleichzeitiger Anwesenheit der Parteien vor dem Notar zu erfolgen.

Der **Zweck der Formvorschriften** ist unterschiedlich. Schon die Textform stellt 358 sicher, dass der Empfänger die Erklärung in textueller verkörperter Form erhält und noch einmal nachlesen kann. Bei der elektronischen Form kommt insbesondere die Beweisfunktion hinzu. Ebenso kann das Schriftformerfordernis die Beweissituation verbessern und den Erklärenden vor Übereilung schützen. Die notarielle Beurkundung ermöglicht darüber hinaus, dass der Erklärende über die Tragweite seines Handelns vom Notar aufgeklärt wird.

Rechtsfolge des Formverstoßes ist gemäß § 125 BGB grundsätzlich die **Nich-** 359 **tigkeit** des Rechtsgeschäfts. Vertragliche Ansprüche entstehen also gar nicht erst. Für den Anspruchsgegner ist die Nichtigkeit eine rechtshindernde Einwendung. Teilweise ist aber bestimmt, dass ein zunächst formnichtiges Rechtsgeschäft durch Erfüllung **geheilt** wird, fortan also wirksam ist. Das ist insbesondere für das Bereicherungsrecht wichtig (s.u. Rn 379 ff.). Vereinzelt ist sogar die Heilung eines Vertrages in geänderter Gestalt bestimmt.

Beispiele:

Ein mündlicher Grundstückskaufvertrag ist zunächst nichtig. (§§ 311b I 1, 125 BGB). Wird das Grundeigentum aber an den Käufer übertragen, so wird der Formmangel gemäß § 311b I 2 BGB geheilt: Der Kaufvertrag wird wirksam und bildet nunmehr die Grundlage für den erfolgten Eigentumsübergang. Entsprechende Heilungsmöglichkeiten sehen z.B. § 518 II BGB für die Schenkung und § 766 S. 3 BGB für die Bürgschaft vor.

II. Gesetzes- und Sittenverstoß

Die Nichtigkeit gemäß § 134 BGB kennen Sie schon aus der ersten Fallstudie. 360 Gemäß § 134 BGB ist ein Rechtsgeschäft, das gegen ein **gesetzliches Verbot** verstößt, nichtig, soweit sich nicht aus dem Gesetz etwas anderes ergibt. Daher muss bei jeder Verbotsvorschrift, gegen die ein Rechtsgeschäft verstößt, der Gesetzeszweck ermittelt werden.

Beispiele:

1. Der Verkauf einiger Flaschen Wein um 23 Uhr mag gegen das Ladenschlussgesetz verstoßen. Der (fragwürdige) gewerberechtliche Zweck des Gesetzes wird aber durch die darin vorgesehenen Sanktionen hinreichend geschützt. Es wäre unsinnig, daran die Unwirksamkeit des Kaufvertrages zu knüpfen. Dagegen verstößt der Verkauf einiger Flaschen Wein an einen Dreizehnjährigen gegen das Jugendschutzgesetz und ist nach § 134 BGB auch nichtig, denn es wäre unsinnig, wenn der Junge auf Lieferung klagen könnte.
2. In der Fallstudie Rn 1 ist der Kaufvertrag gemäß § 134 BGB nichtig, wenn es sich um eine Raubkopie handelt. Es würde dem Zweck des UrhG widersprechen, wenn ein Käufer Lieferung der Raubkopie verlangen könnte.

Auch **sittenwidrige Rechtsgeschäfte** sind nach § 138 BGB nichtig. § 138 BGB ent- 361 hält in Abs. 1 eine Generalklausel und in Abs. 2 einige Regelbeispiele über den Tatbestand des Wuchers, die vorrangig zu prüfen sind.

362 Der *Wucher* ist objektiv durch ein auffälliges Missverhältnis zwischen Leistung und Gegenleistung gekennzeichnet. Weitere Voraussetzungen: Der Bewucherte muss sich in einer Zwangslage befinden, unerfahren sein, an mangelndem Urteilsvermögen oder erheblicher Willensschwäche leiden. Diese Situation muss der Wucherer kennen und ausnutzen.

363 *Sittenwidrig* ist nach traditioneller Formel ein Rechtsgeschäft, das dem Anstandsgefühl aller billig und gerecht Denkenden widerspricht. Der unbestimmte Rechtsbegriff ist anhand der Werteordnung des Grundgesetzes und des EU-Rechts auszufüllen. Dabei stehen die Grundrechte des GG und die Grundwerte und Ziele der Union nach Art. 2, 3 EUV von der Menschenwürde bis zur sozialen Marktwirtschaft im Vordergrund. Das Sittenwidrigkeitsurteil hat wie in Abs. 2 auf den objektiven Inhalt des Rechtsgeschäfts und die Motive der Beteiligten abzustellen.

Ein **Beispiel** bilden die Bürgschaften vermögensloser naher Angehöriger (s.o. Rn 23). Ein Beispiel für die Wandelbarkeit des Sittenwidrigkeitsmaßstabs bilden die Dienstverträge von Prostituierten (früher nichtig nach § 138 BGB, heute wirksam nach § 1 ProstG).

364 *Fallgruppen* sind z.B.: Ausnutzung einer Macht- oder Monopolstellung (z.B. überhöhte Preise eines Energieversorgungsunternehmens), Gläubigergefährdung (z.B. Sicherungsverträge, durch die die Interessen anderer Gläubiger übermäßig gefährdet werden), Knebelungsverträge, also die übermäßige Beschränkung der persönlichen oder wirtschaftlichen Bewegungsfreiheit einer Partei (z.B. Bierlieferungsverträge mit überlanger Geltungsdauer), Schmiergelder usw.

365 Auch bei der Nichtigkeit nach §§ 134 und 138 BGB handelt es sich um rechtshindernde Einwendungen. Der Anspruchsgegner muss also die erforderlichen Tatsachen vortragen und notfalls beweisen.

III. Scherz- und Scheingeschäfte

366 Aus §§ 116 bis 118 BGB ergibt sich, dass ein (einseitiger) geheimer Vorbehalt eine Willenserklärung nicht nichtig macht, dass aber Schein- und Scherzgeschäfte nichtig sind.

Beispiel:
zu § 117 BGB: Verkauf eines Fabrikgrundstücks für 1,5 Mio. €. Notarielle Beurkundung mit einem Kaufpreis von 1 Mio. € (weniger Steuern und Notargebühren zu zahlen!). Der 1 Mio.-Vertrag ist als Scheingeschäft gemäß § 117 I BGB nichtig; gelten soll vielmehr das wirklich gewollte, verdeckte Geschäft. Der 1,5 Mio.-Kauf ist aber nicht beurkundet und daher gemäß §§ 311b I 1, 125 BGB ebenfalls nichtig, allerdings nach § 311b I 2 BGB heilbar.

IV. Anfechtung

1. Überblick

367 Neben der Nichtigkeit und der heilbaren Nichtigkeit kennt das Gesetz die Vernichtbarkeit durch Anfechtung: Der Erklärende kann entscheiden, ob er die

Willenserklärung gelten lassen oder vernichten will. Ihm steht also ein *Gestaltungsrecht* zu: Er hat es in der Hand, ob er die Rechtslage umgestalten will. Andere Gestaltungsrechte (z. B. Rücktritt, Widerruf, Aufrechnung und Kündigung) werden wir noch kennenlernen.

Die Anfechtung muss innerhalb bestimmter Fristen (§§ 121, 124 BGB) gegen- **368** über dem Anfechtungsgegner (§ 143 BGB, grundsätzlich dem Vertragspartner) erklärt werden. Sie bewirkt nach § 142 BGB, dass das Rechtsgeschäft als von Anfang an unwirksam zu betrachten ist. Wird also ein Kaufvertrag angefochten, so ist die Rechtslage die gleiche, als wäre nie ein Kaufvertrag geschlossen worden (sog. Nichtigkeit ex tunc).

Die allgemeinen Anfechtungsgründe sind in §§ 119, 120 und 123 BGB abschlie- **369** ßend geregelt. Die Fälle der §§ 119, 120 BGB sind dadurch gekennzeichnet, dass die Erklärung, wie sie durch Auslegung aus objektiver Empfängersicht ermittelt wird, vom eigentlich Gewollten abweicht. Demgegenüber ist bei § 123 BGB der Prozess der Willensbildung aufgrund von Drohung oder Täuschung fehlerhaft.

2. Anfechtungsgrund: Irrtum

Beim **Inhaltsirrtum** gemäß § 119 I 1. Alt. BGB („über deren Inhalt im Irrtum") **370** misst der Erklärende den gewählten Worten oder Zeichen eine andere Bedeutung bei, als sie bei objektiver Auslegung haben. Wille und objektiver Erklärungsinhalt fallen auseinander. Sofern nicht der Erklärungsempfänger die gleiche Fehlvorstellung hat (beiderseitige Falschbezeichnung, dann gilt aufgrund der Auslegung das wirklich Gewollte), gilt die Erklärung, wie sie objektiv verstanden werden musste. Der Erklärende kann sich aber von ihr durch Anfechtung lösen.

Vgl das **Beispiel** Rn 264: V bietet „Limonen" an und meint Zitronen. K nimmt an und verlangt Lieferung der Limonen. V kann wegen seines Inhaltsirrtums anfechten.

Im Fall des **Erklärungsirrtums**, § 119 I 2. Alt. BGB, will der Erklärende die Worte **371** oder Zeichen überhaupt nicht kommunizieren. Er verspricht (£ statt $) oder verschreibt sich (100 statt 1.000), ruft versehentlich einen falschen Textbaustein auf oder verschickt einen Erstentwurf per E-mail. Auch dieses Auseinanderfallen von wirklichem Willen und objektiv Erklärtem berechtigt zur Anfechtung.

Gleiches gilt beim **Übermittlungsirrtum** gemäß § 120 BGB: Wegen der Aus- **372** legung vom Empfängerhorizont aus gilt eine Willenserklärung so, wie sie durch einen Dritten (z. B. Boten, Dolmetscher, Server) übermittelt wird; der Erklärende kann aber anfechten. Kein solcher Dritter ist der Stellvertreter: Er gibt eine eigene Willenserklärung ab; für Irrtümer gilt § 166 BGB.

Unbeachtlich ist grundsätzlich der **Motivirrtum**. § 119 I BGB regelt nur das **373** Auseinanderfallen von Wille und Erklärung. Stimmen beide überein und ist der Wille nur auf falscher Grundlage gebildet worden, besteht grundsätzlich kein Anfechtungsrecht.

Beispiele
Aktienkauf in der irrtümlichen Erwartung von Kursanstiegen, Bilderkauf in der irrigen Annahme, es würde auch der Ehefrau gefallen: keine Anfechtungsgründe.

374 Einen Anfechtungsgrund bildet dagegen der sog. **Eigenschaftsirrtum** i.S.d. § 119
II BGB. Voraussetzung ist, dass ein Irrtum über eine verkehrswesentliche Eigenschaft des Vertragsgegenstandes oder einer Person Ursache der Willenserklärung ist
(Die Wortwahl „Sache" im Gesetzestext ist falsch). Eigenschaften sind alle dauerhaften wertbildenden Faktoren des Vertragsgegenstandes. Verkehrswesentlich sind
Eigenschaften, wenn sie nach dem Vertragszweck oder der Verkehrsauffassung für
das Geschäft entscheidend sind.

> **Beispiele**
>
> Eigenschaften sind Alter oder Herkunft einer Antiquität, Sachkunde oder Zuverläs-
> sigkeit einer Person, nicht aber der Wert oder Preis einer Sache. In der Fallstudie zu
> § 2 kommt eine Anfechtung wegen Eigenschaftsirrtums nicht in Betracht. Die
> Druckqualität ist zwar eine Eigenschaft; Karin unterliegt beim Vertragsschluss aber
> keiner Fehlvorstellung. Zudem ist § 119 II BGB nicht anwendbar, wenn die
> Gewährleistungsregeln der §§ 434 ff. BGB anwendbar sind (Rn 433).

375 **Rechtsfolge** der §§ 119, 120 BGB: Der Erklärende kann das Rechtsgeschäft durch
unverzügliche (§ 121 BGB) Erklärung rückwirkend vernichten (§ 142 BGB). Gemäß
§ 122 BGB ist er aber zum Ersatz des Schadens verpflichtet, der durch das Vertrauen
auf seine Willenserklärung entstanden ist.

376   Merke: Auslegung vor Anfechtung! Ergibt bereits die Auslegung das Gewollte,
ist für die Anfechtung kein Raum.

> **Beispiel:**
>
> Vgl. nochmals das Limonen-Beispiel Rn 264. Da die Auslegung bereits zum
> Gewollten führt, gibt es nichts anzufechten.

3. Anfechtungsgrund: Drohung und Täuschung

377 Nach § 123 BGB kann der Erklärende ohne Verpflichtung zu Schadensersatz innerhalb eines Jahres ab Kenntnis (§ 124 BGB) anfechten, wenn seine Erklärung
durch widerrechtliche Drohung oder arglistige (= vorsätzliche) Täuschung verursacht wurde.

378   Nach § 123 II BGB ist bei einer Täuschung durch Dritte zusätzlich erforderlich,
dass der Erklärungsempfänger die Täuschung zumindest kennen musste. Auf
Kenntnis oder Kennenmüssen kommt es allerdings dann nicht an, wenn der Täuschende „im Lager des Erklärungsempfängers steht", also dessen Vertreter, Vertrau-
ensperson o. ä. ist. Der Täuschende wird dann nicht als Dritter betrachtet; es gilt das
uneingeschränkte Anfechtungsrecht nach § 123 I BGB.

V. Bereicherungsausgleich

1. Der Grundtatbestand der Leistungskondiktion

379 Wenn ein Verpflichtungsgeschäft, wie beschrieben, kraft Gesetzes oder aufgrund
einer Anfechtung nichtig ist, muss das wegen des oben Rn 109, 250 dargestellten
Abstraktionsprinzips für die daraufhin erfolgten Verfügungen nicht gelten.

> **Beispiel:**
> Karin Kreft kauft bei Hannes ein Buch, bezahlt und nimmt es mit. Auch wenn der Kaufvertrag unwirksam ist, ist sie durch die Übereignung des Buchs nach § 929 S. 1 BGB Eigentümerin geworden (sofern hier nicht der gleiche Unwirksamkeitsgrund vorliegt). Dasselbe gilt für das Geld.

Was die Parteien aufgrund eines nichtigen Verpflichtungsgeschäfts erlangt haben **380** (z. B. Besitz und Eigentum an der Kaufsache, ein Recht o. ä.), haben sie ohne rechtlichen Grund erlangt; sie sind ungerechtfertigt bereichert. Solche ungerechtfertigten Bereicherungen werden nach den Regeln der §§ 812 ff. BGB rückabgewickelt. Dabei enthalten die §§ 812–817 BGB verschiedene Tatbestände (und Einwendungen), während die §§ 818 ff. BGB Näheres zu den Rechtsfolgen bestimmen. Schon die Römer nannten diese Klageformen *condictio*. Wir nennen sie immer noch Kondiktionen und sagen, der rechtsgrundlos Leistende könne das Geleistete zurückfordern oder *kondizieren*.

Zentraler Tatbestand ist die **Leistungskondiktion** nach § 812 I 1 (1. Alt.) BGB: **381** Wer durch Leistung eines anderen etwas erlangt, ohne dass ein rechtlicher Grund hierfür besteht, ist ihm zur Herausgabe des Erlangten verpflichtet. Prüfungsschema:

- Der Anspruchsgegner hat etwas erlangt
- durch Leistung des Anspruchstellers
- ohne Rechtsgrund
  ⇒ Herausgabe (§§ 818 ff. BGB)

> **Beispiele:**
> S schenkt B seine goldene Uhr und übereignet sie später. Ist der Schenkungsvertrag nichtig, hat B dennoch *etwas erlangt*, nämlich Besitz und Eigentum an der Uhr. Das geschah auch *durch Leistung* des S, denn S hat ihm den Besitz und das Eigentum übertragen. Und es geschah schließlich *ohne Rechtsgrund*, da der eigentliche Rechtsgrund, die Schenkung, ja nichtig ist. B muss daher nach § 812 I 1 (1. Alt.) BGB dem S den Besitz und das Eigentum zurückübertragen.
>
> Ist der Schenkungsvertrag nur wegen des Formmangels (§ 518 BGB) zunächst nichtig, kommt es nicht zum Bereicherungsausgleich, da mit der Übereignung der Formmangel geheilt ist. Die Heilung dient also dazu, einen Rechtsgrund zu schaffen und die bewirkten Leistungen „kondiktionsfest" zu machen: An sich soll notariell beurkundet werden. Wird aber erfüllt, soll es dabei bleiben.
>
> Im obigen Beispiel vom unwirksamen Bücherkauf muss Hannes das Geld zurückübereignen und kann umgekehrt das Buch (Eigentum und Besitz) kondizieren.

Bei unwirksamen Schuldverträgen lohnt sich daher immer ein Seitenblick auf die **382** Verfügungsgeschäfte und eine eventuelle Rückabwicklung ausgetauschter Leistungen. Erst durch die Leistungskondiktion werden die befremdlichen Ergebnisse, die durch das Abstraktionsprinzip entstehen, wieder zurechtgerückt. Erst unter Einbeziehung des Bereicherungsausgleichs ergibt sich ein einigermaßen rundes Bild.

2. Die Rechtsfolgenseite

383 Rechtsfolge der Kondiktion ist die Herausgabe des Erlangten. Ist das z. B. der Besitz einer Sache, so muss sie zurückgegeben werden. Ist es das Eigentum, so muss sie rückübereignet werden. Ist die Herausgabe nicht möglich, so hat der Bereicherungsschuldner nach § 818 II BGB stattdessen Wertersatz zu leisten.

384 Von zentraler Bedeutung ist der **Entreicherungseinwand** nach § 818 III BGB. Der Bereicherungsschuldner muss das Erlangte nicht herausgeben und auch keinen Wertersatz leisten, soweit er nicht mehr bereichert ist. Die Regelung rechtfertigt sich daraus, dass das Bereicherungsrecht nur die real vorhandenen Bereicherungen zurückführen will. Wer allerdings weiß, dass er „etwas" nicht behalten darf, soll sich auf seine Entreicherung nicht berufen können. Verklagte und bösgläubige Bereicherungsschuldner haften daher nach allgemeinen Regeln (vgl. § 818 IV BGB i.V.m. § 262 ZPO sowie § 819 I BGB).

> Wenn B im **Beispiel** Rn 384 die Uhr verliert, so ist er entreichert und muss nach § 818 III auch keinen Wertersatz leisten. Veräußert er sie zum halben Preis, so muss er in dieser Höhe Wertersatz leisten, da er insoweit noch bereichert ist. Veräußert er sie noch schnell zum halben Preis, als er von der Unwirksamkeit des Schenkungsvertrags hört, haftet er wegen § 819 I BGB auf den vollen Wert.

3. Exkurs: Bereicherungsausgleich in anderen Fällen

385 Um das Bild abzurunden ist zunächst noch die **Nichtleistungskondiktion** zu erwähnen. Zentraler Tatbestand ist § 812 I 1 (2. Alt.) BGB: Wer etwas in sonstiger Weise (also nicht durch Leistung) rechtsgrundlos erlangt, hat das Erlangte ebenso herauszugeben. Prüfungsschema:

- Der Anspruchsgegner hat etwas erlangt
- in sonstiger Weise auf Kosten des Anspruchstellers (≠ Leistung)
- ohne Rechtsgrund
  ⇒ Herausgabe (§§ 818 ff. BGB)

386 Häufigster Fall ist die **Eingriffskondiktion**. Wer in die geschützte Rechtsposition eines anderen eingreift, hat verschuldensunabhängig etwaige daraus entstandene Bereicherungen an ihn herauszugeben.

> Vgl. das **Beispiel** vom Lahm-Shirt oben Rn 161.

387 Einen solchen **Bereicherungsausgleich** gibt es auch **beim gutgläubigen Erwerb** vom Nichtberechtigten: Nach § 816 I 1 BGB muss der Nichtberechtigte das durch die Verfügung Erlangte (um das er ungerechtfertigt bereichert ist) herausgeben.

Beispiel

(Rn 298): Uhrmacher U verwechselt eine in Kommission gegebene Uhr mit der zur Reparatur gegebenen Uhr des S. Letztere übereignet U wirksam an K (§§ 929,

932 BGB). Unabhängig von Verschuldensfragen, die für vertragliche Schadensersatzansprüche usw. wichtig sind, kann S von U nach § 816 I 1 BGB den Erlös
herausverlangen, weil er sein Eigentum verliert und U ansonsten auf seine Kosten um den Erlös ungerechtfertigt bereichert wäre.

VI. Zur Fallstudie

Vertreterin Violetta hat Hannes wider besseres Wissen und damit arglistig über die   **388**
Preisbildung getäuscht und ihn dadurch zum Kauf bei Bindofix bewegt. Hannes hat
daher ein Anfechtungsrecht nach § 123 I BGB. Da Violetta als Vertreterin ins
Bindofix-Lager gehört, ist sie nicht Dritte i.S.d. § 123 II BGB, und es kommt nicht
darauf an, ob man bei Bindofix Kenntnis von der Täuschung hatte. Indem Hannes
sich vom Vertrag lossagt, erklärt er (fristgerecht) die Anfechtung. Der Kaufvertrag
ist damit nach § 142 I BGB als von Anfang an nichtig anzusehen. Bindofix hat den
Kaufpreis daher durch Hannes' Leistung und ohne Rechtsgrund erlangt und muss
ihn gemäß § 812 I 1 (1. Alt.) BGB herausgeben. Dasselbe gilt umgekehrt für die
Maschine.

B. Die Grundregeln für Nicht- und Schlechtleistungen

Ist der Kaufvertrag ordnungsgemäß zustandegekommen, so ergeben sich die meis-   **389**
ten Störfälle daraus, dass eine der Parteien nicht oder nicht vertragsgemäß leistet.
Der Verkäufer liefert nicht, zu spät oder nicht die vereinbarte Qualität oder Menge.
Der Käufer zahlt verspätet oder gar nicht. Derlei Probleme ergeben sich nicht nur
beim Kaufvertrag, sondern auch bei anderen Verträgen und sonstigen Schuldverhältnissen. Die Grundregeln des allgemeinen Leistungsstörungsrechts finden sich
daher im Allgemeinen Schuldrecht.

I. Der Erfüllungsanspruch

Fälle der Nichtleistung oder nicht vertragsgemäßen Leistung lassen sich vielfach   **390**
schon allein über den Erfüllungsanspruch lösen.

> **Beispiele:**
> Wenn der Verkäufer nicht liefert, kann der Käufer seinen Anspruch aus § 433 I 1
> BGB einklagen und notfalls per Gerichtsvollzieher durchsetzen. Wenn der Käu-
> fer nicht zahlt, kann der Verkäufer die Zahlung einklagen oder einen Mahn-
> bescheid schicken (s.o. Rn 44).

Auch wenn sich eventuell weitere Rechtsbehelfe (Sekundäransprüche) wegen einer   **391**
Leistungsstörung ergeben, behält der Erfüllungsanspruch (Primäranspruch) doch in
vielen Fällen seine Bedeutung.

Beispiel:

Verzögert der Käufer die Kaufpreiszahlung monatelang, so kann der Verkäufer Zinsen verlangen (§ 288 I BGB). In erster Linie kann er aber weiterhin auf Zahlung bestehen (§ 433 II BGB).

392   In einigen Leistungsstörungfällen tritt allerdings ein anderer Rechtsbehelf an die Stelle des Erfüllungsanspruchs oder ein Rechtsbehelf lässt den Erfüllungsanspruch untergehen.

Beispiele:

V verkauft dem K einen alten Volvo Kombi, verursacht aber vor Lieferung fahrlässig einen Totalschaden. Da ihm die Lieferung nun unmöglich ist, ist der Erfüllungsanspruch ausgeschlossen (§ 275 I BGB). K kann aber Schadensersatz statt Erfüllung verlangen (§ 283 BGB). K bestellt bei H ein Privatrechtsbuch. Nachdem H dreimal das falsche Buch liefert, tritt K entnervt vom Vertrag zurück (§§ 440, 323 BGB). Die Lieferung kann sie jetzt natürlich nicht mehr verlangen.

393   Das ändert an der wesentlichen Bedeutung des (oft übersehenen) Erfüllungsanspruchs aber nichts.

II. Schadensersatz bei zu vertretender Pflichtverletzung

394   In den meisten Fällen einer Leistungsstörung geht es – zumindest auch – um Schadensersatzforderungen. Wie sich schon beim Überblick über das BGB ergeben hat, wird dieser wichtigste Sekundäranspruch in erster Linie durch die Zentralnorm des § 280 BGB geregelt. Der dort geregelte Schadensersatzanspruch tritt grundsätzlich neben den Erfüllungsanspruch. Die §§ 281–283 BGB bestimmen anschließend, unter welchen Voraussetzungen das Erfüllungsprogramm abgebrochen und der Gesamtschaden liquidiert werden, also Schadensersatz statt der Leistung gefordert werden kann.

1. Die allgemeine Verschuldenshaftung für Pflichtverletzungen im Rahmen von Schuldverhältnissen

395   Die Zentralnorm des § 280 I BGB statuiert eine allgemeine Schadensersatzpflicht für den Fall, dass jemand im Rahmen eines Schuldverhältnisses eine Pflichtverletzung begeht und nicht darlegen und notfalls beweisen kann, dass er sie nicht zu vertreten hat.

396   Die Vorschrift ist vor allem für Vertragsverletzungen wichtig, gilt aber auch für sonstige rechtsgeschäftliche, rechtsgeschäftsähnliche und auch gesetzliche **Schuldverhältnisse**.

Beispiele:

V liefert den verkauften Volvo nicht, da er ihm gestohlen wurde (Vertragspflichtverletzung). A lobt „100 € dem, der mir Lumpi wiederbringt" aus und verweigert dem X, der Lumpi wiederbringt, die Zahlung (Schuldverhältnis durch einseitiges Rechtsgeschäft). V verletzt K bei einer Probefahrt, bevor es zum Kauf kommt (Verletzung einer vorvertraglichen = schuldrechtlichen Pflicht [§ 311 II BGB]). Wer aus § 812 I 1 (1. Alt.) BGB die Herausgabe einer Sache schuldet (gesetzliches Schuldverhältnis), haftet für Pflichtverletzungen ebenfalls nach § 280 I BGB.

Die Schadensersatzpflicht greift bei **Pflichtverletzungen** jeglicher Art. Das kann   **397** eine Nichtleistung, eine Leistungsverzögerung, Schlechtleistung oder auch die Verletzung einer Nebenpflicht (§ 241 II BGB) sein.

Im Volvo-**Beispiel** bedeutet die Nichtlieferung eine Pflichtverletzung. § 275 I BGB lässt die Leistungspflicht des V zwar entfallen; §§ 275 IV, 283 BGB stellen aber klar, dass die Nichtleistung dennoch als Pflichtverletzung zu qualifizieren ist. Im Lumpi-Beispiel bedeutet die Zahlungsverweigerung eine Pflichtverletzung. Bei der Probefahrt verletzt V eine vorvertragliche Nebenpflicht (§ 241 II BGB).

Die Schadensersatzhaftung setzt schließlich die Verantwortlichkeit des Schuldners   **398** für die Pflichtverletzung, ein „**Vertretenmüssen**" voraus. „Verschuldenshaftung" meint also, dass die Haftung nach § 280 I 2 BGB nicht eintritt, wenn der Schuldner die Pflichtverletzung nicht *zu vertreten* hat. Die negative Formulierung zeigt zunächst, dass dem Schuldner insoweit die Darlegungs- und Beweislast auferlegt ist.

Ein Schuldner hat nach § 276 I 1 BGB grundsätzlich sein Verschulden (Vorsatz   **399** und Fahrlässigkeit) sowie nach § 278 BGB auch das Verschulden seiner Erfüllungs-gehilfen, also derjenigen zu vertreten, die er zur Erfüllung in sein Leistungsprogramm einschaltet.

Aus dem Gesetz oder der Parteivereinbarung kann sich aber eine geringere oder   **400** gesteigerte Verantwortlichkeit ergeben. Wie schon § 276 I 1 BGB klarstellt, hat der Schuldner weitergehende Umstände auch ohne Verschulden zu vertreten, wenn er eine Garantie oder ein Beschaffungsrisiko übernommen hat. Auch das Gesetz ord-net in verschiedenen Situationen Haftungsmilderungen oder -verschärfungen an.

Beispiele:
Nach § 300 I BGB hat der Schuldner nur Vorsatz und grobe Fahrlässigkeit zu ver-treten, wenn sich der Gläubiger im Annahmeverzug befindet. Dasselbe gilt generell für den Schenker (§ 521 BGB) und andere unentgeltliche Leistungen (z.B. § 599 BGB). Umgekehrt haftet der Schuldner im Schuldnerverzug für seine Leistung grundsätzlich auch für Zufall, also verschuldensunabhängig (§ 287 S. 2 BGB).

Als allgemeines Prüfungsschema für § 280 I BGB ergibt sich daraus: **401**

- Schuldverhältnis
- Pflichtverletzung des Schuldners
- Keine Entlastung des Schuldners (Vertretenmüssen)
  - Ersatz des daraus resultierenden Schadens des Gläubigers.

2. Schadensersatz statt der Leistung

402   Grundsätzlich besteht diese allgemeine Schadensersatzhaftung neben dem Erfüllungsanspruch. Der Sekundäranspruch tritt neben den Primäranspruch.

> **Beispiele:**
> V liefert die Ware verspätet. K hat Anspruch auf die Lieferung (Erfüllungsanspruch) und u. U. auf Ersatz der durch die Verspätung zusätzlich entstandenen Kosten (Schadensersatz, § 280 I, II BGB). Bei der Zigarre nach Abschluss des Kaufvertrags verursacht V auf den Polstern des K einen Brandfleck. Wegen der Nebenpflichtverletzung (§ 241 II BGB) schuldet V nach § 280 I BGB Schadensersatz. Die Pflichten von V und K aus § 433 BGB bleiben davon aber unberührt.

403   Nach §§ 281 bis 283 BGB kann der Gläubiger aber in bestimmten Fällen Schadensersatz statt der Leistung verlangen.

404   Der wichtigste Fall der **Nicht- oder Schlechtleistung trotz Fristsetzung** ist in § 281 BGB geregelt. Die Vorschrift greift ein, wenn jemand im Rahmen eines Schuldverhältnisses seine fällige Leistung gar nicht oder zumindest nicht wie geschuldet erbringt. Hat der Schuldner diese Pflichtverletzung zu vertreten, so haftet er schon nach § 280 I BGB auf Schadensersatz und Erfüllung. Setzt der Gläubiger ihm aber eine angemessene Frist und lässt der Schuldner auch diese verstreichen, indem er weiterhin nicht oder jedenfalls nicht wie geschuldet leistet, kann der Gläubiger Schadensersatz statt der Leistung verlangen.

405   In verschiedenen Fällen ist die Fristsetzung entbehrlich, insbesondere im Fall der Erfüllungsverweigerung, und teilweise kann sie auch durch eine Abmahnung ersetzt werden, insbesondere wenn sich die Pflichtverletzung schon vor Fälligkeit ankündigt (§ 281 II und III BGB).

406   Prüfungsschema für den Schadensersatz statt der Leistung nach § 281 BGB:

- Schuldverhältnis
- Nicht- oder Schlechtleistung trotz Fälligkeit und Durchsetzbarkeit
- Erfolglose Fristsetzung oder
  - Entbehrlichkeit der Fristsetzung (Abs. 2)
  - Abmahnung stattdessen (Abs. 3)
- Vertretenmüssen
  ⇒ Schadensersatz statt der Leistung.

407   Das Erfüllungsprogramm wird gestoppt und ggf. rückabgewickelt (§ 281 IV, V BGB), und der Gläubiger kann seinen Gesamtschaden liquidieren.

> **Beispiel:**
> K kauft bei V eine Computeranlage mit drei Komponenten. Nach der Lieferung der ersten Komponente erklärt V, er habe sich völlig übernommen und werde den Vertrag nicht weiter erfüllen. Die Ersatzbeschaffung ist um 20.000 € teurer und kann einen Produktionsausfall mit Verlusten von 60.000 € nicht verhindern. Dem

K steht der Schadensersatz statt der Leistung aus § 281 BGB zu; insbesondere ist eine Fristsetzung nach Abs. 2 entbehrlich. K muss die gelieferte Komponente zurückgewähren (Abs. 5) und kann Zahlung von 80.000 € nebst Rückabwicklungskosten verlangen.

Ein Anspruch auf Schadensersatz statt der Leistung kann sich nach § 282 BGB auch **408** aus **Nebenpflichtverletzungen** (§ 241 II BGB) ergeben, sofern dem Gläubiger das Festhalten am Erfüllungsprogramm nicht zuzumuten ist.

> **Beispiel:**
> K kauft bei V ein Regalsystem, das V in seiner Bibliothek einbauen soll. Wenn V dabei trotz Abmahnung die Bibliothekarin des K mit Anzüglichkeiten belästigt, kann K ihn mit all seinen Regalteilen nach Hause schicken.

Schließlich gehört hierher auch der Fall, dass der Schuldner nach § 275 BGB wegen **409** **Unmöglichkeit der Leistung o. ä.** nicht zu leisten braucht (§ 283 BGB).

Vgl. das Volvo-**Beispiel** Rn 392: Hätte K den Wagen mit 2.000 € Gewinn weiterveräußern können, so kann er diesen entgangenen Gewinn nach §§ 275 I, IV, 283, 252 BGB liquidieren.

In den Fällen der §§ 281–283 BGB kann der Gläubiger schließlich statt des Scha- **410** densersatzanspruchs **Aufwendungsersatz** verlangen (§ 284 BGB). Das ist von Bedeutung, wenn eine Pflichtverletzungen zwar keinen Schaden verursacht aber (ohnehin entstandene) Aufwendungen zu vergeblichen macht.

> **Beispiel:**
> Der M-Verein mietet von der Stadt S für eine karitative Veranstaltung eine Halle und macht gehörig Werbung, bekommt die Halle dann aber wegen unbehebbarer Sicherheitsmängel doch nicht überlassen. Der Schadensersatzanspruch aus §§ 280 I, 283 BGB ist hier problematisch, da die Kosten ohnehin angefallen und bei der karitativen Veranstaltung auch nicht wieder hereingeholt worden wären (vgl. BGH v. 10. 12. 1986 – VIII ZR 349/85 = NJW 1987, 831). § 284 BGB schafft hier Klarheit.

III. Das Rücktrittsrecht beim gegenseitigen Vertrag

Der Gläubiger, der seine Leistung nicht oder nicht vertragsgemäß erhält, obwohl er **411** eine Gegenleistung dafür versprochen hat, kann auch unabhängig von irgendwelchen Schäden ein besonderes Interesse daran haben, sich wieder vom Vertrag zu lösen. Die §§ 323 ff. BGB gewähren ihm daher ein Rücktrittsrecht, das unabhängig davon besteht, ob der Schuldner die Pflichtverletzung zu vertreten hat. Die Vorschriften sind etwas unübersichtlich, bei näherem Hinsehen ergibt sich aber, dass es hier im wesentlichen um die Fälle der §§ 281–283 BGB geht: § 323 BGB ist die Parallelvorschrift zu § 281 BGB, § 324 BGB entspricht § 282 BGB, und § 326 V BGB verweist für die auch in § 283 geregelten Fälle des § 275 BGB auf § 323 BGB (Lesen Sie die Vorschriften!).

412   § 323 BGB verlangt wie § 281 BGB, dass der Schuldner seine fällige Leistung auch nicht innerhalb einer ihm gesetzten angemessenen Frist nachholt, wobei die Fristsetzung wiederum in verschiedenen Fällen entbehrlich ist (vgl. jeweils Abs. 2 und 3). Während § 281 BGB aber auf § 280 BGB verweist, ist für den Rücktritt nicht Voraussetzung, dass der Schuldner seine Pflichtverletzung zu vertreten hat. Das Rücktrittsrecht besteht also verschuldensunabhängig. Andererseits ist der Rücktritt nach § 323 VI BGB ausgeschlossen, wenn der Gläubiger selbst in erster Linie für den Rücktrittsgrund verantwortlich ist.

> **Beispiel:**
>
> V und K treffen sich zur Ring- und Geldübergabe auf der Brücke. Landet der Ring in der Elbe, weil K seinen Hund nicht richtig beaufsichtigt, kann K nicht einfach zurücktreten und sich so seiner Zahlungspflicht (§ 326 II 1, 1. Alt. BGB) entziehen. V bringt den Ring zur vereinbarten Zeit bei K vorbei, trifft aber niemanden an und wird auf dem Rückweg beraubt: Unmöglichkeit im Annahmeverzug; kein Rücktrittsrecht des K gemäß §§ 326 V, 323 VI BGB.

413   Als Prüfungsschema für das Rücktrittsrecht nach § 323 BGB ergibt sich:

- Gegenseitiger Vertrag
- Nichtleistung trotz Fälligkeit und Durchsetzbarkeit
- Erfolglose Fristsetzung oder
    - Entbehrlichkeit der Fristsetzung (Abs 2)
    - Abmahnung stattdessen (Abs. 3)
- Keine Verantwortlichkeit des Gläubigers (Abs. 6)
- Rücktrittserklärung
  ⇒ Rückgewährschuldverhältnis, §§ 346 ff. BGB.

414   Das Rücktrittsrecht ist ein Gestaltungsrecht des Gläubigers. Seine **Ausübung und die Rechtsfolgen** sind in §§ 346 ff. BGB geregelt. Danach erfolgt der Rücktritt durch Rücktrittserklärung gegenüber dem Gläubiger (§ 349 BGB) und verwandelt das Schuldverhältnis (hier: den Kaufvertrag) in ein *Rückgewährschuldverhältnis*: Die Parteien haben einander nach § 346 I BGB die empfangenen Leistungen und Nutzungen zurückzugewähren, hilfsweise ihren Wert zu ersetzen (§ 346 II und III BGB).

> **Beispiel:**
>
> V verkauft K eine dreiteilige Computeranlage, kann aber wegen eines unverschuldeten Sabotageakts die Lieferung nicht komplettieren. Da V diese Teilunmöglichkeit nicht zu vertreten hat, ist er nicht schadensersatzpflichtig (§ 280 I 2 BGB). K kann aber zurücktreten (§§ 275, 326 V, 323 I und V 1 BGB). Gemäß § 346 I BGB haben K die schon gelieferten Komponenten und V etwaige schon

gezahlte Geldbeträge zurückzugewähren, und zwar Zug um Zug (§ 348 BGB). Da auch die Nutzungen herauszugeben sind, muss V erzielte oder mögliche Zinsgewinne auszahlen (vgl. auch § 347 I BGB), kann aber den Nutzungswert der gelieferten Komponenten gegenrechnen. Ist eine der Komponenten bei K beschädigt worden, so hat er Wertersatz zu leisten (§ 346 II Nr. 3 BGB). Beruht die Beschädigung auf einer fehlerhaften Aufstellung durch V, entfällt die Pflicht zum Wertersatz nach § 346 III Nr. 2 BGB.

Nach § 325 BGB bleibt ein Schadensersatzanspruch aus § 280 I BGB von einem   **415** Rücktritt unberührt. Im letzten Fall könnte K beispielsweise wegen fahrlässig ver- ursachter Brandflecken trotz des Rücktritts Schadensersatz verlangen. Wenn der Gläubiger allerdings Schadensersatz statt der Leistung verlangt, geht der Rücktritt praktisch darin auf.

Bei **Dauerschuldverhältnissen**, die schon in Vollzug gesetzt sind, tritt an die   **416** Stelle des Rücktritts die nur für die Zukunft wirkende **Kündigung**, da die Rückab- wicklung für die zurückliegenden Zeiträume meist keinen Sinn macht. Für Extrem- fälle sieht § 314 BGB die Möglichkeit zur fristlosen Kündigung aus wichtigem Grund vor: Eine Vertragspartei kann ohne Einhaltung einer Frist, also mit Sofort- wirkung kündigen, wenn ihr unter Berücksichtigung aller Umstände die Fortsetzung des Dauerschuldverhältnisses bis zur regulären Beendigung unzumutbar ist. Häufig

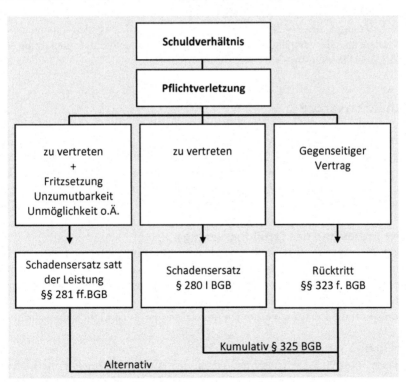

Abb. 1 Grundstrukturen des Leistungsstörungsrechts

bilden schwere Verfehlungen des Vertragspartners den Kündgungsgrund. Da die fristlose Kündigung gerade im Arbeitsrecht aber z. B. auch im Mietrecht eine besonders einschneidende Maßnahme ist, muss die andere Seite grundsätzlich zunächst versuchen, die andere Partei durch eine *Abmahnung* zu vertragsgemäßem Verhalten anzuhalten.

Beispiele:

A erfährt, dass sein Buchhalter B das Sekretariat seit Monaten mit Anzüglichkeiten belästigt. A kann B deshalb nicht gleich fristlos entlassen, sondern muss ihn erst abmahnen. Wenn A dagegen einen Kindergarten betreibt und erfährt, dass die Betreuer C und D Kinder missbraucht haben, ist eine fristlose Kündigung nach § 626 BGB sofort gerechtfertigt. In diesem Extremfall können auch die Eltern ihren Betreuungsvertrag mit A nach § 314 BGB umgehend kündigen.

417   Abb. 1 fasst die wichtigsten Rechtsbehelfe noch einmal zusammen.

C. Verspätete Leistung

418   Ein in der Praxis sehr häufiger Störfall ist die verspätete Leistung. Der Verkäufer liefert nicht rechtzeitig; der Käufer lässt sich mit der Bezahlung Zeit. Da nach § 271 BGB Leistungen im Zweifel sofort fällig werden, wäre es aber unangemessen, Sanktionen an jede Verspätung zu knüpfen. Verschiedene Rechtsfolgen treten daher erst im Schuldnerverzug ein.

I. Schuldnerverzug

419   Da die Leistungsverspätung eine Pflichtverletzung darstellt, greifen die allgemeinen Schadensersatzregeln der §§ 280 ff. BGB. Nach § 280 II BGB muss der Schuldner aber den Verzögerungsschaden nur ersetzen, wenn er sich gemäß § 286 BGB im Schuldnerverzug befindet. Zudem ergeben sich aus den §§ 287 ff. BGB weitere Verzugsfolgen.

1. Der Tatbestand des Schuldnerverzugs

420   § 286 BGB setzt zunächst ein Schuldverhältnis und eine fällige und durchsetzbare Leistungspflicht des Schuldners voraus. § 286 BGB verlangt ferner grundsätzlich eine **Mahnung.** Das darf nicht mit dem Mahnverfahren oder der Abmahnung verwechselt werden (s.o. Rn 52 und 416). Es bedeutet nur, dass der Gläubiger vom Schuldner ernsthaft die Leistung verlangen muss. Eine Form ist nicht vorgeschrieben.

Beispiel:

Hannes bestellt Kopierpapier und erhält eine Auftragsbestätigung, die Lieferung kommt und kommt aber nicht. Schließlich ruft Hannes seinen Lieferanten an und verlangt unverzügliche Lieferung. Durch Antrag und Annahme (Bestellung und

Auftragsbestätigung) ist ein Kaufvertrag zustande gekommen. Nach § 271 BGB war die Lieferung sofort fällig. Die Mahnung (Anruf) setzt den Lieferanten in Verzug.

Nach § 286 II BGB ist die Mahnung allerdings wiederum in verschiedenen Fällen **421** *entbehrlich*. Die wichtigsten sind die der kalendermäßigen Bestimmung oder Bestimmbarkeit.

> **Beispiele:**
> Lieferung am 28. 4., in der 43. KW (= Freitag der 43. Kalenderwoche), Mietzahlung jeweils bis zum 3. des Monats (jew. § 286 II Nr. 1 BGB). Ebenso: Lieferung in acht Tagen ab Abruf, in 12 Werktagen ab Erteilung der Einfuhrgenehmigung, Zahlung 12 Werktage nach Rechnungseingang (jew. § 286 II Nr. 2 BGB).

Für **Geldschulden** ist in § 286 III BGB zudem bestimmt, dass der Verzug auch ohne **422** Mahnung jedenfalls 30 Tage nach Fälligkeit und Zugang der Rechnung o. ä. eintritt. Dadurch wird der Zusatzaufwand, der im Massengeschäft durch Mahnschreiben entsteht, vermieden. Andererseits müssen Verbraucher auf den Verzugseintritt ohne Mahnung besonders hingewiesen werden (§ 286 III 1, 2. Halbsatz BGB).

> **Beispiel:**
> V liefert Hannes Kopierpapier für 400 € und legt die Rechnung bei. Fälligkeit und Rechnungszugang sind gegeben. Nach § 286 I, III BGB gerät Hannes nach 30 Tagen in Verzug, ohne dass V erst mahnen müsste.

Schließlich setzt der Verzug unabhängig von § 280 BGB voraus, dass der Schuldner **423** die Nichtleistung **zu vertreten** hat, wobei sich aus § 286 IV BGB wiederum eine Umkehr der Darlegungs- und Beweislast ergibt. Prüfungsschema § 286 BGB:

- Schuldverhältnis
- Nichtleistung trotz Fälligkeit und Durchsetzbarkeit
- Erfolglose Mahnung oder
  - Entbehrlichkeit der Fristsetzung (Abs. 2)
  - Geldschulden: Ablauf der 30 Tagesfrist (Abs. 3)
- Keine Entlastung des Schuldners (Vertretenmüssen, Abs. 4).

2. Ersatz des Verzögerungsschadens und andere Verzugsfolgen

Wichtigste Verzugsfolge ist die Verpflichtung des Schuldners, neben dem Erfül- **424** lungsanspruch nach §§ 280 I, II, 286 BGB den durch die Verzögerung eingetretenen Schaden zu ersetzen.

> **Beispiele:**
> V liefert das Papier verspätet; dadurch liefert auch Hannes verspätet (Vertragsstrafe: 500 €), und ihm gehen zwei Aufträge verloren (entgangener Gewinn: 900 €). Sofern sich V nicht entlasten kann, schuldet er 1.400 € Schadensersatz (und ist natürlich weiterhin zur Lieferung verpflichtet). Zum typischen

Verzögerungsschaden gehören auch z. B. Kosten weiterer Mahnungen, Rechts-
anwaltskosten usw.

425 Bei Geldschulden kann der Verzögerungsschaden insbesondere auch in einem
Zinsverlust bestehen; ein solcher konkreter Zinsschaden kann gemäß §§ 280 I, II,
286 I BGB geltend gemacht werden. Davon unabhängig bestimmt § 288 I 1 BGB
eine generelle **Verzinsungspflicht.** Der Zinssatz ist (aufgrund der Zahlungs-
verzugsrichtlinie, RL 2011/7/EU) an den Basiszinssatz gekoppelt, der halbjährlich
an den Refinanzierungssatz der Europäischen Zentralbank angepasst wird (§ 247
BGB) und im Internet schnell ermittelt werden kann. Der Verzugszins liegt fünf
Prozentpunkte über dem Basiszinssatz, unter Unternehmern acht Prozentpunkte.

> **Beispiel:**
>
> Hannes Hurtig bezahlt seinem Papierlieferanten V die geschuldeten 400 € nicht
> am 31. 5. 2009 sondern erst am 1. 9. 2009. Er schuldet also nach § 288 I 1 BGB
> für 93 Tage Verzugszinsen. Der Zinssatz beträgt nach § 288 II BGB acht Pro-
> zentpunkte über dem Basiszinssatz pro Jahr. Ein Blick in die Schönfelder-
> Fußnote oder ins Internet zeigt: Der Basiszinssatz beträgt für die ersten 30 Tage
> 1,62 %, für die weiteren 0,12 %. Hannes schuldet also für 30 Tage einen Zins
> i.H.v. 9,62 %/J von 400 € = 3,1627 €. und für 63 Tage 8,12 %/J. von 400 € = 5,6061 €.
> Er muss zu den 400 € also noch 8,77 € dazu zahlen.
>
> Hätte V mit dem Geld einen Teil seines Kredits abbezahlen können, für den
> er 15 % Sollzinsen zahlt, könnte er diesen Verzögerungsschaden (93 Tage 15 %/J
> von 400 € = 15,29 €) stattdessen geltend machen.

426 Schließlich ergibt sich durch den Verzug auch eine **Haftungsverschärfung** für den
Schuldner. Insbesondere hat er wegen seiner Leistung nicht nur Vorsatz und
Fahrlässigkeit (§ 276 BGB) zu vertreten, sondern haftet nach § 287 S. 2 BGB auch
für Zufall, also verschuldensunabhängig.

> **Beispiel:**
>
> V verkauft seinen Volvo V 70 an K, liefert aber nicht, wie verabredet, am 3. 5.
> 2016. Wenn ihm der Volvo nun am 5. 5. 2016 aus der verschlossenen Garage
> gestohlen wird, haftet er dem K nach §§ 275 I, 275 IV, 280 I, 286, 287 S. 2 BGB
> auf Schadensersatz statt der Leistung, denn er befand sich zum Zeitpunkt des
> Diebstahls in Verzug und hat die Leistungsunmöglichkeit nach § 287 S. 2 BGB
> auch dann zu vertreten, wenn ihn kein Verschulden trifft.

II. Schadensersatz statt der Leistung und Rücktritt

427 Unabhängig von den besonderen Verzugsvoraussetzungen greifen ferner auch für
die verspätete Leistung die §§ 281, 323 BGB ein. Leistet der Schuldner nicht
rechtzeitig und auch nicht innerhalb einer ihm gesetzten angemessenen Frist und
kann er sich auch nicht entlasten, so kann der Gläubiger nach § 281 BGB auch
Schadensersatz statt der Leistung verlangen.

> **Beispiel:**
> Hannes kauft bei V Kopierpapier, die Lieferung kommt und kommt aber nicht. Hannes ruft V an und verlangt Lieferung innerhalb von 14 Tagen. Liefert V in dieser Frist immer noch nicht, kann Hannes sich anderweitig eindecken, braucht die Lieferung des V nicht mehr abzunehmen und kann den durch die Verspätung entstandenen Schaden liquidieren.

Bei gegenseitigen Verträgen ist der Gläubiger zudem nach § 323 BGB unabhängig vom Vertretenmüssen auch zum **Rücktritt** berechtigt.   **428**

Kann sich V im vorigen **Beispiel** entlasten, so entfällt zwar der Schadensersatzanspruch, Hannes kann aber immer noch zurücktreten und so Klarheit schaffen (insb. für die Ersatzbeschaffung).

Wenn einer Partei die Einhaltung des Leistungstermins so wichtig ist, dass sie bei Verspätungen sofort (also ohne weitere Fristsetzung) rücktrittsberechtigt sein will, dann kann sie mit dem Vertragspartner ein **Fixgeschäft** vereinbaren. Für diesen – in der Praxis recht häufigen – Fall bestimmt § 323 II Nr. 2 BGB, dass die Fristsetzung entbehrlich ist. Der Vertrag muss die Bedeutung des Leistungstermins allerdings hinreichend deutlich machen.   **429**

> **Beispiele:**
> K kauft bei V 135.000 Kondensatoren „Lieferung und Zahlung in der 43. KW". Damit ist zwar § 271 BGB abbedungen, und die Leistungszeiten sind kalendermäßig bestimmt (wichtig für § 286 BGB). Die bloße Terminbestimmung macht aber nicht deutlich, dass sich aus jeder Verspätung ein Lösungsrecht der Gegenseite ergeben soll. Daher liegt kein Fixgeschäft nach § 323 II Nr. 2 BGB vor. Liefert V in der 43. KW nicht, muss K noch eine Nachfrist setzen, wenn er zurücktreten will. Um ein sofortiges Rücktrittsrecht zu haben, müssen die Parteien die Bedeutung des Leistungstermins deutlicher machen (z. B. „bis zum 30. 9. fix" oder „Lieferung nur exakt am 14. 12.").

In der Schadensersatzvorschrift des § 281 II, III BGB gibt es keine Entsprechung zu § 323 II Nr. 2 BGB. Beim *Fixgeschäft* soll der Weg zum Schadensersatz also nicht ohne weiteres frei sein. Lediglich für den *Fixhandelskauf* bestimmt § 376 I HGB, dass der Käufer auch ohne Nachfristsetzung Schadensersatz statt der Leistung verlangen kann. Das rechtfertigt sich daraus, dass im Handelsverkehr regelmäßig das Interesse am schnellen Warenumsatz im Vordergrund steht.   **430**

III. Zur Fallstudie

Wegen der Prontobind-Maschine hat Karin Kreft danach Recht: Die bloße Verabredung des Liefertermins macht den Kauf noch nicht zum Fixgeschäft. Daher kann Hannes erst vom Vertrag zurücktreten, wenn er eine angemessene Nachfrist setzt (§ 323 I BGB). Für den Anspruch auf Schadensersatz statt der Leistung (§ 281   **431**

I BGB) gilt nichts anderes. Daher geht Hannes ein erhebliches Risiko ein, wenn er sich zuvor anderweitig eindeckt, denn Prontobind kann noch auf Erfüllung bestehen.

D. Mangelbehaftete Leistung

432 Neben der Verspätung der Leistung ist ihre Qualität der häufigste Streitpunkt. Der Verkäufer liefert Ware von schlechter Qualität, der Werkunternehmer führt die Reparatur fehlerhaft aus, der Vermieter überlässt das Mietobjekt in schlechtem Zustand. Auch in diesen Fällen erbringt der Schuldner seine Leistung „nicht wie geschuldet" und verletzt damit eine Pflicht aus dem Schuldverhältnis, so dass die §§ 280, 281, 323 BGB eingreifen. Für die einzelnen Vertragstypen gibt es insofern aber Sonderregeln, die die allgemeinen Leistungstörungen teilweise modifizieren. Für den Kaufvertrag, also den Fall der Schlechtlieferung, sind das die §§ 434 ff. BGB. Die Vorschriften wurden 2002 zur Umsetzung der Verbrauchsgüterkaufrichtlinie (RL 1999/44/EG) erheblich novelliert.

I. Nacherfüllung

433 Bei der Behandlung der Verkäuferpflichten hat sich schon ergeben, dass der Verkäufer die Sache nach § 433 I 2 BGB frei von Sach- und Rechtsmängeln zu übergeben und zu übereignen hat. Vereinfacht hat die Sache einen Sachmangel, wenn sie bei Gefahrübergang (also Übergabe oder Absendung, §§ 446, 447 BGB) nicht die vereinbarte oder erwartbare „Sollbeschaffenheit" aufweist, wobei Falsch- und Minderlieferungen gleichgestellt sind (vgl. § 434 BGB und oben Rn 277).

434 Die **Rechte des Käufers** sind in § 437 BGB aufgeführt. Aus den folgenden Vorschriften ergibt sich aber ein **Stufenverhältnis**: Vorrangiger Rechtsbehelf ist die Nacherfüllung. Das Recht zum Rücktritt und zur Minderung besteht erst auf zweiter Stufe, und der Schadensersatzanspruch ist an die zusätzliche Voraussetzung geknüpft, dass der Käufer den Sachmangel zu verteten hat. Diese Gewährleistungsrechte können nach § 438 BGB, wenn es um bewegliche Sachen geht (Abs. 1 Nr. 3), nur zwei Jahre lang geltend gemacht werden (seine Ansprüche verjähren dann, und seine Gestaltungsrechte sind danach ausgeschlossen, § 218 BGB).

435 Die **Nacherfüllung** nach § 439 BGB ist der vorrangige Rechtsbehelf, da dem Käufer damit am ehesten gedient ist und dem Verkäufer sein Umsatzgeschäft nicht genommen wird. Nach § 439 I BGB hat der Käufer grundsätzlich die Wahl, ob er die Nacherfüllung in Form der Mängelbeseitigung (Reparatur) oder Ersatzlieferung (Lieferung einer mangelfreien Sache gegen Rückgabe der mangelhaften, Abs. 4) verlangt.

Beispiele:

K kauft bei V einen Pullover für seine Frau. Wenn der Pullover nicht passt, weil K sich verschätzt hat, liegt darin kein Sachmangel. K hat daher keinen Anspruch auf Ersatzlieferung. Ein von einem Mangel unabhängiges „Umtauschrecht" hat K, wenn er den Pullover im Versandhandel erwirbt (vgl. §§ 312g, 312 c BGB und unten Rn 1166). Der stationäre Handel lässt einen solchen Umtausch häufig in seinen Allgemeinen Geschäftsbedingungen oder im Einzelfall aus Kulanz zu. Nur auf solche Fälle kann sich auch die Einschränkung beziehen, reduzierte Ware sei vom Umtausch ausgeschlossen.

Wenn der Pullover einen Sachmangel hat (z. B. ein Loch hat, nicht farbecht, verschnitten oder mit einer falschen Größe gekennzeichnet ist), hat V nach § 439 BGB einen Nacherfüllungsanspruch und wird im Zweifel Ersatzlieferung verlangen. Er kann den mangelhaften Pullover also gegen einen mangelfreien umtauschen. Dagegen kann er nicht einfach sein Geld zurückverlangen, da der Rücktritt ein nachrangiger Rechtsbehelf ist (§§ 323, 440 BGB).

Das grundsätzliche Käuferwahlrecht zwischen Mängelbeseitigung und Ersatzlieferung ist allerdings nach § 439 III BGB eingeschränkt, sofern eine Art der Nacherfüllung unmöglich oder mit unverhältnismäßigen Kosten verbunden ist.   **436**

K kann im vorigen **Beispiel** nicht verlangen, dass der verschnittene Pullover umgeschneidert wird (unmöglich oder jedenfalls unverhältnismäßig).

Die Kosten der Nacherfüllung hat nach § 439 II BGB in beiden Varianten verschuldensunabhängig der Verkäufer zu tragen. Manche Einzelheiten sind hier aber noch ungeklärt und wegen des Richtlinienhintergrundes abschließend vom EuGH zu klären.   **437**

Beispiele:
K kauft bei Versandhändler V ein Fahrrad. Im Fall eines Mangels kann K Ersatzlieferung verlangen. K muss dann das Rad auf Kosten des V zurücksenden und V muss (auf eigene Kosten) ein mangelfreies schicken. Das gilt meist auch, wenn K stattdessen Mängelbeseitigung verlangt, denn die geschieht regelmäßig am sinnvollsten in der Werkstatt des V (vgl. § 269 I BGB und BGH v. 13. 4. 2011 – VIII ZR 220/10).

Wenn K bei V Bodenfliesen mit Oberflächenschäden kauft, die leider erst nach dem Verlegen entdeckt werden, kann er ebenfalls nach § 439 I BGB Ersatzlieferung verlangen. Dazu muss V auch die Lieferkosten für die neuen Fliesen und den Abtransport der mangelhaften übernehmen. Die Kosten des Ausbaus der mangelhaften Fliesen und der Neuverlegung hat er beim Verbraucherkauf ebenfalls zu tragen (EuGH NJW 2011, 2269; BGH NJW 2012, 1073). Im B2B-Geschäft entscheidet der BGH allerdings anders (BGH NJW 2013, 220).

Der Verbrauchsgüterkaufrichtlinie (RL 1999/44/EG) ist es auch geschuldet, dass der Gesetzgeber 2008 die Vorschrift des § 474 V BGB eingeführt hat, wonach ein Verbraucher bei Ersatzlieferung für die zwischenzeitlichen Nutzungen entgegen § 346 I, II BGB keinen Ersatz schuldet. Der EuGH hatte die alte Regelung als richtlinienwidrig beanstandet.   **438**

Beispiel:

K kauft bei V einen Pkw und muss nach 23 Monaten feststellen, dass dieser von Anfang an mangelhaft war. K kann nach § 439 BGB die Lieferung eines mangelfreien (neuen) Pkw verlangen und muss nach § 474 II BGB für die zwischenzeitliche Pkw-Nutzung nichts zahlen (vgl. BGH v. 16. 8. 2006 – VIII ZR 200/05 = NJW 2006, 3200; EuGH v. 17. 4. 2008 – C-404/06 = NJW 2008, 1433; BGH v 26. 11. 2008 – VIII ZR 200/05 = BGHZ 179, 27).

II. Schadensersatz, Rücktritt und Minderung

439   Durch die Nacherfüllung sind die Käuferinteressen meist ausreichend gewahrt und werden die Verkäuferinteressen meist eher geschont als durch eine komplette Rückabwicklung des Vertrages. Daher rücken die §§ 440 f. BGB die übrigen Rechtsbehelfe weitgehend ins zweite Glied.

440   Der Käufer kann zunächst nach §§ 437 Nr. 3, 280 BGB **Schadensersatz neben der Nacherfüllung** verlangen, wenn der Verkäufer den Mangel zu vertreten hat. Dabei bleiben der Mangel selbst und die Nacherfüllungskosten natürlich außer Betracht, denn insoweit ist das Käuferinteresse schon durch § 439 BGB abgedeckt. Weitergehende Schäden kann der Käufer aber nach den allgemeinen Regeln liquidieren.

Beispiele:

Der nicht farbechte Pullover verfärbt auch andere Wäschestücke irreversibel, der Gewindefehler in der Schraube führt zur Beschädigung der Maschine: Der Verkäufer schuldet jeweils Schadensersatz, wenn er sich nicht entlasten kann (§§ 437 Nr. 3, 280 I BGB). Unter § 280 I BGB fällt es auch, wenn eine Kaufsache mangelhaft ist und bis zur Nacherfüllung Zusatzkosten entstehen (z. B. Ersatzmiete, geplatzte Aufträge), vgl. BGH v. 19. 6. 2009 – V ZR 93/08 = NJW 2009, 2674.

441   **Schadensersatz statt der Leistung** kann der Schuldner grundsätzlich erst nach erfolgloser Fristsetzung verlangen (§ 281 BGB). § 440 BGB modifiziert diese Regelung dahin, dass die Fristsetzung auch dann entbehrlich ist, wenn die Nacherfüllung komplett verweigert wird, fehlschlägt oder unzumutbar ist, wobei ein Fehlschlagen grundsätzlich erst nach dem zweiten erfolglosen Versuch angenommen wird (S. 2). Das bedeutet, dass der Käufer den Vertrag normalerweise nicht sofort wegen eines Mangels platzen lassen und seinen Gesamtschaden liquidieren kann, sondern er muss dem Verkäufer zunächst eine zweite und regelmäßig eine dritte Chance zur vertragsgemäßen Erfüllung geben.

Beispiele:

Beim Kauf eines verschnittenen Pullovers oder von Schrauben mit Gewindefehlern hat man zunächst nur Anspruch auf Ersatzlieferung. Selbst wenn die zweite Lieferung wiederum fehlerhaft ist, kann sich der Käufer nicht ohne weiteres vom Vertrag lösen.

Verweigert der Verkäufer die Nacherfüllung gänzlich, kann der Käufer Schadensersatz statt der Leistung verlangen. Dasselbe gilt, wenn V trotz einer angemessenen Frist zur Nacherfüllung keinen Versuch unternimmt (§ 281 I BGB) oder auch, wenn eine Nacherfüllung unmöglich ist (z. B. bei einem irreparablen Einzelstück).

V liefert K eine defekte Computeranlage. Der Defekt führt zu erheblichen Datenverlusten, der Reparaturversuch des V erst recht. Ein zweiter Nacherfüllungsversuch ist dem K daher nicht zumutbar. Er kann Schadensersatz statt der Leistung verlangen, die Anlage zurückgeben, seinen Schaden ersetzt verlangen und sich anderweitig wegen einer neuen Computeranlage umsehen.

In gleicher Weise kommt auch ein **Rücktritt** des Käufers nach § 323 BGB grundsätzlich erst in zweiter Linie in Betracht. Der Käufer kann sein Geld erst zurückverlangen, wenn er erfolglos eine Nacherfüllungsfrist gesetzt oder ein Fixgeschäft vereinbart hat (§ 323 II Nr. 2 BGB) oder wenn die Nacherfüllung komplett verweigert wird, fehlschlägt oder unzumutbar ist (§ 440 BGB). Dafür besteht die Rücktrittsmöglichkeit wiederum auch, wenn der Verkäufer den Mangel nicht zu vertreten hat.   **442**

Statt des Rücktritts, also ebenfalls nur subsidiär zur Nacherfüllung, aber verschuldensunabhängig, kann der Käufer schließlich nach § 441 BGB auch den Kaufpreis mindern. Wenn er das Gestaltungsrecht der **Minderung** ausübt, reduziert sich der Kaufpreis dem Mangelunwert entsprechend, und er kann eine etwaige Überzahlung zurückverlangen (Abs. 3 und 4).   **443**

III. Garantien

Neben bloßen Anpreisungen, die maximal die Sollbeschaffenheit der Ware festlegen („Wohlfühlgarantie", „garantiert frische Steinpilze"), geben Händler oder Hersteller häufig auch echte Garantieerklärungen ab.   **444**

Dabei geht es teilweise darum, dass der Verkäufer die Einstandspflicht für bestimmte Eigenschaften oder Fähigkeiten der Ware, für seine Lieferfähigkeit oder dergleichen übernimmt. Da er dadurch das Fehlen dieser Eigenschaften und Fähigkeiten *zu vertreten* hat (§ 276 I 1 BGB), begründet diese Form der Garantie eine verschuldensunabhängige Haftung.   **445**

Beispiel:

V verkauft K Stahlträger für sein Garagendach. Auf Frage des K erkundigt sich V bei seinem Zulieferer und sichert eine Tragfähigkeit von 75 kg zu, K könne sich darauf verlassen. Brechen die Träger bei 70 kg ein und demolieren den Wagen des K, haftet V nach §§ 437 Nr. 3, 280 I BGB auf Schadensersatz. Er hat vielleicht nicht fahrlässig gehandelt, die Tragfähigkeit aber dennoch wegen der Garantie zu vertreten (und wird bei seinem Zulieferer Rückgriff nehmen können).

446   Häufig verbirgt sich hinter solchen Erklärungen aber auch ein selbständiger **Garantievertrag**, durch den der Hersteller oder Händler (Garant) für einen bestimmten Fall (Garantiefall) eine bestimmte Garantieleistung verspricht. Solche Verträge sind unter dem Gesichtspunkt der Privatautonomie grundsätzlich zulässig und binden den Garanten an sein Versprechen. § 443 BGB stellt das für den häufigen Fall der Beschaffenheits- oder Haltbarkeitsgarantie klar.

> **Beispiele:**
>
> Ein Pkw-Hersteller gibt eine Zwölf-Jahres-Garantie gegen Durchrosten. Eine Porzellan-Manufaktur gibt eine zwanzigjährige Nachkaufgarantie. Ein Kaufhaus wirbt mit einer vierwöchigen Umtauschgarantie (vgl. oben Rn 435).

IV. Besonderheiten beim Verbrauchsgüterkauf

447   Für den Verbrauchsgüterkauf sehen die §§ 474 ff. BGB zur Umsetzung der entsprechenden Richtlinie einige Zusatzregeln zur Stärkung der Verbraucherposition vor. Von § 474 II BGB war schon oben (Rn 438) die Rede. Vor allem erklärt § 475 BGB die vorstehend erläuterten Käuferrechte weitestgehend zu zwingendem Recht. Zudem wird nach § 476 BGB die Mangelhaftigkeit der Sache im entscheidenden Moment des Gefahrübergangs vermutet, wenn sich ein Mangel im ersten halben Jahr zeigt, und es werden in § 477 BGB für Garantien besondere Transparenzanforderungen gestellt.

448   Schließlich treffen die §§ 478 f. BGB besondere Vorkehrungen für den Regress des Endverkäufers: Er soll die gesteigerte Haftung dem Verbraucher gegenüber auf dem Regressweg in der Hersteller- und Vertreiberkette weitergeben können. Auf diese Weise reicht das Recht des Verbraucherkaufs weit in die Kaufverträge zwischen Unternehmern hinein.

V. Besonderheiten beim Handelskauf

449   Umgekehrt enthalten die §§ 373 ff. HGB einige Sonderregeln für den Handelskauf. Den Fixhandelskauf haben Sie schon kurz kennengelernt (s.o. Rn 430). Im hiesigen Zusammenhang ist die **Rügeobliegenheit** des Käufers nach § 377 HGB beim *beiderseitigen* Handelskauf besonders wichtig. Der Kaufmann hat Waren nach Erhalt zu untersuchen (Prüfung mit fachmännischer Sorgfalt, u.U. sogar zerstörende Stichprobenuntersuchung) und sich offenbarende Mängel unverzüglich zu rügen. Verborgene Mängel hat er unverzüglich zu rügen, nachdem sie erkennbar werden (§ 377 III HGB).

450   Unterlässt er die Rüge, gilt die Ware als genehmigt und er verliert die Rechte, die sich aus der Mangelhaftigkeit ergeben (§ 377 II HGB). Die Rügesäumnis führt also zu einer Einwendung des Verkäufers. Da § 434 III BGB die Zuwenig- und Falschlieferung dem Sachmangel gleichstellt, bezieht sich die Rügeobliegenheit und die Gefahr des Rechtsverlustes auch darauf.

Beispiele:
Händler K kauft bei Großhändler V 100 Fahrräder „Pollo". Erst Wochen nach Lieferung erfährt K durch Kundenreklamationen, dass die Reifen kaum Profil aufweisen. Diese Abweichung von der Sollbeschaffenheit stellt einen Sachmangel dar. Da K ihn aber nicht rechtzeitig gerügt hat, verliert er nach § 377 HGB seine Rechte aus § 437 BGB. Das gilt nach § 434 III BGB auch, wenn V stattdessen „Pollo Sport" geliefert hat: Wenn K nicht rügt, muss er die Falschlieferung abnehmen und bezahlen. Werden nicht 100 Fahrräder „Pollo", sondern 98 geliefert, so muss K rügen, anderenfalls muss er alle Räder bezahlen, ohne Nachlieferung von zwei Stück verlangen zu können.

VI. Zur Fallstudie

Die Bindomat-Maschine weist danach durch den defekten Federmechanismus einen **451** Sachmangel auf (§ 434 BGB). Daher kann Hannes grundsätzlich die Rechte nach § 437 BGB geltend machen. Ein Anspruch auf Kaufpreisrückzahlung ergibt sich aber nur, wenn Hannes vom Vertrag zurücktritt oder Schadensersatz statt der Leistung verlangt. Die besonderen Voraussetzungen hierfür (§ 440 BGB) liegen jedoch nicht vor, so dass Hannes zunächst nur Nacherfüllung, also die Lieferung einer mangelfreien Maschine oder Reparatur der gelieferten, verlangen kann (§ 439 BGB).

Dieser Anspruch könnte aber nach § 377 HGB untergegangen sein. Dazu müsste **452** der Kauf zunächst für beide Vertragsparteien ein Handelsgeschäft sein. Das ist bei der Bindomat-GmbH unzweifelhaft, da sie nach § 13 III GmbHG Handelsgesellschaft ist (s.o. Rn 229). Zweifelhaft ist aber, ob Hannes Kaufmann ist. Er betreibt mit seinem Billig-Bücher-Laden zwar ein Gewerbe (vgl.o. Rn 217), sein Unternehmen hat aber nach den Angaben aus der Fallstudie 1 einen kleingewerblichen Zuschnitt. Daher ist es kein Handelsgewerbe nach § 1 II HGB und mangels Eintragung auch nicht nach § 2 HGB. § 377 HGB ist daher nicht anwendbar, und der Anspruch nicht untergegangen.

Wer die Angaben aus der Fallstudie 1 nicht mit einbezieht, kommt zu einem ande- **453** *ren Ergebnis. Hannes betreibt ein Gewerbe, und mangels gegenteiliger Angaben ist nach § 1 II HGB davon auszugehen, dass es sich um ein Handelsgewerbe handelt. Da Hannes den Kauf im Rahmen seines Handelsgewerbes tätigt, liegt damit auch auf seiner Seite ein Handelsgeschäft vor. Hannes hätte die Maschine daher nach § 377 HGB ordnungsgemäß untersuchen und entdeckte (und entdeckbare) Mängel unverzüglich rügen müssen. Davon kann wegen seiner Amrum-Tage keine Rede sein: Die Ware gilt als genehmigt, und er verliert seine Rechte.*

E. Unmöglichkeit der Leistung und ähnliche Störfälle

I. Unmöglichkeit der Leistung als Einwendung

Das Recht kann von einem Schuldner natürlich nichts Unmögliches verlangen. **454** § 275 I BGB bestimmt daher, dass der Anspruch auf die Leistung ausgeschlossen ist, soweit diese dem Schuldner oder jedermann unmöglich ist. Die (subjektive wie objektive) **Unmöglichkeit** führt also zum Ausschluss der Leistungspflicht. Sie begründet damit eine Einwendung, und zwar in der Regel eine rechtsvernichtende, da Unmöglichkeitsfälle meist nachträglich eintreten. Für die anfängliche Unmöglichkeit gilt aber nichts anderes: Verträge über unmögliche Leistungen sind durchaus wirksam (§ 311a I BGB); lediglich die Leistungspflicht ist wiederum ausgeschlossen (§ 275 I BGB, rechtshindernde Einwendung).

> **Beispiel:**
>
> Verkauft Hannes Katrin eine Enzyklopädie zu dem Thema ihrer Diplomarbeit, obwohl eine solche Enzyklopädie gar nicht existiert (und er sie auch nicht schreiben kann), so liegt nach § 311a I BGB dennoch ein wirksamer Kaufvertrag vor (und Katrin hat u. U. einen vertraglichen Schadensersatzanspruch).

455   Bloße Leistungserschwernisse fallen nicht unter den Tatbestand. Bei **Gattungsschulden** führt die Zerstörung eines Exemplars nicht zur Unmöglichkeit, solange ein anderes Exemplar aus der Gattung geliefert werden kann. Erst wenn der Schuldner die zur Leistung einer solchen Gattungssache erforderlichen Handlungen durchgeführt hat, beschränkt sich seine Verpflichtung auf das konkrete Stück; diese „Konkretisierung" wandelt die Gattungsschuld gemäß § 243 II BGB in eine Stückschuld um, und die Zerstörung des konkreten Stücks führt dann zur Unmöglichkeit der Leistung.

> **Beispiel:**
>
> S schenkt B einen neuen Volvo V 70 und verspricht, ihn vorbeizubringen. Auf dem Weg vom Autohaus zu B verunfallt er (Totalschaden). Der Leistungserfolg (Eigentums- und Besitzverschaffung) war noch nicht eingetreten, die Schenkerpflicht also nicht nach § 362 BGB erloschen. S kann noch einen anderen Volvo aus der Gattung übereignen; die Leistung ist nicht unmöglich geworden. Hätte S nur versprochen, den Wagen abzuholen, so hätte er damit das seinerseits Erforderliche getan. Nach § 243 II BGB würden sich seine Pflichten nun auf diesen abgeholten Volvo beschränken; eine Zerstörung vor Übereignung würde seine Leistung unmöglich machen.

456   Durch die Formulierung „soweit" macht § 275 I BGB deutlich, dass die Teilunmöglichkeit zu einem entsprechenden teilweisen Ausschluss der Leistungspflicht führt.

457   Keine Anwendung findet § 275 BGB auf die **Geldschuld**. Das ergibt sich zwar nicht aus dem Wortlaut der §§ 275, 276 BGB aber aus dem Gesamtzusammenhang insbesondere auch mit dem Vollstreckungs- und Insolvenzrecht: Ein Schuldner hat für seine finanzielle Leistungsfähigkeit einzustehen („Geld hat man zu haben.").

> **Beispiele:**
>
> Wer etwas kauft, was er sich nicht leisten kann, wird durch sein leeres Konto natürlich nicht von der Pflicht zur Kaufpreiszahlung befreit. Fährt Hannes den

von Inge geliehenen Porsche Boxter zu Schrott, so geht seine Schadensersatzpflicht nicht etwa unter, weil er ohnehin schon hoch verschuldet ist; notfalls blüht ihm ein Insolvenzverfahren.

II. Unzumutbarkeit der Leistung als Einrede

Nach § 275 II, III BGB ergibt sich auch aus einem wesentlichen Leistungshindernis **458** eine Einwendung, und zwar eine rechtshemmende. Ist die Leistung nicht unmöglich aber objektiv mit einem extremen Aufwand verbunden, der in einem groben Missverhältnis zum Leistungsinteresse des Gläubigers steht, so kann der Schuldner die Leistung nach § 275 II BGB verweigern.

Ein solches Leistungsverweigerungsrecht darf dem Schuldner nicht voreilig **459** zuerkannt werden, sonst ist der Grundsatz, dass Verträge einzuhalten und Erfüllungsinteressen durchsetzbar sind, – und damit das Institut des privatrechtlichen Vertrags überhaupt – nicht viel wert. Die Vorschrift zielt daher nur auf Extremfälle.

> **Beispiele:**
> V verkauft dem K einen alten Siegelring für 1.200 €. Hat V den Ring erst noch herzustellen und verteuert sich die Herstellung von den kalkulierten 900 € auf 1.600 €, so liegt das im Risikobereich des V: kein Ausschluss der Leistungspflicht. Wirft der Sohn des V, der auf den Ring spekuliert hat, das gute Stück in die Elbe (Bergungskosten 8.000–12.000 €), kann V die Lieferung des Rings nach § 275 II BGB verweigern. Wird die Übereignung solcher Siegelringe nach Vertragsschluss unerwartet mit einer Steuer von 65 % des Kaufpreises belegt, führt das noch nicht zu einem Leistungsverweigerungsrecht des V. Es kommt aber eine Vertragsanpassung nach § 313 I BGB in Betracht (anders im ersten Beispiel, da die Fehlkalkulation im Risikobereich des V liegt).

Ein entsprechendes Leistungsverweigerungsrecht gewährt § 275 III BGB auch bei **460** persönlich zu erfüllenden Leistungspflichten, die vor allem bei **Dienstverträgen** vorkommen (§ 613 BGB) aber auch z. B. bei Werkverträgen oder Kaufverträgen mit Montageverpflichtung vorkommen können. Anders als bei Abs. 2 sind hier gerade auch subjektive Momente zu berücksichtigen.

> **Beispiele:**
> Erkrankt das Kind einer Sängerin lebensgefährlich, so kann sie ihr Engagement nach § 275 III BGB absagen. Dasselbe gilt für einen Arbeitnehmer, der seinen Dienst nicht antritt, da er zum Wehrdienst in der Türkei einberufen wird und bei Nichtantritt mit der Todesstrafe rechnen muss (der Fall bereitete erhebliche Schwierigkeiten, als es § 275 II, III BGB noch nicht gab, vgl. BAG v. 22. 12. 1982–2 AZR 282/82 = NJW 1983, 2785).

III. Weitere Rechtsfolgen der Leistungsbefreiung

461   Wenn der Schuldner nach § 275 I – III BGB nicht zu leisten braucht, stehen dem
       Gläubiger häufig andere Ansprüche zu, auf die § 275 IV BGB verweist.

462   Im praktisch wichtigsten Fall, dass der Schuldner die Unmöglichkeit zu vertreten
       hat (sich also nicht entlasten kann), kann der Gläubiger gemäß §§ 280 I, 283 BGB
       Schadensersatz statt der Leistung verlangen.

> **Beispiel:**
>
> K kauft bei V 135.000 Kondensatoren für seine laufende Produktion von Anti-
> Blockier-Systemen. V verursacht fahrlässig einen Maschinenschaden und kann –
> endgültig – nicht liefern. Nach § 275 I BGB ist die Leistungspflicht des V
> ausgeschlossen. Wenn dem K durch den Produktionsstillstand ein Gesamtschaden
> von 280.000 € entsteht, kann er diesen von V nach §§ 280 I, 283 BGB ersetzt
> verlangen. Wenn sich K anderweitig eindecken kann, dafür aber 4.300 € mehr
> bezahlen muss, kann er diesen Schaden ersetzt verlangen.
>
> Wenn V nur die auf Lager befindlichen 35.000 Kondensatoren liefern kann,
> hängt die Rechtsfolge davon ab, ob K die Teillieferung verwenden kann. Gege-
> benenfalls tritt der Schadensersatzanspruch wegen der Nichtlieferung der
> 100.000 Kondensatoren neben den verbliebenen Erfüllungsanspruch aus § 433 I
> BGB. Anderenfalls kann K insgesamt Schadensersatz statt der Leistung verlan-
> gen (§ 283 S. 2 BGB verweist insoweit auf § 281 I 2 BGB).
>
> Lag der Maschinenschaden schon bei Vertragsschluss vor, so hängt die
> Schadensersatzpflicht des V nach § 311a II BGB davon ab, ob er davon wusste
> oder seine Unkenntnis zu vertreten hatte.

463   Der Gläubiger kann ferner nach § 285 BGB einen etwaigen Ersatz oder Ersatz-
       anspruch herausverlangen; Juristen nennen das das *stellvertretende commodum*.
       Dieser Anspruch besteht unabhängig von der Verschuldensfrage und kann ggf. mit
       dem Schadensersatzanspruch kombiniert werden (Abs. 2).

> **Beispiel:**
>
> Landet der von V an K verkaufte alte Siegelring in der Elbe, so kann V die Liefe-
> rung nach § 275 II BGB verweigern (s.o. Rn 459). Ist der Ring für 1.500 € versi-
> chert, kann K die Versicherungssumme (oder die Abtretung des Anspruchs
> darauf) verlangen.

464   **Bei gegenseitigen Verträgen** ergibt sich die Frage, ob der Schuldner, der seine
       Pflicht nicht zu erfüllen braucht, seinerseits die **Gegenleistung** verlangen kann.
       Sie ist in Titel 2 über gegenseitige Verträge geregelt, und zwar in § 326
       BGB. Danach entfällt mit der Leistungspflicht des Schuldners grundsätzlich
       auch sein Anspruch auf die Gegenleistung (Abs. 1) und der Schuldner muss eine
       etwa schon empfangene Gegenleistung nach den Rücktrittsregeln zurückgewäh-
       ren (Abs. 4).

> **Beispiel:**
>
> Selbst wenn V das Versenken des (unversicherten) Ringes nicht zu vertreten hätte, wäre es unfair, wenn K dennoch für nichts bezahlen müsste. Warum sollte ein Verkäufer, der nur noch 35.000 Kondensatoren liefern kann, 135.000 Stück bezahlt bekommen?

Der Gläubiger bleibt allerdings nach Abs. 2 zur Gegenleistung verpflichtet, wenn er **465** überwiegend oder allein für die Unmöglichkeit oder das wesentliche Leistungshindernis verantwortlich ist, oder wenn diese Umstände während des Annahmeverzugs eintreten. Dasselbe gilt nach Abs. 3, wenn er nach § 285 BGB ein stellvertretendes commodum verlangt.

> **Beispiele:**
>
> Kann V die Kondensatoren nicht liefern, weil K durch falsche Anleitungen den Ausfall der Maschine verursacht hat, so kann V dennoch die Bezahlung verlangen; er muss sich allerdings ersparte Produktions- und Lieferkosten anrechnen lassen. Im obigen Beispiel des versicherten Rings kann K die Versicherungssumme von 1.500 € natürlich nur einstreichen, wenn er den Kaufpreis von 1.200 € an V bezahlt.

Vor diesem Hintergrund wird deutlich, dass das **Rücktrittsrecht**, das § 326 V BGB **466** dem Gläubiger zusätzlich einräumt, keine allzu große Bedeutung hat.

IV. Störung der Geschäftsgrundlage

Einen besonderen Störfall stellt es schließlich dar, wenn der Leistungsaus- **467** tausch zwar erfolgen kann aber zumindest so keinen rechten Sinn mehr macht, da die zugrundegelegten Umstände sich wesentlich geändert haben. Sofern solche Umstände nur von einer Vertragspartei zur Grundlage gemacht sind oder in ihren Risikobereich fallen, ändert das an dem Vertragsverhältnis grundsätzlich nichts.

> **Beispiele:**
>
> K kauft 5.000 Aktien in Erwartung eines Kursgewinns. Fallen die Kurse, ändert das an der Wirksamkeit des Kaufs nichts, und K hat auch kein Anfechtungsrecht (unbeachtlicher Motivirrtum). Hannes mietet sich im Hyatt-Hotel in Köln ein, da er hofft, Madonna könnte während ihrer Tournee hier absteigen und ihm auf dem Flur über den Weg laufen. Ob das passiert, liegt in seinem Risikobereich; der Hotelbetreiber hat damit nichts zu schaffen.

Handelt es sich dagegen um eine gemeinsame Geschäftsgrundlage und hätten die **468** Parteien bei Kenntnis der schwerwiegenden Änderung den Vertrag anders oder gar nicht geschlossen, so ist der Vertrag nach § 313 BGB entsprechend anzupassen, und notfalls hat die belastete Partei ein Rücktrittsrecht. Die Vorschrift normiert seit 2002 das bis dahin geltende Gewohnheitsrecht.

In den obigen **Beispielen** greift § 313 BGB wegen der vertraglichen Risikoverteilung nicht. Anders liegen die Dinge aber, wenn Hannes seiner Freundin Inge für 80 € seinen Balkon vermietet, damit diese das Open-Air-Konzert von Madonna verfolgen kann. Hier bildet das Konzert die Geschäftsgrundlage des Mietvertrags. Wird das Konzert schließlich abgesagt, kann Inge vom Vertrag zurücktreten und braucht die 80 € nicht zu zahlen.

Eine Vertragsanpassung gemäß § 313 BGB kommt z. B. in Betracht, wenn ein Kaufpreis sich infolge einer unvorhergesehenen Währungsumstellung plötzlich verzehnfacht.

F. Sonstige Pflichtverletzungen

I. Die allgemeine Schadensersatzpflicht bei Nebenpflichtverletzungen

469   Aus Schuldverhältnissen ergeben sich nicht nur Leistungspflichten, sondern häufig auch Schutzpflichten. § 241 II BGB stellt das seit 2002 noch einmal ausdrücklich klar, um die bis dahin gewohnheitsrechtlich geltenden Grundsätze der sog. positiven Vertragsverletzung (pVV) zu erfassen.

> **Beispiele:**
> V verkauft K ein Regal. Zu seinen Leistungpflichten gehören die Eigentums- und Besitzverschaffung (§ 433 I 1 BGB) und vielleicht die Montageanleitung (§ 434 II 2 BGB), bei entsprechender Vereinbarung auch die Anlieferung und eventuell auch die Montage. V darf bei der Anlieferung nicht die Tür des K verschrammen, muss bei der Aufstellung darauf achten, dass er nicht die Lampe kaputt macht, und muss den K auch auf die begrenzte Tragkraft des Regals hinweisen, wenn er sieht, dass K sein 200-Liter-Aquarium darauf aufstellen will: Schutz- oder Rücksichtnahmepflichten nach § 241 II BGB.

470   Wenn der Schuldner solche Pflichten verletzt und dadurch einen Schaden des Gläubigers verursacht, hat er ihm diesen nach § 280 I BGB zu ersetzen, sofern er nicht darlegen und gegebenenfalls beweisen kann, dass er die Pflichtverletzung nicht zu vertreten hat. Die allgemeine Schadensersatzhaftung gilt auch für Nebenpflichtverletzungen.

II. Schadensersatz statt der Leistung und Rücktritt

471   Meist berührt eine solche Schädigung das Leistungsinteresse des Gläubigers zumindest nicht wesentlich. Der Schuldner darf und muss weiterhin seine Leistungspflicht erfüllen, der Gläubiger schuldet ggf. weiterhin seine Gegenleistung.

In den letzten **Beispielen** bleiben die Erfüllungsansprüche aus § 433 I 1 und II BGB bestehen. Wenn V oder einer seiner Leute die Tür oder die Lampe beschädigt, schuldet V deswegen Schadensersatz, ohne dass K nun die Abnahme des Regals und die Zahlung verweigern könnte.

Manchmal wiegen die Pflichtverletzungen aber so schwer, dass dem Gläubiger das Festhalten am Erfüllungsprogramm nicht mehr zuzumuten ist. In diesen Fällen kann der Gläubiger nach § 282 BGB auch Schadensersatz statt der Leistung verlangen, sofern der Schuldner sich nicht entlasten kann. Zudem kann er bei gegenseitigen Verträgen gemäß § 324 BGB auch unabhängig von der Verschuldensfrage vom Vertrag zurücktreten.   472

> **Beispiel:**
> K kauft von V eine Computeranlage. Bei der Installation kommt es immer wieder zu Programmabstürzen mit erheblichen Datenverlusten. Wenn es dem K nicht mehr zumutbar ist, die Gefahr weiterer Datenverluste hinzunehmen, kann er das Erfüllungsprogramm stoppen, indem er Schadensersatz statt der Leistung verlangt (§§ 280 I, 282 BGB). Selbst wenn V dartun kann, dass ihn und seine Leute kein Fahrlässigkeitsvorwurf trifft, kann K immer noch vom Vertrag zurücktreten (§ 324 BGB).

III. Besonderheiten bei vor- und nachvertraglichen Pflichten

Die dargestellten Schutz- oder Rücksichtnahmepflichten können unter Umständen auch fortbestehen, nachdem die geschuldeten Hauptpflichten erfüllt worden und damit nach § 362 BGB untergegangen sind. Auch für die Verletzung solcher nachvertraglicher Pflichten haftet der Schuldner nach § 280 I BGB.   473

> **Beispiel:**
> Nachdem V dem K die verkaufte Computeranlage geliefert und installiert hat, schließt er einen ähnlichen Vertrag mit einem Konkurrenten des K. Zu den fortwirkenden vertraglichen Rücksichtnahmepflichten gehört es, dass V dabei nicht Betriebsgeheimnisse des K preisgibt.

Nach § 311 II BGB kann ein Schuldverhältnis mit den dargestellten Schutz- oder Rücksichtnahmepflichten auch schon im Vorfeld eines Vertragsschlusses entstehen. Verletzt der Schuldner eine solche vorvertragliche Pflicht, hat er die daraus resultierenden Schäden zu ersetzen, und zwar unabhängig davon, ob es noch zum Vertragsschluss kommt oder nicht (§§ 280 I, 241 II, 311 II BGB).   474

> **Beispiele:**
> V, der K eine Computeranlage verkaufen will, verursacht mit seiner Demo-DVD fahrlässig Datenverluste bei K. Oma Schulze möchte bei X Grünkohl kaufen, rutscht aber schon im schlecht gereinigten Eingangsbereich auf einer Traube aus (vgl. BGH v. 28. 1. 1976 – VIII ZR 246/74 = BGHZ 66, 51). Für

Oma Schulze kommt (seit 2002) vielleicht sogar ein Schmerzensgeld in Betracht.

475   § 311 III BGB bezieht auch Dritte in diese Haftung mit ein, die selbst nicht Vertragspartei werden sollen. Auch zwischen ihnen und dem Vertragspartner kann ein Schuldverhältnis mit besonderen Schutz- oder Rücksichtnahmepflichten entstehen.

> **Beispiel:**
> Autohändler V möchte Fahrzeuge, die er in Zahlung nimmt, manchmal unter Ausschluss der Gewährleistung verkaufen. Da Unternehmer Verbrauchern nach § 475 BGB zwingend haften, tritt er nur als Vertreter auf. Auch wenn die Kaufverträge daher zwischen Inzahlunggebern und Gebrauchtwagenkäufern zustandekommen, treffen den V doch gerade wegen seiner Sachkunde die besonderen vorvertraglichen Pflichten. Er hat Interessenten auch ungefragt aufzuklären, wenn ein Fahrzeug einen erheblichen Unfall hatte, und muss sie vor einer Probefahrt z. B. auf eine schwergängige Lenkung hinweisen.

476   Auch die Vorschrift des § 311 II, III BGB normiert seit 2002 das bis dahin geltende Gewohnheitsrecht (sog. Grundsätze der culpa in contrahendo, c.i.c.).

477   Insgesamt ergibt sich damit aus § 280 I BGB eine durchgehende Verschuldenshaftung für Pflichtverletzungen im Rahmen von Schuldverhältnissen, die nicht nur das eigentliche Leistungsinteresse schützt, sondern über § 241 II BGB auch davon unabhängige Nebenpflichten erfasst und sowohl in den nachvertraglichen als auch gemäß § 311 II, III BGB in den vorvertraglichen Bereich hineinragt.

G. Arbeitshinweise

I. Die wichtigsten Grundbegriffe

478   **Form des Rechtsgeschäfts** Rechtsgeschäfte, auch Verträge, sind grds. formfrei. Formerfordernisse (§§ 126 ff. BGB) sind durch Gesetz vorgesehen (z. B. §§ 311b, 518, 766, 925 BGB) oder durch Vereinbarung möglich. Rechtsfolge eines Formmangels: grds. Nichtigkeit (§ 125 BGB); teils Heilung durch Vollzug möglich (z. B. §§ 311b, 518, 766 BGB).

Ein **Gesetzesverstoß** führt bei Rechtsgeschäften zur Nichtigkeit, wenn dies dem Normzweck entspricht (§ 134 BGB).

Ein **Sittenverstoß** führt bei Rechtsgeschäften zur Nichtigkeit (§ 138 BGB).

Anfechtung Gestaltungsrecht, durch das ein Rechtsgeschäft rückwirkend unwirksam gemacht werden kann. Voraussetzungen: (1) Anfechtungsgrund (§§ 119, 120, 123 BGB) (2) Anfechtungserklärung (§ 143 BGB) (3) in der Anfechtungsfrist (§§ 121, 124 BGB). Rechtsfolgen: Nichtigkeit von Anfang an (§ 142 BGB); bei §§ 119, 120 BGB: Schadensersatzpflicht (§ 122 BGB).

Anfechtungsgründe § 119 I BGB: Inhalts- und Erklärungsirrtum; § 119 II BGB: Irrtum über verkehrswesentliche Eigenschaft; § 120 BGB: Übermittlungsfehler; § 123 BGB:

rechtswidrige Drohung oder arglistige Täuschung.

Bereicherungsausgleich Nach § 812 I 1 BGB muss das ohne Rechtsgrund Erlangte herausgegeben werden, und zwar an den Leistenden, wenn es durch Leistung erlangt ist, sonst an den, auf dessen Kosten es erlangt ist. Ist z. B. aufgrund eines nichtigen Kaufvertrags die Kaufsache wirksam übereignet, muss der Käufer sie rückübereignen.

Primäranspruch Erfüllungsanspruch. Bei Leistungsstörungen können Sekundäransprüche daneben oder an seine Stelle treten.

Pflichtverletzung des Schuldners: Zentralbegriff des Leistungsstörungsrechts. Insbesondere Nichtleistung, Schlechtleistung, Leistungsverspätung und Nebenpflichtverletzung.

Vertretenmüssen Zentrale Voraussetzung für Schadensersatzansprüche (§ 280 I 2 BGB). Der Schuldner hat eigenes Verschulden (Vorsatz und Fahrlässigkeit) und das Verschulden seiner Erfüllungsgehilfen zu vertreten (§§ 276, 278 BGB). Milderungen oder Verschärfungen (z. B. durch Garantie) möglich. Darlegungs- und Beweislast beim Schuldner.

Schadensersatz statt der Leistung Sekundäranspruch, der an die Stelle des Primäranspruchs tritt (§§ 281–283 BGB). Beendigung/Rückabwicklung des Erfüllungsprogramms im Rahmen der Gesamtliquidation.

Rücktritt Gestaltungsrecht, führt zur Rückabwicklung des Schuldverhältnisses (§§ 346 ff. BGB). Vertraglich vereinbart oder Rechtsbehelf bei Leistungsstörungen bei gegenseitigen Verträgen (§§ 323 f. BGB). Bei Dauerschuldverhältnissen stattdessen: Kündigung (insb. § 314 BGB).

Schuldnerverzug Schuldhafte Leistungsverspätung. **Voraussetzungen**, § 286 BGB: (1) fällige Leistungspflicht des Schuldners, (2) Mahnung (ernsthaftes Leistungsverlangen des Gläubigers) oder kalendermäßige Bestimmtheit/Bestimmbarkeit der Leistung oder bei Geldschulden Ablauf einer 30-Tagefrist, (3) Nichtleistung, (4) keine Entlastung des Schuldners. **Rechtsfolgen**: (1) §§ 280 I, II, 286 BGB: Schadensersatz wegen Verzögerung (2) § 287 BGB: Haftungsverschärfung und Gefahrübergang, (3) § 288 Verzugszinsen. Bei Leistungsverspätung unabhängig vom Verzug nach Fristsetzung usw. Rücktritt bei gegenseitigen Verträgen (§ 323 BGB) und Schadensersatz statt der Leistung bei Vertretenmüssen (§ 281 BGB).

Fixgeschäft Relatives F.: Verspätung berechtigt zum Rücktritt (§ 323 I, II Nr. 2 BGB); absolutes F.: (Verspätung führt zur Unmöglichkeit); beim Handelskauf: § 376 HGB (bei Verzug unmittelbar Schadensersatz statt der Leistung).

Sachmängelhaftung Rechte des Käufers, wenn Sache bei Gefahrübergang (§§ 446, 447 BGB) mit Sachmängeln (§ 434 BGB) behaftet ist. § 437 BGB: Nacherfüllung durch Nachlieferung oder Nachbesserung (§ 439 BGB). Bei erfolglosem Fristablauf, Verweigerung, (zweifachem) Fehlschlag oder Unzumutbarkeit der Nacherfüllung Rücktritt oder Minderung (§§ 323, 440, 441 BGB) oder Schadensersatz statt der Leistung bei Vertretenmüssen (§§ 281, 440 BGB). Verjährung grds. in 2 Jahren (§ 438 BGB).

Verbrauchsgüterkauf Verbraucher kauft bewegliche Sache von Unternehmer. Besonderes Verbraucherschutzrecht, insbesondere Käuferrechte zwingend (§§ 474 ff. BGB).

Rügeobliegenheit Beim beiderseitigen Handelskauf müssen Sachmängel (inkl. Zuwenig- und Falschlieferungen) unverzüglich gerügt werden; anderenfalls verliert der Käufer die daraus resultierenden Rechte (§ 377 HGB).

Unmöglichkeit Schuldner kann die Leistung nicht mehr erbringen: Befreiung von Primärleistungspflicht (§ 275 I BGB), bei gegenseitigen Verträgen grds. kein Gegenleistungsanspruch (§ 326 BGB), Rücktrittsrecht des Gläubigers (§§ 323, 326 V BGB). Bei Vertretenmüssen insb. Schadensersatz statt der Leistung (§ 283 BGB). Vgl. auch §§ 284 f. und 311a BGB. Leistungsverweigerungsrecht auch bei Unzumutbarkeit der Leistung (§§ 275 II, III BGB). Haftung des Schuldners entsprechend. Abzugrenzen: Störungen der Geschäftsgrundlage (§ 313 BGB).

Nebenpflichtverletzungen Schutz-, Aufklärungs- und sonstige Rücksichtnahmepflichten. Nach § 241 II BGB möglicher Bestandteil des Pflichtenprogramms bei Schuldverhältnissen. Bei Vertretenmüssen Schadensersatzhaftung nach § 280 I BGB, bei Unzumutbarkeit der weiteren Vertragsdurchführung nach § 282 BGB Schadensersatz statt der Leistung und bei gegenseitigen Verträgen auch bei Entlastung des Schuldners nach § 324 BGB Rücktrittsrecht.

Vorvertragliche Schuldverhältnisse Unabhängig vom späteren Zustandekommen des Vertrages im Vorfeld ein Schuldverhältnis zwischen potenziellen Vertragspartnern oder auch bestimmten Dritten (§ 311 II, III BGB) mit Nebenpflichten i.S.d. § 241 II BGB. Bei Verletzungen Haftung entsprechend.

II. Übungsaufgaben

479

1. V verkauft an K ein Fernsehgerät und übereignet es. Wegen einer kurzfristigen Geistesstörung ist (nur) der Kaufvertrag unwirksam. Beschreiben Sie die Rechtslage.

2. Nennen Sie drei Vorschriften, in denen die Heilung von Formmängeln vorgesehen ist.

3. K bestellt bei V das Lehrbuch „Allgemeiner Teil des BGB". Nachdem er einige Tage mit dem Buch gearbeitet hat, merkt er, dass es zu detailliert für seine Zwecke ist. Kann er sich vom Kauf lösen?

4. Der F gehört ein Kirchner-Gemälde (Wert: 100.000 €). Ihr Neffe N kann sie dazu überreden, es ihm für 70.000 € zu verkaufen, da sie glaubt, dieser Preis entspreche dem Wert des Gemäldes. Als ihr Sohn S davon erfährt, ist dieser entsetzt. Ist F an diesen Vertrag gebunden?

5. Handelt es sich in den folgenden Fällen um eine Pflichtverletzung i.S.d. § 280 I BGB?

   a) Dozent D kann wegen einer Rachenentzündung seiner (werkvertraglichen) Vortragsverpflichtung nicht nachkommen.

   b) V liefert verdorbene Sardinen.

   c) V liefert Thunfisch statt der Sardinen

   d) V liefert Trockenfisch, ohne auf die erforderliche besondere Lagerung hinzuweisen.

   e) A, der Agent des V, versichert unter Hinweis auf seine besondere Erfahrung fälschlich, dass

Trapez-Fische ohne Einfuhr-
genehmigung gehandelt werden
dürften, und bewegt so K zum
Vertragsschluss mit V.

6. F hat bei B 600 Weinflaschen bestellt.
Die Lieferung war für den 1. 2.
vereinbart worden. An diesem Tag
erfolgt jedoch keine Lieferung.
Daraufhin kauft F bei C am 2. 2.
600 Flaschen derselben Sorte und
nimmt diese auch gleich mit. Kann
er von B Schadensersatz in Höhe
der Preisdifferenz verlangen? Muss
F eine Lieferung des B am 3. 2.
annehmen und bezahlen?

7. S.o. Aufgabe 14 in § 4: B liefert
ohne eine Erklärung gegenüber A
nicht. Befindet er sich im Verzug?

8. Warum fehlt in § 281 BGB eine
dem § 323 VI BGB entsprechende
Vorschrift?

9. K kauft bei V einen Computer, der
sich nicht einschalten lässt. Als V
auf seine Beanstandung hin einen
neuen liefert, der ebenfalls nicht
einzuschalten ist, will K sein Geld
zurück.

10. K kauft bei V eine Computeranlage.
V liefert prompt, die Anlage lässt
sich auch einschalten. V muss aber
nach 13 Stunden eingestehen, dass

er die Programme nicht, wie vorgesehen, installieren kann. K will wiederum sein Geld zurück.

11. Kaufmann V liefert an Kaufmann K
98 statt der bestellten 100 Dosen
Pilze. Kann K die Nachlieferung
der zwei Dosen verlangen, wenn er
die Ware 12 Tage nicht bemängelt?

12. Nach welchen Vorschriften und in
welcher Zeit verjähren die Gewährleistungsansprüche beim Kauf und
beim Werkvertrag?

13. V verkauft K auf der Messe seinen
neuen Computer-Prototyp. Da er
sein Handy im Zug hat liegen lassen,
erfährt er nicht, dass der Prototyp
schon in der vorletzten Nacht gestohlen worden ist. K tobt, als er das
erfährt. Er hatte sich auf die Lieferung verlassen und deswegen ein
anderes günstiges Angebot ausge-
schlagen (Schaden: 12.000 €).

14. V verkauft seinen MP4-Player für
90 € an K, der ihn für 120 € wei-
terverkaufen könnte. Als er ihn
übergeben will, lässt V ihn aus
Unachtsamkeit fallen. Da dabei
das Laufwerk irreparabel beschädigt wird, verlangt K Schadensersatz. Zu Recht?

III. Empfohlene Literatur

Zu Nichtigkeit und Anfechtbarkeit:
Brox/Walker, Allgemeiner Teil des BGB
(Heymanns), §§ 12–20;
ausführlicher: **Medicus**, Allgemeiner Teil des
BGB (C.F. Müller), §§ 41–50.
Zum Bereicherungsrecht:
Brox/Walker, Besonderes Schuldrecht (Beck),
§§ 36–39.

Ausführlicher: **Looschelders**, Schuldrecht BT   **480**
(Heymanns), §§ 52–56.
Zu den Leistungsstörungen:
Brox/Walker, Allgemeines Schuldrecht
(Beck), §§ 21 ff.;
ausführlicher: **Looschelders**, Schuldrecht AT
(Heymanns), §§ 22–41.

Zur Verkäuferhaftung für Sachmängel:
Brox/Walker, Besonderes Schuldrecht (Beck), § 5;
ausführlicher: **Looschelders**, Schuldrecht BT (Heymanns), §§ 5–10, 14;
Reinicke/Tiedtke, Kaufrecht (Heymanns), Rn 295 ff.

Zur kaufmännischen Rügeobliegenheit:
Justus Meyer, Handelsrecht (Springer), Rn 287 ff.
ausführlich: **Karsten Schmidt**, Handelsrecht (Heymanns), § 29.

§ 6 Weitere Vertragstypen

Neben dem Kauf gibt es zahlreiche andere Vertragstypen, die für die Beschaffung 481
von Produktionsmitteln, Personal usw. geeignet sind. Einige sind in den weiteren
Titeln des besonderen Schuldrechts geregelt, andere haben sich in der Praxis
herausgebildet.

▶ **Fallstudie: Kaufen oder leasen?**
Hannes Hurtigs Billig-Bücherladen läuft glänzend. Hannes hat einiges Kapital
angesammelt und braucht einen zweiten Kopierer. Sein Steuerberater rät
ihm zum Leasing, weiss aber auch nicht so recht, was passiert, wenn das Gerät
defekt ist.

A. Der Werkvertrag

I. Überblick

Gerade im Wirtschaftsleben wird mehr und mehr speziell für den „Auftraggeber" 482
gefertigt. Das gilt für Sachen wie Büro- und Fabrikgebäude, Maschinen und Zulie-
ferteile, aber auch für Unkörperliches wie steuerrechtliche Gutachten oder Werbe-
konzepte, die außer Haus erstellt werden. Verträge über die Herstellung solcher
Werke, *Werkverträge*, sind in §§ 631 ff. BGB geregelt. Auf die Beschreibung der
Hauptleistungspflichten folgt das Gewährleistungsrecht (§§ 633 ff. BGB). Der
Besteller des Werks muss es abnehmen; erst dann wird die Vergütung fällig (§§ 640,
641 BGB). Wegen dieser Vorleistungspflicht folgen nach einigen Regeln über Mit-
wirkungspflichten, Gefahrtragung usw. Werklohnsicherungen (§§ 647–648a BGB).
Nach einer besonderen Kündigungsregel (§ 649 BGB) erfolgt in § 651 BGB die
Abgrenzung zum Kaufrecht.

Der Werkvertrag wird hier im Kontext der Beschaffung behandelt. Er gehört 483
aber – Stichwort *lean production* – ebenso in die Kapitel Produktion und Absatz:

© Springer-Verlag Berlin Heidelberg 2017
J. Meyer, *Wirtschaftsprivatrecht*, Springer-Lehrbuch,
DOI 10.1007/978-3-662-52734-4_6

Wann immer ein Unternehmen „in Auftrag" fertigen oder sonst arbeiten lässt, ist auch an die §§ 631 ff., 651 BGB zu denken.

484   Besondere Werkverträge sind z. B. das Kommissionsgeschäft (§§ 383 ff. HGB), das Speditionsgeschäft (§§ 407 ff. HGB) sowie zahlreiche andere Transportverträge, der Verlagsvertrag (§§ 1 ff. Verlagsgesetz) und der Pauschalreisevertrag (§§ 651a ff. BGB).

485   Daneben haben verschiedene standardisierte Allgemeine Geschäftsbedingungen solche Bedeutung erhalten, dass sie wie Gesetze abgekürzt werden und sich ganze Kommentare mit ihnen beschäftigen, z. B. die Allgemeinen Deutschen Spediteursbedingungen (ADSp) und die Verdingungsordnung für Bauleistungen (VOB). Das ändert aber nichts daran, dass es sich nicht um Gesetze handelt, sondern schlicht um Vertragsbedingungen, die nach AGB-Recht in den Vertrag einbezogen werden müssen.

II. Vertragsschluss und Hauptleistungspflichten

486   Der Werkvertrag ist ein gegenseitiger Vertrag, der nach allgemeinen Regeln, also grundsätzlich formfrei, geschlossen wird. Die Einigung muss den in § 631 I BGB beschriebenen Inhalt haben: Der *Unternehmer* verpflichtet sich zur Herstellung des versprochenen Werkes und der *Besteller* zur Entrichtung der Vergütung.

487   Der **Unternehmer** schuldet das Werk. Nach § 631 II BGB ist damit jede Herbeiführung eines Erfolges gemeint, sei es die Herstellung oder Bearbeitung einer Sache, sei es etwas Unkörperliches. Diesen *Erfolg* schuldet der Unternehmer, erst dafür erhält er seine Vergütung. Verpflichtet sich jemand lediglich zur Tätigkeit, zur Arbeit, handelt es sich um einen Dienstvertrag (vgl. §§ 611 f. BGB).

> **Beispiele:**
>
> Werke sind z. B. das Malen oder Restaurieren eines Bildes, der Entwurf eines Firmensignets. Scheitern die Bemühungen um das Bild oder Firmensignet, hat der Besteller grundsätzlich keine Vergütung zu zahlen und auch nicht etwa Aufwendungsersatz zu leisten.

488   Der **Besteller** hat für das Werk in der Regel eine *Vergütung* zu zahlen. Meist ist sie ausdrücklich vereinbart. Anderenfalls gilt sie nach § 632 I BGB als stillschweigend vereinbart, wenn die Herstellung des Werkes den Umständen nach nur gegen eine Vergütung zu erwarten ist. Nach § 632 II BGB gilt hilfsweise die taxmäßige, anderenfalls die übliche Vergütung als vereinbart. Die Vergütung wird nach § 641 I 1 BGB erst mit der Abnahme fällig.

489   Zur *Abnahme* des vertragsmäßig hergestellten Werks ist der Besteller nach § 640 I 1 BGB verpflichtet. Sofern sich aus der Art des Werks (z. B. unkörperliche Werke usw.) nichts anderes ergibt, muss er es real entgegennehmen und als vertragsgemäße Leistung anerkennen. Damit sich die Fälligkeit der Vergütung bei Streitigkeiten über die Vertragsmäßigkeit der Werkleistung nicht über Gebühr hinauszögert, darf die Abnahme wegen unwesentlicher Mängel nicht verweigert werden (§ 640 I 2 BGB).

Der Abnahme steht es zudem gleich, wenn der Besteller seiner Abnahmepflicht innerhalb einer ihm gesetzten angemessenen Frist nicht nachkommt oder wenn ein Gutachter eine sog. Fertigstellungsbescheinigung ausstellt (§§ 640 I 3, 641a BGB). Um die Risiken der Vorleistungspflicht abzumildern, können die Parteien ferner Teilabnahmen vorsehen (§ 641 I 2 BGB). Unabhängig davon bestimmt § 632a BGB, dass der Unternehmer für abgeschlossene Werkteile o. ä. Abschlagszahlungen verlangen kann. Er muss dazu allerdings seinerseits dem Besteller bereits das Eigentum an diesen Werkteilen verschaffen oder Sicherheit leisten.

III. Leistungsstörungsrecht

Für Störungen bei Erbringung der geschuldeten Leistungen gelten grundsätzlich die **490** **allgemeinen Regeln**, so dass sich insbesondere aus §§ 280 ff. BGB ein Schadensersatzanspruch und aus § 323 BGB ein Rücktrittsrecht ergeben kann.

> **Beispiele:**
> Zahlt der Besteller die Reparaturrechnung nicht, so kommt er nach 30 Tagen oder Mahnung in Verzug (§ 286 BGB). Installateur I zerbricht bei Anbringung des neuen Wasserhahns zwei Fliesen: Haftung für Nebenpflichtverletzung nach §§ 280 I, 241 II BGB. Juraprofessor J soll für einen Prozess ein Gutachten erstellen, erkrankt aber schwer: Unmöglichkeit (§ 275 I BGB).

Im Hinblick auf **Werkmängel** greifen Sonderregeln, die den kaufrechtlichen weit- **491** gehend entsprechen: Nach § 633 I BGB ist der Unternehmer verpflichtet, das versprochene Werk frei von Sach- und Rechtsmängeln herzustellen. Im Fall eines Mangels (§ 633 II, III BGB) hat der Besteller die in § 634 BGB aufgeführten Rechte. Er kann also in erster Linie Nacherfüllung durch Mangelbeseitigung oder Neuherstellung verlangen (§ 635 BGB). Nach erfolgloser Fristsetzung, bei Verweigerung, Fehlschlag oder Unzumutbarkeit der Nacherfüllung kann er zurücktreten oder mindern, im Verschuldensfall Schadensersatz statt der Leistung verlangen (§§ 636, 638 BGB). Vergleichen Sie die angeführten Vorschriften mit § 433 I 2, §§ 434 f., § 437, § 439, §§ 440 f. BGB. Beim Werkvertrag kommt das Recht auf Selbstvornahme und Kostenerstattung nach § 637 BGB hinzu, sofern der Werkunternehmer die Nacherfüllung nicht wegen des unverhältnismäßigen Aufwandes zu Recht verweigert (§§ 637, 635 III BGB).

> **Beispiele:**
> U errichtet für B eine Zwischenwand. Stellt sich heraus, dass sie im unteren Drittel brüchig ist, so kann B verlangen, dass U sie abträgt und ordnungsgemäß wieder aufmauert. Geschieht das trotz Fristsetzung nicht, kann B nach § 637 BGB den Auftrag anderweitig vergeben und U die Rechnung schicken. Besser macht er seinen Anspruch auf Vorschuss geltend (Abs. 3).
> Sind unten nur einzelne Steine mit leichten Farbabweichungen vermauert, kann U die unverhältnismäßig aufwendige Mängelbeseitigung verweigern (§ 635

III BGB). Dementsprechend entfällt auch das Recht auf Selbstvornahme. Dem B bleiben die übrigen Rechtsbehelfe.

IV. Weitere Sonderregeln

492   Vielfach ist zur Werkherstellung die **Mitwirkung** des Bestellers erforderlich (z. B. Lieferung von Fotomaterial für ein Firmensignet). Unterlässt der Besteller eine solche Mitwirkung, gerät er dadurch nach §§ 293, 295 BGB in Annahmeverzug. Nach § 304 BGB hat er dann dem Unternehmer die Mehraufwendungen zu ersetzen, nach §§ 642 f. BGB kann der Unternehmer zusätzlich eine angemessene Entschädigung verlangen und unter besonderen Voraussetzungen den Vertrag auflösen.

493   §§ 644 f. BGB sehen dementsprechend besondere **Gefahrtragungs- und Haftungsregeln** vor. Die Gefahr geht nicht nur bei Abnahme, Annahmeverzug und Versendung auf den Besteller über, sondern auch bei Verschlechterung oder Unmöglichkeit dadurch, dass der Besteller einen mangelhaften Stoff geliefert oder schadensstiftende Anweisungen gegeben hat. Dabei geht es nicht nur um die Preisgefahr (Modifikation des § 326 BGB), sondern auch um die Leistungsgefahr, also die Frage, ob der Unternehmer die fehlgeschlagene Leistung wiederholen muss.

494   Eine weitere Besonderheit ist durch die Vorleistungspflicht des Unternehmers (§ 641 BGB) bedingt, deren Risiken die §§ 632a, 640 I 2, 3, 641a BGB nur begrenzt abmildern. Zusätzlich stellt ihm das BGB in den §§ 647–648a BGB besondere Sicherungsmöglichkeiten zur Verfügung. An beweglichen Sachen des Bestellers hat er ein **Werkunternehmerpfandrecht.** Bauunternehmer können sich durch eine Sicherungshypothek sichern. Bauhandwerker können Sicherheitsleistung in Form der §§ 232 ff. BGB durch Bankgarantie o. ä. verlangen (vgl. allg. unten Rn 572).

Beispiel:
Die reparierte Uhr oder der reparierte Pkw kann gemäß § 647 BGB bis zur Zahlung der Werklohnforderung einbehalten werden.

---

495   Schließlich stellt das jederzeitige **Kündigungsrecht des Bestellers** nach § 649 BGB eine Besonderheit dar. Er bleibt aber zur Entrichtung der vereinbarten Vergütung (unter Abzug etwaiger Ersparnisse des Unternehmers) verpflichtet.

V. Abgrenzung zum Kaufrecht

496   Die Grenze zwischen Kauf- und Werkvertrag ist nicht immer leicht zu ziehen. Verpflichtet sich H, der K eine bewegliche Sache zu verschaffen, die er selbst beschaffen oder auch herstellen kann, so liegt ein Kaufvertrag vor. Geht es um die Bearbeitung einer Sache, etwa die Änderung einer Hose oder die Bebauung eines Grundstücks, liegt umgekehrt ein Werkvertrag vor. Verpflichtet sich H zur Herstellung und Lieferung einer beweglichen Sache, so ist nach § 651 S. 1 BGB Kaufrecht anzuwenden: Eigentums- und Besitzverschaffungspflicht nach § 433 I BGB, Haftung für Mängel nach §§ 434 ff. BGB und ggf. §§ 474 ff. BGB.

Geht es um die Herstellung unvertretbarer Sachen (§ 91 BGB), etwa eines Por- **497**
träts, einer speziell gefertigten Maschine o. ä., sind nach § 651 S. 3 BGB neben dem
Kaufrecht einige der werkvertraglichen Sonderregelungen anwendbar.

Beispiel:
K beauftragt H mit der Herstellung und Lieferung einer Spezialmaschine. Haben
die beiden einen unverbindlichen Kostenanschlag zugrundegelegt, muss H die K
nach § 650 BGB benachrichtigen, wenn sich eine wesentliche Überschreitung
ergibt. Unabhängig davon kann K während der Entwicklungszeit den Vertrag
nach § 649 BGB kündigen.

B. Der Dienstvertrag

I. Überblick

Arbeitskraft im weitesten Sinn beschafft sich der Unternehmer in der Regel durch **498**
Abschluss eines Dienstvertrags mit demjenigen, der für ihn tätig werden soll, sei es
der Vorstandsvorsitzende, ein Rechtsanwalt, ein Ingenieur, Drucker oder Maurer-
lehrling. In all diesen Fällen verpflichtet sich der Dienstverpflichtete gegenüber dem
Dienstberechtigten gemäß § 611 BGB zur Leistung bestimmter **Dienste gegen
Vergütung**. Dienste können einmalige oder auf Dauer angelegte Tätigkeiten sein.
Geschuldet wird lediglich die Tätigkeit als solche, nicht der Tätigkeitserfolg (dann
Werkvertrag).

Wie schon die Beispiele zeigen, stehen sich nicht bei allen Dienstverhältnissen **499**
die Vertragspartner selbständig und gleichwertig gegenüber, wie es dem Leitbild des
BGB entspricht. Der Ausbildungs- und Arbeitsplatz bedeutet für die meisten Menschen die Grundlage ihrer wirtschaftlichen Existenz. Dem trägt das **Arbeitsrecht**
dadurch Rechnung, dass für Dienstverträge zwischen Arbeitgebern und Arbeitnehmern zusätzlich zu den §§ 611 ff. BGB zahlreiche Sonderregeln gelten. Für diese
Materie hat sich, wie gesehen, auch ein eigener Gerichtszweig gebildet.

Eine besondere Form des Dienstvertrags ist der *Behandlungsvertrag*, bei dem **500**
es um Heilbehandlungen durch Ärzte, Heilpraktiker usw. geht (§§ 630a ff. BGB).
Dienstleistungen kann sich der Unternehmer schließlich auch verschaffen, indem
er mit einem anderen Unternehmer einen *Dienstverschaffungsvertrag* schließt,
demzufolge der andere die Dienste seiner Dienstverpflichteten entgeltlich zur
Verfügung stellt. Nur der wichtigste Fall, die „Leiharbeit", ist im Arbeitnehmerüberlassungsgesetz (AÜG) geregelt.

II. Das allgemeine Dienstvertragsrecht

1. Vertragsschluss und Leistungspflichten

Der **Vertragsschluss** ist formlos möglich, wobei die ausdrückliche Einigung über **501**
die Vergütung nach § 612 BGB wie im Werkvertragsrecht nicht erforderlich ist. Für
den Vertragsschluss mit Minderjährigen enthält § 113 BGB eine Sonderregelung:

Soweit der gesetzliche Vertreter ihm den Dienst erlaubt, ist er unbeschränkt geschäftsfähig. Eine weitere Besonderheit hat die Rechtsprechung für Dienstverhältnisse auf längere Dauer entwickelt: Die Anfechtung wirkt nicht gemäß § 142 I BGB rückwirkend, sondern nur wie die Kündigung für die Zukunft, weil die sonst erforderliche bereicherungsrechtliche Rückabwicklung (s.o. Rn 379 ff.) mehr schadet als nutzt.

502   Der **Dienstverpflichtete** hat die versprochenen Dienste so zu leisten, wie die Parteien dies vereinbart haben. Er hat dies gemäß § 613 BGB im Zweifel persönlich zu tun (vgl. dazu die allgemeine Regelung in § 267 BGB). Da bei auf längere Dauer angelegten Dienstverträgen die einzelnen geschuldeten Tätigkeiten nicht im Voraus festgelegt werden können, hat der Dienstberechtigte hier ein Weisungs- und Direktionsrecht. Damit darf er die Dienstpflicht allerdings lediglich konkretisieren; die Weisungen müssen sich im Rahmen des ursprünglich Vereinbarten halten.

503   Der **Dienstberechtigte** hat in erster Linie die Vergütung zu entrichten. Die Zahlung wird gemäß § 614 BGB nach Dienstleistung oder Ablauf des Zeitabschnitts fällig.

504   Insbesondere bei Dienstverhältnissen auf längere Dauer haben **Nebenpflichten** große Bedeutung. Gesetzlich geregelt sind die Schutz- und Fürsorgepflichten des Dienstberechtigten in §§ 617 ff. BGB. Daneben ergeben sich für beide Parteien Nebenpflichten aus § 241 II BGB (z. B. Treue- und Verschwiegenheitspflicht).

2. Leistungsstörungsrecht

505   Sonderregeln wie in den §§ 434 ff. und 633 ff. BGB gibt es beim Dienstvertrag nicht. Bei Pflichtverletzungen ergeben sich die Folgen weitgehend aus dem allgemeinen Schuldrecht: Verweigert der Verpflichtete die Dienstleistung, kann der Dienstberechtigte zunächst gemäß § 611 BGB Erfüllung verlangen. Leistet der Dienstverpflichtete verspätet, greifen die §§ 280, 281 und 323 BGB sowie die §§ 286 ff. BGB ein. Ist die Dienstleistung nicht nachholbar, greift Unmöglichkeitsrecht ein (insb. §§ 275, 280, 283 und 326 BGB). Für Schädigungen durch Schlechtleistung haftet der Dienstverpflichtete nach § 280 BGB.

> **Beispiele:**
> Ein Rechtsanwalt benennt versehentlich im Prozess einen entscheidenden Zeugen nicht oder legt ein Rechtsmittel verspätet ein. Ein Arzt begeht einen Kunstfehler. Jeweils Haftung aus § 280 BGB.

506   In bestimmten Fällen ist die Vergütung entgegen der Grundregel des § 326 I BGB auch zu zahlen, wenn der Dienstverpflichtete seine Dienste nicht geleistet hat: **Lohn ohne Arbeit**.

- Im Annahmeverzug (§§ 293 ff. BGB) hat der Dienstberechtigte die Vergütung nach § 615 S. 1 BGB zu entrichten, ohne dass der Dienstverpflichtete zur Nachleistung verpflichtet wäre (aber Anrechnungspflicht nach S. 2).
- Gemäß § 615 S. 3 BGB gilt dasselbe, soweit der Arbeitgeber das Risiko des Dienstausfalls trägt.

- Nach § 616 BGB behält der Dienstverpflichtete seinen Vergütungsanspruch, wenn er für eine verhältnismäßig nicht erhebliche Zeit ohne Verschulden an der Dienstleistung verhindert ist. Für Arbeitnehmer gilt hier das Entgeltfortzahlungsgesetz.

> **Beispiele:**
> 1. V ist dem B zu Diensten verpflichtet; B versäumt, die notwendigen Arbeitsgeräte bereitzustellen (§ 295 S. 1 BGB). Bezahlen muss er ihn nach § 615 BGB dennoch.
> 2. Die Frau des V verstirbt, V muss die nötigen Angelegenheiten regeln und zur Beerdigung. B bleibt nach § 616 BGB zur Zahlung verpflichtet.

3. Beendigung des Dienstverhältnisses

Das Dienstverhältnis ist ein Dauerschuldverhältnis. Befristete Dienstverhältnisse enden mit Fristablauf, die übrigen durch ordentliche oder außerordentliche Kündigung (§ 620 BGB).   **507**

Die **ordentliche Kündigung** ist meist im Vertrag geregelt: Dort sind Kündigungsfristen vorgesehen, häufig auch bestimmte Termine, zu denen die Kündigung erklärt werden kann. Anderenfalls gilt § 621 BGB: Kündigungstermine und -fristen sind gestaffelt nach der zeitlichen Bemessung der Vergütung. Für Arbeitsverhältnisse gilt § 622 BGB, sofern im Vertrag oder einem Tarifvertrag nichts Abweichendes geregelt ist.   **508**

Die **außerordentliche Kündigung** beendet das Dienstverhältnis fristlos. Voraussetzung ist neben der Kündigungserklärung (innerhalb von zwei Wochen) ein wichtiger Grund; regelmäßig hat eine Abmahnung vorauszugehen (vgl. § 626 BGB mit § 314 BGB). Bei selbständigen Diensten höherer Art, die auf besonderer Vertrauensstellung beruhen (z. B. Arzt, Rechtsanwalt), ist nach § 627 BGB ein solcher wichtiger Grund nicht erforderlich.   **509**

Bei Beendigung hat der Dienstverpflichtete schließlich Anspruch auf bezahlte Freizeit für die **Stellensuche** (§ 629 BGB) und auf ein **Zeugnis** (§ 630 BGB).   **510**

III. Kurzübersicht zum Arbeitsrecht

Bereits die **§§ 611 ff. BGB** enthalten eine Reihe speziell arbeitsrechtlicher Vorschriften. So darf der Arbeitgeber bei der Ausschreibung, beim Abschluss des Arbeitsvertrags, der Vergütungsregelung und auch sonst nicht diskriminieren (§§ 611a, 611b, 612 III BGB). Wer einen Betrieb oder Betriebsteil erwirbt, übernimmt die damit verbundenen Arbeitsverhältnisse gemäß § 613a BGB automatisch mit. Die Kündigungsfristen sind bei Arbeitsverträgen gemäß § 622 BGB nach der Dauer des Arbeitsverhältnisses gestaffelt. Das Arbeitsrecht hat sich darüber hinaus aber zu einem besonderen Rechtsgebiet mit zahlreichen Spezialgesetzen und einer eigenen Gerichtsbarkeit entwickelt.   **511**

512   Das **Individualarbeitsrecht** regelt die Rechte und Pflichten zwischen Arbeitnehmer und Arbeitgeber. Sie richten sich nicht nur nach dem Arbeitsvertrag und
den §§ 611 ff. BGB, sondern u. U. auch nach Betriebsvereinbarungen, Tarif-
verträgen usw. Ferner existieren in zahlreichen Spezialgesetzen meist zwingende Vorschriften zum Schutz der Arbeitnehmer (z. B. Kündigungsschutzgesetz,
Mutterschutzgesetz, Arbeitszeitgesetz, Bundesurlaubsgesetz, Berufsbildungs-
gesetz usw.).

513   Das **kollektive Arbeitsrecht** baut auf der Koalitionsfreiheit auf: Art. 9 III GG
verbürgt das Recht, „zur Wahrung und Förderung der Arbeits- und Wirtschafts-
bedingungen Vereinigungen zu bilden". Als Verhandlungspartner stehen dadurch
nicht mehr nur einzelne Arbeitgeber und Arbeitnehmer einander gegenüber, sondern Arbeitgeberverbände und Gewerkschaften. Dadurch wird die oft schlechtere
Position des einzelnen Arbeitnehmers ausgeglichen, allerdings um den Preis einer
gewissen Kartellierung. Am deutlichsten wird diese Interessenbündelung, wenn
neue Tarifverträge ausgehandelt werden oder wenn es zu keiner Einigung kommt
sondern zum Arbeitskampf (z. B. Streik und Aussperrung). Gesetzliche Regelungen
finden sich im Tarifvertragsgesetz; das Arbeitskampfrecht ist hauptsächlich Richterrecht.

514   Arbeitnehmerinteressen werden ferner in den Betrieben insbesondere durch
Betriebsräte wahrgenommen. Das ist im Betriebsverfassungsgesetz geregelt.
Schließlich sehen verschiedene Mitbestimmungsgesetze vor, dass in jeder größeren Aktiengesellschaft und GmbH Arbeitnehmervertreter in die Aufsichtsräte
entsandt werden (dazu unten Rn 752). Bemühungen, die gesamte Materie in
einem Arbeitsgesetzbuch zusammenzufassen, werden schon geraume Zeit vor-
angetrieben.

C. Geschäftsbesorgung mit und ohne Vertrag

I. Unentgeltliche Geschäftsbesorgung

515 Der Auftrag ist gemäß § 662 BGB ein Vertrag, durch den sich der Beauftragte
verpflichtet, für den Auftraggeber unentgeltlich ein bestimmtes Geschäft zu
besorgen. Das BGB versteht unter „Auftrag" also etwas ganz anderes als der
allgemeine Sprachgebrauch („Auftragsbestätigung", „Auftragsfertigung", ...).
Der Beauftragte hat seine einseitige Leistungspflicht im Zweifel persönlich zu
erfüllen (§ 664 BGB) und haftet dabei (anders als bei anderen unentgeltlichen
Verträgen, vgl. z. B. §§ 521, 599 BGB für den Schenker und Verleiher) nach
allgemeinen Regeln für Vorsatz und Fahrlässigkeit (§ 276 BGB). Er darf von
den Weisungen des Auftraggebers nur ausnahmsweise abweichen (§ 665 BGB),
ist ihm auskunfts- und rechenschaftspflichtig (§ 666 BGB) und hat ihm herauszugeben, was er zur Ausführung des Auftrags oder dadurch erlangt (§ 667
BGB). Umgekehrt kann der Beauftragte Aufwendungsersatz verlangen (§§ 669,
670 BGB).

Beispiel:

A gibt B 100 €, damit dieser ihm aus den USA einen (dort günstigeren) Tennisschläger mitbringt. Handelt B mit Rechtsbindungswillen (sonst Gefälligkeit, kein Vertrag), ist er Beauftragter und zum Kauf eines solchen Schlägers verpflichtet (§ 662 BGB). Er muss den Schläger, ggf. das erhaltene Werbegeschenk sowie das Restgeld herausgeben (§ 667 BGB). Rechenschaft nach § 666 BGB könnte B ablegen, indem er den Preis und den Wechselkurs anhand des Kassenbons und einer Tageszeitung oder eines Kreditkartenauszugs darlegt. Hat B eine Zeitung gekauft ($ 1), um ein günstiges Angebot herauszusuchen, und für $ 2 Benzin verfahren, könnte er den Betrag nach § 670 BGB ersetzt verlangen und vom Restgeld abziehen (Aufrechnung, § 387 BGB).

II. Entgeltliche Geschäftsbesorgung

Wird eine Geschäftsbesorgung nicht unentgeltlich versprochen, handelt es sich um einen Dienstvertrag oder, wenn der Erfolg geschuldet wird, um einen Werkvertrag. Nach § 675 I BGB finden dann nicht nur die §§ 611 ff. oder 631 ff. BGB Anwendung, sondern auch weite Teile des Auftragsrechts. Man spricht von *entgeltlicher Geschäftsbesorgung* (mit Dienst- oder Werkvertragscharakter). 516

Beispiel:

Ein Inkassobüro übernimmt es, die Außenstände eines Unternehmens zu verwalten und fällige Forderungen einzuziehen: entgeltliche Geschäftsbesorgung. Der Unternehmer hat die vereinbarte Vergütung zu zahlen, kann andererseits die eingezogenen Beträge und Rechnungslegung verlangen (§§ 675 I, 666, 667 BGB).

§ 675a BGB verlangt für sog. Standardgeschäfte wie z. B. Bankgeschäfte bestimmte Preisinformationen, und § 675b BGB enthält eine Spezialregelung für die Effektenübertragung. Für den bargeldlosen Zahlungsverkehr finden sich seit 2009 ausführliche Reglungen im 3. Unterabschnitt „Zahlungsdienste" (§§ 675c-676c BGB, dazu unten Rn 624 ff.). 517

III. Geschäftsführung ohne Auftrag (GoA)

Im Zusammenhang mit dem Auftragsrecht regeln die §§ 677 ff. BGB auch den Fall, dass jemand Geschäfte eines anderen (des Geschäftsherrn) besorgt, ohne dazu beauftragt oder sonst berechtigt zu sein. Durch eine Geschäftsführung ohne Auftrag (GoA) entsteht ein *gesetzliches Schuldverhältnis*. Die Rechtsfolgen richten sich danach, ob das Handeln im fremden Geschäftskreis dem Interesse und wirklichen oder mutmaßlichen Willen des Geschäftsherrn entspricht: 518

Das ist bei der **berechtigten GoA** der Fall. Der Geschäftsführer hat das Geschäft sorgfältig und interessengerecht zu führen. Er kann dann Aufwendungsersatz nach 519

§ 683 BGB verlangen, der auf das Auftragsrecht (§ 670 BGB) verweist. Anderenfalls haftet er nach § 280 I BGB; im Fall drohender Gefahr ist nach § 680 BGB die Haftung allerdings eingeschränkt.

520   Bei **unberechtigter GoA** muss der Geschäftsherr lediglich eine eventuelle Bereicherung herausgeben (§§ 684 und 812 ff. BGB) und kann nach § 678 BGB Schadensersatz verlangen, wenn der Geschäftsführer den entgegenstehenden Willen hätte erkennen müssen.

Beispiel:

Als A Betriebsferien macht, wird das Schaufenster seiner Metzgerei eingedrückt. Nachbar N lässt das Fenster ersetzen und bei der Gelegenheit gleich eine Leuchtreklame anbringen. Konnte N den A erreichen, hätte er ihn benachrichtigen und ihm die Entscheidung überlassen müssen (§ 681 BGB). Ansonsten gilt: Der Ersatz der Scheibe entsprach dem Interesse und Willen des A, so dass N Aufwendungsersatz verlangen kann (§§ 677, 683, 670 BGB). Wenn A eine solche Leuchtreklame nicht wollte, handelt es sich um eine unberechtigte Geschäftsführung: Nach § 684 BGB kann N eine eventuelle Bereicherung des A herausverlangen; Aufwendungsersatz kann er nicht verlangen. Er trägt das Risiko seiner Eigenmächtigkeit.

D. Gebrauchsüberlassungsverträge

I. Überblick

521   Wer mit einer Sache arbeiten will, muss sie nicht zu Eigentum erwerben. Vielfach genügt es einem Unternehmer, wenn ihm die Büroräume, der Fuhrpark oder eine Maschine für gewisse Zeit zum Gebrauch überlassen werden. Grundtyp solcher Vertragsgestaltungen ist der *Mietvertrag*, durch den sich der Vermieter verpflichtet, den Gebrauch einer Sache gegen Entgelt zu gewähren (§ 535 BGB). Wird der Gebrauch unentgeltlich gestattet, handelt es sich um *Leihe* (§ 598 BGB). Der *Pachtvertrag* (§ 581 BGB) weicht in zweifacher Hinsicht von der Miete ab: Nicht nur Sachen, sondern auch andere Gegenstände können verpachtet werden, und nicht nur der Gebrauch, sondern auch der „Genuss der Früchte" muss gewährt werden.

Beispiel:

Ein Unternehmen ist mehr als eine Sache, kann aber verpachtet werden. Früchte des Unternehmens sind die Erträge.

---

522   Ein steuerrechtlich motivierter US-Import ist der *Leasingvertrag*, der im Gesetz nicht als Vertragstyp geregelt ist, wirtschaftlich aber große Bedeutung hat.

523   Bei der Gebrauchsüberlassung erfolgt eine bloß zeitweise Einordnung des Vertragsgegenstandes in ein anderes Vermögen; z. B. bleibt der Vermieter Eigentümer der Sache (anders beim Darlehen). Zu den üblichen Fragen (Zustandekommen,

Pflichtenlage, Leistungsstörungen usw.) kommen daher die weiteren hinzu, wie die Vertragspartner während der Gebrauchsüberlassung zu dem Vertragsgegenstand stehen, wie das Vertragsverhältnis beendet wird und welche Rechte und Pflichten daraus resultieren.

II. Miete

1. Übersicht

Das Mietrecht des BGB (§§ 535 ff.) ist in drei Untertitel untergliedert. Der erste ent-   **524**
hält die allgemeinen Vorschriften (§§ 535–548), der zweite besondere Vorschriften über die Wohnraummiete (§§ 549–577a) und der dritte besondere Vorschriften über andere Mietobjekte, insbesondere Gewerberäume und Grundstücke (§§ 578–580). Vor allem für die Wohnraummiete kommen zahlreiche Sonderregelungen außerhalb des BGB hinzu, so z. B. für preisgebundenen Wohnraum und für die Umlage von Betriebskosten. Gerade das Wohnraum-Mietrecht enthält vielfach zwingendes Recht (vgl. z. B. § 536 IV BGB). Im Übrigen kann aber – wie auch sonst – Abweichendes vereinbart werden, in den Grenzen des AGB-Rechts auch formularmäßig.

2. Vertragsschluss und Leistungspflichten

Der **Vertragsschluss** erfolgt grundsätzlich formfrei. Lediglich Mietverträge über   **525**
Grundstücke und Räume mit einer Befristung von über einem Jahr müssen schriftlich geschlossen werden. Anderenfalls sind sie allerdings nicht nichtig (Abweichung von § 125 BGB), sondern unbefristet und für ein Jahr unkündbar (§§ 550, 578 BGB).

Der **Vermieter** hat nach § 535 I BGB die Pflicht, den Gebrauch der Sache zu   **526**
gewähren. Er muss sie zum Gebrauch überlassen und für den vertragsgemäßen Gebrauch erhalten und auch die Lasten der Mietsache tragen. Das beinhaltet zunächst grundsätzlich die gesamte Instandhaltung, so dass an sich der Vermieter auch z. B. für Schönheitsreparaturen zuständig ist (und die Überwälzung auf den Mieter einer strengen AGB-Kontrolle unterliegt). Zur Gebrauchsgewährung gehört es darüber hinaus, Störungen zu unterlassen und im Rahmen des Zumutbaren sogar Störungen Dritter abzuwehren.

Beispiel:
Vermietet V dem M eines der beiden Ladenlokale in seinem Haus, so darf V in dem anderen kein Konkurrenzgeschäft aufmachen und auch nicht die Eröffnung eines Konkurrenzgeschäftes durch den anderen Mieter dulden. Betreibt der andere Mieter ein völlig andersartiges Geschäft, muss V dafür sorgen, dass dieser z. B. durch seine übermäßigen Werbeaktivitäten M nicht in dessen Gebrauch der Mietsache beeinträchtigt.

Der **Mieter** ist nach § 535 II BGB zunächst verpflichtet, die Miete zu zahlen. Das   **527**
hat bei der Wohnraummiete jeweils bis zum Dritten des Monats o. ä. zu geschehen, während die Miete bei beweglichen Sachen und Grundstücken erst am Ende der Mietzeit oder des Zeitabschnitts fällig wird (§§ 556b, 579 BGB).

528   Für die Wohnraummiete enthalten die §§ 556 ff. BGB detaillierte Regelungen
darüber, inwieweit Betriebskosten (abweichend von § 535 I 3 BGB) auf den Mieter
abgewälzt werden können. Die §§ 557 ff. BGB regeln insbesondere Mieterhöhungen,
die natürlich zwischen den Parteien frei vereinbart werden können. In bestimmten
Grenzen können sie aber auch einseitig vom Vermieter durchgesetzt werden (vgl.
insb. § 558 BGB: einklagbarer Anspruch auf Zustimmung; § 559 BGB: Mieterhöhung
durch einseitiges Rechtsgeschäft).

529   Der Mieter darf den vertragsgemäßen Gebrauch der Mietsache nicht überschrei-
ten, hat Obhuts- und Sorgfaltspflichten hinsichtlich der Mietsache, muss bei der
Raummiete Erhaltungs- und Modernisierungsmaßnahmen des Vermieters dulden
(§§ 554, 578 II BGB) und muss nach § 536c BGB dem Vermieter Mängel anzeigen,
die sich im Laufe der Mietzeit zeigen.

3. Leistungsstörungsrecht

530   Kommt der **Vermieter** seiner Gebrauchsgewährungspflicht nicht vollständig nach,
kann der Mieter zunächst Erfüllung verlangen, also Instandsetzung oder ggf. Stö-
rungsabwehr.

531   Sofern die überlassene Mietsache mit einem nicht nur unerheblichen *Sach- oder
Rechtsmangel* behaftet ist, mindert sich die Miete gemäß § 536 BGB kraft Gesetzes
(kein Gestaltungsrecht wie im Kauf- und Werkvertragsrecht). Nach § 536a I BGB
hat der Vermieter ferner Schadensersatz zu leisten, wobei er für anfängliche Mängel
und im Verzug mit der Mängelbeseitigung verschuldensunabhängig haftet (beachte
aber § 286 IV BGB). Ähnlich wie im Werkvertragsrecht kommt nach § 536a II BGB
ein Selbstvornahmerecht hinzu.

> **Beispiel:**
>
> V vermietet M eine Wohnung; die Fenster sind undicht. Wegen dieses Mangels
> mindert sich der zu zahlende Mietzins vielleicht um 10 % (§ 536 BGB). Unab-
> hängig davon kann M von V gemäß § 535 BGB Mängelbeseitigung verlangen.
> Nach erfolgloser Mahnung kann M selbst Handwerker bestellen und V gemäß
> § 536a II BGB die Rechnung präsentieren. Hat eindringende Feuchtigkeit Bücher
> des M beschädigt, muss V Schadensersatz gemäß § 536a I BGB leisten.

532   Als weiterer Rechtsbehelf kommt in verschiedenen Fällen ein *Kündigungsrecht*
hinzu, z. B. gemäß § 543 I, II Nr. 1 BGB bei Nichtgewährung des Gebrauchs oder
bei der Raummiete bei Gesundheitsgefährdung (§§ 569 I, 578 II 2 BGB).

533   Schließlich kann das *allgemeine Leistungsstörungsrecht* eingreifen, soweit es
nicht um Mängel der Mietsache geht (dann §§ 536 ff. BGB) oder um Rücktritt (dann
Kündigungsregeln).

> **Beispiele:**
>
> 1. V gewährt dem M den Gebrauch schuldhaft und trotz Mahnung nicht. Nach
>   erfolgloser Fristsetzung oder Abmahnung kann M nach § 543 BGB fristlos kün-
>   digen. Unabhängig davon kann M ggf. den Verzögerungsschaden (z. B. Auf-
>   wendungen für Ersatzmiete) gemäß §§ 280, 286 BGB geltend machen.

2. V beschädigt schuldhaft bei Instandsetzungsarbeiten die Möbel des M; Schadensersatz nach §§ 280 I, 241 II BGB (kein Mangel der Mietsache, daher nicht § 536a I BGB).

Auch bei Pflichtverletzungen des **Mieters** treten Kündigungsrechte neben das all-   **534** gemeine Leistungsstörungsrecht. Der Vermieter kann vom Mieter verlangen, dass er die Sache nicht vertragswidrig gebraucht. Anderenfalls kann er ihn nach fruchtloser Abmahnung auf Unterlassung verklagen (§ 541 BGB) und im Fall erheblicher Verletzung der Vermieterrechte fristlos kündigen (§ 543 I, II Nr. 2 BGB). Gerät der Mieter mit der Mietzahlung in Verzug, sieht § 543 I, II Nr. 3 BGB ein Recht zur fristlosen Kündigung vor. Die im Vergleich zum allgemeinen Rücktrittsrecht strengeren Voraussetzungen (insb. bei Wohnraum, § 569 III BGB) zeigen jedoch, dass letztlich der Mieter geschützt wird.

4. Untermiete

Untermiete ist nur ein Unterfall der Gebrauchsüberlassung an Dritte. Diese ist   **535** grundsätzlich nicht gestattet und sogar ein Grund zu fristloser Kündigung (§ 540 BGB). Bei der Wohnraummiete schützt aber § 553 BGB den Mieter, bei dem sich nachträglich Untervermietungsbedarf herausstellt, und § 565 BGB schützt den Untermieter, der einen Vertrag mit einem gewerblichen Hauptmieter hat.

Beispiel:

M mietet für sich und seine Kinder eine Wohnung von V. Nachdem die Kinder selbständig werden und ausziehen, ist die Wohnung für M zu groß. M kann von V die Erlaubnis verlangen, U als Untermieter einziehen zu lassen. U hat nur einen Mietvertrag mit M; M hat in seinem Mietverhältnis mit V nach § 540 II BGB ein Verschulden des U zu vertreten (Zurechnung wie bei § 278 BGB).

5. Beendigung des Mietverhältnisses

Das Mietverhältnis endet ähnlich dem Dienstvertrag mit Zeitablauf oder ordentli-   **536** cher oder außerordentlicher Kündigung (§ 542 BGB).

Die **ordentliche Kündigung** ist an bestimmte Kündigungsfristen gebunden, die   **537** für Wohnräume und andere Sachen (Grundstücke und Geschäftsräume, bewegliche Sachen) unterschiedlich bemessen sind (§§ 573c, 580a BGB). Bei Wohnraum ist die Kündigung erschwert: Sie muss schriftlich erfolgen (§ 568 BGB), braucht ausnahmsweise gemäß § 573 BGB einen Grund, nämlich ein berechtigtes Interesse (z. B. Eigenbedarf, Abs. 2 Nr. 2), und schließlich hat der Mieter in Härtefällen ein Widerspruchsrecht (§§ 574 ff. BGB).

Die **außerordentliche Kündigung** ist wie bei allen Dauerschuldverhältnissen   **538** grds. *fristlose* Kündigung; dafür ist aber ein wichtiger Grund erforderlich. Entscheidend ist letztlich wie auch sonst, dass einer Partei das Festhalten an dem Vertragsverhältnis bis zur regulären Beendigungsmöglichkeit nicht zumutbar ist (vgl. §§ 543, 569 BGB mit § 314 BGB).

Nach § 545 BGB gilt das Mietverhältnis als stillschweigend verlängert, wenn der   **539** Gebrauch der Sache vom Mieter fortgesetzt wird und keine der Vertragsparteien innerhalb von zwei Wochen Gegenteiliges erklärt. Nach Beendigung des Mietverhältnisses ist der Mieter gemäß § 546 BGB verpflichtet, die Mietsache zurückzugeben. Diese Rückgabepflicht ist eine einseitige Leistungspflicht, auf die die allgemeinen Leistungsstörungsregeln anzuwenden sind. Bei verspäteter Rückgabe schuldet der Mieter nicht erst im Verzug Schadensersatz (§§ 280, 286 BGB), sondern hat nach § 546a BGB – verschuldensunabhängig – als Entschädigung die Miete zu zahlen.

III. Pacht

540   Ein Pachtvertrag (§§ 581 ff. BGB) kann nicht nur über Sachen, sondern auch über andere *Gegenstände*, also Rechte und Gesamtheiten aus Sachen und Rechten, geschlossen werden. Der Verpächter hat nicht nur den Gebrauch des Gegenstandes zu gewähren, sondern auch den *Genuss der Früchte* (§ 99 BGB), soweit sie einen ordnungsgemäßen Ertrag darstellen.

> **Beispiele:**
> Pacht eines Steinbruchs: Steine als Ausbeute (§ 99 I BGB); Pacht einer Segelyacht: Mieteinnahmen als mittelbare Sachfrüchte (§ 99 III BGB); Pacht einer Gaststätte: Fruchtgenuss durch Einziehung der Gewinne.

541   Auf Pachtverträge ist nach § 581 II BGB Mietrecht entsprechend anwendbar, wenn nicht §§ 582–584b BGB Sonderregeln enthalten (z. B. zum Inventar oder zur Kündigung). Für die Landpacht (= Pacht von Landwirtschaftsgrundstücken) gelten dagegen ausschließlich die §§ 585 ff. BGB.

IV. Leasing

542   „Leasing" ist ein Sammelbegriff für verschiedene steuerlich motivierte Gestaltungen. Der Leasingnehmer ordnet ein Wirtschaftsgut zumindest zunächst nicht endgültig in sein Vermögen ein, sondern es wird ihm vom Leasinggeber entgeltlich überlassen. Das Leasinggut muss der Leasingnehmer nicht aktivieren, er kann aber die Leasingraten als Betriebsausgaben absetzen und damit die Steuerlast u. U. eher mindern als durch Abschreibungen eines gekauften Guts. Typisch für das Leasing ist eine Dreiecksbeziehung: Der Leasinggeber erwirbt das Gut vom Hersteller oder Lieferanten (Kauf o. ä.) und überlässt es dem Leasingnehmer auf Zeit (Leasingvertrag). In der Grundstruktur ähnelt der Leasingvertrag der Miete. Die Formularverträge enthalten aber meist wesentliche Abweichungen von den §§ 535 ff. BGB.

543   Beim **Operatingleasing** ist der Vertrag grundsätzlich auf eine kurz- oder mittelfristige Gebrauchsüberlassung gerichtet, so dass der Leasingnehmer z.B. alle drei Jahre ein neues Auto, eine Computeranlage o. ä. zur Verfügung hat. Abweichend vom Mietrecht werden dem Leasingnehmer oft die Instandhaltung und das Risiko von Verschlechterung oder Zerstörung aufgebürdet. Oft wird er auch zur Versicherung des Leasingguts oder zum Abschluss eines Wartungsvertrags verpflichtet. Im Übrigen bleibt es beim Mietrecht.

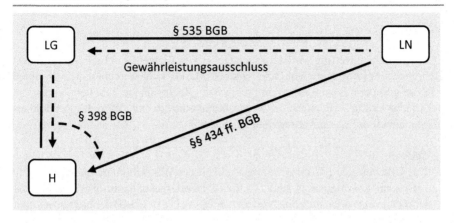

Abb. 1 Finanzierungsleasing

Beim **Finanzierungsleasing** steht die Finanzierung des Leasingguts im Vor-   544
dergrund; der Leasinggeber ist nur Finanzier. Er ist daher zwar gemäß §§ 535, 536
BGB zur Gebrauchsüberlassung verpflichtet, schließt aber typischerweise die miet-
rechtlichen Gewährleistungsregeln aus und tritt dem Leasingnehmer dafür seine
kaufrechtlichen Gewährleistungsansprüche gegen den Hersteller oder Lieferanten
ab. Das Leasing wird so zur *Miete mit kaufrechtlicher Gewährleistung* (vgl. dazu
Abb. 1).

Grundsätzlich ist die Vertragszeit so bemessen und das Kündigungsrecht so beschnit-   545
ten, dass der Leasinggeber durch die Raten das für die Kaufpreiszahlung eingesetzte
Kapital samt Verzinsung und Gewinn erwirtschaftet (**Vollamortisation**). Vorzeitige
Vertragsbeendigung wirkt sich meist negativ für den Leasingnehmer aus. Da auch
hier der Leasingnehmer das Verschlechterungsrisiko usw. zu tragen hat, trägt er letztlich das Investitionsrisiko, der Leasinggeber das Kreditrisiko. Wegen des vorrangigen Kreditelements kann teilweise auf allgemeines Kreditrecht zurückgegriffen
werden. Sofern der Leasingnehmer Verbraucher ist, greifen auch weite Teile des
Verbraucherkreditrechts ein (vgl. § 506 BGB und unten Rn 1204).

Beispiel:
Bei der Frage, ob die Leasingraten sittenwidrig überhöht sind (§ 138 BGB), kann
mangels konkreterer Anhaltspunkte auf die Rechtsprechung zu Ratenkreditver-
trägen zurückgegriffen werden (BGH v. 11. 1. 1995 – VIII ZR 82/94 = NJW
1995, 1019 = JuS 1995).

Schließlich sehen zahlreiche Leasingverträge für das Ende der Gebrauchsüberlas-   546
sung eine **Kaufoption** für den Leasingnehmer vor. Man spricht dann vom Mietkauf.
Für den Erwerb des Guts gegen Abschlusszahlung gilt Kaufrecht.

Zur **Fallstudie** lässt sich damit festhalten, dass grundsätzlich in beiden Varianten
die Gewährleistungsregeln des Kaufrechts eingreifen. In der Praxis werden diese
allerdings häufig modifiziert, bei Fotokopierern z. B. durch einen Wartungsvertrag.

V. Lizenz

547 Durch den Lizenzvertrag wird der Lizenzgeber verpflichtet, dem Lizenznehmer den Gebrauch eines immateriellen Gutes (Patent, Marke, Urheberrecht usw.; vgl. unten § 12) zu gestatten. Soweit das Stammrecht beim Rechtsinhaber verbleibt, entspricht der Lizenzvertrag weitgehend der Verpachtung eines Rechts. Wird das Recht übertragen, ähnelt der Lizenzvertrag dem Rechtskauf.

> **Beispiel:**
>
> Das Urheberrecht ist Teil der Persönlichkeit des Werkschöpfers und daher nicht insgesamt übertragbar (§ 29 S. 2 UrhG). Der Urheber kann aber gemäß § 31 UrhG einzelne oder auch alle Nutzungsarten (vgl. § 15 UrhG) dem Lizenznehmer einräumen.

548 Durch ausschließliche Lizenzen (nur einer darf das Immaterialgut nutzen, nur einer pro Bundesland darf es nutzen usw.) können Märkte aufgeteilt, kann Wettbewerb behindert werden. Das Kartellrecht sieht daher eine Kontrolle solcher Verträge vor (vgl. unten § 14).

VI. Sachdarlehen

549 Eine besondere Form der Gebrauchsüberlassung ist das Sachdarlehen nach § 607 BGB. Der Darlehensgeber schuldet die zeitweise Überlassung von vertretbaren Sachen (§ 91 BGB), der Darlehensnehmer im Zweifel ein Darlehensentgelt (Zinsen) und bei Fälligkeit die Rückgewähr von Sachen gleicher Art, Güte und Menge. Regelmäßig werden die Sachen dem Darlehensnehmer – anders als bei den anderen Gebrauchsüberlassungsverträgen – übereignet, und er kann sie verbrauchen, verarbeiten und dergleichen. Auf die Überlassung von Geld sind die §§ 607 ff. BGB nicht anwendbar (§ 607 II BGB), denn hier treffen die §§ 488 ff. BGB (seit 2002) Sonderregeln (s. unten Rn 554 ff.).

> **Beispiele:**
>
> „Leiht" sich Hannes beim Nachbarn einen Kasten Bier und im Büro gegenüber 1000 Blatt Kopierpapier aus, handelt es sich um Sachdarlehen, da er ja nicht dieselben Bierflaschen und dasselbe Papier zurückgeben soll.

E. Arbeitshinweise

I. Die wichtigsten Grundbegriffe

550 **Werkvertrag** (§§ 631 ff. BGB): Werkunternehmer schuldet (mangelfreie) Erstellung eines (körperlichen oder unkörperlichen) Werks (= Erfolg), Besteller schuldet u. U. Mitwirkung, bei Mangelfreiheit die Abnahme und damit die Vergütung (§§ 631 f., 640 f. BGB).

Gewährleistung beim Werkvertrag (§§ 633 ff. BGB): Bei Mangel Anspr. auf Nacherfüllung, nach Fristsetzung Rücktritt und Selbstvornahme sowie bei Verschulden Schadensersatz.

Werklieferungsvertrag (§ 651 BGB): Vertrag über die Lieferung einer herzustellenden beweglichen Sache. Es gilt Kaufrecht; bei unvertretbaren Sachen z. T. Werkvertragsrecht.

Dienstvertrag (§§ 611 ff. BGB): Dienstleistung (nicht Erfolg) gegen Vergütung. Der Dienstverpflichtete ist grds. persönlich zur Leistung der vertraglich vereinbarten und ggf. im Rahmen des Weisungs- und Direktionsrechts bestimmten Dienste verpflichtet (§§ 611, 613 BGB). Der Dienstberechtigte ist zur Zahlung der Vergütung nach Dienst oder Zeitabschnitt (§ 614 BGB) verpflichtet. Beendigung mit Fristablauf, ordentlicher Kündigung (Termine u. Fristen §§ 621 f. BGB) oder fristloser außerordentlicher Kündigung aus wichtigem Grund (§ 626 BGB).

Arbeitsvertrag Dienstvertrag über abhängige Dienste. Zahlreiche Sondergesetze, besondere Gerichtsbarkeit.

Auftrag (§§ 662 ff. BGB): Vertrag zwischen Auftraggeber und Beauftragtem über die unentgeltliche Besorgung von Geschäften für den Auftraggeber.

Geschäftsbesorgungsvertrag (§ 675 I BGB): Vertrag über die entgeltliche Besorgung von Geschäften für einen anderen.

GoA (= Geschäftsführung ohne Auftrag, §§ 677 ff. BGB): Willentliches Tätigwerden im Geschäftskreis eines anderen, ohne ihm gegenüber dazu berechtigt zu sein. Gesetzliches Schuldverhältnis: Pflicht zur Führung der Geschäfte entsprechend dem Willen und Interesse des Geschäftsherrn (§ 677 BGB). Ggf. Aufwendungsersatzanspruch (§ 683 BGB), anderenfalls Bereicherungsausgleich (§ 684 BGB) und bei Vertretenmüssen Schadensersatz gem. § 280 I BGB.

Mietvertrag (§§ 535 ff. BGB): Grds. formfrei; Ausn.: § 550 BGB. Der Vermieter muss den Gebrauch der Sache gewähren (Überlassung und Instandhaltung). Der Mieter muss den Mietzins zahlen (§ 535 S. 2 BGB), den vertragsgemäßen Gebrauch einhalten (vgl. § 541 BGB), und ihn treffen Obhuts- und Sorgfaltspflichten (§ 241 II BGB).

Gewährleistung beim Mietvertrag: Der Vermieter schuldet fortwährend Überlassung und Instandhaltung zum vertragsgemäßen Gebrauch (Erfüllungsanspruch). Bei Mangel: Mietminderung (§ 536 BGB), Schadensersatzhaftung, Ersatzvornahme (§ 536a BGB).

Untermiete Überlassung der Mietsache an Dritte zu selbständigem Gebrauch (§§ 540, 553 BGB).

Beendigung des Mietverhältnisses: (1) durch Fristablauf (§ 542 II BGB), (2) durch Kündigung nach §§ 542 f. BGB: (a) ordentlich (fristgebunden); (b) außerordentlich (grds. fristlos) aus wichtigem Grund. Sonderregeln für Wohnraummiete (§§ 568 ff. BGB).

Pacht (§§ 581 ff. BGB; Landpacht §§ 585 ff. BGB): Überlassung eines Gegenstands zum Gebrauch und Fruchtgenuss (Erträge). Grds. Mietrecht anwendbar (§ 581 II BGB).

Leasing Nicht gesetzlich geregelt. Leasinggeber erwirbt als Finanzier Sache für Leasingnehmer; dieser zahlt Raten. Operatingleasing: kurzfristige Überlassung, entspricht Miete. Finanzierungsleasing: Amortisation in Grundmietzeit, dann häufig Kaufoption. Miete mit kaufrechtlicher Gewährleistung (Ausschluss der Vermietergewährleistung, Abtretung der Käuferrechte).

Lizenz Vertrag über die entgeltliche Überlassung von Immaterialgütern zur (teils ausschließlichen) Nutzung/Verwertung. Ähnlich der Rechtspacht.

Sachdarlehen (§§ 607 ff. BGB): Vertrag über die im Zweifel entgeltliche Überlassung von vertretbaren Sachen auf Zeit (bei Beendigung Rückgabe entsprechender Sachen).

II. Übungsaufgaben

551

1. Hat ein Werkunternehmer auch Anspruch auf eine Vergütung, wenn diese nicht vereinbart ist?

2. H fertigt der K für 14 € ein kleinkopiertes VWL-II-Skript. Nach welchen Vorschriften richten sich etwaige Gewährleistungsrechte der K?

3. Inge hat bei Schneider S ein nach ihren extravaganten, individuellen Wünschen anzufertigendes Abendkleid bestellt, erscheint aber trotz Aufforderung nicht zur Anprobe bei S, der daher das Kleid nicht fertigstellen kann. Wie ist der Vertrag einzuordnen? Welche Ansprüche ergeben sich für S?

4. Wie unterscheidet sich der Dienstvertrag vom Werkvertrag?

5. Was unterscheidet den Arbeitsvertrag vom sonstigen Dienstvertrag?

6. Darf der Dienstverpflichtete seine Pflicht durch einen Dritten erfüllen?

7. Setzen die ordentliche und die außerordentliche Kündigung eines Dienstvertrags jeweils einen Kündigungsgrund voraus?

8. Was versteht man unter Diensten „höherer Art" und welche Sonderregelung gilt für sie?

9. Die 29-jährige Arbeitnehmerin A ist seit 6 Jahren bei Unternehmer U beschäftigt. Welche Kündigungsfrist ist für eine ordentliche Kündigung einzuhalten, wenn der Vertrag keine entsprechende Regelung enthält?

10. Wie sind Auftrag und Geschäftsbesorgungsvertrag voneinander abzugrenzen?

11. Welches sind die wesentlichen Unterschiede zwischen Miet- und Pachtvertrag?

12. Welche Rechte stehen dem Vermieter zu, wenn der Mieter die Mietsache vertragswidrig gebraucht?

13. M und V schließen telefonisch einen Mietvertrag über eine Wohnung, der auf 18 Monate befristet sein soll. Endet der Mietvertrag nach 18 Monaten, wenn weder M noch V kündigen?

14. Beschreiben Sie die Grundstrukturen des Leasing. Warum ist es als Investitionsform häufig vorteilhaft?

15. Gegen wen richten sich in der Regel die Gewährleistungsansprüche des Leasingnehmers wegen Mängeln des Leasingguts?

16. Findet auf Leasing-Verträge das Verbraucherkreditrecht Anwendung?

17. Am Abend vor der Abgabefrist für die Diplomarbeit geht A der Toner aus. Er geht zu Mitbewohner B, der meistens eine Ersatz-Patrone hat. „Ich gebe dir 15 € und du bekommst Donnerstag eine neue Patrone, garantiert!". B willigt ein. Vertragstyp?

III. Empfohlene Literatur

Brox/Walker, Besonderes Schuldrecht (Beck), §§ 20–24;
ausführlicher: **Looschelders**, Schuldrecht BT (Heymanns), §§ 22–37;

Fikentscher/Heinemann, Schuldrecht (de Gruyter), §§ 77–81.

552

Teil III

Finanzierung

Bei der Frage, in welcher Form Finanzmittel für ein Unternehmen beschafft werden sollen, ist zwischen Innenfinanzierung (insbesondere aus Überschüssen aus der Betriebstätigkeit) und der Außenfinanzierung zu unterscheiden. Zufluss von Mitteln von außen kann durch Beteiligungen erreicht werden. Insoweit stehen gesellschaftsrechtliche Fragen im Vordergrund (z. B. Aufnahme weiterer Teilhaber in einer OHG, Kapitalerhöhung in einer AG). Im Übrigen besteht die Möglichkeit der Fremdfinanzierung, insbesondere durch Kredite. Im Mittelpunkt der hier zu behandelnden Fragen stehen der Kredit und die Kreditsicherung. In diesem Zusammenhang sollen ferner einige Besonderheiten des Zahlungsverkehrs behandelt werden (unten § 8). **553**

§ 7 Kredit und Kreditsicherung

▶ **Fallstudie: Existenzgründungskredit**
Hannes Hurtig benötigt für seine Geschäftseröffnung Bares. Norbert Neu ist
bereit, ihm für drei Jahre 20.000 € zur Verfügung zu stellen, allerdings zu 8 %
Jahreszins, zahlbar bei Darlehensrückzahlung. Als er Sicherheiten verlangt,
bietet Hannes die bereits erworbene Bindemaschine an. Vater Hurtig sagt N
spontan: „Für den Kredit stehe ich gerade". Mutter Hurtig fragt, ob sie eine
Grundschuld an ihrem geerbten Grundstück bestellen soll.

A. Kredit und Darlehen

Der Begriff **Kredit** ist der Oberbegriff für *Darlehen* (§ 488 BGB) und andere Finan- **554**
zierunghilfen wie Zahlungsaufschübe, Ratenzahlungsvereinbarungen und dergleichen. Dementsprechend wird nicht nur vom Bankkredit (Darlehen), sondern auch
vom Waren- oder Lieferantenkredit gesprochen, und ebenso unterscheidet das Verbraucherkreditrecht Verbraucherdarlehen (§§ 491 ff. BGB) und sonstige Finanzierungshilfen (§§ 499 ff. BGB); dazu unten Rn 1190 ff.

Der **Darlehensvertrag** ist seit 2002 gesondert vom Sachdarlehen (s.o. Rn 150) **555**
geregelt. Nach § 488 BGB ist er ein grundsätzlich formfreier Vertrag, durch den
sich der Darlehensgeber verpflichtet, dem Darlehensnehmer einen bestimmten
Geldbetrag zur Verfügung zu stellen. Wenn sich der Darlehensnehmer verpflichtet,
dafür Zinsen zu zahlen (vgl. § 488 I 2 und II: „geschuldeten Zins", „vereinbarten
Zinsen"), handelt es sich um einen gegenseitigen Vertrag. Die Fälligkeit der Rückzahlung (Tilgung) und der Zinsen ist meist genau vereinbart. Anderenfalls sind die
Zinsen nach § 488 II BGB im Zweifel jährlich fällig und die Rückzahlung des Darlehensbetrags hat gemäß § 488 III BGB nach Kündigung des Darlehens zu erfolgen.

© Springer-Verlag Berlin Heidelberg 2017   151
J. Meyer, *Wirtschaftsprivatrecht*, Springer-Lehrbuch,
DOI 10.1007/978-3-662-52734-4_7

556   Bei zinslosen Darlehen kann der Darlehensnehmer den Betrag jederzeit zurück-
zahlen. Im Übrigen sehen §§ 489, 490 II BGB für ihn auch bei fest vereinbarten
Laufzeiten und Zinsen Kündigungsmöglichkeiten vor, um seine wirtschaftliche
Bewegungsfreiheit zu sichern. Umgekehrt hat der Darlehensgeber ein außerordent-
liches Kündigungsrecht, wenn sich die Situation des Schuldners oder der Besiche-
rung wesentlich verschlechtert (vgl. § 490 I BGB mit § 321 BGB).

557   Der Kredit von der Bank ist ein Darlehen, ebenso aber stellt auch die Sparein-
lage des Kunden ein Darlehen an die Bank dar. Steht nicht die Geldüberlassung für
bestimmte Zeit im Vordergrund, sondern die Aufbewahrung und Verwaltung (wie
z. B. beim Girokonto), handelt es sich um *unregelmäßige Verwahrung*; gemäß § 700
BGB sind auf solche Verträge aber ebenfalls die Darlehensvorschriften, bei anderen
Sachen als Geld die Vorschriften über das Sachdarlehen, anwendbar.

> **In der Fallstudie** haben H und N einen Darlehensvertrag gemäß § 488 BGB
> geschlossen. Dabei haben sie eine Zinszahlungspflicht vereinbart, die Laufzeit
> festgelegt und die Fälligkeit der Zinszahlung abweichend von Abs. 2 auf das
> Ende der Laufzeit hinausgeschoben.

558   Insbesondere bei längerfristigen **Krediten** besteht für den Kreditgeber ein **Be-
dürfnis nach Absicherung**, weil ihm der später fällig werdende Anspruch auf
Kaufpreiszahlung oder Darlehensrückzahlung wenig hilft, wenn der Schuldner zah-
lungsunfähig oder nicht erreichbar ist. Beim einfachen Leistungsaustausch sind die
Parteien, wie gesehen, geschützt, wenn sie nur Zug um Zug leisten (§ 320 BGB).
Teilweise sieht das Gesetz eine Sicherung des Vorleistenden vor (z. B. für Werkun-
ternehmer [§§ 647 ff. BGB]). Im Übrigen müssen sich Kreditgeber selbst um ihre
Absicherung kümmern. Das geschieht häufig durch Hinzuziehung eines weiteren
Schuldners, der notfalls zahlen muss, (Personalsicherheit) oder durch Heranziehung
eines Gegenstandes, der im Ernstfall verwertet werden kann (Realsicherheit).

B. Personalsicherheiten

I. Die Bürgschaft

559   Die wichtigste Form der Personalsicherheit ist die Bürgschaft. Sie ist in §§ 765 ff.
BGB geregelt.

1. Bürgschaftsvertrag

560   Durch den Bürgschaftsvertrag verpflichtet sich der Bürge gegenüber dem Gläubiger, dafür einzustehen, dass die Verbindlichkeit des Schuldners (Hauptverbindlichkeit) erfüllt wird. Vertragspartner sind also nur Bürge und Gläubiger.

561   Die Bürgschaft besteht lediglich zu dem Zweck, die Hauptverbindlichkeit zu
sichern. Das Gesetz macht daher ihre Entstehung und ihren weiteren Bestand von
der zu sichernden Forderung abhängig: Nach § 765 BGB ist die „Verbindlichkeit des
Dritten" (zumindest eine künftige oder bedingte, Abs. 2) Entstehungsvoraussetzung,

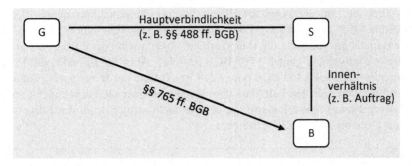

Abb. 1 Die Rechtsverhältnisse bei der Bürgschaft

und nach § 767 BGB richtet sich auch der Umfang der Bürgschaftsschuld nach dem jeweiligen Bestand der Hauptforderung (vgl. Abb. 1). Erlischt die Hauptverbindlichkeit oder vermindert sie sich (z. B. durch Tilgung = Erfüllung, § 362 BGB), erlischt oder vermindert sich auch die Bürgschaftsschuld. Diese sog. **Akzessorietät** wirkt sich schließlich auch bei der Abtretung der Hauptforderung aus: Wenn der Gläubiger die Hauptverbindlichkeit abtritt, gehen mit ihr nach § 401 I BGB auch die Rechte aus einer Bürgschaft (und andere akzessorische Sicherungsrechte) auf den Neugläubiger über.

Die Bürgschaftserklärung des Bürgen (nicht der gesamte Vertrag) muss nach   562
§ 766 S. 1 BGB schriftlich erfolgen (nicht in elektronischer Form, S. 2), es sei denn, der Bürge ist Kaufmann und die Bürgschaft stellt für ihn ein Handelsgeschäft dar (§ 350 HGB). Anderenfalls ist der Vertrag heilbar nichtig (§§ 766 S. 3, 125 BGB).

> **Beispiel:**
> S verhandelt mit der G-Bank über einen Überbrückungskredit und kann sie nur dadurch überzeugen, dass er Sicherheiten anbietet. Da S der wichtigste Lieferant der B-GmbH ist, faxt Geschäftsführer B im Namen seiner GmbH eine Bürgschaftserklärung an die G-Bank. Da das unterschriebene Original bei B bleibt, hat er die Erklärung nicht schriftlich abgegeben. Die in § 766 S. 1 BGB geforderte Schriftform ist hier aber entbehrlich, da die Bürgschaft für die Bürgin, also die GmbH, ein Handelsgeschäft ist (§ 350 HGB).

2. Einwendungen des Bürgen

Der Bürge kann sich zunächst mit seinen eigenen Einwendungen verteidigen.   563

> **Beispiele:**
> Die Bürgschaft ist formunwirksam. B hat seinerseits eine Forderung gegen G und kann aufrechnen. Die Bürgschaft i.H.v. 300.000 € ist sittenwidrig und damit unwirksam (§ 138 BGB), da B der vermögens- und einkommenslose Ehemann der S ist und das Bedürfnis der Bank, Vermögensverschiebungen zu verhindern, es nicht rechtfertigt, die Zukunft des B in der Weise zu belasten (s.o. Rn 23).

564 Aber auch die Einwendungen des Hauptschuldners kommen ihm zugute: Rechtshindernde oder -vernichtende Einwendungen wirken sich schon aufgrund der Akzessorietät aus: Entsteht die Hauptverbindlichkeit nicht oder erlischt sie, gilt für die Bürgschaftsschuld gemäß § 767 BGB dasselbe. Auch die Einreden des Hauptschuldners (z. B. aus § 320 BGB oder § 214 BGB) kann der Bürge nach § 768 BGB geltend machen. Für den Fall, dass dem Hauptschuldner Gestaltungsrechte zustehen (Anfechtung, Aufrechnung), die er aber nicht ausübt, kann der Bürge seine Leistung gemäß § 770 BGB verweigern.

> **Beispiel:**
> Durch Täuschung erreicht G, dass sich S ihm gegenüber verpflichtet. B verbürgt sich. Ficht S an, erlischt nach §§ 123 I, 142 I BGB die Hauptverbindlichkeit und nach § 767 I 1 BGB auch die Bürgschaft. Erklärt S die Anfechtung nicht, kann sich B auf § 770 BGB berufen.

565 § 771 BGB regelt schließlich die **Einrede der Vorausklage.** In der Regel soll der Bürge nur haften, wenn sich der Gläubiger nicht beim Schuldner befriedigen kann und dies ggf. durch Zwangsvollstreckung versucht hat. Verzichtet der Bürge auf diese Einrede, so spricht man von einer selbstschuldnerischen Bürgschaft (vgl. § 773 I Nr. 1 BGB). Gehört die Bürgschaft zu seinem Handelsgeschäft, so steht einem Kaufmann gemäß § 349 HGB die Einrede der Vorausklage nicht zu. Kaufleute sind also selbstschuldnerische Bürgen kraft Gesetzes.

3. Bürge und Hauptschuldner

566 Zwischen B und S besteht entweder ein bloßes Gefälligkeitsverhältnis oder ein Rechtsverhältnis (z. B. Auftrag). Sofern dort nichts Besonderes vereinbart ist, regeln die §§ 774 ff. BGB das Innenverhältnis. Da der Bürge in der Regel nur sekundär haften soll, geht, soweit er leistet, der Anspruch des Gläubigers gegen den Schuldner auf ihn über. Der Bürge kann sich dann aufgrund der übergegangenen Forderung an den Hauptschuldner halten (§ 774 BGB). Wie beim Abtretungsvertrag wechselt also der Gläubiger. Während der Abtretungsvertrag einen rechtsgeschäftlichen Forderungsübergang bewirkt, schreibt § 774 BGB einen **gesetzlichen Forderungsübergang** fest (sog. *cessio legis*).

II. Der Schuldbeitritt

567 Während der Bürge nur subsidiär hinter dem Hauptschuldner haftet, wird derjenige, der eine Schuld mit übernimmt oder ihr beitritt, zu einem zusätzlichen Schuldner neben dem anderen. Besondere Regeln dafür enthält das BGB nicht.

568 Der Schuldbeitritt erfolgt in der Regel durch einen **Vertrag** zwischen Beitretendem und Gläubiger; möglich ist aber auch ein Vertrag zwischen Beitretendem und Schuldner. Schutzvorschriften wie im Bürgschaftsrecht (z. B. Schriftformerfordernis, Einrede der Vorausklage usw.) bestehen hier nicht. Wenn unklar ist, ob Bürgschaft oder Schuldbeitritt gewollt ist, ist daher ein Schuldbeitritt nur anzunehmen, wenn der Beitretende ein eigenes wirtschaftliches Interesse hat. Dem Gläubiger ist allerdings ein Schuldbeitritt meist lieber.

Durch den Schuldbeitritt entsteht eine **Gesamtschuld** im Sinne der §§ 421 ff.   569
BGB: Der Gläubiger kann die Leistung in voller Höhe entweder vom Schuldner oder vom Beitretenden oder auch anteilig, insgesamt jedoch nur einmal verlangen. Im Innenverhältnis haften die Gesamtschuldner im Zweifel zu gleichen Anteilen und sind einander entsprechend zu Ausgleichszahlungen verpflichtet (vgl. § 426 BGB mit § 774 BGB).

Vom Schuldbeitritt, durch den eine weitere Person als Sicherungsgeber hinzu-   570
tritt, ist zum einen der Fall zu unterscheiden, dass jemand *mit mehreren Personen einen Vertrag* schließt. Auch hier entsteht zwar eine Gesamtschuld. Das passiert aber nicht zu Sicherungszwecken.

Beispiel:

V vermietet eine Wohnung an M und F. M und F sind gleichermaßen Mieter. Sie schulden die Miete als Gesamtschuldner, aber keiner schuldet ihn lediglich als Sicherungsgeber.

Zum anderen ist der Schuldbeitritt von der *Schuldübernahme* zu unterscheiden (auch   571
wenn er manchmal „Schuldmitübernahme" oder „kumulative Schuldübernahme" genannt wird). Bei der Schuldübernahme (§§ 414 ff. BGB) tritt der neue Schuldner an die Stelle des alten. Da eine Schuldnerauswechselung die Interessen des Gläubigers evident berührt, kann dies nicht ohne ihn geschehen, dafür sorgen §§ 414, 415 BGB (vgl. dagegen § 398 BGB: Die Gläubigerauswechselung erfolgt ohne Zutun des Schuldners).

III. Forderungsgarantie und Patronatserklärung

Beim **Garantievertrag**, der im BGB nicht geregelt ist, verspricht der Garantie-   572
rende für einen bestimmten Fall eine bestimmte Leistung. Neben der Beschaffenheits- oder Haltbarkeitsgarantie (§§ 443, 477 BGB) ist die *Forderungsgarantie* ein typischer Fall. Dabei verspricht der Garantierende, eine Leistung zu erbringen (meist: zu zahlen), wenn das der Hauptschuldner nicht tut. Trotz der Ähnlichkeit zur Bürgschaft ist § 766 BGB wie beim Schuldbeitritt nicht anwendbar. Das macht den Garantievertrag für den Garantierenden gefährlich. Das gilt insbesondere für die *Garantie auf erstes Anfordern*. Garantiefall ist hier nicht der Forderungsausfall o. ä. (den der Garantieempfänger zu beweisen hätte), sondern die bloße Anforderung durch den Garantieempfänger: Der Garantierende muss zunächst zahlen. Ob das Anforderungsrecht wirklich bestand, wird erst nachträglich (mit umgekehrter Beweislast) geklärt („erst zahlen, dann prozessieren"). Wegen dieser Gefahren werden solche Garantien meist nur von Profis übernommen: von Banken. *Bankgarantien* sind als Sicherungsmittel z. B. in §§ 648a und 651k BGB für Bauhandwerker und Pauschalreisen vorgesehen.

573 Die **Patronatserklärung** ist eine Besonderheit des Konzernrechts. Dabei geht es um Erklärungen, in denen sich eine Konzerngesellschaft (meist die Muttergesellschaft) für eine andere stark macht. Das kann eine unverbindliche Erklärung sein („auf die XYZ-Gruppe können Sie sich verlassen"). Es kann aber auch eine verbindliche Verpflichtung sein, dafür zu sorgen, dass die Tochtergesellschaft stets mit dem nötigen Kapital ausgestattet sein wird, um die Verbindlichkeiten gegenüber dem Geschäftspartner zu erfüllen. Eine solche sog. *harte Patronatserklärung* begründet im Ernstfall eine Haftung der Muttergesellschaft.

IV. Zur Fallstudie

574 Wenn Hannes Hurtigs Vater gegenüber Kreditgeber Neu sagt, er stehe für den Kredit gerade, so lässt sich das dem Wortlaut nach als Bürgschaftserklärung oder Schuldbeitritt auslegen. Nach den Gesamtumständen ist ein (noch gefährlicherer) Schuldbeitritt aber nicht anzunehmen, da sich der Vater nicht aus eigenen wirtschaftlichen Interessen verpflichtet, sondern aus familiärer Verbundenheit. Daher ist eine Bürgschaftserklärung anzunehmen. Diese ist nach § 766 S. 1 BGB formunwirksam. Die Ausnahmeregelung des § 350 HGB greift nicht, da Hannes' Vater Nichtkaufmann ist. Neu müsste daher auf einen schriftlichen Bürgschaftsvertrag bestehen.

C. Realsicherheiten

575 Bei den Realsicherheiten wird eine bewegliche oder unbewegliche Sache oder ein Recht zur Kreditsicherung benutzt. Abb. 2 gruppiert die wichtigsten Realsicherheiten danach.

576 Das BGB behandelt im „Sachenrecht" nach dem Eigentum und einigen Nutzungsrechten (Nießbrauch usw.) zunächst die Grundpfandrechte (Hypothek, Grundschuld, Rentenschuld) in §§ 1113 ff., dann das Pfandrecht an beweglichen Sachen und an Rechten (§§ 1204 ff.). In der Übersicht finden sich die gesetzlichen Grundformen, die jeweils als akzessorische Sicherungsrechte ausgestaltet sind, in der

Bewegliche Sachen	Grundstücke	Rechte
Pfandrecht §§ 1204 ff. BGB	Hypothek §§ 1113 ff. BGB	Pfandrecht §§ 1273 ff. BGB
Sicherungsübereignung §§ 929, 930 BGB + SiV	Grundschuld §§ 1191 ff. BGB + SiV	Sicherungsabtretung § 398 BGB + SiV
Eigentumsvorbehalt §§ 449, 929, 158 BGB		

Abb. 2 Sicherungsgüter und Realsicherheiten

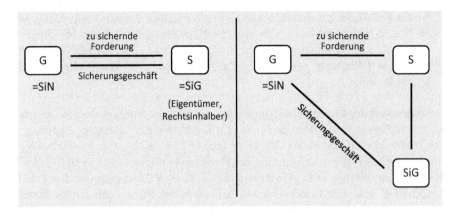

Abb. 3 Zwei- und Drei-Personen-Konstellation bei Realsicherheiten

zweiten Zeile. Demgegenüber sind bei den Sicherungsrechten, die in der dritten Zeile aufgeführt sind, Sicherungsverträge (SiV) nötig, um den entsprechenden Konnex zur zu sichernden Forderung herzustellen.

Wenn die Sache dem Schuldner gehört, steht er als Sicherungsgeber (SiG) dem 577 Gläubiger (= Sicherungsnehmer, SiN) gegenüber. Anderenfalls entsteht, wie bei der Bürgschaft, ein Dreiecksverhältnis G - S – SiG (vgl. Abb. 3).

I. Das Pfandrecht

Grundtyp des Pfandrechts ist das Pfandrecht an einer beweglichen Sache (§§ 1204 ff. 578 BGB). Für Pfandrechte an Rechten gelten lediglich einige Besonderheiten (vgl. § 1273 BGB).

1. Das Pfandrecht an beweglichen Sachen

Eine bewegliche Sache kann zur Sicherung einer Forderung verpfändet werden, 579 d. h. es wird an ihr ein Pfandrecht bestellt. Die Sache wird in der Weise belastet, dass der Gläubiger berechtigt ist, Befriedigung aus der Sache zu suchen (§ 1204 I BGB). Da ein Pfandrecht nach § 1204 BGB nur „zur Sicherung einer Forderung" bestellt werden kann, ist zunächst erforderlich, dass diese zu sichernde Forderung besteht oder entsteht (Akzessorietät, s.o. Rn 561). Die weiteren Entstehungsvoraussetzungen ergeben sich aus § 1205 BGB: Erforderlich ist eine Einigung, dass dem Gläubiger das Pfandrecht zustehen soll, und die Übergabe der Sache. Ähnlich wie bei §§ 929 ff. BGB ist die Übergabe u. U. entbehrlich: § 1205 I 2 BGB entspricht § 929 S. 2 BGB, § 1205 II BGB entspricht § 931 BGB, verlangt aber zusätzlich eine Abtretungsanzeige an den unmittelbaren Besitzer. Eine dem § 930 BGB entsprechende Vorschrift fehlt; das Gesetz will nicht, dass das Pfand dem Schuldner verbleibt.

In der Fallstudie könnte Hannes seine Bindemaschine verpfänden, indem er sie an N aushändigt und beide sich über die Entstehung des Pfandrechts einigen (ein Nicken genügte in dem Kontext wohl). Gemäß §§ 1204, 1205 BGB entsteht damit das Pfandrecht zur Sicherung der künftigen Darlehensforderung (vgl. § 1204 II BGB).

580   Das **Schicksal des Pfandrechts** hängt, wie bei der Bürgschaft, von der Hauptforderung ab (Akzessorietät): Wird die Forderung durch Abtretung übertragen, geht auch das Pfandrecht auf den neuen Gläubiger über (§ 1250 BGB). Der Pfandgläubiger (im Beispiel: N) ist zur Verwahrung des Pfandes verpflichtet (§ 1215 BGB). Wird das Darlehen zurückgezahlt, erlischt nach § 362 BGB die Forderung und damit nach § 1252 BGB auch das Pfandrecht. Mit Erlöschen des Pfandrechts ist der Pfandgläubiger nach § 1223 BGB verpflichtet, die Sache dem Verpfänder zurückzugeben. Wird das Darlehen nach Fälligkeit nicht zurückgezahlt, kann sich der Pfandgläubiger gemäß § 1228 BGB aus dem Pfand befriedigen: Die Sache wird verkauft oder versteigert, der Pfandgläubiger erhält aus dem Verkaufserlös das ihm zustehende Geld, und der Rest geht an den Verpfänder.

2. Das Pfandrecht an Rechten

581   Auch Rechte können verpfändet werden (§ 1273 BGB), und zwar grundsätzlich so, wie sie auch übertragen werden (§ 1274 BGB), im Zweifel also durch bloße Einigung (§§ 398, 413 BGB). Bei der Verpfändung von Forderungen ist allerdings zusätzlich nach § 1280 BGB eine Verpfändungsanzeige an den Schuldner erforderlich.

Beispiel:
V verlangt von K Sicherheiten für gestundete Kaufpreisforderungen. K kann die Forderungen gegen seine Kunden X_1, X_2, …, an V verpfänden: Einigung genügt; K muss ihnen das aber anzeigen. Zahlt K nicht, kann V im Ernstfall die Forderungen einziehen.

II. Sicherungsübereignung

582   In der Praxis ist die Verpfändung beweglicher Sachen weitgehend verdrängt worden, weil der Sicherungsgeber vielfach das Sicherungsgut zum Weiterarbeiten in seinem Besitz behalten möchte. Das kann er, indem er den Sicherungsnehmer gemäß §§ 929 S. 1, 930 BGB zum Eigentümer des Sicherungsguts macht. Beide einigen sich über den Eigentumsübergang, vereinbaren das Besitzmittlungsverhältnis und treffen die Sicherungsabrede: Der Sicherungsnehmer ist nur treuhänderischer Eigentümer, darf sich am Sicherungsgut nur befriedigen, wenn die Schuld nicht getilgt wird, und muss es bei Tilgung rückübereignen.

In der Fallstudie müsste Hannes seine Bindemaschine zur Verpfändung real übergeben und würde damit Betriebsmittel verlieren. Daher käme auch hier als Alternative eine Sicherungsübereignung in Betracht.

Auch wenn sich alle drei Einigungen in der Praxis in einem Schriftstück befin- **583** den, sind sie juristisch doch auseinanderzuhalten und zudem von der zu sichern- den Forderung getrennt zu prüfen: Der Eigentumsübergang erfolgt auch, wenn die Sicherungsabrede unwirksam ist oder die Hauptverbindlichkeit nicht entsteht, über- tragen wird oder untergeht. Anders als das Pfandrecht ist das Sicherungseigentum *kein akzessorisches Recht*. Es ist allerdings möglich, das Eigentum nur bedingt zu übertragen: Die nach § 929 S. 1 BGB erforderliche Einigung wird dann unter der auflösenden Bedingung der Darlehensrückzahlung vorgenommen (§ 158 II BGB). Mit Rückzahlung fällt das Eigentum automatisch an den Sicherungsgeber zurück.

Wie auch sonst bei Verfügungen ist bei der Sicherungsübereignung der sog. **584** **Bestimmtheitsgrundsatz** zu beachten: Verfügungen gehen ins Leere, wenn man nicht weiß, welche Gegenstände davon betroffen sind. Daher verlangt die Recht- sprechung, dass der Übereignungsvertrag die konkreten Sachen durch einfache äußere Merkmale kennzeichnet.

> **Beispiele:**
> Ausreichend wäre „die Bindemaschine", „alle Bücher im hinteren Lagerraum", „das Inventar der Gaststätte". Nicht ausreichend: „Zwei Drittel der Bücher im Lager", „Inhalt der Scheune ohne die für die tägliche Arbeit notwendigen Geräte".

Da bei der Sicherungsübereignung anders als beim Pfandrecht keine automatische **585** Anpassung der Sicherheit an die Forderung erfolgt, ergibt sich zudem das Problem der **Übersicherung**. Lässt sich der Sicherungsnehmer Sachen übereignen, deren Wert mehr als 150 % der zu sichernden Forderung beträgt, so sind der Sicherungs- vertrag und die Übereignung regelmäßig unwirksam (§ 138 BGB, § 307 BGB für AGB). Ergibt sich erst nachträglich ein solches Missverhältnis, z. B. durch Wert- steigerung eines Warenlagers mit wechselndem Bestand oder durch teilweises Erlö- schen der Forderung (Ratentilgung, § 362 BGB), so führt das allerdings nicht zur nunmehrigen Unwirksamkeit, sondern der Sicherungsgeber hat lediglich einen Anspruch auf Rückübereignung des (endgültig) nicht mehr benötigten Sicherungs- guts (Freigabeanspruch in Höhe der Übersicherung).

Das Sicherungseigentum vermittelt dem Gläubiger nicht die gleiche Sicherheit **586** wie das Pfandrecht, da er das Sicherungsgut nicht in unmittelbarem Besitz hat. Wenn der Kredit platzt, hat er als Eigentümer aber einen dinglichen Herausgabean- spruch gegen jedermann (§ 985 BGB). Er kann sein Eigentum auch geltend machen, wenn ein anderer Gläubiger des Schuldners auf die Sache zugreifen will (§ 771 ZPO) oder der Schuldner in die Insolvenz gerät (§§ 35 I, 47 InsO).

III. Die Sicherungsabtretung

Das BGB sieht auch die Verpfändung von Rechten, insbesondere von Forderun- **587** gen, vor (§§ 1273 ff., 1279 ff. BGB). Wegen der damit teilweise verbundenen Schwierigkeiten (vgl. z. B. § 1280 BGB) greift die Praxis stattdessen vielfach auf

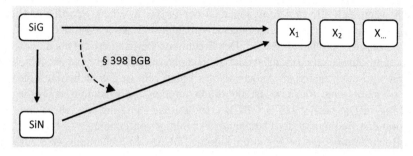

Abb. 4 Die Sicherungsabtretung

die Sicherungsabtretung zurück (§§ 398, 412 BGB; vgl. Abb. 4). Wie bei der Sicherungsübereignung wird der Sicherungsnehmer Vollrechtsinhaber (s. o. Rn 304), ist
aber aufgrund der Sicherungsabrede treuhänderischer Rechtsinhaber, darf die Forderung(en) nur einziehen, wenn die Hauptforderung nicht getilgt wird, und ist zur
Rückabtretung bei Tilgung verpflichtet.

588 Wie bei der Sicherungsübereignung kann die Sicherungsabtretung auch unter auflösender Bedingung erfolgen, so dass die abgetretenen Forderungen mit Erlöschen der
gesicherten Forderung automatisch an den Sicherungsgeber zurückfallen. Grundsätzlich handelt es sich aber wiederum nicht um ein akzessorisches Recht. Häufig
werden erst in der Zukunft entstehende Forderungen im Voraus abgetreten. Das ist
möglich, sofern sie zumindest *bestimmbar* sind (die Verfügung geht wiederum ins
Leere, wenn man nicht weiß, welche Forderungen übergehen sollen).

> **Beispiel:**
> Zur Sicherung eines kurzfristigen Kredits tritt SiG am 3. 10. alle seine Kunden
> forderungen aus Verkäufen an X_1, X_2, ... im November an SiN ab.

589 Insbesondere im Fall einer Globalzession, wenn also alle Forderungen aus bestimmten Geschäften oder einem ganzen Geschäftsbetrieb abgetreten werden, kommt es
wiederum häufig zur Übersicherung. Auch hier gilt die Grenze von 150 %, wobei
wiederum der Verkehrswert, nicht der Nennwert des Sicherungsguts entscheidend
ist (vgl. insg. BGH v. 27. 11. 1997 – GSZ 1/97, GSZ 2/97 = NJW 1998, 671).

IV. Der Eigentumsvorbehalt

1. Einfacher Eigentumsvorbehalt
590 Der Eigentumsvorbehalt ist im Grunde das Spiegelbild des Sicherungseigentums.
Das Eigentum verbleibt zur Sicherung beim Veräußerer, bis die Forderung vollständig getilgt ist. Das wird durch eine **bedingte Einigung** i.S.d. § 929 S. 1 BGB
erreicht.

Beispiel:

K kauft von V eine Offsetdruckmaschine mit der Abrede, den Kaufpreis in vier jährlichen Raten zu zahlen. Damit V nicht das Insolvenzrisiko des K trägt, K andererseits die Maschine von Anfang an nutzen kann, erfolgt die Übereignung gemäß § 929 S. 1 BGB durch Einigung und Übergabe. Die Einigung steht aber unter der aufschiebenden Bedingung (§ 158 I BGB) vollständiger Kaufpreiszahlung. Die Wirkung des Rechtsgeschäfts tritt also erst mit der Bedingung ein: Erst mit Zahlung der letzten Rate wird K Eigentümer der Druckmaschine.

Dieser Inhalt des Verfügungsgeschäfts ist in der Auslegungsregel des **§ 449 I BGB** beschrieben. Zahlt der Käufer seine Raten nicht, kann der Verkäufer unter den Voraussetzungen des § 323 BGB zurücktreten und die Kaufsache nach §§ 346 ff. BGB Zug um Zug gegen Rückzahlung der schon geleisteten Raten herausverlangen. Da der Verkäufer Eigentümer ist, ist er zudem wie der Sicherungseigentümer dinglich abgesichert (§ 985 BGB, § 771 ZPO, § 47 InsO). **591**

Umgekehrt kommt der Käufer dem Vollerwerb mit jeder Ratenzahlung näher. Da dieser nur noch von den Ratenzahlungen abhängt und von niemandem sonst vereitelt werden kann, hat der Vorbehaltskäufer schon eine gesicherte Erwerbsposition, eine sogenannte **Anwartschaft.** Diese Anwartschaft hat bereits einen (mit jeder Ratenzahlung zunehmenden) wirtschaftlichen Wert. Sie ist ein Wirtschaftsgut und kann bereits als „wesensgleiches Minus" zum Eigentum wie dieses übertragen und damit verwertet werden. **592**

Beispiel:

Hannes Hurtig hat seine Bindemaschine unter Eigentumsvorbehalt von V gekauft. Vor Zahlung der letzten zwei Raten besorgt er sich eine größere. Er verkauft die alte an D und überträgt sein bedingtes Eigentum daran analog § 929 S. 1 BGB, indem er sich mit D über den Übergang einigt und die Maschine übergibt. Mit Zahlung der letzten beiden Raten an V erwirbt D von V das (Voll-)Eigentum.

2. Der verlängerte Eigentumsvorbehalt

Der **Eigentumsvorbehalt** hilft wenig, wenn es nicht um ein langlebiges Gut geht, das beim Käufer verbleibt und im Ernstfall zur Verfügung steht, sondern um Waren, die zum Weiterverkauf bestimmt sind. **593**

Beispiel:

Liefert V unter Zahlungsaufschub Fernsehgeräte, die K als Händler weiterveräußern will, muss V dem K die Übertragung des Eigentums auf dessen Kunden sinnvollerweise gestatten. Mit der Übereignung der Geräte von K an die Kunden werden diese gemäß §§ 929, 185 BGB Eigentümer (s.o. Rn 299). Damit verliert V seine Sicherung.

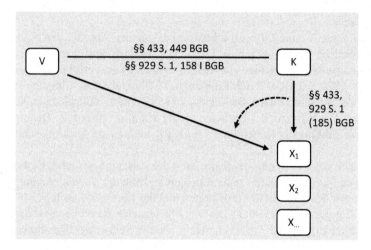

Abb. 5 Der verlängerte Eigentumsvorbehalt

594 Der Eigentumsvorbehalt wird daher durch eine **Vorausabtretung der Kundenfor-derungen** „verlängert", so dass bei Weiterveräußerung an die Stelle des verlorenen Eigentums die Kaufpreisforderung des K gegen seinen Kunden tritt. Zum Eigen-tumsvorbehalt kommt also ein Abtretungsvertrag, demzufolge K die zukünftigen Ansprüche gegen seine Kunden X_1, X_2, … an V abtritt (vgl. Abb. 5). Zusätzlich muss er seine Kundenkarteien zur Verfügung stellen, damit sich V im Ernstfall tat-sächlich an X_1, X_2, … halten kann. Zahlen die Kunden sofort, nutzt die Abtretung auch nichts, weil die Forderungen gemäß § 362 BGB untergehen. Das ist für V aber nicht so gefährlich, weil K liquide bleibt.

595 Probleme ergeben sich, wenn K seine Kundenforderungen bereits im Wege der **Glo-balzession** z.B. an eine Bank abgetreten hatte. Kauft er nun unter **verlängertem Eigentumsvorbehalt**, geht diese zweite Abtretung ins Leere, weil K als Nichtinha-ber sie nicht mehr wirksam abtreten kann (vgl. Abb. 6). Will er nicht betrügen, muss er auf Lieferungen unter verlängertem Eigentumsvorbehalt verzichten. Da das in zahlreichen Branchen faktisch unmöglich ist, wird K wirtschaftlich extrem einge-engt oder praktisch zur Lüge gezwungen. Das ist sittenwidrig, und daher sind solche Globalzessionen nach § 138 BGB (oder nach § 307 BGB bei AGB) unwirksam. Die Bank muss daher in den Abtretungsvertrag eine sog. *dingliche Teilverzichtsklausel* einbauen, wonach solche Forderungen bei K bleiben, die üblicherweise im Rahmen eines verlängerten Eigentumsvorbehalts abgetreten werden. Die Rechtsprechung zur Sittenwidrigkeit von Globalzessionen führt letztlich also zu einem Vorrang der Warenkreditgeber vor Geldkreditgebern.

596 Der Verkäufer verliert das vorbehaltene Eigentum nicht nur bei Weiterveräußerung, sondern oft auch dann, wenn der Käufer die Kaufsache *verarbeitet*. § 950 BGB bestimmt nämlich, dass der Hersteller einer neuen Sache in der Regel ihr Eigentü-mer wird. Der Verkäufer kann sich vor einem solchen Sicherungsverlust mit einer sogenannten **Hersteller-** oder **Verarbeitungsklausel** schützen: Nach dem Vertrag zwischen V und K verarbeitet K für V, so dass dieser „Hersteller" ist und Eigentü-mer wird.

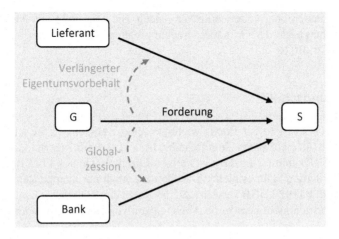

Abb. 6 Globalzession und verlängerter Eigentumsvorbehalt

V. Die Hypothek

Die Absicherung von Krediten mit Grundstücken geschieht durch Grundpfand- **597** rechte. Das ist kostenintensiver, aber meist auch sicherer als Personal- und Mobili- arsicherheiten, woraus entsprechend niedrigere Zinsen resultieren. Grundtyp ist die Hypothek, die in §§ 1113 ff. BGB geregelt ist. Ergänzt werden diese Vorschriften durch den allgemeinen Teil des Grundstücksrechts, die §§ 873 ff. BGB.

Die **Bestellung** der Hypothek richtet sich nach §§ 873, 1113 ff. BGB. Erforder- **598** lich ist zunächst, dass sich der Grundstückseigentümer (= SiG) mit dem Forderungs- gläubiger (= SiN) darüber einigt und die Hypothek in das Grundbuch eingetragen wird. Wie beim Pfandrecht ist die zu sichernde Forderung Entstehungs- und Beste- hensvoraussetzung (§ 1113 BGB: „zur Befriedigung wegen einer ihm zustehenden Forderung"); auch die Hypothek ist ein *akzessorisches Sicherungsrecht*. Sie ist in der Regel als verbrieftes Recht ausgestaltet (§ 1116 BGB); das erleichtert ihre Übertragung. Zur Bestellung einer Briefhypothek ist daher ferner die Erteilung und Übergabe des Hypothekenbriefs nötig (§ 1117 BGB).

Die **Übertragung** erfolgt durch Abtretung der zu sichernden Forderung; mit **599** der Forderung geht das akzessorische Sicherungsrecht auf den Neu-Gläubiger über (§§ 398, 1153 BGB). Um die Publizität der Grundstücksrechte zu sichern, schreibt § 1154 BGB für die Abtretung der Forderung eine besondere Form vor: Bei der Briefhypothek Schriftform und Übergabe des Briefes; bei der Buchhypothek Ein- tragung in das Grundbuch.

Das **Schicksal der Hypothek** hängt davon ab, ob und von wem die zu sichernde **600** Forderung getilgt wird. Wird die zu sichernde Forderung nicht getilgt, muss der SiG die Zwangsvollstreckung durch den SiN dulden (§ 1147 BGB). Ist er nicht der Schuldner, kann er allerdings die Hypothek durch Zahlung ablösen (§ 1142 BGB). Wie bei der Bürgschaft (vgl. § 774 BGB) geht dann die Forderung des Gläubigers gegen den Schulder auf ihn über (§ 1143 BGB). Wird die Forderung getilgt (§ 362 BGB), fällt die Hypothek an den Eigentümer zurück (§ 1163 BGB) und er kann sie löschen lassen oder anderweitig verwenden. Sie geht nicht automatisch unter, damit die Rangfolge der Grundpfandrechte erhalten bleibt, falls es mehrere sind (vgl. §§ 879 ff. BGB).

VI. Die Grundschuld

601 Die Grundschuld ist in der Praxis wichtiger als die Hypothek. Sie ist grundsätzlich ein nicht akzessorisches Grundpfandrecht: § 1191 BGB sagt nur, „dass ... eine bestimmte Geldsumme zu zahlen ist" (einen Einschub wie in § 1113 BGB „wegen einer ... Forderung" gibt es nicht). Das Gesetz enthält nur knappe Regelungen zur Grundschuld; § 1192 I BGB verweist auf das Recht der Hypothek, soweit die jeweiligen Vorschriften nicht gerade die Abhängigkeit von der zu sichernden Forderung behandeln.

602 Für die **Bestellung** gelten daher die §§ 873, 1113 ff., 1192 I BGB, ohne dass es darauf ankommt, ob eine zu sichernde Forderung besteht. Dafür müssen die Parteien – ähnlich wie bei der Sicherungsübereignung und -abtretung – eine Sicherungsvereinbarung schließen, um zu klären, was mit der Grundschuld z. B. im Fall der Tilgung zu geschehen hat. Zur Eintragung vgl. Abb. 7.

In der **Fallstudie** müsste Hannes' Mutter sich mit N einigen, die Grundschuld eintragen und ihm den Grundschuldbrief übergeben (§§ 873, 1113, 1117, 1192 I BGB). Zudem müsste eine Sicherungsvereinbarung die Verbindung zu der Darlehensforderung herstellen. Beispielsweise entsteht die Grundschuld auch, wenn N das Darlehen nicht auszahlt, und sie erlischt im Fall der Darlehenstilgung nicht kraft Gesetzes. Für beide Fälle muss daher der Sicherungsvertrag einen Anspruch auf Rückübertragung vorsehen.

Amtsgericht Musterhausen		**Grundbuch von** Musterstadt	**Blatt** 3746	**Dritte Abteilung**
Lfd. Nummer der Eintragung	Lfd. Nummer der belastenden Grundstücke im Bestandsverzeichnis	Betrag	Grundlage der Eintragung	
1	2	3	4	
1	1	20.000	Grundschuld zu zwanzigtausend Euro für Norbert Neu in Musterstadt, Zinsen 8% jährlich; vollstreckbar nach § 800 ZPO; gemäß Bewilligung vom 20. November 2010; eingetragen am 14. Januar 2012.	

Abb. 7 Grundbucheintragung bei einer Grundschuldbestellung

Die **Übertragung der Grundschuld** geschieht nach §§ 1154, 1192 BGB: schrift- 603
liche Abtretung der Grundschuld (nicht der Forderung!) und Übergabe des Grund-
schuldbriefs.

Das **Schicksal der Grundschuld** folgt nur teilweise den Hypothekenregeln. 604
Wird die zu sichernde Forderung nicht getilgt, muss der SiG auch hier die Zwangsvollstreckung dulden (§ 1147 BGB). Umgekehrt führt die Tilgung der Forderung
nur zu ihrem Untergang (§ 362 BGB); die Grundschuld bleibt bestehen, ist nach
dem Sicherungsvertrag aber zurückzugewähren. Auch die Regressvorschrift des
§ 1143 BGB ist nicht anwendbar.

VII. Zur Fallstudie

Im Hinblick auf die **Bindemaschine** wäre für Hannes Hurtig die Sicherungsüber- 605
eignung sinnvoller als eine Verpfändung, weil sie so in seinem Besitz bleibt und er
damit arbeiten kann. Andererseits ist der Sicherungswert einer beweglichen Sache,
die sich nicht in den Händen des Sicherungsnehmers befindet, natürlich geringer.
Das wirkt sich umso mehr aus, je wertvoller und „flüchtiger" die Sache ist.

> **Beispiele:**
> Edelmetalle, Juwelen usw. kommen daher für die Sicherungsübereignung kaum
> in Betracht. Fahrzeuge sind dagegen taugliche Sicherungsobjekte, da der
> Sicherungsnehmer durch den Kfz-Brief gesichert ist.

Die Bindemaschine würde sich Norbert Neu eher zur Sicherheit übereignen las- 606
sen: Zum einen liegt das in Hannes' Interesse und zum anderen wird Neu kaum an
Transport und Lagerung der Bindemaschine interessiert sein.

Im Hinblick auf das **Grundstück** von Hannes' Mutter kommen Hypothek und 607
Grundschuld gleichermaßen in Betracht. Die Praxis bevorzugt in aller Regel eine
Grundschuldbestellung, da die Grundschuld flexibler eingesetzt werden kann, wenn
es z. B. um die Sicherung weiterer Forderungen geht. Grundpfandrechte sind besonders sicher; andererseits ist die Bestellung aufwendiger (Formalitäten, Zeit und
Geld für die Grundbucheintragung). Dieser Aufwand lohnt bei einem Darlehen von
20.000 € mit drei Jahren Laufzeit jedenfalls kaum, wenn eine väterliche Bürgschaft
ausreichende Sicherheit verspricht.

D. Kreditversicherung und Factoring

I. Kreditversicherung

Was bei der Feuerversicherung das Feuer, ist bei der **Kreditversicherung** in erster 608
Linie der Forderungsausfall: Der Versicherungsnehmer, meist der Gläubiger, zahlt
Prämien, damit der Versicherer „einspringt", wenn seine Forderung nicht realisier-
bar ist. Solche Versicherungen sind insbesondere im Exportgeschäft wegen der
besonderen Risiken wichtig.

609   Dennoch gehören Forderungsausfälle, insbesondere bei Insolvenz des Schuldners, außergerichtlichem Vergleich oder bei fruchtlosen Vollstreckungsmaßnahmen
in das Vermögen des Schuldners auch sonst zu den wesentlichen betrieblichen Risiken, die durch Versicherungen kaum vollständig abdeckbar sind, denn die Policen
sind recht kostspielig und die Versicherer verlangen in der Regel eine hohe Selbstbeteiligung und begrenzen ihre Haftung auf einen Höchstbetrag. In der Praxis muss
der Warenkreditgeber hier Kosten und Nutzen der Warenkreditversicherung genau
abwägen.

610   Um die Exporttätigkeit der deutschen Wirtschaft zu fördern, betätigt sich auch
der Staat, insb. durch die **Hermes** Kreditversicherungs AG, als Kreditversicherer.
Die Förderung erfolgt durch besonders günstige Konditionen, stellt also letztlich
eine Subvention dar.

II. Factoring

611   Beim Factoring überlässt ein Unternehmer einem Rahmenvertrag zufolge seine Forderungen einem Factor (meist einer Bank) und erhält einen Anteil ihres Nennwerts
(z. B. 90 %) sofort gutgeschrieben. Dadurch spart er die Debitorenbuchhaltung und
Inkassokosten und erlangt kalkulierbare Liquidität.

612   Beim **echten Factoring** wälzt er zudem das Einziehungsrisiko ab. Er verkauft
die Forderungen (§§ 433 I, 453 BGB) und tritt sie ab (§ 398 BGB). Der Factor macht
sie in eigenem Namen geltend, eventuell vergeblich. Dafür behält der Factor neben
den Verwaltungskosten und Zinsen einen Risikozuschlag ein.

613   Beim **unechten Factoring** werden die Forderungen unter der Bedingung erfolg-
reicher Einziehung (§ 158 I BGB) verkauft und abgetreten. Die Gutschrift erfolgt
zunächst nur darlehensweise. Bei erfolgreichem Einzug wird die Gutschrift endgültig (Kaufpreiszahlung statt Darlehen). Anderenfalls wird sie storniert (Darlehensrückzahlung) und die Forderung an den Unternehmer zurückübertragen. Das Risiko
verbleibt also beim Unternehmer.

E. Arbeitshinweise

I. Die wichtigsten Grundbegriffe

614   **Darlehen** (§§ 488 ff. BGB): Überlassung eines Geldbetrages auf Zeit (bei
Beendigung Rückzahlung, im Zweifel entgeltlich).

Personalsicherheiten Ein Dritter verpflichtet sich dem Gläubiger gegenüber,
um die Schuld eines anderen abzusichern (insb. Bürgschaft und Schuldbeitritt).

Bürgschaft (§§ 765 ff. BGB): Einseitig
verpflichtender, einseitig formbedürf-
tiger Vertrag, durch den sich der
Bürge verpflichtet, dem Gläubiger für
die Hauptverbindlichkeit (des Hauptschuldners) einzustehen (akzessorisches Sicherungsmittel, §§ 767, 401
BGB).

Einwendungen des Bürgen (1) eigene Einwendungen des Bürgen, (2) Einreden des Hauptschuldners (§ 768 BGB), (3) Einrede der Anfechtbarkeit und Aufrechenbarkeit (§ 770 BGB), (4) Einrede der Vorausklage (§ 771 BGB).

Gesetzlicher Forderungsübergang *cessio legis*: Übergang einer Forderung vom Alt-Gläubiger auf den Neu-Gläubiger aufgrund gesetzlicher Bestimmung (nicht durch Abtretungsvertrag), z. B. § 774 BGB: Die Forderung des Gläubigers gegen den Hauptschuldner geht auf den Bürgen über, wenn dieser an den Gläubiger leistet. Vgl. auch § 1143 BGB.

Schuldbeitritt Vertrag des Beitretenden mit dem Gläubiger oder Schuldner, wonach der Beitretende zur Sicherung einer Schuld ebenfalls Schuldner wird. Urspr. Schuldner und Beitretender werden Gesamtschuldner.

Forderungsgarantie Im Garantievertrag verpflichtet sich der Garant, im Garantiefall eine bestimmte Leistung zu erbringen. Garantiefall kann der Forderungsausfall oder z. B. die bloße Anforderung sein. Garantieleistung ist i. d. R. die Zahlung eines bestimmten Betrags.

Patronatserklärung Erklärung meist der Muttergesellschaft in einem Konzern, für die Leistungsfähigkeit o. ä. einer Tochtergesellschaft einzustehen. Harte Patronatserklärungen begründen eine rechtliche Verpflichtung.

Realsicherheiten Sicherung einer Schuld durch treuhänderische Übertragung eines Gegenstands (z. B. Sicherungsübereignung und Sicherungsabtretung) oder Belastung eines Gegenstands (Pfandrecht an beweglichen Sachen und Rechten, Hypothek, Grundschuld). Sicherungsnehmer (SiN) ist der Gläubiger; Sicherungsgeber (SiG) kann der Schuldner oder ein Dritter sein.

Pfandrecht Belastung eines Gegenstandes (bewegliche Sache, §§ 1204 ff. BGB, oder Recht, §§ 1273 ff. BGB) mit einem Befriedigungsrecht des Gläubigers; akzessorisches Sicherungsrecht. Verpfändung einer beweglichen Sache durch Einigung und Übergabe/-surrogat (§§ 1204 ff. BGB); Bestehen der zu sichernden Forderung ist Voraussetzung. Das Pfandrecht geht mit der Forderung über (§ 1250 BGB) und erlischt mit ihr (§ 1252 BGB). Der Pfandgläubiger hat Besitzrecht und Verwahrpflicht. Bei Tilgung Rückgabe (§ 1223 BGB), bei Forderungsausfall Verwertung (§ 1228 BGB).

Sicherungsübereignung SiG übereignet nach §§ 929 S. 1, 930 BGB durch Begründung eines Besitzmittlungsverhältnisses an SiN. SiG arbeitet weiter mit der Sache; SiN greift nur bei Forderungsausfall auf sie zu und hat sie bei Tilgung zurück an SiG zu übereignen. Die SÜ ist ein (nichtakzessorisches) Sicherungsrecht.

Sicherungsabtretung Sicherungszession: Wie SÜ, statt Übereignung von Sachen werden Forderungen abgetreten (§ 398 BGB), u. U. alle (Globalzession). Zu sichernde Forderung ist von zur Sicherung abgetretener Forderung zu unterscheiden! Probleme: Forderung muss bestimmbar sein, Sittenwidrigkeit bei Übersicherung, Sittenwidrigkeit bei Knebelung.

Eigentumsvorbehalt Vgl. § 449 BGB: Übereignung unter der aufschiebenden Bedingung vollständiger Kaufpreiszahlung (§§ 929 S. 1, 158 I BGB).

Anwartschaft Gesicherte Rechtsstellung des Erwerbers eines Sachenrechts (z. B. des Eigentumsvorbehaltskäufers).

Die Anwartschaft ist kein Sachenrecht, die Vorschriften über das Vollrecht sind aber analog anwendbar.

Verlängerter Eigentumsvorbehalt Kombination aus Eigentumsvorbehalt und Sicherungsabtretung: Waren zum Weiterverkauf werden unter Eigentumsvorbehalt veräußert. Da diese Sicherheit mit Weiterveräußerung entfällt, erfolgt zusätzlich die Abtretung der mit Weiterverkauf entstehenden Forderungen.

Hypothek (§§ 1113 ff. BGB): Akzessorisches Grundpfandrecht. Bestellung durch Einigung, Eintragung und (i. d. R.) Übergabe des Hypothekenbriefs (§§ 873, 1113, 1115, 1117 BGB). Entstehungsvoraussetzung: Bestehen der zu sichernden Forderung.

Übertragung durch formgerechte Forderungsabtretung (§§ 1153, 1154 BGB). Bei Forderungsausfall Befriedigungsrecht (§ 1147 BGB), bei Tilgung Löschungsmöglichkeit.

Grundschuld (§§ 1191 ff. BGB): Praxiswichtigstes Grundpfandrecht. Nicht akzessorisch; im Übrigen Verweis auf das Hypothekenrecht (§ 1192 BGB).

Factoring Forderungen werden dem Factor zur Einziehung überlassen. Echtes Factoring: Forderungskauf, Factor trägt Risiko. Unechtes Factoring: Zunächst Darlehen, bei erfolgreichem Einziehen ebenfalls Kauf, sonst Rückübertragung (Risiko beim ursprünglichen Forderungsinhaber).

II. Übungsaufgaben

615

1. Welcher Form bedarf der Bürgschaftsvertrag? Gibt es Ausnahmen von diesem Erfordernis? Welche Rechtsfolge hat die Nichteinhaltung der Form?

2. Was ist eine selbstschuldnerische Bürgschaft? Ist sie nach BGB-Recht oder nach HGB-Recht die Regel?

3. Wie wirkt sich die Begleichung der Hauptschuld durch den Hauptschuldner auf die Bürgschaft aus?

4. Vater Hurtig hat sich für seinen Sohn verbürgt. Als Hannes den Kredit an die B-Bank nicht zurückzahlt, zahlt Vater Hurtig. Hat er Ansprüche gegen seinen Sohn?

5. S ist von G durch Drohung zum Abschluss eines Kaufvertrags veranlasst worden. B hat sich für die Kaufpreisschuld verbürgt. Wie können sich S und B gegen ihre Inanspruchnahme wehren?

6. Beschreiben Sie die Voraussetzungen und Rechtsfolgen des Schuldbeitritts.

7. Warum ist der Schuldbeitritt für den Beitretenden gefährlicher als die Übernahme einer Bürgschaft?

8. Die Übergabe der beweglichen Sache ist bei ihrer Übereignung und Verpfändung in bestimmten Fällen entbehrlich oder ersetzbar. Beschreiben Sie die Unterschiede.

9. Was bedeutet Akzessorietät? Welche der folgenden Sicherungsrechte sind akzessorisch? a) Bürgschaft, b) Grundschuld, c) Sicherungseigentum, d) Pfandrecht, e) Hypothek, f) Schuldbeitritt.

10. Zur Sicherung eines von G an S gegebenen Darlehens übereignet E dem G eine Maschine, die im Besitz des E verbleibt. Beschreiben Sie den Vorgang der Sicherungsübereignung

rechtlich. Wie ist die Rechtslage nach Rückzahlung des Darlehens?

11. S möchte sich von G für drei Monate 1.000 € „leihen". E, ein Freund des S, stellt seinen PC, auf dem er seine Doktorarbeit schreibt, zur Sicherung zur Verfügung. Beschreiben Sie, wie der PC zur Sicherung des Kredits eingesetzt werden kann.

12. K, der regelmäßig seine Waren unter verlängertem Eigentumsvorbehalt bezieht, möchte von B zur Erweiterung seines Geschäfts einen Kredit erhalten. B möchte sich zur Sicherung Forderungen aus dem Geschäftsbetrieb abtreten lassen. Worauf muss B bei Gestaltung des Abtretungsvertrages achten?

13. Bank B hat sich zur Sicherung einer Darlehensforderung gegen S in Höhe von 20.000 € dessen gegenwärtige und künftige Forderungen aus seinem Geschäftsbetrieb abtreten lassen (Nennwert von 40.000 €). Ein Jahr später kommt S seiner Ratenzahlungspflicht nicht mehr nach, woraufhin B unter Offenlegung der Abtretung eine Forderung des S gegen X geltend macht. Diese Forderung hatte S allerdings kurz zuvor bereits an Y abgetreten. Wem steht die Forderung zu?

14. Wie voriger Fall. X zahlt an B. Hat Y einen Anspruch gegen B auf Auszahlung des erhaltenen Betrages?

15. Wie wird eine Hypothek bestellt? Wie wird sie übertragen?

16. G erklärt sich bereit, dem S einen Kredit zu gewähren, verlangt zur Sicherheit aber die Bestellung einer Hypothek am Grundstück des S. S und G einigen sich. Es wird eine Hypothek zugunsten des G im Grundbuch eingetragen und der Hypothekenbrief wird an G übergeben. Kann G aus der Hypothek gegen S vorgehen, (a) bevor er das Darlehen auszahlt? (b) wenn S das Darlehen bereits zurückgezahlt hat?

17. Welchen Zweck hat der Hypothekenerwerb des Eigentümers gem. § 1163 I BGB?

18. Wie wäre es, wenn in Fall 16 nicht eine Hypothek, sondern eine Sicherungsgrundschuld bestellt worden wäre?

III. Empfohlene Literatur

Zu Darlehen und Bürgschaft:
Brox/Walker, Besonderes Schuldrecht (C.H. Beck), §§ 17 und 32;
ausführlicher: **Looschelders**, Schuldrecht BT (Heymanns), §§ 20 und 49.

Zu den Realsicherheiten: **616**
Wolf/Wellenhofer, Sachenrecht (C.H. Beck), §§ 13–16;
ausführlicher: **Baur/Stürner**, Sachenrecht (C.H. Beck), §§ 55–59.
Insg.: **Bülow**, Recht der Kreditsicherheiten (C.F. Müller)

§ 8 Einige Besonderheiten im Zahlungsverkehr

▶ **Fallstudie: Teure Tage auf Amrum**
Als Hannes Hurtig nach seinem Amrum-Urlaub zurück ist, ist der Ärger über die Bindomat-GmbH rasch verflogen – und dem Entsetzen beim Anblick seiner Kontoauszüge gewichen. Mehrere Abhebungen vom Privatkonto (zusammen 5.400 €) und vor allem vom Geschäftskonto (zusammen 8.120 €) kann er sich nicht erklären, bis er merkt, dass die EC-Karten und das Adressbuch aus dem Kästchen in der Garderobe verschwunden sind. Das Adressbuch enthielt unter dem Eintrag „B-Bank" als „Telefonnummer" die vierstellige PIN zur Privatkarte. Die PIN-Mitteilung für das Geschäftskonto war noch in einer Plastikhülle mit unbezahlten Rechnungen in der Durcheinanderschublade des Schreibtischs im Arbeitszimmer.

Hannes verlangt von seiner B-Bank die Rückbuchung der illegalen Abhebungen: Seine Wohnungstür sei unversehrt gewesen. Zugang zu seiner Wohnung habe nur Inge (wegen der Kakteen) gehabt, und die sei sicher verlässlicher als die Sicherungssysteme der B-Bank.

Oben Rn 284 hatte sich bereits ergeben, dass Zahlungsansprüche grundsätzlich durch die Übereignung der erforderlichen Geldscheine oder -münzen nach §§ 929 ff. BGB zu erfüllen sind, dass in den meisten Fällen aber auch eine bargeldlose Zahlung möglich ist. Ausgangspunkt dieses Zahlungsverkehrs ist meist das Privat- oder Geschäftskonto. Die wichtigsten Zahlungsvorgänge wie die Überweisung und die Zahlung per Karte werden seit 2009 als „Zahlungsdienste" in §§ 675c ff. BGB geregelt. Vor allem im kaufmännischen Verkehr ist aber weiterhin z. B. der Wechsel von Bedeutung, und mit Blick auf den Außenhandel wird schließlich kurz das Akkreditiv dargestellt.

617

© Springer-Verlag Berlin Heidelberg 2017
J. Meyer, *Wirtschaftsprivatrecht*, Springer-Lehrbuch,
DOI 10.1007/978-3-662-52734-4_8

A. Bankkonto und andere Geschäfte

I. Die Geschäftsverbindung zwischen Bank und Kunde

618 Zwischen einem Kreditinstitut (Privatbank, Genossenschaftsbank oder Sparkasse) und seinem Kunden besteht in der Regel eine längerfristige Geschäftsbeziehung, die häufig mit der Eröffnung eines **Kontos** begründet wird. Vielfach handelt es sich dabei zunächst um ein Sparkonto, bei dem der Kunde dem Kreditinstitut ein Darlehen gewährt (s.o. Rn 555; vgl. auch § 808 BGB zum Sparbuch). Die häufigste Form ist das Girokonto, das der Abwicklung des bargeldlosen Zahlungsverkehrs dient (dazu gleich Rn 621 ff.). Zum Kontokorrent s.o. Rn 347.

619 Regelmäßig beziehen die Kreditinstitute bei der Kontoeröffnung ihre AGB mit ein, die eine wesentliche Grundlage des Bankrechts darstellen, einander sehr ähneln und daher – wie z.B. die VOB auch – Gegenstand eigener Kommentierungen sind (vgl. www.bankenverband.de; Baumbach/Hopt, 2. Teil, (8) – (9)).

620 Oft erweitert sich die Geschäftsbeziehung zwischen Kreditinstitut und Kunde, indem **zusätzliche Bankgeschäfte** hinzukommen. Sehr häufig kommen durch Kreditkarten oder Überziehungsmöglichkeiten kurzfristige Darlehen hinzu. Oft hat der Kunde aber auch ein längerfristiges Darlehen (z.B. für Hausbau oder Betriebserweiterung) aufgenommen (s.o. Rn 555). Umgekehrt hat er vielleicht Tagegelder oder Festgelder angelegt (§ 488 BGB) oder ein Wertpapierdepot (§§ 675, 688 BGB, DepotG). Vielfach kommen weiterreichende Dienstleistungen der Vermögensverwaltung hinzu.

II. Das Girokonto

621 Klassischer Mittelpunkt einer solchen Bankverbindung ist im privaten wie geschäftlichen Bereich das Girokonto, das vor allem der Abwicklung verschiedener Zahlungsvorgänge dient. Das BGB enthält hierzu seit 2009 in dem Untertitel „Zahlungsdienst" (§§ 675c–676c BGB) ausführliche Regelungen, die durch ihren Umfang, ihre abstrakte Sprache und die Bezugnahme auf die Begrifflichkeit des Kreditwesengesetzes und des Zahlungsdiensteaufsichtsgesetzes (§ 675c III BGB) recht sperrig sind.

622 Unter die **Zahlungsdienste** fallen nach § 1 II ZAG insbesondere das Ein- und Auszahlungsgeschäft und der bargeldlose Zahlungsverkehr per Überweisung, Dauerauftrag und Lastschrift, Zahlungskarte (EC-Karte, Kreditkarte, Geldkarte usw.) und Internet-Zahlungssysteme wie z.B. „PayPal". Nach § 675c II BGB erfassen die Regelungen auch die Ausgabe und Nutzung von elektronischem Geld. Der **Girovertrag** ist in den §§ 675c ff. BGB nicht gesondert geregelt, sondern als wichtigste Form des sog. „Zahlungsdiensterahmenvertrags" (§ 675f. II BGB) erfasst. Er ist wie die anderen Zahlungsdiensterahmenverträge (z.B. Kundenkartenverträge usw.) ein spezieller Geschäftsbesorgungsvertrag (§ 675c I BGB), der ein Dauerschuldverhältnis begründet. Dadurch wird die Bank („Zahlungsdienstleister") verpflichtet, für den Kunden („Nutzer") das Girokonto

(„Zahlungskonto") zu führen und einzelne Zahlungsvorgänge durchzuführen (§ 675f I, II 1 BGB).

Der Kunde hat dafür nach § 675f IV BGB das vereinbarte Entgelt zu zahlen. Die **623** **Entgelte und Zinsen** gehören zu den wesentlichen Informationen, die die Bank dem Kunden nach § 675d BGB, Art. 248 §§ 1–16 EGBGB zu übermitteln hat (Sonderregelung zu § 675a BGB). Änderungen der Entgelte bedürfen grundsätzlich einer Vertragsänderung, der beide Parteien zustimmen müssen. Die Banken-AGB sehen insoweit vor, dass solche Änderungen durch das Schweigen der Kunden auf ihr Angebot zustande kommen und Zinsen und Wechselkurse einseitig an die Marktverhältnisse angepasst werden können. § 675g BGB steckt hierfür den Rahmen ab und § 675h BGB sichert den Kunden zudem ein Recht zur ordentlichen Kündigung mit höchstens einmonatiger Frist.

B. Einzelne Zahlungsvorgänge

Die §§ 675c ff. BGB regeln die einzelnen Zahlungsvorgänge nicht gesondert, son- **624** dern recht abstrakt. Hier soll kurz das abstrakte System dargestellt und anhand der Überweisung erläutert werden, bevor kurz auf weitere Zahlungsvorgänge wie insbesondere Kartenzahlungen eingegangen wird.

I. Das Regelungssystem

Als „Zahlungsvorgang" erfasst § 675f III 1 BGB jede Bereitstellung, Übermittlung **625** oder Abhebung eines Geldbetrags, also bare und unbare Geldflüsse. Auslöser ist regelmäßig ein Zahlungsauftrag, den der Zahler der Bank erteilt (§ 675f III 2 BGB – Weisung, nicht Auftrag i.S.d. § 662 BGB). Der Zahlungsauftrag wird regelmäßig mit Zugang bei der Bank wirksam (§ 675n BGB) und unwiderruflich (§ 675p BGB).

Die Verpflichtung der Bank zur Ausführung ergibt sich regelmäßig aus dem **626** Zahlungsdiensterahmenvertrag. Ablehnungen können z. B. bei Überziehung wirksam sein, müssen nach § 675o BGB aber unverzüglich angezeigt werden. Zur Ausführungsfrist und Wertstellung siehe §§ 675s, 675t BG.

Der Zahlungsauftrag ist dem Zahler gegenüber nur wirksam, wenn er zuge- **627** stimmt hat. Die Bank darf sein Konto also nur belasten, wenn er sie autorisiert hat (§ 675j BGB). Regelungen zu Autorisierungssystemen (Karten, Codes, PIN, TAN usw.) und den Pflichten der Parteien enthalten §§ 675l, 675m BGB, die Haftung bei Missbrauch §§ 675u ff. BGB.

II. Die Überweisung

Die Überweisung ist zumindest im Geschäftsverkehr die häufigste Form unbarer **628** Zahlung. Neben dem Gläubiger und dem Schuldner sind meist deren Banken beteiligt, so dass ein Vier-Personen-Verhältnis entsteht (vgl. Abb. 1; bei institutsinterner

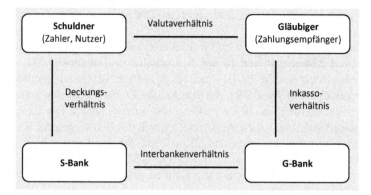

Abb. 1 Die Rechtsbeziehungen bei der Überweisung

Überweisung entsteht ein Dreieck, zahlt nicht der Schuldner, sondern nach § 267 BGB ein Dritter, kann auch ein Fünfeck entstehen).

629 Die Zahlungspflicht des Gläubigers gegenüber dem Schuldner (Valutaverhältnis) besteht aufgrund irgendeines Verpflichtungsgeschäfts (Kauf, Miete, Werklohn usw.).

630 Zur Erfüllung dieser Verpflichtung weist der Schuldner seine Bank an, den geschuldeten Betrag zu transferieren. Dieses Deckungsverhältnis ist durch den Girovertrag geprägt. Die Weisung (unterschriebener Überweisungsauftrag, Dateneingabe mit PIN und TAN o. ä. beim Online-Banking usw.) ist Zahlungsauftrag und zugleich Autorisierung. Sofern die Bank den Zahlungsauftrag nicht berechtigt ablehnt (§ 675o BGB), hat sie nach § 675s I BGB dafür zu sorgen, dass der Zahlungsbetrag spätestens am folgenden Geschäftstag bei der G-Bank eingeht.

631 Das geschieht im Interbankenverhältnis auf Grundlage verschiedener nationaler und EU-weiter Verrechnungsabkommen (clearing), wobei sich die Banken nach § 675r BGB auf die mitgeteilten Kontonummern und Bankleitzahlen verlassen können.

Beispiel:

Gibt Hannes Hurtig als Zahlungsempfänger seine Freundin Inge an, tippt aber die Kontodaten von Bindofix ein, sind für die Banken letztere entscheidend.

632 Die S-Bank darf das Konto des Schuldners mit dem Zahlungsbetrag belasten (Aufwendungsersatz nach §§ 675c I, 670 BGB), sobald er abgeflossen ist (§ 675t III BGB). Umgekehrt muss die G-Bank den erhaltenen Betrag dem Gläubiger unverzüglich zur Verfügung stellen und die Wertstellung zum selben Geschäftstag vornehmen (§ 675t I BGB). Erst mit der Gutschrift auf dem Gläubigerkonto ist die Leistung des Schuldners bewirkt und erst damit geht seine Zahlungspflicht nach § 364 I BGB unter.

633 Die beschriebenen Vertragsverhältnisse sind auch für die Behandlung von Störfällen maßgeblich.

Beispiel:

S kauft bei G ein Handy für 120 € und überweist den Betrag. Wenn sich später die Nichtigkeit des Kaufvertrags herausstellt, berührt das die Wirksamkeit des Zahlungsauftrags und der Autorisierung gegenüber der S-Bank und die weiteren Zahlungsvorgänge nicht. Vielmehr ist G ungerechtfertigt bereichert, und zwar nicht durch seine Bank (wegen der Gutschrift), sondern durch Leistung des S: S wollte seine vermeintliche Schuld tilgen und hat sich zur Vereinfachung der Banken bedient. Er muss daher per Leistungskondiktion nach § 812 I 1 (1) BGB an G halten (und trägt das Prozess- und Insolvenzrisiko).

III. Dauerauftrag und Lastschrift

Der **Dauerauftrag** dient der Erfüllung wiederkehrender gleichbleibender Zah-   634
lungspflichten (z. B. Miete, Gehalt usw.). Die Rechtsverhältnisse entsprechen der
Überweisung. Der Zahlungsauftrag erstreckt sich jedoch auf wiederkehrende Überweisungen. Er kann nach § 675k II BGB für die Zukunft jederzeit widerrufen
werden.

Die **Lastschrift** entspricht im Ablauf der Überweisung, wird aber vom Zahlungs-   635
empfänger ausgelöst („rückläufige Überweisung"). Im Valutaverhältnis macht die
Vereinbarung des Lastschriftverfahrens die Zahlungsverpflichtung gleichsam zur
Holschuld. Das ist z. B. einfacher als der Dauerauftrag, wenn es um in der Höhe vari-
ierende Forderungen geht (Versicherungsprämien, Strom- und Gasrechnungen usw.).

Die Autorisierung durch den Zahler (§ 675j BGB) erfolgt beim *Abbuchungs-*   636
auftrag im Vorhinein durch Erklärung gegenüber seiner Bank. Bei der *Einzugs-*
ermächtigung wirkt die Ermächtigungserklärung des Zahlers gegenüber dem
Zahlungsempfänger in der Regel nur im Valutaverhältnis und stellt dort keine
Bevollmächtigung zur Abgabe der Autorisierungserklärung dar. Die Autorisierung
erfolgt vielmehr im Nachhinein durch Genehmigung (nach Banken-AGB i. d. R.
auch durch Schweigen).

IV. Kartenzahlung

Das „Plastikgeld" ersetzt mehr und mehr nicht nur das Bargeld, sondern auch das   637
Wertpapier im klassischen Sinne eines Schriftstücks. **Zahlungskarten** wie EC-Karten,
Kreditkarten usw. sind Instrumente der Zahlungsauthentifizierung (§ 675j I 4 BGB)
und ihre Fälschung ist ebenso unter Strafe gestellt wie die Fälschung von Geld,
Wechseln und Schecks (§§ 152a, 152b StGB).

Zahlungskartensysteme können im einfachsten Fall zweigliedrig sein wie bei   638
den Kundenkarten von Kaufhaus- oder Tankstellenketten. In einem Zwei-Personen-
Verhältnis bewegt es sich auch, wenn ein Kunde bei seiner Bank mit der von ihr
ausgegebenen Karte Geld abhebt. Typischerweise sind dagegen mindestens der
Kartenaussteller, der Karteninhaber und der Zahlungsempfänger beteiligt sowie
meist dessen Bank. Das lässt sich daher wie bei der Überweisung beschreiben

(„S.O.Rn 628 mit", Abb. 1): Der Zahler S ist Karteninhaber, die S-Bank ist Kartenaussteller und der Zahlungsempfänger G ist regelmäßig ein Vertrtagsunternehmen mit entsprechendem Lesegerät.

639   Das **Deckungsverhältnis** zwischen Karteninhaber und -aussteller wird durch den sog. Emissionsvertrag bestimmt, der oft Zusatzvereinbarung zum Girovertrag ist oder sonst die Führung eines gesonderten Kontos bestimmt. So oder so ist er ein Zahlungsdiensterahmenvertrag, der den Karteninhaber zur Kartennutzung in gewissen Grenzen berechtigt und den Kartenaussteller zur Erfüllung der damit eingegangenen Verbindlichkeiten verpflichtet.

640   Das **Zuwendungsverhältnis** zwischen dem Kartenaussteller und seinen Vertragspartnern (hier: Zahlungsempfänger) ist durch einen sog. Aquisitionsvertrag bestimmt. Darin verpflichtet sich das Vertragsunternehmen, die Karte als Zahlungsmittel zu akzeptieren, und der Kartenaussteller sagt die Zahlung zu (abstraktes Schuldversprechen, § 780 BGB).

641   Die **Kartenzahlung** bedeutet im Valutaverhältnis noch keine Erfüllung der Kaufpreisschuld o. ä. (§ 362 BGB), sondern geschieht, wie auch die Hingabe eines Wechsels oder Schecks, nur erfüllungshalber (§ 364 II BGB). Im Deckungsverhältnis erfolgen mit dem Karteneinsatz mit Unterschrift, PIN usw. die Erteilung des Zahlungsauftrags und die Autorisierung. Das Vertragsunternehmen übermittelt diese als Bote an den Kartenaussteller und löst damit den Zahlungsvorgang aus.

V. Missbrauchssicherung und Haftung

642   Die Missbrauchssicherung durch Chipkarten, PIN-Codes usw. behandeln die §§ 675j ff. BGB als „Zahlungsauthentifizierungsinstrumente". Die Nutzer sind nach § 675l BGB verpflichtet, alle zumutbaren Vorkehrungen zu treffen, um die personalisierten Sicherheitsmerkmale vor unbefugtem Zugriff zu schützen und den Zahlungsdienstleister im Verlustfall unverzüglich zu informieren.

643   Grundsätzlich trägt die Bank das Risiko nicht autorisierter Zahlungsvorgänge, da sie nach § 675u BGB ohne Autorisierung das Konto des Kunden nicht belasten darf oder abgebuchte Beträge samt Zinsen zu erstatten hat.

644   Beruht ein solcher Zahlungsvorgang aber auf der Nutzung eines „abhanden gekommenen Zahlungsauthentifizierungsinstruments" o. ä., kann die Bank den Kunden nach § 675v I BGB mit bis zu 150 € belasten. Durch diesen „Selbstbehalt" wird ein Anreiz zu sorgfältiger Aufbewahrung und rascher Verlustanzeige geschaffen (vgl. Abs. 3).

645   Eine unbeschränkte Haftung trifft den Kunden nach § 675v II BGB für Zahlungsvorgänge bis zur Verlustanzeige, die er in betrügerischer Absicht oder durch vorsätzliche oder grob fahrlässige Verletzung seiner Sicherungspflichten ermöglicht hat.

Beispiele:

Grob Fahrlässig ist es insbesondere, eine EC- oder Kreditkarte zusammen mit einem Zettel mit den PINs im Portemonnaie aufzubewahren. Grobe Fahrlässigkeit ist auch bejaht worden, als ein Kunde sein Ausweismäppchen samt EC-Karte auf das Auto gelegt und dann weggefahren ist. Diebstähle aus verschlossenen Pkw, Wohnwagen und Büros haben die Gerichte unterschiedlich beurteilt (Sprau in Palandt, § 675v Rn 5).

VI. Zur Fallstudie

Die Abhebungen von Hannes' Konten stellen Zahlungsvorgänge dar, die nach §675j I 1 BGB nur mit seiner Zustimmung (Autorisierung) wirksam sind. Da er eine solche Zustimmung nicht erteilt hat, ist die B-Bank nach § 675u BGB grundsätzlich zur Erstattung verpflichtet. Diesem Erstattungsanspruch könnten allerdings Schadensersatzansprüche der B-Bank gegen Hannes aus § 675v BGB entgegenstehen.   **646**

Zunächst kommt § 675v I BGB in Betracht, da die nicht autorisierten Zahlungsvorgänge auf der Nutzung der EC-Karten samt PIN beruhen. Karte und PIN bilden jeweils zusammen „Zahlungsauthentifizierungsinstrumente". Im Fall der Privatkarte sind Karte und PIN (im Adressbuch) insgesamt abhanden gekommen, so dass der Tatbestand des S. 1 damit erfüllt ist. Im Fall der Geschäftskarte ist mit der Karte eine Komponente abhanden gekommen (S. 1) und mit der PIN in der Klarsichtfolie in der Schreibtischschublade die andere Komponente nicht sicher aufbewahrt gewesen (S. 2). Beides reicht für sich genommen aus. Daher ist Hannes nach § 675v I BGB der B-Bank in Höhe von 150 € zum Schadensersatz verpflichtet. Die Ersatzpflicht ist auch nicht nach Abs. 3 ausgeschlossen, da die Schäden vor der Verlustanzeige eingetreten sind. Daher kann Hannes jedenfalls in Höhe von 150 € (pro Karte) keine Erstattung verlangen.   **647**

Fraglich bleibt, ob Hannes nach § 675v II BGB sogar in voller Höhe schadensersatzpflichtig ist. Das wäre dann der Fall, wenn er seine Plicht zur sicheren Aufbewahrung (§ 675 l S. 1 BGB: „alle zumutbaren Vorkehrungen" um Karte und PIN vor unbefugtem Zugriff zu schützen) grob fahrlässig verletzt hätte. Einerseits stellt es noch keine Pflichtverletzung dar, PIN-Mitteilungen aufzubewahren oder die PIN sonst zu notieren und beides in derselben Wohnung aufzubewahren (wo sonst?). Andererseits dürfen Unbefugte auf beides nicht einheitlich zugreifen können.   **648**

Hannes hatte die Privatkarte zusammen mit dem Adressbuch aufbewahrt, das die PIN verschlüsselt enthielt. Ein Unbefugter hatte also auf beides zusammen Zugriff und konnte danach in Ruhe das Adressbuch nach Hinweisen auf die PIN durchforsten. Eine solche „Tarnung" ist „weit verbreitet und nicht sonderlich originell" (OLG Frankfurt v. 15. 7. 2003 – 19 U 71/03=NJW-RR 2004, 206). Daher hat Hannes insoweit grob fahrlässig gehandelt und sich in Höhe von 5.400 € schadensersatzpflichtig gemacht.   **649**

Die Geschäftskarte und die dazugehörige PIN-Mitteilung hat Hannes zwar auch in derselben Wohnung aufbewahrt aber in verschiedenen Zimmern (Flur und Arbeitszimmer). Für Diebe ist es zwar auch naheliegend, im Schreibtisch nach Hinweisen auf eine PIN zu suchen. Die Ablage zwischen anderen Papieren macht aber ein intensives Suchen erforderlich. Daher ist die Aufbewahrung nicht grob   **650** fahrlässig (BGH v. 17. 10. 2000 – XI ZR 42/00 = NJW 2001, 286). Hannes haftet insoweit also nicht unbegrenzt sondern nur in Höhe von 150 €. Hannes hat daher aus § 675u BGB insgesamt einen Erstattungsanspruch in Höhe von 7.970 €.

C. Wertpapiere

651 Auch wenn die meisten Finanztransaktionen heute per Computer erfolgen und Karten mit Magnetstreifen Wechsel und Scheck teilweise ersetzen, gehören Wertpapiere nach wie vor zum Instrumentarium des Wirtschaftsverkehrs.

I. Der Grundgedanke des Wertpapiers

652 Grundidee eines Wertpapiers ist die Verbriefung eines Rechts, also die Verbindung einer Forderung oder eines anderen Rechts mit einem Schriftstück, einer Urkunde. Wir hatten gesehen, dass die Übertragung einer Forderung nach §§ 398 ff. BGB zum Schutz des Schuldners (der an der Abtretung nicht beteiligt ist) für den Neugläubiger mit einigen Risiken behaftet ist: Er muss Zahlungen an den Altgläubiger nach § 407 BGB gegen sich gelten lassen, ist nach § 404 BGB den Einwendungen ausgesetzt, die der Schuldner dem Altgläubiger gegenüber hatte, und ein gutgläubiger Erwerb vom Nichtberechtigten findet bei Forderungen grundsätzlich nicht statt (s.o. Rn 305). Forderungen sind daher insgesamt weniger verkehrsfähig als Sachen. Durch die Verbriefung von Rechten wird die Verkehrsfähigkeit dieser Rechte erhöht (vgl. z. B. zum Hypothekenbrief §§ 1116 I, 1117, 1154 BGB).

Beispiele:
Mensamarke, Schuldschein, Aktie, Wechsel, Scheck.

II. Die Anweisung

653 Eine recht einfache Form der Verbriefung einer Forderung ist die Anweisung (§§ 783 ff. BGB). Dabei händigt der Schuldner seinem Gläubiger eine Urkunde aus, in der er einen Dritten (z. B. seine Bank) anweist, einen Geldbetrag zu zahlen. Dadurch erhält der Angewiesene (z. B. die Bank) die Befugnis, an den Anweisungsempfänger zu leisten. Interessant wird die Sache, wenn S gegenzeichnet und sich damit auch D gegenüber zur Zahlung verpflichtet (§ 784 BGB). Durch die angenommene Anweisung entsteht eine neue, abstrakte Schuld neben den zugrundeliegenden Geschäften: Der Anweisungsempfänger erhält eine verbriefte Forderung gegen seinen Schuldner.

III. Wechsel und Scheck

Nach dem beschriebenen Anweisungsschema funktionieren auch Wechsel und   **654**
Scheck, die im Wechselgesetz (WG) und Scheckgesetz (ScheckG) ausführlich geregelt sind. Insbesondere der Wechsel spielt z.B. als Waren- oder Handelswechsel
und auch als Kredit- oder Finanzwechsel weiterhin eine große Rolle.

    Beim **Wechsel** muss die Urkunde die Merkmale der Art. 1 f. WG erfüllen; meist   **655**
wird ein Vordruck benutzt. Der Aussteller richtet damit an einen anderen, die „unbe-
dingte Anweisung, eine bestimmte Geldsumme zu zahlen" (Art. 1 Nr. 2 WG). Mit
längerer Zahlungsfrist (Art. 1 Nr. 4 WG: „Verfallzeit") verstärkt sich dabei das
Kreditelement. Wie bei der Anweisung wird dieser andere („Bezogener") zunächst
wechselrechtlich nicht verpflichtet, sondern es haftet lediglich der Aussteller nach
Art. 9 I WG. Erst wenn der Bezogene S den Wechsel durch „Querschreiben"
annimmt (jetzt: „Akzeptant"), entsteht gemäß Art. 28 WG eine abstrakte Wechselverbindlichkeit, die in dem Wertpapier verbrieft ist.

    Die Verbriefung der abstrakten Forderung erleichtert ihre **Übertragung**. Sie   **656**
geschieht regelmäßig durch *Indossament* indem der Inhaber einen Übertragungstext
(üblicherweise auf der Rückseite: „für mich an Herrn …") unterschreibt und die
Urkunde übergibt (Art. 11 ff. WG). Durch Veräußerung an eine Bank (Diskontierung)
kann der Wechsel zu Geld gemacht werden. Der besondere Gutglaubensschutz
(Art. 16 f. WG) und die einfache Geltendmachung im Wechselprozess (§§ 592 ff.
ZPO) unterstützen die Verkehrsfähigkeit des Wechsels zusätzlich.

D. Das Akkreditiv

Das Akkreditiv dient vor allem der Zahlungssicherung im Außenhandel durch die   **657**
vertragliche Verpflichtung einer Bank, im Auftrag, für Rechnung und nach Weisung
eines Kunden gegen Übergabe bestimmter Dokumente eine Geldauszahlung
vorzunehmen.

> **Beispiel:**
>
> K kauft bei V Waren; keiner will vorleisten (vgl. § 320 BGB). Damit V sicher
> sein kann, sein Geld zu erhalten, aber nur, wenn er geliefert hat, kann K mit sei-
> ner Bank B_k einen Vertrag schließen, wonach sich B_k zur Akkreditiveröffnung
> verpflichtet. Das tut sie, indem sie sich gegenüber V oder seiner Bank B_v (Kor-
> respondenzbank) verpflichtet, den Kaufpreis auszuzahlen, sobald V anhand der
> Warendokumente nachweist, dass er geliefert hat.

Vergleichen Sie Abb. 2: Der Zahlende K schließt mit seiner Bank B_k einen   **658**
Geschäftsbesorgungsvertrag (§ 675 BGB); der von der Bank geschuldete Erfolg
ist die Eröffnung des Akkreditivs und die Bezahlung des Zahlungsempfängers V,
sobald dieser die Erbringung seiner Gegenleistung nachweist. Die Eröffnung des
Akkreditivs stellt ein *selbständiges Schuldversprechen* nach § 780 BGB oder

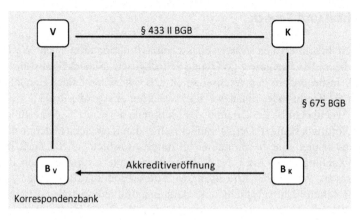

Abb. 2 Die Rechtsbeziehungen beim Akkreditiv

einen Garantievertrag dar. Dadurch entsteht eine vom Grundgeschäft (hier: dem Kauf) unabhängige, abstrakte Schuld der B_k gegenüber V. V erlangt einen unmittelbaren und selbständigen Anspruch gegen B_k auf Zahlung gegen Aushändigung der Warendokumente.

E. Arbeitshinweise

I. Die wichtigsten Grundbegriffe

659   **Bankvertrag** Rahmenvertrag zwischen Kreditinstitut und Kunde, Geschäftsbesorgungsvertrag (§ 675 BGB) mit allgemeinen Regelungen über verschiedene Bankgeschäfte; AGB; Kundeninformation (§ 675a BGB).

Girokonto Konto für bargeldlosen Zahlungsverkehr, mit Kontokorrent. Basiert auf einem Zahlungsdiensterahmenvertrag (§ 675f II BGB).

Kontokorrent laufende Rechnung mit einem Kaufmann (§§ 355 ff. HGB); automatische Verrechnung gegenseitiger Forderungen. Einstellung der Einzelforderungen führt zu Lähmung, Rechnungsabschluss führt zu Ersetzung der Einzelforderungen durch Saldo.

Zahlungsauftrag Weisung gegenüber Zahlungsdienstleister zur Ausführung eines Zahlungsvorgangs (§ 675f III 2 BGB).

Autorisierung Zustimmung des Zahlers zu einem Zahlungsvorgang (§ 675j I BGB). Erfolgt häufig per Zahlungsauthentifizierungsinstrument (Karte + PIN, PIN + TAN usw.). Voraussetzung für Kontobelastung (§ 675u BGB).

Überweisung Häufigste Form unbarer Zahlung. Statt einer direkten Zahlung von S an G erfolgt Buchung durch S-Bank und G-Bank aufgrund Anweisung durch S (= Zahlungsauftrag und Autorisierung). Verpflichtung der Banken zur rechtzeitigen und vollständigen Gutschrift; verschuldensunabhängige Haftung.

Lastschrift „Rückläufige Überweisung", wird durch Zahlungsempfänger ausgelöst. Autorisierung im Vorhinein (Abbuchungsauftrag) oder nachträglich.

Zahlungskarte Berechtigungskarte für bargeldlosen Zahlungsverkehr wie Kreditkarte, EC-Karte usw.: Emissionsvertrag berechtigt Karteninhaber, den Kartenaussteller zur Zahlung an den Zahlungsempfänger (Vertragsunternehmen) zu verpflichten. Vertragsunternehmen muss Kartenzahlung akzeptieren und erhält Zahlungsanspruch gegen den Kartenaussteller.

Wertpapier Urkunde über eine Berechtigung, z. B. Forderung (Erhöhung der Verkehrsfähigkeit).

Wechsel Kredit- und teils Sicherungsmittel, Regelung im Wechselgesetz (WG). Wertpapier, in dem der Aussteller den Bezogenen anweist, an den Remittenten bei Fälligkeit (Verfall) einen bestimmten Geldbetrag zu zahlen. Mit Annahme (Akzept) abstrakte Wechselverbindlichkeit des Bezogenen (= Akzeptant) (Art. 28 WG).

Indossament Wechselrechtliche Übertragung des Wechsels (Art. 11 ff. WG).

Diskontierung Verkauf und Übertragung des Wechsels vor Fälligkeit an eine Bank; Refinanzierung bei Bundesbank.

Akkreditiv Zahlungssicherung im Außenhandel durch Einschaltung (mindestens) einer Bank. Der Käufer schließt mit Bank einen Geschäftsbesorgungsvertrag. Die Bank eröffnet gegenüber dem Verkäufer das Akkreditiv und garantiert so die Zahlung (abstraktes Schuldversprechen, § 780 BGB; oder Garantievertrag). Zahlung durch Bank, wenn Dokumente Erfüllung belegen.

II. Übungsaufgaben

1. Sind Zahlungen in bar, per Überweisung und per Kreditkarte gleichwertig?
2. Sind Gläubiger verpflichtet, Kartenzahlungen zu akzeptieren?
3. Was ist der Unterschied zwischen Bankverträgen und Giroverträgen?
4. K hat ein Girokonto bei der B-Bank. Er wirft ein korrekt ausgefülltes und unterschriebenes Überweisungsformular in den Nachtbriefkasten seiner Bank. Obwohl sein Konto eine ausreichende Deckung aufweist, wird die Überweisung nicht ausgeführt, da das Formular versehentlich falsch abgeheftet wird. Dadurch entgeht K ein Geschäft (Gewinn: 8.000 €). Kann K Schadensersatz verlangen? **660**
5. Wer trägt das Risiko der Fälschung eines Überweisungsformulars?
6. Wie verhält es sich mit dem Fälschungsrisiko im Scheckverkehr?
7. Kann ein Bankkunde ohne Girokonto eine Überweisung tätigen?
8. In welchen Fällen bietet sich im Vergleich zum Dauerauftrag die Zahlung durch Lastschriftverfahren an? Wie funktioniert sie?
9. Was ist ein Zahlungsauthentifizierungsinstrument? Welche Pflichten haben Kreditinstitute und Kunden diesbezüglich?

10. Erläutern Sie die Begriffe Bezogener, Indossant, Akzept, Diskont.

11. Erklären Sie kurz die Funktionsweise und die Rechtsbeziehungen beim Akkreditiv. Welche Ansprüche hat der Verkäufer vor und nach Eröffnung des Akkreditivs?

12. Wie wirkt sich die Abstraktheit der Akkreditiveröffnung im Verhältnis zum zugrundeliegenden Geschäft (meist Kauf) bei Mangelhaftigkeit der gelieferten Ware aus?

III. Empfohlene Literatur

661 Übersicht:

Looschelders, Schuldrecht BT (Heymanns), Rn 820 ff.

Lehrbuch:

Tonner/Krüger, Bankrecht (Nomos)

Zum Nachschlagen:

Baumbach/Hopt, Handelsgesetzbuch (C.H. Beck), 2. Teil, VI. (7) – (11).

Teil IV

Rechtsformen der Unternehmen

Unternehmerische Tätigkeit kann in verschiedenen Rechtsformen erfolgen. Der **662** Einzelne kann nicht nur Einzelunternehmer, ggf. Einzelkaufmann sein, sondern auch eine Einpersonen-Kapitalgesellschaft (AG oder GmbH) gründen. Für das gemeinschaftliche Wirtschaften kommen weitere Rechtsformen hinzu: als juristische Person z.B. die Genossenschaft, ferner die Personengesellschaften (BGB-Gesellschaft, OHG, KG, usw.). Da Gesellschaften ihrerseits Mitglied einer anderen Gesellschaft sein können, sind schließlich Kombinationsformen möglich, z.B. die GmbH & Co. KG und die Unternehmensgruppen, insbesondere Konzerne.

Die Rechtsformen unterscheiden sich in ihren Kosten, der Kapital- und Kre- **663** ditbasis, der steuerlichen Behandlung, in Mitbestimmungsfragen, der Haftungssituation usw.; das alles hat der Unternehmer bei der Wahl der geeigneten Rechtsform zu berücksichtigen.

Die einmal getroffene Rechtsformwahl ist natürlich nicht unveränderlich. Viel- **664** mehr kann z.B. ein Einzelkaufmann auch später eine GmbH gründen, oder es kann durch das Hinzutreten eines Teilhabers eine OHG entstehen. Eine BGB-Gesellschaft kann OHG, eine OHG durch Aufnahme eines Kommanditisten KG werden und so fort. Ferner sieht das Umwandlungsgesetz (UmwG) auch die Möglichkeit vor, Rechtsträger zu verschmelzen oder zu spalten oder eine Umwandlung durch Vermögensübertragung oder Formwechsel vorzunehmen (vgl. nur die Büchereinteilung des UmwG und die §§ 1, 2, 123, 174, 214, 226 UmwG). Das wird hier nicht weiter verfolgt. Die Personengesellschaften werden in § 9, die juristischen Personen (insb. GmbH und AG) sowie die Kombinationsformen unten in § 10 behandelt.

§ 9 Personengesellschaften

▶ **Fallstudie: Hannes' und Inges Billig-Bücher-Laden (II)**
  Fall wie oben § 3.
  1. Kann Inge für das Geschäft einen zweiten Kopierer kaufen?
  2. Kann sie es, wenn das Geschäft einen kaufmännischen Zuschnitt hat?
  3. Wie kann Inge sich „nicht-unternehmerisch" beteiligen?

A. Übersicht

Abb. 1 fasst das in §§ 2 und 3 Gesagte noch einmal zusammen.

Die bei weitem verbreitetste Form unternehmerischer Tätigkeit ist die einzelunternehmerische. Der **Einzelunternehmer** ist unter den Voraussetzungen der §§ 1 ff. HGB Kaufmann, sonst ist er Nichtkaufmann. Er kann natürlich arbeitsteilig wirtschaften, insbesondere Personal einstellen, Stellvertreter für sich handeln lassen usw. Er ist aber allein Inhaber des Unternehmens. **665**

Bei den anderen Rechtsformen kommen zahlreiche Fragen hinzu: Wann und wie entsteht die Rechtsform? Welche Rechte und Pflichten bestehen zwischen den Gesellschaftern, wer hat welche Entscheidungsbefugnisse, wer welche Kontrollrechte? Wer hat welche Berechtigung am Gesellschaftsvermögen? Und im Außenverhältnis: Wer vertritt die Gesellschaft? Wer haftet den Gesellschaftsgläubigern? Diese und viele andere Fragen werden im BGB, HGB und in Spezialgesetzen geregelt. **666**

Bei den **Personengesellschaften** bildet die BGB-Gesellschaft die nichtkaufmännische Basisform. Auf ihrer Regelung (§§ 705 ff. BGB) baut sich auch das Recht der Personenhandelsgesellschaften, der OHG und KG, auf (vgl. insb. §§ 105 III, 161 II HGB). **667**

Die Grundform der **juristischen Personen** ist der Verein (§§ 21 ff. BGB). Sie steht aber für wirtschaftliche Geschäftsbetriebe nur ausnahmsweise zur Verfügung **668**

© Springer-Verlag Berlin Heidelberg 2017
J. Meyer, *Wirtschaftsprivatrecht*, Springer-Lehrbuch,
DOI 10.1007/978-3-662-52734-4_9

	Rechtsformen des BGB	Rechtsformen des Handelsrechts
Einzel-unternehmen	Nichtkaufmann	Kaufmann
Personen-gesellschaften	BGB-Gesellschaft (§§ 706 ff. BGB)	OHG (insb. §§ 105 ff. HGB) KG (insb. §§ 161 ff. HGB)
Juristische Personen	Eingetragener Verein (§§ 21 ff. BGB)	GmbH (GmbHG) AG (AktG) Genossenschaft (GenG)

Abb. 1 Rechtsformen

(§§ 21, 22 BGB). Als Unternehmensrechtsformen sind daher insbesondere die Kapitalgesellschaften, vor allem die GmbH und AG, wichtiger.

B. Die einzelnen Personengesellschaften

I. Die BGB-Gesellschaft

1. Rechtsnatur und Bedeutung

669 Die BGB-Gesellschaft ist in §§ 705 ff. BGB geregelt. Kennzeichen ist der vertragliche Zusammenschluss zu gemeinschaftlicher Zweckverfolgung (§ 705 BGB). Ist dieser Zweck der Betrieb eines Handelsgewerbes, kommen OHG und KG in Betracht, nicht die BGB-Gesellschaft (§ 105 I HGB). Die BGB-Gesellschaft ist daher die einzige Personengesellschaft im Privatbereich und die wichtigste für nichtgewerbliche und kleingewerbliche Unternehmen. Kleingewerbliche Gesellschaften können allerdings durch Eintragung zur OHG werden (§ 105 II HGB). Die BGB-Gesellschaft kann nach außen hervortreten oder reine Innengesellschaft sein.

Beispiele:

Innengesellschaften sind z.B. Fahr- und Lotto-Gemeinschaften und die stille Gesellschaft (unten Rn 715). Außengesellschaften sind z.B. Anwaltssozietäten, ärztliche Gemeinschaftspraxen, Kleingewerbe wie ein gemeinsam betriebener Kiosk. Auch ein Bankenkonsortium zur Emission neuer Anleihen oder Aktien ist BGB-Gesellschaft (und Innengesellschaft, wenn es eine Konsortialführerin gibt).

670 Die BGB-Regelung betont die vertragliche Beziehung der Gesellschafter zueinander (daher die Regelung unter „Einzelne Schuldverhältnisse") und vernachlässigt die organisatorische Einheit (vgl. insb. § 714 BGB: Vertretung der Gesellschafter und § 736 ZPO: Titel gegen Gesellschafter gegenüber § 124 HGB). Das passt zu Außengesellschaften und insbesondere unternehmerisch tätigen BGB-Gesellschaften schlecht. Zudem ist die Regelung teils zwiespältig (vgl. nur § 718 I BGB: Vermögen der Gesellschafter = Gesellschaftsvermögen).

Die BGH-Rechtsprechung korrigiert das seit 2001, indem sie § 124 HGB analog auf die BGB-Außengesellschaften anwendet (BGH v. 29. 1. 2001 – II ZR 331/00 = BGHZ 146, 341). Die BGB-Außengesellschaft ist daher wie die OHG und KG eine rechtsfähige Personengesellschaft im Sinne des § 14 BGB (s.o. Rn 215). Das hat mittlerweile auch der Gesetzgeber anerkannt (vgl. § 899a BGB: BGB-Gesellschaft im Grundbuch), ohne die §§ 705 ff. BGB zu ändern. Man muss sich die analoge Anwendbarkeit des § 124 HGB und die Folgerungen daher einprägen (dazu gleich).

2. Entstehung der Gesellschaft
Die Gesellschaft entsteht, wenn sich die Gesellschafter in einem Gesellschaftsver- 671
trag gegenseitig verpflichten, einen gemeinsamen Zweck zu fördern (§ 705 BGB). Das kann formlos geschehen. Ein schriftlicher Vertrag, die Eintragung in irgendein Register oder eine bestimmte Kapitalisierung ist nicht erforderlich.

3. Kompetenzverteilung im Innenverhältnis
Die §§ 705 ff. BGB lassen die Trennung zwischen Innen- und Außenverhältnis nicht 672
so deutlich erkennen wie z. B. die §§ 109 ff. und 123 ff. HGB. Zum Innenverhältnis gehören die Rechte und Pflichten der Gesellschafter untereinander, insbesondere die Kompetenzverteilung.

Die **Geschäftsführung** steht nach § 709 BGB grundsätzlich allen gemeinsam 673
zu; Entscheidungen werden also einstimmig gefällt. Andere Regelungen im Gesellschaftsvertrag sind möglich, z. B. Mehrheitsprinzip oder Einzelgeschäftsführungsbefugnis einzelner oder aller Gesellschafter.

Außergewöhnliche Entscheidungen, die über die Geschäftsführung hinausge- 674
hen, bedürfen grundsätzlich auch dann der Zustimmung aller Gesellschafter, wenn der Gesellschaftsvertrag die Geschäftsführungsbefugnis einzelnen überträgt. Im Übrigen haben die von der Geschäftsführung ausgeschlossenen Gesellschafter **Kontrollrechte** nach § 716 BGB.

4. Vermögen der Gesellschaft und Vermögensbeteiligung
Die Gesellschafter haben den Gesellschaftszweck in erster Linie durch **Beiträge** 675
materieller oder immaterieller Art zu fördern (§ 706 BGB). Zu Nachschüssen sind sie grundsätzlich nicht verpflichtet (§ 707 BGB), außer u. U. bei Beendigung der Gesellschaft (s. unten Rn 683).

Das **Gesellschaftsvermögen** besteht aus den Beiträgen und dem Erwirtschafte- 676
ten. Es ist nach dem in Rn 670 Gesagten der BGB-Gesellschaft selbst zugeordnet.

Beispiel:
Wenn die A-B-C-Gesellschaft ein Notebook kauft, schuldet die Gesellschaft als Käuferin nach § 433 II BGB den Kaufpreis. Sie ist Inhaberin des Gesellschaftskontos, von dem aus sie den Kaufpreis überweist. Wenn umgekehrt der Verkäufer erfüllt, wird die Gesellschaft nach § 929 S. 1 BGB Eigentümerin des Notebooks usw. Wird der Gesellschaft ein Grundstück übereignet, so wird sie als Eigentümerin ins Grundbuch eingetragen (§ 899a BGB).

677 Das Gesellschaftsvermögen verändert sich also mit jedem Geschäftsvorfall nach Wert und Bestand. Die Gesellschafter sind mit ihren **Anteilen** am Gesellschaftsvermögen beteiligt, können über die Anteile aber nicht verfügen (§ 719 I BGB).

678 Die **Gewinn- und Verlustrechnung** erfolgt bei Gesellschaften von längerer Dauer im Zweifel am Ende des Geschäftsjahres, sonst bei Beendigung der Gesellschaft (§ 721 BGB). Die Gewinn- oder Verlustanteile richten sich im Zweifel nach Köpfen (§ 722 BGB).

5. Außenverhältnis

679 Die **Stellvertretung** ist in § 714 BGB nur rudimentär geregelt. Wie schon gesehen, werden nicht die Gesellschafter vertreten, sondern die BGB-Gesellschaft als rechtsfähige Personengesellschaft (§ 124 HGB analog, s.o. Rn 670). Vertreter sind im Zweifel die Gesellschafter, die auch geschäftsführungsbefugt sind.

> **Beispiele:**
> Im Gesellschaftsvertrag der A-B-C-Gesellschaft ist nichts zur Geschäftsführung oder Vertretung geregelt. Wenn über den Kauf eines Notebooks entschieden wird, müssen daher nach § 709 BGB alle drei Gesellschafter zustimmen und nach § 714 BGB auch alle den Kaufvertrag unterschreiben.
> Wenn nach dem Gesellschaftsvertrag A Alleingeschäftsführer ist, kann er über den Kauf allein entscheiden und ihn nach § 714 BGB im Zweifel auch allein tätigen.

680 Für die Frage der **Haftung** ist zunächst auf die *BGB-Gesellschaft* selbst abzustellen. Vertraglich haftet die Gesellschaft, wenn sie (durch wirksame Vertretung) Vertragspartnerin geworden ist, und eine vertragliche Schadensersatzpflicht kann sich aus Vertragsverletzungen ergeben. Dabei hat die Gesellschaft wie jeder Schuldner nach § 278 BGB auch das Verschulden ihrer Erfüllungsgehilfen zu vertreten. Für schädigende Handlungen ihrer Organe haftet sie analog § 31 BGB. Diese Bestimmung des Vereinsrechts muss man sich merken, weil man sonst kaum darauf kommt: Sie gilt analog für alle juristischen Personen und sogar für die rechtsfähigen Personengesellschaften.

> **Beispiel:**
> Hannes Hurtig ist Geschäftsführer der Hannes & Inge Billig-Buch-Gesellschaft. Als er einen zweiten Fotokopierer aufstellen lässt, überschätzt er die Tragfähigkeit des Bodens und der Kopierer landet eine Etage tiefer im Aquarium des Vermieters. Hier ist die BGB-Gesellschaft als Mieterin haftbar, weil ihr Hannes' Verhalten analog § 31 BGB zugerechnet wird und die Schädigung den Mietvertrag verletzt (§§ 535, 280 I, 241 II BGB). Zudem stellt die Schädigung auch eine Eigentumsverletzung dar, für die nach § 823 I BGB Hannes persönlich haftet und analog § 31 BGB auch die BGB-Gesellschaft (s. unten Rn 793 ff.).

681 Für die Verbindlichkeiten der BGB-Gesellschaft haften die *Gesellschafter* analog § 128 HGB persönlich in vollem Umfang. Das BGB enthält hierzu keine besondere Regelung, da man noch davon ausging, dass die Gesellschafter persönlich vertreten

werden und daher auch persönlich haften. Da die BGB-Gesellschaft nun als rechtsfähige Personengesellschaft angesehen wird (§ 124 HGB analog, s.o. Rn 670), ist sie selbst wie die OHG die vorrangig Haftende und für die Gesellschafterhaftung wird das OHG-Recht analog herangezogen (näher unten Rn 696 f.).

Im **Beispiel** Rn 680 sind daher neben der BGB-Gesellschaft auch Hannes und Inge analog § 128 HGB für den Schaden haftbar, und im Beispiel Rn 676 kann der Verkäufer des Notebooks, wenn es nicht bezahlt wird, die BGB-Gesellschaft und A, B und C als Gesamtschuldner verklagen.

6. Gesellschafterwechsel

Da mit dem Ausscheiden eines Gesellschafters die Gesellschaft beendet wird, wenn   682
der Gesellschaftsvertrag nichts anderes bestimmt (§§ 723, 727, 736 BGB), ist ein Gesellschafterwechsel grundsätzlich nur durch Änderung des Gesellschaftsvertrags möglich. Häufig sind aber Nachfolgeklauseln vorgesehen, d.h. beim Ausscheiden eines Gesellschafters tritt ein anderer an dessen Stelle (z.B. beim Tod des Gesellschafters ein Erbe).

7. Beendigung der Gesellschaft

Die wichtigsten Beendigungsgründe sind: 683
- Kündigung (§§ 723 ff. BGB),
- Zweckerreichung oder -unmöglichkeit (§ 726 BGB),
- Tod eines Gesellschafters (§ 727 BGB),
- Insolvenz der Gesellschaft oder eines Gesellschafters (§ 728 I, II BGB).

Am Ende erfolgt die Auseinandersetzung, d.h. die Gesellschaftsschulden sind zu berichtigen, dann sind die Einlagen zurückzuerstatten. Verbleibt ein Überschuss, wird er wie Gewinne verteilt; reicht das Gesellschaftsvermögen nicht aus, sind die Gesellschafter der Verlusttragungspflicht entsprechend nachschusspflichtig (§§ 730–735 BGB).

8. Zur Fallstudie

1. Kann Inge für das Geschäft einen zweiten Kopierer kaufen?
Hannes und Inge haben eine BGB-Gesellschaft gegründet. Nach §§ 714, 709 BGB   684
können beide daher grundsätzlich nur gemeinsam auftreten. Inge allein kann im Namen der Gesellschaft nur kaufen, wenn Hannes sie dazu bevollmächtigt. Der Gesellschaftsvertrag kann allerdings auch bestimmen, dass Inge alleinvertretungsberechtigt ist. Das ergibt sich nach § 714 BGB auch, wenn ihr die Befugnis zur Einzelgeschäftsführung zuerkannt ist.

II. Die Offene Handelsgesellschaft (OHG)

1. Rechtsnatur und Bedeutung

Die OHG ist, wie gesehen, eine Sonderform der BGB-Gesellschaft, deren gemein-   685
samer Zweck im Betrieb eines Handelsgewerbes besteht (§ 105 I HGB). Das kann

auch ein Kleingewerbe sein (§§ 2, 105 II HGB), und eine entsprechende „OHG-Option" ist für Gesellschaften geschaffen worden, die nur ihr eigenes Vermögen verwalten und daher gar kein Gewerbe betreiben. Für die OHG gelten vorrangig die §§ 105 ff. HGB. Wenn dort keine Sondervorschriften existieren, gelten allgemein die §§ 705 ff. BGB als Auffangvorschriften (§ 105 III HGB).

686   Bei der OHG steht das gleichberechtigte Zusammenwirken der Gesellschafter, die alle persönlich und unbeschränkt haften, im Vordergrund. Hierdurch wird die echte Mitunternehmerschaft aller Gesellschafter verwirklicht und durch ihre unbeschränkte Haftung eine günstige Kreditgrundlage geschaffen. Dem stehen allerdings die entsprechenden erheblichen Risiken gegenüber, und daher findet sich die OHG überwiegend im Bereich kleiner und mittlerer Familienunternehmen.

2. Entstehung der Gesellschaft

687   Die OHG entsteht im Innenverhältnis, sobald der Gesellschaftsvertrag abgeschlossen wird, um ein Handelsgewerbe zu betreiben (§§ 705 BGB, 105 I, III HGB). Sie ist dann zur Handelsregistereintragung anzumelden (§ 106 HGB), was aber nur gegenüber Dritten von Bedeutung ist. Im Außenverhältnis entsteht die OHG erst mit dieser Eintragung oder, wenn sie kein Kleingewerbe betreibt, bereits vorher mit Geschäftsbeginn (§ 123 HGB). Die u.U. unterschiedlichen Entstehungszeitpunkte sind ein plastisches Beispiel dafür, dass Innen- und Außenverhältnis unterschieden werden müssen.

3. Kompetenzverteilung im Innenverhältnis

688   Die Rechte und Pflichten der Gesellschafter im Innenverhältnis richten sich primär nach dem *Gesellschaftsvertrag* (§ 109 HGB). Soweit der Gesellschaftsvertrag keine Regelungen enthält, gelten die §§ 110 ff. HGB und subsidiär die §§ 705 ff. BGB.

689   Die **Geschäftsführung** ist in §§ 114–117 HGB geregelt. Danach sind grundsätzlich alle Gesellschafter geschäftsführungsbefugt, und zwar einzeln. Es kann also jeder Gesellschafter Entscheidungen im gewöhnlichen Geschäftsbetrieb unabhängig von den übrigen fällen. Jeder andere Gesellschafter hat jedoch ein Widerspruchsrecht. Schließt der Gesellschaftsvertrag einzelne Gesellschafter von der Geschäftsführung aus, so sind sie auch nicht widerspruchsberechtigt.

690   Die nicht geschäftsführenden Gesellschafter haben nach § 118 HGB ein recht intensives **Kontrollrecht**. Zudem sind sie an den **außergewöhnlichen Entscheidungen** beteiligt: Die Geschäftsführungsbefugnis deckt nach § 116 I HGB nur die Handlungen ab, die zum gewöhnlichen Geschäftsbetrieb gehören. Für die darüber hinausgehenden ist nach § 116 II HGB ein Beschluss aller Gesellschafter erforderlich, so dass grundsätzlich alle Gesellschafter (wie bei der BGB-Gesellschaft) zustimmen müssen (§ 119 I HGB).

691   Die Gesellschafter unterliegen nach § 112 HGB einem **Wettbewerbsverbot**. Sie dürfen der Gesellschaft im gleichen Handelszweig keine Konkurrenz machen und sich nicht an einer Konkurrenzgesellschaft persönlich haftend beteiligen.

4. Vermögen der Gesellschaft und Vermögensbeteiligung

692   Das HGB regelt nur das Schicksal von Gewinnen und Verlusten (§§ 120 f.) und bestimmt in § 124, dass die OHG selbst Inhaberin von Rechten und Pflichten sein kann. Im Übrigen ist auf die BGB-Vorschriften zurückzugreifen (§ 105 III HGB). Das OHG-Vermögen besteht aus den Beiträgen der Gesellschafter und dem Erworbenen (§§ 705, 706, 718 BGB, 105 III HGB) und ist der OHG als rechtsfähiger Personengesellschaft zugeordnet (§ 124 HGB).

> **Beispiele:**
> Die OHG kann Käuferin einer Computeranlage sein, die Übereignung kann an sie erfolgen, sie wird damit Eigentümerin. Die OHG selbst kann Forderungsinhaberin sein. Sie kann Eigentümerin eines eingebrachten oder erworbenen Grundstücks sein; sie wird unter ihrer Firma im Grundbuch eingetragen.

Der Anteil eines jeden Gesellschafters am Gesellschaftsvermögen wird **Kapitalanteil** genannt. Bei Gründung der Gesellschaft entspricht er der Einlage. Durch Gewinne oder Verluste der Gesellschaft erhöht oder vermindert er sich anteilig. Durch weitere Einlagen oder Entnahmen erhöht oder vermindert er sich ebenfalls. Gewinne und Verluste werden anhand einer Jahresbilanz festgestellt (§ 120 HGB). § 121 HGB regelt die Gewinn- und Verlustverteilung: Vom Gewinn erhält jeder Gesellschafter zunächst 4 % auf seinen Kapitalanteil. Der Rest des Gewinns wird nach Köpfen verteilt. Verlust wird ebenfalls nach Köpfen verteilt. Darin kommt zum Ausdruck, dass bei der OHG das gemeinschaftliche Wirtschaften, nicht die kapitalmäßige Beteiligung im Vordergrund steht. Unabhängig von Gewinn oder Verlust haben die Gesellschafter ein Entnahmerecht nach § 122 HGB. **693**

5. Außenverhältnis
Das Außenverhältnis ist in §§ 123 ff. HGB weitgehend zwingend geregelt. **694**

Die **Vertretung** der OHG geschieht nach § 164 BGB. Die erforderliche *Vertretungsmacht* steht nach § 125 I HGB jedem Gesellschafter zu (Einzelvertretung). Der Gesellschaftsvertrag kann aber einzelne Gesellschafter von der Vertretung ausschließen oder Gesamtvertretungsmacht anordnen (das kennen Sie schon von der Prokura). Die Vertretungsmacht gilt nach § 126 HGB für alle Rechtsgeschäfte und ist Dritten gegenüber unbeschränkbar. Sie ist also, wie im Handelsrecht üblich, im Außenverhältnis festgeschrieben. Durch Rechtsgeschäfte im Namen der OHG wird diese selbst berechtigt und verpflichtet.

> **Beispiel:**
> A mietet von V ein Grundstück im Namen der A-B-C-OHG an. Gemäß § 164 BGB wird die OHG Mieterin, weil A eine eigene Willenserklärung in ihrem Namen und im Rahmen seiner Vertretungsmacht (§§ 125 I, 126 I HGB) abgegeben hat und ihm gegenüber die Willenserklärung des V an die OHG erfolgt ist. Die OHG ist also zur Zahlung die Miete verpflichtet und kann die Gebrauchsüberlassung verlangen (§ 535 BGB).

Für die Frage der **Haftung** ist zunächst auf die *OHG selbst* abzustellen. Sie schuldet als Vertragspartnerin die Erfüllung und haftet für Vertragsverletzungen und **695** unerlaubte Handlungen, wobei ihr das Verhalten ihrer Organe zugerechnet wird (s.o. Rn 681).

696 Für solche OHG-Verbindlichkeiten haften die *Gesellschafter* gemäß § 128 HGB persönlich und unbeschränkbar. Die Gesellschafter haften neben der Gesellschaft (also nicht nur subsidiär) als Gesamtschuldner (§ 421 BGB).

697 Eintretende Gesellschafter haften nach § 130 HGB auch für die Altverbindlichkeiten. Austretende Gesellschafter haften für die bis dahin begründeten Verbindlichkeiten noch fünf Jahre weiter (§ 160 HGB).

Fragt V im vorigen **Beispiel** nach seinen Ansprüchen, ist zu unterscheiden:

1. Die OHG schuldet als Mieterin nach § 535 BGB die Mietzahlung selbst (§ 124 I HGB).

2. A, B und C sind Gesellschafter der OHG und haften nach § 128 HGB unmittelbar und unbeschränkt für die OHG-Verbindlichkeiten.

V kann also die OHG sowie A, B, und C als Gesamtschuldner verklagen. Begleicht A die Schuld, kann er die OHG in Regress nehmen (§ 110 HGB) und notfalls B und C im Verhältnis ihrer Verlustanteile (§ 426 BGB).

698 Das Beispiel zeigt, wenn man sich die fast schrankenlose Vertretungsmacht vergegenwärtigt, die besonderen Gefahren für die Gesellschafter. Eine OHG verlangt daher unbedingtes Vertrauen. Andererseits wird genau das signalisiert, und die weite Haftungsbasis erhöht die Kreditwürdigkeit.

6. Gesellschafterwechsel

699 Wegen dieser Vertrauenssituation sieht das Gesetz keine Übertragung der Gesellschafterstellung vor; ein Gesellschafter kann nicht einmal über seinen Anteil am Gesellschaftsvermögen verfügen (§ 719 BGB). Bei Tod, Insolvenz oder Kündigung eines Gesellschafters scheidet dieser nach § 131 III Nr. 1–3 HGB aus der OHG aus. Durch Änderung des Gesellschaftsvertrages (Einstimmigkeit!) können neue Gesellschafter aufgenommen werden, und es kann auch bestimmt werden, dass ein neuer Gesellschafter anstelle eines ausscheidenden eintritt. Eine Ausschließung eines Gesellschafters erfolgt nur aus wichtigem Grund und auf Gerichtsbeschluss (§ 140 I HGB).

7. Beendigung der Gesellschaft

700 Die Gesellschaft wird durch *Auflösung* beendigt. Zu den Auflösungsgründen nach § 131 HGB gehören insbesondere ein entsprechender Gesellschafterbeschluss und die Insolvenz der OHG, während Tod, Insolvenz und Kündigung eines Gesellschafters – anders als bei der BGB-Gesellschaft – keine Auflösungsgründe mehr sind.

701 Die Abwicklung geschieht in der Regel entweder im Insolvenzverfahren oder durch Liquidation, die in §§ 145 ff. HGB etwas formeller geregelt ist als die Auseinandersetzung nach §§ 730 ff. BGB. Die Gesellschafter haften nach § 128 HGB für die OHG-Verbindlichkeiten noch fünf Jahre (§ 159 HGB).

8. Zur Fallstudie

2. Kann Inge für das Geschäft einen zweiten Kopierer kaufen, wenn das Geschäft　702
einen kaufmännischen Zuschnitt hat?

Der Billig-Bücherladen ist ein Gewerbebetrieb, und bei kaufmännischem Zuschnitt　703
handelt es sich um ein Handelsgewerbe (§ 1 II HGB). Die Gesellschaft ist daher
OHG (§ 105 I HGB) und mit Geschäftsaufnahme oder Eintragung nach außen wirksam entstanden (§ 123 I, II HGB).

Als OHG-Gesellschafterin ist Inge gemäß § 125 I HGB allein vertretungsberechtigt.　704
Sie kann also im Namen der OHG den Kopierer kaufen. Neben der OHG haften
dann auch sie und Hannes für die Kaufpreiszahlung (§ 128 HGB).

III. Die Kommanditgesellschaft (KG)

1. Rechtsnatur und Bedeutung

Die Kommanditgesellschaft ist eine Sonderform der OHG, bei der sich neben den　705
persönlich haftenden Gesellschaftern (Komplementären) Kommanditisten beteiligen, die für KG-Verbindlichkeiten grundsätzlich nur bis zur Höhe ihrer Einlage
haften (§ 161 I HGB). Sie bietet damit die *Möglichkeit bloßer kapitalmäßiger Beteiligung* und ist daher auch für größere Unternehmen und Publikumsgesellschaften
geeignet. Wichtig ist das KG-Recht auch für die Mischform der GmbH & Co. KG.

Für die KG (vor allem die Kommanditisten) gelten die Spezialvorschriften der　706
§§ 161 ff. HGB, im Übrigen gelten (insbesondere für die Komplementäre) gemäß
§ 161 II HGB die §§ 105 ff. HGB und, soweit dort nichts Spezielleres geregelt ist,
wiederum gemäß § 105 III HGB die §§ 705 ff. BGB.

2. Entstehung der Gesellschaft

Die Entstehung der KG entspricht der OHG. Sie entsteht im Innenverhältnis also durch　707
Abschluss des Gesellschaftsvertrages, der die beschänkte Haftung der Kommanditisten bestimmen muss. Im Außenverhältnis entsteht sie mit Eintragung (mit besonderen
Angaben, vgl. § 162 HGB) oder vorherigem Geschäftsbeginn. Letzterenfalls haftet ein
Kommanditist nach § 176 I HGB Gutgläubigen gegenüber wie ein OHG-Gesellschafter, wenn er dem Geschäftsbeginn zugestimmt hat. Das gleiche gilt nach § 176 II HGB,
wenn ein Kommanditist in eine OHG oder KG eintritt, dies aber noch nicht eingetragen
ist. Die Haftung ist also erst beschränkt, wenn die Kommanditistenstellung durch die
Handelsregister-Eintragung nach außen kundgetan ist.

3. Kompetenzverteilung im Innenverhältnis

Das Innenverhältnis ist (dispositiv) in §§ 163 ff. HGB zum Teil vom OHG-Recht　708
abweichend geregelt: Kommanditisten sind nicht geschäftsführungsbefugt und
haben kein Widerspruchsrecht (§ 164 HGB). **Geschäftsführer** der KG sind also die
Komplementäre (§§ 114 ff., 161 II HGB), für die auch die OHG-Regeln über das
Kontrollrecht und Wettbewerbsverbot gelten. **Außergewöhnliche Entscheidungen**

bedürfen nach §§ 116 II, 119, 161 II HGB der Zustimmung aller Gesellschafter, also auch der Kommanditisten.

709		Die Kommanditisten unterliegen nicht dem Wettbewerbsverbot (§ 165 HGB) und ihr Kontrollrecht nach § 166 HGB ist gegenüber § 117 HGB deutlich eingeschränkt. All das spiegelt ihre bloß kapitalmäßige Beteiligung und ihr begrenztes Risiko wider.

4. Vermögen der Gesellschaft und Vermögensbeteiligung

710		Für das KG-Vermögen gilt das zur OHG Gesagte. Auch jeder Kommanditist hat einen Kapitalanteil. Vom Gewinn erhalten Kommanditisten wie Komplementäre 4 % ihres Kapitalanteils. Im Übrigen werden Gewinn und Verlust nicht nach Köpfen, sondern „angemessen" verteilt. Von zentraler Bedeutung ist dabei § 167 III HGB: Der Kommanditist ist an Verlusten nur bis zum Betrag seines Kapitalanteils und etwaiger ausstehender Einlagen beteiligt (Haftungsbeschränkung im Innenverhältnis). Ein gewinnunabhängiges Entnahmerecht steht dem Kommanditisten nicht zu. Er kann lediglich Auszahlung seines Gewinnanteils verlangen, solange die Einlage erhalten bleibt (vgl. insg. §§ 167–169 HGB mit §§ 120–122 HGB).

5. Außenverhältnis

711		Die gesellschaftsrechtliche **Vertretung** erfolgt wie bei der OHG durch die Komplementäre (§§ 125 ff., 161 II HGB). Kommanditisten haben keine gesetzliche Vertretungsmacht (§ 170 HGB). Diese Vertretungsregelung ist wie die Haftungsregelung zwingend. Einem Kommanditisten kann allerdings z. B. Prokura erteilt werden.

712		Bei der **Haftung** ist zwischen KG-Verbindlichkeiten und der Haftung der Komplementäre und Kommanditisten zu unterscheiden. Für die KG selbst und für die Komplementäre gilt OHG-Recht (insb. §§ 124, 128, 161 II HGB, s.o. Rn 695 ff.). Der Kommanditist hat seine Einlage zu erbringen und haftet, wenn das geschehen ist, den KG-Gläubigern nicht selbst, sondern kann nur, wenn die Gläubiger sich an das KG-Vermögen halten, seine Einlage verlieren. § 171 I HGB sagt das klarer als § 161 I HGB: Die persönliche Haftung ist ausgeschlossen, soweit die Einlage geleistet ist, wobei Gläubigern gegenüber die Eintragung maßgeblich ist, nicht die interne Verabredung (§§ 172 I-III, 174 HGB). Nur wenn und soweit der Kommanditist die Einlage ganz oder teilweise nicht geleistet hat oder sich zurückgewähren lässt (§ 172 IV HGB), kann er selbst von den KG-Gläubigern neben der KG und den Komplementären als Gesamtschuldner in Anspruch genommen werden.

6. Gesellschafterwechsel

713		Der Gesellschafterwechsel kann sich zunächst wie bei der OHG durch Änderung des Gesellschaftsvertrages (Eintritt, Austritt eines Kommanditisten, Übertragung einer Kommanditbeteiligung) vollziehen. Für den Eintritt eines Kommanditisten bestimmt § 173 HGB, dass er für Alt- wie Neuverbindlichkeiten der Gesellschaft nach §§ 171 f. HGB haftet.

7. Beendigung der Gesellschaft

Die Beendigung einer KG richtet sich nach OHG-Recht. Beim Tod eines Komman-   **714**
ditisten wird die KG im Zweifel mit den Erben fortgesetzt (§ 177 HGB). Auch das
weicht vom OHG-Recht ab und zeigt noch einmal, dass der Kommanditist als Anla-
gegesellschafter gesehen wird.

IV. Die stille Gesellschaft

Die stille Gesellschaft, in §§ 230 ff. HGB geregelt, ist keine Handelsgesellschaft,   **715**
weil sie nicht nach außen in Erscheinung tritt (vgl. die Überschrift vor § 105 HGB).
Der stille Gesellschafter schließt mit einem Kaufmann (oder einer Handelsgesellschaft) einen Vertrag gemäß § 705 BGB und beteiligt sich mit einer Vermö-
genseinlage an dessen Handelsgewerbe. Inhaber bleibt aber der Kaufmann. Dafür
erhält der Stille einen festgelegten, sonst angemessenen Anteil am Gewinn, nimmt
grundsätzlich aber auch entsprechend am Verlust teil (§ 231 HGB). Der Stille ist
also „weniger" als ein Kommanditist, weil er nicht nach außen in Erscheinung tritt.
Er ist aber „mehr" als ein Darlehensgeber, weil er Gesellschafter ist (vgl. §§ 231–
233 HGB).

V. Die Partnerschaftsgesellschaft

Die Partnerschaftsgesellschaft, im Gesetz über die Partnerschaftsgesellschaft   **716**
(PartGG) geregelt, ist eine besondere Gesellschaftsform für Freiberufler (denen
mangels Gewerbe die OHG und KG nicht zur Verfügung stehen). Weitgehend wird
auf das OHG-Recht verwiesen, insbesondere auch auf §§ 114 ff., 124, 125 ff. HGB
(§§ 6 III 2, 7 II, III PartGG). Nach § 8 PartGG haften auch die Partner für Verbindlichkeiten der Partnerschaft, wobei die Haftung für berufliche Fehler nach Abs. 2
allerdings auf die konkret Beteiligten beschränkt ist.

> **Beispiel:**
> Die A-B-C-Anwalts-Partnerschaft hat ein Mandat des M übernommen, das aus-
> schließlich A bearbeitet. Macht A einen Fehler, kann M nach §§ 611, 280 I BGB
> von der Partnerschaft und nach § 8 PartGG von A, nicht aber von B und C Scha-
> densersatz verlangen.

VI. Die Europäische Wirtschaftliche Interessenvereinigung

Die Europäische Wirtschaftliche Interessenvereinigung (EWIV) ist in einer EG-Ver-   **717**
ordnung (EWIV-VO) und dem deutschen Ausführungsgesetz (EWIV-G) geregelt,
wobei wiederum teilweise auf OHG-Recht verwiesen wird. Die in Brüssel geschaffene Rechtsform ist als Instrument transnationaler Kooperation konzipiert. Daher

ist bestimmt, dass mindestens zwei Gesellschafter ihre Haupttätigkeit in unterschiedlichen EU-Mitgliedstaaten haben müssen und dass die EWIV selbst grundsätzlich keinen Gewinn erwirtschaften, sondern nur die wirtschaftliche Tätigkeit ihrer Mitglieder unterstützen soll.

Beispiele:
Durchführung eines grenzüberschreitenden Forschungsvorhabens, Koordination der internationalen Tätigkeit mehrerer Anwaltskanzleien.

718 Auch die EWIV ist Personengesellschaft. Sie wird durch ihren Geschäftsführer vertreten. Ihre Mitglieder sind zum Ausgleich von Verlusten verpflichtet und haften auch nach außen subsidiär für die EWIV-Verbindlichkeiten.

VII. Zur Fallstudie

719 *3. Wie kann Inge sich „nicht-unternehmerisch" beteiligen?*
Inge hat die Möglichkeit, sich als Kommanditistin oder als stille Gesellschafterin zu beteiligen, wenn sie nur die Rolle einer Anlagegesellschafterin übernehmen will. Die Entscheidung hängt davon ab, ob sie nach außen in Erscheinung treten will, was für die Kreditgrundlage günstig sein kann.

C. Arbeitshinweise

I. Die wichtigsten Grundbegriffe

720 **Personengesellschaften** Grundform ist die BGB-Gesellschaft (§§ 705 ff. BGB). Betreibt die Gesellschaft ein Handelsgewerbe, ist es eine OHG (§§ 105 ff. HGB), bei teilweiser Haftungsbeschränkung eine KG (§§ 161 ff. HGB).
BGB-Gesellschaft (§§ 705 ff. BGB): Rechtsform für jede nicht-kaufmännische gemeinschaftliche Zweckverfolgung außerhalb juristischer Personen. Als Außengesellschaft rechtsfähige Personengesellschaft (§ 124 HGB analog). Sie entsteht mit Abschluss des Gesellschaftsvertrags, Geschäftsführung und Vertretung erfolgen grds. gemeinschaftlich. Unbeschränkte gesamtschuldnerische Haftung der Gesellschafter (§ 128 HGB analog). Beiträge und Erworbenes werden Gesamthandsvermögen der Gesellschafter; Gewinne und Verluste nach Köpfen.
OHG Offene Handelsgesellschaft (§§ 105 ff. HGB, §§ 705 ff. BGB), selbst Träger von Rechten und Pflichten (§ 124 I HGB), im Handelsregister einzutragen. Einzelgeschäftsführung und -vertretung. Für OHG-Verbindlichkeiten haften auch die Gesellschafter unmittelbar und unbeschränkt (§ 128 HGB).
KG Kommanditgesellschaft (§§ 161 ff., 105 ff. HGB, §§ 705 ff. BGB). Grds. wie OHG, aber Sonderregeln für Kommanditisten. Keine Vertretung oder

Gechäftsführung; Kommanditisten haften für KG-Verbindlichkeiten nicht, wenn ihre Einlage wie eingetragen geleistet ist.

Stille Gesellschaft (§§ 230 ff. HGB): BGB-Gesellschaft zwischen Kaufmann und Stillem, der sich am Geschäftsbetrieb mit einer Einlage beteiligt, ohne nach außen in Erscheinung zu treten. Keine Vertretung, keine Geschäftsführung.

Partnerschaft Im PartGG geregelt. Besondere Gesellschaftsform für Freiberufler, der OHG angenähert, aber Haftungsbegrenzung möglich.

EWIV In EWIV-VO und EWIV-G geregelte Personengesellschaft für die transnationale Kooperation. Unterstützende Funktion, keine Gewinne, Vertretung durch Geschäftsführer, unbeschränkte Haftung der Mitglieder.

II. Übungsaufgaben

721

1. Wie verhalten sich BGB-Gesellschaft, OHG und KG zueinander?
2. Gibt es BGB-Gesellschaften ohne Gesellschaftsvermögen?
3. Wie erfolgt ein Gesellschafterwechsel bei der BGB-Gesellschaft?
4. Wer vertritt im Regelfall die ABC-BGB-Gesellschaft, wer die ABC-OHG, wer die A-KG, wenn B und C Kommanditisten sind?
5. A, B, und C haben eine BGB-Gesellschaft gegründet, um Ski-Freizeiten zu vermitteln. Was kann A tun, wenn er „aussteigen" will?
6. Kann eine auf den Betrieb eines Kleingewerbes gerichtete Personengesellschaft in Form einer OHG gegründet und eingetragen werden?
7. A hat im Namen der ABC-OHG bei D ein Darlehen aufgenommen. Am Ende der Laufzeit verlangt D von C Zahlung. Zu Recht?
8. A ist Gesellschafter der ABC-OHG, welche ein Bauunternehmen betreibt. Als die OHG sich wegen mangelhafter Arbeiten Schadensersatzansprüchen des X ausgesetzt sieht, die das Gesellschaftsvermögen weit übersteigen, kündigt A, um seiner Gesellschafterhaftung zu entgehen. Ist das richtig?

9. Wäre der vorige Fall anders zu beurteilen, wenn die Gesellschafter durch Gesellschaftsbeschluss die Auflösung der OHG gemäß § 131 I Nr. 2 HGB herbeigeführt hätten?
10. Wie haftet ein Kommanditist **a)** im Normalfall? **b)** vor seiner Eintragung in das Handelsregister?
11. A, B und C wollen eine KG gründen, wobei A und B persönlich haften sollen und C Kommanditist sein soll. Noch vor der Eintragung ins Handelsregister schließt A mit Zustimmung aller Gesellschafter im Namen der KG mit V einen Kaufvertrag über Büromobiliar ab. Gegen wen hat V Ansprüche wegen des Kaufpreises?
12. C, der einzige Kommanditist in der A-B-C-KG, stirbt. Führt das zur Beendigung der KG?
13. C ist Kommanditist in der A-KG. Seine Einlage ist mit 60.000 € im Handelsregister eingetragen. Nachdem er 40.000 € eingezahlt hat, merkt er, dass er sich übernommen hat. Mit den übrigen Gesellschaftern vereinbart er, dass seine Einlage nur 40.000 € betragen soll. Später muss er sich vorübergehend 10.000 € auszahlen lassen.

Weitere Veränderungen erfolgen nicht. X, der eine Forderung gegen die A-KG in Höhe von 200.000 € hat, fragt, ob er C unmittelbar in Anspruch nehmen kann und in welcher Höhe. Begründen Sie Ihre Antwort.

14. Decken sich Vertretungsmacht und Geschäftsführungsbefugnis bei den Personengesellschaften, wenn der Gesellschaftsvertrag keine Regelung trifft?

15. Kann sich A als Stiller an der BC-GmbH beteiligen?

III. Empfohlene Literatur

722 **Hüffer**, Gesellschaftsrecht (C.H. Beck), §§ 7–28; ausführlich: **Saenger**, Gesellschaftsrecht (Heymanns), Rn 1 ff.

Karsten Schmidt, Gesellschaftsrecht (Heymanns), §§ 1–21 und 43–65.

§ 10 Juristische Personen

Unter den juristischen Personen ragen im Wirtschaftsleben die Kapitalgesellschaften   **723**
heraus. Aber auch andere juristische Personen haben beträchtliche wirtschaftliche
Bedeutung und werden daher kurz mitbehandelt (unten B). Anschließend werden
Kombinationsformen wie die GmbH & Co. KG (unten C) und die Unternehmensgruppen behandelt, insbesondere die AG- und GmbH-Konzerne (dazu unten D).

▶   **Fallstudie: Die Billig-Buch-GmbH**
Mit oder ohne Inge: Wie kann Hannes Hurtig verhindern, mit seinem Privat-
vermögen für Geschäftsverbindlichkeiten zu haften?

A. Die Kapitalgesellschaften

I. Die Gesellschaft mit beschränkter Haftung (GmbH)

1. Allgemeines
Die **GmbH** ist die bei weitem häufigste Gesellschaftsform in Deutschland. Sie ist juris-   **724**
tische Person, stets Handelsgesellschaft (s.o. Rn 229) und für ihre Schulden haftet nur
das Gesellschaftsvermögen (§ 13 GmbHG). Gründung und Verwaltung sind recht einfach, zumal seit 1980 auch Einpersonen-Gründungen zugelassen sind und seit 2008
zunächst auch eine „Unternehmergesellschaft" mit sehr geringem Stammkapital
gegründet werden kann. Die GmbH kommt sehr häufig als Einpersonen-GmbH vor
und wird oft von kleinen und mittleren Unternehmen statt einer OHG oder KG gewählt offen. Wichtige Einsatzfelder der GmbH sind zudem Betriebsaufspaltungen
(z.B. Vertriebs-GmbH), die GmbH & Co. KG und Konzerne (Tochter-GmbH).

Das **GmbH-Gesetz** hat eine ähnliche Struktur wie die HGB-Regelung zur OHG: **725**

* Gründung (§§ 1–11),
* Begriffsbestimmung und Innenverhältnis (§§ 13–34),

© Springer-Verlag Berlin Heidelberg 2017
J. Meyer, *Wirtschaftsprivatrecht*, Springer-Lehrbuch,
DOI 10.1007/978-3-662-52734-4_10

- Organe der Gesellschaft (§§ 35–52),
  - Geschäftsführer (§§ 35–44),
  - Gesellschafter(versammlung) (§§ 45–51b),
  - Aufsichtsrat (§ 52),
- Satzungsänderungen, insb. Kapitalerhöhung und -herabsetzung (§§ 53 ff.),
- Beendigung der GmbH (§§ 60 ff.).

726   Bei den Organen (Geschäftsführer, Gesellschafterversammlung, u. U. Aufsichtsrat) sind allerdings Regeln über das Innen- und Außenverhältnis zusammengefasst.

2. Entstehung der Gesellschaft

727   Die Entstehung der GmbH ist eingehend geregelt, da mit ihr ein neues Rechtssubjekt geschaffen wird, neben dem die Gesellschafter grundsätzlich nicht persönlich haften. Die Gründung beginnt mit der Feststellung der **Satzung** durch den oder die Gründer. Sie muss zumindest den in § 3 GmbHG vorgeschriebenen Inhalt haben und notariell beurkundet werden (§ 2 GmbHG). Nach § 2 Ia GmbHG kann dabei seit 2008 in bestimmten Fällen eines der Musterprotokolle aus der Anlage (lesenswert!) verwendet werden; das ist kostengünstiger.

728   Gleichzeitig oder in der ersten Gesellschafterversammlung ist nach § 6 GmbHG der **Geschäftsführer** zu bestimmen. Das kann einer der Gesellschafter sein, auch der Alleingesellschafter oder ein bezahlter Manager, und es können auch mehrere Geschäftsführer sein.

729   Etwas versteckt in § 7 II, III GmbHG finden sich die Regeln zur **Kapitalaufbringung**. Im Regelfall muss die GmbH ein Stammkapital von mindestens 25.000 € haben, das sich aus den Stammeinlagen der Gesellschafter zusammensetzt (§ 5 I–III GmbHG). Die Satzung muss beides festlegen (§ 3 Nr. 3 und 4 GmbHG) und die Einzelheiten regeln, wenn Sacheinlagen geleistet werden sollen (§ 5 IV GmbHG). Vor Eintragung müssen Sacheinlagen vollständig und Bareinlagen zumindest zu 25 % aufgebracht sein, und es müssen insgesamt mindestens 12.500 € sein (§ 7 II, III GmbHG). Der Rest, die ausstehenden Einlagen, gehört als Forderungen der GmbH gegen ihre Gesellschafter zum Gesellschaftskapital.

730   Die Gesellschaft entsteht als juristische Person mit der **Eintragung** ins Handelsregister (§ 11 I GmbHG). Bis dahin besteht ab Satzungsfeststellung eine sogenannte *Vor-GmbH*, für die bereits weitgehend das GmbHG gilt aber nicht die Haftungsbeschränkung: Neben der Vor-GmbH haften nach § 11 II GmbHG die im Namen der Gesellschaft Handelnden persönlich, und die Gründer haben unbegrenzt Nachschüsse zu leisten, damit die GmbH ihre Verbindlichkeiten begleichen kann und bei Eintragung der Satzung entsprechend kapitalisiert ist.

> **Beispiel:**
> Hannes und Inge gehen zum Notar und gründen eine Billig-Buch-GmbH mit 25.000 € Stammkapital. Hannes bestellt bei V schon einmal zwei neue Kopierer, aber ihre Einlagen leisten die beiden nicht, so dass es auch nicht zur Eintragung der Gesellschaft in das Handelsregister kommt. V kann seinen Kaufpreisanspruch (§ 433 II BGB) gegen die Vor-GmbH geltend machen. Er kann auch Hannes als

Handelnden mitverklagen (§ 11 II GmbHG), und zudem sind Hannes und Inge verpflichtet, die Vor-GmbH mit dem für die Kaufpreiszahlung erforderlichen Kapital auszustatten.

Wenn die beiden die Unterbilanz ausgleichen, zudem die erforderlichen 12.500 € aufbringen und die Eintragung der Gesellschaft bewirken, kann sich V nur noch an die nunmehr entstandene GmbH halten.

Eine weitere Gründungserleichterung sieht seit 2008 § 5a GmbHG mit der „**Unter-**   731 **nehmergesellschaft**" (UG) vor. Dabei handelt es sich um eine Sonderform der GmbH, die mit einem Stammkapital von weniger als 25.000 € gegründet werden kann. Sie wird oft „Ein-Euro-GmbH" genannt, obwohl die meisten Gründungen in der Praxis ein Stammkapital von 500 oder 1.000 Euro vorsehen (damit die Gesellschaft nicht gleich mit der Rechnung des Notars überschuldet ist). Auf die UG finden die Regeln des GmbHG Anwendung, auch § 13 II GmbHG (Haftungsbeschränkung). Nach § 5a III GmbHG sind aber 25 % der Gewinne in eine gesetzliche Rücklage einzustellen, die in erster Linie für eine Kapitalerhöhung (auf mind. 25.000 €) zu verwenden ist. Die UG ist daher als Durchgangsform gedacht, bei der die Gründer eine Gewinnkappung als Preis für die rasche Haftungsbeschränkung hinnehmen. Sie kann aber auch dauerhaft eingesetzt werden, wo es auf die Gewinne nicht ankommt (z. B. nichtunternehmerische Zwecke, UG & Co. KG, UG als Holding- oder Tochtergesellschaft usw.).

3. Kompetenzverteilung im Innenverhältnis

Das GmbHG behandelt bei den einzelnen *Organen* sowohl das Innen- als auch das   732 Außenverhältnis. Die GmbH muss zunächst mindestens einen **Geschäftsführer** haben (§ 6 GmbHG). Das kann ein Gesellschafter oder ein Dritter sein. Er wird durch die Gesellschafter bestellt und abberufen (§ 46 Nr. 5 GmbHG), und insbesondere bei Nichtgesellschaftern wird in aller Regel zusätzlich ein Dienstvertrag geschlossen.

Der Geschäftsführung obliegt die Geschäftsleitung; mehreren Geschäftsführern   733 stehen die Geschäftsführungsbefugnisse im Zweifel gemeinschaftlich zu. Dabei ist sie – auch in Einzelfragen – an die Weisungen der Gesellschafter gebunden, was allerdings § 37 I GmbHG nur für die Vertretungsmacht sagt.

Diese Weisungsgebundenheit ist ein wesentliches Kennzeichen der GmbH: 734 „Herr im Haus" sind die **Gesellschafter**. Sie haben weitreichende Kontrollrechte (§§ 46 Nr. 5, 51a GmbHG) und bestimmen über die wichtigsten Gesellschaftsangelegenheiten (vgl. nur § 46 GmbHG), und zwar grundsätzlich per Mehrheitsbeschluss in der *Gesellschafterversammlung* (§§ 47 ff. GmbHG). Für besonders wichtige Entscheidungen wie insbesondere Satzungsänderungen ist eine Drei-Viertel-Mehrheit nötig (§ 53 GmbHG).

In der Praxis sehen GmbH-Satzungen häufig einen **Beirat** vor, der als Überwa-   735 chungsorgan ähnlich dem AG-Aufsichtsrat fungiert. Ein solches Überwachungsorgan kann auch als Aufsichtsrat installiert werden (§ 52 GmbHG); zwingend vorgeschrieben ist das bei großen Arbeitnehmerzahlen nach Mitbestimmungsrecht (s. unten Rn 762 f.).

4. Vermögen der Gesellschaft und Vermögensbeteiligung

736 Das **Vermögen** der Gesellschaft ist ein von den einzelnen Gesellschaftern unabhängiges Sondervermögen und nicht gesamthänderisch gebunden. Es ist grundsätzlich nur bei Gründung der Gesellschaft, wenn alle Einlagen geleistet sind, mit dem Stammkapital identisch. Danach erhöht oder vermindert es sich je nach wirtschaftlicher Entwicklung des Unternehmens.

737 Die **Kapitalerhaltungsvorschriften** (§§ 30 ff. GmbHG) sorgen allerdings dafür, dass der GmbH nicht beliebig Vermögen (und damit den Gläubigern Haftkapital!) entzogen wird. Insbesondere untersagt § 30 GmbHG Auskehrungen an die Gesellschafter, sofern sie das Stammkapital angreifen. In diesem Umfang sind z. B. auch verdeckte Gewinnausschüttungen verboten. Verbotene Leistungen müssen der GmbH zurückerstattet werden (§ 31 GmbHG).

> **Beispiele:**
> Gesellschafter A nutzt den GmbH-Pkw kostenfrei zu privaten Zwecken, B kauft GmbH-Inventar zum halben Marktpreis.

738 Die Gesellschafter sollen die Kapitalisierungsvorschriften auch nicht beliebig dadurch umgehen, dass sie ein sehr niedriges Stammkapital wählen und ihre GmbH im übrigen durch Darlehen finanzieren, die sie notfalls wieder abziehen können. Daher bestimmt § 39 I Nr. 5, IV, V InsO, dass **eigenkapitalersetzende Darlehen** und ähnliche Finanzierungsformen wie Eigenkapital behandelt werden: Der Rückzahlungsanspruch (§ 488 BGB) kann in der GmbH-Insolvenz nur nachrangig geltend gemacht werden.

739 Dem Vermögen entsprechend erhöhen und vermindern sich die Anteile der GmbH-Gesellschafter, die **Geschäftsanteile** (§§ 14 f. GmbHG). Diese sind insbesondere für das Stimmrecht (§ 47 II GmbHG) und die Gewinn- und Verlustverteilung (§ 29 III GmbHG) maßgeblich. Verluste treffen die Gesellschafter über ihren Geschäftsanteil hinaus grundsätzlich nicht: Zu Nachschüssen sind sie nur verpflichtet, wenn die Satzung das vorsieht (§§ 26–28 GmbHG).

5. Außenverhältnis

740 Im Außenverhältnis wird die Gesellschaft nach § 35 GmbHG durch den Geschäftsführer **vertreten** (bei mehreren Geschäftsführern im Zweifel Gesamtvertretung). Schließt der Geschäftsführer im Namen der GmbH Rechtsgeschäfte ab, wird die GmbH gemäß § 164 I BGB, § 36 GmbHG berechtigt und verpflichtet. Haben die Gesellschafter die Vertretungsmacht des Geschäftsführers im Innenverhältnis beschränkt, wirkt sich dies auf das Außenverhältnis nicht aus (§ 37 II GmbHG). Das Prinzip ist Ihnen längst bekannt.

741 Im Hinblick auf die **Haftung** sind wiederum zwei Ebenen zu unterscheiden. Die *GmbH* haftet, wenn sie Vertragspartnerin geworden ist, für das Verschulden ihrer Erfüllungsgehilfen (§ 278 BGB), für schädigende Handlungen ihrer Organe analog § 31 BGB, für Steuerschulden usw. (s. o. Rn 680) zunächst selbst. Wenn § 13 II GmbHG bestimmt, dass nur das GmbH-Vermögen haftet, so ist damit nicht das Stammkapital, sondern das gesamte Vermögen der GmbH gemeint, sei es nun durch Gewinne im Lauf der Zeit vervielfacht oder auch durch Verluste zusammengeschmolzen.

Die *Gesellschafter* der GmbH haften für die GmbH-Verbindlichkeiten nicht 742
(§ 13 II GmbHG). Ihre Haftung kann sich aus besonderen Umständen wie z. B. einer
Bürgschaft gegenüber der kreditgebenden Bank oder einer Schadensersatzpflicht
wegen Insolvenzverschleppung oder vorsätzlich sittenwidriger Schädigung (§ 826
BGB) ergeben. Grundsätzlich ist die Haftung aber auf das Vermögen der GmbH
beschränkt (daher ihr Name).

6. Gesellschafterwechsel

Ein Gesellschafterwechsel findet mit der Übertragung von Geschäftsanteilen durch 743
notariellen Abtretungsvertrag (§§ 398, 413 BGB) nach § 15 III GmbHG statt. In der
Übertragbarkcit der Geschäftsanteile kommt die Selbstständigkeit der juristischen
Person gegenüber ihren Mitgliedern zum Ausdruck. Die notwendige notarielle
Form macht andererseits den Unterschied zur AG deutlich.

7. Beendigung der Gesellschaft

Beendet wird die GmbH durch Auflösung. Die wichtigsten Auflösungsgründe (vgl. 744
§ 60 GmbHG) sind ein entsprechender Gesellschafterbeschluss (mit 3/4 Mehrheit)
und die Eröffnung des Insolvenzverfahrens. Als Insolvenzgrund tritt bei den juristischen Personen zur Zahlungsunfähigkeit die Überschuldung hinzu (§ 19 InsO). Im
Insolvenzfall ist der Geschäftsführer verpflichtet, den Insolvenzantrag zu stellen
(§ 15a InsO); er kann sich bei Verschleppung des Verfahrens haftbar und sogar strafbar machen.

8. Zur Fallstudie

In der Fallstudie hat Hannes sowohl allein als auch zusammen mit Inge die Möglichkeit, 745
eine GmbH zu gründen, sobald 12.500 € an Bar- und Sachvermögen zur Verfügung
stehen (Rest: ausstehende Bareinlagen). Reicht das Kapital hierzu nicht aus, kann
zunächst eine Unternehmergesellschaft nach § 5a GmbHG gegründet werden.

Hannes kann als alleiniger Geschäftsführer bestellt werden, ist dann aber an die 746
Gesellschafterbeschlüsse gebunden. Er kann auch die Mehrheit des Stammkapitals
übernehmen, so dass er Inge stets überstimmen kann, wo keine qualifizierte Mehrheit erforderlich ist (z. B. Satzungsänderungen). Inge bleiben dann im Übrigen nur
die Minderheitenrechte (z. B. § 51a GmbHG). Die GmbH-Satzung kann auch Inges
Gesellschafterkompetenzen begrenzen, so dass ihre Stellung einer Kommanditistin
ähnelt (rein kapitalmäßige Beteiligung, vgl. vorige Fallstudie). Hannes und Inge
können aber auch beide Geschäftsführer sein. Sie sind dann nach § 35 I 3 GmbHG
im Zweifel nur gemeinschaftlich geschäftsführungsbefugt und vertretungsberechtigt. Die Satzung kann aber auch Einzelbefugnisse vorsehen.

II. Die Aktiengesellschaft (AG)

1. Allgemeines

Die **Aktiengesellschaft (AG)** ist eine Rechtsform, die traditionell von Großunter- 747
nehmen gewählt wird. Die Gesellschaftsanteile (Aktien) können frei gehandelt werden, so dass durch eine Vielzahl von Aktionären eine breite Kapitalbasis gewonnen

werden kann. Dieser Handel findet insbesondere an der Börse statt, und das AktG enthält für die börsennotierten Gesellschaften (§ 3 II AktG) einige Sonderregeln. Die meisten Aktiengesellschaften sind allerdings nicht börsennotiert; die Mehrzahl befindet sich in der Hand weniger Großaktionäre, oft auch nur eines einzigen (Einpersonen-AG). Auch für zunächst kleinere Unternehmen kann die AG attraktiv sein, um den späteren Zugang zum Kapitalmarkt zu erleichtern und damit die Eigenkapitalbasis zu erhöhen. Die AG ist juristische Person (§ 1 I 1 AktG) und Handelsgesellschaft (§ 3 I AktG) und vermittelt wie die GmbH die Haftungsbeschränkung (§ 1 I 2 AktG).

748   Im **Aktiengesetz** sind hier folgende Teile relevant; die Struktur des ersten Buchs ähnelt dabei dem GmbHG:

1. Buch: Aktiengesellschaft (§§ 1–277), insb.:
   * Gründung (§§ 23–53),
   * Innenverhältnis (§§ 53a–75),
   * Organe
     – Vorstand (§§ 76–94),
     – Aufsichtsrat (§§ 95–116),
     – Hauptversammlung (§§ 118–147).
2. Buch: KGaA (§§ 278–290) [s.u. IV].
3. Buch: Verbundene Unternehmen (§§ 291–328) [s.u. D].

2. Entstehung der Gesellschaft

749   Die **Gründung** der Gesellschaft erfolgt in folgenden Schritten:

* Feststellung der Satzung durch den oder die Gründer (§§ 2, 23 AktG),
* Übernahme aller Aktien (§ 29 AktG),
* Bestellung der Organe (§ 30 AktG),
* Einzahlung eines Teils des Kapitals (§ 36 II AktG),
* Gründungsbericht, Gründungsprüfung, Anmeldung zum Handelsregister,
* Prüfung durch das Gericht (§§ 32–38 AktG),
* Eintragung ins Handelsregister (§ 39 AktG).

750   Mit der Eintragung entsteht die AG als juristische Person. Bis dahin besteht (ähnlich wie bei der GmbH) eine **Vor-AG.** In diesem Stadium gibt es wiederum eine Handelndenhaftung (§ 41 I 2 AktG) und die Gründer sind unbeschränkt nachschusspflichtig. Die §§ 46–49 AktG regeln im Übrigen die Verantwortlichkeit der an der Gründung Beteiligten.

3. Kompetenzverteilung im Innenverhältnis

751   Das AktG widmet den Organen jeweils einen eigenen Abschnitt. Der **Vorstand** hat die Gesellschaft *unter eigener Verantwortung* zu leiten (§ 76 I AktG), d.h. er ist (im Gegensatz zur GmbH-Geschäftsführung) nicht den Weisungen der Aktionäre unterworfen. Er ist der Gesellschaft aber zur Sorgfalt eines gewissenhaften Geschäftsleiters verpflichtet (§ 93 AktG). Besteht der Vorstand aus mehreren Personen, gilt

grundsätzlich das Prinzip der Gesamtgeschäftsführung, vielfach ist jedoch eine Aufteilung der Verantwortungsbereiche (z. B. in Produktion, Vertrieb, Personalwesen, Finanzwesen) in der Satzung oder Geschäftsordnung des Vorstands vorgesehen.

Aufgabe des **Aufsichtsrats** ist die Überwachung der Geschäftsführung (§ 111   **752** AktG). Er besteht mindestens aus drei Mitgliedern und wird grundsätzlich durch die Hauptversammlung gewählt (vgl. §§ 95 ff. AktG). Der Aufsichtsrat bestellt den Vorstand und beruft ihn ab, vertritt die AG gegenüber den Vorstandsmitgliedern (z. B. bei deren Anstellungsvertrag), prüft den Jahresabschluss, den Gewinnverteilungsvorschlag und den Geschäftsbericht. In der Praxis tritt er oft nur drei- oder viermal jährlich zusammen, sollte aber als wichtiger Partner bei der Unternehmensführung begriffen werden. Auch er hat aber keine unmittelbare Weisungsbefugnis in Geschäftsführungsangelegenheiten (vgl. § 111 IV AktG).

Die **Hauptversammlung** ist die Versammlung der Aktionäre und zuständig für   **753** die grundlegenden Entscheidungen. Dazu gehören außer der Wahl der Aufsichtsratsmitglieder die Verwendung des Gewinns, Satzungsänderungen, Auflösung der Gesellschaft u. a. (§ 119 AktG). Die Aktionäre nehmen ihre Mitgliedschaftsrechte, im Wesentlichen ihr Stimmrecht, Informations- und Ausspracherecht, in der Hauptversammlung wahr. Häufig wird das Stimmrecht allerdings nicht von den Aktionären persönlich, sondern durch die Banken ausgeübt (Depotstimmrecht, § 135 AktG). Das AktG sieht eine Reihe von Vorschriften vor, durch die auch Minderheiten und auch der einzelne Aktionär geschützt werden, z. B. das Auskunftsrecht des Einzelnen (§§ 131 f. AktG) und die Rechte zur Einberufung der Hauptversammlung (§ 122 AktG).

4. Vermögen der Gesellschaft und Vermögensbeteiligung

Als Kapitalgesellschaft muss die AG ein ziffernmäßig in der Satzung angegebenes   **754** **Grundkapital** haben (§ 23 III Nr. 3 AktG). Es muss auf einen Nennbetrag von mindestens 50.000 € lauten (§ 7 AktG). Der Nennbetrag des Grundkapitals ist eine feste Größe, die ohne Änderung der Satzung nicht verändert werden kann (vgl. dazu §§ 179 ff. AktG). Zum Schutz der Gläubiger gilt auch hier der Grundsatz der Aufbringung und Erhaltung des Grundkapitals (vgl. §§ 57 f. AktG mit § 30 GmbHG). Durch Gewinne oder Verluste ändert sich dagegen das AG-Vermögen ständig.

Das Grundkapital ist in **Aktien** zerlegt (§ 1 II AktG). Das können Nennbetrag-   **755** saktien (1 €, 100 € …) oder Stückaktien sein, die in gleichem Umfang am Grundkapital beteiligt sind (§ 8 AktG).

Beispiel:
Die X-AG hat ein Grundkapital von 500.000 €. Dieses kann z. B. in 10.000 Nennbetragsaktien à 50 € oder 10.000 Stückaktien zerlegt sein.

Die Aktie verkörpert die Mitgliedschaft in der AG, also die Aktionärsrechte und die   **756** Aktionärspflichten. Vermögensrechtlich sind das z. B. die anfängliche Einlagepflicht und der Anspruch auf Vermögensverteilung bei Abwicklung der AG sowie insb. das Recht auf die Dividende. Zudem verkörpert sie auch die übrigen Mitgliedschaftsrechte (s. o. Rn 753).

757   Ein Teil des im Geschäftsjahr erwirtschafteten **Gewinns** ist in die gesetzliche Rücklage einzustellen (§ 150 AktG), bis zu 50 % können in die freien Rücklagen eingestellt werden. Im Übrigen ist der Gewinn anteilig auf die Aktionäre nach ihrem Anteil am Grundkapital zu verteilen (§§ 58, 60 I AktG). Verluste mindern entsprechend die Einlagen; Nachschusspflichten bestehen allerdings nicht.

5. Außenverhältnis

758   Der Vorstand vertritt die Gesellschaft, bei einem mehrköpfigen Vorstand gilt der Grundsatz der gemeinschaftlichen **Vertretung**. Die Vertretungsbefugnis des Vorstands kann nicht beschränkt werden (§§ 76 ff. AktG).

759   Die AG wird durch das Vertreterhandeln des Vorstands rechtsgeschäftlich gebunden. Sie **haftet** über § 278 BGB für Vertragsverletzungen ihrer Erfüllungsgehilfen und analog § 31 BGB für schädigende Handlungen ihrer Organe. Für Gesellschaftsverbindlichkeiten haftet nur das AG-Vermögen, die Aktionäre haften nicht (§ 1 I 1 AktG).

6. Gesellschafterwechsel

760   Ein Gesellschafterwechsel vollzieht sich mit **Übertragung der Aktie**, die prinzipiell nach wertpapierrechtlichen Grundsätzen erfolgt (vgl. § 10 I AktG). In der Praxis dominiert die Sammeldepotverwahrung, so dass der Aktionär regelmäßig nur einen Depotauszug zu Gesicht bekommt. Die Satzung kann bestimmen, dass die Aktienübertragung nur mit Zustimmung der Hauptversammlung o. ä. erfolgen kann, so dass Fremdeinfluss abgewehrt werden kann (*vinkulierte Namensaktien*). Allgemein ist die Aktienübertragung aber (z. B. gegenüber dem GmbH-Recht) deutlich vereinfacht. Gerade die freie Handelbarkeit der Aktie verschafft den Zugang zu breiten Anlegerschichten und macht damit die Rechtsform AG aus.

7. Beendigung der Gesellschaft

761   Als wichtigste *Auflösungsgründe* nennt § 262 I Nr. 2 und 3 AktG insbesondere den Auflösungsbeschluss und die Eröffnung des Insolvenzverfahrens. Die Abwicklung ist, um einen zuverlässigen Gläubigerschutz zu erreichen, in §§ 264 ff. AktG eingehend geregelt.

III. Mitbestimmung der Arbeitnehmer

762   Das Mitbestimmungsrecht soll sicherstellen, dass in größeren Unternehmen auch die Arbeitnehmer an der unternehmerischen Tätigkeit teilhaben. Der Aufsichtsrat der Kapitalgesellschaften (der dann auch bei der GmbH eingerichtet werden muss) wird daher nicht vollständig von den Anteilseignern gewählt, sondern es werden auch Arbeitnehmervertreter entsandt. Im Montanbereich (Bergbau, Eisen, Stahl) wird auch in den Vorstand ein Arbeitnehmervertreter, der Arbeitsdirektor, entsandt.

Der Aufsichtsrat einer AG oder GmbH mit mehr als 500 Arbeitnehmern ist zu   763
einem Drittel mit Arbeitnehmervertretern besetzt, ab 2.000 Arbeitnehmern zur
Hälfte (paritätische Mitbestimmung). Zwei Punkte mindern diese Parität allerdings: Der Vorsitzende des Aufsichtsrats, der mit 2/3 Mehrheit, sonst durch die
Anteilseigner, gewählt wird, hat bei Stimmengleichheit den Stichentscheid. Zusätzlich ist ein Platz auf der „Arbeitnehmerbank" für einen leitenden Angestellten reser-
viert. Dennoch sollte der Einfluss der Arbeitnehmer nicht unterschätzt werden.

IV. Die Kommanditgesellschaft auf Aktien (KGaA)

Die KGaA ist eine seltene Rechtsform mit aktien- und KG-rechtlichen Elementen.   764
Sie ist weitgehend wie die AG organisiert, ebenfalls juristische Person und Handelsgesellschaft. Sie hat aber zumindest einen persönlich haftenden Gesellschafter,
der die Gesellschaft wie auch sonst ein Komplementär führt und vertritt und damit
im Wesentlichen die Funktion des Vorstands ausübt (§§ 278 II, 283 AktG).

B. Andere juristische Personen

I. Der Verein

Das BGB unterscheidet rechtsfähige und nichtrechtsfähige Vereine (§§ 21 ff., 54,   765
55 ff.). Der rechtsfähige Verein ist schon als Grundtypus der juristischen Person
angesprochen worden. In seltenen Fällen wird ein wirtschaftlicher Verein nach
§ 22 BGB durch staatliche Verleihung rechtsfähig (z. B. die GEMA). Im Übrigen
werden nichtwirtschaftliche Vereine mit Eintragung in das Vereinsregister juristische Person („e. V."). Die auch wirtschaftliche Bedeutung der Rechtsform wird
aber deutlich, wenn man z. B. an Parteien, Wirtschafts- und Sportverbände oder
Automobilclubs denkt.

Der Verein regelt seine innere Organisation in einer Vereinssatzung (§ 25 BGB).   766
Er muss einen **Vorstand** haben, der aus mehreren Personen bestehen kann. Der
Vorstand vertritt den Verein, seine Vertretungsmacht kann durch Satzung (mit
Außenwirkung!) beschränkt werden (§ 26 BGB). Der Vorstand wird durch Beschluss
der Mitgliederversammlung bestellt. Die **Mitgliederversammlung** kann den Vorstand auch jederzeit abberufen (§ 27 BGB). Der Verein haftet für unerlaubte
Handlungen seiner Organe (§ 31 BGB). Die Angelegenheiten des Vereins werden,
wenn nicht die Satzung dem Vorstand die Kompetenz hierfür übertragen hat, durch
die Mitgliederversammlung per Mehrheitsbeschluss besorgt (§ 32 BGB). Für
Satzungsänderungen ist eine 3/4 Mehrheit erforderlich (§ 33 BGB). Die Vereinsmit-
gliedschaft ist grundsätzlich nicht übertragbar. Die Mitglieder können lediglich aus-
treten (§§ 38, 39 BGB).

II. Die Stiftung

767   Stiftungen (§§ 80–88 BGB) sind juristische Personen ohne Mitglieder, eher rechtlich verselbstständigte Vermögensmassen. Im Mittelpunkt steht das Stiftungsvermögen, das der Stifter der juristischen Person unter Lebenden oder von Todes
wegen überträgt, damit der Stiftungsvorstand es dem Stiftungszweck gemäß ein-
setzt. Das sind oft gemeinnützige Zwecke (Museen etc.). Zunehmend wird die
Stiftung aber auch als Unternehmensträger eingesetzt.

Beispiele:
Bertelsmann Stiftung, Robert Bosch Stiftung.

III. Die Genossenschaft

768   Die Genossenschaften haben bis heute in verschiedenen Wirtschaftszweigen eine
erhebliche Bedeutung (z. B. Genossenschaftsbanken, Wohnungsgenossenschaften),
werden aber zunehmend durch Aktiengesellschaften verdrängt. Zentrale Idee ist das
kooperative Wirtschaften: Eine nicht geschlossene Zahl von Mitgliedern (Genossen)
schließt sich zusammen, um durch einen gemeinschaftlichen Geschäftsbetrieb ihren
Erwerb oder ihre Wirtschaft zu fördern (vgl. § 1 I GenG)

Beispiele:
Die Winzer eines Tals schließen sich zusammen und betreiben eine gemeinsame
Verkaufsstelle. Mehrere Taxiunternehmer halten durch einen gemeinsamen
Internetauftritt und Telefondienst die Kosten gering.

769   Mit Eintragung in das Genossenschaftsregister wird die „e.G." juristische Person
und unterfällt dem HGB. Geschäftsführung und Vertretung liegen beim Vorstand.
Als Kontrollorgan ist ein Aufsichtsrat vorgesehen. Die Genossen nehmen ihre
Rechte in der Generalversammlung wahr, in der grundsätzlich nach Köpfen, nicht
nach Kapitalanteilen abgestimmt wird.

IV. Der Versicherungsverein auf Gegenseitigkeit (VVaG)

770   Der VVaG ist eine sehr spezielle Rechtsform, die nur zum Zweck gegenseitiger
Versicherung verwendet werden kann. Er ist im Versicherungsaufsichtsgesetz geregelt und ähnlich wie eine Genossenschaft strukturiert.

V. Die Europäische Aktiengesellschaft

771   Die Europäische Aktiengesellschaft (Societas Europaea, SE) ist wie die EWIV (s.o.
Rn 717 f.) eine in Brüssel geschaffene Rechtsform, die durch eine EU-Verordnung

und ein Ausführungsgesetz geregelt ist. Sie ist eine juristische Person mit einem in Aktien zerlegten Nennkapital von mindestens 120.000 € und zielt vor allem auf große, in mehreren EU-Staaten agierende Unternehmen ab.

VI. Die Limited

Die „Limited", genauer „company limited by shares", ist eine Kapitalgesellschaft eng-   772
lischen Rechts, die in sehr kurzer Zeit (unter 24 Stunden), mit sehr wenig Kapital (1 Pfund) und recht kostengünstig gegründet werden kann und zu einer der GmbH ähnlichen Haftungsbeschränkung führt. Die Niederlassungsfreiheit (Art. 49 AEUV) ermöglicht es einer Limited, auch (und auch ausschließlich) in einem anderen EU-Mitgliedstaat zu agieren. Anders herum kann sich also auch ein deutscher Unternehmer der englischen Rechtsform bedienen. Diese „Limited-Konkurrenz" hat in mehreren Mitgliedstaaten erheblichen Reformdruck ausgelöst und war auch eine wesentliche Ursache für die Deutsche GmbH-Reform 2008, insbesondere die Schaffung der UG.

C. Die GmbH & Co. KG

Auch juristische Personen und Personengesellschaften können Gesellschafter sein,   773
also z.B. Aktien oder GmbH-Anteile erwerben, eine Einpersonen-GmbH gründen, Komplementär oder Kommanditist sein. Neben den Konzernen (s.u. D) ist insbesondere die GmbH & Co. KG und seit 2008 die UG & Co. KG wichtig; andere Kombinationen kommen aber natürlich auch vor.

Beispiele:
Statt einer GmbH kann z.B. eine AG oder eine Stiftung die Komplementärrolle übernehmen (AG & Co. KG, Stiftung & Co. KG). Vereinzelt kommen Kapitalgesellschaften auch als OHG-Gesellschafter vor (GmbH & Co. OHG usw.). Auch eine GmbH & Co. KG kann Komplementärin einer anderen GmbH & Co. KG sein („doppelstöckige GmbH & Co. KG").

Die GmbH & Co. KG ist eine Kommanditgesellschaft mit einer GmbH als Komple-   774
mentär. Es gilt daher allgemeines KG-Recht (also für die Komplementärin OHG-Recht) und für die Komplementär-GmbH oder -UG zusätzlich das GmbHG. Ferner kommen einzelne Spezialvorschriften hinzu; vgl. z.B. § 19 II HGB zur Firma und §§ 264a ff. HGB für die Rechnungslegung.

Der ursprüngliche Hauptvorteil, die Körperschaftsteuer zu umgehen, ist durch   775
die Anrechnung der schon entrichteten Körperschaftsteuer bei der Einkommensteuer in den Hintergrund getreten. Auch der weitere Vorteil, die für die Kapitalgesellschaften geltenden strengeren Rechnungslegungsregeln zu umgehen, ist durch die §§ 264a ff. HGB beseitigt. Der Hauptvorteil der GmbH & Co. KG liegt daher heute darin, die Haftungsbeschränkung der GmbH mit der Finanzierungsflexibilität der KG zu kombinieren.

Will Hannes in der **Fallstudie** der persönlichen Haftung entgehen aber auch den Erschwernissen von Kapitalerhöhungen und -herabsetzungen nach GmbH-Recht, kann er die H-GmbH (Einpersonen-GmbH) oder zunächst eine UG gründen, deren Alleingesellschafter und Geschäftsführer er ist. Mit der H-GmbH (vertreten durch H, § 35 GmbHG) schließt H einen KG-Vertrag, wonach die GmbH Komplementär und H Kommanditist ist. Zahlt H die eingetragene Einlage ein, ist seine Kommanditistenhaftung ausgeschlossen (§ 171 I HGB). Verträge schließt im Namen der KG ihr Komplementär (§§ 125, 161 II HGB), also die GmbH, die wiederum durch H vertreten wird. Gewinne aus diesen Geschäften fallen bei der KG an, unterliegen also nicht der Körperschaftssteuer. Für die Verbindlichkeiten haftet die KG als Vertragspartnerin sowie die GmbH als Komplementärin (§§ 128, 161 II HGB). H selbst haftet weder als Kommanditist (§ 171 I HGB) noch als GmbH-Gesellschafter (§ 13 II GmbHG).

776   Wenn es sich bei einer GmbH & Co. KG auch um eine wirtschaftliche Einheit handelt, sind rechtlich doch die GmbH und die KG auseinander zu halten. Tut man das, verliert sie wie auch andere Konstruktionen rasch ihren Schrecken.

D. Verbundene Unternehmen, insbesondere Konzerne

I. Unternehmensgruppen und Konzernkonflikt

777   Ein Großteil aller Kapitalgesellschaften existiert nicht als unabhängige wirtschaftliche Einheit, wie es dem Leitbild des klassischen Gesellschaftsrechts entspricht. Die Mehrzahl gehört vielmehr zu **Unternehmensgruppen**, teils verschleiert, teils offen („Volkswagengruppe", „Bertelsmanngruppe" usw.). Die deutsche Wirtschaft und auch die Weltwirtschaft werden zu einem beträchtlichen Teil durch solche – oft auch transnationale – Gruppen bestimmt. Ein Problem solcher Unternehmensgruppen ist die Vermachtung und Wettbewerbsgefährdung, wie sie z.B. auf den Medienmärkten deutlich wird. Dem versucht das Kartellrecht zu begegnen (unten § 14).

778   Gesellschaftsrechtlich problematisch ist vor allem, dass das System der Kompetenzverteilung, das eine Unternehmensführung im Interesse der Gesellschaft(er) gewährleisten soll, nicht mehr funktioniert: Im „Normalfall" sind die Gesellschafter an einer gesunden Gesellschaft interessiert und kontrollieren sich gegenseitig. Im Zusammenhang mit den Vorschriften über die Kapitalaufbringung und -erhaltung sowie die Publizität (z.B. Bilanzveröffentlichung) schützt das auch die Gesellschaftsgläubiger. Durch die Übermacht eines Gesellschafters oder eines Dritten können aber Minderheitsgesellschafter und Gesellschaftsgläubiger gefährdet werden.

Beispiel:
Die A-AG hat 5.000 Aktionäre mit kleinen Aktienpaketen. Diese wählen „ihren" Aufsichtsrat. Um nicht abgewählt zu werden, bestellt dieser einen möglichst fähigen Vorstand, der für Gewinne und Dividendenausschüttung sorgt. Hält H

90 % der A-Aktien, existiert dieser Interessenpluralismus kaum: Die Kleinaktionäre haben zwar ihre Minderheitsrechte; den Aufsichtsrat und damit Vorstand
bestimmt letztlich H. Da er sein Vermögen in der AG hat, wird auch H in aller
Regel an einer blühenden A-AG interessiert sein. Problematischer wird es aber,
wenn H auch noch die B-AG, C-AG und D-AG beherrscht: Vielleicht ist es für H
günstiger, wenn die A-AG eine Produktlinie aufgibt, um der B-AG keine
Konkurrenz zu machen. Vielleicht macht die A-AG dadurch Verluste, so dass
Dividenden ausbleiben und der Aktienkurs sinkt. Davor müssen einerseits die
Kleinaktionäre, andererseits die Gläubiger der A-AG geschützt werden.

Den einheitlich geleiteten Verbund eines herrschenden Unternehmens und eines   **779**
oder mehrerer beherrschter Unternehmen nennt man **Konzern** (§ 18 AktG), das
herrschende Unternehmen Konzernmutter, die beherrschten Tochtergesellschaften.
Der *Konzernkonflikt* besteht im Wesentlichen darin, dass Tochtergesellschaften
nicht „automatisch" autonom im eigenen Interesse geführt werden, sondern im
Konzerninteresse geleitet werden können, wobei sie (und mit ihnen Gesellschafter
und Gläubiger) geschädigt werden können.

II. Die wichtigsten gesetzlichen Regeln

Das AktG enthält in §§ 15 ff. insbesondere Begriffsbestimmungen und behandelt in   **780**
§§ 291 ff. Konzerne mit AG-Töchtern. Für andere Konzerne hat die Rechtsprechung
teilweise ähnliche Grundsätze entwickelt.

Ein Konzernverhältnis kann insbesondere darauf beruhen, dass die Tochter sich   **781**
in einem *Unternehmensvertrag* der Leitung der Mutter unterworfen hat oder sich
zur Abführung ihrer Gewinne verpflichtet. Solche **Vertragskonzerne** behandeln
die §§ 291 ff. AktG: Unternehmensverträge können nur mit 3/4 Mehrheit geschlossen werden (§ 293 AktG). Aktionäre, die nun nur noch an der beherrschten
Gesellschaft beteiligt sind, können verlangen, dass die Obergesellschaft ihnen ihre
Aktien gegen angemessenes Entgelt abnimmt (§ 305 AktG). Den übrigen muss in
bestimmten Zeitabständen ein angemessener Ausgleich dafür gezahlt werden, dass
„ihre AG" nunmehr nicht im eigenen wirtschaftlichen Interesse geleitet wird (§ 304
AktG). Die Aktionäre und Gläubiger der Untergesellschaft werden dadurch gesi-
chert, dass die Obergesellschaft verpflichtet ist, die Verluste der Untergesellschaft
jährlich auszugleichen (§ 302 AktG).

Beruht die einheitliche Leitung nicht auf einem Vertrag, sondern auf den tatsäch-   **782**
lichen Verhältnissen, insbesondere einer Mehrheitsbeteiligung, spricht man vom
faktischen Konzern. Da eine vertragliche Legitimierung hier fehlt, darf das herrschende Unternehmen das abhängige nicht zu nachteiligen Maßnahmen veranlassen. Gegebenenfalls muss es die Nachteile ausgleichen (§ 311 AktG). Wird der
Einfluß so intensiv, dass der Einzelausgleich versagt (sog. qualifizierter faktischer
Konzern), wendet man § 302 AktG analog an.

Diese Schutzmaßnahmen werden durch die Mitteilungspflichten der §§ 20–22   **783**
AktG und die Vorschriften der Konzernrechnungslegung und -publizität flankiert.

E. Arbeitshinweise

I. Die wichtigsten Grundbegriffe

784 **GmbH** Gesellschaft mit beschränkter Haftung, im GmbHG geregelt. Kapitalgesellschaft, juristische Person, Handelsgesellschaft. Entstehung mit Eintragung (vorher Vor-GmbH). Stammkapital mind. 25.000 € aus Bar- und Sacheinlagen. Vertretung und Geschäftsführung durch Geschäftsführer. Gesellschafterversammlung (Mehrheitsprinzip) kann Weisungen erteilen. U.U. übernimmt ein Aufsichtsrat oder Beirat Kontrollfunktionen. Kapitalerhaltungsregeln und Insolvenzantragspflicht

Unternehmergesellschaft (UG) Sonderform der GmbH (§ 5a GmbHG) mit niedrigem Stammkapital und „Gewinnkappung": 25 % in gesetzliche Rücklage bis GmbH-Status erreicht ist.

AG Aktiengesellschaft, im AktG geregelt. Kapitalgesellschaft, juristische Person, Handelsgesellschaft. Entstehung mit Eintragung (vorher Vor-AG). Grundkapital zunächst aus Einlagen (mind. 50.000 €), in Aktien zerlegt. Vertretung und Geschäftsführung liegen beim weisungsunabhängigen Vorstand. Der Aufsichtsrat ist ein Überwachungsorgan. In der Hauptversammlung üben die Aktionäre ihre Mitgliedsrechte aus.

Verein (§§ 21 ff. BGB): Als eingetragener Verein (e.V.) juristische Person (nur für nichtwirtschaftliche Vereine). Geschäftsführung und Vertretung durch Vorstand. Zweites Organ: Mitgliederversammlung.

Stiftung (§§ 80 ff. BGB): Juristische Person ohne Mitglieder. Der Stiftungsvorstand verwaltet das Stiftungsvermögen.

Genossenschaft (GenG): Juristische Person, die einen Geschäftsbetrieb betreibt, mit dem der Erwerb oder die Wirtschaft der Mitglieder gefördert werden soll (z. B. Produktiv-, Absatz- oder Kreditgenossenschaften).

GmbH & Co. KG Kommanditgesellschaft, deren meist einziger persönlich haftender Gesellschafter die GmbH ist (so dass nur ihr Vermögen „unbegrenzt" haftet, das Gesamtgebilde aber keine Körperschaft ist).

Konzern Verbund rechtlich selbstständiger Unternehmen zu einem wirtschaftlich einheitlichen. Kennzeichnend ist die einheitliche Leitung (§ 18 AktG), typisch die Gliederung in ein herrschendes und meist mehrere beherrschte Unternehmen (Mutter und Töchter). Beim Vertragskonzern (§§ 291 ff. AktG) beruht die einheitliche Leitung auf einem Unternehmensvertrag, beim faktischen Konzern meist auf entsprechenden Mehrheitsverhältnissen.

II. Übungsaufgaben

785 1. Besteht eine Kapitalgesellschaft bereits vor Eintragung in das Handelsregister?

2. Welche Organe muss eine GmbH haben? Welche kann sie haben? Beschreiben Sie kurz ihre Aufgaben.

3. Bei welchen Gesellschaftsformen ist ein Mindestgründungskapital vorgeschrieben? In welcher Höhe?

4. Wie sind die Gesellschafter einer OHG und einer Aktiengesellschaft am Gewinn beteiligt?

5. Beschreiben Sie die Voraussetzungen der Entstehung einer GmbH.

6. Wie ist die Haftungssituation, wenn die zukünftigen Geschäftsführer zwischen Satzungsfeststellung und Eintragung im Namen der GmbH Verbindlichkeiten eingehen?

7. G ist Geschäftsführer der X-GmbH. Auf einer Fahrt in Gesellschaftsangelegenheiten überfährt er bei deutlicher Überschreitung der zulässigen Höchstgeschwindigkeit den Pudel der M. M verlangt von G, der X-GmbH und deren Alleingesellschafter X Zahlung von 150 €, was dem objektiven Wert des Pudels entspricht. Zu Recht?

8. B ist Gesellschafter einer GmbH und möchte seinen Geschäftsanteil auf X übertragen. Wie hat die Übertragung zu erfolgen? Können die übrigen Gesellschafter widersprechen?

9. Hat der Tod eines Gesellschafters einer GmbH Einfluss auf den Bestand der GmbH?

10. Was ist ein kapitalersetzendes Darlehen?

11. Kann A ohne Partner eine GmbH & Co. KG gründen, wenn er über ein Kapital von 12.501 € verfügt?

12. Welche Vorteile bietet die Rechtsform der GmbH & Co. KG?

13. Wann entsteht die A-GmbH & Co. KG (a) im Innenverhältnis und (b) im Außenverhältnis?

14. Beschreiben Sie die Vertretungs- und Haftungsverhältnisse in der A-GmbH & Co. KG.

15. Welches Organ der AG wählt die Mitglieder des Aufsichtsrats, welches entscheidet über Satzungsänderungen?

16. Können in der AG der Aufsichtsrat dem Vorstand und in der GmbH die Gesellschafter dem Geschäftsführer konkrete Einzelweisungen erteilen?

17. Beschreiben Sie kurz den wesentlichen Interessenkonflikt, dem das Konzernrecht Rechnung trägt.

18. Was ist ein Vertragskonzern, was ein faktischer Konzern?

III. Empfohlene Literatur

Hüffer, Gesellschaftsrecht (C. H. Beck), §§ 25 ff.; ausführlich: **Saenger**, Gesellschaftsrecht (Heymanns), Rn 519 ff.;
Karsten Schmidt, Gesellschaftsrecht (Heymanns), §§ 1–21, 22–42.

Besondere Kommentare: 786
Hüffer, AktG (C. H. Beck);
Lutter/Hommelhoff, GmbHG (Otto Schmidt);
Baumbach/Hueck, GmbHG (C. H. Beck).

Teil V

Produktion und Dienstleistung

Auch die eigentliche betriebliche Tätigkeit, das Produzieren und Erbringen von 787 Dienstleistungen selbst, wird durch zahlreiche Rechtsvorschriften beeinflusst. Meist handelt es sich dabei um öffentliches Recht (wenn z. B. das Tätigwerden als Arzneimittelhersteller oder als Versicherer oder die Inverkehrgabe eines Arzneimittels einer Zulassungspflicht unterworfen werden, oder die Beschaffenheit der Arzneimittel oder Versicherungen reguliert wird). Privatrechtliche Schwerpunkte sind die haftungsrechtliche Verantwortung für die betriebliche Tätigkeit und das Schutzrechtsmanagement, also die Sicherung des angesammelten Know-hows und sonstiger immaterieller Güter.

§ 11 Haftungsfragen

▶ **Fallstudie: Hannes Hurtigs Limonadenstand**
In den Sommermonaten verdient sich Hannes Hurtig in seinem Billig-Bücher-Laden etwas hinzu, indem er Limonaden (z.B. Rum-Cola) in Pfandflaschen abfüllt und unter den Studenten verkauft. Sepp Seiler gerät an eine Flasche mit einem Haarriss, der in keiner handelsüblichen Abfüllanlage erkennbar war. Infolge dieses Haarrisses lässt die Kohlensäure die Flasche platzen. Glassplitter verletzen Sepps Auge (vgl. BGH v. 7. 6. 1988 – VI ZR 91/87 = BGHZ 104, 323 und BGH v. 9. 5. 1995 – VI ZR 158/94 = JuS 1995, 935).
Kann Sepp Seiler von Hannes Schmerzensgeld verlangen?

A. Übersicht

Die haftungsrechtliche Verantwortlichkeit für die betriebliche Tätigkeit ergibt sich **788** gegenüber Vertragspartnern vorrangig aus dem Vertragsrecht und im Übrigen aus dem Recht der unerlaubten Handlungen (§§ 823 ff. BGB) und einigen Spezialgesetzen wie z. B. dem Straßenverkehrsgesetz, Produkthaftungsgesetz und Umwelthaftungsgesetz. Während das Deliktsrecht des BGB weitestgehend an einem schuldhaften Verhalten einer individualisierten Person anknüpft („*unerlaubte Handlungen*"), erfassen die Spezialgesetze meist besondere Gefahrenbereiche und statuieren eine verschuldensunabhängige Haftung für Schäden, in denen sich die besondere Gefahr verwirklicht hat (*Gefährdungshaftung*). Auch in diesen Fällen gilt daneben das Deliktsrecht des BGB. Die außervertragliche Haftung steht grundsätzlich auch neben der vertraglichen, wird allerdings manchmal modifiziert.

© Springer-Verlag Berlin Heidelberg 2017
J. Meyer, *Wirtschaftsprivatrecht*, Springer-Lehrbuch,
DOI 10.1007/978-3-662-52734-4_11

> **Beispiele:**
> Der Verkäufer lässt Hannes die Bindemaschine bei Anlieferung fahrlässig auf den Fuss fallen: Haftung aus §§ 280 I, 241 II und § 823 I BGB. Lässt Hurtig die Maschine seiner Mitgesellschafterin Inge auf den Fuss fallen, kann das eine gesellschaftsrechtliche Pflichtverletzung darstellen. Der Fahrlässigkeitsmaßstab ist gemäß § 708 BGB aber gemildert. Das gilt auch für § 823 I BGB, weil die Haftungsmilderung sonst im Ergebnis leer liefe.

789   Für den Unternehmer ist die Kenntnis seiner zivilrechtlichen Verantwortung wichtig, damit er den daraus erwachsenden Risiken begegnen kann: durch sachgerechte Betriebsorganisation, sorgfältige Auswahl, Anleitung und Kontrolle des Personals, sinnvolle Vertragsgestaltungen z. B. mit Zulieferern, durch schnellen Informationsfluss und ordentliche Dokumentation. Eine solide Betriebshaftpflichtversicherung ist wichtig, hat aber ihre Grenzen, wie schon die strafrechtliche Verantwortung zeigt.

B. Das Deliktsrech des BGB

I. Allgemeines

790   Nach dem Deliktsrecht des BGB (§§ 823 ff.) führt nicht jede rechtswidrige und schuldhafte Schädigung eines anderen zur Haftung. Das Gesetz geht von **Einzeltatbeständen** aus. Der bei weitem wichtigste ist § 823 I BGB, der die Haftungsfolge an die Verletzung bestimmter Rechte und Rechtsgüter knüpft, dagegen bloße Vermögensschäden nicht erfasst. § 823 II BGB knüpft an die Verletzung eines Schutzgesetzes an und transponiert so auch öffentlich-rechtliche und strafrechtliche Normen in das Haftungsrecht. § 826 BGB hat als Anknüpfungspunkt den Sittenverstoß.

791   Zum Teil wird diese traditionelle **Verschuldenshaftung** auf der Tatbestandsseite ausgeweitet, indem das Verschulden vermutet wird (z. B. § 831 BGB). Die verschuldensunabhängige Haftung ist dagegen im BGB – anders als in den Spezialgesetzen – die absolute Ausnahme (§ 833 S. 1 BGB).

792   **Form und Höhe des Schadensersatzes** richten sich wiederum (wie im Vertragsrecht) nach §§ 249 ff. BGB: Zu ersetzen ist grundsätzlich der gesamte durch die unerlaubte Handlung verursachte Schaden und zwar durch Wiederherstellung in Natur (§ 249 S. 1 BGB) oder per Geldersatz. Der Anspruch mindert sich aber (und kann im Einzelfall ganz ausgeschlossen sein), soweit ein Mitverschulden des Geschädigten den Schaden mitverursacht oder vergrößert hat (§ 254 BGB).

II. Haftung aus § 823 I BGB

793   Nach § 823 I BGB verpflichtet die rechtswidrige und schuldhafte Verletzung eines dort aufgezählten oder ähnlichen Schutzguts zum Ersatz des daraus entstandenen Schadens. Aufgegliedert lauten die **Voraussetzungen** also:

- Schutzgutverletzung,
- durch ein Verhalten des Anspruchsgegners,
- Rechtswidrigkeit und Verschulden.

Rechtsfolge: Ersatz des dadurch entstandenen Schadens.

1. Schutzgutverletzung

Die wichtigsten Schutzgutverletzungen sind Personen- und Sachschäden. Als **Per-**   794
sonenschäden zählt das Gesetz die Verletzung von Leben, Körper, Gesundheit und
Freiheit auf. Im Fall der *Tötung* entstehen bestimmte Ansprüche von Angehörigen
(§§ 844 f. BGB). Im Fall der *Körperverletzung* kommt es meist zu Leistungen der
Kranken- und Unfallversicherung und zur Entgeltfortzahlung. § 823 I BGB ist dann
als Regressnorm und für eventuelles Schmerzensgeld (§ 253 II BGB) von Bedeutung.

Als ähnliches sonstiges Recht hat die Rechtsprechung in Anlehnung an Art. 1 I,   795
2 I GG das *allgemeine Persönlichkeitsrecht* anerkannt. Für Verletzungen des allgemeinen Persönlichkeitsrechts wird allerdings nur subsidiär gehaftet, also nur, wenn
sich eine Kompensation aus sonstigen Haftgründen nicht herleiten lässt (daher stets
zuletzt prüfen!). Die wichtigsten Fallgruppen sind:

- Schutz der eigenen Darstellung in der Öffentlichkeit (insb. Ehre),
- Schutz der Privat- und Intimsphäre.

Beispiele:

Hannes Hurtig druckt die Tagebuchaufzeichnungen seiner mittlerweile berühm-
ten Ex-Freundin. Ein Kirchenrechtsprofessor wird in der Werbung mit einem
Potenzmittel in Verbindung gebracht (BGH v. 19. 9. 1961 – VI ZR 259/60=BGHZ
35, 363).Verschiedene Klatschblätter des B bringen erfundene Interviews und
montierte Fotos von Caroline von Monaco/Hannover (vgl. nur BGH v. 19. 12.
1995 – VI ZR 15/95=NJW 1996, 1128 und BVerfG v. 15. 12. 1999 – 1 BvR
653/96=NJW 2000, 1021). Die Entscheidungen führten zu einer Verurteilung
der Bundesrepublik vor dem Europäischen Gerichtshof für Menschenrechte und
einem Vergleich. Recherchieren Sie doch einmal unter www.echr.coe.int: EGMR
v. 24. 6. 2004 – 59320/00=NJW 2004, 2647 und v. 28. 7. 2005 – *59320/00*.

Zu den **Sachschäden** gehört die Verletzung des *Eigentums und anderer Sachenrechte*.   796
Die Zerstörung oder Beschädigung einer Sache kann nicht nur den Eigentümer schädigen, sondern z. B. auch den Pfandrechtsgläubiger, der seine Sicherheit verliert. Schädigungen können auch durch Entzug der Sache und auch ganz ohne Substanzeinwirkung
geschehen (z. B. Löschung im Grundbuch). Auch andere absolute Rechte, z. B. *Immaterialgüterrechte* (Urheberrecht, Patent usw.) gehören zu den eigentumsähnlichen
sonstigen Rechten.

797   Zur Ausfüllung verbliebener Lücken hat die Rechtsprechung das *Recht am ein-gerichteten und ausgeübten Gewerbebetrieb* als sonstiges Recht anerkannt: Ein Unternehmen ist als ganzes (inkl. Kundenstamm, Geschäftsbeziehungen, Image usw.) geschützt, sofern keine andere Rechtsgrundlage zum Schadensersatz führt (Subsidiarität) und der Eingriff gegen den Betrieb als solchen gerichtet ist (sog. Betriebsbezogenheit).

> **Beispiele:**
> 1. H beschädigt fahrlässig den LKW des Spediteurs S: Eigentumsverletzung, die Frage nach dem Gewerbebetrieb stellt sich wegen der Subsidiarität nicht.
> 2. H schlägt den Fahrer des S krankenhausreif; die Aufträge bleiben unausge-führt. H haftet dem Fahrer aus § 823 I BGB (Körperverletzung). Dem S haftet er nicht, weil S nicht am Körper verletzt wurde und der Eingriff in seinen Gewerbebetrieb nicht betriebsbezogen war.
> 3. Verbarrikadiert ein Arbeitnehmer im wilden Streik die LKW-Garagen, liegt ein betriebsbezogener Eingriff in die Spedition vor; der Arbeitnehmer haftet nach § 823 I BGB auf Schadensersatz.

2. Verletzungshandlung und Kausalität

798   Die Schutzgutverletzung muss durch ein **verletzendes Verhalten** verursacht sein. Das kann ein Tun oder pflichtwidriges Unterlassen sein. **Ursächlich** ist dabei nicht nur das letzte, unmittelbar zum Schaden führende Verhalten, sondern jedes Verhal-ten, das letztlich zu diesem Schaden geführt hat. In dieser Ursachenkette, die sich theoretisch bis ins Unendliche zurückspinnen lässt, sind aber nur die Verhaltenswei-sen haftungsrelevant, die gegen eine Verhaltensregel verstoßen, welche auch den später entstandenen Schaden verhindern will.

> **Beispiel:**
> P produziert fahrlässig einen Fön mit zu starker Hitzeentwicklung. Käufer K will den Fön deswegen dem Verkäufer V zurückgeben, stürzt unterwegs und verletzt sich. Hier hat P rechtswidrig und schuldhaft eine Ursache für die Körperverletzung des K gesetzt. Die Haftung aus § 823 I BGB scheitert aber daran, dass das Gebot, Föne ohne Überhitzungsgefahr zu bauen, nicht die Verhinderung von Wegeunfällen im Auge hat. Der Schaden liegt außerhalb des Schutzzwecks der verletzten Verhaltens-norm. Entsprechendes gilt für die Haftung aus § 1 I ProdHaftG.

3. Rechtswidrigkeit und Verschulden

799   Die Verletzungshandlung muss ferner **rechtswidrig** sein. Das ist sie regelmäßig, sofern sie nicht ausnahmsweise gerechtfertigt ist (z. B. nach §§ 227 ff. BGB). Vor allem wenn es um die Verletzung des allgemeinen Persönlichkeitsrechts und des Unternehmens geht, muss man aber genauer schauen: Hier sind Beeinträchtigungen häufig von der Meinungs-, Presse- oder Kunstfreiheit gedeckt, und eine rechtswid-rige Verletzung muss anhand einer umfassenden Interessenabwägung festgestellt werden.

800   Schließlich muss der Anspruchsgegner die Verletzungshandlung **schuldhaft**, also vorsätzlich oder fahrlässig (§ 276 II BGB) begangen haben.

4. Rechtsfolge

Ist der Tatbestand erfüllt, so hat der Schädiger den aus der Schutzgutverletzung ent-   **801**
standenen **Schaden zu ersetzen**, dem Geschädigten die finanzielle Folgelast also
abzunehmen. Dazu gehört grundsätzlich aber nur der Vermögensschaden (§ 253 I
BGB).

> **Beispiel:**
> Wenn Hannes fahrlässig den Pudel der Nachbarin totfährt, hat er den Verkehrswert
> zu ersetzen. Auch wenn ihr das Tier mehr wert wäre als ihr Steinway-Flügel,
> muss er nicht etwa 14.000 € zahlen.

Eine Ausnahme macht § 253 II BGB: Bei Personenschäden hat der Geschädigte   **802**
auch wegen immaterieller Schäden Anspruch auf eine billige Entschädigung in
Geld. Diese Regelung galt bis 2002 nur im Deliktsrecht (vgl. § 847 BGB a.F.);
nunmehr kann das sog. **Schmerzensgeld** bei Vertragsverletzungen ebenso verlangt
werden.

> **Beispiele:**
> Oma Schulze rutscht beim Einkauf in der schlecht gereinigten Gemüseabteilung
> auf einer Traube aus und bricht sich den Oberschenkelhals. Verletzung einer
> vorvertraglichen Pflicht: Schmerzensgeld gemäß §§ 280 I, 241 II, 311 II, 253 II
> BGB (s.o. Rn 474). Auch in den Beispielen Rn 788 kommen ein vertraglicher
> und ein deliktischer Schmerzensgeldanspruch in Betracht.

Die Rechtsprechung wendet die Vorschrift bei schweren Persönlichkeitsverletzun-   **803**
gen analog an.

> **Beispiel:**
> Verletzen die Klatschblätter wieder und wieder Persönlichkeitsrechte von Caroline
> von Monaco/Hannover, können die Gerichte auch hohe Schmerzensgeldsummen
> zuerkennen, um der Präventionsfunktion des Haftungsrechts gerecht zu werden.

Schließlich sieht § 1004 BGB für den Fall der Eigentumsstörung auch einen **Besei-**   **804**
tigungs- und Unterlassungsanspruch vor (vgl. auch z. B. § 12 BGB). Einen solchen vorgreiflichen Schutz müssen auch die übrigen Schutzgüter i.S.d. § 823 I BGB
genießen, denn Schadensverhinderung ist sinnvoller als Schadensausgleich. Daher
ist für alle von § 823 I BGB geschützten Güter ein negatorischer Anspruch analog
§ 1004 BGB anerkannt.

Erfährt im letzten **Beispiel** Caroline von Monaco/Hannover von einem neuen
erfundenen Interview, muss sie die Verletzung nicht erst abwarten, sondern kann
analog § 1004 BGB die Auflage stoppen.

5. Zur Fallstudie

Sepp könnte gegen Hannes einen Anspruch auf Schmerzensgeld aus §§ 823 I, 253   **805**
II BGB haben. Durch die Inverkehrgabe der defekten Flasche hat Hannes Sepp eine

Körperverletzung zugefügt. Ob er das allerdings schuldhaft getan hat, ist problematisch, weil der Haarriss zumindest maschinell unerkennbar war. Die Frage lässt sich aber nicht abschließend beurteilen, weil nicht festgestellt ist, ob ausreichende Sichtkontrollen die Verletzung hätten vermeiden können.

6. Beispiel zur Kommentararbeit

806   *Inwieweit ist das allgemeine Persönlichkeitsrecht (s.o. Rn 795) durch §§ 823, 1004 BGB geschützt?*

807   Bei Jauernig-Teichmann, § 823 Rn 65 ff. findet sich eine geschlossene Darstellung mit vorangestellten Literaturangaben. Die Rechtsfolgen sind in Rn 81 ff. zusammengefasst. Zum Unterlassungsanspruch Rn 81 und Rn 6 vor § 823, zur Geldentschädigung für immateriellen Schaden Rn 88 und § 253 Rn 7 ff. Wer bei § 1004 nachschlägt, wird in Rn 2 am Ende wiederum auf Rn 6 vor § 823 verwiesen.

808   Bei Palandt-Sprau führt das zu § 823 abgedruckte Inhaltsverzeichnis zu § 823 Rn 83 ff. Die Rechtsfolgen sind in Rn 123 mit Verweisen zusammengestellt (zu Unterlassung und Beseitigung Rn 24 ff. vor § 823), in Rn 124 findet sich Näheres zur Geldentschädigung für immateriellen Schaden und in Rn 125 zu Besonderheiten beim Vermögensschaden.

III. Weitere Tatbestände der Verschuldenshaftung

1. § 823 II BGB

809   Nach § 823 II BGB ergibt sich die gleiche Schadensersatzpflicht, wenn jemand rechtswidrig und schuldhaft gegen ein „den Schutz eines anderen bezweckendes Gesetz" verstößt. Um ein solches *Schutzgesetz* handelt es sich, wenn das Gesetz nicht nur die Allgemeinheit, sondern (zumindest auch) Personen wie den Geschädigten vor Schäden wie dem eingetretenen schützen will.

Ließe sich in der **Fallstudie** Hurtigs Fahrlässigkeit feststellen, hätte er gleichzeitig eine fahrlässige Körperverletzung gemäß § 229 StGB begangen. § 229 StGB ist ein Schutzgesetz i.S.d. § 823 II BGB.

810   Das Schutzgesetz muss *verletzt* sein. Da es Schutzgesetze ohne Verschuldenserfordernis gibt, bestimmt § 823 II 2 BGB, dass die Verletzung zumindest fahrlässig erfolgen muss.

Beispiel:

Hannes verkauft dem gallenkranken R ein überteuertes sechsbändiges Pilzlexikon, indem er ihm vormacht, es enthalte Pilzdiäten gegen Gallenleiden. Neben vertraglichen Ansprüchen kommen deliktische in Betracht. § 823 I BGB greift allerdings nicht, weil H keines der Schutzgüter des R verletzt hat. H hat aber den Betrugstatbestand (§ 263 StGB) verwirklicht, der Leute wie R vor solchen Vermögenseinbußen schützen will. H haftet gemäß § 823 II BGB i.V.m. § 263 StGB.

2. § 824 BGB

Eine Schadensersatzpflicht trifft auch denjenigen, der wissentlich oder fahrlässig **811** kreditgefährdende unwahre Tatsachen behauptet oder verbreitet. Bloße Werturteile („Der scheint mir nicht ganz echt zu sein.") fallen nicht darunter. § 824 II BGB schließt die Haftung für fahrlässige Unrichtigkeiten bei berechtigtem Interesse aus (Auskunfteien, Kreditvereinigungen, Presse usw.).

3. § 826 BGB

Schließlich macht sich nach § 826 BGB auch derjenige schadensersatzpflichtig, **812** der einem anderen auf sittenwidrige Weise vorsätzlich einen Schaden zufügt. Der Vorsatz des Schädigers muss die Schädigung und die Umstände umfassen, die die Sittenwidrigkeit begründen. Zu Fallgruppen der Sittenwidrigkeit vgl. oben Rn 361.

> **Beispiele:**
> Fälle der arglistigen Täuschung (§ 123 BGB, s.o. Rn 377) sind meist auch Fälle des § 826 BGB. Wer „seiner" GmbH bewusst das Vermögen entzieht, damit sie in die Insolvenz schlittert und die Gläubiger leer ausgehen, kann nach § 826 BGB haftbar sein (vgl. z. B. Luttermann, JA 2008, 833).

IV. Deliktshaftung in der arbeitsteiligen Wirtschaft

Im Vertragsrecht ist uns schon § 278 BGB begegnet, wonach ein Schuldner auch **813** das Verschulden seiner Erfüllungsgehilfen (und gesetzlichen Vertreter) zu vertreten hat (s.o. Rn 399). Im Gesellschaftsrecht hatten Sie § 31 BGB kennengelernt, der vielfach analog angewandt werden kann: Juristische Personen und Personengesellschaften haften nach § 31 BGB für das schadensersatzpflichtige Verhalten ihrer Organe (s.o. Rn 680). Demgegenüber gehen die §§ 823 ff. BGB vom persönlichen schuldhaften Verhalten des Einzelnen aus.

Das gilt auch für die **Haftung für Verrichtungsgehilfe** nach § 831 BGB. Danach **814** haftet derjenige, der einen anderen zu einer Verrichtung bestellt, wenn dieser Verrichtungsgehilfe in Ausführung der Verrichtung Dritte durch eine unerlaubte Handlung schädigt. Verrichtungsgehilfe ist, wer vom Geschäftsherrn in dessen Interesse eine Tätigkeit übertragen bekommen hat und von dessen Weisungen abhängt. Begeht ein solcher Verrichtungsgehilfe bei der Verrichtung eine unerlaubte Handlung, vermutet das Gesetz, dass der daraus resultierende Schaden auf einem eigenen Verschulden des Geschäftsherrn beruht, nämlich auf unzureichender Auswahl oder Überwachung des Gehilfen. Es kommt also auf das *vermutete Verschulden des Geschäftsherrn* an; ein Verschulden des Verrichtungsgehilfen ist nicht erforderlich. Dementsprechend kann sich der Geschäftsherr entlasten, wenn er darlegen kann, dass ihn kein Verschulden trifft oder der Schaden auch bei Anwendung der erforderlichen Sorgfalt entstanden wäre (§ 831 I 2 BGB).

Beispiel:

U übernimmt den Auftrag, die Hausfassade des K anzustreichen und schickt seinen Gesellen G. G fällt aus Unachtsamkeit von der Leiter und zertrümmert das Gewächshaus des K. Da G fahrlässig gehandelt hat, haftet er dem K auf Schadensersatz (§ 823 I BGB). Unabhängig davon haftet U nach § 831 I 1 BGB, sofern er sich nicht vollständig entlasten kann (sorgfältige Auswahl, regelmäßige Kontrolle, Leiter intakt usw.). Hätte G bei Gelegenheit dieses Auftrags etwas bei K gestohlen, haftet U nicht nach § 831 BGB, denn der Diebstahl geschah nicht in Ausführung der Verrichtung. Das Innenverhältnis zwischen U und G wird durch das Arbeitsrecht bestimmt: Im ersten Fall hat U den G von der Haftung freizustellen, im zweiten nicht.

815   Daneben gelangt die Rechtsprechung auch über § 823 I BGB häufig zu einem persönlich vorwerfbaren Verhalten, indem sie von der Verletzung von **Organisations- und Kontrollpflichten** ausgeht, sobald es zu schädigenden Fehlleistungen im betrieblichen Ablauf kommt.

816   Achtung! Ob ein Schuldner das Verschulden eines Erfüllungsgehilfen nach § 278 BGB zu vertreten hat, interessiert nur im Rahmen bestehender Schuldverhältnisse und nicht im Deliktsrecht. § 278 BGB ist eine Norm insbesondere des Vertragsrechts und hat in der Prüfung der §§ 823 ff. BGB nichts zu suchen.

Im letzten **Beispiel** hat K gegen U auch einen vertraglichen Anspruch aus §§ 280 I, 241 II BGB, da U die Fahrlässigkeit des G nach § 278 BGB zu vertreten hat. Das ist vorrangig zu prüfen, darf mit den §§ 823 ff. BGB aber nicht vermischt werden.

C. Gefährdungshaftungen

I. Straßenverkehrshaftung

817   In zahlreichen Bereichen hat sich ergeben, dass die durchgängige Anwendung des Verschuldensprinzips, wie es die §§ 823 ff. BGB im Grundsatz vorsehen, nicht ausreicht, um insbesondere die Risiken der modernen, technikabhängigen Massengesellschaft gerecht zu verteilen. In Bereichen, in denen eine bestimmte Tätigkeit oder ein bestimmter gegenständlicher Bereich eine besondere Gefahr auch für andere birgt, die aber insgesamt gesellschaftlich toleriert wird, hat der Gesetzgeber Einzeltatbestände geschaffen, nach denen für diese besonderen Gefahrenquellen unabhängig vom Verschulden gehaftet wird. Wichtigstes Beispiel hierfür ist der Straßenverkehr. Das Autofahren birgt so viele Gefahren in sich, dass es ungerecht wäre, Geschädigte auf ihrem Schaden „sitzenzulassen", weil den Fahrer oder Halter eines Kfz kein Verschulden trifft. Dementsprechend sieht das Straßenverkehrsgesetz eine verschuldensunabhängige Halterhaftung und eine Haftung des Fahrers für vermutetes Verschulden vor.

818   Der **Halter** haftet nach § 7 I StVG auch, wenn ihn kein Verschulden trifft, sofern die Verletzung „bei Betrieb" des Fahrzeugs erfolgt, sich also eine Straßenverkehrsgefahr verwirklicht. Einen Haftungsausschluss sieht § 7 II StVG nur in eng begrenzten Ausnahmen vor, nämlich bei höherer Gewalt.

Sind zwei Kraftfahrzeuge am Unfall beteiligt, wird dieser strenge Maßstab auch **819** beim Mitverschulden angelegt (§ 17 StVG). Der Schaden wird daher meist aufgeteilt, da sich beide Halter die Betriebsgefahr ihres Pkw zurechnen lassen müssen. Daneben unterwirft das StVG in § 18 den **Fahrer** einer Haftung für vermutetes Verschulden. Der Haftungsumfang ist für Halter und Fahrer gleich. Wie oft bei Gefährdungshaftungen sieht auch das StVG Haftungshöchstgrenzen (§§ 12–12b) vor. Zudem muss der Unfall schnell angezeigt werden (§ 15 StVG). Allerdings gibt es seit 2002 auch Schmerzensgeld (§ 11 S. 2 StVG). Für beide gelten daneben die §§ 823 ff. BGB. Nach dem Pflichtversicherungsgesetz muss schließlich der Kfz-Halter eine Haftpflichtversicherung abschließen. Die **Versicherung** haftet dem Anspruchsberechtigten neben dem Halter direkt. Sie muss den Halter im Innenverhältnis von der Haftung freistellen, sofern er nicht vorsätzlich oder grob fahrlässig gehandelt hat.

II. Produkthaftung

1. Das Produkthaftungsgesetz

Eine verschuldensunabhängige Haftung für Schäden, die aus Sicherheitsdefiziten **820** eines Produkts resultieren, sieht – in Umsetzung einer EG-Richtlinie – das Produkthaftungsgesetz (ProdHaftG) vor.

Voraussetzung der Haftung ist gemäß § 1 I ProdHaftG, dass ein Personenscha- **821** den oder ein bestimmter Sachschaden (andere Sache als das Produkt, Sache zum privaten Gebrauch bestimmt) eingetreten ist und diese *Schutzgutverletzung* ihre Ursache in der Fehlerhaftigkeit eines vom Anspruchsgegner hergestellten Produkts hat. Zu den *Produkten* gehören nach § 2 ProdHaftG bewegliche Sachen, auch wenn sie eingebaut sind. *Fehlerhaft* ist das Produkt nach § 3 ProdHaftG, wenn es nicht die Sicherheit bietet, die billigerweise erwartet werden kann, wobei insbesondere die Darbietung (Warnhinweise, Gebrauchsanleitung, Werbung, ...), der Gebrauch, mit dem billigerweise gerechnet werden kann (keine Zweckentfremdung usw.) und der Zeitpunkt der Inverkehrgabe des Produkts (vgl. auch Abs. 2) zu berücksichtigen sind. *Hersteller* sind nach § 4 ProdHaftG nicht nur Endhersteller, sondern auch Zulieferer und verschiedene Vertriebsunternehmen (z. B. Importeure aus anderen als EWR-Staaten, da den Verbrauchern insoweit die EuGVVO nicht hilft, s.o. Rn 66).

§ 1 II ProdHaftG enthält einige **Haftungsausschlussgründe**, also Einwendun- **822** gen: keine Inverkehrgabe, Fehlerentstehung erst nach Inverkehrgabe usw. Die Nr. 5 betrifft die sogenannten Entwicklungsfehler: Für objektiv unerkennbare Fehler wird nicht gehaftet.

> **Beispiel:**
> P produziert seit 1992 Kontaktlinsen aus einem erprobten Kunststoff. Erst 2008 wird an der Stanford-University entdeckt, dass dieser Kunststoff in Kombination mit bestimmten Reinigungsmitteln krebserregend sein kann.

Rechtsfolge ist die Schadensersatzpflicht mit ähnlichen Besonderheiten wie im **823** StVG. Eine Selbstbeteiligung bei privaten Sachschäden (§ 11 ProdHaftG) kommt hinzu. Wegen dieser und weiterer Lücken ist es wichtig, dass die Haftung insbesondere aus § 823 I BGB daneben bestehen bleibt (§ 15 II ProdHaftG).

2. Produkthaftung nach § 823 I BGB

824 Für die Produkthaftung aus § 823 I BGB gilt zunächst das oben unter B II und IV Gesagte. Als es das ProdHaftG noch nicht gab, hat der BGH die allgemeinen deliktischen Grundsätze jedoch insbesondere in zwei Richtungen fortentwickelt.

825 Zum einen hat er die grundsätzliche **Beweislastverteilung** bei § 823 I BGB modifiziert: Sobald feststeht, dass eine Schutzgutverletzung auf einem objektiv fehlerhaften Produkt beruht und dass dieser Fehler aus dem Bereich des Herstellers stammt, muss der Hersteller beweisen, dass ihn keinerlei Verschulden an der Entstehung dieses Fehlers trifft. Dabei gehört es auch zu seinem Verschulden, wenn er seinen Betrieb nicht so organisiert, dass Fehler seiner Mitarbeiter weitestgehend ausgeschlossen werden (BGH v. 26. 11. 1968 – VI ZR 212/66 = BGHZ 51, 91).

Zum anderen hat er besondere **Pflichten bei Warenherstellung und -vertrieb** entwickelt, bzw. besondere Kategorien von Produktfehlern:

- Konstruktion,
- Fabrikation,
- Instruktion,
- Produktbeobachtung.

826 Danach hat der Hersteller die Pflicht, zunächst die *Konstruktion* und *Fabrikation* so zu organisieren, dass niemand durch ein dem Produkt innewohnendes Sicherheitsrisiko (einen Produktfehler) an seiner Person oder seinen Sachgütern geschädigt wird. Seine Verantwortung bezieht sich aber auch auf die *Instruktion*, also Gebrauchsanleitungen, Warnschilder, Werbung usw. Die Pflicht zur *Produktbeobachtung* bedeutet schließlich, dass er seine Produkte nach der Inverkehrgabe auf dem Markt beobachten muss und bei nun offenbar werdenden Sicherheitsdefiziten zu reagieren hat (Warnungen, Kundendienstaktionen, Produktrückruf usw.). Ansonsten verletzt er seine Organisations- und Kontrollpflichten und haftet für Schutzgutverletzungen nach § 823 I BGB.

3. Zur Fallstudie

827 Die Voraussetzungen des **§ 1 I ProdHaftG** sind gegeben:

- Personenschaden bei Seiler (Körperverletzung),
- durch den Fehler (Haarriss in Flasche),
- eines Produkts (Limonadenflasche),
- dessen Hersteller Hurtig ist (durch Abfüllung).

828 Haftungsausschlussgründe bestehen nicht. Insbesondere liegt kein Entwicklungsfehler gemäß § 1 II Nr. 5 ProdHaftG vor, denn der Fehler war zwar mit handelsüblichen Anlagen, nicht aber nach dem Stand der Wissenschaft unerkennbar. Hannes haftet also nach § 1 I ProdHaftG, und zwar gemäß § 8 S. 2 ProdHaftG auch auf Schmerzensgeld.

Hannes haftet auch nach § 823 I BGB. Dass seine Fahrlässigkeit nicht festge-   829
stellt werden konnte, hilft ihm wegen der Beweislastumkehr nicht. Nach §§ 823 I,
253 II BGB ist er auch zur Zahlung von Schmerzensgeld verpflichtet.

III. Umwelthaftung

Auch die Umwelthaftung nach dem Umwelthaftungsgesetz (UmweltHG) ist eine   830
spezialgesetzliche Gefährdungshaftung, die neben §§ 823 ff. BGB tritt (§ 18 I
UmweltHG). Das Umwelthaftungsgesetz sieht keine Haftung für sämtliche Umweltschäden vor, sondern ist, wie sich schon aus den Überschriften zu §§ 1 und 2 ergibt,
eine Anlagenhaftung. Haftungsgrund ist wie bei allen Gefährdungshaftungen die
Verwirklichung einer spezifischen Gefahr, nämlich der Gefahr von Umwelteinwirkungen bestimmter Anlagen. Die erfassten Anlagen ergeben sich aus dem Anhang 1
zu § 1 UmweltHG, der in Ihrer Gesetzessammlung im Zweifel nicht abgedruckt ist.
Erfasst sind danach z. B. Kraftwerke, Feuerungsanlagen, Anlagen zur Herstellung
oder Verarbeitung von Metallen, chemischen Erzeugnissen, Arzneimitteln, Öl, Har-
zen und Kunststoffen, Abfallbeseitigungs- und Recycling-Anlagen usw.

Gehaftet wird für **Personen- und Sachschäden**, wobei die Haftung bei Sach-   831
schäden ausgeschlossen ist, wenn die Sache nur unwesentlich und durch Umwelteinwirkungen bei bestimmungsgemäßem Betrieb der Anlage beeinträchtigt worden
ist (§§ 1, 5 UmweltHG).

Der Begriff der **Umwelteinwirkungen** erfasst nach § 3 I UmweltHG körperliche   832
und unkörperliche Erscheinungen, die sich in Boden, Luft oder Wasser ausbreiten
(vgl. § 906 BGB: In der neueren Aufzählung spiegeln sich die technologische Entwicklung und das gestiegene Umweltbewusstsein wider).

§ 6 UmweltHG trägt dem Umstand Rechnung, dass bei Umweltschäden der Nach-   833
weis besonders schwierig ist, dass der geltend gemachte Schaden durch Umweltein-
wirkungen verursacht worden ist, die von einer bestimmten Anlage ausgegangen sind.
§ 6 I UmweltHG hilft dem Geschädigten mit einer **Ursachenvermutung**, die nach
Abs. 2 allerdings nicht bei bestimmungsgemäßem Betrieb der Anlage eingreift. Die
Rechtsdurchsetzung wird dem Anspruchsteller ferner durch Auskunftsansprüche des
Geschädigten gegen Anlageninhaber und Behörden erleichtert (§§ 8–10 UmweltHG).
Zum Haftungsumfang vgl. §§ 11 ff. UmweltHG.

IV. Weitere Gefährdungshaftungen

Gefährdungshaftungen sehen auch das Arzneimittelgesetz, Atomgesetz, Gentech-   834
nikgesetz, Luftverkehrsgesetz und andere Gesetze vor. Versuche, daraus ein allgemeines Prinzip abzuleiten, hatten bislang allerdings keinen Erfolg. Festzuhalten
bleibt zumindest das Anknüpfen an eine spezifische Gefahr, das Erfordernis einer
Schutzgutverletzung und der Zusammenhang mit einer Haftpflichtversicherung,
deren Abschluss teils zur Pflicht gemacht wird.

D. Arbeitshinweise

I. Die wichtigsten Grundbegriffe

835   **Deliktsrecht** meint im engeren Sinn das Recht der unerlaubten Handlungen (§§ 823 ff. BGB), im weiteren Sinn das Recht der außervertraglichen Schadensersatzhaftung (insb. inkl. Gefährdungshaftungen).

Verschuldenshaftung Das Deliktsrecht i.e.S. ist traditionell eine Unrechts- und Verschuldenshaftung. D.h. es wird für verschuldetes Unrecht gehaftet.

Haftung für vermutetes Verschulden Modifikation der Verschuldenshaftung. Das Verschulden gehört nicht zum Tatbestand der Anspruchsgrundlage, sondern die Haftung ist ausgeschlossen, wenn sich der Anspruchsgegner entlasten kann (z.B. § 831 BGB, § 18 StVG).

Sonstiges Recht § 823 I BGB schützt nicht nur die aufgezählten Rechte und Rechtsgüter, sondern auch sonstige (ähnliche) Rechte, z.B. andere Sachenrechte als das Eigentum, das Recht am Unternehmen, das allg. Persönlichkeitsrecht.

Negatorischer Anspruch Analog § 1004 BGB genießen auch die übrigen Schutzgüter des § 823 I BGB ebenfalls vorgreiflichen Schutz.

Schutzgesetz Nach § 823 II BGB kann auch der schuldhafte Verstoß gegen ein Schutzgesetz zur Haftung führen.

Kennzeichnend ist der Individualschutzzweck des Gesetzes.

Verrichtungsgehilfe Nach § 831 BGB haftet der Geschäftsherr für die unerlaubte Handlung seines Verrichtungsgehilfen (Haftung für vermutetes Verschulden). Kennzeichnend sind die Übertragung einer Tätigkeit und die Weisungsgebundenheit.

ProdHaftG Produkthaftungsgesetz. Spezialgesetz mit einer Gefährdungshaftung für Personen- und Sachschäden aufgrund eines Produktfehlers (Sicherheitsdefizits). Haftpflichtig ist der Hersteller. Haftungsausschluss u.a. bei Entwicklungsfehlern.

Deliktische Produkthaftung Haftung des Produzenten o.ä. aus § 823 I BGB. Besonderheiten: (1) Besondere Verkehrspflichten (Konstruktion, Fabrikation, Instruktion, Produktbeobachtung); (2) Beweislastumkehr für Sorgfaltspflichtverletzung, wenn feststeht, dass das Produkt den Herstellerbetrieb fehlerhaft verlassen hat.

UmweltHG Umwelthaftungsgesetz. Spezialgesetz mit einer Gefährdungshaftung für Personen- und Sachschäden aufgrund von Umwelteinwirkungen bestimmter Anlagen. Haftpflichtig ist der Anlagenbetreiber. Haftungsausschluss bei höherer Gewalt. Ursachenvermutung bei Störfall.

II. Übungsaufgaben

836   1. Nennen Sie je zwei Beispiele für eine Verschuldenshaftung, eine Haftung für vermutetes Verschulden und eine verschuldensunabhängige Haftung.

2. Nennen und beschreiben Sie die beiden wichtigsten „sonstigen Rechte" i.S.d. § 823 I BGB.

3. Welche Besonderheit ist im Rahmen der Prüfung eines Anspruchs aus § 823 I BGB wegen Verletzung des allgemeinen Persönlichkeitsrechts bei der Feststellung der Rechtswidrigkeit zu beachten?

4. Im Rahmen des § 823 I BGB sind zwei Kausalitätsprüfungen anzustellen. Welche sind das, und inwiefern erfolgen sie nach wertenden Gesichtspunkten?

5. Welche drei Besonderheiten ergeben sich bei der Prüfung des § 823 I BGB, wenn es um einen Eingriff in den eingerichteten und ausgeübten Gewerbebetrieb geht?

6. Kann Unternehmer U Schadensersatz aus § 823 I BGB verlangen, wenn sein Unternehmen Verluste erleidet, weil es versehentlich nicht in die örtlichen „gelben Seiten" eingetragen wurde und dadurch weniger Kunden auf das Unternehmen aufmerksam werden?

7. Erklären Sie die Begriffe Verrichtungsgehilfe und Erfüllungsgehilfe. Unter welchen Voraussetzungen wird für ihre Handlungen gehaftet?

8. U vermietet im Rahmen seines privaten Kleinbusunternehmens Busse mit von ihm angestellten Fahrern für Betriebsausflüge etc. Bei einer solchen Fahrt platzt infolge mangelhafter Wartung ein Reifen eines Kleinbusses, woraufhin Busfahrer B das Fahrzeug gegen einen Baum lenkt. Haftet U aus § 831 BGB für die Behandlungskosten der bei dem Unfall verletzten Insassen? Gibt es weitere Anspruchsrundlagen?

9. Was ist eine Gefährdungshaftung?

10. Beschreiben Sie die wichtigsten Unterschiede zwischen der Produkthaftung nach § 823 I BGB und nach dem Produkthaftungsgesetz.

11. Winzer W kauft Weinkorken von P. Durch die Undichtigkeit der Korken, die P nicht erkennen oder vermeiden konnte, verdirbt der Wein des W in den Flaschen. Welche Ansprüche hat W gegen P?

12. Erklären Sie die Bedeutung der Ursachenvermutung im UmweltHG.

13. B betreibt eine Verbrennungsanlage. Aus grober Unachtsamkeit ist die Betriebstemperatur zu niedrig, und die Anlage setzt Dämpfe weit über das immissionsschutzrechtlich zulässige Maß hinaus frei. Muss B dem A Schadensersatz für dessen Pferd leisten, wenn es an den Dämpfen eingegangen ist?

14. Vgl. § 10 Aufgabe 7. Ergibt sich eine Haftung aus dem StVG?

III. Empfohlene Literatur

Brox/Walker, Besonderes Schuldrecht (C. H. Beck), §§ 40–46.

Looschelder, Schuldrecht BT (Heymanns), §§ 57–68.

Kötz/Wagner, Deliktsrecht (Luchterhand), insb. Teil C und D III, IV, VI.

837

§ 12 Schutzrecht-Management

▶ **Fallstudie: Übereifer**

Hannes Hurtig schreibt sich aufgrund einer Wette als BWL-Student ein und versucht, den Privatrechtsschein zu erwerben. Dozent M, der auch die Klausur stellt, hat ein Buch über den Vorlesungs- und Prüfungsstoff verfasst. H treibt in der Bibliothek ein Exemplar auf und „jagt es durch den Kopierer", wie er sagt. Ferner soll ihn eine zweifache Verkleinerung in die Klausur begleiten.

Kann M von H Unterlassung und Schadensersatz verlangen und für die Vernichtung der Kopien sorgen?

A. Überblick

Zum Vermögen eines Unternehmens gehören nicht nur die eingebrachten oder erwirtschafteten Sach- und Geldmittel, sondern auch die Früchte geistig-gewerblichen Schaffens. In der Forschungs- und Entwicklungsabteilung werden technische Erfindungen gemacht, die Designer entwickeln eine charakteristische Produktform, durch Kommunikationspolitik wird ein Unternehmens- und Markenimage aufgebaut und so fort. Unternehmer haben ein vitales Interesse daran, diese *Immaterialgüter* zu schützen und sinnvoll zu verwerten. Ihr Schutzrechtsmanagement muss daher darauf achten, Erfindungen patentieren zu lassen, Verletzungen von Schutzrechten abzuwehren. Umgekehrt darf z. B. die eigene Markenpolitik nicht die Schutzrechte anderer verletzen.   **838**

Die Rechtsordnung schützt nicht jeden Gedanken, jede Idee oder alles Know-how, stellt aber z. B. das Verletzen von Betriebs- und Geschäftsgeheimnissen in vielen Fällen unter Strafe (vgl. §§ 203 f. StGB, §§ 17 ff. UWG) und erkennt an bestimmten immateriellen Gütern Eigentumsrechte an (*property rights*). Sie werden *geistiges Eigentum* genannt, sind aber stärker eingeschränkt als z. B. das Eigentum an Sachen.   **839**

© Springer-Verlag Berlin Heidelberg 2017
J. Meyer, *Wirtschaftsprivatrecht*, Springer-Lehrbuch,
DOI 10.1007/978-3-662-52734-4_12

> **Beispiele:**
>
> Patente dauern 20 Jahre (§ 16 PatG), ein Urheberrecht erlischt 70 Jahre nach dem Tod des Urhebers (§ 64 I UrhG) und unterliegt zahlreichen Schranken (§§ 45 ff. UrhG). Marken können verfallen, wenn sie nicht ernsthaft benutzt werden (§ 49 I 1 MarkenG).

840 Dem Schutzinteresse des Inhabers stehen insbesondere die Verwertungsinteressen der Allgemeinheit gegenüber; das zeigen schon die Fallstudien zu §§ 1 und 12. Ebenso können Interessen der Allgemeinheit an der Unterscheidungskraft von Kennzeichen mit dem Besitzstand an einem Kennzeichenrecht in Konflikt geraten oder auch das Interesse eines anderen Unternehmers an einem ähnlichen Zeichen.

> **Beispiele:**
>
> 1. Ein Forscher, der in seinem Labor eine Flüssigkeit zur Bekämpfung von Haarausfall herstellt, ist Eigentümer dieser neuen Mixtur. Die „Formel" an sich ist aber nicht eigentumsfähig, da sie keine Sache ist. Dürfte nun jeder, der einen Tropfen davon analysiert und die Mixtur nachmischt, diese ungehindert vermarkten, so hätte der Forscher kaum etwas von seiner Erfindung. Es würden materielle Anreize für solche Erfindungen fehlen. Andererseits besteht ein Interesse der Gesellschaft daran, dass die Mixtur auf den Markt kommt und nicht bis in alle Ewigkeit monopolistisch vertrieben wird. Das Patentrecht versucht einen Ausgleich: Der Forscher muss die Erfindung anmelden und kann dann die Nutzung des Patents per Lizenzvertrag entgeltlich einem Pharmaunternehmen überlassen. Nach Ablauf des Patents wird die „Formel" Gemeingut. Jeder kann dann Mittel mit dem gleichen Wirkstoff ohne Zahlung einer Lizenzgebühr produzieren und vermarkten.
> 2. Die Tischlerei Joseph Meyer wird von Sepp Seiler übernommen, der den Firmenwert erhalten möchte.
> 3. Am gleichen Ort lässt sich ein Großhändler nieder, der auch Joseph Meyer heißt und fragt, wie er firmieren soll.

841 Zentrale Themen des Schutzrechtsmanagements sind die Unternehmenskennzeichen (von der Firma bis zum Firmensignet), die Kennzeichnung der Waren und Dienstleistungen (Marken), der Schutz von Erfindungen und Gestaltungen (Patent, Gebrauchsmuster, Design usw.) und schließlich die Urheberrechte, die z. B. in der Computerindustrie, der Musikbranche und bei Verlagen von herausragender Bedeutung sind.

B. Schutz der Unternehmenskennzeichnung

842 Zu den Früchten unternehmerischer Tätigkeit gehört das Bild, das sich potentielle und aktuelle Kunden, Lieferanten, Kreditgeber usw. von dem Unternehmen machen („Firmenimage", „corporate identity"). Für den Unternehmer und Dritte ist daher eine verwechselungsfreie Identifizierung des Unternehmens wichtig.

I. Name

Der **Name** einer jeden Person wird gemäß § 12 BGB davor geschützt, dass jemand   **843**
anderes ihn streitig macht oder unbefugt gebraucht, also selbst als Namen benutzt.
Unter den Namensschutz fällt der bürgerliche Name einer natürlichen Person
mit Vor- und Geburtsnamen. Auch Pseudonyme (z. B. „Lady Gaga") und andere
namensartige Kennzeichnungen einer Person (ADAC, ARD, Pro7 usw.) haben am
Namensschutz teil. Entgegen der systematischen Stellung der Vorschrift gilt dieser
Schutz auch für juristische Personen.

§ 12 BGB gibt dem Berechtigten einen Unterlassungs- und Beseitigungsanspruch. Das Namensrecht ist zudem als sonstiges Recht durch § 823 I BGB
geschützt (s.o. Rn 794 ff.), und die unbefugte Verwertung eines Namens kann zur
Eingriffskondiktion berechtigen (s.o. Rn 162, 386).

II. Firma

Der Name eines Kaufmanns wird **Firma** genannt (§ 17 HGB). Entgegen dem allge-   **844**
meinen Sprachgebrauch bedeutet „Firma" also nicht den Betrieb, das Unternehmen
o. ä., sondern den Namen, unter dem ein Kaufmann oder eine Handelsgesellschaft
im Rechtsverkehr auftritt.

1. Firmenbildung

Das Recht der Firmenbildung (§§ 18 f. HGB) ist 1998 erheblich liberalisiert worden   **845**
(Übergangsvorschriften: Art. 38 ff. EGHGB). Danach sind Personen- und Sachfir-
men und auch Phantasiebezeichnungen gleichermaßen zulässig. Die Firma muss
lediglich Kennzeichnungs- und Unterscheidungskraft besitzen, darf nicht irreführend sein und muss die jeweilige Rechtsform zutreffend kennzeichnen.

§ 18 I HGB verlangt zunächst die **Kennzeichnungs- und Unterscheidungs-**   **846**
kraft. Die Firma muss also wegen ihrer Namensfunktion die Individualisierung
ihres Inhabers zulassen und sich so deutlich von anderen unterscheiden, dass Verwechselungen möglichst vermieden werden. § 30 HGB ergänzt, dass sich eine neue
Firma von jeder anderen im Registerbezirk unterscheiden muss.

Beispiele:
Hannes Hurtig könnte für seinen Billig-Bücher-Laden nicht einfach die Firma
„Bücher" eintragen lassen, da der Allgemeinbegriff nicht zur Kennzeichnung
geeignet ist. Die Bezeichnung „AAAAA" sichert zwar den ersten Eintrag in
Telefonregistern, ist aber ebenfalls nicht zur Kennzeichnung geeignet (OLG
Celle v. 19. 11. 1998 – 9 W 150/98 = DB 1999, 40). Gibt es in Köln schon eine
Computerfirma Hannes Hurtig, kann unser Hannes dort nicht die Firma „Hannes
Hurtig" führen, sondern muss, wenn es ihm auf seinen Namen ankommt, einen
unterscheidungskräftigen Zusatz wählen, z. B. „Hannes Hurtigs Bücherladen
e.Kfm."

847 § 18 II HGB verbietet ferner Firmen, die zur **Irreführung** über wesentliche geschäftliche Verhältnisse geeignet sind. Unzulässig sind Firmen also dann, wenn sie innerhalb der angesprochenen Verkehrskreise eine Fehlvorstellung über Dinge hervorrufen können, die in diesen Kreisen als wesentlich angesehen werden. Auf eine tatsächlich eingetretene Täuschung oder eine Irreführungsabsicht kommt es nicht an.

> **Beispiele:**
> Hannes Hurtig darf seinen Billig-Bücherladen nicht „Der Kölner Bücher-Gigant" oder „Deutsches Bücherhaus" nennen, da beides eine herausragende Größe vorspiegelt. Dr. jur. J. Fest darf nicht die Firma „Dr. Fest Zahnbürsten" führen, da ein Großteil des Publikums eine medizinische oder zahnmedizinische Promotion assoziieren wird und das zu den wesentlichen geschäftlichen Verhältnissen gehört.

848 Schließlich verlangt § 19 I HGB einen **aktuell zutreffenden Rechtsformzusatz** für Einzelkaufleute, OHG und KG. Dasselbe gilt auch für die Kapitalgesellschaften (§§ 4, 279 I AktG, § 4 GmbHG) und Genossenschaften (§ 3 I GenG). Die Rechtsform ist zumindest durch eine allgemein verständliche Abkürzung (z. B. e.K., OHG, GmbH, usw.) zu kennzeichnen.

849 Für die GmbH & Co. KG und andere Kombinationsformen, in denen die persönliche Haftung eines Geschäftsleiters dadurch aufgehoben wird, dass keine natürliche Person persönlich haftender Gesellschafter ist, muss der Zusatz auch auf die Haftungsbeschränkung hinweisen (§ 19 II HGB).

> **Beispiele:**
> Gründet Hannes Hurtig eine GmbH & Co. KG, muss er sie auch so bezeichnen und darf nicht etwa die Firma „Hannes Hurtig Bücher-KG" wählen. Entsprechendes gilt auch für eine UG & Co. KG, eine Stiftung & Co. KG, eine aus zwei GmbH bestehende OHG und für die GmbH & Co. KGaA (§ 279 II AktG).

850 Eine Firma lässt nach alledem nur Rückschlüsse auf die Rechtsform des Inhabers zu; sie macht nicht ersichtlich, wer das ist, welche Gesellschafter eine Handelsgesellschaft hat usw. Stattdessen verlangt nunmehr § 37a HGB allgemein bestimmte **Angaben auf Geschäftsbriefen** (vgl. auch §§ 125a, 177a HGB, § 35a GmbHG, § 80 AktG, § 25a GenG). Durch die Angabe der Firma, des Registergerichts und der Registernummer wird Interessierten ein schneller Zugriff auf die Daten des Handelsregisters ermöglicht. Diese Angaben sind auf allen konkret adressierten Geschäftsbriefen zu machen. Ausgenommen sind Formulare in laufenden Geschäftsverbindungen, nicht aber Bestellscheine (Lesen Sie § 37a HGB noch einmal im Zusammenhang).

2. Firmenfortführung

851 Da eingeführte Firmen einen erheblichen Wert haben („Imagewert", „Goodwill"), können alte Firmen nach den Regeln der §§ 21, 22, 24 HGB u. U. auch fortgeführt werden, wenn sie sachlich nicht mehr zutreffen. Insofern setzt sich der Grundsatz der **Firmenbeständigkeit** gegen den der Firmenwahrheit durch. Die Rechtsformzusätze müssen aber in jedem Fall angepasst werden, wie z. B. die Eingangsformulierung in § 19 I HGB deutlich macht (vgl. auch § 19 II HGB, § 4 GmbHG usw.).

Beispiele:
(1) Hannes Hurtig heißt durch seine Ehe mit Inge Schnell Hannes Schnell. Seine Firma „Hannes Hurtig Bücherladen e.K." kann er ändern, um einen Nachfolgezusatz erweitern oder auch schlicht fortführen (§ 21 HGB). (2) Erbt er von seiner Tante die „Buchhandlung Lotte Bruch e.Kfr.", muss er nach § 22 HGB lediglich den Rechtsformzusatz aktualisieren (e.K. oder e.Kfm.). (3) Wenn er die Buchhandlung von Lotte Bruch kauft oder pachtet, gilt nach § 22 HGB nichts Anderes. Sie muss allerdings der Weiterbenutzung ihres Namens ausdrücklich zustimmen. (4) Wenn Inge in Hannes Geschäft als OHG-Gesellschafterin eintritt, kann die OHG nach § 24 HGB „Hannes Hurtig Bücherladen OHG" firmieren, und dabei kann es bleiben, wenn später Inges Bruder ein- und Hannes austritt.

Das HGB achtet bei der **Firmenfortführung** nicht nur auf den Schutz des Namens- **852** trägers, sondern durch die **Haftung des Erwerbers** auch auf den Schutz der Gläubiger. Veräußert ein Kaufmann sein Handelsgeschäft, so haftet er für die Altverbindlichkeiten noch fünf Jahre weiter (vgl. § 26 HGB mit §§ 159, 160 HGB). Daneben tritt im Fall der Firmenfortführung nach § 25 I HGB die Haftung des Erwerbers, es sei denn, es wurde ein Haftungsausschluss vereinbart, eingetragen und bekanntgemacht (Abs. 2). Die Gläubiger erhalten hier einen zweiten Schuldner, da die Firmenfortführung den Geschäftsübergang mit allen Aktiva und Passiva signalisiert. Dasselbe gilt nach § 27 HGB für die Geschäfts- und Firmenfortführung durch die Erben.

Im vorigen **Beispiel** (2) haftet Hannes u. U. als Lottes Erbe (§§ 1922, 1967 BGB). Er haftet aber jedenfalls nach §§ 25, 27 HGB für die Altverbindlichkeiten und natürlich als neuer Inhaber für die seit dem Erwerb begründeten Verbindlichkeiten. Im Beispiel (3) haften Hannes und Lotte als Gesamtschuldner (§ 421 BGB) für die Altverbindlichkeiten, und Hannes haftet allein für die Neuverbindlichkeiten. Intern wird regelmäßig vereinbart, dass der Erwerber auch die Altverbindlichkeiten übernimmt; das entlastet den Veräußerer, fördert die Kontinuität der Geschäftsbeziehungen, mindert den Kaufpreis und ist wichtig für den Innenausgleich nach § 426 BGB. In beiden Fällen kann die Haftung aber auch durch einen Verzicht auf die Firmenfortführung oder durch eine entsprechende Einigung und Eintragung ins Handelsregister verhindert werden.

Eine ähnliche Haftung sieht § 28 HGB auch für den Eintritt eines Gesellschafters in **853** das Geschäft eines (bisherigen) Einzelkaufmanns vor, wobei es allerdings nicht auf die Firmenfortführung ankommt.

Im obigen **Beispiel** (4) haftet nach § 28 HGB neben Hannes auch die neu entstandene OHG für die Altverbindlichkeiten, und Hannes und Inge haften gemäß § 128 HGB als Gesellschafter ebenfalls. Die OHG-Haftung kann hier nicht durch einen Verzicht auf die Firmenfortführung, wohl aber durch eine Erklärung im Handelsregister verhindert werden. § 28 HGB steht also gleichsam zwischen § 25 HGB und § 130 HGB.

3. Firmenschutz

854 Firmenrecht ist weitgehend öffentliches Recht. Nach § 37 I HGB hat das Registergericht gegen unzulässigen Firmengebrauch vorzugehen. Daneben hat nach § 37 II HGB jeder gegen unbefugte Benutzer einer Firma einen Unterlassungsanspruch, der dadurch in seinen Rechten verletzt wird.

> **Beispiel:**
> Die Computerfirma Hannes Hurtig kann nach § 37 II HGB Unterlassung verlangen, wenn unser Hannes entgegen § 30 HGB ebenfalls die Firma „Hannes Hurtig" führt. Lotte Bruch kann nach dem Verkauf ihrer Buchhandlung gegen Hannes vorgehen, wenn er ohne ihre Zustimmung die Firma „Lotte Bruch e.K." fortführt.

855 Daneben genießt die Firma wie der Name den Schutz als sonstiges Recht i.S.d. § 823 I BGB und der Eingriffskondiktion des § 812 I 1 BGB (s.o. Rn 843).

III. Unternehmenskennzeichen

856 Über Namen und Firmen hinaus schützen die §§ 5, 15 MarkenG auch andere Unternehmenskennzeichen.

1. Schutzgegenstand

857 *Unternehmenskennzeichen* sind nach § 5 II 1 MarkenG Zeichen, die im geschäftlichen Verkehr als Name, Firma oder besondere Bezeichnung eines Unternehmens benutzt werden. Der Schutzbereich ist also um die **besonderen Bezeichnungen** eines Unternehmens erweitert, die dadurch gekennzeichnet sind, dass sie wie ein Name das Unternehmen bezeichnen. Eine solche Namensfunktion haben nur unterscheidungskräftige sprachliche Bezeichnungen, nicht z.B. unaussprechbare Abkürzungen, Gattungsbezeichnungen oder Bildzeichen. Die besonderen Unternehmensbezeichnungen sind von vornherein, sobald sie die Namensfunktion erfüllen, und unabhängig von ihrer Bekanntheit geschützt.

> **Beispiele:**
> Hannes Hurtig wählt als Kleingewerbetreibender die Geschäftsbezeichnung „Hannes' Billig-Bücherladen", ohne sie als Firma eintragen zu lassen. Hannes ist nicht Kaufmann, die Bezeichnung keine Firma, aber sie ist als Bezeichnung des Unternehmens nach §§ 5 II 1, 15 MarkenG geschützt. Die „Anwaltskanzlei Paul & Klein Partnerschaft" betreibt kein Gewerbe. Ihr Name (vgl. § 2 PartGG) genießt aber ebenfalls den Schutz des MarkenG. Die Bezeichnung „Mercedes" hat (auch) die Funktion, ein Unternehmen namentlich zu bezeichnen und ist daher auch nach §§ 5 II 1, 15 MarkenG geschützt. Demgegenüber haben die Zeichen „AAAAA" oder „Bücher" keine Namensfunktion und fallen nicht unter § 5 II 1 MarkenG.

858 Nach § 5 II 2 MarkenG stehen **sonstige Kennzeichen** eines Unternehmens gleich, sobald sie innerhalb beteiligter Verkehrskreise als Kennzeichen des Unternehmens gelten. Erfasst werden damit alle übrigen Kommunikationsmittel (ohne Namensfunktion), die auf das Unternehmen hinweisen. Dazu gehören Geschäftsabzeichen (z.B. unaussprechbare Abkürzungen und bildliche Kennzeichen) und andere

Zeichen (z. B. die spezielle Aufmachung von Ladeneinrichtungen, Fahrzeugen und der Kleidung der Arbeitnehmer). Sie erlangen ihre Schutzfähigkeit erst durch ihre **Verkehrsgeltung**.

> **Beispiele:**
>
> Der Mercedes-Stern ist keine sprachliche Kennzeichnung und daher nur wegen seiner Verkehrsgeltung als Unternehmenskennzeichen geschützt; Shell-Muschel; „KfA" für Kaufhaus für Alle; „BMW" und BMW-Niere; Aufmachung der UPS-Fahrzeuge.

2. Schutzinhalt

Der Inhaber eines solchen Unternehmenskennzeichens hat nach § 15 I MarkenG ein   859
ausschließliches Recht daran. Dritte dürfen nach Abs. 2 ein gleiches oder ähnliches Zeichen, das mit dem geschützten verwechselt werden kann, nicht benutzen. Die *Verwechselungsgefahr* wird umso größer sein, je ähnlicher die bezeichneten Unternehmen sind (ähnliche Waren oder Dienstleistungen u. ä.).

> **Beispiel:**
>
> Ein Sonnenstudio darf sich nicht „Tropic Sun" nennen, wenn es in der Stadt schon eines mit der Bezeichnung „Tropen-Sonne" gibt. Würde sich ein Reisebüro „Tropic Sun" nennen, bestünde eine Verwechselungsgefahr wohl nicht.

Bekannte Unternehmenskennzeichen genießen nach § 15 III MarkenG *Schutz*   860
vor Ausbeutung oder Verwässerung. Dritte dürfen das gleiche oder ein ähnliches Zeichen auch ohne Verwechselungsgefahr nicht benutzen, wenn dadurch die Unterscheidungskraft oder Wertschätzung des bekannten Unternehmens ungerechtfertigt ausgenutzt oder beeinträchtigt wird.

Der Inhaber des Unternehmenskennzeichens kann in diesen Fällen nach Abs. 4   861
von einem unbefugten Benutzer **Unterlassung** verlangen, wenn sich dieser der gleichen oder einer verwechslungsfähigen Bezeichnung bedient. Bei Verschulden kann er nach Abs. 5 **Schadensersatz** verlangen. Die Ansprüche werden durch *Vernichtungs- und Auskunftsansprüche* nach §§ 18, 19 MarkenG flankiert.

Benutzen zwei Unternehmer das gleiche oder ähnliche Kennzeichen, richtet   862
sich die Frage, wer es befugt benutzt, nach der *Priorität*. Entscheidend ist, welche Kennzeichnung zuerst schutzfähig war, also zuerst Kennzeichnungs- oder Unterscheidungskraft bzw. Verkehrsgeltung erlangt hat, was zumindest durch Auskünfte bei der Industrie- und Handelskammer oder den Fachverbänden oder durch eine Marktbefragung bei den beteiligten Verkehrskreisen feststellbar ist.

C. Markenschutz

I. Begriff der Marke und Entstehung des Markenschutzes

Marken sind nach § 3 MarkenG alle Zeichen, die geeignet sind, Waren oder Dienst-   863
leistungen eines Unternehmens von denen anderer zu unterscheiden. Dazu gehören auch dreidimensionale Zeichen, Farbkombinationen, Verpackungen und Hörzeichen.

Das Zeichen muss aber zur Kennzeichnung von Waren oder Dienstleistungen dienen und Unterscheidungskraft besitzen.

Beispiele:

Mars, Persil, Wilkinson-Schwerter, Mercedes-Stern als Warenkennzeichen, die Signets der Fernsehanstalten.

864 Der **Markenschutz entsteht** nach § 4 MarkenG in erster Linie mit *Registereintragung* beim Deutschen Patent- und Markenamt (DPMA). Hier können inländische, aber auch internationale Marken und Gemeinschaftsmarken angemeldet werden (§§ 32, 119 f., 125a MarkenG). Das Amt prüft auf formelle Mängel und absolute Eintragungshindernisse (§ 8 MarkenG: z.B. keine Unterscheidungskraft, Täuschungsgefahr, Sittenwidrigkeit, Ähnlichkeit mit Staatswappen oder amtlichen Prüfzeichen). Die Verwechselungsgefahr mit einer anderen Marke berücksichtigt das Patentamt von sich aus nur, wenn es sich um eine notorisch bekannte Marke handelt (§ 10 MarkenG). Im Übrigen wird sie eingetragen, und der Inhaber der älteren Marke kann lediglich drei Monate lang Widerspruch oder danach fünf Jahre lang Nichtigkeitsklage erheben und die Löschung bewirken (§ 9 I Nr. 1, 2, §§ 43, 51 MarkenG). Wegen der Kosten, die mit diesen Verfahren und vor allem dem „Zurückziehen" einer Marke verbunden sind, ist vor der Einführung einer Marke eine entsprechende Recherche notwendig.

865 Ohne Registereintragung genießen Marken nach § 4 MarkenG Markenschutz, wenn sie Verkehrsgeltung erlangt haben; das entspricht § 5 II 2 MarkenG (s.o. Rn 858). Ferner genießen auch die notorisch bekannten Marken von vornherein Markenschutz, und zwar, wie gesehen, einen weitergehenden, da sie von Amts wegen als Eintragungshindernis berücksichtigt werden.

II. Inhalt und Grenzen des Markenschutzes

866 Der **Inhalt des Markenschutzes** ist in § 14 MarkenG beschrieben und ähnelt ebenfalls dem Schutz der Unternehmenskennzeichen: Dritte dürfen ein gleiches oder ähnliches Zeichen, das mit dem geschützten verwechselt werden kann, nicht benutzen. Je größer die Kennzeichnungskraft einer Marke, desto eher werden Abwandlungen mit ihr verwechselt; mit der Berühmtheit einer Marke wächst also ihr Schutz.

Beispiele:

Goldina mit Joldtina wegen mundartlicher Aussprache verwechselbar, nicht aber Glück mit Quick; Mentor ist mit Meteor wegen des ähnlichen Schriftbildes verwechselbar.

867 Bekannte Marken genießen zudem nach § 14 II Nr. 3 MarkenG weitergehenden Schutz auch vor Ausbeutung oder Verwässerung.

Der Hersteller von „Salomon"-Sportartikeln kann auf Unterlassung klagen, wenn sich ein Tabakwaren-Hersteller dieser Bezeichnung bedient.

Auch wenn niemand die Marken verwechselt, würde die berühmte Marke verwässern (BGH v. 29. 11. 1990 – I ZR 13/89 = NJW 1991, 3212).

Der Markeninhaber hat Ansprüche auf **Unterlassung** und eventuell **Schadenersatz** (§ 14 V, VI MarkenG), auf Vernichtung von widerrechtlich gekennzeichneten Gegenständen (§ 18 MarkenG) und auf Auskunft über die Herkunft und Vertriebswege solcher Gegenstände (§ 19 MarkenG).   **868**

Die §§ 20 ff. MarkenG regeln die **Schranken** des Schutzes. Insbesondere *erschöpfen* sich die Rechte insoweit, wie der Inhaber seine Markenware regelgerecht in den Verkehr gibt (§ 24 MarkenG).   **869**

H stellt Schuhe der Marke „Pedobello" her und veräußert einen größeren Restposten an I nach Spanien. I kann die Marke bei der Weitervermarktung natürlich benutzen – auch beim Reimport nach Deutschland. H könnte I die Nutzung der Marke nach § 14 V MarkenG aber z. B. versagen, wenn er die Schuhe weitervertreibt, obwohl sie schimmelfleckig sind (§ 24 II MarkenG).

Das Markenrecht ist nach § 27 MarkenG **vererblich und übertragbar** (durch Abtretungsvertrag, §§ 398, 413 BGB). Bei Übertragung eines Geschäftsbetriebs geht das Markenrecht im Zweifel mit über. Es kann aber auch (anders als eine Firma, vgl. § 23 HGB) allein übertragen werden.   **870**

Die **Schutzdauer** beträgt nach § 47 MarkenG zehn Jahre. Sie kann aber beliebig oft verlängert werden, was allerdings (wie die Anmeldung u. a.) von der Zahlung einer Gebühr abhängt. Nach §§ 25 f. MarkenG muss der Inhaber die Marke zumindest innerhalb von fünf Jahren ernsthaft benutzen. Anderenfalls sind seine Ansprüche ausgeschlossen und die Marke kann verfallen (§ 49 MarkenG).   **871**

D. Patente und weitere gewerbliche Schutzrechte

I. Übersicht

Durch das Patentgesetz (PatG) und das Gebrauchsmustergesetz (GebrMG) werden Erfindungen geschützt. Design wird durch das Designgesetz (DesignG) geschützt, das bis 2013 Geschmacksmustergesetz (GeschmMG) hieß. Beruht das Design auf einer schöpferischen Leistung, so kann ergänzend der Urheberschutz (unten E) eingreifen. Weitere Spezialgesetze sind z. B. das Sortenschutzgesetz und das Halbleiterschutzgesetz. Internationale Abkommen kommen wiederum hinzu.   **872**

II. Patent

1. Begriff des Patents und Entstehung des Patentschutzes

873 Nach § 1 I PatG werden Patente für Erfindungen erteilt, die neu sind, auf einer erfinderischen Tätigkeit beruhen und gewerblich anwendbar sind. **Erfindungen** sind fertige Lehren zum technischen Handeln, d. h. Anweisungen an Fachleute, durch die ein Problem mit technischen Mitteln wiederholbar gelöst werden kann.

874 **Neu** sind Erfindungen, wenn sie nicht zum Stand der Technik gehören, also nicht zu den Kenntnissen, die vor der Anmeldung der Öffentlichkeit zugänglich gemacht wurden oder Gegenstand älterer Patentanmeldungen sind (§ 3 PatG).

875 Die Erfindung beruht auf einer **erfinderischen Tätigkeit**, wenn sie sich für den Fachmann nicht in naheliegender Weise aus dem Stand der Technik ergibt. Maßstab ist also ein Fachmann, der den relevanten Stand der Technik kennt. All das, was sich bei der Arbeit eines solchen Technikers ergibt, der bekannte Techniken anwendet, erweitert und optimiert, soll nicht patentgeschützt und damit monopolisiert werden. Entscheidend für die Trennung zwischen normaler technologischer Weiterentwicklung und erfinderischer Tätigkeit ist die sog. *Erfindungshöhe*, also eine besondere Erfinderleistung.

> **Beispiele:**
>
> A mixt eine Tinktur, die seinen Haarausfall bremst, weiß die Bestandteile später aber nicht mehr: keine wiederholbare technische Lösung, also keine Erfindung. B versieht (als erster) ein Ende seines Bleistifts mit einem Radiergummi: Die Kombination ist naheliegend und beruht daher nicht auf erfinderischer Tätigkeit; ein Patent kann nicht erteilt werden. C entdeckt ein Lackierungsverfahren, das in Japan allerdings schon bekannt ist: Die Erfindung ist nicht neu und kann daher nicht patentiert werden. Auch das ausländische Wissen gehört zum Stand der Technik.

876 Nach § 6 PatG hat der Erfinder das Recht auf das Patent. **Erfinder** ist, wer die technische Regel durch seine individuelle geistige Leistung entwickelt hat. Wenn *mehrere Personen* eine Erfindung gemeinsam gemacht haben, steht ihnen das Patent gemeinschaftlich zu. Wenn sie die Erfindung unabhängig voneinander gemacht haben, kommt es darauf an, wer die Erfindung zuerst beim Patentamt angemeldet hat. Für *Arbeitnehmererfindungen*, also solche, die von einem Arbeitnehmer während der Dauer des Arbeitsverhältnisses gemacht wurden, gilt das Arbeitnehmererfindungsgesetz. Ist die Erfindung aus der dem Arbeitnehmer obliegenden Tätigkeit entstanden oder beruht sie maßgeblich auf Erfahrungen oder Arbeiten des Betriebs, so liegt eine Diensterfindung vor. Der Arbeitnehmer muss die Erfindung melden. Der Arbeitgeber kann sie innerhalb von vier Monaten in Anspruch nehmen und hat dann eine angemessene Vergütung zu zahlen. Sonstige Erfindungen stehen dem Arbeitnehmer zu; er muss sie dem Arbeitgeber aber unverzüglich schriftlich mitteilen und vor anderweitiger Verwertung anbieten. Bloße technische Verbesserungsvorschläge stehen demgegenüber – wie allgemein der Arbeitserfolg – dem Arbeitgeber zu.

877 Der Erfinder hat ohne weitere Voraussetzungen das sog. **Erfinderrecht**. Es schließt persönlichkeitsrechtliche Elemente (Erfinderehre usw.) und Verwertungsrechte

ein. Der Erfinder kann sich z. B. analog § 1004 BGB wehren, wenn seine Erfinder-
schaft rechtswidrig geleugnet wird. Er kann auch entscheiden, ob er seine Erfindung gewerblich nutzen oder weiterentwickeln will oder nicht. Das DPMA erteilt
das Patent auf Anmeldung und nach Prüfung. Erst damit entsteht das eigentliche
Patentrecht und erst jetzt bestehen die vollen Verwertungs- und Ausschließungs-
befugnisse.

2. Inhalt und Grenzen des Patentschutzes

Das Patent hat nach § 9 PatG die Wirkung, dass der Inhaber zur **ausschließlichen**   878
gewerblichen Benutzung befugt ist. Er kann die Verwertung selbst vornehmen
oder (meist gegen Lizenzgebühr) vornehmen lassen. Anderen ist die Benutzung
grundsätzlich verboten, wobei die Vorschrift die verbotenen Nutzungsformen auf-
zählt: Bei Sachpatenten Herstellung, Anbieten, Inverkehrgabe, bei Verfahrenspaten-
ten Anwendung, Anbieten und Schutz unmittelbarer Erzeugnisse. Eine unbefugte
Benutzung liegt nicht nur bei exakter Nachahmung vor, sondern auch bei jeder Nutzung innerhalb des Schutzbereichs.

Bei drohenden Patentverletzungen hat der Patentinhaber einen **Unterlassungs-**   879
anspruch, bei aktuellen Verletzungen einen Beseitigungsanspruch und bei schuldhafter Verletzung einen **Schadensersatzanspruch**. Auch hier sind die Ansprüche
durch Strafdrohung sowie Auskunfts- und Vernichtungsansprüche flankiert.

Dieses Benutzungs(verbots-)recht hat allerdings wiederum **Grenzen.** Bei Sachpatenten *erschöpfen* sich die Benutzungsbefugnisse an einzelnen hergestellten
Sachen, wenn sie regelgerecht in den Verkehr gebracht wurden.

> **Beispiel:**
> Wer einen Druckbleistift mit patentierter Mechanik erwirbt, darf ihn natürlich
> auch benutzen und weiterveräußern. Der Patentinhaber hat an diesem Erzeugnis
> nicht mehr das alleinige Benutzungsrecht; es ist erschöpft.

Verschiedene Benutzungsarten sind zudem von vornherein erlaubt. Dazu gehört ins-   880
besondere die *private Benutzung*. Daher ist oben formuliert, der Patentinhaber sei
zur ausschließlichen gewerblichen Nutzung befugt. Ferner gehört das sog. *Vorbenutzungsrecht* dazu: Hat ein anderer die Erfindung zur Zeit der Anmeldung bereits
gekannt (Erfindungsbesitzer) und die Verwertung zumindest in Angriff genommen,
so bleibt dieser Besitzstand geschützt; er darf die Erfindung im Rahmen seines
Betriebes weiter benutzen.

Eine weitere Einschränkung bedeuten §§ 13 und 24 PatG. Bei patentierten Erfin-   881
dungen kann im Interesse der öffentlichen Wohlfahrt und der Sicherheit des Bundes
eine *staatliche Benutzungsanordnung* ergehen; der Patentinhaber ist zu entschädigen. Er kann auch im öffentlichen Interesse zur Erteilung einer *Zwangslizenz* verpflichtet werden.

> **Beispiel:**
> E hat ein AIDS-Heilmittel entdeckt und patentieren lassen, weigert sich aber, es
> verwerten zu lassen.

882   Das Recht an der Erfindung kann auf jeder Stufe vererbt oder übertragen werden (§ 15 PatG). Die **Rechtsübertragung** erfolgt nach §§ 398, 413 BGB durch Abtretungsvertrag. Zum Verpflichtungsgeschäft s.o. Rn 547.

Die **Schutzdauer** des Patents beträgt bei Zahlung der entsprechenden Jahresgebühren nach § 16 PatG zwanzig Jahre. Anders als bei Marken ist eine Verlängerung nicht möglich. Nun schlägt die Stunde der Imitatoren.

Beispiel:

Nach Ablauf des Aspirin-Patents drängten zahlreiche Generika auf den Markt (ASS-Ratiopharm usw.). Das führte zu einem Preiswettbewerb, Ausdifferenzierungen des Produktes (Aspirin plus C, Aspirin direkt) und nutzte letztlich den Verbrauchern.

III. Gebrauchsmusterschutz

883   Als Gebrauchsmuster werden nach § 1 I GebrMG Erfindungen geschützt, die neu sind, auf einem erfinderischen Schritt beruhen und gewerblich anwendbar sind. Sie müssen also nicht auf erfinderischer Tätigkeit, sondern nur auf einem erfinderischen Schritt beruhen. Der Unterschied zum Patent liegt in der Erfindungshöhe: Das GebrMG schützt „*kleinere Erfindungen*".

884   Das **Erfinderrecht** und der Erteilungsanspruch sind durch Verweisung auf das PatG geregelt. Auch das Arbeitnehmererfindungsgesetz gilt für gebrauchsmusterfähige wie patentfähige Erfindungen. Das Gebrauchsmuster entsteht mit Eintragung in die beim Patentamt geführte Gebrauchsmusterrolle.

885   Der Inhaber des Gebrauchsmusters hat – wie beim Patent – das **ausschließliche Recht zur gewerblichen Benutzung**. Die Schutzdauer beträgt drei Jahre; eine Verlängerung auf insgesamt zehn Jahre ist möglich. Der Inhaber des Gebrauchsmusters ist durch Unterlassungs-, Schadensersatz-, Auskunfts- und Vernichtungsansprüche sowie Strafvorschriften geschützt.

IV. Designschutz

886   Während es beim Patent und Gebrauchsmuster um den Schutz von gewerblichen Erfindungen geht, zielt das Designgesetz auf den Schutz der äußeren Erscheinungsform von Erzeugnissen. Vor 2014 wurde von Mustern gesprochen und das Gesetz hieß Geschmacksmustergesetz.

887   Ein **Design** ist die visuell (oder taktil) wahrnehmbare Erscheinungsform eines Produkts (§ 1 Nr. 1 und 2 DesignG). Geschützt werden zwei- und dreidimensionale Erscheinungsformen, die sich aus Gestaltungselementen wie Linien, Konturen, Farben, der Gestalt, Oberflächenstruktur, Werkstoffe und Verzierungen ergeben. Dabei ist es gleich, ob es sich um industrielle oder handwerkliche Produkte handelt, Teile eines Produkts oder auch nur seine Verpackung, Ausstattung usw.

> **Beispiele:**
> Ein Fliesendekor oder Tapetenmuster, die besondere Form einer Thermoskanne, die Gestaltungsform eines Pkw, eines Fahrradschutzblechs oder des Scherkopfes eines Rasierapparats.

Designs sind **schutzfähig**, wenn sie neu sind und „Eigenart" haben, sich also   **888** in ihrem Gesamteindruck auf einen informierten Benutzer von den bereits vorhandenen Designs unterscheiden (§ 2 DesignG). Dabei hängt der erforderliche Unterscheidungsgrad natürlich von der schon vorhandenen Designdichte in der betreffenden Produktklasse ab.

Das Recht auf das eingetragene Design steht dem Entwerfer zu oder, bei Ent-   **889** stehung im Arbeitsverhältnis, seinem Arbeitgeber (§ 7 DesignG). Der volle Schutz entsteht mit der Eintragung in das Register für eingetragene Designs beim DPMA; er währt 25 Jahre, muss aber alle fünf Jahre gegen Zahlung einer Gebühr aufrechterhalten werden (§§ 27 f. DesignG).

Inhaltlich reicht der Schutz so weit, wie die Merkmale in der Anmeldung sicht-   **890** bar wiedergegeben sind (§ 37 I DesignG). Dem Rechtsinhaber stehen das ausschließliche **Nutzungsrecht** und ein korrespondierendes **Verbietungsrecht** zu. Gegen unerlaubte Nachbildungen usw. hat er nach §§ 42 ff. DesignG Ansprüche auf Unterlassung und Beseitigung, auf Schadensersatz, Gewinnherausgabe oder Entschädigung, auf Vernichtung oder Überlassung rechtswidriger Nachbildungen. Diese Ansprüche werden wiederum durch Auskunftsansprüche sowie Strafvorschriften flankiert.

E. Schutz des Urheberrechts

I. Der Schutzgegenstand

Der Urheber von **Werken** der Literatur, Wissenschaft und Kunst genießt für sein   **891** Werk Schutz nach dem Urheberrechtsgesetz (UrhG), sofern es sich um eine persönliche geistige Schöpfung handelt, also eine gewisse Gestaltungshöhe aufweist (§§ 1 und 2 UrhG).

> **Beispiele:**
> Bücher, Zeitschriftenartikel, Computerprogramme (§§ 69a ff. UrhG), Datenbankwerke (§ 4 II UrhG), Filme, Musikstücke, auch Konstruktionszeichnungen, Pläne und Formulare, sofern die Darstellung ein Mindestmaß an Individualität aufweist.

Der Schöpfer des Werks wird **Urheber** genannt (§ 7 UrhG). Das Urheberrechts-   **892** gesetz schützt ihn in seiner geistig-persönlichen Beziehung zum Werk und in der Nutzung des Werks (§ 11 UrhG). Das UrhG unterscheidet zwischen Urheberpersönlichkeitsrechten (§§ 12 ff.) und Verwertungsrechten (§§ 15 ff.).

893   Das **Urheberrecht** entsteht durch den Schöpfungsakt, ohne dass eine Anmeldung oder Eintragung erforderlich wäre oder es auf einen Copyright-Vermerk (nach
dem Welturheberrechtsabkommen) ankäme. Es erlischt im Normalfall siebzig Jahre
nach dem Tod des Urhebers (§ 64 I UrhG), ist vererblich, aber grundsätzlich selbst
nicht übertragbar (§§ 28–30 UrhG). Der Urheber kann anderen lediglich Nutzungsrechte einräumen (§§ 31 ff. UrhG).

894   Zu den **Verwertungsrechten** gehören insbesondere das Vervielfältigungs- und
Verbreitungsrecht (§§ 16, 17 UrhG). Mit dem Fortschreiten der Informationstechno-
logie kommen auch neue Verwertungsformen hinzu.

> **Beispiele:**
> Für Zwischenspeicherungen gelten §§ 16 I, 44a UrhG. Auf das Bereithalten von
> Inhalten auf einer Homepage zielt § 19a UrhG.

II. Schranken des Urheberrechts

895   §§ 44a ff. UrhG sehen für das Urheberrecht zahlreiche Schranken vor. Einschränkungen gelten z. B. im Interesse der Rechtspflege und der öffentlichen Sicherheit
(§ 45 UrhG), des Kirchen- und Unterrichtsgebrauchs (§ 46 UrhG) usw.

896   Nach § 51 UrhG sind **Zitate** (also Entlehnungen aus einem anderen Werk in
einem selbständigen Werk) in einem Umfang erlaubt, der durch den Zweck geboten
ist. Dies kann zur Unterstützung der eigenen Ausführungen oder zur Auseinandersetzung mit den fremden Gedanken geschehen. Nach § 63 UrhG ist eine deutliche
Quellenangabe erforderlich. Die Entlehnung muss text-, bild- oder klanggetreu sein.
Problematisch ist die Unterscheidung zwischen Zitat und selbständiger Schöpfung
insbesondere bei Musikstücken und Filmen.

> **Beispiel:**
> Wer in einer Diplomarbeit eine Kernaussage aus Heribert Mefferts Marketing-
> Lehrbuch anführen will, muss die Passage wortgetreu übernehmen und durch
> Anführungszeichen am Anfang und Ende sowie eine Fundstellenangabe (in
> Klammern oder einer Fußnote) kennzeichnen.
> Wer schlicht aus einem anderen Werk abschreibt (oder Passagen herüberko-
> piert), ohne dies als Zitat kenntlich zu machen, verstößt nicht nur gegen die Prü-
> fungsordnung und die Grundregeln wissenschaftlichen Arbeitens, sondern auch
> gegen das Urheberrecht.

897   § 52 UrhG regelt die **öffentliche Wiedergabe** veröffentlichter Werke, die in aller
Regel vergütungspflichtig und in vielen Fällen genehmigungspflichtig ist.

> **Beispiel:**
> Hannes Hurtig darf zum einjährigen Jubiläum seines Billig-Bücher-Ladens seine
> Lieblings-CD „ABBA Greatest Hits" rauf und runter spielen, wenn er nur mit
> geladenen Stammkunden feiert. Wenn alle Kunden und Neugierige mitfeiern
> können, ist die Wiedergabe öffentlich (§ 15 III UrhG) und damit nach § 52 S. 2
> UrhG vergütungspflichtig.

Für **Schule, Studium** usw. enthalten die §§ 52a, 52b UrhG besonders umstrittene   **898**
Regeln dafür, inwieweit Werkteile zu Unterrichtszwecken öffentlich zugänglich
gemacht werden dürfen und inwieweit Werke in Bibliotheken digitalisiert zur Verfügung gestellt werden dürfen (vgl. z. B. die Kommentierung von Dreier/Schulze,
UrhG, C.H. Beck).

Nach § 53 UrhG ist die Herstellung einzelner **Vervielfältigungsstücke zum**   **899**
eigenen Gebrauch in bestimmten Grenzen zulässig. Vervielfältigungen sind nach
Abs. 2 insbesondere zulässig:

- zu wissenschaftlichen Zwecken,
- zu archivarischen Zwecken,
- aus dem Rundfunk zur Information über Tagesfragen,
- von kleinen Werkteilen oder Einzelbeiträgen aus Zeitungen und Zeitschriften,
- von seit zwei Jahren vergriffenen Werken.

> **Beispiele:**
> H. Hurtig darf während der „Oldithek" sämtliche ABBA-Hits mitschneiden und
> sich auch noch eine Kopie fürs Auto machen. Ebenso sind private Kopien von
> TV-Sendungen zulässig. Das kann Hannes ausdehnen, indem er Computer-
> programme auf bestimmte Titel im Internetradio oder Filme im Internet-TV
> „ansetzt". Ebenso darf Hannes seine gekaufte ABBA-CD in seiner „Mediathek"
> archivieren, und sich eine Kopie fürs Auto „brennen".

Wer Noten vervielfältigen oder Bücher oder Zeitschriften im Wesentlichen vollstän-   **900**
dig vervielfältigen will, benötigt aber in jedem Fall nach § 53 IV UrhG die Einwilligung des Berechtigten (sofern sie nicht abgeschrieben werden oder seit zwei Jahren
vergriffen sind). Zudem dürfen auch rechtmäßig hergestellte Vervielfältigungsstücke nicht verbreitet oder öffentlich wiedergegeben werden (§ 53 VI 1 UrhG).

H. Hurtig darf im letzten **Beispiel** seine gekaufte ABBA-CD zwar fürs Auto
„brennen" aber nicht noch Kopien an Freunde verschenken.

§ 53 I 1 UrhG verbietet dagegen ausdrücklich Vervielfältigungen zu Erwerbszwe-   **901**
cken und auch die Verwendung von **Vorlagen**, die **offensichtlich rechtswidrig** her-
gestellt oder öffentlich zugänglich gemacht wurden.

> **Beispiele:**
> Wenn Hannes die Raubkopie eines Films gleich nach dem Kino-Start (oder noch
> davor) im Internet aufstöbert, darf er den Film nicht herunterladen. Dasselbe gilt
> für Musikdateien, wenn sie offenlichtlich rechtswidrig hergestellt oder offen-
> lichtlich rechtswidrig ins Netz gestellt wurde.

Besondere Schranken markieren die §§ 69a ff. UrhG für **Computerprogramme**.   **902**
Insbesondere sind bei Computerprogrammen Vervielfältigungen grundsätzlich
zustimmungbedürftig, auch bloß vorübergehende und teilweise, und auch dann,
wenn sie nur zu eigenen Zwecken erfolgen, soweit nicht z. B. das Überspielen auf

die Festplatte oder die Erstellung einer Sicherungskopie für die bestimmungsge-mäße Verwendung notwendig ist (§§ 69c Nr. 1, 69d I, II UrhG).

III. Ansprüche bei Urheberrechtsverletzungen

903   Das UrhG sieht in §§ 97 ff. Ansprüche auf Beseitigung und Unterlassung und Auskunftserteilung vor. Der Schadensersatzanspruch setzt wiederum Verschulden voraus. Die übrigen Ansprüche können nach § 100 UrhG auch gegen den Unterneh-mensinhaber geltend gemacht werden, wenn ein Arbeitnehmer oder Beauftragter Verletzer ist. Das Gesetz enthält ferner Strafvorschriften. Dennoch bestehen erheb-liche *Durchsetzungsdefizite*. Das Kopieren von Musik und Filmen, Computerpro-grammen, Lehrbüchern und Skripten wird nach wie vor häufig als Kavaliersdelikt angesehen.

IV. Verwertungsgesellschaften

904   Urheberrechte werden täglich millionenfach verwertet, durch Verlage, Bibliothe-ken, Videotheken, Schallplatten-, CD-, DVD- und Videohersteller, Hörfunk- und TV-Veranstalter, Theater- und Konzertveranstalter usw. Die technische Entwick-lung – Stichwort Multimedia – bringt immer häufigere und schnellere Verwertun-gen mit sich.

905   Da der Urheber oder sonst Berechtigte in der Regel nicht in der Lage ist, mit jedem möglichen Verwerter einen Vertrag abzuschließen, um seine Vergütungsansprüche zu sichern, sieht das Wahrnehmungsgesetz vor, dass Verwertungsgesellschaften die Rechte der Urheber wahrnehmen. In Deutschland gibt es für die meisten Sparten jeweils nur eine Verwertungsgesellschaft (Ausnahme: Filmwirtschaft).

> **Beispiele:**
> GEMA (für musikalische Aufführungsrechte), GVL (für Leistungsschutzrechte), VG Bild-Kunst (für bildende Künste), VG Wort.

906   Die Verwertungsgesellschaften schließen einerseits mit den Berechtigten Wahrneh-mungsverträge (im Wesentlichen Geschäftsbesorgungsverträge), sorgen anderer-seits durch Verträge mit den Verwertern und die Verfolgung von Rechtsverletzungen dafür, dass die fälligen Vergütungen gezahlt werden, und kehren diese nach beson-deren Verteilungsplänen an die Berechtigten aus.

> **Beispiel:**
> BWL-Studentin P hat eine Zusammenfassung ihrer Diplomarbeit in der „zfbf" untergebracht. Sie überträgt dem Verlag das Nutzungsrecht. Der Verlag publiziert den Artikel und zahlt für dieses Verwertungsrecht (vielleicht) ein Autorenhonorar. Bei einem betriebswirtschaftlichen Fachartikel ist es zu erwarten, dass er (nach § 53 II Nr. 1, 4a UrhG erlaubt) öfter fotokopiert wird. § 54a UrhG sieht für solche

Fälle vor, dass der Hersteller von Fotokopiergeräten und der Betreiber solcher Geräte in Schulen, Hochschulen usw. dem Berechtigten eine angemessene Vergütung zu zahlen hat. P kann den Artikel daher bei der VG Wort anmelden. Diese zieht von den Herstellern und Betreibern die Vergütung ein und kehrt diese anteilig an P aus.

V. Zur Fallstudie

M ist als Schöpfer des wissenschaftlichen Werks Inhaber des Urheberrechts. Ihm **907** steht nach § 16 UrhG grundsätzlich das alleinige Vervielfältigungsrecht zu. Das Urheberrecht könnte jedoch gemäß § 53 UrhG im Interesse des Eigengebrauchs des H beschränkt sein. Da es sich aber um eine im Wesentlichen vollständige Vervielfältigung des Buchs handelt, benötigt H nach § 53 IV UrhG die Einwilligung des M. Ohne diese Einwilligung hat er rechtlich gesehen nur die Wahl, es zu kaufen, auszuleihen oder abzuschreiben.

M kann gemäß § 97 I 1 UrhG Unterlassung verlangen. Da H das fremde Urhe- **908** berrecht vorsätzlich, also schuldhaft, verletzt hat, kann M auch Schadensersatz fordern. Nach § 98 UrhG kann M auch verlangen, dass die rechtswidrig hergestellten Vervielfältigungsstücke vernichtet werden. Schließlich sieht § 106 UrhG Strafen bis zu drei Jahren Freiheitsentzug vor.

F. Zusammenschau

Lesen Sie noch einmal im Zusammenhang § 12 BGB, §§ 30, 37 HGB, §§ 5, 15 Mar- **909** kenG sowie § 14 MarkenG! Der Schutzzweck dieser Vorschriften ist ein doppelter: Zum einen soll der Kennzeichnungsberechtigte (Namensträger, Firmeninhaber, usw.) geschützt werden, denn der Name ist Teil seiner Persönlichkeit und der geschäftliche Wert der Kennzeichen eine Frucht seiner Marketingaktivitäten. Zum anderen sollen die Kunden vor Täuschung geschützt und die Markttranzparenz erhöht werden. Die aufgezählten Vorschriften schützen also die individuellen Rechte der Kennzeichnungsträger und gleichzeitig die Kunden und den Wettbewerb insgesamt.

Lesen Sie ferner nochmals jeweils den ersten Paragraphen des PatG, GebrMG **910** und des UrhG! Während bei den Kennzeichen die Früchte von Marketingaktivitäten geschützt werden, sind es hier die Früchte erfinderischer oder schöpferischer Leistung. Der Schutz ist durchaus unterschiedlich ausgestaltet (Schutz mit Schöpfung, erst mit Anmeldung, erst mit Eintragung; Schutzdauer maximal zehn Jahre oder bis siebzig Jahre nach dem Tod des Urhebers, usw.). Der Grundkonflikt ist jeweils der gleiche: Inwieweit soll das unkörperliche Leistungsergebnis Gemeingut oder monopolisiert werden? Monopolisierung kommt zunächst dem Einzelnen zugute, weil er sich die Verwertungsrechte bezahlen lassen kann. Sie kommt aber auch der Allgemeinheit zugute, weil so Innovationsanreize geschaffen werden. Werden dem Einzelnen solche „*property rights*" nicht gewährt, kann das Gemeingut von jedem benutzt werden. Auch das kann dem Erfinder, Schöpfer usw. zugutekommen, weil ihm durch große (auch illegale) Verbreitung ein großer Markt eröffnet wird, um Folgeprodukte o. ä. zu vermarkten. Diese Konflikte werden heute wohl bei Computerprogrammen am deutlichsten.

G. Arbeitshinweise

I. Die wichtigsten Grundbegriffe

911 **Firma** Name des Kaufmanns (§ 17 HGB) und der Handelsgesellschaft. Firmenbildung insb. nach §§ 18 f. HGB, § 4 GmbHG, § 4 AktG. Grundsätze u. a. Firmenwahrheit und -klarheit sowie Firmenbeständigkeit.

Unternehmenskennzeichen Nach §§ 5, 15 MarkenG geschützte Kennzeichnungen eines Unternehmens. Besondere Unternehmensbezeichnungen (Namensfunktion) und sonstige Unternehmenskennzeichen (Schutz mit Verkehrsgeltung) genießen Schutz vor verwechslungsfähigen Kennzeichen. Bei Bekanntheit ferner Verwässerungsschutz.

Marke Im MarkenG geregelt. Kennzeichen für Waren oder Dienstleistungen eines Unternehmens. Wichtigste Voraussetzung: Unterscheidungskraft. Schutz mit Eintragung oder Verkehrsgeltung. Insbesondere Verbietungsrecht gegenüber jüngeren, verwechslungsfähigen Bezeichnungen. Bei notorischer Bekanntheit ferner Verwässerungsschutz.

Patent Im PatG geregelt. Schutzrecht für neue, gewerblich anwendbare Erfindungen (entscheidend: Erfindungshöhe). Voller Schutz mit Eintragung. Schutzdauer 20 Jahre.

Gebrauchsmuster Im GebrMG geregelt. Gewerbliches Schutzrecht für „kleine Erfindungen". Schutzsystem ähnlich wie Patent.

Design Im DesignG geregelt. Gewerbliches Schutzrecht für das äußere Erscheinungsbild von Produkten, ähnlich wie Patent.

Urheberrecht Im UrhG geregelt. Schutz von Werken der Literatur, Wissenschaft und Kunst (entscheidend: Gestaltungshöhe). Das UrhG schützt den Schöpfer (Urheber) in seinen geistigen und persönlichen Beziehungen zum Werk und in dessen Nutzung (insb. Vervielfältigung und Verbreitung). Schranken insb. im Interesse der Allgemeinheit: Zitate, Vervielfältigungsstücke zum eigenen Gebrauch, usw. Schutzdauer: bis 70 Jahre nach Tod des Urhebers.

II. Übungsaufgaben

912
1. Sind Domain-Namen vom Schutz des Namensrechts nach § 12 BGB erfasst?
2. Was besagt der Grundsatz der Firmenwahrheit und wo ist er geregelt?
3. Hannes Hurtig, Detlef Dussel und Friederike Faul haben in Wuppertal einen Bierverlag in der Rechtsform der OHG gegründet. Sind folgende Firmen zulässig:
   a) Wuppertaler Bierverlag OHG,

b) Bierverlag Hannes Hurtig & Co?

4. K betreibt ein Kleingewerbe, ohne im Handelsregister eingetragen zu sein. Zur Ausweitung seiner Tätigkeit nimmt er seinen Freund F in das Geschäft auf, und beide lassen die Gesellschaft als OHG im Handelsregister eintragen. Ein Altgläubiger des K nimmt die OHG und den F in Anspruch. Zu Recht?

5. Peter Schmidt erwirbt von Fritz Müller dessen Geschäft samt der Firma „Fritz Müller – Schuhe e.K.". Schmidt will das Geschäft unter dem alten Namen fortführen, Müller willigt ein. Ist ein Vermerk zur Kennzeichnung der neuen Inhaberschaft durch Herrn Schmidt notwendig?

6. Kann Peter Schmidt das Geschäft unter der Firma „Peter Schmidt – Schuhe e.K." fortführen?

7. Die von A geführte Firma hat einen besonders guten Ruf. A will daher den Firmennamen verkaufen und sein Geschäft unter einem neuen Namen fortführen. Ist das möglich?

8. Egon ist Alleinerbe des Kaufmanns Kurt. Haftet er mit seinem persönlichen Vermögen für die Geschäftsschulden?

9. Was ist ein Geschäftsabzeichen? Wann erlangt es den Kennzeichenschutz?

10. Nennen Sie ein Beispiel für eine Dienstleistungsmarke. Wann wird sie kennzeichenrechtlich geschützt?

11. Ist zur Erlangung von Markenschutz eine Eintragung in das Register beim Patentamt notwendig?

12. Welche Schutzdauer kommt der eingetragenen Marke und dem Patent zu?

13. K hat ein neues Verfahren zur Wasserentkeimung entdeckt. Dieses Verfahren stellt er in einem Fachartikel vor. Nun meldet er das Verfahren beim Patentamt an. Das Patentamt lehnt seinen Antrag ab. Zu Recht?

14. Welches sind die Gemeinsamkeiten, welches die Unterschiede des Schutzgegenstandes beim Patent und beim Gebrauchsmuster?

15. Wie ist die Rechtslage, wenn zwei Personen unabhängig voneinander die gleiche Erfindung machen?

16. Darf BWL-Studentin P in der Bibliothek eine Kopie eines WiSt-Aufsatzes für ihre Klausurvorbereitung anfertigen?

17. Darf BWL-Studentin P sich für ihre Diplomarbeit das neue „Word"-Textverarbeitungsprogramm von ihrem PC auf ihr Notebook „ziehen"?

18. Kunststudent K geht in seiner Freizeit regelmäßig in die Ausstellungen moderner Künstler und fertigt dort verfremdende Kopien der ausgestellten Bilder. Jurastudentin J, die gerade eine Vorlesung in Urheberrecht gehört hat, weist ihn darauf hin, dass er damit gegen das Urheberrecht verstoße. Hat sie Recht?

19. Schriftsteller S hat in seinen Jugendjahren mehrere gesellschaftskritische Theaterstücke geschrieben. Das Recht an diesen Stücken hat er F, einem befreundeten Regisseur, übertragen. Inzwischen findet S die Stücke stümperhaft und steht nicht mehr hinter den enthaltenen Aussagen. Kann er eine weitere Aufführung der Stücke durch F untersagen?

III. Empfohlene Literatur

913 Zu den gewerblichen Schutzrechten:
Götting/Meyer/Vormbrock, Gewerblicher Rechtsschutz und Wettbewerbsrecht (Nomos)

Zum Urheberrecht:
Rehbinder/Peukert, Urheberrecht (Beck)
Besondere Zeitschriften:
GRUR (Gewerblicher Rechtsschutz und Urheberrecht).

Teil VI

Absatz

Unter den rechtlichen Determinanten der Absatzplanung ist zunächst das Wett- **914**
bewerbsrecht wichtig. Das Kartellrecht hat nur einen seiner Schwerpunkte im
Absatz; wird wegen des wettbewerbsrechtlichen Zusammenhangs aber auch hier
behandelt. Abschließend werden einige Spezialregelungen dargestellt, die in erster
Linie den Verbraucherschutz im Auge haben: Das AGB-Recht, Spezialregeln für
besondere Vertriebsformen wie Fernabsatz, E-Commerce usw. sowie das Verbraucherkreditrecht.

§ 13 Wettbewerbsrecht (Lauterkeitsrecht)

▶ **Fallstudie: Ölverschmutzte Ente, Kinderarbeit, HIV-POSITIVE**
Die Firma Benetton warb mit einer Anzeigenserie, in der außer einem Bildmotiv nur am rechten unteren Bildrand ein Hinweis „United Colors of Benetton" auf grünem Grund zu finden war. Eines der Bildmotive zeigte eine auf einem Ölteppich schwimmende ölverschmutzte Ente. Ein anderes zeigte schwer arbeitende Kleinkinder der „Dritten Welt" beim Hausbau. Ein weiteres zeigte ausschnittsweise einen nackten Menschen, dessen Hinterteil mit dem Stempelaufdruck „HIV-POSITIVE" versehen war.

Die wettbewerbsrechtliche Beurteilung solcher Schockwerbung nach altem wie neuen UWG bleibt umstritten.

A. Überblick

I. Wettbewerb und Wettbewerbsgefährdungen

Wirtschaftlicher Wettbewerb dient zunächst dazu, die Haushaltspläne und   **915** Entscheidungen der Wirtschaftssubjekte zu koordinieren (Ordnungs- und Steuerungsfunktion). Er sorgt – im Idealfall – für eine optimale Verteilung der Ressourcen (Verteilungsfunktion) und bietet durch die vielfältigen Konkurrenzsituationen Anreiz zu Innovation, Rationalisierung usw. (Antriebsfunktion). Gleichzeitig wird durch (funktionierenden) wirtschaftlichen Wettbewerb verhindert, dass ungerechtfertigte Besitzstände bestehenbleiben. Der Wettbewerb erfüllt also auch gesellschaftspolitische Funktionen.

© Springer-Verlag Berlin Heidelberg 2017
J. Meyer, *Wirtschaftsprivatrecht*, Springer-Lehrbuch,
DOI 10.1007/978-3-662-52734-4_13

> **Beispiel:**
> Die Vielfalt der Leistungen in der Telekommunikation und die Preisentwicklung lassen sich nicht nur mit den technischen Entwicklungen erklären, sondern beruhen zu einem Gutteil auch auf dem Abbau der Monopole.

916 Die Koordinationswirkung wirtschaftlichen Wettbewerbs wird vielfach am Beispiel des Preiswettbewerbs (Angebot und Nachfrage in Abhängigkeit vom Preis) dargestellt. Solche Modelle dürfen nicht dazu verleiten, die Vielgestaltigkeit der **Erscheinungsformen des wirtschaftlichen Wettbewerbs** zu übersehen. Wettbewerb findet nicht nur als Preis- oder Qualitätswettbewerb statt. Der Einsatz sämtlicher Marketinginstrumente (z.B. Konditionspolitik, Sortimentspolitik, Kommunikationspolitik usw.) gehört zur Wettbewerbsleistung. Es gehört daher z.B. zum Wettbewerb, wenn ein Wettbewerber seine Werbung effizienter gestaltet und dadurch gegenüber seinen Konkurrenten einen Vorsprung hat.

917 Wettbewerb muss aber in doppelter Hinsicht **rechtlich gesteuert** werden: Zum einen müssen Auswüchse verhindert werden, also *unfairer Wettbewerb*. Zum anderen muss sichergestellt werden, dass Wettbewerb stattfindet und sich nicht etwa die Marktteilnehmer auf einer Seite abstimmen und so den *Wettbewerb be- oder verhindern*. Der ersten Aufgabe widmet sich das Recht gegen unlauteren Wettbewerb (verkürzt: Wettbewerbsrecht oder Lauterkeitsrecht), der zweiten das Recht gegen Wettbewerbsbeschränkungen (verkürzt: Kartellrecht; dazu unten § 14).

> **Beispiel:**
> Beim Boxen sind Schläge unter die Gürtellinie verboten aber auch das „Schieben", also verabredetes Gewinnen und Verlieren. Ebenso verbietet das Gesetz gegen unlauteren Wettbewerb (UWG) unfaire Wettbewerbshandlungen und das Gesetz gegen Wettbewerbsbeschränkungen (GWB) z.B. Preisabsprachen und andere Kartelle.

II. Das UWG als zentrale Kodifikation

918 Kernstück des Wettbewerbsrechts (Lauterkeitsrechts) ist das **Gesetz gegen den unlauteren Wettbewerb (UWG)**, das in den letzten Jahren mehrfach erheblich geändert wurde. Das UWG von 1909 enthielt vor allem zwei Generalklauseln, die sittenwidriges und irreführendes Wettbewerbshandeln verboten haben, und wurde knapp 100 Jahre lang vornehmlich durch die Rechtsprechung fortentwickelt. Nachdem die wichtigsten Fallgruppen in das UWG 2004 aufgenommen wurden, machte die Richtlinie über unlautere Geschäftspraktiken gegenüber Verbrauchern (UGP-RL 2005-29/EG) weitere Novellierungen erforderlich.

> **Beispiel:**
> Die Novellierungen 2008 und 2015 sind ein **Beispiel** für die intensive Europäisierung des Wirtschaftsrechts: Da das UWG 2008 die UGP-RL nur unzureichend umsetzte, leitete die EU-Kommission ein Vertragsverletzungsverfahren ein und das Gesetz musste nachgebessert werden.

Das UWG dient nach seinem § 1 dem Schutz der **Mitbewerber, Verbraucher und** 919
sonstigen Marktteilnehmer und damit zugleich den Interessen der Allgemeinheit
an einem unverfälschten Wettbewerb. Die Unterscheidung ist wichtig, da nur
Mitbewerber ein individuelles Klagerecht haben (§ 8 III Nr. 1 UWG) und die
Verbraucherschutzregeln im Licht der UGP-RL auszulegen sind.

Der **Aufbau des UWG** hält indes an einheitlichen Tatbeständen fest, trifft aber 920
teilweise Sonderregeln für Verbraucher. So enthält § 3 I UWG eine allgemeine
Generalklausel, wonach unlautere geschäftliche Handlungen unzulässig sind. Das
wird in § 3 II-IV UWG für geschäftliche Handlungen gegenüber Verbrauchern kon-
kretisiert, wobei auch die *Spezialtatbestände der „Schwarzen Liste"* im Anhang in
Bezug genommen werden. Die *weiteren Einzeltatbestände* vom Rechtsbruch (§ 3a)
über den Mitbewerberschutz (§ 4) und aggressive geschäftliche Handlungen (§ 4a)
bis zur Irreführung (§§ 5, 5a) und vergleichenden Werbung (§ 6) enthalten weitere
Konkretisierungen des Verbots unlauteren Wettbewerbs und beziehen sich also auf
§ 3 UWG. Lediglich der Belästigungstatbestand des § 7 UWG enthält eine weitere
eigene Verbotsnorm.

> **Beispiele:**
> Es ist nach § 3 III UWG i.V.m. Nr. 2 des Anhangs per se unzulässig, gegenüber
> Verbrauchern ungenehmigt Gütezeichen zu verwenden. Wer einen Verbraucher
> unter Druck setzt und ihn so zu einem Vertragsschluss nötigt, begeht damit eine
> aggressive und damit unlautere und unzulässige geschäftliche Handlung (§§ 3 I,
> II, 4a I 1, 2 Nr. 2 UWG). Sexistische Werbung fällt vielfach unter keinen der
> Einzeltatbestände, kann aber nach § 3 I UWG verboten sein – das ist gerade der
> Sinn einer Generalklausel.

Die §§ 8 ff. UWG enthalten schließlich Vorschriften über die Sanktionen und 921
Verfahrensbesonderheiten (dazu unten E).

III. Weitere Rechtsgrundlagen

Neben dem UWG finden sich zahlreiche Vorschriften, die zumindest auch der 922
Bekämpfung unlauteren Wettbewerbs dienen. Sie sind teilweise neben dem UWG
und unabhängig von ihm anzuwenden. Andere Vorschriften erlangen über den
Rechtsbruchtatbestand des § 3a UWG Bedeutung (dazu unten D).

> **Beispiele:**
> Besondere Werbeverbote finden sich etwa im Medienrecht, Heilmittelrecht und
> in verschiedenen Berufsrechten. Es ist aber z. B. auch unlauter, sich durch
> einen Verstoß gegen das Ladenschlussgesetz einen unfairen Vorsprung zu
> verschaffen.

B. Schutz der Mitbewerber

I. Allgemeines

923 Das Lauterkeitsrecht hat seinen Ursprung im Mitbewerber- oder Konkurrentenschutz und noch heute genießen die Mitbewerber eine hervorgehobene Stellung, da nur sie sich mit einer Individualklage wehren können, wenn sie von einer unlauteren geschäftlichen Handlung betroffen sind (§ 8 III Nr. 1 UWG). Dabei sind **geschäftliche Handlungen** Verhaltensweisen, die der Förderung des eigenen oder eines fremden Unternehmens im Anbieter- oder Nachfragewettbewerb dienen (§ 2 I Nr. 1 UWG).

> **Beispiele:**
>
> Keine Wettbewerbshandlungen sind rein private, betriebsinterne oder hoheitliche Tätigkeiten. Eine Falschbewertung durch die Stiftung Warentest oder einen Restauranttester ist regelmäßig keine Wettbewerbshandlung und daher nicht am UWG zu messen, sondern am allgemeinen Deliktsrecht.

924 **Mitbewerber** eines Unternehmens sind alle Unternehmer, die mit ihm in einem konkreten Wettbewerbsverhältnis stehen (§ 2 I Nr. 3 UWG).

> **Beispiele:**
>
> Ein konkretes Wettbewerbsverhältnis besteht zwischen Unternehmen mit sich überschneidendem (auch potenziellem) Abnehmer- oder Lieferantenkreis. Daher steht auch ein Hersteller im Rahmen seines Direktvertriebs in einem konkreten Wettbewerbsverhältnis mit dem Handel. Mitbewerber können auch Vertreiber von Substitutionsgütern sein ("statt Blumen ONKO-Kaffee", BGH v. 12. 1. 1972 – I ZR 60/70 = GRUR 1972, 553). Wirbt dagegen die "Wirtschaftswoche" mit der Abbildung eines Lottoscheins und dem Text "Um Geld zu vermehren, empfehlen wir ein anderes Papier", wird die Lottogesellschaft damit noch nicht zum Mitbewerber (BGH v. 17. 1. 2001 – I ZR 215/99 = WRP 2002, 973).

925 Seit 2015 fasst § 4 UWG 2015 (mit neuer Nummerierung) die wichtigsten Einzeltatbestände des Mitbewerberschutzes zusammen. Daneben haben die Regelung vergleichender Werbung (§ 6 UWG) und die Straftatbestände zum Schutz von Betriebs- und Geschäftsgeheimnissen (§§ 17–19 UWG) besonders den Mitbewerberschutz im Auge.

II. Rufschädigung

926 Der Konkurrentenschutz beinhaltet zunächst den Schutz seines guten Rufs. Nach § 4 Nr. 1 UWG sind daher **herabsetzende oder verunglimpfende Meinungsäußerungen** unlauter. Auch negative Meinungsäußerungen sind zwar grundsätzlich von Art. 5 I GG geschützt. Unangemessene Herabsetzungen und insbesondere Schmähkritik sind aber verboten.

Ein Mitbewerber darf nicht als „Halsabschneider" bezeichnet werden, sein Produkt nicht als „Schwindelmittel". Es ist unlauter, einen Konkurrenzsender als „Schmuddelsender" zu bezeichnen oder zu behaupten, ein Konkurrenzblatt tauge nur als Toilettenpapier.

Das Verbot von Herabsetzungen und Verunglimpfungen gilt im Rahmen einer vergleichenden Werbung in besonderem Maße (§ 6 II Nr. 5 UWG).

Unlauter sind auch die **Behauptung und Verbreitung geschäfts- oder kredit-** **927** **schädigender unwahrer Tatsachen** (§ 4 Nr. 2 UWG). Aus der Formulierung „sofern die Tatsachen nicht erweislich wahr sind" ergibt sich hier eine Umkehr der Darlegungs- und Beweislast (s. o. Rn 87 ff.): Nicht der Verletzte muss die Unwahrheit der Tatsache beweisen, sondern der Verletzer die Wahrheit seiner Äußerung, sofern diese nicht nach S. 2 privilegiert ist. Ergänzt wird das Verbot der Rufschädigung durch §§ 823, 824 BGB und §§ 185 ff. StGB.

III. Ausbeuten fremder Leistung

Unternehmerische Leistung ist in erster Linie durch gewerbliche Schutzrechte vor **928** der Ausbeutung durch Dritte geschützt (s. o. Rn 838 ff.). Das UWG ergänzt diesen Schutz vor Nachahmung und Leistungsübernahme insbesondere durch den Beispielstatbestand des § 4 Nr. 3. Danach sind Nachahmungen im Interesse des Wettbewerbs grundsätzlich möglich und nur unter besonderen Umständen unlauter: wenn sie zu Täuschungen führen, auf unredlich erlangtem Know-how fußen oder die Wertschätzung der nachgeahmten Ware oder Dienstleistung unangemessen ausnutzen oder beeinträchtigen.

Wer ein Möbel von Le Corbusier nachbaut, verletzt u. U. Urheber-, Design- oder Markenrechte. Auch darüber hinaus handelt er unlauter, wenn er sie als Originale verkauft und damit täuscht oder durch schlechte Qualität oder massenhaften Vertrieb die Wertschätzung des exklusiven Produkts beeinträchtigt (BGH v. 10. 12. 1986 = GRUR 1987, 903). Wer Objektive mit Nikon-Anschluss produziert, nutzt die Wertschätzung des Produkts nicht unangemessen aus, sondern belebt den Wettbewerb auf dem Markt für Zubehör.

Das Beispiel zeigt erneut die Ambivalenz der Fallgruppe, die uns schon bei den **929** gewerblichen Schutzrechten begegnet ist: Eine Überdehnung des Schutzes verfestigter Marktstrukturen und Monopole. Das UWG darf zudem nicht die Wertungen des PatG, DesignG usw. überspielen.

Beispiel:

Der Vertrieb von Lego-kompatiblen Klemmbausteinen ist nicht unlauter, sofern eine Verwechselung mit dem Original vermieden wird. Nachahmer-Produkte nutzen zwar die Wertschätzung der Lego-Produkte aus, das ist aber angesichts der langen faktischen Monopolstellung praktisch zwangsläufig und nicht per se unangemessen (BGH v. 2. 12. 2004 – I ZR 30/02 = WRP 2005, 476).

930 Im Rahmen vergleichender Werbung ist eine Rufausbeutung in ähnlicher Weise verboten (§ 6 II Nr. 4 und 6 UWG).

IV. Behinderungswettbewerb

931 Unlauter ist auch die unangemessene Behinderung von Mitbewerbern, insbesondere die gezielte Behinderung (§ 4 Nr. 4 UWG). Das UWG ergänzt hier vielfach die Wertungen des Kartellrechts (insb. §§ 18 ff. GWB, Art. 102 AEUV).

1. Preisunterbietung

932 Der Unternehmer ist in seiner Preispolitik grundsätzlich frei (Ausnahmen z. B.: Tarife bei Beförderungsleistungen, Ärzten und Rechtsanwälten), und die Preisunterbietung ist gerade die klassische Methode des echten Leistungswettbewerbs. Sie ist auch dann zulässig, wenn Leistungen unter Einstandspreis angeboten werden. Allerdings ist das systematische Unterbieten in Verdrängungsabsicht unlauter.

Beispiel:

Eine Gruppe von Tankstellenbetreibern zwingt die einzige freie Tankstelle in der Benrather Gegend durch systematisches Unterbieten der Benzinpreise zur Aufgabe, um anschließend die Preise monopolistisch festzusetzen (RGZ 134, 342).

933 Marktmächtige Unternehmen werden allerdings durch § 20 GWB weitergehend kontrolliert. Insbesondere verbietet § 20 III GWB längerfristige Angebote unter Einstandspreis auch ohne Verdrängungsabsicht.

2. Boykott

934 Beim Boykott fordert der Boykottierende (Verrufer) andere (Sperrer) direkt oder über Vierte auf, den Boykottierten (Verrufenen) nicht zu beliefern, bei ihm nichts abzunehmen usw. Bestimmte Boykotte werden durch § 21 I GWB verboten. Auch im Übrigen sind Boykotte aber grundsätzlich nach §§ 3 I, 4 Nr. 4 UWG unlauter, sofern sie nicht durch das Grundrecht auf freie Meinungsäußerung (Art. 5 GG) gedeckt sind.

3. Einbruch in fremde Vertragssysteme

935 Ein Vertrag wirkt grundsätzlich nur zwischen den Vertragsparteien und entfaltet (anders als dingliche Rechte) keine Wirkung gegenüber Dritten. Ein Unternehmer

braucht, wenn er Kunden oder Arbeitnehmer zu gewinnen versucht, auf deren Verträge mit seinen Konkurrenten daher grundsätzlich keine Rücksicht zu nehmen. Das **Ausspannen von Kunden und Arbeitnehmern** ist für sich gesehen also nicht unlauter. Eine gezielte Behinderung (§ 4 Nr. 4 UWG) liegt aber vor, wenn Kunden oder Arbeitnehmer zum Vertragsbruch verleitet werden.

> **Beispiel:**
> U will seinen Geschäftsbetrieb erweitern, findet aber kaum Fachkräfte. Aus dem Konkurrenzbetrieb K kann er drei Ingenieure gewinnen. A kündigt ordentlich und wartet seine Kündigungsfrist ab; B verlässt seinen alten Betrieb, ohne den Fristablauf abzuwarten („Ich könnte ja auch krank werden!"); C fürchtet sich vor rechtlichen Konsequenzen, tut es dem B aber gleich, nachdem U ihm verspricht, ihn von allen Schadensersatzansprüchen des K freizustellen.
> Bei A geht alles mit rechten Dingen zu. Auch der Vertragsbruch des B geht U nichts an, auch wenn er der Grund ist. Im Fall des C handelt U aber unlauter.

Eine ähnliche Problematik ergibt sich bei **Preis- und Vertriebsbindungssystemen.** **936** Solche Systeme verstoßen in weitem Umfang gegen Kartellrecht, da sie den Wettbewerb auf der Händlerstufe beschränken.

> **Beispiele:**
> Hersteller R verkauft seine Uhren nur an Händler, die sich verpflichten, sie für 598 € zu verkaufen (kartellrechtswidrig). Hersteller S verkauft seine Uhren nur an Fachhändler mit einem bestimmten Serviceangebot (zulässig).

Auch kartellrechtlich zulässige Bindungssysteme stellen eine unlautere Behin- **937** derung dar, wenn der Bindende auch an Außenseiter liefert oder das System nicht vor Außenseitern schützt. Umgekehrt sieht die Rechtsprechung auch das Einbrechen von Außenseitern in ein solches System weitgehend als unlauter an.

> **Beispiele:**
> Hersteller S verkauft die Uhren auch an ein Warenhaus (unlauter). Händler H_1 geriert sich als Fachhändler und erschleicht sich Uhren des S (unlauter). H_1 droht H_2 mit einem Preiskampf und verleitet ihn so, ihm Uhren des S zum Weiterverkauf zu überlassen (unlauter).

4. Missbrauch von Nachfragemacht

Auch der Missbrauch von Nachfragemacht wird in erster Linie vom Kartellrecht **938** kontrolliert. Gleichzeitig wird er aber auch als unlautere Behinderung der Mitbewerber auf dem Nachfragemarkt gesehen (§ 4 Nr. 4 UWG). Davon ist insbesondere auszugehen, wenn Nachfrager ihre Marktmacht dazu einsetzen, vom Lieferanten sachlich nicht gerechtfertigte Vorzugsbedingungen zu erhalten (sog. Anzapfen).

> **Beispiel:**
> Großhandelskette M verlangt von potentiellen Lieferanten Eintrittsgelder, Regal-
> mieten, Investitionskostenzuschüsse o. ä. oder lässt sie die Preisauszeichnung
> und die Regalpflege übernehmen.

V. Vergleichende Werbung

939 Die Kontrolle vergleichender Werbung (§ 6 UWG) soll insbesondere Irreführungen
der Abnehmer und die Herabsetzung von Mitbewerbern verhindern. Vergleichend
ist eine Werbung, wenn Werbeaussagen erkennbar auf einen oder einzelne Konkurrenten oder ihre Waren oder Leistungen abzielen (§ 6 I UWG). Dazu gehören
kritisierende Werbungen („zuverlässiger, schneller und preisgünstiger als …") wie
auch anlehnende („so zuverlässig wie …").

940   Unlauter ist ein Vergleich, der sich auf Waren oder Dienstleistungen für unterschiedlichen Bedarf oder unterschiedliche Zwecke bezieht (§ 6 II Nr. 1 UWG); es
dürfen also nicht Äpfel mit Birnen verglichen werden.

> **Beispiele:**
> Vergleichbar sind Müsli- und Schokoriegel, wohl auch Tages- und Wochen-
> zeitungen für Anzeigen, nicht aber Lottoscheine und Wirtschaftszeitungen – hier
> fehlt bereits ein konkretes Wettbewerbsverhältnis (s.o. Rn 924).

941 Ein Werbevergleich muss sich objektiv auf wesentliche und nachprüfbare Eigen-
schaften oder den Preis der Waren oder Leistungen beziehen (§ 6 II Nr. 2 UWG).
Der Vergleich soll insbesondere sachlich sein, keinen verzerrten Gesamteindruck
hinterlassen, und die Konkurrenz soll nur insoweit in die Werbung einbezogen wer-
den, wie dies für eine sachliche Aufklärung sinnvoll ist. Er darf ferner nicht zu
Verwechselungen führen (§ 6 II Nr. 3 UWG), und auch sonst sind natürlich
Irreführungen im Rahmen vergleichender Werbung unlauter (vgl. § 5, insb. Abs. 3
UWG).

942   Vom Verunglimpfungsverbot (§ 6 II Nr. 5 UWG) und von unlauterer Anlehnung
(§ 6 II Nr. 4 und 6 UWG) war schon die Rede.

VI. Ausspähung und Verrat

943 Die Straftatbestände der §§ 17–19 UWG schützen *Geschäfts- oder Betriebs-
geheimnisse*. § 17 I UWG verbietet den Geheimnisverrat durch Arbeitnehmer, § 17
II UWG das Ausspähen und den Verrat durch Dritte. § 18 UWG verbietet auch die
sog. Vorlagenfreibeuterei. § 19 UWG verlagert den Schutz vor, da Anstifter mit
Strafe bedroht werden und auch diejenigen, die sich zu einer solchen Tat bereit-
erklären.

944   Der Schutz von Betriebs- und Geschäftsgeheimnissen sowie des betrieblichen
Know-hows ist für hochtechnologische Volkswirtschaften von größter Bedeutung.
Nur wenn ein Unternehmen davor geschützt ist, dass das von ihm entwickelte

Know-how nicht einfach durch Dritte genutzt werden kann, erhält es einen Anreiz, Forschung und Entwicklung zu betreiben. Die genannten Vorschriften sind in jüngerer Zeit insbesondere im Zusammenhang mit der Computertechnik verstärkt in die Diskussion geraten.

C. Schutz der Verbraucher und sonstigen Marktteilnehmer

I. Allgemeines

Auch die Einzeltatbestände der §§ 4a-5a und 7 UWG dienen dem Konkurren-   **945**
tenschutz. Sie haben aber in erster Linie den Schutz der Verbraucher und sonstigen Marktteilnehmer im Auge. Für **geschäftliche Handlungen von Unternehmern gegenüber Verbrauchern** (vgl. § 2 I Nr. 6 und II UWG und oben Rn 214 ff.) ist zu beachten, dass die einschlägige UGP-RL (oben Rn 918) nicht nur Mindeststandards festschreibt sondern zugleich die Obergrenze für eine Regulierung. Dadurch wirkt sich der Richtlinien-Hintergrund besonders deutlich aus.

> **Beispiel:**
> § 4 Nr. 6 UWG verbot generell die Kopplung von Preisausschreiben und Gewinnspielen an einen Kauf. Da ein solches generelles Verbot über den in der Richtlinie vorgesehenen Schutz hinausgeht, hat der EuGH in der UWG-Vorschrift einen Richtlinienverstoß gesehen (EuGH v. 14. 1. 2010 – C-304/08 = GRUR 2010, 244) und sie wurde 2015 gestrichen.

Sonstige Marktteilnehmer sind nach § 2 I Nr. 2 UWG alle Anbieter und Nachfrager   **946**
von Waren oder Dienstleistungen, die nicht Mitbewerber und nicht Verbraucher sind. Hierher gehören vor allem die gewerblichen Abnehmer und Anbieter aber auch z. B. die öffentliche Hand. Durch die Einbeziehung sonstiger Marktteilnehmer in §§ 4a ff. UWG ist insbesondere sichergestellt, dass sich der Lauterkeitsschutz im Vertikalverhältnis nicht auf Verbraucher beschränkt.

> **Beispiele:**
> Wer als Anbieter von Computerzubehör Verbraucher bedroht oder täuscht, handelt natürlich unlauter (§§ 4a, 5 UWG). Solche aggressiven und irreführenden Praktiken sind aber ebenso gegenüber gewerblichen Abnehmern oder einer Behörde verboten, und auch solche Abnehmer von Computerzubehör handeln unlauter, wenn sie den Anbieter bedrohen oder täuschen.

II. Die „Schwarze Liste"

Soweit es um die Beurteilung von **Geschäftspraktiken von Unternehmern gegen-**   **947**
über Verbrauchern geht, bildet § 3 III UWG mit dem Anhang zum UWG den vorrangigen Prüfungsmaßstab. Diese Schwarze Liste geht auf die UGP-RL zurück und listet 30 Einzeltatbestände auf, die unionsweit in jedem Fall unzulässig sind

(ohne dass weiter geprüft oder abgewogen werden müsste oder dürfte). Schauen Sie die Liste einmal durch.

948   Die per-se-Verbote der Nr. 1–24 behandeln **irreführende** geschäftliche Handlungen, die sonst unter §§ 5, 5a UWG fallen würden.

> **Beispiele:**
>
> Es ist per se unzulässig, Kunden durch kaum bevorratete Lockangebote zu ködern, um das übrige Sortiment abzusetzen (Nr. 5, 6). Stets unzulässig ist es auch, nicht zugelassene Medikamente oder Radarwarngeräte als verkehrsfähige Waren anzupreisen (Nr. 9), eine zweijährige Händlergarantie als „purer Wahnsinn" anzupreisen, obwohl es sich nur um die gesetzlich zwingende Gewährleistung (Rn 432 ff., 447) handelt (Nr. 10 – Werbung mit Selbstverständlichkeiten). Einen Sonderfall des § 4 Nr. 3 UWG betrifft Nr. 11 des UWG-Anhangs. Unwahre Gewinnmitteilungen (Nr. 17) sind ebenso per se verboten wie Heilungsversprechen (Nr. 18).

949   Die per-se-Verbote der Nr. 25–30 betreffen dagegen **aggressive** geschäftliche Handlungen und liefern so Beispiele für § 4a UWG fallen.

> **Beispiele:**
>
> Zu den stets unzulässigen agrressiven Praktiken gehört es, wenn Vertreter auf Aufforderung nicht gehen (Nr. 26) und wenn unbestellte Waren mit Zahlungsaufforderung verschickt werden (Nr. 29). Kinderwerbung kann unter Nr. 28 des UWG-Anhangs und sonst insbesondere unter § 4a UWG fallen.

III. Aggressive geschäftliche Handlungen

950   Nach § 4a I 1 UWG sind aggressive geschäftliche Handlungen gegenüber Verbrauchern und sonstigen Marktteilnehmern unlauter, wenn sie **geeignet** sind, ihr **wirtschaftliches Verhalten wesentlich zu beeinflussen**. Aggressives Verhalten allein kann polizeirechtlich und strafrechtlich relevant sein. Unter § 4a UWG fallen aggressive Verhaltensweisen aber erst dann, wenn sie zumindest geeignet sind, die Fähigkeit des Verbrauchers zur informierten und überlegten Entscheidung spürbar zu beeinträchtigen, so dass er womöglich eine Entscheidung trifft, die er sonst nicht getroffen hätte (vgl. § 2 I Nr. 8 UWG).

> **Beispiel:**
>
> Der Zeitschriftenwerber, der den erfolglos bearbeiteten Kunden schließlich frustriert niederschlägt, macht sich wegen Körperverletzung strafbar. Gegen § 4a UWG verstößt er, wenn er Schläge androht, um zum Abschluss zu kommen oder dem Niedergestreckten einen erneuten Besuch am nächsten Tag in Aussicht stellt (beides zudem strafbar).

Eine geschäftliche Handlung ist gemäß §4a I 2 UWG **aggressiv,** wenn sie die   **951**
Entscheidungsfreiheit des Marktteilnehmers durch Belästigung, Nötigung oder
(sonstige) unzulässige Beeinflussung erheblich beeinträchtigt. **Belästigung** bedeutet das Aufdrängen einer geschäftlichen Handlung, die vom Adressaten als störend
empfunden wird (dazu noch Rn 967 ff.). **Nötigung** ist die Beeinflussung durch
Gewaltausübung oder Drohung. Das wird in §4a I 3 und II Nr. 2 und 5 UWG noch
einmal aufgegriffen.

> **Beispiele:**
> Nötigung durch Gewalt verübt nicht nur der prügelnde Zeitschriftenwerber son-
> dern jeder Vertreter, der den Fuß in die Tür stellt oder die Wohnung trotz
> Aufforderung nicht anstandslos verläßt (vgl. Nr. 26 des Anhangs). Nötigung
> durch Drohung: Beendigung der Reparatur nur bei Kauf eines Ersatzteilpakets,
> Heimreise nach einer „Kaffeefahrt" nur bei Vertragsschluss.

Eine **unzulässige Beeinflussung** liegt nach §4a I 3 und II UWG aber unterhalb der   **952**
Nötigungsschwelle vor, wenn wirtschaftlicher oder psychologischer Druck aufgebaut wird. Da Werbespots, Verkaufsgespräche und andere geschäftliche Handlungen
generell auf die Beeinflussung der Adressaten abstellen, kommt es hier darauf an,
die Einflussintensität im Einzelfall zu würdigen.

> **Beispiele:**
> E beschäftigt systematisch Sprachbehinderte als Vertreter und nutzt das Mitleid
> der Kunden aus (unlauter). F schaltet Betriebsräte in den Vertrieb ein und nutzt
> die Autoritätsgläubigkeit der Arbeitnehmer aus (unlauter). G veranstaltet einen
> Happy Mac-Tag: Am Spendentag werden die Erlöse aus dem Verkauf jedes „Big
> Mac" als Spende weitergegeben (unlauter nach BGH v. 12. 3. 1987 – I ZR
> 40/85 = GRUR 1987, 534; vgl. aber auch BVerfG v. 6. 2. 2002 – 1 BvR 952/90,
> 1 BvR 2151/96) = GRUR 2002, 455).

Psychologischer Druck kann beispielsweise auch durch den **Einsatz von**   **953**
Laienwerbern entstehen, die in ihrem Freundeskreis Absatz generieren sollen.
Bestimmte Ausgestaltungen hält der Gesetzgeber für so gefährlich, dass er sie sogar
unter Strafe stellt (vgl. § 16 II UWG und unten Rn 971).

§ 4a II Nr. 3 UWG nennt die bewusste **Ausnutzung von konkreten Unglücks-**   **954**
situationen oder Umständen wie etwa geistige und körperliche Beeinträchtigungen, das Alter, die geschäftliche Unerfahrenheit, die Leichtgläubigkeit, die
Angst und die Zwangslage von Verbrauchern als Unlauterkeitsindiz. Das Unwert-
urteil ähnelt § 138 II BGB.

> **Beispiele:**
> A dreht sprachungewandten Aussiedlern in Übergangsheimen Handy-Verträge
> an (unlauter). B durchforstet Todesanzeigen und bietet Hinterbliebenen Finanz-
> beratungen an (unlauter). C bewirbt „Gameboys" gezielt vor dem Schulhof
> (unlauter). D stellt im Kassenbereich seines Supermarkts Süßwaren auf (sog.
> „Quengelware" – nicht unlauter).

955 Hierher kann auch die übermäßige Ausnutzung von Spiellust gehören. Die bloße Ausgestaltung als Versteigerung reicht für ein Unlauterkeitsurteil aber ebensowenig wie sog. umgekehrte Versteigerungen.

> **Beispiel:**
> H vertreibt MP3-Player im Internet per „Powershopping": Je mehr Kunden bis zum 3. 2. 0.00 Uhr einsteigen, umso geringer wird der Preis (nicht unlauter: BGH v. 13. 11. 2003 – I ZR 40/01 = WRP 2004, 345).

IV. Das allgemeine Irreführungsverbot

956 Von zentraler Bedeutung für den Schutz der Abnehmer und insbesondere der Verbraucher ist das Verbot von Irreführungen. Darauf zielen verschiedene Einzeltatbestände im UWG ab (wie z. B. Nr. 1–25 im Anhang und § 6 II Nr. 3 UWG) und viele Spezialgesetze (s.o. Rn 847 zur Firma und unten Rn 972 ff.). Zur Umsetzung der UGP-RL und der Richtlinie 2006/114/EG enthält § 5 UWG das allgemeine Irreführungsverbot, während § 5a UWG Sonderregeln zur Irreführung durch Unterlassen trifft.

1. Grundbegriffe

957 Irreführende geschäftliche Handlungen sind nach § 5 I 1 UWG unlauter und daher nach § 3 I UWG verboten. **Irreführend** ist eine geschäftliche Handlung, wenn sie entweder eine unwahre oder sonst irreführende Angabe enthält und hierdurch den angemessen informierten und aufmerksamen Durchschnittsadressaten zu einer geschäftlichen Entscheidung veranlassen könnte, die er sonst so vielleicht nicht getroffen hätte. Der Maßstab des angemessen informierten und aufmerksamen **Durchschnittsadressaten** ist zu korrigieren, wenn sich eine geschäftliche Handlung an einen speziellen, besonders schutzwürdigen Adressatenkreis wendet (z. B. Kinderwerbung, Werbung in Altenheimen usw.). Ansonsten muß sich Werbung nicht etwa am noch so desinteressierten und unaufmerksamen Verbraucher orientieren, darf sich aber auch nicht an versteckten und verklausulierten Sternchen-Hinweisen verstecken, die kaum ein Steuerinspektor findet und entziffert. Prüfungsfolge also:

- Ermittlung des Adressatenkreises
- Auslegung: Verständnis des Durchschnittsadressaten (Gesamtumstände)
- Vergleich mit objektiven Gegebenheiten =>Fehlvorstellung?
- Geschäftliche Relevanz der (potenziellen) Fehlvorstellung

958 Wer zu eigenem Vorteil die Unwahrheit sagt, beeinflusst die Kunden unlauter, aber auch wer missverständlich wirbt, macht Geschäfte mit dem Irrtum. Wie allgemein bei der Beurteilung von Werbung, kommt es auch hier auf den Eindruck des Durchschnittsadressaten in der typischen Wahrnehmungssituation an. Die Eignung zur Irreführung ist bereits zu bejahen, wenn ein erheblicher Teil der Adressaten die Angabe falsch auffassen kann.

2. Irreführung über Merkmale der Ware

§ 5 I 2 Nr. 1 UWG hebt zunächst Merkmale der Ware oder Leistung als Täu- **959**
schungsgegenstand hervor. Häufig wird bereits über ihre **Beschaffenheit** irregeführt, indem fälschlich eine Angabe gewählt wird, der gesetzlich eine bestimmte
(andere) Bedeutung beigemessen wird (z. B. im Lebensmittelrecht, der Textil-
kennzeichnungsVO usw.). Im Übrigen entscheidet die Vorstellung, die die Adressaten einer Angabe beimessen.

> **Beispiele:**
> „Ei-fein" ist für Margarine (die kein Ei enthält) unzulässig, die Veränderung des
> Slogans in „Ei wie fein" macht das nicht besser. „Quellfrisch" darf nur ein
> Wasser aus natürlichem Quellvorkommen genannt werden. Waren dürfen nicht
> als „Pelz" bezeichnet werden, wenn es sich um Kunstpelz handelt, nicht als
> „Silberal", wenn es Aluminiumgeschirr ist, usw. „Auslese" darf nur für beson-
> ders gute Qualität verwendet werden. „Seidenweich" ist, wenn zutreffend, auch
> für Produkte zulässig, die keine Seide enthalten.

Ein häufiger Streitpunkt sind auch **geografische Herkunftsangaben**. Sie sind **960**
einerseits nach der EG-Verordnung 628/2008 und §§ 126 ff. MarkenG geschützt.
Andererseits sind falsche Angaben auch irreführend. Teilweise verbinden sich mit
einer „Herkunftsangabe" heute aber ganz andere Vorstellungen und in diesem Sinne
darf sie dann auch verwendet werden.

> **Beispiele:**
> „Hamburger" kommen selten aus Hamburg, müssen aber aus Hackfleisch beste-
> hen. „Pils" muss nicht aus Pilsen stammen, aber nach Pilsener Brauart gebraut
> sein. „Lübecker Marzipan" muss aus Lübeck und „Dresdener Stollen" muss aus
> Dresden stammen. Bei „Wiener Würstchen" handelt es sich dagegen wiederum
> um einen entlokalisierten Begriff, der zur Gattungsbezeichnung geworden ist.

§ 5 I 2 Nr. 1 UWG nennt ferner auch **Testangaben**. Sie dürfen nicht durch das will- **961**
kürliche Herausgreifen einzelner Daten einen verfälschten Eindruck erwecken. Das
belegt gleichzeitig, dass man auch mit wahren Angaben durchaus irreführen kann.

> **Beispiele:**
> H bewirbt sein Shampoo „Wash and Run" mit „Warentest gut". Das ist zwar zutref-
> fend, verschweigt aber, dass das Produkt damit im letzten Drittel lag (10 x sehr
> gut, 3 x gut, 2 x zufriedenstellend). S bewirbt seine Zeitschrift auf dem Anzei-
> genmarkt mit einer Auflagensteigerung um 20 % seit 2010, verschweigt aber, dass
> die Zahlen bis 2013 noch stärker gestiegen waren und seitdem sinken.

3. Irreführung über die Preisbemessung

§ 5 I 2 Nr. 2 UWG hebt u. a. Preisangaben hervor und ergänzt so die Spezialregelung **962**
der Preisangabenverordnung und des § 5a III Nr. 3 UWG.

Beispiele:

Ein „Handy für 1 Euro" war jedenfalls in den Anfangsjahren irreführend, wenn nicht angegeben wurde, dass der Preis nur bei Abschluss eines Zwei-Jahres-Vertrags gilt und wie die Tarifstruktur des Vertrags ist. „Einmalig preisgünstig" besagt, dass der Werbende zumindest zur Spitzengruppe der Preisbrecher gehört. Als „supergünstig" oder „Superhit" bezeichnete Preise müssen deutlich unter dem Durchschnitt liegen. Die Angabe „inkl. Mehrwertsteuer" ist irreführend, wenn mit dieser gesetzlich gebotenen Selbstverständlichkeit der Eindruck eines besonders günstigen Angebots gemacht wird. Ein „Beerdigungs-Endpreis" ist irreführend, wenn er die Kosten für Trauermusik und Kranztransport nicht einschließt (OLG Hamm, GRUR 1987, 921).

963   Irreführend sind zudem sog. Mondpreise, also „Preisnachlässe", wenn der „reguläre Preis" nicht oder nur ganz vorübergehend tatsächlich gefordert wurde. § 5 IV UWG enthält einen entsprechenden Vermutungstatbestand.

Beispiel:

Hannes Hurtig hat eine größere Anzahl eines Privatrechtsbuchs gedruckt, um es für günstige 12 € verkaufen zu können. Er zeichnet die Bücher aber mit 26 € aus, um die Studenten mit über 50 % Rabatt zu locken. An der Unlauterkeit ändert es nichts, wenn er das Buch zunächst einen halben Tag lang für 26 € anbietet.

4. Irreführung über das Unternehmen
964   § 5 I 2 Nr. 3 UWG nennt ferner beispielhaft die geschäftlichen Verhältnisse des Werbenden. Lesen Sie die Aufzählung am besten in Ruhe bis zum Ende durch.

Beispiele:

Mit der Bezeichnung „Fachgeschäft" darf nur geworben werden, wenn der Betrieb in seiner Branche besonders leistungsfähig ist, ein gut sortiertes Lager besitzt und von fachkundigem Personal geführt wird. Ein „Spezialreisebüro" muss ein entsprechend spezialisiertes Angebot haben. „Teppichzentrale" ist irreführend, wenn es sich nicht um ein Unternehmen besonderer Größe und Bedeutung in der Region handelt. Unter einem „...-Haus" versteht das Publikum meist einen kaufmännischen Betrieb größeren Umfangs (anders z.B. „Reformhaus").

5. Irreführung durch Unterlassen
965   Die Irreführung durch Unterlassen ist seit 2008 in § 5a UWG ausführlich geregelt: Auch ein bloßes Verschweigen kann den Durchschnittsadressaten in die Irre führen. Das formuliert zunächst **§ 5a I UWG allgemein** und in Anknüpfung an § 5 UWG.

Beispiele:

Wer einem Unternehmer vier Lkw verkauft, muss ungefragt darauf aufmerksam machen, wenn die Fahrzeuge zwei Jahre auf der Halde standen und nicht mehr dem aktuellen Modell entsprechen. Er muss auch ungefragt klarstellen, wenn er bereits einen Insolvenzantrag gestellt hat (relevant für die Gewährleistung). Er muss aber z. B. nicht darauf aufmerksam machen, dass ein anderer Händler die Lkw 12 % günstiger anbietet oder dass er in einem Test den vorletzten Platz belegt hat, denn es bleibt grundsätzlich Sache des Käufers, sich die allgemeinen Marktinformationen zu besorgen.

Unternehmer haben **gegenüber Verbrauchern** erhöhte Informationspflichten. Auch der angemessen aufmerksame Durchschnittsverbraucher (der auch hier den Maßstab bildet) ist für seine Informationen grundsätzlich selbst verantwortlich. § 5a II UWG verlangt aber vom Unternehmer, dass er dem Verbraucher die für ihn wesentlichen Informationen nicht vorenthält. Das verschiebt den vorher dargestellten Grundsatz doch recht deutlich. Zudem bestimmt § 5a III, IV UWG, welche Informationen als wesentlich gelten, und stellt damit im Ergebnis recht umfangreiche Informationspflichten auf. **966**

Beispiele:
§ 5a III Nr. 1 UWG verlangt Informationen über die wesentlichen Produktmerkmale. Nach § 5a III Nr. 3 UWG muss der Verbraucher klar und unmissverständlich über den Endpreis, etwaige Versandkosten usw. informiert werden. Nach § 5a IV UWG muss der Verbraucher im Fernabsatz über sein Widerrufsrecht aufgeklärt werden. Das verlangt § 312d BGB zwar auch; die Regelung im UWG führt aber dazu, dass hier auch das lauterkeitsrechtliche Sanktionssystem greift und z. B. auch Konkurrenten gegen Verstöße vorgehen können.

V. Unzumutbare Belästigung

Belästigende geschäftliche Handlungen können bereits nach § 4a UWG als aggressiv unlauter sein, wenn sie geeignet sind, die Entscheidungsfreiheit des Adressaten erheblich zu beeinträchtigen (s.o. Rn 950 ff.). Unabhängig davon schützt der eigenständige Verbotstatbestand des § 7 UWG alle Marktteilnehmer vor einer übermäßigen Beeinträchtigung ihrer Privat- oder Geschäftssphäre durch aufgedrängte Werbung usw. § 7 I 1 UWG erklärt allgemein unzumutbare Belästigungen für unzulässig. Nach § 7 I 2 UWG ist das in aller Regel bei einer individuellen **Werbung gegen den erkennbaren Willen** des Empfängers der Fall. **967**

Beispiele:
Briefwerbung trotz anderslautender Aufkleber auf dem Briefkasten. Ansprechen auf der Straße, obwohl der Passant deutlich abwinkt.

---

§ 7 II UWG listet zudem (ähnlich wie der UWG-Anhang) einige Werbeformen auf, die per se unzulässig sind. **Telefonwerbung** ist nach § 7 II Nr. 2 UWG gegenüber Verbrauchern grundsätzlich unlauter, sofern keine ausdrückliche Einwilligung vorliegt. Telefonwerbung gegenüber Unternehmern bedarf zumindest ihrer mutmaßlichen Einwilligung. **968**

Für automatische **Anrufmaschinen, Fax und E-Mail** gelten noch strengere Maßstäbe: Nach § 7 II Nr. 3 UWG sind sie – auch gegenüber Unternehmern – ohne **969** ausdrückliche Einwilligung grundsätzlich unlauter. Eine Ausnahme macht Abs. 3 für E-Mail-Werbung, wenn der Empfänger seine Adresse im geschäftlichen Kontakt angegeben hat und trotz jeweils angezeigter Möglichkeit des Widerspruchs keine Einwände erhebt. Flankiert wird die Regelung durch das Transparenzgebot des § 7 II Nr. 4 UWG: Empfänger sollen generell die Möglichkeit haben, ihren entgegenstehenden Willen in zumutbarer Weise zu äußern.

Nach § 7 II Nr. 1 UWG ist schließlich im Fernabsatz auch jede sonstige hartnäckige Kontaktaufnahme gegen den erkennbaren Willen des Adressaten per se unzulässig.

970   Ausschließlich nach § 7 I 1 UWG sind alle **sonstigen Belästigungsformen** zu beurteilen, wobei das Kommunikationsinteresse des Werbenden (insb. Art 5 I GG) und das potenzielle Informationsinteresse der Adressaten gegen ihr Interesse an Privatsphäre usw. abzuwägen ist.

> **Beispiele:**
> Pop-Up-Werbung im Internet ist jedenfalls unzumutbar, wenn sie sich nur mit Mühe wegklicken lässt. Ob Werbezettel an der Windschutzscheibe zulässig sind, ist umstritten. Das Ansprechen von Passanten auf der Straße ist zulässig, solange sich der Werber von vornherein als solcher zu erkennen gibt und abwinkende und kopfschüttelnde Passanten in Ruhe lässt (BGH v. 9. 9. 2004 – I ZR 93/02 = GRUR 2005, 443). Auch unangemeldete Vertreterbesuche hält der BGH für grundsätzlich zulässig (Urt. v. 5. 5. 1994 – I ZR 168/92 = GRUR 1994, 818) – was angesichts der geringeren Ausweichmöglichkeiten kaum mit der Wertung bei Telefonwerbung und dem Ansprechen auf der Straße im Einklang steht.

VI. Progressive Kundenwerbung

971   § 16 II UWG verbietet schließlich die progressive Kundenwerbung. Solche Schneeballsysteme, bei denen Verbraucher zur Abnahme von Waren oder Leistungen veranlasst werden, indem sie Vorteile für das Anwerben Dritter versprochen bekommen, bergen typischerweise die Gefahr, dass die Unerfahrenheit dieser Laien ausgenutzt wird.

D. Spezialgesetze und Rechtsbruchtatbestand

972   Spezielle Regeln gegen unlauteren Wettbewerb finden sich auch in Spezialregelungen auf verschiedenen Ebenen. Hier werden nur einige besonders wichtige herausgegriffen. Daneben erklärt der Rechtsbruchtatbestand des § 3a UWG (bis 2015 § 4 Nr. 11 UWG) auch den Verstoß gegen andere Vorschriften für unlauter, die zumindest auch das Marktverhalten regeln sollen.

I. Preisangaben

Von besonderer allgemeiner Bedeutung ist zunächst das Preisangabenrecht. Es ist **973** wichtig für den Wettbewerb, dass sich die Marktteilnehmer zuverlässig und möglichst mit nicht allzu hohen Transaktionskosten über die wesentlichen Entscheidungsparameter informieren können. Das zeigt sich am deutlichsten beim Preisvergleich. Daher sind Irreführungen über die Preisbemessung verboten (s.o. Rn 962 f.) und § 5a III Nr. 3 UWG zählt den Gesamtpreis und die Nebenkosten zu den wesentlichen Informationen, die einem Verbraucher in konkreten Angeboten nicht vorenthalten werden dürfen.

Darüber hinaus verlangen die Preisangaben-Richtlinie und die **Preisangabe-** **974** **verordnung (PAngV)**, dass gegenüber Letztverbrauchern bei Angeboten und bei der Werbung mit Preisen die Endpreise deutlich lesbar angegeben werden. Den Handel trifft eine genau festgelegte Preisauszeichnungspflicht. Für Dienstleistungen müssen Preisverzeichnisse ausgelegt werden. In Gaststätten sind sie zusätzlich am Eingang auszuhängen, bei Tankstellen müssen sie von der Straße aus erkennbar sein.

Die **Angabepflicht** trifft alle, die sich gewerbs- oder geschäftsmäßig oder sonst **975** regelmäßig an *private Letztverbraucher* wenden und Waren oder Leistungen anbieten. In der *Werbung* müssen keine Preisangaben gemacht werden. Wird aber unter Angabe von Preisen geworben, müssen die Angaben der PAngV entsprechen.

Die Preisangabe muss vor allem den **Endpreis** nennen und bei Preis- **976** aufschlüsselungen hervorheben. Darunter versteht man den Preis, der einschließlich der Umsatzsteuer und sonstiger Preisbestandteile unabhängig von einer Rabattgewährung zu zahlen ist.

> **Beispiele:**
> Unzulässig ist gegenüber Letztverbrauchern die Angabe von „Nettopreis + MWSt" oder einer Ferienhausmiete mit getrennter Nennung der Endreinigungskosten, zulässig allerdings z. B. getrennte Nennung von Bettwäschekosten, wenn eigene mitgebracht werden kann.

Bei loser Ware genügt der **Grundpreis**, also der Preis pro Kilogramm oder Liter, **977** 100 g oder 100 ml. Im Übrigen ist der Grundpreis neben dem Endpreis anzugeben, wenn Waren nach Gewicht, Volumen oder dergleichen angeboten werden.

> **Beispiel:**
> Am Parmesanlaib an der Käsetheke genügt der Grundpreis (pro 100 g), beim abgepackten Stück sind End- und Grundpreis anzugeben.

Die Preisauszeichnung muss der allgemeinen Verkehrsauffassung und den Grund- **978** sätzen von **Preisklarheit und Preiswahrheit** entsprechen. Die Preise und ihre Zuordnung müssen gut wahrnehmbar sein.

Beispiele:
Grundsätzlich sind feste Preise anzugeben; Margenpreise („von … bis …", „ab
…") sind bei Angeboten von Waren und Dienstleistungen unzulässig, dürfen
jedoch in der Werbung für Angebotspaletten verwendet werden. Bei Stoffen sind
qm- oder Laufmeter-Preise anzugeben, keine Kilopreise. Wird ein „Handy für
0,- €" angeboten, so muss der Tarif des dazugehörigen Vertrages hinreichend
deutlich gemacht werden (BGH NJW 1999, 211). Gerade nach Aufhebung des
Rabattgesetzes ist es wichtig, dass die tatsächlich geforderten Normalpreise
angegeben werden und keine überhöhten Fiktivpreise mit großzügigen Rabatten.

II. Medienspezifische Sonderregeln

979   Besondere Regelungen, insbesondere der Werbung, finden sich in zahlreichen
Spezialregelungen, die sich auf einzelne Medien beziehen.

980   So verlangen schon die **Pressegesetze** der Länder, dass Anzeigen und sonstige
entgeltliche Veröffentlichungen etwa durch die Bezeichnung „Anzeige" oder in
anderer geeigneter Art gekennzeichnet werden.

981   Für die **Fernseh- und Radiowerbung** enthält der Rundfunkstaatsvertrag (RStV)
umfangreiche Regelungen, die nach einem allgemeinen ersten Abschnitt zwischen
öffentlich-rechtlichem und privatem Rundfunk differenzieren. Von zentraler
Bedeutung für die Werbung sind insbesondere die allgemeinen Grundsätze in § 7
RStV, wonach insbesondere Werbung und Werbetreibende das übrige Programm
inhaltlich und redaktionell nicht beeinflussen dürfen (Abs. 2) und Werbung und
Teleshopping als solche leicht erkennbar und vom redaktionellen Inhalt unter-
scheidbar sein müssen (Abs. 3 S. 1). Schleichwerbung, Produkt- und The-
menplatzierungen usw. sind nach § 7 VII 1 RStV zwar grundsätzlich verboten; die
Ausnahmevorschriften (§§ 15 und 44 RStV) haben aber zu einer deutlichen
Liberalisierung geführt. Zu Sponsoring vgl. § 8 RStV, zur Dauer der Werbung vgl.
§§ 16 und 45 RStV.

982   Zahlreiche wettbewerbsrechtliche Regelungen gibt es mittlerweile auch für **elek-
tronische Informations- und Kommunikationsdienste** (von Videotext bis zum
Internet). Zunächst sichert die E-Commerce-Richtlinie den freien Verkehr solcher
„Dienste der Informationsgesellschaft". In Deutschland werden die – an die
Allgemeinheit gerichteten – Telemedien vor allem im Telemediengesetz (TMG)
geregelt. Die Regelung folgt dem Herkunftslandprinzip (§ 3 TMG), um den medialen Binnenmarkt abzusichern und schränkt in §§ 7 ff. TMG insbesondere die
Verantwortlichkeit für fremde Informationen ein, um den freien Informationsfluss
vor zu hohen und national unterschiedlichen Anforderungen zu schützen.

III. Produktspezifische Sonderregeln

983   Ferner finden sich zahlreiche wettbewerbsrechtliche Spezialregelungen für bestimmte Produkte.

Besonders weitreichend sind beispielsweise die Werbeverbote für Tabak- **984** erzeugnisse. Hier sind schon länger Warnhinweise und seit 2016 EU-weit abschre- ckende Schockbilder vorgeschrieben (RL 2014/40/EU).

Ein solches Nebeneinander von Werbeeinschränkungen und Warnpflichten fin- **985** det sich beispielsweise auch im Arzneimittelgesetz und Heilmittelwerbegesetz. Im Übrigen ist Gesundheitswerbung vor allem auf EU-Ebene reguliert.

> **Beispiele:**
> Für gesundheitsbezogene Angaben zu Lebensmitteln gibt es Vorgaben nach der Health-Claims-Verordnung, VO (EG) Nr. 1924/2006. Nach ihrem Art. 13 stellt die EU-Kommission eine Liste mit Angaben zusammen, die für zulässig befun- den wurden (vgl. VO (EU) Nr. 432/2012 und die konsolidierte englischsprachige Fassung unter http://ec.europa.eu/nuhclaims/). Das Heilmittelwerbegesetz ver- bietet das Bewerben von verschreibungspflichtigen Medikamenten, Schlafmitteln und Psychopharmaka. Ärzte im Arztkittel dürfen in der Werbung nicht abgebil- det werden (so dass stattdessen häufig Zahnarztfrauen oder Laborleiter auf- treten).

Weitere Spezialregelungen, insbesondere Kennzeichnungspflichten und Irrefüh- **986** rungsverbote, enthält ferner das Lebensmittelrecht.

> **Beispiele:**
> §§ 11, 19, 27 und 33 des Lebensmittel- und Futtermittelgesetzbuchs enthalten spezielle Täuschungsverbote. Die Kennzeichnung regelt vor allem die Lebens- mittel-Informationsverordnung, VO (EU) Nr. 1169/2011.

IV. Berufsspezifische Sonderregeln

Eine besondere Gruppe von Spezialregeln bilden schließlich berufsbezogene **987** Regeln. Einerseits werden viele Tätigkeiten für bestimmte Berufsgruppen mono- polisiert.

> **Beispiele:**
> Das Zivilverfahrensrecht verlangt teils, dass sich Parteien anwaltlich vertreten lassen, und das Rechtsdienstleistungsgesetz behält die Rechtsberatung weitge- hend der Anwaltschaft vor. Ärztliche Tätigkeit ist approbierten Ärzten vorbehal- ten usw.

Andererseits gelten für viele Berufsgruppen spezielle Werbeeinschränkungen – die **988** allerdings öfters für verfassungswidrig erklärt wurden, da sie die Berufsfreiheit (Art. 12 GG) unverhältnismäßig einschränkten.

> **Beispiele:**
> Die Berufsordnung für Rechtsanwälte gestattet nur informative, sachliche und berufsbezogene Werbung. Da Notare unabhängige Organe der Rechtspflege

sind, ist ihnen jedes gewerbliche Verhalten untersagt. Ärzte dürfen werben, auch hier gilt aber insbesondere das Sachlichkeitsgebot.

V. Rechtsbruch

989 Während viele der vorgestellten Spezialtatbestände eigene wettbewerbsrechtliche Rechtsfolgen vorsehen, gibt es auch zahlreiche Verbotsnormen, die in erster Linie anderen Zwecken dienen aber damit gleichzeitig das Marktverhalten der Adressaten regeln wollen. Nach dem Rechtsbruchtatbestand des § 3a UWG (bis 2015 § 4 Nr. 11 UWG a.F.) ist der Verstoß gegen eine solche Verbotsnorm unlauter, so dass die UWG-Sanktionen und -Verfahrensbesonderheiten eingreifen. Bei Gesetzesverstößen ist also (ähnlich wie bei § 134 BGB und § 823 II BGB) nach dem Schutzzweck der Norm zu fragen. Der Rechtsbruchtatbestand greift nur ein, wenn es der Norm auch um Lauterkeitsschutz geht.

> **Beispiele:**
> Wer Steuern hinterzieht und sich dadurch einen rechtswidrigen Vorsprung vor den Mitbewerbern verschafft, handelt nicht unlauter, da das Steuerrecht kein Marktverhalten regeln will. Das gilt auch, wenn ein Kfz-Anhänger mit Werbeschildern im Parkverbot abgestellt wird. Der BGH hat den Marktbezug auch bei einem Verstoß gegen Umweltschutzvorschriften verneint (BGH v. 11. 5. 2000 – I ZR 28/98 = GRUR 2000, 1076). Wer dagegen gegen das Heilmittelwerbegesetz oder die Preisangabenverordnung verstößt, handelt in aller Regel auch unlauter, da die Vorschriften das Marktverhalten der Adressaten regeln wollen. Das gilt auch für das Erfordernis einer Zulassung für das Herstellen von Arzneimitteln. Ein Verstoß durch eine Apothekerin ist daher ein Rechtsbruch i.S.d. § 3a UWG, der wegen des Gesundheitsbezugs auch bei kleinen Mengen erheblich i.S.d. § 3 UWG ist (BGH v. 23. 6. 2005 – I ZR 194/02 = BGHZ 163, 265).

E. Sanktionen und Verfahrensbesonderheiten

I. Die Abwehransprüche

990 Wichtigste Sanktion bei Wettbewerbsverstößen ist der **Unterlassungs- und Beseitigungsanspruch** nach § 8 UWG. Er setzt weder Verschulden noch einen Schaden voraus, was die Durchsetzung im Vergleich zu Schadensersatzansprüchen erleichtert. Die Grundstruktur der Vorschrift entspricht § 1004 BGB.

> **Beispiele:**
> Irreführende Werbeaussagen und Verunglimpfungen sind zu unterlassen. Entsprechendes Werbematerial ist zu beseitigen. Verleumdende Behauptungen sind zu widerrufen.

Anspruchsgegner sind diejenigen, die dem UWG zuwiderhandeln. Dazu gehören 991
nach § 8 II UWG die Unternehmer auch dann, wenn Mitarbeiter oder Beauftragte
die Wettbewerbswidrigkeit begehen.

    Anspruchsberechtigt sind nach § 8 III Nr. 1 UWG zunächst die betroffenen 992
Mitbewerber. Hinzu kommen in Nr. 2–4 bestimmte Dritte als *Sachwalter* des laute-
ren Wettbewerbs:

- bestimmte Wettbewerbsvereine,
- Qualifizierte Einrichtungen,
- Industrie- und Handelskammern sowie Handwerkskammern.

Zu den Wettbewerbsvereinen im Sinne des § 8 III Nr. 2 gehört die Wettbewerbs- 993
zentrale, die eine informative Homepage pflegt (www.wettbewerbszentrale.de).
Qualifizierte Einrichtungen sind Verbraucherschutzvereine und andere Vereinigungen, die in besondere Verzeichnisse des Bundesamtes für Justiz oder der
EU-Kommission aufgenommen sind (§ 3 UKlaG i.V.m. § 8 V UWG).

    § 8 III UWG beschreibt den Kreis der Anspruchsberechtigten abschließend. 994
Insbesondere räumt der Gesetzgeber den betroffenen *Verbrauchern* und anderen
Marktteilnehmern bewusst kein Klagerecht ein, da ihm einerseits die Gefahr von
massenhaften Unterlassensbegehren zu groß und andererseits der „Umweg" über
Verbraucherschutzvereine usw. effektiver erscheint. Verbraucher können Unterlas-
sungsansprüche daher nur nach allgemeinem bürgerlichen Recht geltend machen.

Beispiele:

Entdeckt E, dass A durchschnittliche Tischtücher zu günstigem Preis als „feinste
Wäsche" anpreist, so hat er als Verbraucher keinen Anspruch auf Unterlassung
(und erst recht nicht auf wirklich feinste Wäsche des Werbenden zu diesem
günstigen Preis). Missachtet B seinen Briefkastenaufkleber „Bitte keine
Werbung", so hat E keinen Unterlassungsanspruch aus §§ 7 I 2, 8 UWG, sondern
„nur" aus § 1004 BGB.

II. Der Schadensersatzanspruch

Nach § 9 UWG steht Mitbewerbern im Fall schuldhafter UWG-Verstöße auch ein 995
Anspruch auf Schadensersatz zu, wobei S. 2 ein Haftungsprivileg für die Presse
statuiert. In der Praxis bereitet die Ermittlung eines Schadens – trotz der Möglichkeit
der Schadensschätzung nach § 287 ZPO – häufig Schwierigkeiten. Verbraucher und
andere Marktteilnehmer sind wiederum nur im Rahmen des allgemeinen bürgerlichen Rechts geschützt.

Kauft E im vorigen **Beispiel** „feinste Wäsche" bei A, so haftet A im Fall der
Irreführung nach §§ 433 ff. BGB (vgl. insb. § 434 I 3 BGB und allg. oben
Rn 432 ff.). Ergibt sich aus der verbotenen Briefwerbung des B dem E ein
Schaden, so hilft ihm im Verschuldensfall § 823 I BGB.

III. Gewinnabschöpfung

996   § 10 UWG erweitert das Sanktionssystem um einen Anspruch auf Gewinnherausgabe. Die Vorschrift greift nur bei vorsätzlichen Verstößen gegen § 3 oder § 7
UWG und setzt zudem voraus, dass der Verletzer dadurch auf Kosten einer Vielzahl
von Abnehmern einen Gewinn erzielt. In solchen Fällen können die nach § 8 III
Nr. 2–4 UWG klagebefugten „Sachwalter" (Verbände und Kammern) die Herausgabe des Gewinns an den Bundeshaushalt verlangen.

Beispiel:

Hannes Hurtig nutzt die allgemeine Hysterie vor einer Privatrechtsklausur:
Sechs Tage vorher bewirbt er „sein" Buch massiv mit dem Hinweis, dass nur
hier die prüfungsrelevanten neuen Vorschriften erläutert seien (obwohl er weiß,
dass drei andere Bücher solche Erläuterungen auch enthalten). Dadurch setzt
er 350 Stück (statt sonst 50) ab. Durch die Irreführung verstößt er gegen §§ 3,
5 UWG. Mitbewerber oder Verbände werden aber kaum rechtzeitig Unterlassungsansprüche durchsetzen können, und es ist auch fraglich, ob Mitbewerber
einen Schaden dartun können. Damit sich solche Verstöße trotzdem nicht „loh-
nen", wurde der Gewinnabschöpfungsanspruch geschaffen.

IV. Verfahrensrechtliche Besonderheiten

997   Bevor Unterlassungsansprüche gerichtlich durchgesetzt werden, ist in der Regel
eine **Abmahnung** des unlauter Werbenden erforderlich (§ 12 I UWG). Der rechtmäßig Abgemahnte hat die Abmahnungskosten zu tragen (S. 2). Um unnötige
Abmahnungen zu vermeiden, die nur der Bereicherung von Abmahnvereinen u. ä.
dienen, verbietet § 8 IV UWG ausdrücklich die missbräuchliche Geltendmachung
von Abwehransprüchen.

998   Ist die Abmahnung gerechtfertigt, kann sich der unlauter Werbende einem
gerichtlichen Verfahren dadurch entziehen, dass er eine sogenannte **strafbewehrte
Unterlassungserklärung** abgibt. Er verpflichtet sich dann vertraglich gegenüber
dem Abmahnenden, eine Vertragsstrafe (§§ 339 ff. BGB) für den Fall zu zahlen,
dass er die unlautere Handlung wiederholt.

999   Unterlassungsansprüche werden wegen ihrer Eilbedürftigkeit meist durch eine
einstweilige Verfügung durchgesetzt (§§ 935 ff. ZPO). Dabei handelt es sich um
ein gerichtliches Eilverfahren, in dem der Anspruchsteller den behaupteten
Wettbewerbsverstoß lediglich glaubhaft machen muss (z. B. durch Urkunden oder
die Vorlage einer eidesstattlichen Versicherung).

  Da in einem solchen Eilverfahren der Antragsgegner in aller Regel nicht ange-
hört wird, behilft sich die Praxis häufig mit einer sogenannten **Schutzschrift**:
Rechnet ein Unternehmer mit einer einstweiligen Verfügung, sendet er dem zuständigen Gericht bereits vorsorglich seine Gegenargumente zu. Da häufig zahlreiche
Gerichte angerufen werden können, gibt es seit 2016 ein Schutzschriftenregister
(siehe § 945a ZPO und www.zssr.justiz.de)

F. Zur Fallstudie

Die skizzierte Benetton-Schockwerbung wurde vor allem in den neunziger Jahren **1000** breit diskutiert. Die Bilder des Fotografen Oliviero Toscani sind in dem Bildband „Die Werbung ist ein lächelndes Aas" zu sehen und im Internet leicht auffindbar. Sie sorgten für zahlreiche Prozesse – nicht nur in Deutschland. Hier klagte die Wettbewerbszentrale (s.o. Rn 993) gegen die Firma Benetton und den Verlag des „Stern" auf Unterlassung.

Bei Prüfung nach heutigem UWG ist zunächst festzustellen: Die Wettbe- **1001** werbszentrale ist anspruchsberechtigt nach § 8 I, III Nr. 2 UWG und Benetton und der Verlag des „Stern" sind zur Unterlassung verpflichtet – wenn die Veröffentlichung der Anzeigen nach § 3 oder § 7 UWG unzulässig ist.

Die Veröffentlichung der Anzeige ist eine **geschäftliche Handlung** (§ 2 I Nr. 1 **1002** UWG), da sie darauf abzielt, die Aufmerksamkeit für das Unternehmen Benetton zu steigern. Sie unterliegt daher der Kontrolle des UWG.

Da es um Werbung eines Unternehmens gegenüber Verbrauchern geht, ist **1003** zunächst in die **Schwarze Liste** zu schauen. Es ist aber keiner der aufgeführten Spezialtatbestände einschlägig.

Die Werbung ist unlauter und unzulässig nach §§ 3 I, II, 4a UWG, wenn sie **1004** **aggressiv** ist. Durch die Schockwirkung kommt eine Belästigung und vor allem eine unzulässige Beeinflussung in Betracht, da beim Verbraucher Gefühle des Mitleids mit der betroffenen Kreatur, der Ohnmacht und der Enttäuschung über die eigene Hilflosigkeit geweckt werden und seine Entscheidungsfreiheit damit beeinträchtigt würde. Von einer erheblichen Beeinträchtigung ist aber nicht auszugehen, da die Benettonwerbung zwar für besondere Aufmerksamkeit sorgte, die autonome Verbraucherentscheidung aber kaum antastete.

Die Werbung verstößt gegen das **Irreführungsverbot** und ist nach § 3 i.V.m. § 5 **1005** I 2 Nr. 3 UWG unlauter und unzulässig, wenn die Anzeigenserie den Eindruck hervorruft, dass sich Benetton mit dem Leid durch Umweltverschmutzung, unheilbare Krankheit und Kinderarbeit solidarisiere und damit irreführend den Eindruck erweckte, im Kampf gegen Umweltverschmutzung, Aids und Kinderarbeit besonders aktiv zu sein. Aber eine solche Botschaft ging von der Werbekampagne nicht aus.

Die Unzulässigkeit könnte sich aus § 7 I 1 UWG ergeben, wenn die schockieren- **1006** den Anzeigen das Publikum **unzumutbar belästigten**. Solche Darstellungen gehören aber zu unserer täglichen medialen Umwelt. Ihre Verbindung mit Kommerzinteressen mögen zwar von vielen als geschmacklos empfunden werden. Eine unzumutbare Belästigung begründet das aber nicht.

Daher bleibt als Prüfungsmaßstab die **Generalklausel** des § 3 I UWG, wobei **1007** insbesondere die Menschenwürde der Abgebildeten und der durch sie Repräsentierten (Art. 1 GG) gegen die Meinungs- und Pressefreiheit der Werbenden (Art. 5 I GG) abzuwägen ist.

Der BGH hatte die Werbung nach der Generalklausel des § 1 UWG alter Fassung **1008** zu beurteilen und bejahte jeweils die Sittenwidrigkeit: Es verstoße gegen das

Anstandsgefühl der angesprochenen Verkehrskreise, wenn die Darstellung schweren Leids gefühllos kommerzialisiert werde (BGH v. 6.7.1995 – I ZR 110/93, 239/93 und 180/94 = NJW 1995, 2488). Das BVerfG hob die Verurteilungen allerdings wieder auf, da Art. 5 I GG nicht hinreichend berücksichtigt sei: „Ein vom Elend der Welt unbeschwertes Gemüt des Bürgers ist kein Belang, zu dessen Schutz der Staat Grundrechtspositionen einschränken darf." (BVerfG v. 12.12.2000 – 1 BvR 1762/95 und 1787/95 = BVerfGE 102, 347 = JuS 2001, 601). Auch die erneute Abwägung des BGH, die im Fall „HIV positive" wiederum zur Unzulässigkeit der Werbung kam, (BGH v. 6.12. 2001 – I ZR 284/00 = NJW 2002, 1200) wurde vom BVerfG nicht gebilligt (BVerfG v. 11.3.2003 – 1 BvR 426/02 = GRUR 2003, 442).

G. Arbeitshinweise

I. Die wichtigsten Grundbegriffe

1009 **UWG** Gesetz gegen unlauteren Wettbewerb (2015 neu). Zentrale Kodifikation des Wettbewerbsrechts mit Generalklausel (§ 3), Schwarzer Liste (§ 3 III UWG mit Anhang), Einzeltatbeständen (§§ 3a–6) und Sondertatbestand gegen Belästigungen (§ 7).

Schutzzwecktrias Das UWG schützt nach seinem § 1: Mitbewerber, Verbraucher und andere Marktteilnehmer und damit auch die Allgemeinheit.

Mitbewerber Unternehmer in konkr. Wettbewerbsverhältnis (§ 2 I Nr. 3 UWG). Schutz insb. gegen Rufschädigung, Leistungsausbeutung und Behinderung, unlautere vergleichende Werbung, Ausspähung und Verrat (§§ 4, 6, 17–19 UWG).

Verbraucher § 2 II UWG und § 13 BGB. Schutz insb. gegen unangemessenen unsachlichen Einfluss, Ausnutzung von Unerfahrenheit, Leichtgläubigkeit, Angst oder Zwangslagen, verdeckte Werbung, irreführende Werbung und unzumutbare Belästigung.

Rechtsbruch § 3a UWG: Verstöße gegen Normen, die auch im Interesse von Marktteilnehmern Marktverhaltensregeln aufstellen, sind unlauter.

Nachahmung Grds. zulässig. Grenzen: Schutzrechte und § 4 Nr. 3 UWG (Herkunftstäuschung, unangemessene Ausnutzung oder Beeinträchtigung, unredlicher Know-how-Erwerb).

Vergleichende Werbung Grds. zulässig. Grenzen nach § 6 UWG insb.: Vernünftige Vergleichsbasis, wesentliche und nachprüfbare Eigenschaften, Schutzrechte, keine Irreführung.

Aggressive Werbung Vgl. §§ 3, 4a UWG: Belästigung, Nötigung und sonstige unzulässige Beeinflussung, die die Entscheidungsfreiheit der Marktteilnehmer gefährdet.

Irreführende Werbung Verboten nach §§ 3, 5 UWG. Irreführend ist eine Werbung schon, wenn sie geeignet ist, bei einem nicht unerheblichen Teil der Verkehrskreise eine verhaltenserhebliche Fehlvorstellung hervorzurufen.

Irreführung durch Unterlassen Nach § 5a I UWG allg. zu beurteilen wie Irreführungen durch positives Tun. Verbraucherschutz durch Informationspflichten (Abs. 2–4).

Belästigung Nach § 7 UWG verboten, wenn unzumutbar. Insb. verboten: Werbung gegen erkennbaren Willen des Beworbenen, Telefon- und E-Mail-Werbung ohne die erforderliche Einwilligung.

Abmahnung Aufforderung zur Unterlassung von Rechts-, hier: Wettbewerbsverstößen.

Unterlassungserklärung, strafbewehrt Vereinbarung einer Vertragsstrafe für den Fall einer Wiederholung des Wettbewerbsverstoßes.

Einstweilige Verfügung Vorläufige Regelung in schnellem gerichtlichen Verfahren (u. U. ohne Anhörung des Verfügungsgegners).

Schutzschrift Vorsorglich eingereichte Argumente gegen eine erwartete einstweilige Verfügung.

Preisangaben sind nach der PAngV gegenüber Endverbrauchern erforderlich. Grds. sind feste Endpreise, der Verkehrsauffassung entsprechend, nach den Grundsätzen der Preiswahrheit und -klarheit anzugeben.

Sonderveranstaltungen Verkaufsveranstaltungen im Einzelhandel außerhalb des regelmäßigen Geschäftsverkehrs zur Beschleunigung des Warenabsatzes mit Eindruck besonderer Kaufvorteile (SSV, WSV, „Sale" usw.). Früher speziell reguliert, heute grundsätzlich erlaubt.

II. Übungsaufgaben

1. Welche Rechtsgüter werden durch das UWG geschützt?
2. Kann der Letztverbraucher gestützt auf das UWG Ansprüche auf Schadensersatz oder Unterlassung geltend machen?
3. Welche Auswirkungen hat ein Verstoß gegen das UWG auf die zivilrechtliche Wirksamkeit des Vertrages?
4. Beschreiben Sie den Schutzzweck der Preisangabenverordnung.
5. Hat ein Käufer von Schreibwaren einen Anspruch auf 3 % Skonto, wenn er die Waren bar bezahlt?
6. Elektronik-Markt E wirbt auf Plakaten und in Prospekten: „MediRun"-DVD-Player für sensationelle 19 Euro – ab dem 2. 1. 2016! Bereits nach einer Stunde waren die DVD-Player nachweislich ausverkauft. Werbung unlauter?
7. Inspiriert durch seinen Thailand-Urlaub stellt Hannes H. einige arbeitslose Freunde für seinen „Mobilen Autoscheibenreinigungsdienst" ein: **1010** Sie seifen an Ampeln die Windschutzscheiben der haltenden Wagen ein und bieten dann freundlich die rasche Komplettreinigung für 1 € an. Die Zentrale zur Bekämpfung des unlauteren Wettbewerbs hält das für unlauter.
8. Inwiefern sind die Grundrechte der Beteiligten bei der Prüfung des § 3 I UWG relevant?
9. Ist die Werbung „X-Cola schmeckt besser als Y-Cola und hält Dich gesund" zulässig?
10. Beschreiben Sie kurz die Kriterien, nach denen beurteilt wird, ob eine Werbung irreführend ist.
11. Zeitschrift „S." wirbt für Anzeigenkunden: „S.– von 2010 bis 2015 Auflagensteigerung von 25 %". Der Herausgeber der Konkurrenzzeitschrift „F." weist nach, dass die Auflage des „S." 2010–2012 um über 25 % stieg, dann aber bis 2015

stagniert. Kann er Unterlassung verlangen?

12. Wie beurteilen sich Vertreterbesuche, Briefkastenwerbung, Telefonmarketing und Telefaxanschreiben wettbewerbsrechtlich?

13. Ist das UWG neben §§ 312b, 312g BGB auf unangekündigte Hausbesuche anwendbar?

14. A verkauft seine Waren unter dem Einkaufspreis. Sein Ziel ist es, seinen direkten Konkurrenten durch diese Kampfpreise in die Insolvenz zu treiben. Verstößt er damit gegen § 3 UWG?

15. Welchen Zweck hat eine Abmahnung nach dem UWG?

16. Was ist eine Schutzschrift?

III. Empfohlene Literatur

1011   Lehrbücher:
Lettl, Wettbewebsrecht (C.H. Beck);
Rittner/Dreher/Kulka, Wettbewerbs- und Kartellrecht (C.F. Müller).

Kommentar:
Köhler/Bornkamm, Gesetz gegen unlauteren Wettbewerb (C.H. Beck).
Besondere Zeitschriften:
GRUR (G.ewerblicher Rechtsschutz und Urheberrecht)
WRP (Wettbewerb in Recht und Praxis).

§ 14 Kartellrecht

Fallstudie: Fish & Chips

Die US-Firma Fish Corp. ist mit einem Marktanteil von 70 % Weltmarktführer für Computerchips und hat auch in Europa eine marktbeherrschende Stellung. Damit das so bleibt, gewährt die Fish Corp. Computerherstellern erhebliche Rabatte, sofern sie in mindestens 95 % ihrer Computer Fish-Chips verbauen. Der größte Computerhändler Deutschlands erhielt von der Fish Corp. Zahlungen dafür, dass er Computer mit anderen Chips aus dem Sortiment nahm. Schließlich bezahlte Fish auch andere Hersteller dafür, die Einführung von Computern mit anderen Chips zu verzögern oder die Vertriebskanäle für diese Computer einzuschränken.

Ein ähnlicher Fall führte 2009 dazu, dass die EU-Kommission ein Rekordbußgeld verhängte.

A. Überblick

So wie im Sport neben Fouls und Doping das „Schieben" verhindert werden muss,   1012
muss Wettbewerb nicht nur vor unlauteren Methoden, sondern auch vor Wettbewerbsbeschränkungen geschützt werden. Dieser Aufgabe widmet sich das **Kartellrecht**, das in weitem Umfang öffentliches Recht darstellt (s. Rn 12), hier aber im Zusammenhang mit dargestellt werden soll. Das Kartellrecht bekämpft nicht nur Kartelle, sondern verschiedene Formen von Wettbewerbsbeschränkungen.

I. Kartelle und andere Wettbewerbsbeschränkungen

Der Begriff Kartell bezeichnet typischerweise **wettbewerbsbeschränkende Verein-**   1013
barungen zwischen Unternehmen auf gleicher Wirtschaftsstufe (sog. Horizontalvereinbarungen).

© Springer-Verlag Berlin Heidelberg 2017
J. Meyer, *Wirtschaftsprivatrecht*, Springer-Lehrbuch,
DOI 10.1007/978-3-662-52734-4_14

> **Beispiel:**
> Die drei führenden Generika-Hersteller in Deutschland vereinbaren, ihr Medi-
> kament mit dem Wirkstoff BSS jeweils für 18,80 € zu verkaufen. Eine solche
> Preisabsprache setzt den Preiswettbewerb zwischen ihnen aus und beschränkt
> den Wettbewerb damit ganz erheblich. Eine solche Horizontalvereinbarung ist
> daher grundsätzlich verboten.

1014   Häufiger ergeben sich Wettbewerbsbeschränkungen allerdings aus Vereinbarungen
zwischen Unternehmen auf verschiedenen Wirtschaftsstufen, insbesondere in Lie-
ferverträgen und anderen Austauschverträgern (Vertikalvereinbarungen).

> **Beispiel:**
> Beliefert der BSS-Hersteller nur Apotheken, die sich verpflichten, BSS für 18,80 €
> weiter zu verkaufen, so ist der Preiswettbewerb auf der letzten Stufe in gleicher
> Weise beschränkt. Eine solche Preisbindung (Vertikalvereinbarung) ist ebenfalls
> grundsätzlich verboten.

1015   Ganz ähnliche Wirkungen haben oft Beschlüsse von Unternehmensvereinigungen
und aufeinander abgestimmte Verhaltensweisen der Unternehmen.
       Eine zweite Gruppe von Wettbewerbsbeschränkungen bilden die verschiedenen
Fälle von **Marktmachtmissbrauch** und andere einseitige Verhaltensweisen.

> **Beispiel:**
> Der BSS-Hersteller setzt sein Produkt EU-weit für 9–11 € ab, kann aber in
> Österreich 14 € verlangen, weil er dort ohne nennenswerte Konkurrenz ist, und
> setzt das auch durch.

1016   Wettbewerbsbeschränkungen entstehen aber nicht erst, wenn Marktmacht missbraucht wird, sondern bereits dann, wenn **Monopole** und andere **marktbeherrschende Stellungen** entstehen oder ausgebaut werden. Die Fusionskontrolle bezweckt
hier einen vorgreiflichen Schutz.

> **Beispiel:**
> Der BSS-Hersteller will den wichtigsten deutschen Konkurrenten aufkaufen.
> Dadurch würde er in Deutschland ähnlich wie in Österreich „Quasimonopolist"
> und EU-weit der zweitgrößte Pharmakonzern.

II. EU-Recht

1017   Das EU-Wettbewerbsrecht ist vor allem in den „Wettbewerbsregeln" der Art. 101 ff.
AEUV sowie der Fusionskontrollverordnung (FKVO) und der EU-Verordnung
1/2003 geregelt. Art. 101 AEUV enthält ein grundsätzliches Verbot von wettbewerbsbeschränkenden Vereinbarungen, Art. 102 AEUV enthält ein entsprechendes Verbot

von Marktmachtmissbrauch. Die Vorschriften greifen jeweils nur, wenn sich das Verhalten auf den zwischenstaatlichen Handel auswirkt.

Nach der Verordnung 1/2003 ist auf solche Sachverhalte nationales Kartellrecht nur sehr eingeschränkt anwendbar. Insbesondere darf das nationale Kartellrecht EU-rechtlich erlaubte Vereinbarungen nicht verbieten, es darf gegen Marktmachtmissbrauch aber strenger vorgehen. **1018**

Die weiteren Wettbewerbsregeln des AEUV betreffen auch öffentliche Unternehmen und staatliche Beihilfen, schützen den Wettbewerb im Binnenmarkt also vor Beschränkungen durch einzelne Mitgliedstaaten. **1019**

Schließlich greift die Fusionskontrollverordnung, wenn Unternehmenszusammenschlüsse eine gewisse Größe erreichen. **1020**

III. Das Gesetz gegen Wettbewerbsbeschränkungen

Das Gesetz gegen Wettbewerbsbeschränkungen (GWB), oft Kartellgesetz genannt, regelt ganz ähnlich zunächst wettbewerbsbeschränkende Vereinbarungen usw. (§§ 1–3 GWB) und dann verschiedene einseitige Verhaltensweisen wie den Marktmachtmissbrauch, Diskriminierungen und Boykotte (§§ 18–21 GWB). § 22 GWB regelt das schon grob beschriebene Verhältnis zu Art. 101, 102 AEUV. **1021**

Der folgende Abschnitt (§§ 24–27 GWB) hält für Verbände die Möglichkeit bereit, Wettbewerbsregeln aufzustellen und durch das Bundeskartellamt anerkennen und bekanntmachen zu lassen. Dadurch wird der Wirtschaft Raum zur Selbstregulierung gegeben und gleichzeitig eine Kontrolle der damit verbundenen Wettbewerbsbeschränkungen erreicht. Die §§ 28-31b GWB schaffen im Ergebnis Raum für weitergehende Wettbewerbsbeschränkungen für besondere Wirtschaftsbereiche wie die Land-, Energie- und Wasserwirtschaft sowie die Presse, um die besonderen Marktstrukturen zu schützen. **1022**

Die §§ 32-34a GWB enthalten ein Sanktionssystem, das den §§ 8 ff. UWG ähnlich ist. Als weitere Sanktion kommt die Nichtigkeit kartellrechtswidriger Rechtsgeschäfte nach § 134 BGB hinzu. **1023**

Der 7. Abschnitt (§§ 35–43 GWB) regelt die Fusionskontrolle und bildet damit das nationale Pendant zur FKVO der EU. Ergänzend begutachtet die Monopolkommission nach §§ 44 ff. GWB als unabhängiges Expertengremium die Unternehmenskonzentration und nimmt auch zu anderen wettbewerbspolitischen Fragen Stellung. **1024**

B. Wettbewerbsbeschränkende Vereinbarungen

Wettbewerbsbeschränkende Vereinbarungen, Beschlüsse und abgestimmte Verhaltensweisen sind nach Art. 101 AEUV grundsätzlich verboten, können aber unter besonderen Voraussetzungen freigestellt werden. §§ 1–3 GWB folgen diesem Regelungsschema. **1025**

I. Art. 101 AEUV

1026   Art. 101 AEUV enthält in Abs. 1 ein grundsätzliches Verbot wettbewerbsbeschränkender Vereinbarungen, Beschlüsse und abgestimmter Verhaltensweisen mit zwischenstaatlicher Wirkung. Nach Art. 101 II AEUV sind solche Vereinbarungen nichtig. Nach Abs. 3 können sie unter bestimmten Bedingungen von dem Verbot freigestellt werden, und zwar in Form von Einzel- oder Gruppenfreistellungen.

1. Die Verbotsadressaten

1027   Das Verbot des Art. 101 I AEUV richtet sich zunächst an Unternehmen und Unternehmensvereinigungen. **Unternehmen** ist jedes Wirtschaftssubjekt, das eine wirtschaftliche Tätigkeit in der Erzeugung oder im geschäftlichen Verkehr mit Waren oder gewerblichen Leistungen ausübt. Der Begriff ist also weiter als der des Unternehmers (§ 14 BGB), und auf die Rechtsform, Kaufmannseigenschaft o. ä. kommt es – wie im Konzernrecht – nicht an. Auch Unternehmen der öffentlichen Hand gehören dazu.

> **Beispiele:**
> Konzerne, einzelne Tochtergesellschaften, Freiberufler, Berufssportler, Arbeitgeber, Gewerkschaften und städtische Verkehrsbetriebe sind Unternehmen. Eine Gemeinde ist Unternehmen, soweit sie wirtschaftlich tätig wird, nicht aber im Rahmen ihrer hoheitlichen Tätigkeit.

1028   Entsprechendes gilt auch für die **Unternehmensvereinigungen**, so dass z. B. Vereine, Verbände, Gesellschaften und auch öffentlich-rechtliche Körperschaften darunter fallen können. Unternehmensvereinigungen sind alle Organisationen, die auf das Marktverhalten ihrer Mitglieder Einfluss ausüben können.

> **Beispiele:**
> Arbeitgeberverbände, Wirtschaftsverbände, IHK und Handwerkskammer, Ärzte- und Rechtsanwaltskammern.

2. Verbotene Verhaltensweisen

1029   Verboten sind vor allem wettbewerbsbeschränkende **Vereinbarungen**, also zwei- und mehrseitige Einigungen. Dabei ist es gleichgültig, ob die beteiligten Unternehmen miteinander im Wettbewerb stehen (Horizontalvereinbarungen) oder auf verschiedenen Wirtschaftsstufen angesiedelt sind (Vertikalvereinbarungen). Es muss sich auch nicht um wirksame Verträge handeln.

> **Beispiele:**
> *Horizontal:* die Preisabsprache mehrerer Apotheker (s.o.), die Einigung mehrerer Spediteure über regionale Aufteilungen, mehrerer Bergwerke über Förderquoten, verabredetes Bieten mehrerer Bauunternehmer in einem Vergabeverfahren, ein Gesellschaftsvertrag mit Wettbewerbsklausel.

Vertikal: Preis- und Vertriebsbindungssysteme (s.o.), Bierlieferungsverträge mit Ausschließlichkeitsbindung („kein anderes Bier …"), Blockbuchung von Filmen (Top-Filme werden nur im Paket mit Ladenhütern verliehen). Nicht erfasst sind z. B. Gebietsaufteilungen in einem Vertrag zwischen mehreren Tochterunternehmen oder aufgrund einer Weisung der Konzernzentrale (sog. Konzernprivileg).

Gleichgestellt sind zum einen *Beschlüsse* von Unternehmensvereinigungen.   **1030**

> **Beispiel:**
> Beschließt der europäische Spediteursverband eine regionale Aufteilung, so ist das ebenso verboten wie eine Vereinbarung der Spediteure.

Zum anderen fällt auch bloßes *abgestimmtes Verhalten*, z. B. durch Verständigung   **1031**
ohne Verbindlichkeit (Gentlemen's agreement) oder bloße gemeinsame Ausrichtung des Verhaltens unter das Verbot.

3. Wettbewerbsbeschränkung

Zentrales Verbotsmerkmal ist die Wettbewerbsbeschränkung. Die Vereinbarung   **1032**
(usw.) muss die Verhinderung, Einschränkung oder Verfälschung des Wettbewerbs entweder bezwecken oder bewirken.

Geschützt wird der **Wettbewerb** auf Angebots- und Nachfragemärkten in hori-   **1033**
zontaler wie vertikaler Richtung unter Einschluss bloß potenziellen Wettbewerbs. Eine **Beschränkung** des Wettbewerbs ergibt sich, wenn die fragliche Maßnahme auf dem relevanten Markt die wirtschaftliche Entfaltungsmöglichkeit von Mitbewerbern oder anderen (auch potenziellen) Marktteilnehmern im Vergleich zu den „Normalbedingungen" ohne diese Maßnahme beeinträchtigt.

Ausgangspunkt der erforderlichen Gesamtwürdigung ist regelmäßig die   **1034**
Abgrenzung des relevanten Marktes in sachlicher, räumlicher und manchmal zeitlicher Hinsicht. Dabei ist entscheidend, inwieweit Angebote oder Nachfrager konkurrieren, die angebotenen oder nachgefragten Produkte oder Leistungen also austauschbar sind. Der *sachlich* relevante Markt wird danach in erster Linie durch die objektiven Merkmale und Verwendungsmöglichkeiten eines Produkts bestimmt.

> **Beispiel:**
> U liefert 12 % aller Bananen in der EU, d. h. 0,6 % aller frischen Früchte. Ob eine Vereinbarung zwischen U und V den zwischenstaatlichen Handel spürbar beeinträchtigt, hängt davon ab, ob es um den Markt für Bananen oder den für Frischobst geht. Liefert U 35 % aller Bananen, beantwortet sich entsprechend die Frage nach einer marktbeherrschenden Stellung je nach Marktabgrenzung anders. Der EuGH hat in einem solchen Fall andere frische Früchte nicht als Substitutionsgüter angesehen, da sie sich im Hinblick auf die wesentlichen Merkmale (ganzjährige

Verfügbarkeit, Weichheit, Kernlosigkeit und leichte Handhabbarkeit) kaum als Bananenersatz eigneten (EuGH v. 14.02.1978 – C-27/76 = Slg. 1978, 207).

1035 Einen wesentlichen Anhalt für die sachliche Marktabgrenzung liefert die Kreuzpreiselastizität: Würde sich z.B. eine Bananenverteuerung um 10% spürbar auf die Traubenpreise auswirken?

1036 Der *örtlich* relevante Markt ist etwa durch Transportkosten, Sprachbarrieren oder andere Wettbewerbsbedingungen gekennzeichnet.

Beispiele:

Für Flugzeugtriebwerke ist der Weltmarkt relevant, für den Letztverkauf von Frühstücksbrötchen ein lokaler. Im obigen Bananenfall hat der EuGH die seinerzeitige EWG als relevanten Bananemarkt gesehen und Frankreich und Großbritannien wegen ihrer besonderen Einfuhrbestimmungen ausgenommen.

1037 In besonderen Fällen ist zudem eine zeitliche Marktabgrenzung nötig.

Beispiel:

Tickets für die Fußball-WM 2010 sind nicht durch Tickets zur nächsten Europa- oder Weltmeisterschaft substituierbar.

1038 Die auf den relevanten Markt bezogene Wettbewerbsbeschränkung muss durch die fragliche Vereinbarung (usw.) entweder **bezweckt oder bewirkt** sein. Wird sie *bezweckt*, so braucht die tatsächliche Auswirkung nicht festgestellt zu werden. Das nimmt der EuGH nicht nur bei festgestellter Absicht an, sondern schon dann, wenn die Maßnahme objektiv zur Beschränkung geeignet ist.

Beispiele:

Eine Horizontalvereinbarung von Mindestverkaufspreisen bezweckt eine Wettbewerbsbeschränkung „ihrer Natur nach". Ein VW-Bonus-System für italienische Vertragshändler, das nur greift, wenn mindestens 85% der Autos in Italien verkauft werden, hat per se eine gewisse Gebietsaufteilung zum Ziel und bezweckt damit eine Wettbewerbsbeschränkung (EuGH v. 18. 9. 2003 – C-338/00 = GRUR Int. 2004, 40).

1039 Eine Maßnahme *bewirkt* eine Wettbewerbsbeschränkung, sobald sie auch nur mitursächlich ist; auch hier gilt die Bündeltheorie (Rn 1041).

1040 Schließlich muss die bezweckte oder bewirkte Wettbewerbsbeschränkung (wie die Binnenmarktrelevanz) **spürbar** sein. Daumenregel: Haben die beteiligten Unternehmen einen Marktanteil unter 1%, wird die Spürbarkeit regelmäßig verneint, bei über 5% regelmäßig bejaht.

4. Zwischenstaatliche Auswirkung

1041 Weiteres Tatbestandsmerkmal des Art. 101 AEUV ist, dass die Vereinbarung usw. geeignet ist, den Handel zwischen Mitgliedstaaten zu beeinträchtigen. Die

Zwischenstaatlichkeitsklausel grenzt, wie schon gesehen, das EU-Recht vom nationalen Kartellrecht ab.

Beispiele:
Die drei führenden Generika-Hersteller in Deutschland vereinbaren, ihr Medikament mit dem Wirkstoff BSS deutschlandweit für (recht stattliche) 18,80 € zu verkaufen. Diese Preisabsprache beeinträchtigt zunächst nur den deutschen Markt. Daher greift nicht Art. 101 AEUV sondern § 1 GWB. Vereinbaren die Unternehmen stattdessen einen gemeinsamen Dumping-Preis von 8,80 €, um die Konkurrenz zu schwächen, hat das zwischenstaatliche Wirkung, da der Markt auch gegenüber der Konkurrenz aus anderen Mitgliedsländern abgeschottet wird (vgl. EuGH v. 17. 10. 1972 – C-8/72 = Slg. 1972, 977). Ein überlanger Bierlieferungsvertrag mit Ausschließlichkeitsbindung beeinträchtigt den zwischenstaatlichen Handel selbst bei einer grenznahen Gaststätte nicht. Die vielfache Verwendung solcher Verträge kann aber schnell auch auf dem gemeinsamen Markt spürbar werden (Bündeltheorie, vgl. EuGH v. 28. 2. 1991 – C-234/89 = EuZW 1991, 376.)

---

5. Die Regelbeispiele des Art. 101 I AEUV

Art. 101 I AEUV zählt unter Buchstaben a) bis e) Maßnahmen auf, die „insbesondere" wettbewerbsbeschränkend sind. Der Katalog ist also nicht abschließend, beinhaltet aber besonders typische Wettbewerbsbeschränkungen.   **1042**

(a) Eine **Festsetzung von Preisen und Geschäftsbedingungen** kommt natürlich   **1043**
in jedem Vertrag vor. Gemeint sind horizontale Preis- und Konditionenabsprachen sowie vertikale und horizontale Preis- und Konditionenbindungen.

Vgl. die **Beispiele** Rn 1013, 1014. Ähnlich wird der Wettbewerb mit Geschäftsbedingungen oder Konditionen eingeschränkt, wenn Textilhändler verabreden, keine Umtauschrechte über §§ 437, 440, 323 BGB hinaus zu gewähren. Einen ähnlichen Effekt hat es, wenn der Verband der Textilhändler einen solchen Beschluss fasst oder wenn Textilhersteller H eine entsprechende Verpflichtung in seine Händlerverträge aufnimmt.

(b) **Einschränkungen in Produktion, Absatz, Entwicklung oder Investitionen**   **1044**
wirken ebenfalls typischerweise wettbewerbsbeschränkend.

Beispiele:
Verabredete Förder- oder Exportquoten, Vorgabe bestimmter Normen für Steckverbindungen durch Fachverband, Kooperationsvereinbarung, wonach U nur im Bereich Schmerzmittel und V nur im Bereich Schlafmittel forscht und investiert.

(c) Das Verbot der **Aufteilung der Märkte und Versorgungsquellen** ist für den   **1045**
Binnenmarkt von zentraler Bedeutung.

> **Beispiele:**
> A verpflichtet sich gegenüber B und C, nur Überseeweine zu importieren oder nur nach Spanien und Portugal zu importieren. VW verpflichtet Vertragshändler, eine Agenturtätigkeit im Leasinggeschäft nur für die VW-Leasing zu entfalten. Einkauf nur noch über eine gemeinsame Internetplattform.

1046   (d) Die **Diskriminierung von Handelspartnern** durch Vereinbarungen usw. ist ebenfalls grundsätzlich verboten.

> **Beispiele:**
> Die Canon-Vertretungen in A, B und C verabreden teurere Reparaturpreise für parallelimportierte Geräte. Fleischereiverband V beschließt ohne Sachgrund den Ausschluss oder die Nichtaufnahme des Fleischerbetriebs F. Ein selektives Vertriebsbindungssystem muss nach einheitlichen Sachkriterien selektieren.

1047   (e) Schließlich sind auch **Koppelungsgeschäfte** typischerweise wettbewerbsbeschränkend.

Ein **Beispiel** bildeten schon Blockbuchungen bei Kinofilmen. Art. 101 I AEUV verbietet sowohl die Koppelung von Top-Filmen und Ladenhütern als auch eine entsprechende Verabredung unter den Filmverleihern.

II. Freistellungen nach Art. 101 III AEUV

1048   Vereinbarungen, Beschlüsse und abgestimmte Verhaltensweisen, die nach Art. 101 I AEUV grundsätzlich verboten sind, können nach Abs. 3 gruppenweise oder im Einzelfall von diesem Verbot ausgenommen sein.

1. Allgemeine Freistellungsvoraussetzungen

1049   Abs. 3 enthält zunächst zwei positive Voraussetzungen. Die Vereinbarung muss erstens zur Verbesserung der Warenerzeugung oder -verteilung oder zur Förderung des technischen oder wirtschaftlichen Fortschritts beitragen.

> **Beispiele:**
> Eine Produktionskooperation kann die Produktionsqualität erhöhen, ein gemeinsamer Vetrieb die Absatzkosten verringern. Know-how-Transfer oder eine gemeinsame Forschungseinrichtung können technischen und wirtschaftlichen Fortschritt beschleunigen.

1050   Zweitens müssen die Verbraucher an dem entstehenden Gewinn angemessen beteiligt werden.

Im vorigen **Beispiel** muss sich die Produktionskooperation hinreichend in verbesserter Produktionsqualität niederschlagen und nicht nur die Unternehmensgewinne erhöhen. Die verringerten Absatzkosten müssen zu niedrigeren Preisen führen. Entsprechend müssen die Verbraucher am Fortschritt partizipieren.

Zudem sieht Art. 101 III AEUV zwei Ausschlussgründe vor. Die Vereinbarung   **1051**
(usw.) darf zum einen nur Beschränkungen vorsehen, die zur Erreichung der vorge-
nannten Ziele unerlässlich sind (Übermaßverbot). Zum anderen darf sie nicht die
Möglichkeit eröffnen, den Wettbewerb für einen wesentlichen Teil der Waren aus-
zuschalten. Es darf also insbesondere trotz aller Vorteile keine monopolähnliche
Situation entstehen.

2. Die Gruppenfreistellungen im Überblick

Die erforderliche wirtschaftspolitische Abwägung wird teils in abstrakt-genereller   **1052**
Weise getroffen, indem der Rat oder die Kommission sogenannte Gruppenfreistellungsverordnungen (GVO) erlassen. Diese Verordnungen fassen regelmäßig Vereinbarungen eines bestimmten Typs oder Sektors (einer „Gruppe") zusammen und
beschreiben ihre Möglichkeiten und Grenzen.

Regelmäßig beschränken GVO die Freistellung anhand von *Schwellenwerten*, so   **1053**
dass Vereinbarungen von kleinen und mittleren Unternehmen weitgehend freigestellt sind, während im Übrigen eine Einzelfallprüfung erfolgt. Zudem enthalten sie
üblicherweise sog. schwarze Listen mit *Kernbeschränkungen (" hard core restric-
tions")*, die auch im sonst freigestellten Bereich tabu sind.

Die betroffenen Unternehmen werden dadurch nicht zu entsprechenden Verein-   **1054**
barungen gezwungen. Sie bewegen sich aber im verbotsfreien Raum, solange sie
sich im Rahmen der GVO halten. Allerdings können die Kommission und die nationalen Wettbewerbsbehörden im Einzelfall die Freistellung entziehen, wenn die
Wirkungen einer Vereinbarung mit Art. 101 III AEUV nicht vereinbar sind.

Beispiele:
Gruppenfreistellungen finden sich z. B. für den Kfz-Handel, den Luftverkehr
und den Versicherungssektor, für Spezialisierungsvereinbarungen, Technolo-
gietransfer sowie Forschung und Entwicklung.

3. Die sog. Vertikal-GVO als Beispiel

Die EU-Verordnung 330/2010 behandelt **vertikale Vereinbarungen** und hat vor   **1055**
allem Alleinvertriebs- und -bezugsvereinbarungen, selektive Vertriebssysteme,
Koppelungsbindungen und Franchiseverträge im Auge. Die Verordnung ist nur auf
vertikale Vereinbarungen und abgestimmte Verhaltensweisen anwendbar und auch
nur insoweit, als keine andere GVO eingreift.

Im Anschluss an einige Begriffsbestimmungen (Art. 1) enthält sie die **zentrale**   **1056**
Freistellung in Art. 2 I: Vertikale Beschränkungen werden allgemein vom Verbot
des Art. 101 AEUV ausgenommen – allerdings nur in den Grenzen der Art. 3–5.

Die Freistellung gilt nach Art. 3 nicht, wenn der bindende Anbieter oder Nach-   **1057**
frager einen Marktanteil von über 30 % hat. Die **Schwellenwerte** (zur Berechnung
vgl. Art. 7) gehen davon aus, dass die in Art. 101 III AEUV vorausgesetzten Effi-
zienzsteigerungen die Nachteile der Beschränkung nur überwiegen, wenn im übrigen ein ausreichender Wettbewerb verbleibt, der den gebundenen Unternehmen
Ausweichmöglichkeiten sichert.

Die Freistellung gilt zudem nicht für die **Kernbeschränkungen**. Nach   **1058**
Art. 4 entfällt die Gruppenfreistellung, wenn die Vereinbarung die aufgeführten

Beschränkungen enthält. Dazu gehören insbesondere *Preisbindungen* (lit. a); nur Höchstpreise und Empfehlungen sind zulässig, soweit kein Druck ausgeübt wird. Auch Gebiets- und Kundenbeschränkungen sind nur in gewissem Rahmen zulässig (lit. b-e).

> **Beispiel:**
>
> F vertreibt bei einem Marktanteil von 8 % Kochutensilien in einem Franchisesystem. Er gestattet den Franchisenehmern den Verkauf nur von den von ihm zugelassenen Niederlassungen aus, schreibt eine bestimmte Mindestgröße und Ladenausstattung vor und empfiehlt Preise unter Hinweis auf die Kündigungsklausel im Vertrag. Hier handelt es sich um vertikale Beschränkungen, die nach Art. 2 I der GVO 330/2010 grundsätzlich freigestellt sind. Die Schwellenwerte des Art. 3 sind auch nicht überschritten. Die Beschränkung auf zugelassene Niederlassungen fällt zwar grundsätzlich unter das Verbot von Aktivverkäufen auf Einzelhandelsstufe (Art. 4 lit. c). Die Vorschrift macht für Standortklauseln aber eine Ausnahme, so dass es insoweit bei der Freistellung bleibt. F verstößt allerdings gegen das Preisbindungsverbot (Art. 4 lit. a), denn er verbindet die „Preisempfehlung" mit Druck. Das ist auch beim Franchising allgemein nicht akzeptabel (BGH v. 2. 2. 1999 – KZR 11/97 = NJW 1999, 2671). Daher gilt die Gruppenfreistellung für die Vereinbarung insgesamt nicht. Sie verstößt somit gegen Art 101 I AEUV, sofern nicht die allgemeinen Freistellungsvoraussetzungen im Einzelfall festzustellen sind.

1059   Art. 5 verbietet darüber hinaus bestimmte **Wettbewerbsverbote.** Sie sind gegebenenfalls unwirksam, führen aber nicht zum Verbot der ganzen Vereinbarung.

Wenn F im vorigen **Beispiel** den Franchisenehmern nach Vertragsende für zwei Jahre anderweitigen Handel mit Kochutensilien verbietet, so verstößt das gegen Art. 5 I lit. b.

4. „Einzelfreistellungen"

1060   Art. 101 III AEUV sieht neben den Gruppenfreistellungen auch Einzelfreistellungen vor. Tatsächlich wurden früher Vereinbarungen (usw.), die unter Art. 81 I EGV aber keine GVO fielen, nach Anmeldung oder auf Antrag geprüft und erhielten ggf. eine Einzelfreistellung. Dieses System der Präventivkontrolle ist mittlerweile aufgegeben. Nach Art. 1 II der VO 1/2003 sind solche Vereinbarungen (usw.), die die Voraussetzungen des Art. 101 III AEUV erfüllen, „nicht verboten, ohne dass dies einer vorherigen Entscheidung bedarf."

1061   Der Begriff der „Einzelfreistellung" darf daher nicht irreführen: Unternehmen, die wettbewerbsbeschränkende Vereinbarungen i.S.d. Art. 101 I AEUV treffen, müssen selbst prüfen, ob diese die Voraussetzungen einer GVO oder sonst die allgemeinen Freistellungsvoraussetzungen (s.o. Rn 1049 ff.) erfüllen. Im Streitfall übernehmen die nationalen oder europäischen Kartellbehörden und Gerichte die Prüfung.

III. Das Kartellverbot des § 1 GWB

Wie das EU-Recht enthalten §§ 1–3 GWB ein grundsätzliches Verbot und Freistel- **1062**
lungen.

1. Anwendungsbereich

Die §§ 1–3 GWB gelten für wettbewerbsbeschränkende Vereinbarungen, Beschlüsse **1063**
und abgestimmte Verhaltensweisen, die nicht unter das EU-Recht fallen, weil sie
den zwischenstaatlichen Handel nicht oder jedenfalls nicht spürbar beschränken.
Sie sind also vor allem für Wettbewerbsbeschränkungen von Bedeutung, die sich
nur auf innerdeutsche Märkte auswirken.

Formal sind die §§ 1–3 GWB auch anwendbar, wenn Art. 101 AEUV greift; es **1064**
bleibt dann aber bei den EU-rechtlichen Wertungen (§ 22 GWG).

2. Der Verbotstatbestand

Der Tatbestand des § 1 GWB ist wortgleich mit Art. 101 AEUV formuliert, nur die **1065**
Zwischenstaatlichkeitsklausel und der Beispielskatalog fehlen. Der deutsche
Gesetzgeber lehnt sich damit bewusst an das EU-Recht an. Daher gilt das zu Art. 101
AEUV Gesagte auch hier; auch der Beispielskatalog und die EuGH-Rechtsprechung
können herangezogen werden.

Das Verbot gilt für horizontale und vertikale Vereinbarungen gleichermaßen; die **1066**
traditionelle deutsche Unterscheidung (vgl. §§ 1 ff. und 14 ff. GWB a.F.) wurde
2005 aufgegeben. Zur Beurteilung der Wettbewerbsbeschränkung ist wiederum
eine Abgrenzung des relevanten Markts erforderlich. Im Einklang mit dem EU-Recht
greift auch § 1 GWB nur, wenn die bezweckte oder hervorgerufene Wettbewerbsbeschränkung spürbar ist.

3. Freistellungen nach § 2 GWB

§ 2 GWB übernimmt auch im Hinblick auf die Freistellungen die Wertungen des **1067**
EU-Rechts. Abs. 1 legt die allgemeinen Freistellungsvoraussetzungen wie Art. 101
III AEUV fest (s.o. Rn 1049 ff.) und enthält in Abs. 2 eine dynamische Verweisung
auf die aktuell geltenden Gruppenfreistellungsverordnungen (s.o. Rn 1052 ff.). Die
GVO gelten danach auch für Vereinbarungen (usw.), die für den Binnenmarkt nicht
relevant sind, und im Übrigen bleibt die Prüfung der allgemeinen Freistellungsvoraussetzungen.

Wenn sich im vorigen **Beispiel** das Franchisesystem des F nur auf den süddeut-
schen Raum auswirkt, bleibt das EU-Recht unanwendbar. Der Franchisevertrag
ist aber dennoch eine wettbewerbsbeschränkende Vereinbarung zwischen Unternehmen und fällt unter das grundsätzliche Verbot des § 1 GWB. Er ist auch nicht
nach § 2 GWB durch die Vertikal-GVO freigestellt, denn die „Preisempfehlung"
mit Kündigungsdruck läuft der GVO zuwider. Würde der Vertrag lediglich ein
zweijähriges nachvertragliches Wettbewerbsverbot enthalten, wäre nur dieses
nach Art. 5 I lit. b VO i.V.m. § 2 II GWB unwirksam, und die Gruppenfreistellung
bliebe unberührt.

4. Mittelstandskartelle

1068   § 3 GWB enthält eine zusätzliche Freistellung für horizontale Vereinbarungen und Beschlüsse, die durch Kooperation zur Rationalisierung führen, wenn sie den Wettbewerb nicht wesentlich beeinträchtigen und dazu dienen, die Wettbewerbsfähigkeit kleiner oder mittlerer Unternehmen zu verbessern.

> **Beispiele:**
> Vertriebsgemeinschaft mehrerer mittelständischer Unternehmer; mehrere kleinere Taxiunternehmer schließen sich genossenschaftlich zu einer Taxi-Funk-Zentrale zusammen.

1069   Eine solche über das EU-Recht hinausgehende Freistellung ist möglich, solange der zwischenstaatliche Handel zumindest nicht spürbar beschränkt wird.

5. Preisbindung für Verlagserzeugnisse

1070   Für Verlagserzeugnisse besteht eine Ausnahme vom allgemeinen Preisbindungsverbot, und zwar auf zwei Ebenen.

1071   Das **Buchpreisbindungsgesetz** schreibt für Bücher, Noten, karthographische Erzeugnisse und dergleichen die Festsetzung verbindlicher Preise beim Verkauf an Letztabnehmer in Deutschland vor.

1072   Für **Zeitungen und Zeitschriften** gilt dieser gesetzliche Preisbindungszwang nicht. Nach § 30 GWB sind vertikale Preisbindungen aber vom Verbot des § 1 GWB ausgenommen, wenn sie schriftlich erfolgen. Das gilt auch für Substitutionsprodukte wie Zeitschriften auf CD-ROM.

1073   Freilich können sich diese Regelungen nicht über das EU-Recht hinwegsetzen. Die Unionsorgane akzeptieren sie aber, solange sie sich auf den deutschen Markt beschränken.

C. Einseitige Maßnahmen

1074   Einseitige Maßnahmen unterliegen im EU-Recht der Missbrauchskontrolle des Art. 102 AEUV. Im deutschen Recht treffen die §§ 18 ff. GWB teils weitergehende Regelungen.

I. Das Missbrauchsverbot des Art. 102 AEUV

1. Marktbeherrschung

1075   Adressaten des Missbrauchsverbots sind Unternehmen, die allein oder zusammen eine marktbeherrschende Stellung haben.

1076   Der Begriff der **Unternehmen** entspricht dem des Art. 101 AEUV (s.o. Rn 1027), ist also rechtsform-, größen- und branchenunabhängig.

1077   **Marktbeherrschend** ist ein Unternehmen, wenn es auf dem relevanten Markt zumindest keinem wesentlichen Wettbewerb ausgesetzt ist oder auf diesem Markt im Verhältnis zu seinen Wettbewerbern eine überragende Marktstellung hat, so dass es sich seinen Mitbewerbern, Abnehmern und letztlich den Verbrauchern gegenüber in nennenswertem Umfang unabhängig verhalten kann.

Ausgangspunkt der Prüfung ist daher auch hier die Abgrenzung des relevanten Marktes in räumlicher, vielleicht zeitlicher und vor allem in sachlicher Hinsicht.

> **Beispiele:**
> Bananen und anderes Frischobst bilden keinen einheitlichen Markt (s.o. Rn 1034). Für die Frage nach der marktbeherrschenden Stellung eines Kleinwagen-Herstellers bleiben zumindest Nutzfahrzeuge, Ober- und Mittelklasse-Pkw außer Betracht. Tages- und Wochenzeitungen bilden verschiedene Märkte, ebenso überregionale und regionale Zeitungen.

Allerdings kann eine beherrschende Stellung auf einem Markt eine Marktbeherr-   1078
schung auf einem anderen, eng verbundenen Markt begründen oder verstärken (Marktmachttransfer).

> **Beispiele:**
> Es gibt keinen einheitlichen Markt für Vitamine, da z. B. Vitamin B nicht durch andere Vitamine ersetzbar ist. Die Beherrschung des Markts für Vitamin B begünstigt aber die Beherrschung auch anderer Vitaminmärkte.

Monopolisten sind ohne weiteres marktbeherrschend, Quasimonopolisten in aller   1079
Regel auch. Auch sonst bilden hohe Marktanteile ein wesentliches Indiz, sind aber in Relation zur sonstigen Marktstruktur zu beurteilen. So verleiht ein Marktanteil von 30 % kaum eine marktbeherrschende Stellung, wenn zwei Mitbewerber Anteile von 40 und 25 % haben, wohl aber, wenn es keine ähnlich großen Mitbewerber gibt und weitere Umstände wie ein großer technologischer Vorsprung vor den Konkurrenten oder besonders gute Zugangsmöglichkeiten zu den Beschaffungs- und Absatzmärkten hinzukommen. Marktbeherrschend können auch zwei oder mehr Unternehmen sein, wenn sie zusammen agieren.

2. Missbrauch der marktbeherrschenden Stellung

Das Verbot des Art. 102 AEUV richtet sich gegen die missbräuchliche Ausnutzung   1080
einer solchen marktbeherrschenden Stellung. Auch marktbeherrschende Unternehmen können natürlich ihre Eigeninteressen wahrnehmen und dabei auch Maßnahmen treffen, die sich gegen die Konkurrenz richten. Sie haben aber zum Schutz des ohnehin beschränkten Wettbewerbs besondere Rücksicht zu nehmen.

Eine hilfreiche Leitlinie liefert wiederum der Vergleich mit einer ungehinderten Wettbewerbssituation: Wenn das fragliche Verhalten des Marktbeherrschers auch ohne diese beherrschende Stellung ökonomisch rational wäre, ist ein Missbrauch regelmäßig nur anzunehmen, wenn es gerade mit Rücksicht auf diese Stellung und die Auswirkungen auf Mitbewerber oder den Wettbewerb in erheblichem Maß unangemessen erscheint. Wäre das Verhalten unter „Normalbedingungen" nicht rational, liegt der Vorwurf der missbräuchlichen Ausnutzung erheblich näher.

3. Die Beispielstatbestände des Abs. 2

1081 Eine nähere Konkretisierung ergibt sich aus den Beispielstatbeständen des Art. 102 II lit. a-d AEUV, die weitgehend mit denen des Art. 101 I AEUV korrespondieren. Setzt ein Unternehmen eine wettbewerbsbeschränkende Vereinbarung unter Ausnutzung seiner marktbeherrschenden Stellung durch, greifen Art. 101 und 102 AEUV nebeneinander.

1082 (a) Ein klassischer Fall ist der **Ausbeutungsmissbrauch,** bei dem das marktbeherrschende Unternehmen als Anbieter überhöhte oder als Nachfrager geringere Preise oder allgemeiner ihm günstige Konditionen durchsetzt, die deutlich von denen abweichen, die sich auf einem hypothetischen Wettbewerbsmarkt ergeben würden.

Vgl. das **Beispiel** von oben A I: Ein Pharmahersteller setzt sein Produkt BSS EU-weit für 9–11 € ab, kann aber in Österreich 14 € verlangen, da er dort ohne relevante Konkurrenz ist, und setzt das auch durch. Im Bananenfall (s. o. Rn 1034) hat der EuGH keine unangemessenen Verkaufspreise des Marktbeherrschers U angenommen, da der wichtigste Konkurrent nur 7 % billiger war. Er hielt es aber für eine unangemessene Geschäftsbedingung, dass U den Reifereien den Verkauf noch grüner Bananen verbot, da sie dadurch faktisch auf regionale Märkte beschränkt wurden.

1083 (b) Auch **verbraucherschädigende Einschränkungen** von Produktion, Absatz oder technischer Entwicklung (Verknappungen) stellen einen typischen Missbrauch dar. Damit sind sowohl eigene Einschränkungen des Marktbeherrschers als auch Einschränkungen bei Dritten gemeint.

Beispiele:
A hat durch Patente eine Monopolstellung für bestimmte Pkw-Ersatzteile, hält aber durch künstliche Produktionsdrosselung die Preise hoch. B verbietet den Weiterverkauf grüner Bananen (s. o.): Einschränkung fremden Absatzes. Medienkonzern C hat einen Marktanteil von 25 % bei TV-Sendern und von 8 % bei Programmzeitschriften. Wenn C nur die eigenen Zeitschriften mit Programminformationen versorgt, liegt ein Marktmachtmissbrauch vor, da er seine Monopolstellung hinsichtlich der Informationen ausnutzt (Marktmachttransfer, vgl. EuGH v. 6. 4. 1995 – C-241/91 u. a. = Slg. 1995 I, 743). Pharmagigant D hält Forschungsergebnisse unter Verschluss und behindert so die technische Entwicklung.

1084 (c) Eine klassische Fallgruppe stellt auch die **Diskriminierung** dar, also die Benachteiligung von Handelspartnern durch ungerechtfertigt ungleiche Konditionen.

Beispiele:
A nutzt seine führende Rolle im Plakatdruck, um Rechtsparteien höhere Preise abzuverlangen. Marktführer B gewährt geringe Mengen- und erhebliche

Treuerabatte. Dadurch entstehen bei Kunden mit gleicher Abnahmemenge unterschiedliche Preise, die nicht gerechtfertigt sind, da der Bindungszweck die marktbeherrschende Stellung noch vergrößern soll.

(d) **Koppelungsgeschäfte**, wie das Blockbuchen von Filmen (s.o. Rn 1047), führen typischerweise zur Zementierung und Vergrößerung einer marktbeherrschenden Stellung und erfüllen daher vielfach den Missbrauchstatbestand.   **1085**

> **Beispiele:**
> Hilti verkauft Bolzenschussgeräte nur zusammen mit Bolzen und nutzt damit seine marktbeherrschende Stellung bei den Geräten, um seine marktbeherrschende Stellung beim Zubehör auszubauen.

4. Weitere Fallgruppen

Wie bei Art. 101 AEUV ist auch der Beispielskatalog des Art. 102 II AEUV nicht abschließend („insbesondere"). Fälle, die nicht recht unter die beschriebenen Tatbestände passen, stellen also gleichwohl einen Marktmachtmissbrauch dar, wenn die allgemeinen Voraussetzungen des Art. 102 I AEUV erfüllt sind.   **1086**

> **Beispiele:**
> Marktführer A bietet seine Getränkeverpackungen überall dort, wo Konkurrent B aktiv ist, zu Preisen an, die nicht einmal die variablen Kosten decken. Die Preisgestaltung erklärt sich nur aus einer Verdrängungsabsicht heraus. Solche *Kampfpreise* sind als Missbrauch einzustufen. Der EU-weit größte Bananenimporteur U stellt seine Lieferungen gegenüber dem langjährigen Abnehmer C ein, als dieser andere Bananen ins Sortiment nimmt und bevorzugt bewirbt: missbräuchliche *Geschäftsverweigerung*.

Eine besondere Spielart der Geschäftsverweigerung stellt es dar, wenn ein Marktbeherrscher einem Mitbewerber den Zugang zu wesentlichen Einrichtungen verwehrt. Diese **Essential Facilities Doktrin** hat besondere Bedeutung beim Abbau alter Monopole.   **1087**

> **Beispiele:**
> Die A-AG ist aus der Privatisierung des staatlichen Stromversorgungsunternehmens hervorgegangen und will ihr Monopol aufrechterhalten, indem sie den Energieversorgern aus den Nachbarländern die Nutzung des Stromnetzes nicht oder nur zu unverhältnismäßigen Preisen gestattet: Missbräuchliche Verweigerung des Zugangs zu wesentlichen Einrichtungen. Für die wichtigsten Bereiche wie Strom, Gas, Telekommunikation, Schienennetze usw. bestehen mittlerweile spezielle Regelungen. Zu den wesentlichen Einrichtungen können aber auch z.B. Hafenanlagen gehören. Im Fall eines marktbeherrschenden Zeitungsverlags mit dem einzigen Hauszustellsystem in Österreich hat der EuGH dagegen die Klage eines Konkurrenten auf Zulassung abgewiesen, da keine wesentliche Einrichtung vorliege (EuGH v. 26. 11. 1998 – C-7/97 = Slg. 1998, I-7791).

5. Zwischenstaatliche Auswirkung

1088   Weiteres Tatbestandsmerkmal des Art. 102 AEUV ist schließlich, dass der Missbrauch dazu geeignet ist, den Handel zwischen Mitgliedstaaten zu beeinträchtigen. Die Zwischenstaatlichkeitsklausel grenzt hier wie bei Art. 101 AEUV das EU-Recht vom nationalen Kartellrecht ab (s.o. Rn 1017).

II. Kontrolle einseitiger Maßnahmen nach §§ 18–21 GWB

1089   Das EU-Recht (Art. 3 II VO 1/2003) gestattet den Mitgliedstaaten strengere nationale Regeln zur Kontrolle einseitiger wettbewerbsbeschränkender Maßnahmen. Davon machen die **§§ 18–21 GWB** Gebrauch, die mit der 8. GWB-Novelle 2013 neu geordnet wurden. § 18 GWB definiert das zentrale Merkmal einer marktbeherrschenden Stellung, § 19 GWB verbietet allgemein den Missbrauch einer marktbeherrschenden Stellung, § 20 GWB enthält Sonderrgeln für Unternehmen mit relativer oder überlegener Marktmacht und § 21 GWB verbietet Boykotte und sonstige einseitige Wettbewerbsbeschränkungen.

1. Missbrauchskontrolle bei Marktbeherrschung

1090   § 19 I GWB verbietet ähnlich wie Art. 102 I AEUV allgemein die **missbräuchliche Ausnutzung einer marktbeherrschenden Stellung** durch ein oder mehrere Unternehmen. Nach § 18 I Nr. 1 und 2 GWB haben zunächst Monopolisten und Quasimonopolisten eine marktbeherrschende Stellung, also Unternehmen, die auf dem relevantem Markt keinem oder keinem wesentlichen Wettbewerb ausgesetzt sind. Marktbeherrschend sind nach § 18 I Nr. 3 GWB aber auch sonstige Unternehmen mit einer gegenüber Wettbewerbern überragenden Marktstellung. Nach § 18 IV GWB wird eine marktbeherrschende Stellung vermutet, wenn ein Unternehmen einen Marktanteil von mindestens 40 % hat (vgl. auch § 18 V-VII GWB für Oligopole). Zum Missbrauch allgemein vgl. zunächst oben Rn 1080.

1091   § 19 II GWB enthält – wiederum ähnlich wie Art. 102 II AEUV – fünf **Regelbeispiele** für eine missbräuchliche Ausnutzung solcher Marktmacht. Nr. 1 nennt die unbillige Behinderung und sachlich nicht gerechtfertigte Diskriminierung. Eine **Behinderung** liegt vor, wenn die wirtschaftliche Bewegungsfreiheit des betroffenen Unternehmens tatsächlich spürbar beeinträchtigt wird. Bei der Frage der Unbilligkeit ist entscheidend, ob das Unternehmen sich legitimer Mittel zur Erreichung legitimer Ziele bedient. Dabei müssen marktüberlegene Unternehmen grundsätzlich das mildeste Mittel anwenden, dürfen ihre Konkurrenten also nicht grundlos schädigen (vgl. auch Rn 931 ff. zu § 4 Nr. 4 UWG). Verboten ist ferner die **Diskriminierung**, also die grundlos unterschiediche Behandlung gleichartiger Unternehmen (vgl. oben Rn 1084).

1092   § 19 II Nr. 2 GWB umschreibt den **Ausbeutungsmissbrauch** ausführlicher als Art. 102 II lit. a AEUV (s.o. Rn 1082). Nr. 3 enthält mit dem Tatbestand der **Preis- und Konditionenspaltung** eine Sonderform der Diskriminierung. In Nr. 4 findet sich eine gesetzliche Formulierung der **Essential Facilities Doktrin** (s.o. Rn 1087).

Nach Nr. 5 dürfen Marktbeherrscher ihre Position auch nicht dazu ausnutzen, von anderen Unternehmen **ungerechtfertigte Vorteile** und damit mittelbar eine Diskriminierung anderer Unternehmen zu fordern.

2. Missbrauchskontrolle bei relativer oder überlegener Marktmacht

§ 20 GWB enthält eine Missbrauchskontrolle unterhalb der Schwelle des § 19 GWB **1093** (und Art. 102 AEUV). § 20 I und II GWB enthält Missbrauchsverbote für **Unternehmen mit relativer Marktmacht**. Das sind nach der Legaldefinition des § 20 I 1 GWB Unternehmen, von denen kleine oder mittlere Unternehmen als Anbieter oder Nachfrager bestimmter Waren oder Leistungen so sehr abhängig sind, dass Ausweichmöglichkeiten nicht ausreichend zur Verfügung stehen. Das können etwa Hersteller im Verhältnis zu ihren spezialisierten Zulieferern sein, obwohl sie wegen der Konkurrenz der anderern Hersteller nicht marktbeherrschend sind. Relative Marktmacht haben häufig auch Markenartikler, wenn Fachhändler auf ihre Artikel im Sortiment kaum verzichten können.

> **Beispiele:**
> Ein Spielwarenhändler kann auf die Hersteller „Carrera" und „Märklin" angewiesen sein, auch wenn diese keine marktbeherrschende Stellung im Spielwarenmarkt haben. Abhängig sind häufig auch kleinere Zulieferer und Händler von großen Kraftfahrzeugherstellern, weil sie sich speziell auf deren Bedürfnisse eingestellt haben.

Nach § 20 I GWB gilt das **Behinderungs- und Diskriminierungsverbot** des § 19 I, **1094** II Nr. 1 GWB (Rn 1091) auch für solche Unternehmen mit relativer Marktmacht: Sie dürfen die von ihnen abhängigen kleinen oder mittleren Unternehmen nicht unbillig in ihrer wirtschaftlichen Bewegungsfreiheit beeinträchtigen und nicht ungerechtfertigt schlechter behandeln.

§ 20 II GWB erstreckt auch das Verbot des § 19 I, II Nr. 5 GWB auf Unternehmen **1095** mit relativer Marktmacht: Sie dürfen ihre Marktstellung nicht dazu ausnutzen, um sich von abhängigen Unternehmen **ungerechtfertigte Vorteile** gewähren zu lassen.

> **Beispiel:**
> Kfz-Hersteller H lässt sich von Zulieferer Z just in time mit speziell für ihn gefertigten Einbauteilen beliefern. Da Z seine Produktion nur mit erheblichen Kosten umstellen könnte, besteht ein Verhältnis relativer Marktmacht. Wenn H diese Marktmacht ausnutzt, um sich ein Zahlungsziel von 90 Tagen gewähren zu lassen, verstößt das nicht nur gegen § 271a BGB sondern auch gegen §§ 19 I, II Nr. 5, 20 II GWB.

§ 20 III GWB verbietet die sogenannte **Mittelstandsbehinderung**. Die Vorschrift **1096** enthält ein horizontales Behinderungsverbot für Unternehmen, die gegenüber kleinen und mittleren Wettbewerbern überlegene Marktmacht besitzen. Das Verbot wird in Abs. 4 durch eine Beweislastumkehr flankiert.

§ 20 III 2 GWB nennt als **Beispiele** hierfür den systematischen ungerechtfertigten Verkauf unter Einstandspreis (s.o. Rn 932 und 1086) und Preis-Kosten-Scheren.

1097   § 20 V GWB verbietet schließlich die Diskriminierung durch Berufs- und Wirtschaftsvereinigungen oder Gütezeichengemeinschaften.

> **Beispiel:**
> Einem Produzenten landwirtschaftlicher Erzeugnisse darf nicht ohne sachlichen Grund das CMA Gütezeichen verweigert werden.

3. Boykotte und andere einseitige Maßnahmen

1098   § 21 I GWB verbietet Boykotte, also den Aufruf an andere Unternehmen, ihre Geschäftsbeziehung zu bestimmten Dritten abzubrechen, sofern der Boykottierende in der Absicht handelt, den Boykottierten unbillig zu beeinträchtigen (vgl. auch Rn 934).

> **Beispiele:**
> Die Zeitschrift S fordert ihre Leser auf, keine Spielwaren des P zu kaufen, da sie in illegaler Kinderarbeit hergestellt seien. Keine Absicht unbilliger Behinderung, da durch die Meinungsfreiheit (Art. 5 I GG) geschützt. Ein Hersteller vereinbart mit einem Großhändler, dass nur Fachhändler beliefert werden sollen. Die Aufforderung geschieht zur Sicherung eines zulässigen Vertriebsbindungssystems.

1099   Die weiteren Absätze des § 21 GWB verbieten ebenso verschiedene Formen, einen anderen zu einem verbotenen wettbewerbsbeschränkenden Verhalten zu veranlassen.

D. Zusammenschlusskontrolle

I. Grundbegriffe

1100   Das Ziel der Zusammenschluss- oder Fusionskontrolle besteht darin, einer Verschlechterung der Marktstruktur durch **Unternehmenskonzentration** entgegenzuwirken, indem schon der Auf- und Ausbau von marktbeherrschenden Stellungen kontrolliert wird. Die Beobachtung der Marktstrukturen gehört zu den zentralen Aufgaben der Generaldirektion Wettbewerb in der EU-Kommission.

1101   In Deutschland begutachtet die *Monopolkommission* als unabhängiges Expertengremium die Unternehmenskonzentration und nimmt auch zu anderen wettbewerbspolitischen Fragen Stellung. Die alle zwei Jahre erscheinenden Hauptgutachten sowie die Sondergutachten stellen gerade auch für Wirtschafts- und Sozialwissenschaftler eine spannende Lektüre dar.

1102   Um Unternehmenszusammenschlüsse schon im Vorfeld des allgemeinen Instrumentariums, insbesondere des Missbrauchsverbots, zu kontrollieren, enthalten die EG-Fusionskontrollverordnung (FKVO) und im GWB die §§ 35–43 Sonderregeln.

II. Die Fusionskontrollverordnung

1. Anwendungsbereich

Die FKVO gilt für **Zusammenschlüsse** i.S.d. Art. 3, d. h. für Verschmelzungen und 1103
verschiedene Formen des dauerhaften Kontrollerwerbs wie den Erwerb von Anteils-
rechten oder Vermögenswerten durch Vertrag oder in sonstiger Weise.

> **Beispiele:**
> Spedition A kauft Spedition B. Spedition C kauft 40 % der Spedition D-AG. E
> gehören mehrere Verlage; er kauft 20 % der F-Verlags-GmbH und lässt sich ein
> Vetorecht bei der Geschäftsführerbestellung einräumen. Die G-GmbH schließt
> mit der H-GmbH einen Betriebspachtvertrag (§ 292 I Nr. 3 AktG).

Die FKVO gilt allerdings nach Art. 1 nur für Zusammenschlüsse von **gemein-** 1104
schaftsweiter Bedeutung. Das ist insbesondere der Fall, wenn der Gesamtumsatz
der beteiligten Unternehmen weltweit über 5 Mrd. € und EU-weit über 250 Mio. €
liegt und sich dabei nicht zu sehr auf einen Mitgliedstaat konzentriert (über 2/3).
Nach Abs. 3 genügen auch kleinere Umsätze, wenn sie in mindestens drei
Mitgliedstaaten erheblich sind (weltweit 2,5 Mrd. €, in mind. 3 EU-Staaten je
25 Mio. €, …).

Solche Zusammenschlüsse von Bedeutung sind nach Art. 4 FKVO bei der Kom- 1105
mission anzumelden. Sie fallen ausschließlich unter die FKVO. Die Mitgliedstaaten
dürfen insoweit nur andere Belange (wie die Medienvielfalt) schützen; sie können der
Kommission umgekehrt „kleinere Fälle" mit Bedeutung für den Handel zwischen
Mitgliedstaaten vorlegen (Art. 21 IV und 22).

2. Beurteilung von Zusammenschlüssen

Nach Art. 2 FKVO beurteilt die Kommission Zusammenschlüsse auf ihre Verein- 1106
barkeit mit dem gemeinsamen Markt. Im Wesentlichen kommt es darauf an, ob
„wirksamer Wettbewerb im Gemeinsamen Markt oder in einem wesentlichen Teil
desselben erheblich behindert würde, insbesondere durch Begründung oder
Verstärkung einer beherrschenden Stellung". Dabei soll die Kommission insbesondere die Struktur aller betroffenen Märkte unter Einschluss bloß potenzieller Marktteilnehmer innerhalb und außerhalb der EU berücksichtigen. Konkretisierend nennt
die Vorschrift: „die Marktstellung sowie die wirtschaftliche Macht und die Finanz-
kraft der beteiligten Unternehmen, die Wahlmöglichkeiten der Lieferanten und
Abnehmer, ihren Zugang zu den Beschaffungs- und Absatzmärkten, rechtliche oder
tatsächliche Marktzutrittsschranken, die Entwicklung des Angebots und der Nachfrage bei den jeweiligen Erzeugnissen und Dienstleistungen, die Interessen der
Zwischen- und Endverbraucher sowie die Entwicklung des technischen und wirtschaftlichen Fortschritts, sofern diese dem Verbraucher dient und den Wettbewerb
nicht behindert."

Eine solche Beurteilung lässt zwangsläufig weite Beurteilungsspielräume, 1107
die je nach wettbewerbspolitischer Ausrichtung auch unterschiedlich ausfallen
können.

III. Die Zusammenschlusskontrolle gemäß §§ 35 ff. GWB

1108 Auch die deutsche Zusammenschlusskontrolle greift nach § 35 GWB erst ab einer gewissen **Größenordnung**, nämlich wenn die beteiligten Unternehmen zuletzt zusammen weltweit 500 Mio. € und eines von ihnen im Inland zumindest 25 Mio. € Jahresumsatz erzielt haben. Ausgenommen bleiben Zusammenschlüsse mit einem kleineren Unternehmen (bis 10 Mio. €) und auf etablierten kleineren Märkten (bis 15 Mio. €). Vgl. auch die Berechnungsregeln des § 38 GWB und die konzernrecht-lichen Zurechnungsregeln des § 36 II, III GWB.

> **Beispiel:**
> Der sächsische Rundfunkveranstalter R (30 Mio. € Umsatz) erwirbt eine Drittelbeteiligung des Veranstalters S (3 Mio. € Umsatz). Nach § 38 III GWB ist u. a. bei Rundfunkveranstaltern der zwanzigfache Wert anzusetzen, da bei Pressefusionen usw. ein anderer Maßstab erforderlich ist. Daher überschreitet der R-Umsatz die Schwelle des § 35 I GWB, und der Zusammenschluss mit S fällt nicht unter die Bagatellklausel des § 35 II 1 GWB.

1109 Ein **Zusammenschluss** liegt nach § 37 I GWB insbesondere vor, wenn ein Unternehmen das Vermögen eines anderen ganz oder zu einem wesentlichen Teil erwirbt, wenn es die rechtliche oder tatsächliche Kontrolle über ein anderes Unternehmen übernimmt oder insgesamt 25 % des Kapitals oder der Stimmrechte erwirbt. Nach Abs. 2 sind auch Intensivierungen von Unternehmensverbindungen Zusammenschlüsse, während der Anteilserwerb durch Banken nach Abs. 3 außer Betracht bleibt, wenn er lediglich zur Weiterveräußerung geschieht.

Im obigen **Beispiel** liegt ein Zusammenschluss zumindest nach § 37 I Nr. 3 GWB vor.

1110 Zusammenschlüsse sind nach § 39 GWB grundsätzlich vor dem Vollzug anzumel-den. Das Bundeskartellamt hat sie nach § 36 I GWB **zu untersagen**, wenn zu erwar-ten ist, dass sie eine marktbeherrschende Stellung begründen oder verstärken. Das gilt allerdings nicht, wenn die beteiligten Unternehmen nachweisen, dass gleichzei-tig Verbesserungen der Wettbewerbsbedingungen eintreten, die die Nachteile der Marktbeherrschung unter dem Strich überwiegen.

1111 Im Fall der Untersagung bleibt allerdings die Möglichkeit einer **Ministererlaubnis** nach § 42 GWB, wenn gesamtwirtschaftliche Vorteile die Wettbewerbsbeschränkung überwiegen oder überragende Interessen der Allgemeinheit den Zusammenschluss rechtfertigen.

> **Beispiel:**
> Fusion EDEKA/Tengelmann (WuW 2016, 255).

E. Sanktionen und Verfahren

1112 Kartellrecht ist in weiten Teilen öffentliches Recht: Wettbewerbsbeschränkende Vereinbarungen und Marktmachtmissbrauch sind verboten und werden durch die

Kartellbehörden mit Bußgeldern geahndet. Zusammenschlüsse sind anzumelden und die Behörden genehmigen oder untersagen sie. Zu diesen öffentlich-rechtlichen Sanktionen kommt der private Rechtsschutz hinzu.

I. Öffentlich-rechtliche Sanktionen

Im **EU-Recht** ergeben sich die wesentlichen Sanktionen und Verfahrensgrundsätze 1113 aus der VO 1/2003 und der FKVO. Entscheidungen der Kommission werden durch den EuGH kontrolliert.

Das **GWB** regelt in §§ 32 ff. die Befugnisse der Kartellbehörden und auch die 1114 zivilrechtlichen Sanktionen. Die §§ 48 ff. und 54 ff. enthalten ergänzende Vorschriften zu Behördenorganisation und Verfahren.

Die Kartellbehörde kann in erster Linie Unternehmen verpflichten, *Verstöße* 1115 gegen das deutsche oder EU-Kartellrecht *abzustellen* und hierzu konkrete Maßnahmen aufgeben. Sie kann einstweilige Maßnahmen treffen, die Vorteile einer Gruppenfreistellung entziehen und Enquêteuntersuchungen in einzelnen Branchen durchführen. Diese Befugnisse sind in §§ 32-32e GWB in enger Anlehnung an die VO 1/2003 formuliert.

Nach § 34 GWB kann die Behörde zudem die *Abschöpfung rechtswidriger Vorteile* 1116 anordnen, wobei Schadensersatzleistungen, Bußgelder usw. anzurechnen sind.

Die Kartellbehörden können schließlich bei den wichtigsten Kartellrechtsverstößen – auch die gegen Art. 101, 102 AEUV – *Bußgelder* verhängen (§§ 81 ff. GWB).

Die Entscheidungen des Bundeskartellamts sind unter www.bundeskartellamt.de 1117 einsehbar. Obwohl es behördliche Entscheidungen sind, werden sie durch die Kartellsenate am OLG und BGH kontrolliert (vgl. §§ 91 ff. GWB).

II. Zivilrechtliche Sanktionen

Im **EU-Recht** ordnet Art. 102 II AEUV die Nichtigkeit verbotener Vereinbarungen 1118 (usw.) an; weitere zivilrechtliche Sanktionen sind dem nationalen Recht überlassen.

Im deutschen Recht ergibt sich die *Nichtigkeit* kartellrechtswidriger Rechts- 1119 geschäfte aus § 134 BGB.

Drohende und aktuelle Verstöße gegen Art. 101, 102 AEUV, das GWB oder 1120 behördliche Verfügungen können zudem nach § 33 I GWB mit *Unterlassungs- und Beseitigungsansprüchen* abgewehrt werden. Anspruchsberechtigt sind einerseits die durch den Verstoß Betroffenen und andererseits bestimmte Wirtschafts- und Verbraucherverbände (§ 33 II GWB).

Beispiel:

Alleinimporteur A verlangt den belieferten Händlern einen festen Letztverkaufspreis ab. Die Preisbindung verstößt gegen § 1 GWB, die Klausel in den Verträgen ist nach § 134 BGB nichtig. Setzt A die Preisbindung gleichwohl durch, so haben die Händler einen Unterlassungsanspruch. Daneben könnte auch ein Händlerverband Unterlassung verlangen.

1121 Bei schuldhaften Kartellrechtsverstößen steht den Betroffenen zudem nach § 33 III
      GWB ein *Schadensersatzanspruch* zu. Bei vorsätzlichen Verstößen können schließ-
      lich die nach § 33 II GWB klagebefugten Verbände auch eine Vorteilsabschöpfung
      zugunsten des Bundeshaushalts verlangen (§ 34a GWB). Dieser dem UWG nachge-
      bildete Rechtsbehelf (vgl. oben Rn 996) greift aber nur subsidiär zur behördlichen
      Abschöpfung.

F. Zur Fallstudie

1122 Die amerikanische Fish Corp. unterliegt, soweit sie auf dem europäischen Markt
      agiert, auch dem Europäischen Wettbewerbsrecht. Die EU-Kommission wacht dar-
      über, ob Unternehmen hier die Wettbewerbsregeln insbesondere der Art. 101 f.
      AEUV einhalten.

1123   Die Fish Corp. hat durch ihre **Verträge** zunächst gegen Art. 101 I AEUV versto-
      ßen. Die Vertragspartner sind jeweils Unternehmen im Sinne der Vorschrift und die
      Rabattabreden sind geeignet, den Handel zwischen Mitgliedstaaten zu beeinträchti-
      gen, denn die Rabattpolitik gegenüber verschiedenen Computerherstellern läuft auf
      eine Ausschließlichkeitsbindung hinaus (s.o. Rn 1029) und zielt darauf ab,
      Konkurrenten zu verdrängen. Freistellungsgründe i.S.d. Art. 101 III AEUV liegen
      nicht vor.

1124   Vor allem stellen die **Rabatte** und die direkten **Zahlungen** aber einen Missbrauch
      einer marktbeherrschenden Stellung nach Art. 102 AEUV dar. Die Fish Corp. ist auf
      dem EU-Markt für Computer-Chips ein marktbeherrschendes Unternehmen und
      unterliegt daher der zusätzlichen Kontrolle des Art. 102 AEUV. Die Rabattpolitik
      der Fish Corp. und die Leistung direkter Zahlungen machen es den Geschäftspartnern
      faktisch weitgehend unmöglich, mit anderen Chip-Herstellern Geschäfte zu machen,
      und führen so zu einer weiteren Monopolisierung des Marktes. Die Fish Corp. nutzt
      damit ihre marktbeherrschende Stellung, um Mitbewerber herauszudrängen und
      den Markt abzuschotten.

1125   Der Fall ist den Vorwürfen nachempfunden, die 2009 die EU-Kommission gegen
      Intel erhob. Das führte zu einem Rekord-Bußgeld von über einer Mrd. Euro.

G. Arbeitshinweise

I. Die wichtigsten Grundbegriffe

1126 **Wettbewerbsbeschränkung** Verhin-
      derung oder Behinderung von Wirt-
      schaftswettbewerb, insb. durch (1)
      Vereinbarungen, (2) einseitige Maß-
      nahmen und (3) Zusammenschlüsse.

      (1) **Vereinbarung**: Horizontal oder ver-
      tikal, gleichgestellt sind Beschlüsse
      und abgestimmte Verhaltensweisen.
      Kontrolle durch Art. 101 AEUV und
      §§ 1–3 GWB.

(2) **Einseitige Maßnahmen**: Wettbewerbsbeschränkung ohne Vereinbarung (Marktmachtmissbrauch, auch sonst Behinderung, Diskriminierung, Boykott). Kontrolle durch Art. 102 AEUV und §§ 18–21 GWB.

(3) **Zusammenschluss**: Verschmelzung von Unternehmen oder Kontrollerwerb durch Anteile, Stimmrechte, Verträge o.ä. Kontrolle durch FKVO und §§ 35–43 GWB.

Kartell Kurzform für wettbewerbsbeschränkende (traditionell: horizontale) Vereinbarung.

Preisbindung Festschreibung von Preisen für Zweitverträge (A verkauft an B. Der Vertrag bestimmt, welchen Preis B für die Ware von seinen Kunden zu fordern hat.). Grds. nach Art. 101 AEUV und Vertikal-GVO sowie § 1 GWB verboten. Ausn.: Verlagserzeugnisse.

Konditionenbindung Festschreibung anderer Konditionen für Zweitverträge, grds. ebenfalls verboten.

Gruppenfreistellungsverordnung Während Art. 101 AEUV horizontale wie vertikale Wettbewerbsbeschränkungen von Bedeutung für den gemeinsamen Markt grundsätzlich verbietet, können bestimmte Vertragstypen durch eine GVO allgemein von diesem Verbot ausgenommen werden.

Einzelfreistellung Früher Entscheidung der Kommission, heute automatisch, wenn Freistellungstatbestand des Art. 101 III AEUV erfüllt ist (VO 1/2003).

Marktbeherrschung (§ 18 I GWB) liegt vor, wenn ein Unternehmen keinem wesentlichen Wettbewerb ausgesetzt ist oder zumindest eine überragende Marktposition hat (Kennzeichen z. B. Marktanteil, Kreuzpreiselastizität).

Ausbeutungsmissbrauch Marktbeherrschendes Unternehmen setzt selbstbegünstigende Konditionen durch (Vergleich zu Wettbewerbskonditionen).

Diskriminierung Ungerechtfertigte Ungleichbehandlung.

Geschäftsverweigerung Ungerechtfertigter Nichtabschluss von Geschäften; insb. Verweigerung des Zugangs zu essential facilities.

II. Übungsaufgaben

1. Dient das Recht gegen Wettbewerbsbeschränkungen auch dem Schutz der Verbraucher?

2. Unterscheiden das EU-Kartellrecht und das GWB zwischen horizontalen und vertikalen Vereinbarungen?

3. Handelt es sich in den folgenden Fällen um verbotene Vereinbarungen?

   a) In der R. Schulz AG wird beschlossen, nur noch bei L Bürobedarf einzukaufen.

   b) V verkauft K drei Schuhputz- **1127** maschinen mit dem Verbot, diese an Hotelbetriebe weiterzuveräußern.

   c) A, B und C verabreden, dass A die italienischen, B die französischen und C die deutschen Komponisten in ihrem CD/LP/MC-Programm führen sollen.

4. Was sind Koppelungsgeschäfte? Wie sind sie kartellrechtlich zu beurteilen?

5. Sind Festpreise und Höchstpreise kartellrechtlich zulässig?

6. Was sind Ausschließlichkeitsbindungen? Sind sie verboten?

7. A beliefert B mit von ihm hergestellten Naturholzmöbeln. Im Vertrag werden entsprechende Mindestweiterverkaufspreise vereinbart. B verkauft entsprechend dieser Vereinbarung einen Tisch an C. Ist der zwischen A und B geschlossene Kaufvertrag wirksam? Hat oder hätte die Nichtigkeit Auswirkungen auf das Vertragsverhältnis zwischen B und C?

8. Der bayerische Ledermöbelhersteller Matthäus Gassi schreibt in seinen allgemeinen Lieferbedingungen vor, dass die von ihm belieferten Möbelhäuser ihren Kunden eine fünfjährige Nachbesserungsgarantie einzuräumen haben. Möbelhändler X hält das für unzulässig.

9. Die Lebensmittelkette G hat im südlichen Niedersachsen einen Marktanteil von 65 %. In Neudorf musste der einzige Konkurrent schließen und wundert sich, dass der G-Markt hier wie auch sonst in Niedersachsen höhere Preise verlangt als z. B. in Hessen.

10. Müssen Fusionen nach EU-Recht und GWB vor oder nach Vollziehung angemeldet werden?

11. Das Bundeskartellamt verbietet dem Medienkonzern X, die Verlagskette Y zu erwerben, da das die marktbeherrschende Stellung des Konzerns vergrößere. Vorstandschef Z lässt verlauten: „Wenn Bonn zu kurzsichtig ist, dann ist Berlin gefragt." Was meint er?

12. Was ist die Monopolkommission?

13. Beschreiben Sie die zivilrechtlichen Sanktionen bei Verstößen gegen das Kartellverbot.

III. Empfohlene Literatur

1128 Lehrbücher:
Lettl, Kartellrecht (C.H. Beck).
Rittner/Kulka, Wettbewerbs- und Kartellrecht (C.F. Müller)

Kommentare:
Bechtold/Bosch, GWB (C.H. Beck);
Bechtold/Bosch/Brinker, EU-Kartellrecht (C.H. Beck)
Besondere Zeitschrift:
WuW (Wirtschaft und Wettbewerb) mit Entscheidungssammlung WuW/E.

§ 15 Verbrauchervertragsrecht

In zahlreichen Spezialvorschriften trägt der Gesetzgeber dem Umstand Rechnung, **1129** dass sich Bürger nicht immer als Partner mit gleicher Marktstärke gegenüberstehen. Viele dieser Vorschriften wurden schon behandelt. So schützen z. B. § 138 II BGB Unerfahrene, Willensschwache usw., das soziale Mietrecht den Mieter von Wohnraum, §§ 651a ff. BGB den Pauschalreisenden, das Arbeitsrecht Arbeitnehmer, das ProdHaftG den Privatmann auch vor Sachschäden (§ 1 I 2).

Zudem hat sich schon oben Rn 214 ergeben, dass in den letzten Jahrzehnten – **1130** oft in Umsetzung von EU-Richtlinien – eine Vielzahl von Sondervorschriften entstanden ist, die zumindest schwerpunktmäßig dem besonderen Schutzbedürfnis von Verbrauchern gegenüber Unternehmern Rechnung tragen. Viele dieser Regelungen gelten speziell für Verbraucherverträge, die also ein Unternehmer (§ 14 BGB) mit einem Verbraucher (§ 13 BGB) schließt (s.o. Rn 215).

> **Beispiele:**
> Verbraucherverträge und besondere Vertriebsformen (§§ 312 ff. BGB), Verbrauchsgüterkauf (§ 474 BGB), Verbraucherkredit (§§ 491 ff. BGB).

Andere setzen nicht zwingend ein Rechtsgeschäft oder eine Verbraucherbeteiligung **1131** voraus, haben ihren Schwerpunkt aber gleichwohl im Verbraucherschutz und werden daher als *Verbraucherschutzgesetze* eingestuft.

> **Beispiele:**
> § 241a BGB betrifft keine Rechtsgeschäfte; §§ 312i und 651a ff. BGB schützen nicht nur Verbraucher.

Nach dem Unterlassungsklagengesetz (UKlaG) können – ähnlich wie im UWG **1132** (s.o. Rn 992) – bestimmte Sachwalter Unterlassungsansprüche geltend machen, wenn jemand diesen Verbraucherschutzgesetzen zuwiderhandelt (§ 2 UKlaG) oder

© Springer-Verlag Berlin Heidelberg 2017
J. Meyer, *Wirtschaftsprivatrecht*, Springer-Lehrbuch,
DOI 10.1007/978-3-662-52734-4_15

unzulässige AGB verwendet oder empfiehlt (§ 1 UKlaG). Zu diesen Sachwaltern gehören wiederum Verbraucherschutzvereine und andere „qualifizierte Einrichtungen", bestimmte Wettbewerbsvereine, Industrie- und Handelskammern sowie Handwerkskammern (§§ 3, 4 UKlaG). Auf diese Weise erhöhen sich die Durchsetzungschancen des Verbraucherschutzrechts.

▶   **Fallstudie: Hannes Hurtigs Pilz-Lexikon-Vertrieb** Hannes Hurtig hat sich
    einen Überlandbus ausgesucht, der zwischen zwei Stationen siebzehn
    Minuten Fahrzeit hat. Zwischen diesen Stationen pendelt Hannes hin
    und her und verkauft gesetzten Herrschaften ein sechsbändiges Pilz-
    Lexikon. Die Vertragsformulare sehen in § 2 neben sofortiger Zahlung
    von 400 € die Möglichkeit vor, vier Quartalsraten von je 120 € zu zahlen.
    Nach § 4 haben die Käufer im Fall eines Sachmangels ein einjähriges
    Umtauschrecht; andere Rechtsbehelfe sind ausgeschlossen. Allerdings
    haften Verlag und Verkäufer nach § 5 für durch das Lexikon verursachte
    Pilzvergiftungen bis zu einer Höhe von 20.000 €. Rudi Rüstig liest sich die
    Konditionen durch und entschließt sich für einen Ratenkauf. Bei Liefe-
    rung ist er allerdings enttäuscht und fragt, ob der Vertrag denn gültig ist.

A. Allgemeine Geschäftsbedingungen

I. Überblick

1133   Allgemeine Geschäftsbedingungen, also vorformulierte Klauselwerke, erleichtern
        einerseits durch Standardisierung den Geschäftsverkehr, weil nicht immer wieder
        alle Einzelheiten ausgehandelt werden müssen (Ersparnis von Transaktionskosten).
        Andererseits besteht die Gefahr, dass der Verwender den anderen Teil durch das
        „Kleingedruckte" übervorteilt; der Marktmechanismus des Aushandelns ist außer
        Kraft gesetzt. Die §§ 305 ff. BGB suchen hier einen Ausgleich. Problematisch bleibt
        aber u. a., dass das Kartellrecht einheitliche AGB toleriert. An die Stelle des Kondi-
        tionenwettbewerbs tritt also die Kontrolle durch die Gerichte.

II. Anwendungsbereich der AGB-Kontrolle

1134   Der Anwendungsbereich der §§ 305 ff. BGB ergibt sich aus dem Begriff der AGB in
        § 305 I BGB einerseits und der Vorschrift des § 310 BGB andererseits.

1135   **Allgemeine Geschäftsbedingungen** sind nach § 305 I BGB für eine Vielzahl
        von Verträgen vorformulierte Vertragsbestandteile, die ein Vertragspartner (der Ver-
        wender) dem anderen als Vertragsbestandteile vorschlägt („stellt").

1136   § 310 BGB bestimmt zunächst den **persönlichen Anwendungsbereich** der
        Regelungen näher. Einerseits finden die Einbeziehungsregeln des § 305 II, III BGB
        und weitgehend die besonderen Klauselkontrollen der §§ 308, 309 BGB keine

Anwendung, wenn AGB gegenüber einem Unternehmer verwendet werden. In Kommentaren findet sich bei diesen Normen allerdings jeweils auch, was nach allgemeinen Grundsätzen oder nach der Generalklausel des § 307 BGB in diesem Fall für Unternehmer gilt. Andererseits gilt das AGB-Recht nach § 310 III BGB bei Verbraucherverträgen in leicht modifizierter Form, um der Klauselrichtlinie der EU (RL 93/13/EWG) zu entsprechen.

> **Beispiel:**
>
> Nach § 305 I BGB liegen AGB nur vor, wenn sie „für eine Vielzahl von Verträgen" vorformuliert und vom Verwender „gestellt" sind. Bei Verbraucherverträgen wird vermutet, dass sie gestellt sind, und §§ 305c II, 306–309 BGB gelten auch, wenn sie für den Einzelfall vorformuliert sind.

Schließlich schränkt § 310 IV BGB den **sachlichen Anwendungsbereich** der Rege-   1137
lungen insofern ein, als familien- und erbrechtliche sowie gesellschaftsrechtliche Verträge nicht der AGB-Kontrolle unterliegen und für arbeitsrechtliche Verträge eine besondere Prüfung erfolgt.

III. Einbeziehung von AGB in den Vertrag

Die AGB müssen ferner Vertragsbestandteil geworden sein, sonst sind sie im Fall   1138
uninteressant. **Voraussetzungen der Einbeziehung** sind nach § 305 II BGB:

* Hinweis auf AGB bei Vertragsschluss (ausdrücklich oder ggf. durch Aushang),
* Möglichkeit zumutbarer Kenntnisnahme,
* Einverständnis der anderen Partei.

Der Hinweis auf die AGB muss bei Vertragsschluss erfolgen; spätere Hinweise füh-   1139
ren nicht zur Einbeziehung. Das Einverständnis des anderen Teils kann auch durch schlüssiges Verhalten erklärt werden, insbesondere durch Vollzug des Vertrags.

Bei Unternehmern (für die § 305 II BGB nicht gilt) werden AGB bereits ein-   1140
bezogen, wenn sie wissen oder wissen müssen, dass ihr Vertragspartner seinen Geschäften AGB zugrunde zu legen pflegt, und sie die Möglichkeit zumutbarer Kenntnisnahme haben.

Besonderheiten gelten nach § 305a BGB für die AGB von Verkehrsbetrieben,   1141
Telekommunikationsanbietern und der Post.

> **Beispiele:**
>
> Wird auf dem Kassenbon auf auslegende AGB hingewiesen, genügt das zur Einbeziehung nicht, weil der Hinweis erst nach dem Vertragsschluss erfolgt. Auch gegenüber Unternehmern genügt ein Hinweis auf einem Lieferschein nicht. Bei weiteren Geschäften sind sie aber einbezogen, weil sich der Vertragspartner auf sie eingelassen hat.

1142   Individuell ausgehandelte Bedingungen sind von vornherein keine AGB, da sie nicht vorformuliert und gestellt sind; das betont § 305 I 3 BGB noch einmal ausdrücklich. Werden dagegen AGB verwendet und daneben bestimmte Vereinbarungen individuell getroffen, so haben diese **Individualvereinbarungen** nach § 305b BGB den Vorrang; die entsprechenden entgegenstehenden AGB-Klauseln entfalten also keine Wirkung. Auch mündliche Abreden setzen sich gegenüber AGB-Klauseln durch. *Schriftformklauseln* ändern daran grundsätzlich nichts, denn auch ihnen gehen mündliche und konkludente wie schriftliche Individualvereinbarungen vor. Abweichende Individualabreden mit Vertretern des Verwenders setzen allerdings dessen Vertretungsmacht auch zu mündlichen Abreden voraus.

> **Beispiel:**
>
> K kauft bei V einen Pkw, wobei er mit Prokurist P verhandelt. Der Formularvertrag enthält die Klausel „Mündliche Absprachen sind ohne schriftliche Bestätigung ungültig". P verspricht K den kostenlosen Einbau von vier Lautsprechern. V kann diesen Einbau nicht verweigern, weil die Individualabrede nach § 305b BGB vorgeht und durch sie konkludent auch die Schriftformklausel abbedungen ist. V kann auch nicht einwenden, die Klausel schränke ersichtlich die Vertretungsmacht des P ein, denn gemäß § 50 I HGB ist eine solche Einschränkung Dritten gegenüber unwirksam.

1143   Nach § 305c I BGB werden **überraschende Klauseln** nicht Vertragsbestandteil. Ist also z. B. eine Haftungsfreizeichnungsklausel zwischen den Lieferungsmodalitäten „versteckt", ist sie gar nicht erst Teil des Vertrags.

IV. Auslegung

1144   Nachdem feststeht, dass das AGB-Recht anwendbar und die zu untersuchende Klausel Vertragsbestandteil geworden ist, muss die Klausel ausgelegt werden. AGB sind objektiv aus der Sicht des durchschnittlichen Vertragspartners des Verwenders auszulegen. Dabei sind die den Vertragsschluss begleitenden Umstände bei Verbraucherverträgen mit zu berücksichtigen (§ 310 III Nr. 3 BGB). Auslegungszweifel gehen nach § 305c II BGB zu Lasten des Verwenders. Er trägt das Äußerungsrisiko. Dementsprechend gilt z. B. bei widersprüchlichen Klauseln die für ihn ungünstigere, und eine unklare Regel ist so zu verstehen, wie sie dem Interesse des Vertragspartners besser entspricht.

V. Inhaltskontrolle

1145   Schließlich erfolgt die Inhaltskontrolle anhand der §§ 308 f. BGB, subsidiär anhand der Generalklausel des § 307 BGB. Nur § 307 BGB ist Prüfungsmaßstab bei gegenüber Unternehmern verwendeten AGB (Ausnahme: § 308 Nr. 1a und 1 BGB).

1. Klauselverbote ohne Wertungsmöglichkeiten

§ 308 BGB enthält Klauseln mit Wertungsmöglichkeiten, also ausfüllungsbedürftige **1146** Begriffe wie „unangemessen lange" u. ä.; daher wird zunächst der griffigere § 309 BGB geprüft. Die einzelnen Nummern regeln jeweils, inwieweit von bestimmten BGB-Normen abgewichen werden darf. So betrifft bespielsweise § 309 Nr. 2 und 3 BGB Abweichungen von §§ 320, 273 und 387 ff. BGB (s. o. Rn 340). § 309 Nr. 4 BGB bezieht sich auf die Mahnung als Verzugsvoraussetzung (§ 286 BGB) und Fristsetzungen, die z. B. regelmäßige Voraussetzung für den Schadensersatz statt der Leistung (§ 281 BGB) und den Rücktritt (§ 323 BGB) aber auch z. B. für Kündigungen im Mietrecht (§ 543 III 1 BGB) oder die Selbstvornahme im Werkvertragsrecht (§ 637 I BGB) sind (s. o. Rn 389 und 418, Rn 481 und 521).

§ 309 Nr. 7 BGB verbietet es, die allgemeine vertragliche oder außervertragliche **1147** Verschuldenshaftung (z. B. §§ 280 ff., 823 ff. BGB) überhaupt auszuschließen oder einzuschränken, soweit es um Personenschäden geht. Ebenso sind Haftungsfreizeichnungen für grobe Fahrlässigkeit unzulässig. Für die Haftung wegen Vorsatzes ergibt sich das schon aus § 276 III BGB – also auch für Individualvereinbarungen.

> **Beispiel:**
> Die Klausel „Wir haften nur für Vorsatz und grobe Fahrlässigkeit" ist danach unwirksam, da sie auch die Haftung für Personenschäden ausschließt, die durch einfache Fahrlässigkeit verursacht werden.

§ 309 Nr. 8 BGB verbietet in lit. a den Ausschluss oder die Einschränkung von **1148** Rücktritts- und Kündigungmöglichkeiten, betrifft also insbesondere § 323 BGB aber z. B. auch die §§ 313, 314 BGB.

§ 309 Nr. 8 lit. b BGB behandelt die Haftung des Verkäufers, Werkunternehmers **1149** usw. für Sach- und Rechtsmängel, soweit es nicht um gebrauchte Sachen geht. Die Vorschrift regelt also, inwieweit in AGB von den §§ 434 ff., 633 ff. BGB abgewichen werden kann. Die Vorschrift hat durch § 475 BGB einen wesentlichen Teil ihrer Bedeutung eingebüßt, da beim Verbrauchsgüterkauf Abweichungen zu Lasten des Käufers viel weitgehender ausgeschlossen sind (dazu unten Rn 1184). Zudem gilt die Klausel nicht für Gebrauchsüberlassungsverträge (sonst wären die oben Rn 544 geschilderten Leasing-Gestaltungen nicht zulässig).

> **Beispiel:**
> V verkauft an K einen Füllfederhalter mit einer fünfjährigen Herstellergarantie. Die AGB des V schließen mit Verweis darauf Gewährleistungsansprüche gegen V aus. Das ist unzulässig nach § 309 Nr. 8 lit. b aa BGB. Beim Verbrauchsgüterkauf steht bereits § 475 BGB einer solchen Vereinbarung entgegen, auch einer individualvertraglichen.

Unter den weiteren Nummern ist z. B. noch § 309 Nr. 9 BGB hervorhebenswert. **1150** Danach sind bei Dauerschuldverhältnissen Gesamtlaufzeiten von über zwei Jahren generell unzulässig, und Verlängerungsklauseln und Kündigungsfristen werden entsprechend kontrolliert. Die zwei Jahre werden aber z. B. bei Handy-Verträgen und Zeitschriftenabos regelmäßig ausgenutzt.

2. Klauselverbote mit Wertungsmöglichkeiten

1151   Die Klauselverbote des § 308 BGB sind durch die Verwendung unbestimmter Rechtsbegriffe wie „unangemessen lange", „nicht hinreichend bestimmt" und dergleichen gekennzeichnet. Die jeweils erforderliche Wertung hat von der BGB-Regelung und der dahinterstehenden Interessenwertung auszugehen und eine Gesamtabwägung der Interessen vorzunehmen.

> **Beispiele:**
>
> B behält sich in seinen AGB vor, den Antrag eines (potenziellen) Darlehensnehmers nach 4 Wochen anzunehmen. Das weicht von § 147 BGB ab (sofort), ist aber wegen notwendiger Überprüfungen nicht unangemessen lang i.S.d. § 308 Nr. 1 BGB (BGH NJW 1988, 2106).
>
> In einem vorformulierten Architektenvertrag wird das Kündigungsrecht aus § 649 BGB wiederholt und eine Pauschale von 40 % für die ersparten Aufwendungen festgelegt. Das Kündigungsrecht, das Bestehenbleiben des Vergütungsanspruchs und die Anrechnung ersparter Aufwendungen entsprechen dem Gesetz (s.o. Rn 492) und unterliegen schon deswegen keiner weiteren Kontrolle (§ 307 III 1 BGB). Die Pauschalierung auf 40 % stellt keine Vertragsstrafe und keinen Schadensersatz dar (§ 309 Nr. 5 und 6 BGB), sondern pauschaliert im Ergebnis das Entgelt im Kündigungsfall und fällt damit unter § 308 Nr. 7 BGB. Da die Ersparnisse gerade bei frühzeitiger Kündigung oft wesentlich höher sind, ist dieses Entgelt letztlich unangemessen hoch (BGH v. 27. 10. 1998 – X ZR 116/97 = NJW 1999, 418).

3. Die Generalklausel des § 307 BGB

1152   Die §§ 308, 309 BGB stellen, wie vor allem die Formulierung „insbesondere" in § 308 BGB deutlich macht, lediglich Konkretisierungen des allgemeinen Grundsatzes dar, dass AGB unwirksam sind, wenn sie den Vertragspartner des Verwenders unangemessen benachteiligen. Dieser Grundsatz ist in § 307 I 1 BGB vorangestellt und wird durch die weiteren Sätze näher bestimmt. Die Vorschrift des § 307 BGB ist besonders wichtig, da die §§ 308 f. BGB nicht alle denkbaren Benachteiligungen erfassen können und zugunsten von Unternehmern nicht anwendbar sind (§ 310 I BGB).

1153   Eine unangemessene Benachteiligung kann nach § 307 I 2 BGB zunächst darin liegen, dass Klauseln nicht klar und verständlich sind. Dieses **Transparenzgebot** ergänzt die Unklarheitsregel des § 305c II BGB und soll die Übervorteilung durch juristisch zwar eindeutige aber für Laien schwer verständliche Bestimmungen verhindern.

1154   Maßstab für die Unangemessenheit ist nach Abs. 2 insbesondere, inwieweit die Klausel von der Grundregelung des BGB und der dahinterstehenden Wertung abweicht. Auch wenn Sie mit der Generalklausel arbeiten, ist es daher wichtig, möglichst konkret mit den BGB-Grundregeln zu argumentieren. Eine **unangemessene Benachteiligung** ist im Zweifel insbesondere anzunehmen, wenn die Abweichung mit den Grundgedanken der gesetzlichen Regelung nicht zu vereinbaren ist oder wenn der Vertragszweck gefährdet wird.

1155   Im unternehmerischen Rechtsverkehr lassen sich trotz § 310 I BGB auch die Wertungen der §§ 308 f. BGB heranziehen. In der Praxis hilft ein Kommentar.

Vgl. das letzte **Beispiel** Rn 1149: V verkauft Unternehmer K einen Füller und schließt seine Verkäuferhaftung unter Verweis auf die fünfjährigen Herstellergarantie aus. § 309 Nr. 8 lit. b aa BGB ist hier unanwendbar. Im Rahmen des § 307 BGB ist aber festzustellen, dass ein genereller Ausschluss der Verkäuferhaftung mit den wesentlichen Grundgedanken der gesetzlichen Regelung der §§ 434 ff. BGB unvereinbar ist, und aus der Wertung des § 309 Nr. 8 lit. b aa BGB lässt sich insoweit entnehmen, dass ein Verweis auf Dritte das nicht hinreichend kompensiert. Die Klausel ist also auch gegenüber Unternehmern unwirksam.

Wenn eine Klausel unwirksam ist (oder nicht Vertragsinhalt geworden), lässt das   1156
den restlichen Vertrag unberührt; die Klausel wird durch die entsprechende gesetzliche Regelung ersetzt (§ 306 BGB).

VI. Zur Fallstudie

Hurtigs Klauseln stellen AGB i.S.d. § 305 I BGB dar. Sie sind in Rüstigs Fall nach   1157
§ 305 II BGB einbezogen. Die Klausel in § 4 der AGB ist allerdings nach § 309 Nr. 8 lit. b BGB unwirksam. Nach lit. ff ist zwar eine Verkürzung der Verjährungsfrist auf ein Jahr nicht generell zu beanstanden. Das Umtauschrecht beschränkt die Käuferrechte aber auf eine Form der Nacherfüllung (§ 439 BGB) und schließt die übrigen Käuferrechte (§ 437 BGB) gänzlich aus. Das ist nach lit. bb unwirksam. Auch die Haftungsbegrenzung auf 20.000 € in Hannes Hurtigs AGB ist nach § 309 Nr. 7 BGB unwirksam. Das ergibt sich schon aus lit. a, da sie ja Personenschäden betrifft. Sie scheitert aber auch an lit. b, da sie die Haftung für grobe Fahrlässigkeit und Vorsatz mit einbezieht. Im Übrigen wird die Wirksamkeit des Vertrags dadurch aber nicht berührt (§ 306 BGB). Zu § 475 BGB s. unten C.

B. Besondere Vertriebsformen

Die §§ 312 ff. BGB enthalten vor allem Sonderregeln für entgeltliche Verbraucher-   1158
verträge, die im Fernabsatz oder sonst außerhalb von Geschäftsräumen (z. B. auf der Straße oder an der Haustür) abgeschlossen werden, (§§ 312b-312h BGB) und für Vertragsschlüsse im E-Commerce (§§ 312i, 312j BGB). Diese Regelungen sind 2009, 2011 und aufgrund der Verbraucherrechte-Richtlinie 2011/83/EU noch einmal 2014 novelliert worden, wobei sich auch die Struktur und Paragrafenzählung geändert hat. Man muss also mit älteren Gesetzestexten vorsichtig sein und die Änderungen bei der Lektüre älterer Literatur und Rechtsprechung berücksichtigen. Seit 2014 ist mit § 312 BGB eine etwas unübersichtliche Vorschrift zum Anwendungsbereich der folgenden Sonderregeln vorangestellt, und § 312a BGB enthält einige allgemeine Regeln über Verbraucherverträge. Die §§ 312-312j BGB sind zugunsten des Verbrauchers und im E-Commerce auch zugunsten eines sonstigen Kunden grundsätzlich zwingendes Recht (§ 312k BGB). Die praktisch wichtigsten Vorschriften sind die über den Fernabsatz.

I. Fernabsatzverträge

1159 §§ 312b-312h BGB enthalten Sonderregeln für **entgeltliche Verbraucherverträge**, die außerhalb von Geschäftsräumen oder im Fernabsatz geschlossen werden, da Verbraucher in diesen Situationen eher übereilte Entscheidungen treffen als beim Aufsuchen eines Ladenlokals. Im Fernabsatz kommt hinzu, dass der Verbraucher keinen direkten persönlichen Kontakt mit dem Unternehmer hat und die Ware nicht vor Ort begutachten und ausprobieren kann.

Nach §§ 312 I, 310 III BGB sind Verträge erfasst, in denen sich ein Unternehmer gegenüber einem Verbraucher (§§ 13, 14 BGB, s.o. Rn 215 ff.) gegen Entgelt zu einer Leistung wie der Lieferung von Waren, Strom, Gas, digitalen Inhalten oder zu Dienstleistungen im weitesten Sinne verpflichtet.

> **Beispiele:**
> Verbrauchsgüterkäufe, Timesharing-Verträge, Dienst- und Werkverträge, Miet- und Pachtverträge, Leasing. Ausgenommen sind aber nach § 312 II BGB weitgehend notariell beurkundete Verträge, Immobiliengeschäfte, Bauverträge, Reise- und Beförderungsverträge, Lebensmittellieferungen usw.

1160 Solche entgeltlichen Verbraucherverträge sind nach § 312c BGB **Fernabsatzverträge**, wenn sie im Rahmen eines entsprechend organisierten Vertriebssystems ausschließlich unter Verwendung von Fernkommunikationsmitteln geschlossen werden, wie sie in Abs. 2 definiert sind.

> **Beispiele:**
> Briefangebote mit Antwort-Postkarte, Katalogbestellungen, TV-Spots mit „Bestellhotline", Fax- oder E-Mail-Bestellungen, Internet-Angebote. Telefonische Bestellung beim Pizzaservice, nicht aber eine telefonische Bestellung beim normalen Fleischer, da keine Fernabsatzorganisation vorliegt.

1. Die Informationspflichten des Unternehmers

1161 §§ 312d-312f BGB schreiben für Fernabsatzgeschäfte ein zweistufiges Informationssystem nach Maßgabe der Art. 246a und 246b EGBGB vor. Die Details waren früher in die BGB-InfoV ausgelagert und finden sich seit 2010 im Einführungsgesetz zum BGB (EGBGB), das in Artikel aufgegliedert und teils (wie auch hier) weiter in Paragrafen untergliedert ist. Insgesamt soll der Verbraucher dadurch die Informationsbasis für einen überlegten Vertragsschluss und auch für die spätere Wahrnehmung seiner Rechte erhalten. Informationsökonomisch ist das System allerdings fragwürdig, da einerseits dieselben Informationen wieder und wieder vermittelt werden müssen und andererseits eine solche Informationsfülle entsteht, dass die Gefahr von Informationsüberlastung und Ausblendung immer mehr wächst.

1162 Auf der ersten Stufe stehen die **Informationen vor Vertragsschluss** nach § 312d I BGB i.V.m. Art. 246a EGBGB. Art. 246a § 1 I EGBGB enthält einen umfangreichen Katalog von Informationen wie die Identität des Unternehmers und seiner Vertreter samt Anschrift usw., die wesentlichen Merkmale der Ware und Dienstleistung,

Preisinformation inkl. Nebenkosten, Informationen über den Vertragsschluss und Zahlungsmodalitäten und vieles mehr. Für den Fall begrenzter Darstellungsmöglichkeit (z. B. in einem TV-Spot oder Handy-Display) sieht Art. 246a § 3 EGBGB einen reduzierten Informationenkatalog vor. Nach Art. 246a § 4 I, III EGBGB müssen die Informationen aber in jedem Fall vor dem Vertragsschluss, in dem Fernkommunikationosmittel angepasster Form, klar und verständlich zur Verfügung gestellt werden.

Auf der zweiten Stufe steht die **Bestätigung des Vertrags** nach § 312f II BGB. Die Bestätigung muss innerhalb einer angemessenen Frist nach dem Vertragsschluss und spätestens mit Lieferung der Ware oder vor Beginn der Dienstleistung erfolgen. Sie muss den Vertragsinhalt und die „Stufe 1-Informationen" beinhalten und dem Verbraucher auf einem dauerhaften Datenträger zur Verfügung gestellt werden (vgl. § 126b BGB).

1163

Beispiele:

Ein Versandhaus kann die Informationen im Katalog mit angeben (Information vor Vertragsschluss und dauerhafte Überlassung). Ein TV-Anbieter muss die reduzierten Informationen der Stufe 1 in der Sendung präsentieren und die der Stufe 2 spätestens mit der Lieferung mitschicken. Im E-Commerce genügt zunächst das Bereithalten der Informationen auf der Homepage. Die Vertragsbestätigung mit allen Informationen muss dann auf einem dauerhaften Datenträger zur Verfügung gestellt werden. Dazu kann mit der Lieferung ein Schriftstück, eine CD-ROM o. ä. verschickt werden, es genügt aber auch eine E-Mail.

Von besonderer praktischer Bedeutung sind die **Informationen zum Widerrufsrecht** nach § 312g BGB (dazu gleich Rn 1166 ff.). Der Unternehmer hat den Verbraucher nach Art. 246a § 1 II, III EGBGB darüber aufzuklären, ob ihm ein Widerrufsrecht zusteht und gegebenenfalls auch darüber, wie und mit welchen Folgen er es ausüben kann. Da diese detaillierten Vorgaben in der Praxis häufig Probleme machen, stellt das EGBGB in seinen Anlagen 1 und 2 Muster für die Widerrufsbelehrung und ein Widerrufsformular zur Verfügung (Schauen Sie mal rein!).

1164

Fehlende und fehlerhafte Widerrufsbelehrungen führen dazu, dass die 14-tägige Widerrufsfrist nicht zu laufen beginnt (§ 356 III BGB, vgl. Rn 1168), und nach § 312e BGB kann der Unternehmer Fracht-, Liefer-, Versand- oder sonstige Kosten nur verlangen, wenn er auf Stufe 1 ordnungsgemäß darüber informiert hat.

1165

2. Das Widerrufsrecht des Verbrauchers

Der zweite wesentliche Schutzmechanismus des Fernabsatzrechts ist das Widerrufsrecht: Der Fernabsatzvertrag ist zwar wirksam, der Verbraucher kann sich aber noch mindestens 14 Tage nach dem Vertragsschluss von ihm lösen. Die Einzelheiten ergeben sich aus dem Zusammenspiel der allgemeinen Regeln in §§ 355 ff. BGB mit § 312g BGB.

1166

Das **Widerrufsrecht** gemäß § 312g BGB ist ein Gestaltungsrecht, wie wir es mit dem Anfechtungsrecht und Rücktrittsrecht bereits kennengelernt haben. Es steht dem Verbraucher zwingend zu, und er ist darüber, wie gesehen, ausführlich zu

1167

informieren. Das Widerrufsrecht besteht allerdings nicht bei Verträgen über Spezialanfertigungen, schnell verderbliche Ware, entsiegelte Datenträger, Zeitungen und Zeitschriften usw. (§ 312g II BGB).

1168   Die **Widerrufsfrist** beträgt grundsätzlich 14 Tage (§ 355 II 1 BGB), ist aber von der vorgeschriebenen Belehrung abhängig: Die Frist beginnt erst, wenn der Verbraucher die „Stufe 2-Informationen" und die Ware erhalten hat (§ 356 II Nr. 1, III BGB). Erfolgt die Widerrufsbelehrung nicht oder nicht ordnungsgemäß, beginnt die Frist nicht zu laufen. Der Vertrag bleibt dann über ein Jahr lang widerrufbar (§ 356 III 2 BGB).

1169   Der **Widerruf** erfolgt nach § 355 I 2 BGB durch eine Erklärung des Verbrauchers gegenüber dem Unternehmer. Die Erklärung ist formfrei, muss keine Begründung enthalten und zur Fristwahrung genügt rechtzeitige Absendung. Der Unternehmer kann dem Verbraucher nach § 356 I BGB ein Widerrufsformular nach Anlage 2 zum EGBGB oder eine andere vorgefertigte Widerrufserklärung zur Verfügung stellen, sei es in Papierform, per E-Mail oder zum Ausfüllen auf seiner Homepage. Verpflichtet ist er dazu aber nicht, und dem Verbraucher steht es auch frei, ob er per Formular widerruft oder in anderer Form.

Beispiel:

Inge Flott bestellt unter www.billigundschnell.com per Mausklick ein Kleid für 43 € und erhält es am 3. 7. mit den erforderlichen Belehrungen und den AGB zugeschickt, wonach sie ein fünftägiges Umtauschrecht hat. Am 12. 7. schickt sie eine Postkarte mit einem Widerruf an „Billig & Schnell", die (a) nach vier Wochen (b) niemals dort ankommt.

Es handelt sich um einen Fernabsatzvertrag nach § 312c BGB und Inge Flott hat nach § 312g BGB ein Widerrufsrecht. Die Widerrufsfrist beträgt grundsätzlich nach § 355 II 1 BGB 14 Tage und ist nach § 312k I BGB nicht verkürzbar. Da es für die Fristwahrung auf die Absendung ankommt, ist der Widerruf im Fall a) unabhängig von einem späteren Beginn der Frist rechtzeitig. Im Fall b) ist mangels Zugang (§ 130 BGB) kein wirksamer Widerruf erfolgt. Da die Widerrufsbelehrung (fünftägiges Umtauschrecht) nicht Art. 246a § 1 II 1 Nr. 1 EGBGB entspricht, hat die Frist gemäß § 356 III 1 BGB noch nicht begommen. Inge Flott kann den Widerruf also nachholen.

1170   **Rechtsfolge des Widerrufs** ist wie beim Rücktritt die Umwandlung des Schuldverhältnisses in ein Rückgewährschuldverhältnis. Die Parteien sind an ihre Willenserklärungen nicht mehr gebunden und müssen einander die empfangenen Leistungen zurückgewähren (§ 355 I 1 und III 1 BGB), und zwar gemäß § 357 I BGB spätestens 14 Tage nach Widerruf. Der Unternehmer hat neben dem Kaufpreis auch die vom Verbraucher gezahlten regulären Lieferkosten zurückzuerstatten (§ 357 III BGB), kann die Zahlung nach Abs. 4 aber von der Rücksendung der Ware abhängig machen. Seit 2014 trägt der Verbraucher die Kosten der Rücksendung, sofern der Unternehmer sie nicht übernommen und den Verbraucher ordnungsgemäß darüber informiert hat (§ 357 VI BGB). Nach § 357 VII BGB trägt der Unternehmer den Wertverlust der Waren, der dadurch entsteht, dass sie nach dem Auspacken und ausprobieren nicht mehr neu sind und vielleicht Gebrauchsspuren aufweisen: Der Verbraucher hat Ersatz für den Wertverlust nur zu leisten, soweit er auf einen darüber hinausgehenden Umgang zurückzuführen ist und er auch darüber informiert wurde.

> **Beispiele:**
> Inge probiert das bestellte Kleid und widerruft den Vertrag dann, weil es nicht sitzt. Sie hat das Kleid zurückzuschicken und bei entsprechender Belehrung die Kosten dafür zu tragen. Sie hat aber weder den Wert einer Nutzung oder eine Wertminderung zu ersetzen. Wenn sie dagegen mit dem Kleid eine Party durchtanzt und es verschwitzt und verraucht (oder auch gereinigt) zurückschickt, hat sie nach § 357 VII BGB die Wertdifferenz zwischen einem neuen und einem entsprechend gebrauchten Kleid zu ersetzen – wenn „Billig & Schnell" sie dahingehend belehrt haben.

Das dargestellte zwingende gesetzliche Widerrufsrecht darf nicht mit **freiwillig gewährten Umtauschrechten** verwechselt werden. Auch der stationäre Handel gesteht seinen Kunden häufig ein Rückgaberecht für den Fall zu, dass die Ware nicht gefällt, nicht passt usw. Es handelt sich dann um ein vertragliches Rücktrittsrecht (§ 346 BGB), das freilich modifiziert werden kann (z.B. nur Gutschein statt Kaufpreisrückerstattung). Beides ist ferner von dem Rücktrittsrecht zu unterscheiden, welches das Kaufrecht für den Fall von Sach- und Rechtsmängeln vorsieht (§§ 433 ff., 437 Nr. 2, 440, 323 BGB; dazu oben Rn 411 ff.). **1171**

Ist das Fernabsatzgeschäft ein finanziertes Geschäft, so geht das Widerrufsrecht nach §§ 495, 506 ff. BGB vor (§ 312 g III BGB); bildet es mit einem Finanzierungsgeschäft eine wirtschaftliche Einheit, so erstrecken sich das Widerrufs- und Rückgaberecht und die entsprechenden Belehrungspflichten nach § 358 I BGB auch auf dieses (s.u. Rn 1198). **1172**

II. Vertragsschluss im E-Commerce

Für Verträge, die ein Unternehmer mit einem Kunden (der nicht Verbraucher sein muss) per Internet oder über einen sonstigen Tele- oder Mediendienst schließt, enthält § 312i BGB besondere Anforderungen, die hauptsächlich aus der E-Commerce-Richtlinie stammen. Für Verträge mit Verbrauchern kommt § 312j BGB hinzu, der die Verbraucherrechte-Richtlinie umsetzt. **1173**

Nach § 312i I 1 Nr. 1 BGB hat der Unternehmer zunächst eine angemessene Korrekturmöglichkeit für Eingabefehler zu schaffen. Er muss den Zugang der Bestellung unverzüglich bestätigen (Nr. 3) und den konkreten Vertragstext samt AGB bei Vertragsschluss abruf- und speicherbar zur Verfügung stellen (Nr. 4). Über all das sowie die einzelnen zum Vertragsschluss führenden technischen Schritte, die relevanten Verhaltenskodizes usw., hat der Unternehmer den Kunden vor Abgabe der Bestellung klar und verständlich zu informieren (§ 312i I 1 Nr. 2 BGB i.V.m. Art. 246c EGBGB). **1174**

> **Beispiel:**
> Will Hannes Hurtig seine Billig-Bücher per Internet vertreiben, so muss er die erforderlichen Informationen auf seiner Homepage einstellen. Die Eingabefelder für die Bestellung müssen so gestaltet sein, dass der eingegebene Text noch einmal gelesen und ggf. korrigiert werden kann; das ist auf der Homepage zu erklären. Wird die Bestellung abgegeben, ist dem Kunden der Zugang per E-Mail o. ä. zu bestätigen. Zudem muss er die Möglichkeit haben, den Vertragstext insgesamt herunterzuladen und auszudrucken oder zu speichern.

1175   Für **E-Commerce-Geschäfte mit Verbrauchern** schreibt § 312j BGB vor, dass der Verbraucher im Vorfeld deutlich auf etwaige Lieferbeschränkungen und die akzeptierten Zahlungsmittel hinzuweisen ist. Bei entgeltlichen Verbraucherverträgen müssen zahlreiche Informationen nach Art. 246a § 1 EGBGB (s.o. Rn 1162) in hervorgehobener Weise zur Verfügung gestellt werden und der Bestellvorgagng ist so zu gestalten ist, dass der Verbraucher seine Zahlungspflicht zumindest durch Anklicken einer besonderen Schaltfläche ausdrücklich bestätigen muss (Button-Lösung gegen Kostenfallen).

1176   Die skizzierten Anforderungen gelten nur sehr eingeschränkt, wenn ein Vertrag ausschließlich im Wege individueller Kommunikation geschlossen wird (§§ 312i II 1, 312j V 1 BGB); unter Profis sind sie zudem weitgehend abdingbar (§ 312i II 2 BGB).

> **Beispiel:**
> Hannes hat mit seinem Billig-Bücher-Laden keinen Internet-Auftritt aber eine E-Mail-Adresse. Karin Kreft fragt per E-Mail, ob er ein bestimmtes Buch besorgen kann. Wenn Hannes das Vertragsangebot per E-Mail annimmt, muss die Mail den Vertragstext wiedergeben (was bei der Antwortfunktion automatisch geschieht). Schickt Hannes im Anhang seine AGB mit, genügt das für ihre Einbeziehung nach § 305 II BGB allerdings nicht.

1177   E-Commerce-Geschäfte mit Verbrauchern sind in aller Regel gleichzeitig Fernabsatzverträge. Zu den Anforderungen aus §§ 312i, 312j BGB kommen dann die weiteren Informationspflichten aus §§ 312d, f BGB und das Widerrufsrecht aus § 312g BGB hinzu. „Billig & Schnell" (s.o. Rn 1169) und Hannes mit seinem Internet-Buchladen (Rn 1174) müssen damit bei jeder noch so kleinen Bestellung zahlreiche und teils recht komplexe Informationen zur Verfügung stellen.

III. Vertrieb jenseits von Geschäftsräumen

1178   §§ 312b ff. BGB gehen davon aus, dass Verbraucher auch jenseits des Fernabsatzes emotional in einer latent schwachen Verhandlungsposition sind, wenn Unternehmer mit ihnen in ihrer Privatwohnung, am Arbeitsplatz, in öffentlichen Verkehrsmitteln usw. Verträge anbahnen oder abschließen wollen, denn sie haben sich oft nicht

so auf Verhandlungen eingestellt wie beim Betreten eines Geschäfts und werden
schneller überrumpelt. Für Verträge in solchen Situationen, früher oft Haustürge-
schäfte genannt, werden Verbraucher daher ebenso durch Informationspflichten und
ein Widerrufsrecht geschützt wie im Fernabsatz.

Erfasst sind entgeltliche Verbraucherverträge (§ 312 I BGB), die **außerhalb von**   1179
Geschäftsräumen geschlossen oder angebahnt werden. Zu den Geschäftsräumen
zählen nach § 312b II BGB nicht nur Räume, in denen der Unternehmer dauerhaft seiner gewerblichen oder sonstigen unternehmerischen Tätigkeit nachgeht (s.o.
Rn 216 ff.), sondern auch bewegliche Räumlichkeiten wie Messestände, Verkaufs-
wagen, Marktstände usw. § 312b I BGB erfasst zunächst Verträge, die anderenorts
abgeschlossen werden (Nr. 1). Da es auf den situativen Kontext der maßgeblichen
Verbraucherentscheidung ankommt, genügt es auch, wenn der Verbraucher außerhalb von Geschäftsräumen sein Angebot abgegeben hat (Nr. 2) oder außerhalb angesprochen worden ist und gleich darauf den Vertrag in den Geschäftsräumen oder
im Fernabsatz abschließt (Nr. 3). § 312b I Nr. 4 BGB bezieht schließlich Vertragsschlüsse auf Kaffeefahrten usw. mit ein. Ausgenommen sind nach § 312 II BGB
wiederum weitgehend notariell beurkundete Verträge, Immobiliengeschäfte, Bau-
verträge, Reise- und Beförderungsverträge, Lebensmittellieferungen usw. und vor
allem Bargeschäfte bis 40 € (Nr. 12).

Beispiele:

Unternehmer Hurtig (§ 14 BGB) verkauft E-Book-Reader an der Haustür, am
Strand, in der Hotelbar oder bei „Literatur-Partys", die bei Kunden oder bei
Hannes zuhause stattfinden. In der **Fallstudie** hat Unternehmer Hurtig (§ 14
BGB) Verbraucher Rüstig in einem öffentlichen Verkehrsmittel angesprochen,
so dass ebenfalls ein Vertrag im Sinne des § 312b BGB vorliegt.

Für außerhalb von Geschäftsräumen geschlossene Verträge sehen die §§ 312c-312e   1180
BGB i.V.m. Art. 246a EGBGB die oben Rn 1161 ff. beschriebenen **Informations-**
pflichten vor. Art. 246a § 2 EGBGB enthält dabei auf Stufe 1 für Verträge über
Reparatur- und Instandhaltungsmaßnahmen bis 200 € besondere Erleichterungen,
und § 312f I BGB sieht auf Stufe 2 grundsätzlich eine Vertragsabschrift und die
erforderlichen Informationen in Papierform vor, sofern der Verbraucher nicht einem
anderen dauerhaften Datenträger zugestimmt hat. Daneben hat der Verbraucher bei
außerhalb von Geschäftsräumen geschlossenen Verträgen auch das **Widerrufs-**
recht nach § 312g BGB.

Entscheidet sich Rüstig in der **Fallstudie** gegen die Ratenzahlung, so hat er ein
Widerrufsrecht nach §§ 312b, 312g BGB. Wegen der fehlenden Belehrung ist er
an die 14-tägige Frist des § 355 II BGB nicht gebunden und kann sich die Sache
also auch nach Erhalt des Lexikons noch über ein Jahr lang überlegen (§ 356 III
BGB). Hurtig wird wegen seines Versäumnisses nur sehr begrenzt geschützt,
indem er bei späterem Widerruf Nutzungs- und eventuell Wertersatz wegen
Verschlechterungen verlangen kann (§ 357 VII BGB).

IV. Allgemeine Regeln für entgeltliche Verbraucherverträge

1181   § 312a BGB sieht für entgeltliche Verbraucherverträge (§ 312 I BGB) Informationspflichten und einen Schutz vor Kostenfallen vor. Nach Absatz 1 müssen Unternehmer bei einem **Telefonanruf**, der zu einem Vertragsschluss führen soll (vgl. zur Zulässigkeit oben Rn 968), gleich zu Anfang ihre Identität und den geschäftlichen Zweck des Anrufs offenlegen. Das schließt an § 5a VI UWG an.

1182   § 312a II BGB statuiert insbesondere für den stationären Handel **allgemeine Informationspflichten** und verweist dabei auf Art. 246 EGBGB. Diese Informationspflichten gelten aber weder für Verträge im Fernabsatz oder außerhalb von Geschäftsräumen (§ 312a II 3 BGB) noch für die vielen Fälle, in denen Geschäfte des täglichen Lebens sofort erfüllt werden (Art. 246 II EGBGB). Für die verbleibenden Fälle ist ein Katalog von Informationen vorgeschrieben, der sich an § 5a III UWG anlehnt.

1183   § 312a III–VI BGB soll Verbraucher vor **untergeschobenen Nebenkosten** schützen. Absatz 3 verlangt dazu generell eine ausdrückliche Vereinbarung, die im E-Commerce nicht durch Voreinstellungen herbeigeführt sein darf. Absatz 4 wendet sich gegen erzwungene Zahlungsmittel-Entgelte und Absatz 5 gegen Kosten für telefonische Auskünfte zur Vertragsbwicklung. Nach Absatz 6 schadet die Unwirksamkeit einer solchen Klausel nicht dem Gesamtvertrag (Ausnahme von § 139 BGB; ähnlich § 306 I BGB).

C. Verbrauchsgüterkauf

1184   Das BGB-Kaufrecht setzt die Richtlinie über den Verbrauchsgüterkauf weitgehend schon im Rahmen der §§ 433 ff. um. Daher enthalten die §§ 474 ff. BGB, wie schon gesehen, nur noch wenige Sonderregelungen. Nach § 474 I BGB liegt ein **Verbrauchsgüterkauf** vor, wenn ein Unternehmer einem Verbraucher eine bewegliche Sache verkauft. Ausgeklammert bleiben also Käufe unter Profis wie unter Privaten sowie Verkäufe von Grundstücken, Rechten und anderen Gegenständen (vgl. § 453 BGB und oben Rn 242 f.). Ein Großteil unserer Alltagsgeschäfte wird aber von §§ 474 ff. BGB erfasst.

1185   Die ersten Modifikationen enthält § 474 III–V BGB. Absatz 3 federt die strenge Regel des § 271 BGB ab: Beim Verbrauchsgüterkauf werden die Leistungen nicht sofort geschuldet sondern nur unverzüglich (vgl. § 121 I 1 BGB). Nach Absatz 4 gilt für den Gefahrübergang auch beim Versendungskauf regelmäßig § 446 BGB und nicht § 447 BGB. Nach Absatz 5 schuldet der Verbraucher schließlich im Fall der Ersatzlieferung für die Zwischenzeit keinen Nutzungsersatz.

> **Beispiel:**
> Versandhändler V verkauft Verbraucher K einen Computer und versendet ihn wie vereinbart an die Privatadresse des K. Im Fall eines Transportschadens haftet V für den Sachmangel, da die Gefahr der Verschlechterung nicht schon nach § 447 BGB bei Absendung auf K übergeht sondern nach §§ 474 IV, 446 BGB erst bei Übergabe (s.o. Rn 433). Wenn K den beschädigten Computer acht Monate nutzt, bevor der Mangel ihn unbrauchbar macht, kann K nach §§ 437 Nr. 1, 439 I

BGB Ersatzlieferung verlangen. Während der Käufer nach allgemeinen Regeln für die Nutzungen Wertersatz leisten müsste (§§ 439 IV, 346 I BGB, vgl. oben Rn 414), schuldet Verbraucher K nach § 474 V BGB keinen Nutzungsersatz.

Das wichtigste Schutzinstrument besteht darin, dass § 475 BGB die allgemei- **1186** nen Regeln des Kaufrechts weitestgehend zugunsten des Verbrauchers zu **zwingendem Recht** erklärt. Das entspricht im Wesentlichen § 312k BGB und § 14 ProdHaftG. Dadurch soll verhindert werden, dass die Käuferrechte in der Praxis insbesondere durch AGB wieder beschnitten werden. § 475 BGB spricht von Vereinbarungen vor Mitteilung des Mangels, um vor allem einer Regelung im Vergleichsweg nicht entgegenzustehen.

In der **Fallstudie** liegt ein Verbauchsgüterkauf vor. Daher kann sich Hannes Hurtig auf die abweichenden Vereinbarungen nicht berufen, soweit sie Käuferrechte abschneiden. Das gilt für § 4 der AGB zunächst deshalb, weil die Klausel die Verjährungsfrist verkürzt, was nach § 475 II BGB nur bei gebrauchten Sachen zulässig ist. Zudem ist § 4 wegen des Ausschlusses der übrigen Käuferrechte unwirksam. Die Haftungsbeschränkung des § 5 bleibt wegen § 475 III BGB unberührt.

Die Unwirksamkeit beider Klauseln hatte sich schon bei der AGB-Kontrolle ergeben (s.o. Rn 1144). Eine Vereinbarung wie in § 4 der AGB würde an § 475 BGB aber auch als Individualvereinbarung scheitern.

Ferner hilft § 476 BGB dem Verbraucher mit einer **Beweislastumkehr**. Da nach **1187** § 434 I BGB die Sachmängelfreiheit bei Gefahrübergang, also bei Übergabe oder Versendung (§§ 446 f. BGB) entscheidend ist, muss der Käufer grundsätzlich darlegen und notfalls beweisen, dass der Mangel der Kaufsache schon zu diesem Zeitpunkt bestand und nicht erst später bei ihm eingetreten ist. Hiervon wird er befreit, wenn sich ein Mangel in den ersten sechs Monaten zeigt.

Zudem müssen **Garantien** (vgl. §§ 276 I 1, 443 BGB) einfach und verständlich **1188** abgefasst sein und bestimmte Mindestangaben enthalten (§ 477 BGB). Nach Abs. 3 lässt ein Verstoß hiergegen ihre Wirksamkeit unberührt, denn sonst könnte sich der gesetzesuntreue Unternehmer seinen Verpflichtungen gegenüber dem Verbraucher entziehen. Sanktionen können sich vielmehr aus §§ 311 II, 241 II, 280 I BGB, dem UKlaG und dem UWG ergeben.

Schließlich sollen die §§ 478 f. BGB sicherstellen, dass der Letztverkäufer die **1189** Belastung durch die verschärften Einstandspflichten im **Regressweg** auf seine Hinterleute abwälzen kann.

D. Verbraucherkredite

I. Überblick

Konsumgenuss „auf Pump" stellt schon wegen der großen Verlockung eine Gefahr **1190** dar. Bei hohen Belastungen können sich z.B. Arbeitslosigkeit oder Scheidung

existenzbedrohend auswirken. Zudem sind die Kreditkonditionen oft schwer über-
schaubar und vergleichbar. Dieser Probleme nimmt sich das Verbraucherkreditrecht
an. Im Anschluss an die allgemeinen Regeln zum Darlehen (§§ 488 ff. BGB, s.o.
Rn 554) finden sich daher für Verbraucherverträge Sonderregeln zu

- Verbraucherdarlehensverträgen (§§ 491–505 BGB)
- Finanzierungshilfen (§§ 506–509 BGB)
- Ratenlieferungsverträgen (§ 510 BGB).

1191   Diese Regelungen, die zur Umsetzung der neu gefassten Verbraucherkreditrichtli-
nie 2010 novelliert wurden, sind – wie die unter B und C behandelten – zugunsten
der Verbraucher zwingendes Recht (§ 511 BGB) und gelten auch für Existenzgrün-
dungskredite bis 75.000 € (§ 512 BGB). Die wichtigsten Schutzinstrumente sind
wiederum die Verbraucherinformation und ein Widerrufsrecht. Zu Kreditvermitt-
lungsverträgen zwischen Unternehmer und Verbraucher vgl. §§ 655a ff. BGB.

II. Verbraucherdarlehen

1192   **Verbraucherdarlehensverträge** sind nach § 491 I BGB Verträge über entgeltliche
Darlehen, die ein Unternehmer einem Verbraucher gewährt. Da nur entgeltliche
Darlehen unter § 491 I BGB fallen, bleiben zinslose Darlehen („0 %-Finanzie-
rung") ausgeklammert, sofern auch keine sonstigen Entgelte wie Einmalzahlungen,
Gebühren oder dergleichen für den Verbraucher anfallen (rechtspolitisch bedenk-
lich!). Ausgenommen sind nach Abs. 2 Kleinkredite (bis 200 € netto), kurzfristige
Kredite (bis 3 Monate), Arbeitgeberdarlehen, Förderkredite und Kredite, die mit
einem Pfandrecht (§ 1204 BGB) besichert sind. Für Darlehensverträge, die mit
eimem Grundpfandrecht besichert sind, finden sich verschiedene Sonderregeln
(§ 503 BGB), und die Verbraucherkreditregeln gelten z. B. für Überziehungskredite
nur eingeschränkt (§ 504 f. BGB).

1. Verbraucherinformation
1193   Auch für Verbraucherdarlehensverträge ist ein mehrstufiges und besonders ausge-
dehntes Informationssystem vorgesehen. Zunächst verlangt § 491a BGB, dass der
Verbraucher **vor Vertragschluss** gemäß Art. 247 § 1 EGBGB in Textform über die
Einzelheiten unterrichtet wird, die sich aus §§ 2–5 und 8–13 ergeben. Dazu gehören
z. B. der effektive Jahreszins, der Nettodarlehensbetrag, der Betrag der einzelnen
Teilzahlungen und der Gesamtbetrag (vgl. nur Art. 247 § 3 I Nr. 1–16 EGBGB).
Dadurch soll dem Kunden die Bedeutung der Tilgungsbelastung vor Augen geführt
und gleichzeitig die Markttransparenz erhöht werden.

1194   Der **Verbraucherdarlehensvertrag** selbst muss nach § 492 BGB schriftlich
geschlossen werden und die in Art. 247 §§ 6–13 EGBGB aufgeführten Angaben enthalten. Dadurch erhält der Verbraucher die meisten vorvertraglichen Informationen
ein zweites Mal und wird über seine weiteren Rechte noch einmal ausführlicher unterrichtet. Auch hier hält das EGBGB umfangreiche Muster bereit. Zu späteren Informationspflichten, wenn bei längeren Verträgen die Zinsbindung endet, vgl. § 493 BGB.

Rechtsfolge eines Formmangels oder Informationsfehlers ist nach § 494 I BGB   1195
zunächst die Nichtigkeit. Nach Abs. 2 wird der Vertrag aber mit Valutierung des
Darlehens wirksam, und zwar zu verbrauchergünstigeren Konditionen.

Beispiel:

Wird in einem Verbraucherdarlehensvertrag der effektive Jahreszins nicht angegeben, wird er mit Valutierung wirksam, allerdings nur mit dem gesetzlichen
Zinssatz (§ 494 II 2 BGB). Wird er zu niedrig angegeben, vermindert sich der
geschuldete Zinssatz entsprechend (§ 494 III BGB). Bei Fahrlässigkeit kommen
Ansprüche aus §§ 311 II, 241 II, 280 I, 282 BGB, bei Arglist ein Anfechtungsrecht
nach § 123 BGB hinzu.

---

2. Widerrufsrecht

Gemäß § 495 BGB steht dem Verbraucher (außer bei Umschuldungen, notariellen   1196
Verträgen und Überziehungskrediten) das allgemeine, regelmäßig zweiwöchige
Widerrufsrecht nach § 355 BGB zu. Auch hierüber ist er wiederum zu belehren,
und bei fehlender oder unzureichender Belehrung besteht das Widerrufsrecht unbe-
fristet. Auch für die Rechtsfolgen eines Widerrufs gilt im Wesentlichen das oben
Gesagte (Rn 1166 ff.).

3. Verzugsfolgen

Die §§ 497 f. BGB schützen den Verbaucher zusätzlich, indem sie die Folgen   1197
seines Zahlungsverzugs (§ 286 BGB) abmildern. § 497 BGB soll möglichst verhindern, dass der Verbraucher in eine ansteigende Verschuldung gerät. Zudem
erschwert § 498 BGB die Kündigung, indem sie einen qualifizierten Zahlungsverzug verlangt. Die Regelung soll (ähnlich wie bei der Wohnraummiete § 543
II Nr. 3 BGB) verhindern, dass schon ein kurzzeitiger Engpass zur Kündigung
führt.

4. Verbundene Geschäfte

Verbraucherkredite gehen häufig mit besonderen Anschaffungen oder dergleichen   1198
einher. Das Nebeneinander zweier Verbraucherverträge muss die Geschäftspartner
des Verbrauchers grundsätzlich nicht interessieren.

Beispiel:

V bestellt Dachdecker D und nimmt bei B einen Kredit auf, um die Rechnung zu
bezahlen. Widerruft V den Darlehensvertrag nach §§ 495, 355 BGB, so berührt
das den Vergütungsanspruch des D aus § 631 I BGB nicht.

Häufig bilden diese Verträge allerdings eine wirtschaftliche Einheit, und dann stellt   1199
sich die Frage, ob die Widerruflichkeit des einen auch den anderen berührt. §§ 358 f.
BGB treffen im Anschluss an die allgemeinen Regeln zu Widerruf und Rücknahme
eine Sonderregelung für solche verbundenen Geschäfte, die in § 358 III BGB definiert sind. Kennzeichnend ist danach die wirtschaftliche Einheit der Geschäfte, die
vermutet wird, wenn der Unternehmer beide Verträge schließt oder beim zweiten
mitwirkt.

Beispiel:

Hannes Hurtig bestellt beim Anna-Versand einen PC und schließt dem Katalogangebot entsprechend mit der Zinslust-GmbH einen Kreditvertrag. Die GmbH
zahlt dem Versandhaus den Kaufpreis; dieses liefert den Computer an Hurtig;
dieser zahlt die Raten an die GmbH. Kauf- und Kreditvertrag sind als wirtschaftliche Einheit anzusehen, da das Katalogangebot eine entsprechende Finanzierung
vorsieht (vgl. § 358 III 2 BGB).

1200   Bei verbundenen Geschäften wirkt sich der Widerruf des einen Vertrags auch auf
den anderen aus, wobei beim Zusammentreffen zweier Widerrufsrechte das kredit-
rechtliche zurücktritt (§ 358 I, II BGB).

Beispiele:

Verbraucher K kauft im Autohaus V einen Volvo V 70, wobei V ihm eine
Finanzierung durch die V-Bank vermittelt: Verbundene Geschäfte, das Widerrufsrecht des § 495 BGB schlägt sich nach § 358 II BGB auch beim Kauf nieder.
Bei Hurtigs Computerbestellung setzt sich das Widerrufsrecht nach § 312g BGB
gegenüber dem aus § 495 BGB durch (§ 358 II BGB).

1201   Diese Regelung soll verhindern, dass der Verbraucher durch die Aufspaltung der
Geschäfte Nachteile erleidet. § 358 IV 5 BGB setzt diese Einheitsbetrachtung zum
Schutz des Darlehensgebers noch für die Rückabwicklung fort: Die Rückabwick-
lung findet nur mit ihm statt.

Wenn Hannes im vorigen **Beispiel** den Kaufvertrag nach §§ 312g, 355 BGB
widerruft, so erstreckt sich der Widerruf auch auf den Darlehensvertrag mit der
GmbH. Wenn die GmbH dem Anna-Versand schon den Kaufpreis gutgeschrieben hat, ist es unbillig, wenn Hannes auch den Computer an das Versandhaus
zurückgäbe und seinerseits die geleisteten Raten von der GmbH herausverlangen
könnte. Nach § 358 IV 5 BGB tritt die GmbH daher in die Rechte und Pflichten
des Versandhauses ein und kann den Computer Zug um Zug gegen Rückzahlung
der geleisteten Raten zurückverlangen.

1202   Schließlich wird diese Einheitsbetrachtung nach § 359 BGB auch auf die Einwendungen des Verbrauchers erstreckt. Danach findet ein **Einwendungsdurchgriff** auf
das Finanzierungsgeschäft statt. Ausnahmen: Kleinkredite (bis 200 €) und nachträglich vereinbarte Einwendungen.

Beispiele:

Solange der Anna-Versand den Computer nicht liefert, braucht Hannes auch das
Darlehen nicht zu bedienen (§§ 320, 359 BGB). Liefert der Anna-Versand einen
mangelhaften Computer und verweigert die Nacherfüllung, so kann Hannes nach
§§ 437, 440, 323 I BGB vom Kaufvertrag zurücktreten. Nach § 359 BGB erstreckt
sich das auch auf den Darlehenvertrag mit der Zinslust-GmbH.

Eine vergleichbare Gesamtbetrachtung ist uns bereits bei § 123 BGB begegnet, wo   **1203**
„wirtschaftlich zusammengehörige" Personen als Einheit betrachtet werden: Bei
arglistiger Täuschung, z. B. durch einen Stellvertreter, gilt nicht § 123 II BGB, weil
der Vertreter nicht als „Dritter" angesehen wird (Rn 378).

III. Finanzierungshilfen

In den §§ 506–509 BGB sind Sonderregelungen für andere Kreditformen zusam-   **1204**
mengefasst, wobei weitgehend auf die zuvor dargestellten Regelungen verwiesen
wird. Das gilt zunächst für entgeltliche Zahlungsaufschübe nach § 506 I BGB.

Mit einigen Besonderheiten gelten die Verbraucherdarlehensregeln auch für
Finanzierungsleasingverträge, die die Merkmale des § 506 II BGB erfüllen.

Teilzahlungsgeschäfte sind nach § 506 III BGB Kauf- oder sonstige Liefer-   **1205**
verträge oder Verträge über die Erbringung anderer Leistungen, wenn als Entgelt
Teilzahlungen vereinbart sind. In erster Linie geht es also um den Raten- oder
Abzahlungskauf. Auch für sie gilt – jenseits der 0 %-Finanzierung (s. o. Rn 1192) –
nach § 506 III BGB das Recht des Verbraucherdarlehens weitestgehend, und es
kommen die Besonderheiten der §§ 507 f. BGB hinzu. Insbesondere ist die Verbraucherinformation etwas anders ausgestaltet und nach § 508 BGB sind die Ver-
zugsregeln des § 498 BGB modifiziert.

Beispiel:

Verbraucher K entscheidet sich bei Autohändler V für einen Volvo V 70 und
verabredet mit V Ratenzahlungen. Nach § 506 III BGB ist K durch das Verbraucherkreditrecht geschützt. Entscheidet sich K dazu, den V 70 zu leasen, gilt das
gemäß § 506 II BGB ebenso.

IV. Ratenlieferungsverträge

Schließlich trifft § 510 BGB besondere Regeln für Ratenlieferungsverträge, also   **1206**
Verträge, bei denen es nicht nur um ratenweise Zahlung sondern auch Lieferung
geht.

Beispiele:

Kauf des 25-bändigen Brockhaus, wenn die Bände jeweils nach Erscheinen
geliefert und berechnet werden. Zeitschriftenabonnement. Hurtigs Kauf von
5.000 Kartons Kopierpapier, Teillieferungen und -zahlungen auf Abruf.

Für solche Ratenlieferungsverträge gelten modifizierte Schutzregeln, soweit sonst   **1207**
das allgemeine Verbraucherdarlehensrecht Anwendung fände (vgl. § 510 III 2
BGB). Insbesondere ist das Schriftformerfordernis gemildert und es bestehen
nur begrenzte Informationspflichten (§ 510 I 2 BGB). Der Verbraucher wird bei

Verträgen im Wesentlichen durch das Widerrufsrecht geschützt, über das er entsprechend zu belehren ist (§§ 510 I, 356c BGB).

V. Zur Fallstudie

1208 Da das Pilz-Lexikon nicht sukzessive geliefert wird, liegt kein Ratenlieferungsvertrag vor. Die Teilzahlungsabrede macht den Kaufvertrag aber zu einem Teilzahlungsgeschäft (§ 506 III BGB), denn Hannes handelt im Rahmen seiner gewerblichen Tätigkeit, Rüstig ist Verbraucher und die Teilzahlungsabrede stellt eine entgeltliche Finanzierungshilfe dar.

1209 Nach §§ 506 I, 491a BGB und Art. 247 EGBGB hätte der Vertrag nicht nur den Barzahlungspreis und Betrag, Zahl und Fälligkeit der Teilzahlungen angeben müssen, sondern z. B. auch den Teilzahlungspreis und den effektiven Jahreszins. Dadurch ist der Vertrag zunächst unwirksam. Der Vertrag kann aber mit Lieferung des Lexikons (zu verbrauchergünstigeren Konditionen) wirksam werden (§ 507 II BGB).

1210 Nach §§ 506 I, 495, 355 BGB hat Rüstig aber ein Widerrufsrecht. Da er darüber nicht belehrt worden ist, besteht es unbefristet.

E. Arbeitshinweise

I. Die wichtigsten Grundbegriffe

1211 **AGB** Allgemeine Geschäftsbedingungen, für eine Vielzahl von Verträgen vorformulierte Bedingungen, die der Verwender stellt (§ 305 I BGB).

Einbeziehung von AGB AGB werden nach § 305 II BGB nur Vertragsinhalt bei entspr. Hinweis, zumutbarer Kenntnisnahmemöglichkeit, Einverständnis. Nicht Vertragsbestandteil: überraschende Klauseln und durch Individualabrede Ausgeschlossenes (§§ 305b f. BGB).

Inhaltskontrolle Kontrolle des Inhalts von AGB. Auslegung aus obj. Sicht des Durchschnittskunden. Danach Verstoß gegen § 309 BGB (Klauseln ohne Wertungsmöglichkeit) oder § 308 BGB (Klauseln mit Wertungsmöglichkeit) oder § 307 BGB (Generalklausel)? Dann unwirksam, Vertrag im Übrigen (mit gesetzlicher Regelung als Ersatz) wirksam.

Fernabsatzvertrag § 312c BGB, entgeltlicher Verbrauchervertrag, der per Fernkommunikationsmittel geschlossen wird. Wesentliche Schutzmechanismen: zweistufige Verbraucherinformation und Widerrufsrecht, über das zu belehren ist (zwingende Regelung).

E-Commerce Schlagwort für den Handel im elektronischen Geschäftsverkehr, also per Telemedien (§ 312i BGB). Besondere Pflichten für Unternehmer gegenüber Kunden, insb. Informationspflichten und bzgl. der Modalitäten des Vertragsschlusses.

Haustürgeschäft Außerhalb von Geschäftsräumen geschlossener Vertrag.

Außerhalb von Geschäftsräumen geschlossener Vertrag § 312b BGB, entgeltlicher Verbrauchervertrag, der jenseits von Geschäftsräumen geschlossen oder angebahnt wird. Wesentliche Schutzmechanismen: zweistufige Verbraucherinformation und Widerrufsrecht, über das zu belehren ist (zwingende Regelung).

Verbrauchsgüterkauf Unternehmer verkauft bewegliche Sache an Verbraucher. Sonderregeln in §§ 474 ff.

BGB. Insb. sind die Käuferrechte weitestgehend zwingend.

Verbraucherkredit §§ 491 ff. BGB, Darlehen, Ratenzahlungsvereinbarungen und andere Finanzierungshilfen gegenüber Verbrauchern. Wesentliche Schutzmechanismen: Verbraucherinformation, Widerrufs- oder Rückgaberecht, über das zu belehren ist, Schutz auch bei drittfinanzierten Geschäften, Erschwerung der Kündigung bei Zahlungsverzug.

II. Übungsaufgaben

1. Gelten die §§ 305 ff. BGB auch für Kaufleute?
2. Inwiefern sehen das UWG und das UKlaG eine Kontrolle durch „Sachwalter" des Wettbewerbs und des Verbraucherschutzes vor?
3. Was sind Verbraucherschutzgesetze?
4. Kommt es für die Anwendbarkeit der §§ 305 ff. BGB darauf an, ob die Vertragsbedingungen tatsächlich für eine Vielzahl von Verträgen verwendet werden?
5. B verbürgt sich für eine Forderung in Höhe von 20.000 €, die der B-Bank gegen seinen Freund S aus einem Darlehensvertrag zusteht. Nach dem formularmäßigen Bürgschaftsvertrag erstreckt sich die Bürgschaft über die Darlehensforderung hinaus auf alle bestehenden und künftigen Forderungen der B gegen S. Wie ist diese Klausel zu beurteilen?
6. Beim Kauf eines Gebrauchtwagens sagt V dem K zu, Mängel, die innerhalb der nächsten 3 Monate aufträten, würden kostenlos behoben. In den wirksam in den Kaufvertrag einbezogenen AGB dagegen wird die Gewährleistung ausgeschlossen.

7. Ist das AGB-Recht auch auf einseitige Rechtsgeschäfte anwendbar?   **1212**
8. K bestellt bei V zu seinen Einkaufsbedingungen Waren. V bestätigt die Bestellung, wobei er seine eigenen Verkaufsbedingungen hinzufügt, die denen des V widersprechen. Daraufhin liefert V die Ware und K nimmt sie an. Ist ein wirksamer Vertrag zustandegekommen und wenn ja mit welchem Inhalt?
9. In dem Fitnessstudio von Nora Neureich sehen die Anmeldeformulare für Aerobic-Kurse eine Laufzeit von 18 Monaten vor. Der Vertrag verlängert sich jeweils um ein Jahr, wenn er nicht drei Monate zuvor gekündigt wird. Ist die Klausel wirksam?
10. Liegt ein Fernabsatzgeschäft vor?
    a) P verteilt Briefkastenwerbung und liefert Pizza auf telefonische Bestellung ins Haus.
    b) Q bietet im Rahmen des Community-Shopping auf seiner Homepage Haushaltsartikel an. Werner Hastig bestellt per Mausklick den Staubsauger xk3 mit beigepacktem Kinderstaubsauger „Nono".

11. K bestellt für seine Agentur per Internet einen Bürostuhl, der ihm letztlich nicht gefällt. Als er nochmals die Homepage des Internetanbieters anklickt, stellt er fest, dass dieser seine AGB nicht eingestellt hat. Kann K deshalb den Stuhl zurückschicken?

12. Welche Rechtsfolgen hat im vorigen Fall der Verstoß des Anbieters gegen seine Informationspflichten?

13. Hubert bestellt fürs Studium bei Internetbuchhändler COL ein Privatrechtsbuch. Als er es geliefert bekommt, liest er es an, findet es stinklangweilig und schickt am nächsten Tag eine E-Mail an COL, dass sie ihr Buch wieder abholen könnten. Muss er das Buch zurückschicken? Wer trägt die Kosten? Muss Hubert die Wertminderung erstatten, die durch den Gebrauch des Buchs entsteht?

14. A erhält einen 80.000 €-Kredit, um in Schwerin eine Werbeagentur zu gründen. Auf ein Widerrufsrecht ist er nicht hingewiesen worden. Kann sich A vom Vertrag nach vier Monaten lösen?

15. W bestellt telefonisch einen Weinvertreter ins Haus und unterschreibt nach einem feucht-fröhlichen Abend einen Kaufvertrag über zwölf Kartons Ummelner Hexenkraut. Am nächsten Morgen macht seine Frau ihm Vorwürfe und fragt, ob er das nicht rückgängig machen kann.

III. Empfohlene Literatur

1213   Lehrbücher:
Brox/Walker, Allgemeines Schuldrecht (C.H. Beck), § 4 II und § 19; Besonderes Schuldrecht (C.H. Beck), § 7 I und § 17 IV;

Looschelders, Schuldrecht AT (Heymanns), §§ 8 und 18; Schuldrecht BT (Heymanns), §§ 13 und 20.
Ausführlicher:
Bülow/Artz, Verbraucherprivatrecht (C.F. Müller).

Anhang: Lösungen zu den Übungsaufgaben

Antworten zu § 1: Übersicht

1. Die besonderen Spruchkörper sind die **Kammern für Handelssachen** (§§ 93 ff. GVG). Sie sind mit einem Berufsrichter und zwei sachkundigen Bürgern (ehrenamtliche Richter) besetzt und vor allem für Streitigkeiten aus beiderseitigen Handelsgeschäften, in Handelsgesellschaften und für Klagen aus Wechsel oder Scheck und wegen unlauteren Wettbewerbs zuständig.

2. Die **Privatautonomie** ist das beherrschende Prinzip des Privatrechts. Danach kann grundsätzlich jedermann seine Rechtsbeziehungen im Rahmen der Rechtsordnung frei und eigenverantwortlich (autonom) gestalten. Die wichtigsten Erscheinungsformen der Privatautonomie sind die Vertragsfreiheit, die Eigentumsfreiheit und die Testierfreiheit. Der Staat muss aber auch die Grenzen der Privatautonomie bestimmen.

> **Beispiele:**
> Verbot sittenwidriger Rechtsgeschäfte, Diskriminierungsverbot.

3. **Dispositives Recht** ist abdingbares, weichendes Recht: Vertragsparteien können dispositive Regeln durch Vereinbarung modifizieren oder ausschließen und den Rechtsrahmen so speziell auf ihre Bedürfnisse zuschneiden. Das ist bei **zwingendem Recht** ausgeschlossen. 1214

> **Beispiele:**
> für *dispositives Recht*: Verjährungsregeln (Grenze: § 202 BGB); § 269 BGB („Ist ein Ort … weder bestimmt noch aus den Umständen … zu entnehmen"); § 426 BGB, §§ 631 ff. BGB.

> **Beispiele:**
> für *zwingendes Recht*: §§ 134, 138 BGB; § 475 BGB; § 14 ProdHaftG.

4. Die **Anspruchsdurchsetzung** geschieht i. d. R. dadurch, dass im Zivilprozess ein Urteil erwirkt wird, das einen vollstreckbaren Titel darstellt. Die **Vollstreckung** geschieht z. B. durch Sachpfändung (Gerichtsvollzieher) oder Forderungspfändung,

© Springer-Verlag Berlin Heidelberg 2017
J. Meyer, *Wirtschaftsprivatrecht*, Springer-Lehrbuch,
DOI 10.1007/978-3-662-52734-4

insb. Lohnpfändung (Vollstreckungs-gericht). Statt eines Urteils kann auch ein Vollstreckungsbescheid oder ein für vollstreckbar erklärter Schiedsspruch als Titel dienen.

5. Die Darlegungs- und Beweislast liegt beim säumigen Schuldner; er muss sich entlasten. Das ergibt sich aus dem Wortlaut des § 286 IV BGB („kommt nicht in Verzug, solange"). Ähnliche Formulierungen: „Das gilt nicht, wenn" (z. B. § 280 I 2 BGB), „es sei denn" (§ 1 II HGB).

6. Richtlinien wirken grundsätzlich nicht unmittelbar, sondern müssen von den nationalen Gesetzgebern umgesetzt werden (Art. 288 III AEUV). A muss also bis zur Umsetzung warten und kann sich dann auf die deutsche Vorschrift berufen.

   Auch bei verspäteter oder unzureichender Umsetzung sind Richtlinien grundsätzlich nicht direkt anwendbar, vielmehr kommt ein Entschädigungsanspruch gegen den säumigen Mitgliedstaat in Betracht (so der EuGH in der Francovich-Entscheidung C-6/90 v. 19. 11. 1991 = NJW 1992, 165).

7. **Anspruch des M gegen V auf Schadensersatz gemäß § 536a I BGB**
Ein Schadensersatzanspruch des M gegen V könnte sich zunächst aus § 536a I BGB ergeben.

M hat das verunfallte Auto von V für zwei Tage gemietet, also einen Mietvertrag mit V geschlossen.

Das Auto müsste ferner einen Mangel der in § 536 BGB beschriebenen Art aufweisen. Die Mietsache ist nach § 536 I BGB mangelhaft, wenn sie einen Fehler aufweist, der die Tauglichkeit zum Gebrauch aufhebt oder zumindest nicht nur unerheblich mindert. Das gemietete Auto wies einen Bremsdefekt auf. Es war daher nicht fahrtüchtig und somit gebrauchsuntauglich. Deshalb war es mangelhaft.

Fraglich ist ferner, ob dieser Mangel bereits anfänglich bestand. Er war schon seit Wochen unerkannt vorhanden und bestand somit bereits bei Vertragsschluss.

V hat daher den durch diesen Defekt entstandenen Schaden zu ersetzen. Der Schadensersatzanspruch des M ist also begründet.

Antworten zu § 2: Die wichtigsten Gesetze und Hilfsmittel

1215 1. a) BGB → SchuldR AT → Abschn. 5: Erlöschen der Schuldverhältnisse → § 362.

   b) BGB → AT → Abschn. 1: Personen → § 2.

   c) BGB → SchuldR BT → Abschn. 8, Titel 20: Bürgschaft → § 766.

   d) HGB → Handelsgeschäfte → AT, da kein Extraabschnitt für Bürgschaften besteht → § 350.

   e) BGB → Familienrecht → Abschn. 2: Verwandtschaft, 5. Titel → § 1629 BGB.

2. a) Pacht: auch andere Gegenstände als Sachen, auch Fruchtziehung (vgl. § 581 I mit § 535 BGB). Leihe: Unentgeltlichkeit (vgl. § 598 mit § 535 BGB).

   b) §§ 339 ff. BGB, § 348 HGB.

c) Nach § 78 II AktG nur, wenn die Satzung das vorsieht.

d) Nach § 398 BGB durch einen Abtretungsvertrag zwischen altem Forderungsinhaber und Erwerber.

e) A und B je zu einem Drittel, D und E je zu einem Sechstel (§ 1924 I und III BGB). BGB → Erbrecht → 1. Abschnitt (gesetzliche) Erbfolge, da kein Testament (3. Abschnitt). Der Wortlaut des § 1924 BGB ist nicht einfach. Abkömmlinge sind Kinder, Enkel usw. Nach Absatz 1 erben diese, sofern welche vorhanden. Nach Absatz 2 erben A und B je ein Drittel und schließen damit ihre Kinder von der Erbfolge aus. Der Anteil des verstorbenen C fällt nach Absatz 3 zu gleichen Teilen an seine Kinder D und E.

3. Die Entscheidung des BGH lässt sich unter www.bundesgerichts-hof.de über das Datum oder (eindeutig) das Aktenzeichen ermitteln und aufrufen. Der BGH verurteilt ein Versicherungsunternehmen auf Unterlassung, das in automatisch generierten Bestätigungsmails Werbung einpflegt. Jedenfalls wenn sich der Adressat eine solche Werbung verbeten hat, stellt sie eine nach § 7 UWG unzulässige unzumutbare Belästigung (s.o. Rn 967, 969) und einen Eingriff in sein allgemeines Persönlichkeitsrecht (s.o. Rn 795) dar.

Antworten zu § 3: Personen, Gegenstände und Rechtsbeziehungen

1. **Gewerbe** i.S.d. Privatrechts ist jede selbständige entgeltliche Tätigkeit, die auf Dauer angelegt nach außen im Rechtsverkehr in Erscheinung tritt; ausgenommen sind freie Berufe.

2. Die Frage, ob jemand **Verbraucher oder Unternehmer** gemäß §§ 13 f. BGB ist, muss für jedes Rechtsgeschäft einzeln bestimmt werden. Da A die Weinflaschen nicht im Rahmen seiner gewerblichen Tätigkeit erworben hat, sondern zu privaten Zwecken, ist er bei diesem Rechtsgeschäft kein Unternehmer, sondern Verbraucher.

Eine parallele Fragestellung findet sich bei der Anwendbarkeit der Regeln für Handelsgeschäfte. Gemäß § 343 HGB sind diese Vorschriften ebenfalls nur anwendbar, wenn es sich für A um ein Geschäft im Rahmen seines Handelsgewerbes handelt. Dies wird nach § 344 HGB zwar vermutet, kann im Hinblick auf den privaten Zweck aber widerlegt werden.

3. Ein **Handelsgewerbe** ist gemäß § 1 II HGB jedes Gewerbe, es sei denn, es erfordert nach Art oder Umfang keinen in kaufmännischer Weise eingerichteten Geschäftsbetrieb. Um zunächst nichtkaufmännische Klein-gewerbetreibende handelt es sich also, wenn die Geschäfte einfach oder wenig umfangreich sind.

4. Nach § 1 I HGB ist R Kaufmann, wenn er ein Handelsgewerbe betreibt. R ist als Radiohändler selbständig, dauerhaft und entgeltlich am Markt aktiv und betreibt daher ein Gewerbe. Sein Gesamtzuschnitt ist mittlerweile kleingewerblich, da der Handel in einem Geschäftsraum, ohne Ange-

1216

stellte und mit 1–2 einfachen Geschäften pro Tag keine kaufmännische Einrichtung erfordert. Als Kleingewerbetreibender ist R aber weiterhin aufgrund seiner Eintragung nach § 2 HGB Kaufmann.

Das bedeutet, dass die Formvorschrift des § 766 BGB für ihn nicht gilt, so dass er nach § 350 HGB eine Bürgschaftserklärung auch formlos und damit auch mündlich abgeben kann.

5. In Betracht kommt eine Kaufmannseigenschaft nach § 5 HGB. Da der Rechtsanwalt als Freiberufler aber noch nicht einmal ein Gewerbe betreibt, kann er auch unter dem Gesichtspunkt des „Fiktivkaufmanns" kein Kaufmann im Sinne des HGB sein. Denkbar (aber nicht durch den Sachverhalt gedeckt): Glocke könnte als „Scheinkaufmann" angesehen werden, falls sich hierzu aus seinem Auftreten Anhaltspunkte ergeben.

6. **Verfügung** ist jedes Rechtsgeschäft, durch das unmittelbar auf ein bestehendes Recht eingewirkt wird.

Beispiele:
Übertragung von Eigentum, z. B. nach § 929 S. 1 BGB durch Einigung und Übergabe; Übertragung einer Forderung durch Abtretungsvertrag (§ 398 BGB).

7. Unterscheidungsmerkmal ist der Zweck der Gesellschaft (vgl. § 705 BGB). Um eine OHG handelt es sich, nach § 105 I HGB, wenn der Zweck auf den Betrieb eines Handelsgewerbes gerichtet ist. Bei allen übrigen Zwecken liegt eine GbR vor.

8. Eine OHG ist keine juristische Person. Zur Erleichterung des kaufmännischen Verkehrs bestimmt § 124 I HGB jedoch, dass sie Inhaber von Rechten und Pflichten sein, sowie klagen und verklagt werden kann. Sie ist daher bei ihren Rechtsgeschäften Unternehmer i.S.d. § 14 BGB.

9. Tiere sind zwar keine Sachen, die Regeln über Sachen sind aber entsprechend anzuwenden (§ 90a BGB). Daher gelten die §§ 929 ff. BGB.

10. Das Gebäude stellt nach § 94 I BGB einen wesentlichen Bestandteil des Grundstücks dar. Da es nach § 93 BGB nicht Gegenstand eigener Rechte sein kann, kann A es auch nicht getrennt veräußern. Dasselbe gilt für die Heizungsrohre, zumindest wenn sie unter Putz verlegt sind: Keine Trennung ohne erhebliche Beschädigung, daher wesentliche Bestandteile. Anders bei den Heizkörpern: Sie sind zwar Bestandteile, können aber ohne Probleme abmontiert und durch andere ersetzt werden. Sie sind daher keine wesentlichen Bestandteile und können auch gesondert veräußert werden.

11. Nach dem **Trennungsprinzip** sind Verpflichtungs- und Verfügungsgeschäft zu trennen. Z. B. wird Eigentum nicht mit dem Kauf- oder Schenkungsvertrag übertragen, sondern z. B. durch Einigung und Übergabe. Das **Abstraktionsprinzip** bedeutet, dass das Schicksal beider Geschäfte, insbesondere ihre Wirksamkeit, unabhängig voneinander betrachtet wird.

K (9 J.) bestellt ohne Zustimmung der Eltern bei V eine Uhr und erhält bald die Lieferung. Der Kauf (Verpflichtungsgeschäft) ist nach § 108 I BGB von der Genehmigung der Eltern abhängig. Der Eigentumserwerb nach § 929 S. 1 BGB (Verfügungsgeschäft) ist dagegen gemäß § 107 BGB wirksam, da er für K lediglich rechtlich vorteilhaft ist. Ob K die Uhr einfach behalten kann? → Rn 379 ff.

Antworten zu § 4: Der Kaufvertrag

1. Wirksamkeitsvoraussetzungen: **Abgabe** und gemäß § 130 BGB **Zugang**, d. h. die Erklärung muss so in den Machtbereich des Empfängers gelangen, dass die Kenntnisnahme unter normalen Umständen zu erwarten ist.
2. Bei einer konkludenten Willenserklärung wird der Wille nicht ausdrücklich geäußert, sondern durch **schlüssiges Handeln**. Erforderlich ist ein Verhalten, das allgemein oder zumindest für den Erklärungsempfänger den Rückschluss auf einen bestimmten rechtserheblichen Willen zulässt.
3. Bei der Auslegung von Willenserklärungen ist nach § 133 BGB der **wirkliche Wille** des Erklärenden zu erforschen.

   Bei empfangsbedürftigen Willenserklärungen wird zum Schutz des Rechtsverkehrs darauf abgestellt, wie eine Erklärung **aus objektiver Empfängersicht** zu verstehen ist. Dabei spielt nicht nur der Wortlaut der Erklärung eine Rolle, sondern der gesamte Kontext, bestimmte Gebräuche usw. (vgl. § 157 BGB für Verträge).
4. Nach § 433 I BGB verpflichtet sich der Verkäufer mit dem Abschluss des Kaufvertrages beim **Sachkauf**, dem Käufer die Sache zu übergeben und das Eigentum an der Sache zu verschaffen, wobei die Sache frei von Sach- und Rechtsmängeln zu sein hat. Beim **Rechtskauf** muss der Verkäufer dem Käufer nach § 453 BGB das Recht verschaffen und ggf. die Sache übergeben, wenn das zu verschaffende Recht zum Besitz berechtigt (z. B. beim Verkauf einer pfandgesicherten Forderung).
5. Im Beispiel 1 wird B Besitzer als S ihm die Uhr übergibt: B ist nunmehr unmittelbarer Besitzer, O mittelbarer Besitzer (§ 868 BGB). Durch den Eigentumsübergang wird B vom Fremd- zum Eigenbesitzer. Im Beispiel 2 begründet S ein Besitzmittlungsverhältnis und ist bis Montag unmittelbarer Fremdbesitzer, B ist mittelbarer Eigenbesitzer. Im Beispiel 3 ist U unmittelbarer Besitzer und mittelt den Besitz aufgrund des Reparaturvertrags zunächst dem S (mittelbarer Eigenbesitzer). Diesen mittelbaren Besitz überträgt S an B (§ 870 BGB).
6. Der Erwerb von Eigentum an einer beweglichen Sache vom Nichtberechtigten ist in §§ 932–935 BGB geregelt. Veräußert jemand (wissentlich oder unwissentlich) eine Sache, die ihm nicht gehört, wird

1217

der Erwerber nur Eigentümer, wenn er den Besitz vom Veräußerer erlangt (§§ 932–934 BGB: grds. Übergabe). Ferner muss der Erwerber gutgläubig sein. Daran fehlt es nach § 932 II BGB, wenn ihm bekannt oder infolge grober Fahrlässigkeit unbekannt ist, dass die Sache nicht dem Veräußerer gehört. Der gutgläubige Erwerb ist schließlich nach § 935 BGB grundsätzlich ausgeschlossen, wenn die Sache dem ursprünglichen Eigentümer abhanden gekommen ist.

7. Der Verkäufer einer Forderung ist gemäß § 453 BGB verpflichtet, dem Käufer die Forderung zu verschaffen. Dazu muss er mit ihm gemäß § 398 BGB einen **Abtretungsvertrag** schließen.

8. Die **Abtretung** einer Forderung erfolgt nach § 398 BGB und bedarf keiner Zustimmung durch den Schuldner. Daher finden sich mehrere Regelungen zum **Schutz des Schuldners**, der sich auf einmal einem neuen Gläubiger gegenüber sieht. Gem. § 404 BGB kann der Schuldner alle Einwendungen, die ihm gegenüber dem alten Gläubiger zustanden auch dem neuen Gläubiger gegenüber geltend machen. Nach § 406 BGB ist eine Aufrechnung mit einer Forderung gegen den alten Gläubiger weiterhin möglich. § 407 BGB regelt, dass der Schuldner befreiend an den alten Gläubiger leisten kann, solange der Schuldner von der Abtretung keine Kenntnis hat. Hat der alte Gläubiger die Abtretung gegenüber dem Schuldner angezeigt, so kann dieser unabhängig von der Wirksamkeit der Abtretung befreiend an den neuen Gläubiger leisten.

9. *Ausgangsfall*: Durch den Kauf des zu teuren Pullovers hat B den Rahmen seiner **Vertretungsmacht überschritten**. A wird nicht gemäß § 164 I BGB Käufer. A kann den Vertrag jedoch nach § 177 I BGB genehmigen und wird damit Käufer. Anderenfalls haftet B als Vertreter ohne Vertretungsmacht nach § 179 BGB auf Erfüllung oder Schadensersatz.

Variante: Der Unterschied zum Ausgangsfall besteht darin, dass der Vertreter **im Rahmen der** durch Erkärung an V erteilten **Vertretungsmacht** handelt, jedoch allein im Innenverhältnis zum Geschäftsherrn weiter eingeengt war. Hier muss der Vertretene die von der Vertretungsmacht gedeckten Erklärungen des Vertreters gegen sich gelten lassen und wird wirksam rechtsgeschäftlich gebunden. Die V gegenüber erklärte Außenvollmacht war preislich nicht beschränkt. A wird daher Käufer des teuren Pullovers und ist aus § 433 II BGB verpflichtet, ihn zu bezahlen. Im Innenverhältnis kann er sich an B halten.

10. Die **Prokura** kann nur von einem Kaufmann und nur persönlich erteilt werden. Im Gegensatz zu § 167 BGB ist bei der Erteilung der Prokura eine ausdrückliche Erklärung nach § 48 I HGB erforderlich. Gemäß § 53 HGB muss die Erteilung wie das Erlöschen in das Handelsregister eingetragen werden. Diese Eintragung ist aber nicht Wirksamkeitsvoraussetzung.

11. Bei der Gesamtprokura wird die Prokura nach § 48 II HGB in der Weise erteilt, dass mehrere Vertreter nur gemeinschaftlich vertretungsberechtigt sind. Die Gesamtprokuristen

müssen dann gemeinschaftlich handeln oder im Einzelfall einander bevollmächtigen; anderenfalls können sie ihren Geschäftsherrn nicht wirksam berechtigen und verpflichten.

12. Ein Widerruf ist nur notwendig, wenn die Prokura wirksam erteilt wurde. Daran könnten Zweifel bestehen, da sie nicht gem. § 53 I 1 HGB in das Handelsregister eingetragen worden war. Die Eintragung ist jedoch nur deklaratorisch. Die Prokura wird mit Vorliegen der Voraussetzungen des § 48 HGB wirksam. Daher ist ein Widerruf notwendig.

    Gemäß § 52 I HGB ist die Prokura frei widerruflich. Das kann formfrei geschehen. Gemäß § 53 III HGB ist die Löschung in das Handelsregister einzutragen. Man mag zwar zweifeln, ob sich daran etwas ändert, wenn die Erteilung nicht eingetragen ist. Der Wortlaut der Vorschrift ist aber eindeutig und auch ihr Zweck, möglichst Klarheit zu schaffen, gebietet, die Eintragung des Widerrufs zu verlangen. Erteilung und Widerruf werden gleichzeitig eingetragen.

13. Fraglich ist hier die Anwendbarkeit des § 15 I HGB (negative Publizität). Es lässt sich argumentieren, dass ohne Voreintragung kein entsprechender Rechtsschein durch das Handelsregister geschaffen werde. Mit Erlöschen der Prokura sei vielmehr ein Gleichlauf zwischen materieller und formeller Rechtslage eingetreten. Daher sei § 15 I HGB nicht anwendbar.

    Diese Meinung berücksichtigt aber nicht, dass die Kenntnis von der Erteilung der Prokura auch auf anderem Wege möglich ist. Dieses geschaffene Vertrauen schafft auch für den Fall der fehlenden Voreintragung ein entsprechendes Schutzbedürfnis. Für eine Anwendung des § 15 I HGB spricht auch sein Wortlaut, der eine Voreintragung nicht verlangt (vgl. insg. Hohmeister, JA 1999, 382; Bayer, JA 1996, 292).

14. B hat kein Leistungsverweigerungsrecht aus § 320 BGB, da es sich bei den Forderungen nicht um solche aus einem gegenseitigen Vertrag handelt; sie stehen nicht in einem Gegenseitigkeitsverhältnis zueinander. Er hat aber ein **Zurückbehaltungsrecht nach § 273 BGB**, wenn seine offene Forderung fällig ist: Die Forderungen stehen einander gegenüber und stammen beide aus der ständigen Geschäftsbeziehung zwischen A und B, also „aus demselben rechtlichen Verhältnis".

Antworten zu § 5: Störungen beim Kaufvertrag

1. Durch die **Übereignung** ist K Eigentümer des Fernsehgerätes geworden. Daran ändert die Unwirksamkeit des Verpflichtungsgeschäfts wegen des Abstraktionsprinzips nichts. Wegen der Unwirksamkeit des Verpflichtungsgeschäfts *fehlt aber der Rechtsgrund* für diese Vermögensverschiebung. K ist ungerechtfertigt bereichert und muss das Gerät nach § 812 I 1 (1.Alt.) BGB rückübereignen.   1218

2. Beispiele für die Heilung von Formmängeln:
   - Ein nicht notariell beurkundeter **Grundstückskaufvertrag** wird gemäß § 311b BGB mit seinem ganzen Inhalt gültig, wenn die Auflassung und die Eintragung in das Grundbuch erfolgen, das Eigentum also übergeht.
   - Ein ohne notarielle Beurkundung abgegebenes **Schenkungsversprechen** wird gemäß § 518 II BGB wirksam, wenn die versprochene Leistung bewirkt wird.
   - Die **Bürgschaftserklärung** eines Nichtkaufmanns oder Minderkaufmanns, die ohne Einhaltung der Schriftform abgegeben wurde, wird dann wirksam, wenn der Bürge gemäß § 766 S. 3 BGB die Hauptverbindlichkeit erfüllt.

3. Da K sich vom Kauf des Lehrbuchs „Allgemeiner Teil des BGB" lösen will, könnte er diesen gegenüber V anfechten. Voraussetzung für eine wirksame **Anfechtung** ist das Vorliegen eines Anfechtungsgrundes. Hier kommt nur ein nach § 119 BGB beachtlicher Irrtum in Betracht. Ein *Erklärungs- oder Inhaltsirrtum* i. S. d. § 119 I BGB liegt aber nicht vor, weil K beim Kauf gesagt hat, was er wollte und seinen Worten auch die richtige Bedeutung beigemessen hat. Sein Wille und seine Erklärung besagen das gleiche: Kauf dieses Buchs.

Auch ein Irrtum über eine *verkehrswesentliche Eigenschaft* des Buchs liegt nicht vor. Die Eignung für die Zwecke des K stellt überhaupt keine Eigenschaft des Buchs dar, denn sie haftet ihm nicht dauerhaft an und ist kein unmittelbar wertbildender Faktor. Die Eignung für K ist zudem nicht verkehrswesentlich. Auch eine Anfechtung nach § 119 II BGB scheidet daher aus. Vielmehr handelt es sich bloß um einen (unbeachtlichen) **Motivirrtum**. K kann sich nicht vom Kauf lösen (anders im Versandbuchhandel, vgl. § 312g BGB).

4. F und N haben sich über den Kauf geeinigt. Der Vertrag könnte aber nach § 138 BGB nichtig sein. Nach § 138 II BGB ist notwendig, dass objektiv ein auffälliges Missverhältnis zwischen Leistung und Gegenleistung besteht und subjektiv der N die Unerfahrenheit der F ausnutzte. Für das objektive Missverhältnis wird regelmäßig die Grenze des Doppelten herangezogen. Ein solches Missverhältnis liegt jedoch noch nicht vor. Zudem gibt der Sachverhalt zur subjektiven Seite nicht genug her.

In Betracht kommt auch eine Anfechtung wegen eines Eigenschaftsirrtums gemäß § 119 II BGB. Dies setzt voraus, dass sich F über eine verkehrswesentliche Eigenschaft geirrt hat. Eigenschaften sind alle tatsächlichen und rechtlichen Merkmale, die einer Sache für gewisse Dauer anhaften und für die Wertschätzung erheblich sind. Der Preis selber zählt jedoch nicht dazu (anders die ihm zugrundeliegenden Faktoren, wie Alter, Material, Echtheit). Daher liegt kein Irrtum über eine Eigenschaft vor.

Möglicherweise kann F aber wegen arglistiger Täuschung gem. § 123 BGB anfechten. Dies würde voraussetzen, dass N die F bewusst über den wahren Wert des Gemäldes getäuscht hat. Auch dazu sagt der Sachverhalt aber nichts. Eine

Aufklärungspflicht über den Wert einer bestimmten Sache besteht hier nicht. Daher ist der Kaufvertrag wirksam.

5. In allen Fällen liegen **Pflichtverletzungen** vor. (a) betrifft zwar einen Fall der Leistungsbefreiung nach § 275 I BGB, aber auch daran schließt sich die Haftung wegen Pflichtverletzung an (insb. § 283 BGB). (b) und (c) sind Pflichtverletzungen in Form der Lieferung mangelbehafteter Sachen (§§ 433, 434, insb. Abs. 3 BGB). (d) bedeutet eine Nebenpflichtverletzung i.S.d. § 241 II BGB. (e) betrifft eine Pflichtverletzung in einem vorvertraglichen Schuldverhältnis (§ 311 II, III BGB). Wegen des besonders vereinnahmten Vertrauens ist hier von einem Schuldverhältnis zwischen K und A auszugehen.

6. F könnte unter den Voraussetzungen des § 281 BGB Schadensersatz statt der Leistung verlangen. Das setzt zunächst ein Schuldverhältnis und eine zu vertretende Pflichtverletzung voraus (§ 280 I BGB). Der Kauf stellt ein Schuldverhältnis und die nicht fristgerechte Lieferung eine Pflichtverletzung dar. Da zum Verschulden des B nichts festgestellt ist, ist er nicht nach § 280 I 2 BGB entlastet. § 281 I 1 BGB verlangt aber zusätzlich die erfolglose Bestimmung einer angemessenen Frist. Diese fehlt hier, und sie ist auch nicht nach § 281 II BGB entbehrlich. Insbesondere rechtfertigt der Deckungskauf noch keinen Interessenwegfall i.S.d. Vorschrift, da das Fristerfordernis sonst leicht umgangen werden könnte. Ebenso wenig kann F nach § 323 BGB zurücktreten. Daher ist er zur

Abnahme und Zahlung auch der zweiten Lieferung verpflichtet. Er hätte vorher ein Fixgeschäft vereinbaren oder eine angemessene Frist setzen und abwarten müssen.

7. Der **Schuldnerverzug** setzt nach § 286 BGB zunächt ein Schuldverhältnis und einen fälligen und durchsetzbaren Anspruch gegen den Schuldner voraus. B steht jedoch ein Zurückbehaltungsrecht gemäß § 273 BGB zu, das die Durchsetzbarkeit des Anspruches hemmt (s.o. Rn 348). Dabei handelt es sich allerdings um eine Einrede. Solange B das Zurückbehaltungsrecht nicht geltend macht, kann er daher (im Fall der Mahnung usw.) in Verzug geraten.

8. Das Mitverschulden wird beim Schadensersatz im Rahmen des § 254 BGB berücksichtigt. Ein ganz überwiegendes Mitverschulden kann auch zum Ausschluss des Schadensersatzanspruchs führen. Eine § 323 VI BGB entsprechende Regelung ist daher entbehrlich.

9. Da V einen Computer mit einem Sachmangel geliefert hat, stehen K die Rechte aus § 437 BGB zu. Zunächst kann er allerdings lediglich Nacherfüllung verlangen (§ 439 BGB). Ein Rücktrittsrecht hat er erst, wenn er erfolglos eine angemessene Nacherfüllungsfrist gesetzt hat oder die Nacherfüllung fehlgeschlagen ist (§§ 440, 323 I BGB). Davon ist nach § 440 S. 2 BGB grundsätzlich erst nach dem zweiten erfolglosen Versuch auszugehen. Da besondere Umstände nicht ersichtlich sind, muss K dem V zunächst eine weitere Chance geben.

10. V hat wiederum eine mangelbehaftete Sache geliefert, denn die Instal-

lation der Programme gehört wie die Montage zur mangelfreien Lieferung (§ 434 II 1 BGB). Da dem V die Nacherfüllung nicht möglich ist, kann K ohne Weiteres vom Vertrag zurücktreten (§§ 437 Nr. 2, 326 V BGB).

11. Die Minderlieferung steht nach § 434 III BGB einem Sachmangel gleich. K muss sie daher wie einen solchen nach § 377 HGB rügen. Wegen der zwölftägigen Verzögerung geschieht die Rüge nicht mehr unverzüglich. Daher gilt die Ware als genehmigt. K muss 100 Dosen bezahlen, kann aber die fehlenden zwei nicht mehr verlangen.

12. Beim **Kauf** verjähren die Gewährleistungsansprüche gemäß § 438 BGB (i. d. R. in 2 Jahren). Beim **Werkvertrag** gilt § 634a BGB: 2 Jahre bei Sachen usw., sonst 5 Jahre oder § 195 BGB.

13. K kann die 12.000 € ersetzt verlangen, denn er hat einen Anspruch auf Schadensersatz statt der Leistung. Der Kaufvertrag zwischen V und K wird durch die anfängliche Unmöglichkeit nach § 311a I BGB nicht unwirksam. V ist zwar nicht mehr zur Leistung verpflichtet (§ 275 I BGB), muss aber nach §§ 275 IV, 311a II BGB Schadensersatz leisten, da er wegen des liegengelassenen Handys seine Unkenntnis zu vertreten hat.

14. Dem V sind Übereignung und Übergabe **nachträglich unmöglich** geworden und er hat diese Pflichtverletzung auch zu vertreten. Nach §§ 275 I, IV, 280 I, 283 BGB muss V daher Schadensersatz leisten, wozu nach § 252 BGB auch der entgangene Gewinn gehört. K kann also 30 € Schadensersatz verlangen.

Antworten zu § 6: Weitere Vertragstypen

1219

1. Nach § 632 I BGB hat der Werkunternehmer auch Anspruch auf eine **Vergütung**, wenn diese nicht vereinbart ist, sofern die Herstellung des Werkes den Umständen nach nur gegen eine Vergütung zu erwarten ist.

2. H und K haben einen **Vertrag über eine herzustellende bewegliche Sache** geschlossen (§ 651 BGB). Daher ist grundsätzlich Kaufrecht anwendbar. Die Käuferrechte richten sich also nach §§ 434 ff. BGB. Bei der Kopie handelt es sich um eine vertretbare Sache (H könnte zehn davon herstellen und K irgendeine liefern). Daher greifen die werkvertraglichen Besonderheiten nicht ein.

Der Vertrag verstößt allerdings gegen das UrhG und ist daher nach § 134 BGB nichtig, wenn keine Einwilligung vorliegt. Auch die vertraglichen Käuferrechte gelten deshalb nicht.

3. Es handelt sich wiederum um einen Vertrag über eine herzustellende bewegliche Sache i.S.d. § 651 BGB. Daher ist grundsätzlich Kaufrecht anzuwenden. Da ein Abendkleid nach Maß keine vertretbare Sache i.S.d. § 91 BGB ist, gelten daneben §§ 642 f., 645, 649 f. BGB. Ansprüche des S ergeben sich schon aus dem allgemeinen Schuldrecht: I ist ihrer **Mitwirkungspflicht** nicht nachgekommen

und ist daher gemäß §§ 293, 295 BGB in Annahmeverzug geraten. Nach § 304 BGB kann S daher seine Mehraufwendung für das erfolglose Angebot ersetzt verlangen. Weitergehend hat er nach § 642 BGB einen Entschädigungsanspruch. Nach § 643 BGB kann S den Vertrag zudem durch Nachfristsetzung beenden und hat nach erfolglosem Ablauf der Frist nach § 645 I 2 BGB einen Anspruch auf Teil-Vergütung.

4. Der *Werkvertrag* i.S.d. §§ 631 ff. BGB ist ein gegenseitiger Vertrag, nach dem der Unternehmer zur Herstellung eines versprochenen Werkes und der Besteller zur Entrichtung der vereinbarten Vergütung verpflichtet wird.

Gegenstand des *Dienstvertrags* i.S.d. §§ 611 ff. BGB ist die Erbringung von Diensten durch den Dienstverpflichteten gegen eine Zahlung von Entgelt durch den Dienstberechtigten.

Während beim **Werkvertrag** die Herstellung eines bestimmten Werkes, also ein **bestimmter Erfolg**, geschuldet ist, wird beim Dienstvertrag nur der jeweilige Arbeitseinsatz – also lediglich die Tätigkeit – ohne Rücksicht auf den daraus resultierenden Erfolg geschuldet.

5. Durch einen **Arbeitsvertrag** wird der Arbeitnehmer zu abhängigen Diensten verpflichtet. Er ist in die betriebliche Organisation des Arbeitgebers eingegliedert und ihm weisungsunterworfen.

6. Nein, gemäß § 613 BGB sind die Dienste im Zweifel, d.h. wenn eine Vereinbarung zu der Frage nicht getroffen wurde, **persönlich** zu leisten.

7. Für eine **ordentliche Kündigung**, die unter Einhaltung der vertraglich, hilfsweise der in § 621 BGB vorgesehenen Kündigungsfrist zu erfolgen hat, ist das Vorliegen eines Kündigungsgrundes nicht erforderlich. Die **außerordentliche** Kündigung gem. § 626 BGB dagegen setzt einen wichtigen Grund voraus.

8. **Dienste höherer Art** sind Tätigkeiten, die auf einer besonderen Vertrauensstellung zwischen den Parteien beruhen, wie z.B. die Tätigkeit eines Steuerberaters, Arztes oder auch einer Partnerschaftsvermittlung. Gemäß § 627 BGB ist die außerordentliche Kündigung eines auf die Erbringung von Diensten höherer Art gerichteten Dienstvertrags auch ohne wichtigen Grund möglich.

9. Da A Arbeitnehmerin ist, gilt § 622 BGB, und die **Kündigungsfrist** richtet sich nach der Dauer des Arbeitsverhältnisses. Nach § 622 II 2 BGB werden bei der Berechnung Zeiten, die vor Vollendung des 25. Lebensjahres des Arbeitnehmers liegen, nicht berücksichtigt. Daher ist nicht § 622 II Nr. 2, sondern Nr. 1 BGB einschlägig: Die Kündigungsfrist beträgt einen Monat zum Ende des Kalendermonats.

10. Gegenstand eines **Auftrags** (§§ 662 BGB ff.) ist die unentgeltliche Besorgung eines Geschäfts für einen Dritten. Dagegen beinhaltet der **Geschäftsbesorgungsvertrag** die entgeltliche Geschäftsbesorgung im Rahmen eines Dienst- oder Werkvertrags (§ 675 BGB).

11. (1) Vertragsgegenstand: Während ein Mietvertrag nur über Sachen abgeschlossen werden kann, können Gegenstand der Pacht auch

Rechte sowie Sach- und Rechtsgesamtheiten sein. (2) Pflicht zur Überlassung: Anders als beim Mietvertrag wird beim Pachtvertrag neben der Gebrauchsüberlassung auch der „Genuss der Früchte" (vgl. § 99 BGB) der Sache geschuldet.

12. Nach § 541 BGB steht dem Vermieter gegen den Mieter ein **Anspruch auf Unterlassung** zu, wenn der vertragswidrige Gebrauch der Mietsache trotz Abmahnung fortgesetzt wird; ein Verschulden des Mieters ist nicht erforderlich. Ferner kann der Vermieter in Fällen der Gebrauchsüberschreitung den Vertrag gemäß § 543 BGB **fristlos kündigen**. Zusätzliche Voraussetzungen hierfür sind eine erhebliche Verletzung der Rechte des Vermieters und eine erhebliche Gefährdung der Mietsache. Sofern durch den vertragswidrigen Gebrauch der Mietsache Schäden entstehen, hat der Mieter aus §§ 280 I, 241 II BGB **Schadensersatz** zu leisten.

13. Gemäß § 550 BGB bedarf ein **Mietvertrag** mit einer mehr als einjährigen **Befristung** der Schriftform, sonst gilt er als unbefristeter Vertrag. Der Vertrag endet also nicht von selbst, sondern erst nach schriftlicher (§ 568 I BGB) Kündigung.

14. Beim Leasingvertrag verschafft der Leasinggeber dem Leasingnehmer das Leasinggut gegen Entgelt (Leasingraten) zum Gebrauch. Im Gegensatz zum normalen Mietvertrag trägt regelmäßig der Leasingnehmer die Gefahr der Verschlechterung und des Verlustes der Mietsache sowie die Kosten für deren Instandhaltung und Versicherung. Von **Operatingleasing** spricht man, wenn die Leasingvereinbarung auf kurze Zeit befristet ist oder eine kurzfristige Lösungsmöglichkeit vom Vertrag vorsieht. Dadurch kann sich der Leasingnehmer jeweils neueste Leasinggüter beschaffen und seine Produktionsmittel schnell den geänderten Bedürfnissen anpassen. Der Leasinggeber trägt somit das Überalterungsrisiko. Häufig übernimmt er auch die Wartung des Objekts. Diese Form des Leasing ähnelt dem normalen Mietverhältnis weitgehend. **Finanzierungsleasing** liegt vor, wenn der Leasingvertrag für längere Zeit oder nur schwer kündbar geschlossen wird. Das Entgelt ist so bemessen, dass es Anschaffungs- und Finanzierungskosten sowie einen Gewinn beinhaltet. Hier ist der Leasinggeber eher Finanzier als Vermieter.

Vorteilhaft ist diese **Investitionsform** insbesondere wegen der Erneuerungsmöglichkeiten beim Operatingleasing und weil sich der Investitionsaufwand auf eine längere Zeit verteilt. Steuerlich kann sie günstiger sein, weil die Leasingraten insgesamt als Betriebsausgaben abgesetzt werden können (anders z. B. beim Kauf: Abschreibung).

15. In der Regel tritt der Leasinggeber unter Ausschluss eigener Gewährleistung seine kaufrechtlichen Gewährleistungsansprüche gegen den Hersteller an den Leasingnehmer ab, so dass sich der Leasingnehmer an den Hersteller halten muss.

16. Es ist zwischen Finanzierungs- und Operatingleasing zu differenzieren. Das **Finanzierungsleasing** dient in erster Linie der Finanzierung des Leasingguts, daher ist das Verbraucherkreditrecht weitgehend anwendbar (§ 500 BGB). **Operatingleasingverträge** dagegen werden

zumeist auf kurze oder unbestimmte Laufzeit abgeschlossen und sind nicht auf Voll- oder Teilamortisation der Anschaffungskosten ausgerichtet. Sie enthalten somit kein vorrangiges Kreditelement, so dass die §§ 491 ff. BGB auf sie nicht anzuwenden sind.

17. A und B haben mit Rechtsbindungswillen gehandelt (keine bloße Gefälligkeit), schon wegen der Gegenleistung. Sie haben einen gegenseitigen Vertrag über ein **Sachdarlehen** (§ 607 BGB) geschlossen.

Antworten zu § 7: Kredit und Kreditsicherung

1. Gemäß § 766 S.1 BGB muss die Bürgschaftserklärung (nicht aber der Bürgschaftsvertrag!) schriftlich erfolgen, nach S.2 ist die elektronische Form ausgeschlossen (vgl. §§ 126 f. BGB). Ausnahme: Die Bürgschaftserklärung ist formlos möglich, wenn der Bürge Kaufmann ist und die Übernahme der Bürgschaft für ihn ein Handelsgeschäft i.S.d. § 343 HGB ist (§ 349 HGB). Bei Nichteinhaltung der gesetzlichen Schriftform ist die Bürgschaftserklärung gemäß § 125 S.1 BGB nichtig. Gemäß § 766 S.2 BGB wird der Formmangel aber geheilt, wenn der Bürge die Hauptverbindlichkeit erfüllt.

2. Bei einer selbstschuldnerischen Bürgschaft (vgl. § 773 I Nr.1 BGB) ist es dem Bürgen nicht gestattet, die Befriedigung des Gläubigers zu verweigern, weil der Gläubiger noch keinen Versuch unternommen habe, sich beim Hauptschuldner zu befriedigen. Das ist im BGB der Fall, wenn der Bürge auf die Einrede der aus § 771 BGB verzichtet, also die Ausnahme. Im HGB ist dagegen die Einrede regelmäßig nach § 350 HGB ausgeschlossen; die selbstschuldnerische Bürgschaft ist also die Regel.

3. Mit dem Erlöschen der Hauptschuld durch Erfüllung gemäß § 362 I BGB erlischt nach § 767 BGB auch die Bürgschaft, da sie augrund ihrer Akzessorietät zur Hauptschuld nicht isoliert bestehen kann.

4. Unabhängig von Auftrags- oder Familienrecht: Gemäß § 774 BGB geht die Hauptforderung im Wege eines gesetzlichen Forderungsübergangs (sog. cessio legis) auf den Bürgen über, so dass letzterer nun aus dieser gegen den Hauptschuldner vorgehen kann. Dies gilt ausnahmsweise dann nicht, wenn im Innenverhältnis zwischen dem Bürgen und dem Hauptschuldner bestimmt ist, dass der Bürge die Schuld ganz oder teilweise begleichen soll.

5. S ist gegenüber G zunächst aus dem Kaufvertrag gemäß § 433 II BGB zur Kaufpreiszahlung verpflichtet. S kann aber seine Willenserklärung, die durch eine widerrechtliche Drohung verursacht worden ist, gemäß § 123 BGB anfechten. Die Anfechtungserklärung macht den Kaufvertrag rückwirkend nichtig (§§ 142 f. BGB). Mit Erlöschen der Hauptforderung erlischt nach § 767 BGB auch die Verbindlichkeit des B. Sofern S die Anfechtung nicht erklärt, kann B gemäß § 770 I BGB verhindern, dass G ihn in Anspruch nimmt (Einrede der Anfechtbarkeit).

1220

6. Der Schuldbeitritt erfolgt durch **Vertrag** zwischen Beitretendem und Gläubiger oder Beitretendem und Schuldner. *Rechtsfolge* ist das **Entstehen einer Gesamtschuld** i.S.d. §§ 421 ff. BGB: Der Gläubiger kann die Leistung in voller Höhe entweder vom Schuldner oder Beigetretenen oder auch anteilig, insgesamt jedoch nur einmal, verlangen; insgesamt jedoch nur einmal. Der Schuldbeitritt begründet somit eine eigene Verbindlichkeit des Beitretenden.

7. Der Beitretende wird zusätzlicher Schuldner, während der Bürge nur subsidiär nach dem Hauptschuldner haftet. Der Beitretende kann also unabhängig von der Solvenz des Hauptschuldners in Anspruch genommen werden. Außerdem ist der Schuldbeitritt formlos möglich. Die für den Bürgen günstige Warn- und Schutzfunktion der Schriftform entfällt also für den Beitretenden.

8. Die Unterschiede ergeben sich aus einem Vergleich zwischen §§ 929 ff. und 1205 f. BGB: Entbehrlich ist die Übergabe jeweils, wenn der Erwerber schon im Besitz der Sache ist (§§ 929 S. 2 und 1205 I 2 BGB, kein Unterschied). Die Übergabe einer Pfandrechtsbestellung kann nicht durch die Vereinbarung eines Besitzmittlungsverhältnisses (wie bei § 930 BGB) ersetzt werden. Es ist dem Verpfänder nicht möglich, im Besitz der Sache zu bleiben und diese weiterhin zu nutzen (1. Unterschied). Ist ein Dritter im Besitz der Pfandsache, muss zu der Abtretung des Herausgabeanspruchs (§ 931 BGB) noch eine Abtretungsanzeige hinzukommen (§ 1205 II BGB, 2. Unterschied). Bei der Pfandrechtsbestellung kann sogenannter qualifizierter Mitbesitz eingeräumt werden (§ 1206 BGB, 3. Unterschied).

9. Akzessorietät bedeutet vollständige Abhängigkeit eines Nebenrechts von dem dazugehörigen Hauptrecht.

   Bürgschaft, Pfandrecht und Hypothek (a, d, e) sind **akzessorische Sicherungsrechte**. Sicherungseigentum und Grundschuld (c, b) sind nicht akzessorisch. Durch einen Schuldbeitritt (f) entsteht eine Gesamtschuld. Aus §§ 422 ff. BGB ergibt sich, dass einige Tatsachen für alle Gesamtschuldner gleichermaßen gelten bzw. dass andere Tatsachen aber nicht für alle gelten. Es besteht also kein zwingendes Abhängigkeitsverhältnis, da die einzelnen Verbindlichkeiten ein unterschiedliches Schicksal haben können.

Beispiele:
Erfüllt ein Schuldner, wirkt das auch für die anderen (§ 422 BGB). Beim Erlass kann vereinbart werden, dass nur die Verbindlichkeit eines Gesamtschuldners erlischt (§ 423 BGB).

10. G und S schließen einen **Darlehensvertrag** gemäß § 488 BGB. G und E schließen einen **Sicherungsvertrag** ab, wonach G Sicherungseigentümer werden soll. Die **Sicherungsübereignung** erfolgt nach §§ 929 S. 1, 930 BGB: G und S einigen sich darüber, dass G Eigentümer der Maschine wird und vereinbaren ein Besitzmittlungsverhältnis i.S.d. § 868 BGB (z.B. „S besitzt die Maschine als Entleiher für G"). Dadurch wird G im Verhältnis zu Dritten vollberechtigter Eigentümer, d.h. er kann wirksam das Eigentum am Sicherungsgut auf Dritte übertragen, das Eigentum belasten usw. Im

Innenverhältnis, also in dem Verhältnis zu E, hat G sich jedoch an den Sicherungsvertrag zu halten. **Mit Rückzahlung des Darlehens** erlischt die Darlehensforderung gemäß § 362 BGB. Das Eigentum geht aber nicht automatisch wieder auf E über (wenn die Einigung nach § 929 S. 1 BGB nicht bedingt war, § 158 II BGB). Da der Sicherungszweck aber erfüllt ist, hat G aus dem Sicherungsvertrag die Pflicht, das Eigentum am Sicherungsgut auf E zurückzuübertragen.

11. Als Realsicherheiten an der beweglichen Sache kommen Verpfändung und Sicherungsübereignung in Betracht. Die **Verpfändung** setzt gemäß § 1205 BGB die Übergabe oder ein Übergabesurrogat voraus. Ein dem § 930 BGB entsprechendes Übergabesurrogat (Besitzmittlungsverhältnis) fehlt aber: Der Sicherungsgeber kann nicht im Besitz der Sache bleiben. E könnte den PC auch nicht übergeben und sich gleich zurückgeben lassen, denn mit Rückgabe erlischt das Pfand gemäß § 1253 BGB. Da E den PC für seine Doktorarbeit braucht, scheidet eine Bestellung eines Pfandrechts aus. E muss dem G den PC unter Vereinbarung eines Besitzmittlungsverhältnisses gemäß §§ 929, 930 BGB **zur Sicherung übereignen** (s.o. § 7 Antwort 10).

12. B muss bei der Gestaltung des Abtretungsvertrags zunächst darauf achten, die erfassten Forderungen so genau zu bezeichnen, dass sie zumindest **bestimmbar** sind. Damit der Abtretungsvertrag nicht gemäß § 307 BGB oder § 138 BGB nichtig ist, muss er eine **Übersicherung vermeiden**.

Schließlich muss B beachten, dass K seine Waren regelmäßig unter verlängertem Eigentumsvorbehalt (EV) bezieht. Er muss bei der Gestaltung des Abtretungsvertrags daher dafür sorgen, dass dieser nur Forderungen erfasst, die nicht üblicherweise vom verlängerten EV erfasst sind. Das geschieht durch eine **dingliche Teilverzichtsklausel**.

13. Ursprünglicher Forderungsinhaber ist S. B könnte die Forderung nach § 398 BGB erworben haben. Einen entsprechenden Abtretungsvertrag haben sie abgeschlossen. Dieser Vertrag war aber nach § 138 BGB wegen anfänglicher Übersicherung unwirksam: Die B nimmt dem S unnötig viel seiner wirtschaftlichen Bewegungsfreiheit, wenn sie sich Forderungen mit einem Nennwert von 40.000 € (= 200%) abtreten lässt. Daher ist B nicht Forderungsinhaberin geworden. S konnte die Forderung wirksam an Y abtreten. Sie steht Y zu (vgl. Ahein/Arm, JuS 2000, 965 f.).

14. Y hat einen Anspruch gegen B aus § 816 II BGB: X hat an B geleistet, obwohl der B die Forderung nicht zustand. B hat also an einen Nichtberechtigten geleistet. Das war auch Y gegenüber wirksam, denn Y muss sich die Zahlung nach § 407 I BGB entgegenhalten lassen. Die Vorschrift schützt Schuldner wie den X, die an der Abtretung ja nicht beteiligt sind und daher Gefahr laufen, an den vermeintlichen Gläubiger zu zahlen (s.o. § 4 Antwort 8).

15. Die **Hypothek** wird gem. §§ 873, 1113 ff. BGB **bestellt**, indem sich der Grundstückseigentümer mit dem Gläubiger darüber *einigt* und die Hypothek in das Grundbuch *einge-*

tragen wird. Ferner muss es eine (zumindest zukünftige) *zu sichernde Forderung* geben. Sofern die Parteien sich nicht einigen, dass die Erteilung eines Hypothekenbriefs ausgeschlossen ist und dies im Grundbuch eintragen, muss ferner der *Brief übergeben* werden.

Die **Übertragung** der Hypothek erfolgt durch *Abtretung* der zu sichernden Forderung. Mit der Forderung geht das akzessorische Sicherungsrecht auf den neuen Gläubiger über (§§ 398, 1153 BGB). Die Abtretung erfolgt nach § 1154 BGB grundsätzlich durch Abtretungsvertrag (Abtretungserklärung schriftlich) und Übergabe des Hypothekenbriefs.

16. (a) Eine Hypothek, aus der G gemäß § 1147 BGB gegen S vorgehen könnte, ist nicht entstanden. Voraussetzung hierfür wäre nämlich aufgrund der Akzessorietät der Hypothek das Bestehen einer Forderung. Der Rückzahlungsanspruch aus § 488 I 2 BGB steht aber erst mit der Valutierung des Darlehens, d. h. mit der Auszahlung des Darlehensbetrags. G kann also nicht gegen S vorgehen. (b) Wenn die gesicherte Forderung erlischt, fällt gemäß § 1163 I BGB die Hypothek an den Eigentümer. Die Rückzahlung des Darlehens durch S hat nach § 362 I BGB zum Erlöschen der Forderung durch Erfüllung geführt, so dass gemäß § 1163 I BGB die Hypothek an S zurückgefallen ist. Auch hier kann G also nicht gegen S vorgehen.

17. Der Rückfall an den Eigentümer dient der Rangsicherung. Würde anstelle des Rückfalls die Hypothek erlöschen, würden evtl. vorhandene nachrangige Grundpfandrechte nachrücken, wodurch sie ungerechtfertigt bessergestellt wären: Wer wegen einer nur zweitrangigen Sicherung höhere Zinsen bekommt, soll nicht ohne Weiteres aufrücken.

18. (a) Da die Grundschuld nicht akzessorisch ist, ist sie trotz Nichtvalutierung der Forderung wirksam entstanden. Dem Vorgehen des G gemäß §§ 1147, 1191 I BGB kann S allerdings die Sicherungsabrede entgegensetzen, in welcher u. a. vereinbart wird, dass die Grundschuld nur zur Sicherung der Forderung dienen soll. Bei Nichtbestehen des Rückzahlungsanspruchs kann S also aus dem Sicherungsvertrag eine Einrede entgegenhalten. (b) Trotz des Erlöschens der gesicherten Forderung ist G wegen der Nicht-Akzessorietät der Grundschuld immer noch Inhaber dieser Grundschuld. S kann dem Vorgehen des G aus der Grundschuld aber das Erlöschen der Forderung aufgrund der Sicherungsabrede als Einrede entgegensetzen. Im Übrigen ergibt sich aus der Sicherungsabrede, dass S nach dem Erlöschen des Rückzahlungsanspruchs die Rückübertragung der Grundschuld verlangen kann, da der Sicherungszweck nunmehr entfallen ist.

Antworten zu § 8: Besonderheiten im Zahlungsverkehr

1221

1. Geldschulden sind grundsätzlich mit **Bargeld** zu begleichen. Zahlungen per Überweisung oder Zahlkarte sind daher nicht gleichwertig. Zwischen Überweisung und Kreditkarte besteht juristisch kein Rangverhältnis. Wirtschaftlich ist dem Zahlungsempfänger allerdings häufig

eine Überweisung lieber, weil bei der Kreditkarte nach dem Rahmenvertrag oft Gebühren anfallen.

2. Grundsätzlich besteht für Gläubiger einer Geldschuld keine Pflicht, **unbare Zahlungen zu akzeptieren** (s.o. § 8 Antwort 1.). Nimmt der Gläubiger aber an einem Zahlkartensystem teil, ist er aus dem Rahmenvertrag mit dem Kartenaussteller regelmäßig verpflichtet, Kartenzahlung zu akzeptieren, solange sie sich im Rahmen der Bedingungen halten.

3. **Bankverträge** sind alle Verträge zwischen Bank und Kunde über Bankgeschäfte (vom Sparbuch bis zum Depot). Der **Girovertrag** ist einer davon. Er ist eine besonders wichtige Form des Zahlungsdiensterahmenvertrags (§ 675f II BGB).

4. K hat gegen seine Bank einen Schadensersatzanspruch in Höhe von 8.000 € aus §§ 280 I, 252 BGB. Mit dem **Einwurf des Überweisungsformulars** geht der B-Bank (am nächsten Morgen) ein Zahlungsauftrag zu (§ 675j BGB). Aus dem Girovertrag ist die Bank verpflichtet, den Auftrag auszuführen (§ 675f II, III BGB). Auch wenn sie ein Ablehnungsrecht hätte, hätte sie das K gegenüber unverzüglich anzeigen müssen (§ 675o BGB – Sonderregel zu § 362 HGB). Es stellt daher eine Pflichtverletzung im Rahmen des Schuldverhältnisses dar, wenn die Bank den Auftrag nicht ausführt. Verschiedene Ansprüche (Erstattung, Zinsen usw.) sind in § 675y BGB abschließend geregelt (§ 675z S. 1 BGB). Folgeschäden wie der entgangene Gewinn sind davon nicht betroffen. Insoweit lässt § 675z S. 2 BGB lediglich die Vereinbarung einer Haftungshöchstgrenze von 12.500 € zu, die hier aber nicht erreicht ist.

5. Das Risiko der **Fälschung eines Überweisungsformulars** trägt grundsätzlich die Bank, denn der damit ausgelöste Zahlungsvorgang ist nicht autorisiert, so dass sie keinen Aufwendungsersatzanspruch hat (§ 675u BGB). Das ist auch sachgerecht, zumal die Formulare für jedermann zugänglich sind und der Kontoinhaber also auf Fälschungen durch Dritte keinen Einfluss nehmen kann. Die Bank dagegen kann durch sorgfältige Prüfung des Überweisungsauftrags das Fälschungsrisiko eindämmen.

Der Kontoinhaber kann der Bank gegenüber aber aus §§ 241 II, 280 I BGB schadensersatzpflichtig sein, wenn er die Fälschung schuldhaft mitverursacht hat (z. B. durch Unterzeichnen eines Blankoüberweisungsformulars). § 675v BGB trifft insoweit keine vorrangige Regelung.

6. Ein **gefälschter Scheck** stellt keine Weisung des Kontoinhabers dar, so dass kein Aufwendungsersatzanspruch gemäß §§ 675, 670 BGB entsteht, wenn die Bank einen gefälschten Scheck einlöst. Der Kontoinhaber kann der Bank gegenüber aber wiederum aus §§ 241 II, 280 I BGB **schadensersatzpflichtig** sein, wenn er die Fälschung schuldhaft mitverursacht hat. Das liegt hier näher als bei der Überweisung, da sich jeder durch die sichere Verwahrung seiner Scheckformulare und die getrennte Verwahrung der Scheckkarte zunächst selbst vor Missbrauch schützen kann. Die AGB der Banken treffen dazu meist Sonderregelungen.

7. Eine **Banküberweisung ohne Konto** ist durch Bareinzahlung mit einzelnem Überweisungsauftrag (einzelnem Zahlungsdienstevertrag nach § 675f I BGB) möglich.

8. Die Zahlung per **Lastschriftverfahren** ist vor allem für den Zahlungsempfänger vorteilhaft, da er den Zahlungsvorgang auslösen kann. Für den Zahler ist es vor allem bei unregelmäßigen Terminen oder wechselnden Höhen bequemer, da er sich um die Zahlungen nicht kümmern muss. Der Zahler gestattet im Valutaverhältnis dem Zahlungsempfänger, Zahlungsvorgänge zu seinen Lasten auszulösen, und er authorisiert sie gegenüber der Bank im Vorfeld (z. B. per Abbuchungsauftrag), eventuell durch den Empfänger als Boten oder nachträglich per Genehmigung.

9. Ein **Zahlungsauthentifizierungsinstrument** ist nach § 675j S. 4 BGB eine vereinbarte Form (Technik, Verfahren), in der der Kunde einen Zahlungsvorgang authorisiert (z. B. Karten mit Chip-Code, Karte + PIN, Passwörter, PIN + TAN). Nach §§ 675l, 675m BGB haben beide Seiten dafür zu sorgen, dass das Zahlungsauthentifizierungsinstrument nur dem Kunden zugänglich ist und möglichst nicht missbraucht werden kann.

10. **Bezogener**: Derjenige, der in einem Wertpapier (z. B. Wechsel oder Scheck) zu einer Zahlung verpflichtet wird.

    Indossant: Derjenige, welcher ein Wertpapier an einen Rechtsnachfolger (sog. Indossatar) überträgt.

    Akzept: Der Bezogene verpflichtet sich zur Zahlung aus dem Wechsel erst, indem er den Wechsel annimmt (Art. 28 WG). Er setzt dazu sein „Akzept" (= Annahmeerklärung) quer auf die Vorderseite des Wechsels, die bloße Unterschrift genügt (Art. 25 WG).

    Diskont: Zins, der bei noch nicht fälligen Zahlungen, insb. beim Ankauf von Wechseln, von der Bank, bei welcher der Wechsel vorgelegt wird, vorweg abgezogen wird, um den Zinsverlust zwischen Einreichungsdatum und Fälligkeit des Wechsels auszugleichen.

11. Beim **Akkreditiv** wird zur Zahlung im Außenhandel eine Bank zwischengeschaltet. Der Käufer schließt mit der Bank (= Akkreditivbank) einen Geschäftsbesorgungsvertrag und stellt die Kaufsumme zur Verfügung oder erhält einen entsprechenden Kredit. Die Bank eröffnet das Akkreditiv, verspricht also dem Verkäufer, den Betrag auszuzahlen, wenn er anhand der Warendokumente nachweist, dass er geliefert hat.

    Der Verkäufer hat zunächst den Kaufpreisanspruch. Die Eröffnung des Akkreditivs stellt ein abstraktes Schuldversprechen (§ 780 BGB) oder einen Garantievertrag dar. Neben die Kaufpreisforderung tritt daraus ein abstrakter Anspruch.

12. Aufgrund der **Abstraktheit** der Akkreditiveröffnung kann der Käufer Einwendungen und Einreden aus dem Kaufvertrag dem Rückzahlungsanspruch der Bank nicht entgegensetzen. Erklärt der Käufer den Rücktritt, so ist der Verkäufer zur Rückerstattung des Kaufpreises verpflichtet. Der Käufer muss sich hinsichtlich der Rückerstattung an den Verkäufer wenden; er trägt also das Risiko von dessen Insolvenz. Die Ansprüche zwischen Käufer und Bank aus dem Akkreditiv bleiben unberührt.

Antworten zu § 9: Personengesellschaften

1. Die **BGB-Gesellschaft** ist das Grundmodell der Personengesellschaften. Die **OHG** ist eine Sonderform der BGB-Gesellschaft, bei der der Gesellschaftszweck auf den Betrieb eines kaufmännischen Handelsgewerbes gerichtet ist. Die **KG** ist eine Sonderform der OHG, bei der die Haftung eines oder mehrerer Gesellschafter auf die Einlage beschränkt ist (Kommanditisten).

2. Ja. Die Beiträge der Gesellschafter (§ 706 BGB) müssen keinen materiellen Wert haben, und die Gesellschaft muss nichts erwerben (§ 718 BGB).

Beispiel:

A, B und C schließen sich zusammen, um Neuauflagen von BWL-Büchern für blinde Kommilitonen auf Kassetten zu lesen; die Universitätsbibliothek stellt das Material.

3. Sofern im Gesellschaftsvertrag nichts anderes bestimmt ist, wird gemäß §§ 723, 727, 736 BGB die Gesellschaft beendet, wenn ein Gesellschafter ausscheidet. Daher bedarf es für einen Gesellschafterwechsel grundsätzlich der Änderung des Gesellschaftsvertrags. In der Praxis findet sich aber häufig eine Nachfolgeklausel im Gesellschaftsvertrag.

4. Für die **ABC-BGB-Gesellschaft** handeln grundsätzlich A, B und C gemeinschaftlich (§§ 709 I, 714 BGB). Die **ABC-OHG** kann durch A oder B oder C allein vertreten werden (§ 125 I HGB). Die **A-KG** wird durch A vertreten, nicht durch B und C (§§ 125 I, 161 II und 170 HGB). 1222

5. A kann die Gesellschaft gemäß § 723 I 1 BGB kündigen.

6. Kleingewerbetreibende sind als Einzelunternehmer Kannkaufleute nach § 2 HGB, sie können ihre Kaufmannseigenschaft also durch Eintragung in das Handelsregister herbeiführen. Ein entsprechendes Wahlrecht besteht auch für die kleingewerbliche Personengesellschaft. Sie ist grundsätzlich BGB-Gesellschaft, kann aber durch einen entsprechenden Gesellschaftsvertrag und die Handelsregistereintragung zur OHG oder KG werden, vgl. § 105 II HGB.

7. D hat einen Darlehensvertrag mit der ABC-OHG, vertreten durch A (§§ 164 BGB, 125 I HGB), geschlossen, ihr das Darlehen gewährt und das Darlehen ist fällig geworden. Er kann damit von der OHG gemäß § 488 BGB Zahlung verlangen. Für diese OHG-Verbindlichkeit haften gemäß § 128 HGB auch A, B und C unmittelbar persönlich; sie sind neben der OHG Gesamtschuldner. An wen sich D hält, bleibt ihm überlassen. Er nimmt C also zu Recht in Anspruch. (Im Innenverhältnis kann C freilich Aufwendungsersatz von der OHG, hilfsweise anteilig von A und B, verlangen.)

8. Nein, A haftet gemäß § 128 HGB für die OHG-Verbindlichkeiten. Eine Kündigung führt zwar zu seinem Ausscheiden, § 131 III Nr. 3 HGB. Nach § 160 I HGB haftet er aber für die bis zu seinem Ausscheiden begründeten

Verbindlichkeiten 5 Jahre weiter (sog. Nachhaftung).

9. Auch im Fall der Auflösung der OHG können die Gesellschafter gem. § 159 HGB noch 5 Jahre lang in Anspruch genommen werden.

10. Der Kommanditist haftet für Gesellschaftsverbindlichkeiten selbst im Normalfall nicht: Seine Haftung ist ausgeschlossen, soweit er die im Handelsregister eingetragene Einlage geleistet hat (§ 171 I HGB). Vor seiner Eintragung in das Handelsregister haftet ein Kommanditist gemäß § 176 I, II HGB Gutgläubigen gegenüber wie ein persönlich haftender Gesellschafter.

11. **Anspruch gegen die KG:** Gemäß §§ 161 II, 123 II HGB ist die KG mit Geschäftsbeginn durch den Abschluss des Mietvertrags vor Eintragung ins Handelsregister im Außenverhältnis entstanden. Sie kann selbst Träger von Rechten und Pflichten sein (§ 124 HGB). Die KG, vertreten durch A gemäß §§ 125 I, 126, 161 II HGB, ist daher Vertragspartnerin des V und kann von diesem gem. § 535 II BGB in Anspruch genommen werden.

    Anspruch gegen A und B: Daneben haften A und B als Komplementäre gemäß §§ 161 II, 128 HGB für die Zahlung des Kaufpreises (akzessorische Haftung der persönlich haftenden Gesellschafter).

    Anspruch gegen C: Der Kommanditist haftet gemäß § 171 HGB nicht persönlich, wenn er seine Einlage geleistet hat. Vor Eintragung haftet der Kommanditist aber gemäß § 176 HGB für alle zwischen Geschäftsbeginn und Eintragung eingegangenen Verbindlichkeiten der Gesellschaft wie ein persönlich haf-

tender Gesellschafter, wenn er dem Geschäftsbeginn zugestimmt hat. Dies gilt gemäß § 176 I 2 HGB nur dann nicht, wenn der Vertragspartner von der Kommanditistenstellung wusste. Da C dem Abschluss des Kaufvertrags zugestimmt hatte, kann M ihn gemäß §§ 176 I, 161 II, 128 HGB auf Kaufpreiszahlung in Anspruch nehmen, es sei denn, dass M von der Kommanditistenstellung des C wusste.

12. Gemäß § 177 HGB wird die KG im Zweifel, d. h., wenn im Gesellschaftsvertrag nichts anderes bestimmt ist, mit den Erben des C fortgesetzt. Der Tod eines Kommanditisten führt also in der Regel nicht zur Beendigung der KG. Sieht der Gesellschaftsvertrag stattdessen die Abfindung der Erben vor, besteht die Gesellschaft als OHG fort.

13. Die A-KG hat eine Verbindlichkeit in Höhe von 200.000 € gegenüber X. Ob und in welcher Höhe C neben der KG für diese Verbindlichkeit haftet, richtet sich nach §§ 171 ff. HGB. Gemäß §§ 172 I, 174 HGB gilt zunächst X gegenüber nicht das gesellschaftsintern Verabredete, sondern das im Handelsregister Eingetragene. Danach beträgt seine Einlage 60.000 €. Maximal in dieser Höhe haftet er den Gesellschaftsgläubigern. Soweit er seine Einlage geleistet hat, ist diese Haftung aber nach § 171 I HGB ausgeschlossen. Das waren zunächst 40.000 € (so dass er noch in Höhe von 20.000 € haftete). C hat sich aber 10.000 € wieder auszahlen lassen; nach § 172 IV 1 HGB gilt diese Summe Gläubigern gegenüber als nicht geleistet. X kann von C daher Zahlung von 30.000 € verlangen.

Im Übrigen muss er sich an das KG-Vermögen oder die anderen Gesellschafter halten.

14. Bei der **BGB-Gesellschaft** richtet sich die Vertretungsmacht grundsätzlich gemäß § 714 BGB nach der Geschäftsführungsbefugnis. Bei der **OHG** sind im Zweifel alle Gesellschafter allein geschäftsführungsbefugt, die übrigen haben aber ein Widerspruchsrecht (§§ 114 I, 115 I HGB). Alle Gesellschafter sind nach § 125 I auch alleinvertretungsberechtigt. Ein Widerspruchsrecht gibt es im Außenverhältnis nicht. Insofern decken sich Geschäftsführungsbefugnis und Vertretungs-

macht nicht völlig. Bei der **KG** gilt für die Komplementäre Entsprechendes. Die Kommanditisten sind von der Geschäftsführung und Vertretung ausgeschlossen (§§ 164, 170 HGB). Der **stille** Gesellschafter hat weder Geschäftsführungsbefugnis noch Vertretungsmacht. Das PartGG verweist auf OHG-Recht.

15. Nach § 230 I HGB beteiligt sich der stille Gesellschafter „an dem Handelsgewerbe, das ein anderer betreibt". Anderer kann auch eine juristische Person oder Personengesellschaft und daher auch eine GmbH sein. Eine stille Beteiligung des A an der BC-GmbH ist also möglich.

Antworten zu § 10: Juristische Personen

1. Nach § 11 I GmbHG besteht die GmbH vor der Eintragung in das Handelsregister als solche nicht. Aus § 7 II GmbHG ergibt sich aber, dass bereits vor Eintragung Geld- und Sachleistungen an die Gesellschaft erfolgen können. Bis zur Eintragung besteht eine Vor-GmbH. Für die AG (und die KGaA) gilt Entsprechendes (§§ 36 II, 41 I AktG).

2. Folgende **Organe** sind nach dem GmbHG gesetzlich vorgeschrieben:
   • **Geschäftsführung** (§§ 35 ff. GmbHG); durch sie erfolgt die tägliche Unternehmensleitung.
   • **Gesellschafterversammlung** (§§ 48 ff. GmbHG); hat weitgehende Kontroll- und Weisungsrechte, bestellt den oder die Geschäftsführer und kann sie auch wieder abberufen (§§ 38, 46 Nr. 5 GmbHG). Ferner kann die Gesellschafterversammlung der

Geschäftsführung verbindliche Weisungen geben, auch in Einzelfragen (§ 37 GmbHG). **1223**
   • Ferner kann die GmbH auch einen **Aufsichtsrat** haben. Zwingend vorgeschrieben ist ein Aufsichtsrat, wenn die GmbH dem Mitbestimmungsrecht unterliegt. Statt eines Aufsichtsrats wird häufig ein **Beirat** gebildet.

3. Ein Mindestnennkapital ist bei der **GmbH** vorgeschrieben: Gemäß § 5 I GmbHG muss das *Stammkapital* mindestens 25.000 € betragen (sonst § 5a GmbHG: UG). Bei der **AG** (und KGaA) muss das *Grundkapital* nach § 7 AktG mindestens 50.000 € betragen. Das gilt auch für die KGaA.

4. Gewinnbeteiligung bei der **OHG**: Sofern der Gesellschaftsvertrag nichts anderes bestimmt, gebührt jedem Gesellschafter nach § 121 HGB von

dem Jahresgewinn ein Anteil i.H.v. 4% seines Kapitalanteils. Reicht der Jahresgewinn hierfür nicht aus, sind die Anteile entsprechend niedriger. Ein nach der 4%-Ausschüttung verbleibender Gewinn wird nach Köpfen verteilt.

Bei der **AG** ist nach §§ 58, 60 I AktG der (nach gesetzlichen und freiwilligen Rücklagen verbleibende) Gewinn anteilig auf die Aktionäre nach Aktiennennbeträgen zu verteilen (**Dividende**).

5. Die GmbH entsteht als juristische Person gemäß §§ 2, 11 I GmbHG, wenn die Satzung notariell festgestellt wurde und die Gesellschaft ins Handelsregister eingetragen ist. Die Anmeldung zur Eintragung setzt wiederum insbesondere voraus, dass die Geschäftsführung bestellt und das satzungsmäßig festgesetzte Kapital aufgebracht ist (§§ 6, 7 GmbHG).

6. Vor der Eintragung ins Handelsregister besteht eine sog. **Vor-GmbH**. In erster Linie haftet die Vor-GmbH für die Verbindlichkeiten, die im Namen der GmbH oder Vor-GmbH eingegangen werden. Daneben haften die für die Gesellschaft Handelnden gemäß § 11 II GmbHG persönlich (sog. **Handelndenhaftung**). Zudem sind alle **Gesellschafter** verpflichtet, anteilig so viel nachzuschießen, dass die Vor-GmbH ihre Verbindlichkeiten erfüllen kann und bei Eintragung das satzungsmäßige Nennkapital aufweist (unbeschränkte Innenhaftung). Mit Eintragung der GmbH wird sie alleinige Schuldnerin.

7. G ist der M persönlich schadensersatzpflichtig (und zwar u.a. aus § 823 I BGB [Eigentumsverletzung]

und § 823 II BGB in Verbindung mit § 3 StVO [Geschwindigkeitsüberschreitung]; zu Einzelheiten unten in § 11). Nach § 31 BGB trifft diese Schadensersatzpflicht ihres Geschäftsführers auch die X-GmbH. Ihr Alleingesellschafter X haftet dagegen nicht, denn Gesellschaftsgläubigern haftet nach § 13 II GmbHG nur das Gesellschaftsvermögen.

8. Die Geschäftsanteile einer GmbH sind nach § 15 I GmbHG übertragbar. Die Übertragung erfolgt durch Abschluss eines Abtretungsvertrags gemäß § 398 BGB, der nach § 15 III GmbHG der notariellen Form bedarf. Die übrigen Gesellschafter haben grundsätzlich kein Mitspracherecht. Die Satzung kann die Übertragung aber von der Zustimmung aller Gesellschafter, des Beirats o. ä. abhängig machen (§ 15 V GmbHG).

9. Die GmbH ist als juristische Person in ihrem Bestand von der Identität ihrer Mitglieder (Gesellschafter) unabhängig. Gemäß § 15 I GmbHG sind die Geschäftsanteile vererblich, so dass beim Tod eines Gesellschafters dessen Erbe die Gesellschafterstellung übernimmt.

10. Das **Darlehen**, das ein Gesellschafter seiner Gesellschaft gewährt, ist **kapitalersetzend**, wenn es in einer Situation gewährt wird, in der er ihr eigentlich Eigenkapital hätte zuführen müssen. Gesellschafter, die sich in der Krise der Gesellschaft statt dessen hinter der formalen Rolle des Darlehensgebers „verstecken", werden nicht wie jeder andere Gläubiger behandelt, sondern müssen sich in der Insolvenz „hinten anstellen" (§ 39 I Nr. 5, IV, V InsO).

11. Ja. Er kann als Alleingesellschafter die A-GmbH gründen (§ 1 GmbHG).

Dazu muss er eine Satzung in notarieller Form feststellen (§ 2 GmbHG), sich zum Geschäftsführer bestellen (§ 6 GmbHG), das Mindestkapital von 12.500 € aufbringen (§§ 5 I, 7 GmbHG) und die GmbH zur Eintragung anmelden.

Ist die A-GmbH im Handelsregister eingetragen, kann sie (vertreten durch A als Geschäftsführer, § 35 GmbHG) mit dem A einen KG-Vertrag schließen, wonach die GmbH Komplementärin und der A Kommanditist (mit einer Einlage von 1 €) ist.

12. Die Rechtsform der GmbH & Co. KG ermöglicht einerseits, die persönliche Haftung der beteiligten natürlichen Personen auszuschließen. Andererseits unterliegt die GmbH & Co KG als Personengesellschaft nicht der Körperschaftssteuer und gewährt vor allem größere Flexibilität bei der Kapitalisierung.

13. Die A-GmbH & Co. KG entsteht im **Innenverhältnis**, sobald der KG-Vertrag geschlossen ist (§ 705 BGB, §§ 105 III, 161 II HGB). Im **Außenverhältnis** entsteht sie nach §§ 123, 161 II HGB mit Eintragung oder bei nicht kleingewerblichem Zuschnitt vorher mit Geschäftsbeginn.

14. Die A-GmbH & Co. KG wird gemäß §§ 125 f., 161 II, 170 HGB durch die Komplementärin, also die A-GmbH **vertreten**, und diese wiederum gemäß § 35 GmbHG durch ihren Geschäftsführer A. Geht A im Namen der KG eine Verbindlichkeit ein, haftet dafür zunächst die KG als rechtsfähige Gesellschaft mit ihrem Gesellschaftsvermögen (§§ 124, 161 II HGB). Für die KG-Verbindlichkeit haftet nach §§ 128, 161 II HGB auch der Komplementär, hier also die A-GmbH als juristische Person mit ihrem Gesellschaftsvermögen. Daneben haftet A persönlich grundsätzlich nicht: Für die KG-Verbindlichkeit haftet er als Kommanditist nicht, wenn seine Einlage von 1 € geleistet ist (§ 171 I HGB), und als Alleingesellschafter der GmbH haftet er auch nicht (§ 13 II GmbHG).

15. Über diese Fragen entscheidet die **Hauptversammlung**, vgl. §§ 118, 119 AktG. Die Hauptversammlung ist das Forum, in dem die Aktionäre ihre Mitgliedschaftsrechte ausüben.

16. Der **Aufsichtsrat** hat die Geschäftsführung nach § 111 I AktG zu überwachen, nicht selbst zu übernehmen. Er ist zu Einzelweisungen grundsätzlich nicht befugt. Die **Gesellschafter in einer GmbH** können der Geschäftsführung dagegen auch Einzelweisungen erteilen (§ 37 I GmbHG).

17. Während bei einer selbständigen Gesellschaft die Entscheidungen im Gesellschaftsinteresse getroffen werden und die Gesellschafter ihre Eigeninteressen im Rahmen ihrer Mitgliedschaftsrechte durchsetzen, wird beim Konzern die Tochtergesellschaft im Interesse der Muttergesellschaft oder des Unternehmens geleitet. Die Organe der Tochtergesellschaft entscheiden also nicht im Interesse „ihrer" Gesellschaft, sondern fremdbestimmt. Gesellschafter und Gläubiger der Tochtergesellschaft müssen daher geschützt werden.

18. Bei einem **Vertragskonzern** wird die einheitliche Leitung (welche nach § 18 I AktG Voraussetzung für den Konzern ist) durch einen Unternehmensvertrag (§§ 291 f. AktG)

festgeschrieben. Bei einem **faktischen Konzern** fehlt ein solcher Vertrag, der die Leitungsmacht regelt; der Konzern kommt vielmehr aufgrund der tatsächlichen Verhältnisse (insbesondere aufgrund der Mehrheitsverhältnisse) zustande.

Antworten zu § 11: Haftungsfragen

1224

1. **Verschuldenshaftungen**: §§ 823 I, II, 824, 825, 826 BGB.
   Haftungen für vermutetes Verschulden: §§ 831, 832, 833 S. 2, 836 BGB, § 18 StVG.
   Verschuldensunabhängig: § 7 StVG, § 1 ProdHaftG und § 1 UmweltHG.

2. Die wichtigsten **sonstigen Rechte** im Sinne des § 823 I BGB sind das allgemeine Persönlichkeitsrecht und das Recht am eingerichteten und ausgeübten Gewerbebetrieb. Das **allgemeine Persönlichkeitsrecht** leitet sich aus Art. 1 und 2 GG ab (Menschenwürde, freie Entfaltung der Persönlichkeit). Über § 823 I BGB sind diese Grundrechte vor Schädigungen Privater subsidiär auch insoweit geschützt, als z. B. in der Öffentlichkeit ein verfälschtes Bild einer Person gezeichnet oder ihre Intimsphäre verletzt wird. Das **Recht am eingerichteten und ausgeübten Gewerbebetrieb** schützt subsidiär das Unternehmen als Ganzes und seine nicht eigentumsfähigen Bestandteile vor betriebsbezogenen Eingriffen.

3. Während bei Verletzungen der anderen Schutzgüter des § 823 I BGB der Verletzungserfolg die Rechtswidrigkeit „indiziert", von der Rechtswidrigkeit also grundsätzlich ausgegangen wird, wenn kein Rechtfertigungsgrund vorliegt, ist das Allgemeine Persönlichkeitsrecht zu unbestimmt, um diese Indizwirkung zu entfalten. Daher muss die Rechtswidrigkeit positiv festgestellt werden, und zwar in einer umfassenden Güter- und Interessenabwägung (beim Geschädigten insb. die Schwere des Eingriffs und seiner Folgen sowie sein eigenes vorangegangenes Verhalten; beim Schädiger insb. grundrechtlich geschützte Interessen, z. B. Meinungs- und Kunstfreiheit, und die Art und Weise des Eingriffs, vgl. Palandt-Thomas, § 823 Rn. 184 ff.).

4. Die Schutzgutverletzung beim Anspruchsteller muss *durch* ein Verhalten des Anspruchsgegners verursacht sein (sog. haftungsbegründende Kausalität). Die zweite Kausalitätsprüfung erfolgt auf der Rechtsfolgenseite: Ersatz des *daraus* entstandenen Schadens (sog. haftungsausfüllende Kausalität).

   Dabei ist jeweils nicht nur nach dem tatsächlichen Ursachenzusammenhang zu fragen (wäre die Verletzung ohne das Verhalten bzw. der Schaden ohne die Verletzung unterblieben?), sondern auch nach dem Schutzzweck der Norm. Es ist also danach zu fragen, ob der Sinn der verletzten Verhaltensregel gerade darin besteht, vor Schäden der eingetretenen Art zu schützen.

5. 1. **Subsidiarität:** Eine Haftung aus § 823 I BGB wegen Eingriffs in den eingerichteten und ausgeübten Gewerbebetrieb kommt nur dann in Betracht, wenn aus keiner anderen Haftungsgrundlage Schadensersatz verlangt werden kann.

2. **Betriebsbezogenheit des Eingriffs:** Der Eingriff muss sich gegen den Betrieb als solchen richten, d.h. gegen den betrieblichen Organismus oder die unternehmerische Entscheidungsfreiheit.

3. **Offener Tatbestand:** Wie beim Allgemeinen Persönlichkeitsrecht muss die Rechtswidrigkeit positiv festgestellt werden.

6. U hat einen Vermögensschaden erlitten. Das **Vermögen** als solches ist von § 823 I BGB aber nicht geschützt, so dass insoweit ein Schadensersatzanspruch nicht besteht. Auch ein Anspruch wegen Eingriffs in den eingerichteten und ausgeübten **Gewerbebetrieb** scheidet aber aus, weil die Nichteintragung keinen betriebsbezogenen Eingriff darstellt.

7. **Erfüllungsgehilfe** ist jemand, der im Rahmen eines bestehenden Schuldverhältnisses, insbesondere eines Vertragsverhältnisses, vom Schuldner zur Erfüllung einer Verbindlichkeit eingeschaltet wird (§ 278 BGB). **Verrichtungsgehilfe** (§ 831 BGB) ist jemand, der von seinem Geschäftsherrn im Rahmen eines sozialen Abhängigkeitsverhältnisses zu einer Verrichtung bestellt wird. Der Verrichtungsgehilfe ist weisungsgebunden.

8. Ja, er haftet **als Geschäftsherr** aus § 831 BGB, da er wegen der mangelhaften Wartung der von ihm zu beschaffenden „Gerätschaften" (Kleinbusse) einen Entlastungsbeweis gemäß § 831 I 2 BGB nicht führen kann.

Vorrangig haftet U aus §§ 280 I, 241 II BGB, da die Wartung des Busses zu den Nebenpflichten aus dem **Beförderungsvertrag** gehört und U diese Pflicht verletzt hat. Die einzelnen Insassen sind zwar keine Vertragspartner des U aber in den Schutzbereich des Vertrags einbezogen. Zudem trifft den U die **Halterhaftung** des § 7 StVG.

9. Eine **Gefährdungshaftung** ist eine außervertragliche Haftung, die nicht am verschuldeten widerrechtlichen Verhalten anknüpft, sondern an der Verwirklichung einer besonderen Gefahr.

10. Die **Produkthaftung** nach § 823 I BGB gilt für alle Sachschäden (anders § 1 I 2 ProdHaftG), kennt keine Selbstbeteiligung bei Sachschäden (anders § 11 ProdHaftG) und keine Haftungshöchstbeträge (anders § 10 ProdHaftG). Dafür muss bei § 823 I BGB der Geschädigte grundsätzlich beweisen, dass der Produktfehler schon bei Inverkehrgabe des Produkts bestand (anders § 1 II Nr. 2, IV ProdHaftG). Bei § 823 I BGB hat der Hersteller ferner die Möglichkeit, seine Schuldlosigkeit nachzuweisen, womit die Haftung entfällt. Das ProdHaftG enthält demgegenüber eine verschuldensunabhängige Haftung, so dass ein solcher Einwand unbeachtlich ist.

11. Zunächst kann W von P im Hinblick auf die **Korken** selbst nach §§ 434, 437 Nr. 1, 439 BGB Nacherfüllung in Form der Ersatzlieferung verlan-

gen, denn Verkäufer P hat mit den Korken mangelhafte Ware geliefert.

Im Hinblick auf den **Wein** kommt ein Schadensersatzanspruch unter dem Gesichtspunkt eines Mangelfolgeschadens aus §§ 437 Nr. 3, 280 I BGB in Betracht. Dazu wäre ein Verschulden des P oder seiner Erfüllungsgehilfen erforderlich. Von Fahrlässigkeit kann aber nicht gesprochen werden, weil die Undichtigkeit für P unerkennbar und unvermeidbar war. Vertragliche Ansprüche bestehen also nicht.

Die Beschädigung des Weins stellt auch eine Eigentumsverletzung dar. Ein Anspruch aus § 823 I BGB scheitert aber ebenfalls am fehlenden Verschulden. Schließlich könnte sich ein Anspruch aus § 1 ProdHaftG ergeben. Die Beschädigung des Weins stellt aber einen gewerblichen Sachschaden dar, der von § 1 I 2 ProdHaftG aus der Haftung herausgenommen wird.

W kann daher von P keinen Schadensersatz verlangen.

12. Die **Ursachenvermutung** gemäß § 6 UmweltHG trägt dem Umstand Rechnung, dass die Ursache von Umwelteinwirkungen häufig nicht feststellbar ist. Die bloße Eignung einer Anlage zur Schadensverursachung begründet nach Abs. 1 daher die Vermutung der Schadensursächlichkeit. Die Vermutung gilt nach Abs. 2 aber nicht, wenn die Anlage bestimmungsgemäß betrieben wurde. Insgesamt gilt die Ursachenvermutung daher **nur bei Störfällen**, wobei der Anlageninhaber aber beweisen muss, dass kein Störfall vorlag.

13. Die Schadensersatzpflicht des B ergibt sich aus § 1 UmweltHG, denn das Freisetzen der Dämpfe stellt eine Umwelteinwirkung der Anlage des B dar, die eine Sachbeschädigung (vgl. § 90a BGB) verursacht hat. Da eine Unachtsamkeit des B den Störfall verursacht hat, hat er auch eine fahrlässige Eigentumsverletzung begangen. Die Schadensersatzpflicht ergibt sich daher auch aus § 823 I BGB.

14. G ist als Fahrer des Pkw nach § 18 StVG haftpflichtig. Eine Widerlegung der Verschuldensvermutung kommt wegen der überhöhten Geschwindigkeit nicht in Betracht. Wenn G Halter des Pkw ist, haftet er auch nach § 7 StVG. Wenn die GmbH Halterin ist, haftet sie aus § 7 StVG, und M kann sich auch an die Haftpflichtversicherung halten (§ 115 Nr. 1 VVG).

Antworten zu § 12: Schutzrecht-Management

1225
1. § 12 BGB gilt zunächst für den gesetzlichen Namen und auch die Firma. Entgegen seiner Stellung gilt er auch für juristische Personen. Unter seinen Schutz fallen aber auch Pseudonyme und andere namensartige Kennzeichen wie z. B. aus dem Namen abgeleitete Abkürzungen. Als solche sind auch Domain-Namen geschützt. Voraussetzung ist aber jeweils, dass die Bezeichnung von Natur aus unterscheidungskräftig

ist und die Funktion eines Namens besitzt (vgl. Palandt-Heinrichs, § 12 Rn 10).

2. Nach dem Grundsatz der Firmenwahrheit, dürfen durch den Firmennamen oder einzelne Teile des Firmennamens weder das Publikum noch andere Interessierte über die Art, den Umfang oder sonstige Verhältnisse des Handelsgeschäfts getäuscht oder irregeführt werden (§ 18 II HGB). Eine Täuschungsabsicht ist nicht notwendig. Zudem muss die Firma einen zutreffenden Rechtsformzusatz enthalten (§ 19 HGB). Das Gebot der Firmenwahrheit gilt nicht nur zum Zeitpunkt der Bildung der Firma, sondern auch während ihrer Führung und im Hinblick auf den Rechtsformzusatz auch im Fall der Firmenfortführung.

3. Die Firmierung muss den Anforderungen der §§ 18, 19 I Nr. 2 HGB entsprechen.

   a) Da es in Wuppertal wahrscheinlich mehrere Bierverlage gibt, ist es zweifelhaft, ob die Gattungsbezeichnung allein Unterscheidungskraft besitzt (§ 18 I HGB).

   b) Hier fehlt der nach § 19 I Nr. 2 HGB erforderliche Rechtsformzusatz OHG.

4. Für die durch K begründeten Geschäftsverbindlichkeiten haftet zunächst nur K. Eine Haftung der OHG könnte sich aber aus § 28 I HGB ergeben. Das setzt voraus, dass F in das Geschäft eines Kaufmanns eingetreten ist. K war aber Kleingewerbetreibender und ohne Eintragung kein Kaufmann (§ 2 HGB). Eine Haftung der OHG für Altverbindlichkeiten des K besteht daher nicht.

5. Nach § 18 II HGB darf es durch die Führung eines Firmennamens nicht zu einer Irreführung des Publikums kommen. § 22 HGB trifft für die Fortführung einer Firma jedoch eine Sonderregelung zugunsten der Firmenkontinuität. Danach ist ein Zusatz nicht notwendig, aber möglich.

6. Ja, § 22 HGB gibt dem Erwerber nur ein Recht zur Fortführung der Firma unter ihrem alten Namen, nicht aber eine Pflicht.

7. Gemäß § 23 HGB ist eine isolierte Übertragung des Firmennamens unzulässig. Ein Verstoß gegen diese Vorschrift führt sowohl zur Unwirksamkeit der Vereinbarung als auch der Übertragung (§ 134 BGB).

8. Grundsätzlich haftet ein Erbe für die Schulden des Erblassers unbeschränkt gem. § 1967 BGB. Er hat jedoch die Möglichkeit, nach §§ 1975 ff. BGB durch eine Nachlassverwaltung die Haftung auf den Nachlass zu beschränken (was sich bei unübersichtlichen größeren Nachlässen empfiehlt).

   Führt Egon jedoch Kurts Geschäft samt der Firma fort, haftet er gemäß §§ 27 I, 25 I HGB auch persönlich für die Geschäftsverbindlichkeiten. Er hat allerdings nach §§ 27 I, 25 II HGB die Möglichkeit, die persönliche Haftung auszuschließen: durch eine entsprechende einseitige Erklärung und ihrer Eintragung ins Handelsregister.

9. **Geschäftsabzeichen** sind nach § 5 II MarkenG Kennzeichen eines Geschäftsbetriebs, die zwar keine Namensfunktion haben (dann Abs. 1), denen aber Verkehrsgeltung zukommt, die also als Kennzeichen des Unternehmens verstanden

werden. Sie genießen den Kennzeichenschutz von dem Zeitpunkt an und in dem Gebiet, in dem sie Verkehrsgeltung erlangen.

10. **Dienstleistungsmarken** sind meist auch Kennzeichen für den Dienstleister, z. B. Banken, Versicherungen, Auskunfteien, Reiseagenturen, Speditionen oder Werbeagenturen. Neben Wörtern wie „Allianz Rechtsschutz" oder „Holiday Inn" gehören Wortbestandteile hierher („Commerzbau" daher verwechselungsfähig, weil man Bausparangebote der Commerzbank dahinter vermutet), ebenso Abkürzungen („TUI Fernreisen") und Bildzeichen (Kranich-Symbol der Lufthansa, Turm der Nürnberger Burg für die Versicherung).

Dienstleistungsmarken erlangen vollen Schutz mit Eintragung, sonst ab Verkehrsgeltung (§ 4 MarkenG).

11. Nein. In § 4 MarkenG sind drei verschiedene Wege zur Erlangung des Schutzes für Marken vorgesehen. Nur für den Markenschutz gemäß § 4 Nr. 1 MarkenG ist eine Eintragung der Marke notwendig. Nr. 2 und 3 führen dagegen zu einem Markenschutz kraft Verkehrsgeltung der Marke bzw. durch ihre notorische Bekanntheit.

12. Schutzdauer für **Marken:** zehn Jahre, verlängerbar (§ 47 MarkenG).

Schutzdauer für **Patente:** zwanzig Jahre, nicht verlängerbar (§ 16 PatG).

13. Ja. Gemäß § 1 I PatG wird ein Patent erteilt, wenn die **Erfindung neu** ist, auf einer erfinderischen Tätigkeit beruht und gewerblich anwendbar ist. Gemäß § 3 I PatG gilt eine Erfindung als neu, wenn sie nicht zum Stand der Technik gehört. Durch eine Veröffentlichung wird das Verfahren jedoch Stand der Technik, § 3 I 2 PatG. Um ein mögliches Patentrecht nicht zu vernichten, darf eine Veröffentlichung daher erst nach Anmeldung des Patents erfolgen. Enge Ausnahmen finden sich in § 3 IV PatG.

14. Beide Schutzrechte schützen Erfindungen. Diese müssen jeweils neu und gewerblich anwendbar sein. Für die Patenterteilung ist erforderlich, dass sie auf erfinderischer Tätigkeit beruhen; das GebrMG verlangt nur einen erfinderischen Schritt. Die erforderliche **Erfindungshöhe** ist beim Gebrauchsmuster also herabgesetzt. Es muss nicht Produkt individuell-schöpferischer Leistung sein (vgl. § 1 PatG mit § 1 GebrMG).

15. Jedem Erfinder steht das Erfinderrecht zu. Nach § 6 S. 3 PatG steht das Recht auf das Patent demjenigen zu, der es zuerst anmeldet. Dementsprechend wird auch nur er Patentinhaber, wenn es erteilt wird. Der andere kann aber ein Vorbenutzungsrecht haben (§ 12 PatG).

16. P darf sich gemäß § 53 I 1 UrhG einen Zeitschriftenartikel zum eigenen privaten Gebrauch kopieren.

17. Das Computerprogramm „Word" erfüllt die Anforderungen des § 69a III UrhG und darf daher grundsätzlich nicht vervielfältigt werden (§ 69c Nr. 1 UrhG). Die Erstellung einer Sicherungskopie ist nach § 69d UrhG zulässig. Ohne besondere vertragliche Vereinbarung ist dagegen eine Kopie für einen zusätzlichen Rechner unzulässig. Manche Software-Anbieter lizenzieren zwar weitergehend (z. B. für einen zweiten privaten Rechner), ohne eine

solche Lizenz darf P das Programm nicht auch auf dem Notebook nutzen.

18. Das Urheberrecht der Maler besteht gemäß § 64 UrhG nach ihrem Tod 70 Jahre fort. Die Erstellung verfremdeter Kopien könnte als **Bearbeitung** unter die Schranken des § 23 UrhG fallen. Danach darf eine Bearbeitung oder Umgestaltung eines Werks nur veröffentlicht und verwertet werden, wenn dessen Urheber zustimmt. Demgegenüber unterliegt ein selbständiges Werk, das in freier Benutzung eines anderen geschaffen wird, dieser Einschränkung nicht. Eine Bearbeitung kennzeichnet, dass sie vom Original abhängig ist, es weiterentwickelt oder umformt.

Das Erstellen verfremdeter Kopien stellt wegen der starken Anlehnung an ein Original kein selbständiges Werk, sondern eine Bearbeitung dar. Die Tätigkeit des K fällt daher unter § 23 UrhG. Dennoch hat J nicht Recht, denn § 23 UrhG bindet nur die Veröffentlichung und Verwertung der Bearbeitung und nicht schon die bloße Herstellung einer solchen Bearbeitung an die Zustimmung des Urhebers.

19. Nach § 42 UrhG steht S ein Rückruf zu, wenn das Werk seiner Überzeugung nicht mehr entspricht und eine Verwertung des Werks ihm nicht mehr zuzumuten ist. Dafür ist auch ein Wandel der künstlerischen Auffassung ausreichend, wenn die im Werk vertretenen Auffassungen den gewandelten so sehr widersprechen, dass der Ruf des Urhebers empfindlich geschädigt werden könnte. S kann unter diesen Umständen das Nutzungsrecht des F zurückrufen, muss ihn dafür aber angemessen entschädigen (§ 42 III UrhG).

Antworten zu § 13: Wettbewerbsrecht

1. Das UWG verfolgt drei verschiedene Schutzzwecke: den Schutz der Mitbewerber, den Schutz der Verbraucher sowie der sonstigen Marktteilnehmer und den Schutz der Allgemeinheit vor unlauterem bzw. verfälschtem Wettbewerb (§ 1 UWG – **Schutzzwecktrias**).

2. Nein. Zwar dient das UWG auch dem Schutz der Verbraucher. Sie sind nach §§ 8, 9 UWG selbst aber nicht anspruchsberechtigt und können Unterlassungs- und Schadensersatzansprüche nur nach bürgerlichem Recht (z.B. §§ 823 I, 1004 BGB) geltend machen. Zudem können sie z.B. das Einschreiten eines Verbraucherverbandes oder anderer qualifizierter Einrichtungen (§ 8 III Nr. 3 UWG) anregen.

3. Die Normen des UWG sind i.d.R. keine Verbotsgesetze im Sinne des § 134 BGB, so dass ein Vertrag, der gegen die Vorschriften des UWG verstößt, wirksam ist. Ein Verstoß soll nämlich durch die Mittel des UWG sanktioniert werden. Nichtig ist jedoch ein Vertrag, der zum Verstoß gegen das UWG verpflichtet. Auch der Begriff der „Unlauterkeit" in § 3 I UWG und der Begriff der „guten Sitten" in § 138 I BGB sind nicht identisch, sodass eine konkrete Prüfung des § 138 I BGB

1226

erfolgen muss, auch wenn ein Verstoß gegen § 3 I UWG festgestellt wurde. (Köhler in Köhler/Bornkamm-Köhler, UWG, Einl. 7.8)

4. Die **PAngV** soll die Preistransparenz fördern. Da Letztverbrauchern gegenüber die Normalpreise (Endpreise) klar und wahrheitsgemäß angegeben werden müssen, können sie ohne allzu große Informationskosten die Preise ermitteln und vergleichen. Das wiederum stärkt den Wettbewerb.

5. Nein, das Ankündigen und Gewähren von Rabatten ist zwar in weiterem Umfang erlaubt als früher nach dem Rabattgesetz (das allerdings 3 % **Skonto** auch schon gestattete). Ansprüche resultieren daraus aber nicht. Jeder Unternehmer kann frei entscheiden, ob er Rabattpolitik betreiben will oder nicht.

6. Die Werbung ist nach § 3 III UWG i.V.m. Nr. 5 des UWG-Anhangs unzulässig. Es ist irreführend, für eine Ware zu werben, die unter Berücksichtigung der Art der Ware sowie der Gestaltung und Verbreitung der Werbung nicht in angemessener Menge zur Befriedigung der zu erwartenden Nachfrage vorgehalten ist (**Lockvogelangebote**). Als angemessen wird für den Regelfall ein Vorrat für zwei Tage angesehen, es sei denn, der Unternehmer weist Gründe nach, die eine geringere Bevorratung rechtfertigen. Dafür ist hier nichts ersichtlich.

7. Die Wettbewerbszentrale hat Recht und kann von Hannes H. nach § 8 I, III Nr. 2 UWG Unterlassung verlangen. Sein mobiler Reinigungsdienst stellt jedenfalls eine **unzumutbare Belästigung** i.S.d. § 7 I 1 UWG dar, auch wenn die folgenden Sätze und Absätze den Fall nicht aufgreifen. Nur wenn sich der Seifenschaum mit den Scheibenwischern nicht einfach entfernen lässt, eine ungehinderte Weiterfahrt erschwert und so Druck aufbaut, ließe sich an § 4a UWG denken. Bitten die Mitarbeiter erst nach der Reinigung um eine Vergütung, entsteht dadurch wohl kein „psychologischer Kaufzwang". Ein Anspruch auf Vergütung besteht ohnehin nicht, da kein Vertrag geschlossen ist, und ein Bereicherungsausgleich nach § 812 I 1 BGB scheitert, da die Bereicherung aufgedrängt wurde. Zudem steht insg. § 241a BGB entgegen, da es sich um eine unbestellte Leistung handelt.

8. § 3 I UWG verbietet unlautere geschäftliche Handlungen. Der unbestimmte Rechtsbegriff „unlauter" läßt sich anhand der Einzeltatbestände konkretisieren. Im Übrigen ist er insbesondere unter Rückgriff auf die **Wertordnung des Grundgesetzes** auszufüllen. Dabei sind vor allem auch die Grundrechte des Werbenden (insb. Meinungs-, Presse- und Informationsfreiheit gemäß Art. 5 I GG, Kunstfreiheit nach Art. 5 III GG, Berufsausübungsfreiheit gemäß Art. 12 I GG) aber auch der Mitbewerber, Verbraucher und sonstigen Marktteilnehmer zu beachten.

9. Es handelt sich wegen der Bezugnahme auf einen Konkurrenten um eine **vergleichende Werbung**, die sich an §§ 3, 6 UWG messen lassen muss. Nach § 6 II Nr. 2 UWG ist sie unlauter, wenn der Vergleich nicht

auf wesentliche, relevante, nachprüfbare und typische Eigenschaften bezogen ist. Ob etwas „besser schmeckt", ist einer objektiven Nachprüfung jedoch entzogen. Daher verstößt der Slogan gegen § 6 II Nr. 2 UWG. Zudem erweckt die Formulierung „hält Dich gesund" den – **irreführenden** – Eindruck einer langfristigen gesundheitsfördernden Wirkung. Daher verstößt der Slogan auch gegen §§ 3, 5 I UWG.

10. Ausgangspunkt sind die **Werbeadressaten.** Es ist zu ermitteln, wer die Adressaten sind und wie sie die in Frage stehende Aussage bei normalem Kontakt verstehen (Durchschnittsadressat). Die ermittelten Vorstellungen sind mit der Realität zu vergleichen. Es ist zu fragen, ob **bei einem erheblichen Teil Fehlvorstellungen** durch die Werbeaussage **hervorgerufen** werden können. Schließlich sind nur solche Fehlvorstellungen relevant, die auch die geschäftlichen Entscheidungen des Durchschnittsadressaten beeinflussen können.

11. Ein Unterlassungsanspruch ergibt sich aus § 8 I UWG, wenn die Werbung für „S." **irreführend** gemäß §§ 3 I, 5 I UWG ist. Ein erheblicher Teil der Adressaten der Werbeaussage wird sie dahin verstehen, dass die Auflagensteigerung in dem gesamten Zeitraum von 2010 bis 2015 erreicht worden ist. Auch wenn vielleicht keine kontinuierliche Steigerung erwartet wird, wird der Durchschnittsadressat aufgrund der Aussage eine erhebliche Auflagensteigerung in den letzten Jahren erwarten und daran seine Entscheidung, wo er Inserate schalten soll,

orientieren. Auch wenn die Angabe objektiv richtig ist, ist sie zur Irreführung geeignet, und der Konkurrent kann Unterlassung verlangen.

12. *Vertreterbesuche* und *Briefkastenwerbung* sind grds. nicht unlauter i.S.d. § 7 I 1 UWG, anders wenn sie erkennbar unerwünscht sind (§ 7 I 2 UWG). *Telefonwerbung* ist gegenüber Verbrauchern, *Telefaxwerbung* auch gegenüber Unternehmern ohne Einwilligung unlauter (§ 7 II Nr. 2 und 3 UWG).

13. Das Verbraucherschutzrecht bei **„Haustürgeschäften"** (Vertragsschlüssen außerhalb von Geschäftsräumen) und das **UWG** haben unterschiedliche Schutzrichtungen. Zwar dienen beide dem Schutz des Verbrauchers, das UWG hat aber auch einen über diesen Bereich hinausgehenden Schutzbereich. So sollen durch das UWG Konsumenten z. B. auch vor Belästigung geschützt werden. Zudem schützt das UWG auch Mitbewerber, den Wettbewerb und andere Interessen. Daher sind diese beiden Regelungsbereiche parallel nebeneinander anwendbar.

14. Jeder Unternehmer hat das Recht, seine Preise im Rahmen der gesetzlichen Vorschriften frei zu bestimmen. Von diesem Recht ist auch der Verkauf unter dem Selbstkostenpreis erfasst. So können für einen solchen Verkauf auch berechtigte Gründe sprechen, z. B. eine Mischkalkulation, die Einführung eines neuen Artikels oder die drohende Unverkäuflichkeit. Die Preisgestaltung verstößt aber gegen §§ 3, 4 Nr. 4 UWG, wenn solche Preise geeignet sind, einzelne Mitbewerber zu verdrängen oder zu vernichten

und dies gerade bezweckt wird (Kampfpreise). Ein solcher Verdrängungszweck wird angenommen, wenn es sich nicht mehr um eine nach kaufmännischen Grundsätzen vertretbare Kalkulation handelt. Sofern ein Unternehmen mit relativer Marktmacht seine Waren oder Leistungen nicht nur gelegentlich **unter Einstandspreis** anbietet, wird eine verbotene unbillige Behinderung vermutet (§ 20 III GWB).

15. Mit einer **Abmahnung** wird ein im Wettbewerb Handelnder auf seinen Verstoß gegen das UWG hingewiesen und zur Unterlassung aufgefordert. Wenn er die Abmahnung akzeptiert, gibt er eine Unterlassungserklärung ab, die mit einer Vertragsstrafe bewehrt ist (§ 339 BGB). Auf diese Weise kann eine gerichtliche Klärung von Wettbewerbsverstößen vermieden werden.

Der Abmahnende ist durch die Unterlassungserklärung vor weiteren Verstößen abgesichert, denn der Abgemahnte verwirkt gegebenenfalls die Vertragsstrafe, muss ihm die vereinbarte Strafe also zahlen.

16. Zur Gewährleistung schnellen, effektiven Rechtsschutzes werden Streitigkeiten im Wettbewerbsrecht häufig zunächst durch einstweilige Verfügungen geregelt. Bei besonderer Eilbedürftigkeit ergehen solche einstweiligen Verfügungen manchmal auch ohne Anhörung des Verfügungsgegners. Wenn ein Werbender ein solches Verfahren befürchtet, verschickt er häufig vorsorglich seine Gegenargumente an die möglicherweise befassten Gerichte. Diese Schreiben werden **Schutzschriften** genannt. Seit 2016 kann er hierfür ein staatliches Register nutzen (§ 945a ZPO).

Antworten zu § 14: Kartellrecht

1227   1. Der Verbraucherschutz ist kein unmittelbarer Zweck des Kartellrechtes, sondern dessen Ziel ist die Erhaltung des Wettbewerbes. Es kann aber zu einem mittelbaren Schutz der Verbraucher kommen, da diese von einem intakten Wettbewerb ebenfalls profitieren.

2. Horizontale und vertikale Vereinbarungen unterliegen § 1 GWB und Art. 101 AEUV. Die traditionelle deutsche Unterscheidung zwischen horizontalen und vertikalen Vereinbarungen wurde 2005 im GWB aufgehoben. Verschiedene GVO betreffen aber nur Vertikalvereinbarungen.

3. a) Keine verbotene Vereinbarung, da nur ein Unternehmen.
   b) Verbotene Vertikalvereinbarung.
   c) Da A, B und C den Markt aufteilen, handelt es sich um eine verbotene Horizontalvereinbarung.

4. Ein **Koppelungsgeschäft** ist die Verknüpfung an sich nicht zusammenhängender Verträge: V verkauft Ware A an K nur, wenn K auch Ware B abnimmt. Definition und grundsätzliches Verbot in Art. 101 I lit. e AEUV und Art. 102 II lit. d AEUV. Koppelungen sind auch nach § 1 GWB grundsätzlich verboten und ggf. nach § 19 I oder § 20 I 1 GWB.

5. **Preisbindungen** sind gemäß § 1 GWB wie auch nach Art. 101 I lit. a AEUV grundsätzlich verboten. Ausgenommen von diesem Verbot sind in Deutschland lediglich Presseerzeugnisse (§ 30 GWB). Höchstpreise werden aber großzügiger beurteilt als Fest- und Mindestpreise, da ihre wettbewerbsbeschränkenden Auswirkungen regelmäßig geringer sind (vgl. Art. 4 lit. a der Vertikal-GVO).

6. Bei **Ausschließlichkeitsbindungen** wird der Vertragspartner darin beschränkt, andere Waren oder Leistungen (die also nicht Gegenstand der Hauptleistungspflichten des Austauschvertrages sind) von Dritten zu beziehen oder an Dritte abzugeben. Sie sind nach § 1 GWB oder bei zwischenstaatlicher Auswirkung nach Art. 101 I AEUV verboten, wenn sie (und sei es in Verbindung mit anderen gleichartigen Verträgen) eine erhebliche marktabschottende Wirkung haben.

7. Die zwischen A und B getroffene **Mindestpreisvereinbarung** verstößt gegen § 1 GWB und ist daher gemäß § 134 BGB nichtig. Entgegen der Vermutung des § 139 BGB ist davon auszugehen, dass dies nicht die Unwirksamkeit des ganzen Liefervertrags nach sich zieht. Unabhängig davon bleibt der Vertrag zwischen B und C von der Unwirksamkeit der Preisbindungsabrede unberührt.

8. Gassi beschränkt seine Abnehmer in ihrer Freiheit, die Konditionen, die sie ihren Kunden einräumen, frei zu gestalten. Solche **Konditionenbindungen** müssen sich ebenso wie Preisbindungen an § 1 GWB messen lassen. Art. 101 I lit. a AEUV führt sie neben den Preisbindungen bei

den Regelbeispielen auf. Allerdings stellt die Vertikal-GVO Konditionenbindungen in weitem Umfang auch vom deutschen Verbot frei (§ 2 II GWB).

9. Hier liegt der Verdacht des **Marktmachtmissbrauchs** i.S.d. § 19 GWB nahe. Es ist davon auszugehen, dass die Lebensmittelkette G ein marktbeherrschendes Unternehmen i.S.d. § 18 I Nr. 2 GWB ist; gemäß § 18 IV GWB wird das aufgrund ihres Marktanteils vermutet. Es ist auch zu vermuten, dass die hohen Preise gerade in Ausnutzung dieser Marktposition gefordert werden (vgl. § 19 II Nr. 2 und 3 GWB). G müsste z. B. darlegen, warum die Preise höher sind als in Hessen.

10. **Unternehmenszusammenschlüsse** (*Fusionen*) müssen nach § 39 I GWB und Art. 4 FKVO vorher angemeldet werden.

11. Z spielt auf den Sitz des Bundeskartellamts in Bonn (§ 51 I 1 GWB) und auf den Sitz der Bundesregierung in Berlin an und meint damit die Möglichkeit der Ministererlaubnis nach § 42 GWB.

12. Die **Monopolkommission** ist eine unabhängige Kommission mit fünf Mitgliedern, die auf Vorschlag der Regierung für vier Jahre berufen werden. Sie erstellt alle zwei Jahre ein Hauptgutachten zur Unternehmenskonzentration sowie verschiedene Sondergutachten.

13. Im 6. Abschnitt des GWB finden sich in den §§ 32–34 drei Regelungen zur **Sanktionierung** von Verstößen. § 32 GWB regelt die Untersagung des Verhaltens durch die Kartellbehörde. In § 33 GWB ist ein Schadensersatz- und Unterlassungsanspruch vorgesehen, wenn es

sich um eine Norm handelt, die drittschützend ist. Nach § 34 GWB kann die Kartellbehörde bei Vorliegen der Voraussetzungen den erzielten Mehrrerlös abschöpfen. Schließlich findet sich in § 81 GWB eine Ordnungswidrigkeitsvorschrift, welche die Verhängung einer Geldbuße ermöglicht. Darüber hinaus kann – jenseits des GWB – auch die Nichtigkeit des Vertrages nach § 134 BGB als Sanktion angesehen werden.

Antworten zu § 15: Verbrauchervertragsrecht

1228

1. Das **AGB-Recht** der §§ 305 ff. BGB gilt grundsätzlich auch für Kaufleute, insbesondere soweit Kaufleute AGB-Verwender sind. Nach § 310 I BGB gelten allerdings einzelne Vorschriften zur Einbeziehung von AGB und zur Inhaltskontrolle nicht, wenn AGB gegenüber Unternehmern (§ 14 BGB) verwendet werden.

2. Nach § 13 II Nr. 2 bis 4 UWG können gewerbliche Verbände, IHK und Handwerkskammer, Verbraucherschutzverbände und andere qualifizierte Einrichtungen **Unterlassungsansprüche bei Wettbewerbsverstößen** durchsetzen. Nach dem UKlaG können sie auch die Unwirksamkeit von AGB-Klauseln und Verstöße gegen Verbraucherschutzgesetze geltend machen.

3. Das **Verbraucherschutzrecht** versucht insbesondere, die strukturelle Unterlegenheit von Verbrauchern gegenüber Unternehmern z. B. durch teils zwingende Regeln, Informationspflichten und Lösungsmöglichkeiten von bestimmten Verträgen zu kompensieren. Verschiedene Verbraucherschutzgesetze sind Anfang 2002 in das BGB integriert worden (§§ 305 ff., 312 ff., 491 ff. BGB usw.). § 2 II UKlaG spricht dennoch von Verbraucherschutzgesetzen und zählt zahlreiche Regelungen auf.

4. Nein, die Bedingungen müssen nur „**für eine Vielzahl von Verträgen**" vorformuliert sein, wie es in § 305 I 1 BGB heißt. Ausschlaggebend ist also, dass bei der Formulierung der Zweck verfolgt wurde, den Text für mehrere künftige Rechtsgeschäfte zu verwenden (Untergrenze laut Rspr. bei 3–5 Verwendungen). Das AGB-Recht ist also auch bei der ersten Verwendung anwendbar (vgl. auch § 310 III Nr. 2 BGB).

5. Die Klausel ist nicht Vertragsbestandteil geworden, da es sich um eine **überraschende Klausel** i.S.d. § 305c I BGB handelt, d. h. um eine Klausel, mit der B in der Situation nicht rechnen musste. B wird in seiner rechtsgeschäftlichen Gestaltungsfreiheit beschränkt, indem er einem für ihn nicht vorhersehbaren Risiko ausgesetzt wird.

6. Gemäß § 305b BGB hat die **Individualabrede** Vorrang vor dem formularmäßigen Gewährleistungsausschluss. Es gilt also die Reparaturzusage. Ist V Unternehmer und K Verbraucher, stehen dem K nach § 475 BGB ohnehin die Käuferrechte aus § 437 BGB unverkürzt zu; lediglich eine Verkürzung der Verjährung auf mindestens ein Jahr ist möglich.

7. § 305 I BGB definiert AGB entgegen der Abkürzung nicht als Geschäfts-, sondern als *Vertrags*bedingungen. Andererseits findet sich die Regelung nicht in dem Abschnitt über „Schuldverhältnisse aus Verträgen", sondern davor, und in der Überschrift ist von rechtsgeschäftlichen Schuldverhältnissen die Rede. Wortlaut und Systematik weisen daher in verschiedene Richtungen. Die historische Auslegung spricht für die Einbeziehung auch **einseitiger Rechtsgeschäfte** im Zusammenhang mit Vertragsbeziehungen in die AGB-Kontrolle, da die Begründung des Regierungsentwurfs zu §§ 305 ff. BGB dies vorsieht. Es widerspräche auch dem Schutzzweck des AGB-Rechts, wenn z. B. eine vorformulierte Vollmacht nicht ebenso kontrolliert werden könnte wie die Vertragsbedingungen (vgl. auch BGH NJW 1999, 1864 ff.).

8. Ein Vertragsschluss liegt vor. Zwar haben sich die Parteien bei **kollidierenden AGB** nicht über alles geeinigt, worüber sie sich einigen wollten, so dass nach § 154 I 1 BGB an sich noch kein Vertrag geschlossen ist. § 306 I BGB trifft insoweit aber eine vorrangige Sonderregel: Jedenfalls dann, wenn die Parteien durch den Vollzug des Vertrags (Lieferung und Annahme der Ware) ihr Interesse an seiner Wirksamkeit bekundet haben, führt die Nichteinbeziehung von AGB nicht zur Unwirksamkeit des ganzen Vertrags. In Fortführung der Wertung des § 306 II BGB gilt der Vertrag einschließlich der AGB, soweit sie übereinstimmen. Soweit sie sich widersprechen, blieben sie außen vor, und an ihre Stelle tritt das dispositive Gesetzesrecht.

9. Das Anmeldeformular beinhaltet für eine Vielzahl von Verträgen vorformulierte Vertragsbedingungen, die Nora Neureich stellt. Es handelt sich also um AGB i.S.d. § 305 I BGB. Eine AGB-Klausel über die **Laufzeit von Dauerschuldverhältnissen** muss sich zunächst an § 309 Nr. 9 BGB messen lassen. Danach ist die Gesamtlaufzeit von 18 Monaten nicht zu beanstanden, weil sie unter zwei Jahren liegt (a). Mit der Verlängerung um jeweils ein Jahr ist genau der Spielraum unter Buchstabe b) ausgeschöpft, aber nicht überschritten. Auch eine dreimonatige Kündigungsfrist ist nicht unwirksam (c). Die Klausel verstößt nicht gegen § 309 Nr. 9 BGB.

Sie muss sich aber ferner an § 307 BGB messen lassen. Die in § 309 Nr. 9 BGB festgelegten Fristen sind allgemeine Obergrenzen für alle Dauerschuldverhältnisse (vom Zeitschriftenabonnement bis zum Mietvertrag). Für den einzelnen Vertragstyp kann eine Frist unter zwei Jahren eine unangemessene Benachteiligung darstellen. Für Sportunterrichtsverträge ist das bei 18 Monaten der Fall, schon mit Rücksicht auf gesundheitliche Belange. Die Klausel ist daher unwirksam.

10. Vgl. § 312c BGB:
a) P ist Unternehmer. Ist der Besteller Unternehmer (Chef bestellt Pizza ins Büro), so liegt kein Verbrauchervertrag und damit kein Fernabsatzgeschäft vor. Im Fall eines Verbrauchervertrags handelt es sich auch um ein Fernabsatzgeschäft, denn nicht nur das Telefon sondern auch der verteilte Handzettel

ist ein Fernkommunikationsmittel, da er zur Anbahnung von Verträgen ohne gleichzeitige Anwesenheit der Parteien eingesetzt werden kann. Nach § 312g II Nr. 6 BGB besteht allerdings kein Widerrufsrecht.

b) Auch hier liegt ein entgeltlicher Verbrauchervertrag vor, denn Q ist Unternehmer, Hastig Verbraucher und die Staubsaugerlieferungen sind entgeltliche Leistungen des Q. Da der Vertrag ausschließlich im Internet und damit per Fernkommunikationsmittel und im Rahmen einer entsprechenden Fernabsatzorganisation geschlossen wurde, liegt ein Fernabsatzvertrag vor. Q muss daher den Anforderungen der §§ 312d ff. und 312i f. BGB gerecht werden.

11. K könnte ein Widerrufsrecht nach § 312g BGB haben, wenn es sich um einen **Fernabsatzvertrag** handelt. Dazu müsste zunächst ein entgeltlicher Verbrauchervertrag vorliegen (§ 312 I BGB). Da K den Stuhl im Rahmen seiner gewerblichen Tätigkeit kauft, handelt er als Unternehmer und das Fernabsatzrecht ist auf ihn nicht anwendbar. Der Kauf stellt zudem einen Vertrag im **elektronischen Geschäftsverkehr** dar, und § 312i BGB ist auch anwendbar, wenn der Kunde Unternehmer ist. Hier ist aber kein Widerrufsrecht vorgesehen.

12. Die **Verletzung der Informationspflicht** führt zunächst dazu, dass die AGB nicht Vertragsbestandteil werden, da die Kunden keine Möglichkeit zumutbarer Kenntnisnahme erhalten (§ 305 II BGB). Zudem kann der Anbieter nach § 2 UKlaG

auf Unterlassung dieses fehlerhaften Internetauftritts in Anspruch genommen werden.

13. Hubert hat ein **Widerrufsrecht** nach § 312g BGB, denn es liegt ein Fernabsatzgeschäft vor: Es handelt sich um einen entgeltlichen Verbrauchervertrag, da Hubert das Buch fürs Studium und nicht für einen selbständigen Beruf kauft, und der Vertragsschluss per Internet vollzieht sich ausschließlich über Fernkommunikationsmittel sowie im Rahmen eines Fernabsatzsystems. Hubert hat sein Widerrufsrecht auch fristgerecht ausgeübt; eine E-Mail genügte, eine Begründung war nicht erforderlich (§ 355 BGB).

Nach § 357 I BGB schuldet Hubert daher die **Rückgewähr** der Ware und muss sie also zurückschicken. Die Kosten hierfür trägt nach § 357 VI BGB der Verbraucher, wenn er darüber ordnungsgemäß informiert wurde, sonst der Unternehmer.

Hubert schuldet **Wertersatz** nur, wenn er das Buch durch sein Anlesen mehr verschlechtert hat als zur Prüfung erforderlich und darüber ordnungsgemäß informiert wurde (§ 357 VII BGB). Dafür ist nichts ersichtlich.

14. In Betracht kommt hier ein Widerrufsrecht nach § 495 BGB. Die Regelung greift nach § 512 BGB jedoch nicht ein, weil es sich um einen Kredit zur Aufnahme einer selbständigen beruflichen Tätigkeit handelt und der Kreditbetrag 75.000 € übersteigt. A kann sich daher nicht vom Vertrag lösen.

15. Ein Widerrufsrecht ergibt sich aus §§ 312b, 312g BGB, da es sich um einen entgeltlichen Verbrauchervertrag handelt, der aufgrund eines

Vertreterbesuchs im Haus des W und damit außerhalb von Geschäftsräumen geschlossen wurde. Dass W den Vertreter bestellt hat, ändert nichts an dem Widerrufsrecht, da § 312g II Nr. 11 BGB nur noch für bestellte Reparatur- und Instandhaltungsarbeiten eine Ausnahme vorsieht (anders bis 2014 § 312 III BGB a.F.).

Stichwortverzeichnis

© Springer-Verlag Berlin Heidelberg 2017
J. Meyer, *Wirtschaftsprivatrecht*, Springer-Lehrbuch,
DOI 10.1007/978-3-662-52734-4

Printed by Printforce, the Netherlands